PUBLIC ADMINISTRATION

행정학원론

김용철 외

박영사

머리말

　행정학이라는 학문은 종합학문이라고 생각한다. 왜냐하면 사회과학 전반에 걸쳐 있는 학문 분야의 이론들이 총망라되어 서로 연결되어 구성되기 때문이다. 또한 한 가지 더 특이한 것은 실용 학문이라는 것이다. 때로는 순수이론적인 논의도 있지만 대부분 우리 실생활에서 응용되고 적용될 수 있는 학문 분야가 많다. 그래서 훨씬 더 다른 학문보다 가깝게 느껴지고 애착이 가는 학문이라고 생각된다. 그런데 본서를 집필하고자 했던 주목적은 이러한 종합적이고 실용적인 학문 분야를 좀 더 쉽고 현실성을 반영한 원론서를 새롭게 만들어 보고자 했던 의도에서였다. 그래서 행정학을 배우고 또한 시험을 대비하는 학생들이 좀 더 이해를 쉽게 하고 전문적인 지식을 갖게 하는 데 도움을 주고자 했던 애초 목적이 있었다. 더 나아가 본서를 통하여 사회현상을 바라보는 안목을 키우고 정부 정책의 장단점과 문제점들을 스스로 분석, 평가하는 능력을 가지도록 하고자 하는 목적도 가지고 있었다. 이런 목적하에 이에 찬동하는 많은 공저자 집필진 교수들이 대거 참여하여 각자 맡은 바 최고의 심혈을 기울여 집필하였고, 그래서 최고 양질의 원론서를 완성해 본다는 각오로 임하여 본서의 집필이 추진되었다. 그러나 이제 본서가 완성되어 사회로 출판되어 나오게 되면 오로지 그 공과는 독자들의 판단에 맡길 수밖에 없다. 이런 의미에서 2년여에 걸친 집필에서 오는 홀가분한 심정보다는 오히려 앞으로 있을 독자들의 지도편달에 더 무거운 책임감을 느끼게 된다. 본서는 모두 15장으로 구성되어 있는데 특히 정책이론 부분은 기존의 정책학적 논의와 더불어 경제학적 측면에서 본 정책이론적 논의를 특별히 첨가하였다. 그리고 지방자치 부분은 현재의 지방자치법 개정 변화와 현지방자치 상황을 모두 반영하고자 노력하였다. 그리고 조직이론에서는 최근에 가장 논의되고 있는 조직이론들을 담아내고자 노력하였고, 정보화 행정과 미래행정의 논의에서는 현대의 4차 산업혁명에 따르는 정보정책과 미래행정의 변화에 대해 특별히 새로운 내용들을 많이 첨가하여 구성하였다.

또한 행정의 민·관 협력적 차원이 최근 많이 강조됨에 따라 거버넌스와 행정이라는 부분을 새로 신설, 구성하여 보다 깊이 있는 행정과 거버넌스 이론의 상호연관성에 대해 논의하고 소개하였다. 따라서 본서는 훨씬 더 최근의 연구와 이론경향 및 현재의 시대적 현실 상황을 최대한 반영하여 집필되었음을 밝혀 두고자 한다.

본서는 대학생이나 대학원생 그리고 공무원 수험생이나 실무에 종사하고 있는 행정공무원 등 누구나 쉽고 가깝게 볼 수 있도록 집필되어서 그 분들에게 조금이라도 도움이 된다면 큰 기쁨이라 아니 할 수 없다. 본서의 완성에는 일일이 열거할 수 없지만 특별히 소중하고 고마운 분들이 직·간접적으로 도움을 많이 주셨기 때문에 출판이 가능했다고 생각한다. 특히 출판계의 여러 가지 사정에도 불구하고 흔쾌히 출판을 허락해 주신 박영사의 안종만 회장님께 이 자리를 빌려 깊은 감사의 인사를 드린다.

2022년 2월
저자 일동

차 례

제5장

정치행정과 경제

제6장

정책이론

제7장

**기획이론과
성과관리**

제8장

조직이론

제11장

재무행정

지방자치

제15장

미래행정의 과제

제1장

행정의
학문적 기초

제1절 　행정의 개념과 성격

1. 행정의 개념

1) 행정의 정의

우리는 일상생활에서 행정이라는 단어를 자주 접하고 사용한다. 단순히 법이나 상식적인 관습에 의해서 이해할 때는 비교적 어려움이 적은 개념일 수 있겠지만, 행정이 무엇이냐라는 질문을 받으면 상당히 난감한 표정을 지을 수 있다. 행정은 영어로 Public Administration이라고 표현된다. 공공이라는 의미의 public 단어와 관리(혹은 행정이라는 의미 그 자체)라는 의미의 administration 단어가 결합된 것이다.

우선 관리(행정, administration)란, 조직 혹은 제도가 목표 달성의 기능을 할 수 있도록 하는 일련의 활동들을 의미한다. 일련의 활동들은 조직, 인사, 재무, 정책으로 분류될 수 있다. 조직과 관련한 기본적 활동은 조직을 신설, 유지, 확대/축소, 재편, 폐지하는 것이다. 조직에 필요한 인력을 채용하고 배치하여 역할을 부여하는 것은 인사 관련 활동이다. 조직의 운영을 위하여 재원을 동원하고 배분하여 집행하는 것은 재무적 활동이라 할 것이다. 마지막으로 목표 성취를 위한 방법들을 고안하고 대안을 선택하는 과정이 정책 활동이다. 이러한 조직/인사/재무/정책 활동들을 포함하는 것이 관리라고 할 수 있으며 광의의 행정 개념으로도 이해할 수 있다.

광의의 행정 개념은 조직에서 일어나는 일반적인 행정 현상을 의미함으로써 공행정(public administration)과 사행정(경영, business administration)의 구분을 모호하게 한다. 광의의 행정 개념에서 공공(public)의 의미를 살펴볼 때 행정학의 연구대상인 공행정의 개념이 도출된다. 즉, 넓은 의미의 행정 개념에서 "공적"
목표를 달성하기 위한 관리 활동으로 그 범위를 한정하게 되면 협의의 행정 개
념인 공행정이 되는 것이며 이는 사행정과 대칭된다. 공공(public)은 한 국가의
구성원(all the people in a country)과 관련한 일들을 의미하는데 구성원들을 위한
공익적인 일들을 연상할 수 있을 것이다. 흔히 공익적인 일들은 정부 조직에서
형성 및 집행된다. 따라서 공익을 추구하는 정부라는 범위로 한정하면 광의의
행정에서 협의의 행정, 공행정이라는 개념으로 좁혀진다.

　　정부라는 단어도 광의적, 협의적 의미를 가진다. 광의적 입장에서의 정부는
입법부, 사법부, 행정부를 포함한다. 행정법학적 측면에서의 삼권분립공제설에
따르면 행정은 국가 작용 중에서 입법과 사법을 제외한 부분이며 이것이 협의적
의미의 정부가 된다. 따라서 가장 협의적 의미에서의 행정이란, 행정부가 공익
적 목표 달성을 위하여 수행하는 일련의 활동들이라고 할 수 있을 것이다. 구체
적으로, 행정(중앙 및 지방) 부처를 관리하고(조직론), 공무원을 선발하여 배치하
고(인사행정론), 정부예산을 편성하여 집행하고(재무행정론), 정책을 설계 및 집행
하는(정책론) 일련의 모든 활동을 가장 협의적 의미에서의 행정이라고 정의할 수
있다.

　　행정을 정부가 수행하는 공적 기능 및 역할만을 중심으로 이해하는 것에는
한계가 존재한다. 현대사회에서 공적 기능은 사적 부문에 의해서도 수행되고 있
기 때문이다. 예를 들어, 민자회사가 고속도로를 건설하여 운영하기도 하는데
이러한 행위는 전통적으로 행정부에 의해서만 수행되던 공공사업이었다. 민자회
사가 고속도로 통행료를 통해 이익 추구를 한다는 측면에서 사행정의 성격을 가
지지만 고속도로 신설로 인한 인프라 증진은 공익적 성격을 가지는 공행정의 의
미를 가진다고 할 수 있다. 따라서, 행정부의 활동을 통해서만 행정의 의미를 찾
는 데는 한계가 있다.

　　Dwight Waldo는 행정에 있어서의 공공성, 공적 활동을 파악하는 데 있어서
구조기능적 분석(structural functional analysis)을 제시하였다.[1] 어느 사회에서나
구성원이 요구하는 기본적인 욕구, 즉 생존과 관련한 문제들이 있는데, 그러한
기본적 욕구 충족 달성을 위한 제도 및 조직적 활동들은 공공성을 띤다는 것이

---

1) Stillman, R. (2020). Dwight Waldo: Administrative theorist for our times. Routledge.

다. 그러나 구조기능적 분석이 각 사회마다 그 사회의 생존에 직결되고 있는 활동들을 찾아내어 그러한 활동들에 대한 공공성 여부를 판단해 주기에는 한계점이 존재한다. 기본적 욕구 및 생존에 대한 분별 자체가 상당히 주관적인 성격을 가지고 있으며 시대에 따라 공간에 따라 기본적 욕구 및 생존에 대한 개념이 변화할 수 있으므로 공공성을 가진 활동들을 단정하기가 쉽지만은 않을 것이다. 예를 들어, 무상급식이라는 제도가 사회 존속을 위한 공적 활동인지 아니면 대중적 정치(majoritarian politics) 상황에 의한 산출물인지 대해서는 명확한 기준을 제시할 수 없을 것이다.

경제학은 시장 실패에서 공적 활동, 즉 정부 개입의 영역을 찾는다. 시장실패는 정부의 개입이 없는 상태에서 완전경쟁을 이룰 수 없음을 의미한다. 시장에서는 사적재가 거래되는데 수요와 공급에 따라 결정된 가격에 의해 거래가 되며 그러한 거래는 기본적으로 경합성과 배제성을 바탕으로 한다.[2] 사적재의 경우, 이러한 특성을 바탕으로 하여 시장 균형(market equilibrium) 달성이 가능하다. 하지만, 비배제성 그리고/혹은 비경합성이 존재하는 공공재(비배제성＋비경합성), 공유재(비배제성), 요금재(비경합성)와 같은 재화들은 공공서비스의 영역이 될 수 있다. 이러한 재화들에 대해서는 시장이 최적 수준에 맞는 생산 및 소비를 보장할 수 없기에 정부가 공적 목표를 가지고 개입할 수 있는 여지가 생기는 것이다.

공공재의 대표적 예는 국방이며, 공유재의 경우에는 국립공원, 요금재는 고속도로이다. 이러한 것들은 민간기업보다는 정부와 공공기관[3]에 의해 제공되고 있음을 쉽게 알 수 있을 것이다. 하지만, 시장실패의 영역이 공적 활동에 대한 판단 기준이 되는 것에도 한계점은 존재한다. 예를 들어, 방역마스크는 전형적인 사적재이다. 하지만, 코로나 팬데믹 초기 시점에는 정부가 시장에 개입하여 소비를 조절하고 생산을 지원하는 등의 역할을 할 수밖에 없었다. 앞서 언급하였듯이, 국민의 안녕과 생존에 직결한 문제이었기 때문에 시장에 개입하여 공적 활동을 펼친 것이었다.

전통적 의미에서의 행정은 정부(government)가 하는 공적 활동으로서 국민들

---

2) 경합성은 소비자가 증가하면 기존 소비자의 소비량은 줄어드는 속성을 나타내며 배제성은 대가를 지불하지 않은 사람은 소비를 할 수 없음을 의미한다.
3) 우리나라의 경우, 정부보다는 공공기관들이 요금재 제공 역할을 수행하는데, 요금재의 경우 공공성과 수익성을 동시에 추구할 수 있는 성격을 가지기 때문이다.

이 필요로 하는 재화와 서비스를 정부가 제공해주는 형태였다. 오늘날의 행정에서는 정부가 여전히 중요한 주체로서 존재하지만, 독점적 지위를 유지하고 있는 것은 아니다. 공공서비스에 대한 국민의 요구는 더욱 다양해지고 있으며 이는 정부 단독의 공공서비스 제공방식에 문제점을 제기한다. 민간단체 그리고 비영리단체와의 협력체계를 활용하는 것이 정부 운영의 효율성과 민주성 측면에서 더 유리해진 것이다. 오늘날 많은 민간단체와 비영리단체들은 공적 보조금이나 규제를 통해서 정부에 의존성을 띠고 있으며, 동시에 공적인 역할을 수행하고 있다. 그런가 하면 정부 조직은 시장경제 논리에 맞춰 수익성 강화를 목표로 공기업을 설치하여 운영하고 있기도 하다. 정치적 권위(political authority)에 영향을 끼치고, 또 정치적 권위에 의해서 영향을 받는다는 점에서 이제 공적 조직, 사적 조직 모두 공공성을 띠는 것이다.[4] 그리하여 오늘날의 정책네트워크(policy network), 협력적 거버넌스(cooperative governance) 등의 개념들이 행정학에 등장하게 된 것이며 행정의 개념은 그 경계성이 더욱 모호해지고 있다.[5]

2) 행정과 정치와의 관계

우리나라 대학에서 행정학과는 비교적 독립적인 지위를 가지고 있지만, 미국의 경우에는, 학부 행정학과는 거의 존재하지 않으며 대학원에서의 행정학 또한 정치학과의 한 부분으로 인식되어 다루어지는 경우가 많다. 행정의 발달 과정을 보면, 초기에는 굳이 정치와 분리해서 행정의 역할을 구분할 것이 아니었다. 정치(politics)라는 의미는 정부 운영에서 주요한 의사결정, 즉 정책 결정을 하는 것을 의미하고, 행정이라는 것은 이러한 결정이 현실적으로, 효율적으로 실현되도록 하기 위한 집행을 의미하는 것이었다. 즉, 정치라는 의사결정 속에 집행 단계로서의 행정의 내용이 포함되어 있다고 본 것이다. 따라서 행정학 자체도 정치학의 부분으로서 파악을 하였다.

---

4) Bozeman, B., & Bretschneider, S. (1994). The "publicness puzzle" in organization theory: A test of alternative explanations of differences between public and private organizations. Journal of public administration research and theory, 4(2): 197−224.

5) Musolf, L. D., & Seidman, H. (1980). The blurred boundaries of public administration. Public Administration Review, 124−130.

행정(학)이 정치(학)으로부터 엄격하게 분리됨으로써 행정(학)이 탄생되었다고 볼 수 있다. 정부의 업무가 증가하고 복잡해짐에 따라, 정치의 영역 속에 있던 행정이 정치와 분리되어 독립적인 영역을 확보하게 된다. 주요한 의사를 결정하는 역할인 정치와 의사결정을 집행하는 행정의 역할이 엄격히 구분된 것인데, 이를 정치행정이원론(politics-administration dichotomy)이라고 한다. 이렇게 된 이유는 좀 더 전문성 있는 행정, 정치적 영향력으로부터 분리된 행정을 통해 좀 더 능률적인 정부를 만들기 위함이었다. 정치행정이원론 입장에서 보면, 의사결정이라는 정치적 작용은 가치를 지향하는 것이고, 집행을 하는 행정은 가치판단을 하지 않고 가치판단을 해 준 정치의 결정을 그대로 따르고 집행만 하면 되는 것이므로 가치중립적이라고 보았다.

행정이 단순한 정책 집행 역할을 넘어서서 정책 결정까지 수행한다는 신정치행정일원론적 시각 또한 태동하였다. 고전적인 정치행정일원론은 정책결정자(정치)들이 의사결정을 하고, 이를 집행하는 행정의 내용까지 다 포괄하고 있는 것인 반면, 신정치행정일원론은 정책집행을 담당하던 행정이 정책결정의 역할까지 함께하는 것을 의미한다. 정책 결정 및 집행 과정을 살펴보면, 의사결정을 하는 역할과 의사결정된 사항을 집행하는 역할이 함께 이루어진다는 것이다. 즉, 행정(부)이 정책을 형성하고 정책 형성에 영향을 미칠 수 있음을 논의하였다. 고전적 정치행정일원론 시각에서는 의사결정을 하는 정치권이 집행 시의 주요 내용까지 모두 결정하는 등 가치 판단을 하게 되는 정치가 집행까지 일괄하지만, 신정치행정일원론 시각에서는 행정이 주요한 가치판단을 해서 의사결정까지 하는 것이다.

3) 행정과 경영과의 관계

앞서 논의한 행정의 정의에서 공행정(행정)과 사행정(경영)은 조직을 구성 및 관리하여 목표 달성을 추구한다는 점에서 동일함을 논의하였다. 행정과 경영 모두 대규모의 조직을 합리적으로 운영하는 것을 목표로 한다는 점에서 정도의 차이는 있을 수 있겠지만, 공통적으로 관료제적 성격을 띠고 있다. 행정과 경영은 공통적으로 관리성 또한 가진다. 관리(management)라는 것은 기획(planning)과 통제(contorl)의 기능을 가지는데, 행정과 경영 모두 목표 달성을 위하여 기획하고 통제하는 시스템을 가지고 있다. 기획과 통제 기능을 위한 관리기술들(managerial tools) 또한 존재할 것이다. 경영 분양에서 활용되던 관리기술들이 행정에 적용되기도 하는 것이다. 예를 들어, 민간기업의 예산제도이었던 영기준예산제(zero-based budgeting)는 정부 혁신의 도구로써 행정에서 적용 및 활용되기도 하는 것이다.

행정(학)과 경영(학)이 구분되어 있음은 두 영역의 차이점이 분명 존재한다는 것이다. 행정과 경영은 추구하는 목적이 다르다고 할 수 있다. 행정은 공익을 추구하고 경영은 사익, 이익극대화를 추구한다. 하지만, 이러한 경계선이 점점 허물어지고 있는 것 또한 사실이다. 경영도 사회적 활동을 통하여 공익 증진에 기여하고 있으며 행정도 공공기관들을 통해서 수익사업들을 진행하고 있다.

행정은 앞서 정치행정일원론/이원론에서 살펴보았듯이 정치의 영역과 밀착되어 있다. 행정은 정치에 대해서 수단성과 하위성의 성격을 띠고 있다. 이것은 행정(부)이 입법(부)과 사법(부)이라는 삼권분립 정치 체제의 한 부분을 담당하고 있기 때문이다. 하지만, 경영은 정치의 영역에서 벗어나 있다. 우리가 흔히, 국민, 기업, 정부라고 표현하듯이 기업(경영)은 정부(정치)와 독립적으로 상호관계를 맺을 뿐이지 정치에 대한 하위성을 가지고 있지는 않다.

행정의 고객이 국민이라는 측면에서 행정은 헌법에 입각하여 국민을 평등하게 대우하여야만 한다. 행정은 기본적으로 법과 정책을 집행하고 적용하고 서비스를 제공하는 데 있어서 평등성이 철저하게 요구된다. 하지만 경영은 본질적으로 고객을 차등화할 수 있다. 기업이 생산해 내는 재화나 서비스는 시장에서 거래가 되는데, 더 많은 값을 치르는 고객에게는 더 많은 혜택을 제공해 줄 수 있는 것이다. 이동통신사가 좋은 예이다. 더 많은 비용을 지불하는 고객에게 더 많은 통화이용권을 제공하고 부가 혜택 또한 차등하여 지급하는 것이 그러하다. 관련하여, 수익자부담의 원칙이 경영에서는 잘 적용되나 행정에서는 그 적용이 쉽지 않다. 행정에서는 경비부담자와 사용자가 불일치 할 수 있다. 즉, 내가 낸 세금이 나만을 위한 공공서비스로 쓰이지는 않는 것이다. 하지만, 시장에서는 통신사의 예처럼 돈을 지불한 사람에게 그 혜택이 돌아가는 것이다.

행정은 국민을 대상으로 강제력을 발동하여 명령을 이행시킬 수 있는 강제수단을 보유하고 있다. 세금을 체납했을 때, 관련 법규를 위반했을 때, 과태료 혹은 과징금을 부과할 수 있으며 강제적으로 집행할 수도 있는 권한을 가진다.

그리고 그러한 권한 혹은 영향력은 전 국민을 대상으로 할 수 있다. 하지만 경영은 그 관할범위가 기업체 내에 한정되어 있으며 기업의 정책이 모든 국민에게 영향을 미치는 것 또한 아니다.

행정은 독점적 성격을 가진다. 한 국가의 중앙정부는 하나이며 이는 경쟁의 상대가 국가 내에 존재하지 않는다는 것이다. 지방분권이 지방정부 간의 경쟁성을 강화시킬 수 있지만, 경영이 이루어지는 시장에서는 그 정도의 차이가 클 것이다. 기업의 경쟁 상대는 국내적, 국제적으로 무수히 많으며 경쟁에서 살아남아야지 더 큰 영리를 추구할 수 있는 것이다.

행정의 경우 조직구성원인 공무원은 신분이 보장되어 있다. 법에 규정된 이유 없이는 공무원을 해고시킬 수 없다. 하지만, 경영의 경우에는 조직구성원에 대한 신분 보장이 강하지 않고 유연한 편이다. 인사 책임자가 채용에서부터 승진·전보·해고에 이르기까지 기업이 처한 상황 및 목표에 따라 실행할 수 있는 권한을 가진다. 예를 들어, 경영의 영역에서는 기업이 처한 경기 상태에 따라 대대적으로 감원을 단행할 수도 있다. 하지만, 행정의 영역에서는 경제 발전이 더디다고 하여 공무원을 감원시킬 수 없다.

일반적으로 행정에 있어서의 정책 결정 및 집행에 대해서는 공개를 요청할 수 있다. 물론 행정의 모든 영역이 공개성을 요구받고 있는 것은 아니다. 외교·국방상의 정책들은 안보상의 문제로 인하여 비밀성이 요구되기도 한다. 그러나 대부분의 경우에는 행정의 과정에 대한 공개를 요청할 수 있으며 규범적으로도 주권자인 국민에게 공개되는 것이 바람직하다고 할 수 있다. 경영의 영역에서 이루어지는 기업의 결정 사항들은 비밀성을 띠고 있으며 공개되더라도 소수(예 임원 및 이사회)에게만 공개된다. 타 기업들과 경쟁을 해야 하는 입장에서, 제품 개발 및 판매 등은 전략성을 가지고 있어야 하므로 전략에 대한 비밀성 또한 중요한 것이다.

2. 행정학의 성격

행정을 연구하는 행정학의 성격을 규정하는 데 있어서 행정학을 과학적으로 접근해야 하는지 아니면 기술적으로 접근해야 하는지에 대한 문제는 오랫동안 논쟁의 대상이 되어 왔다. 결론적으로, 행정학은 과학성과 기술성을 동시에 가진다고 할 수 있다. 행정학을 바라보는 관점으로 이해될 수 있으며, 행정학의 발전은 과학성과 기술성을 바탕으로 하여 발전되어 온 것이다.

행정학 연구에서 과학성(science)이란 왜(why)를 중심으로 설명성(explanation), 인과성(causality) 및 객관성(objectivity)을 강조한다. 이는 일반적인 사회과학의 성격을 따른 것이다. 사회과학은 사회 현상에 대하여 실제가 무엇인가(what is)를 말하고 설명하려는 시도를 가지며 실제가 되어야 한다(what should be)는 철학이나 신념에 관한 것은 지양하는 패러다임을 가진다. 이러한 사회과학의 성격 중 설명성, 인과성, 객관성을 강조하는 것은 실증주의와 그 맥을 함께 한다. 실증주의는 관찰 가능한 사실을 근거로 하여 과학 활동이 이루어져야 한다는 주장으로서 규율 없는 추측보다는 검증되고 체계화된 경험을 강조하는 실증적 과학으로부터 연유하는 것이다. 따라서 행정학에서의 실증적 과학성을 강조하는 입장에서는 행정학을 생물학, 물리학처럼 행정 현상을 과학적으로 연구할 수 있는 하나의 현상으로 인식한다.

행정학에서 과학성을 내세우는 대표적인 학자로는 Hebert A. Simon과 Martin Landau를 들 수 있다. 행정 현상 및 인간 행태에 대한 객관적인 분석(과학성)은 연구자의 주관적인 가치와 편견으로부터 해방시킬 수 있음을 강조한다. 주관적이고 규범적인 가치의 개입이 문제가 되는 것은 현실을 있는 그대로 설명하지 못한다는 점이다. 실천적 처방(기술성)이나 규칙(practical rules)은 그것을 제시하는 사람들의 가치관에 좌우되는 것인데, 그러한 것들은 보편타당한 원리가 될 수 없음을 지적한다. 예컨대 사회 문제 해결에 있어서 효율을 강조하는 사람은 형평을 강조하는 사람과는 상이한 정책적 처방이나 건의를 한다는 것이다.

정리하자면, 행정학의 과학성을 지지하는 입장에서는 문제 해결에 대한 처방을 목표로 하는 실천적 기술 위주의 연구결과는 단편적(fragmented)인 현상에서 벗어나기 어려워 학문으로써의 동질적 결합력(coherence)을 갖추기 어려워 일관성을 띤 과학적 지식은 될 수 없다고 주장한다.

행정학에서 기술성(art)이 무엇이냐에 대해서 그 용어와 개념이 통일되어 있지 않다. Dwight Waldo는 Art 또는 Profession으로 표시하고 있고, Simon은 Practice로 표현하고 있다. 한국 행정학계에서도 행정학의 기술성을 어떻게 이해할 것인지에 대한 논쟁이 있었지만 일반적으로 기술성은 "어떻게(how)"를 중심으로 한 실효성·실천성·처방성 및 명령성(imperative)을 내포하는 것으로 이해할 수 있다6).

Woodrow Wilson의 "행정학연구"(1887) 논문 이후로 초기의 행정학은 효율적인 정책 집행을 위한 여러 가지 관리 기법들과 기술들을 찾고 원리를 발견하는데 집중하였다. 그러다 보니 자연히 기술성 위주, 처방 위주의 행정학이 강조되었다. 행정학의 과학성 보다는 처방과 실천 위주의 기술성을 강조한 대표적학자들로는 F. Morstein Marx와 Wallace S. Sayre를 들 수 있다. 이들은 행정학이 순수한 과학성을 띠면 사회 문제 해결을 위한 행정학의 실천적 타당성이 약해진다고 지적하였다. 이러한 행정학에 대한 접근은 1970년대를 전후로 한 신행정학(New Public Administration)으로 이어졌다. 신행정학에서는 과학성 위주의 행정학은 여러 가지 사회 및 행정 문제를 해결할 능력이 없다고 지적하였다. 행정학은 사회 문제 해결에 그 의의가 있으며 그 목표를 위해서는 과학성 보다는 가치성·처방성·실천성 등으로 이해할 수 있는 행정학의 기술성을 강조하였다.

행정학의 기술성을 강조하는 관점은 실용주의적 가치와 방법론을 토대로 둔다고 할 수 있다.7) 실용주의는 인간의 생존 조건 향상에 기여할 수 있는 현실적이고 실제적인 지식을 진리로 간주하였기에, 하나의 연구방법론에 의지하지는 않는다. 즉, 행정학의 과학성을 떠나 실용적인 지식을 이끌어 낼 수 있다면, 규범적이고 주관적인 처방들 또한 가치 있는 지식으로 간주한다. 이 지점에서 실용주의와 행정학이 접목할 수 있으며 행정학에 있어서의 기술성으로 대변될 수 있다.

즉, 올바른 행동대안의 선택을 위한 문제 해결의 탐구 논리를 제시하는 것이 행정학의 기술성이며, 이러한 접근방식이 행정학이 학문적 가치를 나타낼 수 있다고 판단하는 입장이다.

---

6) 백완기. (2006). 행정학. 서울: 박영사.

7) 강용기. (2014). 실용주의와 행정학―듀이(J. Dewy)의 도구주의와 탐구논리를 중심으로. 한국자치행정학보, 28(1): 117−132.

3. 행정의 미래

행정의 발전과정을 보면, 행정학의 탄생은 실천적 이유에 있음을 알 수 있을 것이다. 행정 문제의 해결을 위한, 즉 정책의 효율적 집행을 위한 실천적 필요성은 행정학이라는 학문의 과학적 연구를 또한 촉진시켰다. 바로 이 지점에서 행정학은 과학성과 기술성이라는 양면성을 모두 가지게 되는 것이다. 이는 행정이 추구하는 다양한 가치들로 이해될 수도 있다. 행정은 대응성, 민주성, 합리성, 합법성, 형평성, 효과성, 효율성 등의 가치를 추구한다.[8] 이러한 가치를 추구하기 위해서 행정학은 과학성을 바탕으로 한 연구를 할 수 있으며 기술성이나 처방성을 전제로 한 연구를 할 수 있는 것이다.

실천적 기술성이나 처방성은 과학성을 전제하므로 과학성이 선행되어야 한다는 실증주의(positivism) 입장도 있다.[9] 처방은 현실의 정확한 설명이나 진단을 기초로 해야지 여타의 그 어느 것에도 근거를 둘 수 없다는 것이다. 현실에 대한 객관적인 설명, 즉 실증적 분석 없이 내리는 처방은 피상적이고 주관적일 수 밖에 없다는 것이다. 하지만, 과학성이나 이론성을 강조한 접근방식이 현실적인 문제에 대한 적절한 해결 방안을 제시하는가에 대한 비판을 받고 있는 것 또한 사실이다. 이를 행정학 학문과 행정 실무 사이에서의 간극(gap between academics and practitioners)이라고도 한다.[10] 행정 실무자들이 행정학 논문으로부터 정책적 조언을 기대하기 어렵다는 비판이다. 이러한 비판에 대응하여 미국행정학회의 학회지(Public Administration Review)에서는 학술논문을 게재할 때, 실무자들을 정책적 함의를 의무적으로 기재하게 하고 있다. 앞으로의 행정학은 과학성과 기술성 논쟁을 넘어서 근거를 바탕으로 한 실효성 있는 정책적 제언(evidence-based policy)을 생산해 내는 데 그 책무가 있다고 할 것이다.

21세기 나타내는 표현 중 하나가 뉴노멀의 시대이다. 저성장, 높은 불확실성, 빠른 기술변화, 포스트코로나 등으로 대표되는 뉴노멀은 20세기 산업사회와는 다른 생존 전략을 요구한다. 우리 사회는 저출산, 4차산업혁명, 기후변화, 세계

---

8) Reed, B. J., & Swain, J. W. (1996). *Public finance administration*. Sage Publications.

9) 백완기. (2006). 행정학. 서울: 박영사.

10) Kim, J. (2018). Little Bites of Big Data for Public Policy by Donald F. Kettl. Journal of Public and Nonprofit Affairs, 4(3): 350−352.

12 행정학원론

화 등 그로 인한 저성장의 고착화와 증대된 불확실성을 마주하고 있다. 이러한 환경적 변화는 개인과 기업, 그리고 정부의 역할 변화를 주문하고 있으며. 우리 사회가 추구해야 할 가치를 재점검해 볼 필요가 생긴 것이다. 행정이 추구할 수 있는 전통적 가치들을 넘어서서 지속가능한 발전, 보장성, 공감성, 자율성 등과 같은 가치들을 고민하여 정부의 역할을 재정립할 시점이다.[11] 행정부 내부에서의 변화도 급변하고 있다. 행정안전부는 2020년 공직사회 소통책자 『90년생 공무원이 왔다』를 공무원들에게 배포하였다. 밀레니얼 세대(1980년대 초~2000년대 초 출생) 공무원이 바라본 공직사회의 일하는 방식, 조직문화에 대한 솔직한 생각과 개선방안을 담은 책자이다. 공직사회에서 세대 간의 간극이 갈등으로 이어지지 않도록 하는 새로운 행정이 필요한 시기이다.

---

11) 구교준·이용숙. (2016). 뉴노멀 시대의 경제환경과 다양성. 22(2): 27－50.

제2절 행정학의 역사적 발달과 변천

1. 행정학의 대두배경

실무적 활동으로서의 '행정'은 오랜 역사를 갖고 있다. 행정의 기원을 역사적으로 정확히 규명하기는 힘들지만, 인류가 정해진 영토적 경계 속에서 정착된 사회와 공동체를 형성하여 문명을 시작한 시기부터 행정은 시작된 것으로 보는 견해가 지배적이다. 멀리 이집트, 중국, 그리스, 인도 등 고대문명에서 관료제 시스템이나 경쟁적 채용 시스템의 흔적을 찾을 수 있다. 하지만 학문적 영역으로서의 '행정학'의 역사는 이보다는 훨씬 짧은 역사를 가지고 있다. 학자들의 견해는 19세기 후반에 이르러서야 독립된 학문적 영역으로서 행정학이 시작되었다고 보고 있다. 현대적 의미의 행정학이 출연하기 이전까지 실무적 활동으로서 행정은 오랜 기간 동안 정치학이나 법학 등 행정학과 유사한 인접 학문으로부터 이론적 기반을 제공받아 관련된 개념과 지식을 체계화하고 발전시켜 왔을 뿐이다.

행정(public administration)이라는 용어를 최초로 정의하고 소개한 인물은 18세기 후반의 해밀톤(Hamilton)이며, 행정에 대한 최초의 학술적 저서는 1812년 프랑스의 학자인 샤를 장 부나(Charles Jean Bounin)가 저술한 「공공행정의 원칙」(Principle d'Administration Publique)이다. 그러나 해밀톤과 부나 이후 행정에 대한 전문적 연구나 저술이 거의 뒤따르지 않았기 때문에 이 시기를 행정학이 독자적인 학문영역으로서 출범한 최초의 시기로 보기는 어렵다. 그 이전의 시기를 포함하여 이 시기까지의 '행정'이라는 주제는 정치학, 윤리학, 법학, 형이상학과 같은 여러 학문 영역에 걸쳐 산발적으로 논의되는 개념이었고 독자적인 학문 영역으로서 정체성을 갖추려는 노력은 찾아보기 어려웠다.

한편 18세기 후반 서구 사회는 산업혁명의 확산과 함께 급속한 변화를 겪고 있었고 이러한 변화는 행정이라는 개념의 범위를 크게 확장시켜 바라볼 것을 요구하는 계기가 되었다. 산업혁명 시대의 행정절차는 과거의 방식처럼 처리되기에는 너무나 복잡해진 사회문제를 다루어야 했기 때문에 전문적인 관료시스템의 출연, 더 나아가서 전문 관료들의 행동규범과 역량을 체계화된 지식으로 정리할 필요성이 대두되기 시작하였다. 이러한 배경에서 출현한 우드로우 윌슨(Woodrow Wilson)의 논문 "행정학 연구"(The Study of Administration)는 독립된 학문적 영역으로서 행정학의 출발을 상징하는 신호탄으로 여겨진다. 우드로우 윌슨의 "행정학 연구"는 1887년 미국의 정치학 학술지인 「Political Science Quarterly」에 게재된 논문으로서 "행정학이 독자적인 학문영역으로서 발전하는 데 있어서 비교할 수 없을 만큼 중요한 공헌을 한 논문"으로 평가 받고 있다.[12] 이 논문은 행정은 정치 또는 정치인의 왜곡된 의도와는 분리되어야 하며, 결과지향적이고 효율적이며 효과적이어야 함을 강조하는 내용으로 이루어져 있고 후일 정치 - 행정 이원론(Politics-Administration dichotomy theory)이라고 불리는 학문적 입장의 효시가 되었다. 윌슨은 행정은 정치적으로 결정된 정책을 집행하는 일에만 전념하여야 하며, 정책을 실제로 결정하는 일은 정치인에게 부여된 임무라고 주장하였다. 그는 행정을 정치와 분리시킴으로써 정부가 나아가야 할 길을 더욱 명확히 제시할 수 있고, 정부의 활동을 보다 전문화 시키며, 정부조직을 정화 및 강화시킬 수 있으며, 본연의 직무에 더욱 충실할 수 있도록 할 수 있다고 주장하였다.

2. 행정학의 역사적 변천과정

행정학의 역사적 변천은 <표 1-1>과 같이 6단계로 나누어 설명할 수 있다.

---

12) Tonwe, D. A. (1998). Public Administration: An Introduction, Benin: Amfitop Books.

〈표 1-1〉 행정학의 단계별 변천 과정

제1기	1887-1926년	정치-행정 이원론
제2기	1927-1937년	행정의 원리
제3기	1938-1950년	비판과 도전
제4기	1950-1970년	정체성 위기
제5기	1970-1990년	공공행정에서 공공관리로
제6기	1990년 이후	공공관리에서 거버넌스로

이를 단계별로 자세히 살펴보면 다음과 같다.

1) 제1기

우드로우 윌슨이 1887년 저술한 "행정학 연구"에서 제시된 정치와 행정을 구분하는 이론은 후일 프랭크 굿나우(Frank J. Goodnow)가 1900년에 저술한 그의 책 「정치와 행정」(Politics and Administration)에서 계승되고 발전되었다. 그는 "정부는 정치와 행정이라는 뚜렷이 구별되는 두 가지 기능을 갖고 있으며, 정치는 국가의 의지를 표현하는 정책의 형성과 관련된 것인데 반해 행정은 정책을 집행하는 것과 관련이 있다"고 주장한다. 그는 정치와 행정의 분리의 핵심은 주권적 의지(soverreign will)를 형성하고 표현하는 권력과 이를 집행하는 권력을 분리하여 권력의 분립을 이루고자 하는 데 있다고 강조한다.

20세기에 들어 미국에서의 행정학은 때마침 미국 대학가에 불어온 공공부문 개혁의 바람과 더불어 점점 더 학자들의 관심 영역이 되어갔다. 1912년에는 미국정치학회(American Political Science Association) 산하에 공직훈련위원회(Committee on Practical Training for Public Service)가 설치되어 미국 내 대학들에 공직자들을 훈련시키는 전문대학원(professional schools)을 설립할 것을 제안하기도 하였다. 이 위원회는 훗날 1939년 설립된 미국행정학회(American Society for Public Administration)의 전신으로서 역할을 하게 된다.

행정학이라는 학문을 본격적으로 다룬 최초의 저서는 1926년 화이트(Leonard D. White)에 의해 출간된 「행정학 개론」(Introduction to the Study of Public

Administration)이다. 화이트는 이책에서 윌슨의 정치－행정 이원론을 계승하는 논지를 펼치면서, "정치는 행정에 개입해서는 아니되며, 행정학은 그 자체로 가치중립적 학문으로 발전할 수 있고 행정이 추구하여야 할 가치는 경제성과 효율성이다"라고 주장하였다. 행정은 정치와 분리되어 공공의 이익(public interest)을 위해 공공의 의지(public will)를 정직하고 효율적으로 집행하여야 한다고 주장하였다. 이러한 화이트의 주장에 따라 당시 행정부에 의해 이루어지는 모든 행정활동은 진실에 기반한 과학적 활동이며, 그렇지 못한 정책형성은 정치학의 소관인 것으로 받아들여졌다. 행정학 연구에서 과학과 진실을 강조하는 화이트의 주장은 훗날 과학적 행정이론이 출연하는 데 초석으로 작용하였다.

2) 제2기

이 시기는 학자들로 하여금 행정학은 그 자체로 고유한 영역을 점하고 있고 잘 정리된 원리(principles)를 갖고 있는 독립된 학문이라는 믿음을 더욱 강하게 갖도록 한 시기이다. 이 시기의 시작은 윌러비(W. W. Willoughby)가 그의 책 「행정의 원리」(Principles of Public Administration)을 출간한 1927년부터이다. 윌러비는 이 책에서 그 이전의 시기로부터 물려받은 정치－행정 이원론을 발전시키면서, 다른 한편으로는 행정학의 근본적 원리에 대해 새로운 주장을 펼쳤다. 그는 "행정학은 다른 어느 과학의 영역에서와 마찬가지로 일반적 적용이 가능한 근본적 원리(fundamental principle)을 갖고 있는 학문이다"라고 하였으며, 이러한 원리를 행정가가 학습하고 적용한다면 누구나 행정의 전문가가 될 수 있다고 주장하였다. 행정의 원리는 어느 환경에서나 성공적인 적용이 가능하며, 만약 성공적인 적용이 이루어질 경우 행정의 효율성은 크게 증가할 수 있다고 한다. 한편 1930년대에 불어닥친 미국의 대공황은 '정부사업의 재조정과 혁신'이라는 주제에 대한 활발한 논의를 불러일으키는 계기가 되면서 행정의 효율성과 효과성에 대한 요구가 한층 증대되었다. 이러한 시대적 배경과 맞물려 윌러비의 「행정의 원리」는 독보적인 가치를 평가받게 되었고, 이에 힘입어 행정학은 공공부문의 효율성과 효과성을 증진시키고자 열망하는 전 세계 학자들과 실무가들의 집중적인 관심의 영역으로 발돋움하게 된다.

이 시기에 중요한 의미는 지니는 또 다른 행정학 연구는 귤릭(Luther Gulick)

과 어윅(Lyndall Urwick)에 의해 1937년에 쓰여진 "행정과학에 대한 논문"(Papers on the Science of Administration)이다. 굴릭과 어윅은 "어떠한 종류의 인간사회라도 그 질서와 규율을 다스리는 인간조직에 대한 연구를 통해 일반적 원리를 귀납적으로 도출하는 것이 가능하다"라고 주장하면서, 이러한 원리의 결정체를 이루는 개념인 POSDCORB를 주창하였다.[13] 이러한 내용의 행정학 원리는 주로 행정조직의 상위계층의 활동에 초점을 두고 있었기 때문에 행정관리이론(Administrative Management Theory)라는 명칭으로도 불리었으며, '공공'(public)보다는 '행정'(administration)의 효율성에 전적으로 집중하는 연구 흐름을 만들어냈다. 이 시기는 윌러비, 굴릭, 어윅의 업적에 힘입어 행정학이 고유한 학문적 영역으로서 최고의 전성기를 누리는 시기였다.

3) 제3기

1938년에 들어서 체스터 버나드(Chester I. Barnard)가 출간한 '관리간부의 기능'(The Functions of the Executive)은 첫째, 정치 – 행정은 분리될 수 없다는 점과 둘째, 행정의 원리는 과학적 타당성을 갖추지 못하고 있다는 점을 들면서 종전의 행정학에 대해 비판적인 입장을 취하는 주장을 내세우기 시작했다. 그 후 1946년에 출간된 「행정의 요소」(Elements of Public Administration) 또한 정치와 행정이 분리될 수 있다는 행정학의 가설에 대해 근본적인 의문을 제기하였다. 이 책에 따르면 행정은 그 자체가 가지고 있는 정치적 속성 때문에 근원적으로 정치와 분리될 수 없으며, 행정의 기능은 결정된 정책의 집행뿐 아니라 정책대안의 형성에서도 중요한 기능을 수행한다고 한다. 이 시기에 제기된 정치 – 행정 이원론에 대한 도전은 그동안 유지되어 온 종전의 행정학 이론에 대한 변환과 쇠퇴를 암시하는 중대한 사건이었다.

이 시기의 행정학에 대한 또 다른 도전은 행정의 원리에 대한 도전이었다. 허버트 사이몬(Herbert Simon)은 그가 1946년 발표한 논문과 1947년 출간한 책을 통해 행정의 원리는 그에 대응하는 반대의 원리를 가지고 있기 때문에 불필

---

13) 이는 효율적인 행정을 달성하기 위해 요구되는 관리자의 7가지 기능을 가리키는 개념으로, 기획(Planning), 조직(Organizing), 인사(Staffing), 지휘(Directing), 조정(Coordinating), 보고(Reporting), 예산(Budgeting)의 영문 머리글자들을 조합하여 만들어진 용어이다.

요한 개념이며, 그보다는 인간의 의사결정에 초점을 두는 행태적 접근법이 행정학의 과학화를 위해 더 적절하다고 주장했다.

역시 1947년에 로버트 달(Robert A. Dahl)에 의해 출간된 '행정의 과학: 세 가지 문제'(The Science of Administration: Three Problems)라는 제목의 논문 또한 행정의 원리에 대한 또 다른 도전을 내용으로 포함하고 있었다. 이 논문에서 저자는 행정학이 과학으로서 인정받기 위해서는 첫째, 규범적 가치가 행정학에서 어떠한 위치를 차지하는지를 명확히 해야 하며, 둘째, 행정의 영역에서 활동하는 인간의 속성에 대한 이해와 인간 행동에 대한 예측이 더 진전되어야 하며, 셋째, 국가 간 경계나 특별한 역사적 경험을 초월하는 일반적 원리를 비교연구에 의해 도출해 내야 한다고 주장하였다.

드와이트 왈도가 1948년에 출간한 「행정국가」(The Administrative State)라는 제목의 책 또한 첫째, 변하지 않는 행정의 원리가 존재하기 어렵다는 점, 둘째 행정의 원리를 도출하기 위해 활용된 방법론이 일관성을 결여하고 있다는 점, 셋째, 행정의 원리를 지배하는 경제성과 효율성의 개념이 매우 협소한 의미를 지니고 있다는 점 등을 들어 종래의 행정의 원리에 대해 비판적 입장을 취하였다.

이 시기 제기된 비판과 도전으로 인해 과학적 법칙과도 같은 행정의 원리를 발견할 수 있다는 믿음과 정치 – 행정 이원론에 대한 지지는 점차 쇠퇴하게 되었다.

4) 제4기

정치 – 행정 이원론과 행정의 원리에 대한 믿음의 쇠퇴는 결국 행정학이라는 학문적 영역으로 하여금 심각한 정체성 위기를 겪게 하는 계기가 되었다. 이러한 위기 속에서 이 시기의 행정학자들은 행정학을 인접 학문인 정치학과 경영학을 연계시키는 방식으로 탈출구를 모색하게 된다. 예를 들어, 1950년대에 출간된 많은 수의 행정학 저술들은 행정학을 정치학의 하위 분야, 또는 특별한 관심 영역, 또는 동일 분야로 묘사하고 있는데 반해 정치학자들은 이러한 흐름을 그다지 반기지 않는 분위기였다.

정치학에서 환영받지 못한 행정학자들의 연계 시도는 또 다른 일군의 행정학자들로 하여금 관리과학(Administrative Science)이라는 공통분모를 통해 경영학과의 연계를 시도하도록 하였다. 이들 학자들은 조직이론이 행정학 전반을 아우르는 근간이 되어야 한다고 주장하면서 경영관리(Management)를 행정학의 새로운 패러다임으로 정립하고자 노력하였다. 이 시기에 활약한 마치(James G. March), 사이몬(Herbert Simon), 톰슨(James G. Thompson) 등 학자들의 저술들은 행정학의 패러다임으로서 경영관리가 선택된 이유에 대해서 확고한 이론적 기반을 제공하는 역할을 하였다. 한편, 행정학의 새로운 패러다임으로서 경영관리는 행정학 연구의 새로운 초점과 새로운 분석기법을 제공해 주었지만 어떠한 제도적 맥락에서 이러한 초점과 기법이 적용되어야 하는지에 대해서는 지침을 제공하지 않았다. 그럼에도 불구하고 이 시기에 경영학이 행정학에 미친 영향은 대체로 긍정적으로 평가되고 있다. 비록 정치학이나 경영학과의 연계가 행정학에 긍정적 영향을 미친 면이 있다고 하더라도 행정학자들에 의해 이러한 연계 시도가 이루어지게 된 계기는 행정학이라는 학문이 정체성을 잃어 가고 있다는 위기감에서 출발한 것임은 부인할 수 없으며, 따라서 이 시기를 정체성 위기(identity crisis)의 시기라고 부르는 것이다.

5) 제5기

행정학이 정체성의 위기라는 힘든 시기를 겪는 과정에서도 행정학이 독립적인 학문 분야로서 자리매김할 수 있는 동력들이 1970년대에 들어서면서 서서히 생겨나기 시작하였다. 그중 하나의 움직임은 정책과학(policy science)에 초점을 두는 다학제적(interdisciplinary) 접근의 태동이다. 이 시기의 세 가지 두드러진 움직임이 주목할 만한데, 그 첫 번째는 정치학과 행정학의 연합, 두 번째는 경제학과 행정학의 융합, 그리고 세 번째는 조직이론과 행정학의 혼합이다. 또 다른 움직임은 신행정학(NPA: New Public Administration)의 출현이다. 신행정학은 1968년 개최된 미노우브룩 회의(Minnowbrook Conference)가 계기가 되어 알려진 새로운 행정학의 움직임이다. 미노우브룩 회의는 당시 시라큐스 행정대학원의 슈바이처 석좌교수였던 드와이트 왈도(Dwight Waldo)가 격동의 시기(turbulent time)이라고 불리던 1960년대의 사회적 불안정성을 해결하기 위해 행정학이 할 수 있는 일들을 모색하고자 당시 젊은 행정학자들과 함께 조직한 회의이다. 당시 베트남 전쟁, 도시 폭동, 학원 소요 사태, 사회적 저항운동 등 산적한 사회문제들을 해결하기 위해서는 효과성과 효율성에 매몰된 정부조직 보다는 공정성(fairness), 정의(justice), 형평성(equality)의 개념에 중점을 두는 행정학의 새로운 움직임이 강조되었다. 이 회의 및 뒤이어 개최된 심포지엄, 워크샵 등에서 발표된 논문들은 1971년에 회의의 공동 주최자 중 한명이었던 Frank Marini에 의해 「신행정학을 향하여: 미노우브룩 관점(Toward a New Public Administration: The Minnowbrook Perspective)」이라는 제목의 편저로 출간되었다. 신행정학은 기술적 분석보다는 처방적 대안제시에, 제도 중심적이기 보다는 고객 중심적 행정에, 가치 중립적이기 보다는 규범적 가치에 더 큰 강조점을 두었으며, 동시에 과학성을 잃지 않으려는 태도를 강조했다.

다학제적 접근과 신행정학의 출현이라는 이 시기 행정학의 새로운 흐름들은 행정학자들로 하여금 정치학과 관리과학과의 연계를 종식시키고 행정학을 하나의 독립된 학문영역으로 인식하도록 하는 계기가 되었다. 학계에서 발생한 이러한 새로운 움직임은 공공부문에 종사하는 행정가들에게도 자부심을 고취시키면서 전반적으로 행정학이 뚜렷한 독립적 학문영역으로 자리잡도록 하는 데 기여하였다. 이러한 움직임은 1970년대 행정학 교육기관들에게도 큰 변화를 불러일으키는 계기가 되었다. 1970년에는 미국에서 행정학 관련 전공과 과정을 제공하는 고등교육기관들의 연합체인 전미행정학교육기관 협의회(NASPAA: National Association of Schools of Public Affairs and Administration)가 설립되었다. 당시 NASPAA가 설립되어 활동을 시작하면서 미국 내 많은 대학들에서 행정학을 독립된 학과로 설치하는 경우가 큰 폭으로 증가하였고 경영대학이나 정치학과에 소속된 행정학 프로그램은 눈에 띄게 감소하기 시작하였다. NASPAA의 활동이 당시 행정학이 독립적 학문영역으로 자리잡는 데 큰 기여를 한 증거로 여겨질 만한 현상이다.

신행정학의 영향으로 인하여 이 시기에는 행정학 이론에도 눈부신 발전이 있었다. 신자유주의(neo−liberalism) 철학은 행정학에 '공공의 이익'이라는 새로운 개념을 주입시켜 행정학 이론에 윤리적 측면을 보강시켜주는 역할을 하였다. 자연과학에서 비롯한 시스템 이론(system theory)과 생태주의적 접근법(ecological approach)이 행정학에도 도입되어 행정학 이론의 기반을 강화하는 데 일조하기도 하였다. 행정학 분야에 생태주의적 접근법을 접목시킨 창시자이자 비교행정학의 아버지로 일컬어지는 프레드 릭스(Fred Riggs)가 제창한 FPD 모형(Fused

Prismatic Diffracted Model)은 당시 이러한 이론적 발전을 보여주는 하나의 사례이다. 이와 더불어 행정의 정치적 성과를 설명하기 위하여 정치경제학의 개념들을 차용하는 행정학자들의 시도가 증가하는 현상도 당시 이론적 발전을 보여주는 또 다른 사례이다.

6) 제6기

1980년대 후반에 등장한 신공공관리론(NPM: New Public Management)은 이 시기 행정학 이론 발전의 또 하나의 시금석이다. 데이비드 오스본(David Osborn)과 테드 개블러(Ted Gaebler)의 저서 「정부 재창조」(Reinventing Government)를 통해 주창된 신공공관리론은 시민을 민원인이 아니라 "고객"으로 대우할 것을 요구하였으며, 공공분야의 서비스 질 향상을 위해 민간조직의 아이디어와 경영 스타일을 접목시킬 것으로 강조하였으며, 이러한 아이디어는 모든 수준의 정부조직에 광범위하게 스며들어 갔다. 21세기에 접어들어서 빈센트 오스트롬(Vincent Ostrom)과 같은 학자들은 공공선택론적 접근법에 기반하여 작지만 효율적인 정부를 요구하는 국가 최소주의(State Minimalism)을 내세우기 시작하였다. 이와 함께 등장한 또 다른 새로운 행정학의 흐름은 행정과 경영의 구분을 무의미한 구분으로 간주하는 시각이다. 전통적으로 경영은 산업이나 민간기업과 관련성을 갖는 반면, 행정은 정부조직과 관련된 것으로 여겨졌으나, 신공공관리론의 대두와 더불어 정부가 공공기업을 통해 산업이나 상업적 활동을 영위하고 민간기업은 점점 더 관료화된 시스템을 채용하는 것이 일반화된 현상인 만큼 공공부문과 민간부문의 협업은 당연한 것으로 여겨졌고 행정과 경영의 구분은 무의미한 것으로 여겨지게 된 것이다. 이와 더불어 이제는 이러한 공공관리의 개념을 넘어서서 정부, 시장과 제3섹터가 상호 협력하여 정부서비스를 생산하고 정책을 결정하는 협력적 거버넌스를 중시하는 패러다임이 생겨나기 시작하였다. 이러한 협치는 전통적인 정부관료의 생산적 효율성의 한계를 극복하고자 하는 시도에서 비롯된 것이며 정부서비스의 고객지향성이 점차 강화되어 가는 것을 의미하기도 한다.

제2장

행정이념과 가치

제1절   행정이념의 개념

현대국가에 있어서 행정의 중요성은 특별히 강조할 필요도 없겠지만 행정의 중요성이 강조되면 될수록 그에 대한 책임성 확보기능이 긴요하고도 어려운 과제로 부각된다. 그리하여 행정의 책임이 무엇이며, 누구에 대한 책임인가 그리고 어떠한 방법으로 그것을 효율적으로 확보할 것인가의 문제가 현대 행정국가가 공통적으로 당면하고 있는 가장 어렵고도 벅찬 과제 가운데 하나이다.

행정책임의 평가기준은 헌법과 법령 등에 명문으로 규정하고 있는 경우도 있고, 그렇지 않는 경우도 있다. 여기서 문제가 되는 것은 관료들의 업무수행에 대해 객관적인 법령 등 명문규정이 없는 경우에는 어떠한 기준에 따라서 행정책임을 평가해야 할 것인가 하는 문제가 남게 된다. 이런 경우 행정평가 기준으로 당연히 행정환경에 부합한 행정이념이 반영되어야 한다. 행정이념은 첫째, 행정업무의 처리기준, 원칙, 일반적 지침, 둘째, 행정업무평가의 기준, 셋째, 행정철학과 이상적 미래와 관련, 넷째, 행정의 본질가치, 궁극가치, 최고가치, 이상적 미래상 등의 요소를 포함하고 있다. 이것은 행정이 업무를 처리하는 데 의존하는 일종의 기준으로서 흔히 바람직한 행정은 어떤 것이고 어떻게 해야 할 것인지 지침이 되는 것이다. 즉 행정의 지도 정신, 행정이 지향하는 가치를 말한다.

행정이념이란 행정의 업무를 처리하는 데 지침이 되는 일련의 기준으로 흔히 행정이 '어떠하여야 된다' 혹은 바람직한 행정은 '어떠한 것이다'와 같이 이상으로 제시되는 행정발전의 평가척도를 의미한다. 행정의 최고가치, 이상적 미래상, 행정철학 또는 행정의 지도정신을 의미하는 행정이념은 그 내용이 시대와 나라에 따라 강조되는 점이 다양하다. 이러한 행정이념으로 대표적인 것에는 합법성, 능률성, 효과성, 민주성, 중립성, 형평성이 있다. 그러나 이러한 이념 사이에는 우선순위를 명확히 규정할 수 있는 것이 아니라 상호보완적 혹은 상호갈등적인 관계를 유지하고 있다.

행정이념은 학자에 따라 다양하게 제시되고 있는데, 열거하면 공익성, 민주성, 능률성, 효과성, 합리성, 안정성, 합목적성, 경제성, 생산성, 효율성, 중립성, 대표성, 책임성, 합법성, 공평성, 형평성 등이다. 이 중에서 주요한 행정이념이라 할 수 있는 합법성, 경제성·능률성·효과성, 민주성, 중립성, 형평성을 검토한다.

제2절   행정이념의 특성

1. 행정이념의 내용

1) 합법성

합법성(legality)은 법적 측면에서의 행정이념이다. 행정과정의 모든 활동이 합법적으로 제정된 법령에 따라야 한다는 법률 적합성을 가져야 함을 의미한다. 합법성은 행정업무가 이미 정해진 법과 규정에 얼마나 충실하였는지에 대한 판단기준이 되며 행정에 요구되는 가장 기초적인 행정이념이다. 19세기 후반 입법국가 시대의 법치주의 원리에 바탕을 둔 것으로 행정권의 강화, 위임입법의 증대, 행정의 전문화 등에 기인한 행정국가에서의 행정이념 중 합법성은 최소의 준거로 인식되고 있다. 행정재량의 범위가 확대되면서 합법성의 비중은 저하된 것은 사실이지만 무조건적으로 행정이 법률에 위반되어서는 안 된다는 소극적 의미 보다 법의 의도 내지 취지를 적극적으로 살려야 한다는 것으로 해석된다.

합법성은 행정국가가 대두되기 이전 입법국가에서 행정권이 자의적인 활동을 법적으로 억제함으로써 국민의 권리와 자유를 보장하고 법적 안정성을 확보하려는 행정규범이었다. 그러나 행정국가에서 합법성의 지나친 강조는 행정의 합목적성, 기술성, 전문성을 저하시킬 우려가 있다. 또한 행정의 효과보다는 합법성의 요건을 갖추기에 급급하게 되고 행정의 실질적 효과를 높이기보다는 법규를 위반하지 않는 것만을 중시하게 된다. 합법성이란 단지 국회에서 제정한 법에 의한 행정으로만 부족하며 이는 의회 입법 이전에 존재하는 헌법상 개인의 기본적 자유와 권리의 본질을 보장하는 법에 토대한 행정이어야 함을 시사한다.

2) 경제성·능률성·효과성

경제적 측면의 행정이념으로 경제성, 능률성 및 효과성을 들 수 있다. 이를 모두 효율성으로 표현하기도 한다.

첫째, 경제성(economy)은 정책·사업 또는 활동에 투입되는 인적·물적자원을 적정한 품질을 확보하면서 최소의 비용으로 획득·사용하는 것을 의미한다. 즉 경제성은 투입에 관련된 것으로서 자원획득에 예산을 적게 사용하는 것을 말하며 일정한 양의 산출을 얻기 위하여 투입량 또는 생산요소를 줄일 수 있는지 여부를 판단(judge)하는 기준이 된다. 경제성은 투입의 최저원가로 정의할 수 있는데 절약에 의할 수도 있고 최저가에 투입요소를 구매한 결과일 수도 있다. 경제성은 최저가로 구입한 투입요소 때문에 행정서비스의 질이 저하되는 것처럼 관리가 지향해야 할 주요 가치로서는 부적절하다.

둘째, 능률성(efficiency)은 투입(일정한 산출을 위해 제공된 노력, 시간, 비용 등)에 대한 산출(일정한 투입에 의해 얻어진 성과, 소득, 편익 등)의 비율로 정의한다. 즉 산출 대 투입의 비율이 크면 클수록 혹은 많으면 많을수록 그 조직은 더 능률적이다.[1] 행정활동에 최소한의 인적·물적 자원을 투자하여 최대의 성과를 성취해야 한다는 것이다. 행정국가의 대두와 더불어 급격한 예산팽창과 그에 따른 납세자의 담세의 증가로 인하여 예산의 낭비를 줄이고 보다 많은 편익을 국민들에게 제공한다는 차원에서 행정의 능률성은 중요한 행정 규범으로 인식되기 시작하였다. 또한 능률성을 증진시키기 위하여 비용을 최소화하거나 같은 비용으로 이익을 최대화하는 개념으로 활용되기도 한다. 또한 능률은 기계적 능률관(1930년 이전)에서 사회적 능률관(1930년 이후)으로 구분하고 있는데, 전자가 가치중립적이고 기술적이며 객관적인 능률임에 비해, 후자는 인간적·합목적·상대적·장기적 능률을 의미한다. 능률성과 비슷한 개념으로 '생산성'이 있고 대립되는 개념으로는 '가외성'이 있다. 생산성(productivity)은 능률성과 효과

---

1) 능률성을 측정하는 기준으로 파레토 기준(Pareto criterion)과 칼도-힉스 기준(Kaldo-Hicks criterion)이 있다. 전자는 새로운 상태에서 어떤 사람의 효용수준도 예전보다 더 낮아지지 않았고, 최소한 한 사람 이상의 효용수준이 예전보다 더 높아졌다면 이를 개선이라고 평가하는 기준을 말한다. 후자는 파레토 기준의 비현실성을 극복하고자 나온 기준으로, 어떤 변화를 통해 이득을 보는 사람에 의해 평가된 이득의 가치가 손해를 보는 사람에 의해 평가된 손해의 가치보다 더 클 때 그 변화를 개선이라고 평가할 수 있다는 기준을 말한다.

성을 포괄하는 것으로 공공서비스를 증진시키고 예산절약을 기할 수 있으며, 인력수급과 고용예측의 합리화를 가능케 함으로써 경제변동에 신축성 있게 적응할 수 있으며 행정과정에 있어서 조정과 통합 및 통제메카니즘을 개선케 한다는 등의 효용성을 갖는다. 가외성(redundancy)은 랜다우(M.Landau)에 비롯된 것으로 중첩, 중복, 등전위현상 등을 내포한 개념이다. 중첩성(overlapping)은 동일한 기능을 중복하여 수행하는 것으로 자체 내에서 발생하는 오류를 미리 진단하거나 오류의 효과를 최소화할 수 있고, 중복성(duplication)은 동일한 기능을 여러 기관들이 독자적인 상태에서 수행하는 것이며, 등전위현상(equipotentiality)은 동등잠재력으로 해석되며, 주된 조직의 기능이 작동하지 않을 때에 보조단위 기관들이 주 단위 기능을 인수하여 수행하는 것이다. 이럴 경우 정부의 정책결정 시 불확실한 상황과 정보수집의 불완전성 등을 보완해 정책실패의 확률을 줄여 국민의 신뢰를 증진시켜 줄 수 있다는 장점은 있으나 기능 간, 조직 간의 충돌 등 운영상의 한계와 비용의 증대를 초래한다는 점에서 능률성과는 대치된다.

셋째, 효과성(effectiveness)은 정책·사업 또는 계획이 의도한 결과와 실제 달성한 결과 사이의 관련성을 말하는 것으로 정책목표, 운영목표 또는 다른 의도한 효과를 얼마나 달성하였는지의 정도를 말한다. 정태적이고 기계적인 능률성과는 달리 동태적이고 합목적적인 개념이라 할 수 있다. 1960년대에 들어오면서 행정은 전통적인 보호, 원호, 규제, 봉사 등의 역할 뿐만 아니라 변화와 발전을 주도하기 위하여 그리고 새로운 정책목표를 달성하기 위하여 효과성을 중요한 규범으로 채택하기 시작했다. 효과성을 정책대안의 비교평가 기준으로 사용하는 것은 정책목표의 달성을 극대화 시킬 수 있는 정책대안을 선택하는 데 큰 장점이 있다. 효과성이 큰 정책대안일수록 바람직한 것으로 보는 것이 기본적인 논리이다. 하지만 효과성 기준은 목표달성을 위해 지불해야 할 정책비용은 고려하지 않는 단점이 있다. 높은 효과를 많이 산출하는 대안이라도 비용이 너무 많이 소모되면 바람직스럽지 않다. 즉 어떤 희생을 감수하고서라도 목표를 달성하면 그만이라는 목표지상주의에 빠질 수 있다. 능률성은 투입과 산출 간의 비율을 나타내는 것으로 투입과 산출의 계량화를 전제로 하여 정의되는 개념이다. 일반적으로 산출은 어떤 활동이나 업무수행의 직접적인 결과를 의미하고 투입은 이러한 활동을 위하여 사용되는 인적·물적 자원으로서 직접적 비용을 의미하고,

이 경우 투입된 자원과 산출물은 동일한 화폐가치로 표시한다.[2]

3) 민주성

민주성(democracy)은 국민의 의사를 행정에 반영하고 국민을 위한 행정을 수행하자는 것이다. 행정의 민주성에는 행정과정상의 민주화도 포함되며 이러한 민주성은 국민을 위하고 국민의 뜻에 따르는 행정을 한다는 의미에서 합법성보다 훨씬 더 적극적인 개념이다. 민주성은 첫째, 간접민주주의와 행정의 정치적 책임성을 강조한다. 국민에 의한 행정을 구현하기 위하여 간접민주주의의 원리에 따라 선출된 대통령이나 국회의원들의 뜻에 의하여 행정이 수행되어야 한다고 보고, 행정의 정치적 책임(Accountability)을 강조하게 된다. 둘째, 고객 중심주의와 행정의 대응성을 강조한다. 행정과정에서 고객들의 다양한 요구를 반영하여 고객에게 보다 좋은 서비스를 제공하자는 것이다. 셋째, 시민참여와 공동체주의를 강화해야 한다. 행정과정에서 시민의 직접 참여를 보장하고, 시민참여를 통하여 국민에 의한 행정을 직접적으로 실현하는 것이다. 또, 시민들이 직접 행정결정과정에 참여하게 되면 직접민주주의 이념을 행정상에 적용할 수 있지만, 자신의 이익과 직접 관계가 없는 경우에는 소극적인 참여문제에 부딪히므로 이를 위해 시민정신과 공동체의식을 강화할 필요성이 있다.

이러한 민주성은 국민에 대한 책임성과 반응성을 확보하려는 조직 외적 민주성과 조직 내의 구성원의 의견을 최대한으로 조직 운영에 반영하려는 조직 내적 민주성을 들 수 있다.[3] 민주국가로서 행정의 민주성과 능률성은 목적가치와 수

---

2) 능률성(효율성)은 '산출/투입' 또는 '편익/비용'의 비율이고 '일을 잘 하는 것(Doing things right)'을 의미한다. 우리나라에서는 Efficiency를 보통 능률성 또는 효율성으로 번역해 사용하고 있으나 특히 자원배분과 관련해서는 '자원배분의 효율성'과 같이 효율성이라는 용어가 더 선호되는 경향이 있다. 간혹 효과성과 효율성을 혼동해서 많이 쓰기도 하지만 엄격하게 구별되어야 한다. 투입(비용)은 정책대안을 집행하는 데 소요되는 자원을 의미하며, 산출(편익)은 대안의 결과로 나타나는 긍정적 결과와 부정적 결과를 의미한다.

3) 행정 조직 외부의 민주성은 공개행정, 행정과정의 민주화, 행정통제의 강화, 행정구제제도의 확립, 대표성의 확립, 행정윤리의 확립 등으로 가능하다. 행정 조직 내부의 민주성은 각계각층을 대표할 수 있는 관료들을 의미하는 대표관료제나 부하직원들의 의사결정참여와 분권화, 커뮤니케이션의 원활화, 참여의 확대, 동기부여의 장려, 직무확대와 직무충실화, 업적평가의 최적화 등으로 가능하다.

단가치의 관계에 있으며, 양자는 상호 모순적인 관계를 갖는 것이 아니라 상호 보완적인 관계를 지닌다. 하지만 민주행정은 다양한 의미를 지니고 있고, 상호 대립되는 내용도 있으므로 막연하게 행정의 민주화를 강조해서는 안 된다. 앞으로 행정전반의 민주화를 실현하기 위한 방안은 다음과 같다. 첫째, 제도 차원에서는 행정절차법에 따른 적정절차의 확립, 국민권익위원회의 효율적 운영, 정보공개법의 비공개 영역의 축소, 독립인사위원회의 설립, 규제 완화 등의 개선이 요구된다. 둘째, 행태 차원에서는 실적제 확립, 인사 제도개선, 교육훈련의 개선이 필요하다. 셋째, 환경 차원에서는 지방자치의 활성화와 정치 발전, 시민의 참여의식과 비판의식의 확대가 요구된다. 넷째, 대내적 조직운영의 개선으로 분권화, 목표관리(MBO: Management by Objectives)도입, 공무원의 정치적 중립 확보, 조직의 동태화와 인간화, 공무원 단체의 허용 등이 요구된다.

4) 중립성

중립성(neutrality)은 주로 정치적 중립성을 말하는 것으로, 행정은 어떠한 정당과 밀착되어서도 안 되고, 특정의 정당을 선호해서도 안 된다는 것이다. 정치적으로 중립성을 가져야 한다는 것은 행정은 정치의 소용돌이에 휘말려서도 안 되고, 정치권력자의 사병이나 도구로 사용되어서도 안 된다는 것이다. 또 행정은 선거운동에 개입해서도 안 되고, 특정의 정치인을 당선시키기 위해서 행정력을 동원해서도 안 된다는 것을 의미한다. 즉 행정은 어떠한 정치세력에 대해서도 공정한 중립성을 지녀야 한다는 것이다. 행정이 중립성을 지킴으로서 행정의 안정성(stability)과 자율성을 확보할 수 있는 것이다. 뿐만 아니라 정치적 변동에도 상관없이 행정이 고유한 자기 영역을 지킴으로 해서 행정의 지속성, 합리성, 능률성 등을 확보할 수 있는 것이다.

행정의 중립성은 행정이 고유한 자기 영역과 활동을 지켜야 한다는 점에서 행정의 자율성, 안정성과 상통한다. 하지만, 그렇다고 행정이 정치로부터 독립되고 분리되어야 함을 의미하지는 않는다. 행정과 정치는 기능적인 면에서 밀접하게 연관되어 있으므로 행정의 정치의 권력 구축과정에 개입해서도 안 되고, 정치로부터 부당한 영향력을 받아서도 안 된다는 것이다. 행정의 중립성과 안정성을 확보하는 수단으로는 공무원의 신분보장, 전문화, 실적주의, 직업윤리 등을 들 수 있다.

5) 형평성

　형평성(equity)은 형식적인 자유와 평등의 이념을 넘어서 실제적인 평등을 강조하는 것으로, 행정에서는 가치중립적인 능률 위주의 행정 운영에서 상대적으로 사회적·경제적 불평등을 받았던 계층에 대하여 사회적 형평을 실현한다는 취지에서 보다 나은 서비스를 제공해 주어야 한다는 것이다. 소외되었던 계층에 대한 사회정의의 실현과 인간다운 삶의 질의 향상을 주장한 1968년 신행정학이 발전된 이래로 새로운 행정이념으로 크게 관심을 받기 시작했다.

　형평성은 공평성과 같은 의미로 사용되는 경우가 많다. 공평성은 '동일한 경우는 동일하게 취급하고 서로 다른 경우는 서로 다르게 취급하는 것'을 의미하게 된다.4) 이를 풀이하면 첫째, 모든 인간은 그 존엄과 인격 면에서 동등하므로 정부의 정책에서 기계적으로 동등하게 취급되어야 한다는 것이고, 둘째, 인간은 존엄과 인격 면에서 동등하지만 다른 측면에서는 차이가 있을 수 있으므로 차이가 있는 경우에는 차별적으로 취급해야 한다는 것이다. 일반적으로 형평성은 사전적인 기회 균등이나 절차적인 평등뿐만 아니라 결과적인 측면에서의 평등도 동시에 고려되어야 진정한 의미의 형평성이 이루어진다고 볼 수 있다. 형평성은 '정책효과와 정책비용의 배분이 사회정의로서 배분적 정의에 합치되는 정도'로 보는 것이 일반적이다. 다시 말해, 정책의 실현으로 당연히 편익을 누려야 할 계층에게는 편익이, 당연히 비용을 부담해야 할 계층에게는 비용부담이 이루어지도록 하는 것이며, 편익을 누리는 수혜자들과 비용을 부담해야 하는 부담자들 사이에도 공평한 비율의 편익과 비용이 배분되어야 한다는 것이다.

　한편, 형평성 기준은 경제적 측면보다는 정치적 측면에서 중요한 가치를 가진다. 형평성 기준은 대상인 고객들의 기회는 균등하게 주어졌는지 그리고 사람들은 그들의 능력과 공헌도에 따라 대접을 받고 있는지, 부의 배분은 인간의 최소

---

4) 형평성은 수평적, 수직적 차원에서 구분된다. 수평적 형평성은 기계적 형평성이라고도 하며, "동등한 여건에 있는 사람을 동등하게 취급하는 것"으로 정의된다. 수직적인 형평성은 "대등하지 아니한 상황 하에 있는 사람들을 서로 다르게 취급하는 것"을 의미한다. 전자는 일정한 연령 이상의 사람에게 똑같이 한 표의 투표권을 부여한다든지, 모든 어린이에게 동일한 교육을 시킨다든지, 동일한 일을 하는 사람에게 동일한 보수를 지급한다든지 하는 것을 들 수 있다. 후자는 서로 다른 소득수준에 있는 사람에게 서로 다른 누진율을 부과하는 누진세 제도라든지, 건강보험에서 서로 다른 소득수준에 있는 사람에게 차등보험료를 부과한다든지 하는 것을 들 수 있다.

한 욕구를 충족시킬 수 있도록 배분되었는지 하는 것 등을 측정하는 기준이다.

1970년대 신행정론에서는 특히 사회적 형평성을 강조하였다. George Frederickson은 사회적 형평성을 일련의 가치선호를 내포하는 개념으로서 공공서비스의 평등성, 의사결정과 사업수행에 있어서 행정관의 책임성을 강조하고, 공공기관의 요구보다 시민의 요구에 대한 대응성(responsiveness)의 확보를 의미하는 것으로 보았다. 이러한 사회적 형평성이 확보되기 위해서는 행정의 공정한 위상정립과 균형적 사고의 확립, 사회적 약자에 대한 배려, 대표관료제의 확립, 주민참여와 주민선택 기회의 확대 등이 필요하다.

우리나라에서 사회적 형평성을 실현하기 위한 대표적인 제도로는 사회혼합 주택프로그램이 있다. 이 프로그램은 도시계획전문가들이 도시 내의 계층갈등과 위화감을 축소하기 위하여 소득, 연령층별로 격차가 나는 주민들을 적절히 섞어 놓음으로써 사회문제를 해결하려는 도시계획 전략이다. 1986년 서울 상계동 집단주택 건설 시에 '사회혼합' 주택 개념을 채택하여 시행한 이후 아파트 건설 시에 이러한 사회혼합 주택형태가 보편화되고 있다. 이러한 사회혼합식 주택 개념은 바로 '사회적 형평성' 이념을 실현하기 위한 것으로 볼 수 있다.

2. 행정이념의 상호관계

1) 합법성과 민주성의 관계

합법성은 행정이 법에 따라 이루어져야 한다는 '법치행정'을 의미하는데, 법규정을 문자 그대로 따르는 소극적인 것이 아니라 법의 정신, 즉 의회의 입법의지를 따르는 적극적인 성격을 가진다. 민주성은 국민의 실질적인 삶의 향상을 위해 적극적으로 행하는 위민행정을 의미한다. 따라서 합법성과 민주성 이념은 단순히 법을 집행하는 것이 아니라 '법의 정신에 합당'하도록 행정을 하는 것이고, 행정을 통해 '국민을 위한' 민주주의 원리를 적극적으로 실현하자는 것이다. 하지만 권위주의적 행정문화와 권력구조, 행정의 비밀주의, 행정의 독점적 서비스 제공, 현실과 동떨어진 법규정 등은 행정의 합법성과 민주성을 확보하는 데 어려움을 갖게 한다.

2) 민주성과 효율성의 관계

행정에서 효율성은 '행정을 관리하는 것'이라는 관념을 탄생시킨 가치이다. 국민의 세금을 통해 운영하는 행정이 낭비적이고 비효율적이 아닌 절약과 효율적인 관리가 요구된다는 사고에 바탕을 둔 것이다. 그러나 행정이 효율성의 가치를 추구하는 데에는 상당한 어려움이 있다. 다른 가치들과의 갈등 관계에 놓이는 경우가 많기 때문이다. 예를 들어, 효율성을 강조하면 민주성이 훼손될 수 있고, 반대로 민주성을 강조하면 효율성을 희생될 수 있다. 민주적 절차를 무시하고 효율성을 기준으로 행정이 이루어지면 장기적으로 부작용이 나타나는 등 결과적으로 더 큰 사회적 비용을 초래할 수 있다. 민주성과 효율성은 단기적으로 볼 때는 배타적으로 보이지만 장기적으로는 상호 보완의 관계로 발전할 수 있음을 알아야 한다.

3) 효율성과 형평성의 관계

형평성과 효율성(또는 능률성)과의 관계는 배타적으로 보는 것이 지배적이다. 효율은 개개인의 몫을 비교하지 않고 총체적 이익 또는 효용만을 고려하기 때문이다. 분배에 있어서 효율성을 대표하는 말이 '선택과 집중'이다. 정부가 교육기금을 수도권의 우수한 몇 개 대학을 선택하여 집중적으로 지원하는 것이 효과적일 수 있다. 하지만 그로 인해 지방대학의 위기는 더욱 가속화될 가능성이 있다. 효율성, 능률성 이념을 따르면 이러한 차등을 교정할 수 없을 것이다. 단기적으로 효율성, 능률성이 우세해 보이지만 장기적으로 이러한 차등이 대학 내 불만을 야기하고 국민통합을 해치는 형평성, 민주성에도 부정적인 영향을 미칠 수 있다.

제3장

행정책임과 통제

제1절 행정책임의 이론적 기초

1. 행정책임의 의의

1) 행정책임의 개념

일반적으로 책임성은 "어떤 행위자가 다른 대상에게 권한의 이양과 관련된 자신의 행위를 설명하고 정당화하는 의무를 지는 사회적 관계"로 정의할 수 있다. 민주주의 체제에 있어 행정책임이란 정부기관과 행정의 담당자인 공무원이 행정 업무를 수행함에 있어 도덕적·법률적 행동기준에 따라 행동해야 하는 의무를 의미한다. 공·사조직을 막론하고 어떤 직위를 가지고 있는 사람들은 그 직위와 관련된 활동에 대해 책임질 것을 요구받는다. 특히, 공공조직에 종사하는 선출직 공무원이나 공공관리자들에게는 국민들의 기대와 요구에 따른 조직 활동 또는 조직 성과와 관련된 행정책임성이 중요한 관심의 대상이 된다.

행정책임은 민주정치체제의 핵심적 요소이다. 행정 관료들이 져야 하는 책임의 명확화와 책임성 제고를 위한 정치적, 행정적 통제가 이루어지지 않는다면, 민주주의는 그야말로 문서상의 절차로만 남게 될 것이다. 이와 같은 중요성으로 인해 책임성 확보를 위한 다양한 제도 및 관리기법들이 도입되어 왔다.[1]

행정책임은 행정통제의 기준이 되며, 행정통제를 통해 행정책임이 실현된다. 행정공무원이 직무를 수행할 때 행정평가의 기준에 따라야 할 책임을 의미한다. 행정책임은 행정조직 구성원 개인의 책임을 의미할 때도 있고, 행정조직의 구성 단위인 행정기관이나 그 보조기관의 책임을 의미할 때도 있다. 행정책임은 공무원 개인 차원에서는 공무원 개개인에 대한 의무이행을, 국가적 차원에서는 국민

---

1) 엄석진. (2009). 행정의 책임성: 행정이론간 충돌과 논쟁. 한국행정학보, 43(4): 19-45.

전체에 대한 국가 역할의 정당성에 대한 확인이라는 의미를 갖는다.

현대 행정국가에서 행정권은 국민 생활의 질 향상을 위하여 입법부나 사법부보다 우월한 권력을 행사한다. 행정기능의 질적 변화와 전문화로 인해 행정재량권이 확대되고, 이로 인해 행정권의 남용이 발생할 가능성이 높아졌다. 행정부에게 막대한 예산편성권과 자원배분권이 부여되었고, 예산편성권과 자원배분권의 권리가 소수관료에 의해 좌우되므로 행정통제의 필요성이 증대되었다. 민주주의 체제하에서 행정권력의 남용방지와 책임성 있는 행정 실현을 위해 행정부에 대한 민주적 통제가 중요하다고 할 것이다.

2) 행정책임의 기준

민주국가에서 행정책임이란 국민의, 국민을 위한, 국민에 의한 행정을 기초로 국민에게 신뢰를 주는 행정, 국민을 위한 민주적 행정, 국민에게 효율적인 서비스를 제공하는 행정, 적법하고 공정하게 추진하는 행정을 의미한다. 행정책임의 기준은 법령에 명문화된 규정이 있는 경우에는 우선적으로 명문 규정을 준수해야 한다. 그러나 법령에 명문화된 규정이 없는 경우에는 공익, 국민의 기대 등을 기준으로 적용할 수 있다.[2] 행정기준이란 행정관계 법령의 규정과 국민의 기대와 희망 그리고 공익을 포함한 광범위한 개념이다. 책임의 개념에는 규범적 도덕적 책임, 법적인 책임, 국민에 대한 대응의 개념이 포함된다. 이와 같은 행정책임의 기준으로는 민주성, 효율성, 합법성, 대응성, 형평성 등을 들 수 있다.

2. 행정책임의 유형

1) 외재적 책임과 내재적 책임

외재적 책임은 제도적 책임(accounatability)으로 내면적 기준이 아닌 외부적인 힘에 의한 통제로 책임을 확보하는 법적 책임을 의미한다. 법적 의무를 이행하지 않을 경우 법률상의 제재를 수반하게 되는 책임이 이에 해당한다. 법률, 입법

---

2) 권기헌. (2018). 행정학강의: 행정학 강의에 대한 논제와 해설. 서울: 박영사. 633.

부, 사법부, 국민 등에 의한 책임으로, 행정책임 추궁의 1차적 대상이 된다. 공식적인 지위, 역할, 권한에 따르는 책임이며, 행정이념의 합법성에 부응하는 책임이다.

내재적 책임은 자율적·도덕적 책임(responsibility)으로, 관료의 내면적 기준에 의한 책임 및 공무원이 직업윤리나 책임감에 기초하여 행정업무를 수행하는 과정에서 자발적인 재량을 발휘하여 확보되는 행정책임을 의미한다. 공무원의 직무행위가 도덕적 규범에 위반했을 때 묻는 책임으로, 공무원이 법적 책임은 지지 않더라도 광범위한 도의적 책임을 지게 되는 경우가 이에 해당한다. 전문기술적·과학적 기준에 따라야 할 기능적·직업적 책임 및 국민들의 요구를 인식해서 능동적으로 대응하는 주관적·자율적 책임을 포함한다.

2) 객관적 책임과 주관적 책임

객관적(objective) 책임은 행위자의 외부로부터 부과되는 기대나 행위자에게 권한을 행사할 위치에 있는 주체가 원하는 대로 행동해야 하는 책임을 의미한다. 법률 및 규칙 등을 준수해야 하는 제도적 책임이나 공익에 봉사할 의무에 대한 책임이 이에 해당한다.

주관적(subjective) 책임은 행동자 스스로 책임이 있다고 느끼는 것으로, 양심이나 충성심, 조직일체감 등에 기초한 내재적·도덕적·자율적 책임과 관련된다.

3) 조직의 자율성에 따른 책임

Romzek and Dubnick(1998)은 행정의 책임성을 공공조직이나 관리자들이 조직 내·외에서 발생하는 다양한 기대를 관리하는 수단을 포함하는 것으로 정의했으며, 그러한 과정 속에서 여러 가지 유형의 책임성이 나타날 수 있다고 보았다. 이들은 책임성을 책임을 묻는 통제자의 원천(내·외부)과 책임성의 판단기준인 조직의 자율성의 정도에 따라 관료적 책임성(bureaucratic accountability)[3], 법적 책임성(legal accountability), 전문적 책임성(professional accountability), 정치

---

3) Romzek and Dubnick(1987)에서 '계층제적(hierarchical) 책임성' 용어가 이후 Romzek and Dubnick(1998)에서 '관료적 책임성'으로 변경되었다.

적 책임성(political accountability)의 네 가지 유형으로 분류하였다.[4]

먼저, 관료적 책임성은 조직 내에서 관료가 규칙, 표준운영절차, 상급자의 명령이나 지시를 준수하는 것을 의미한다. 복종(obedience)이 계층적 책임성에서 기대되는 행태적 기준이다. 관료적 책임성의 주요 특징은 관료들이 많은 자유재량을 행사하지 못하며, 조직 내에서 조직의 규칙이나 상급자의 지시와 명령에 의존한다는 것이다. 계층적 책임성은 일반적으로 통제의 원천이 조직내부에 있으며, 통제의 수준으로서 자율성의 정도가 낮은 편이다.

둘째, 법적 책임성은 조직의 성과나 행동과 관련하여 외부 기관이나 조직과의 관계 속에서 나타나는 법적 제재나 처벌을 의미한다. 따라서 이 책임성은 관료의 타당한 행동이나 바람직한 성과가 있었는지를 조사하기 위해 외부 기관이나 조직에 의한 철저한 감사에 초점을 맞춘다. 법적 책임성의 전형적인 형태가 공공조직이 민간업체와 계약을 맺는 과정에서 자주 나타난다. 이 과정에서 두 당사자들은 계약상의 내용을 준수해야 할 의무가 있으며, 이를 위반할 시 법적 제재나 처벌의 대상이 될 수 있다. 법적 책임성은 법률, 회계감사, 법원 판결 등의 확보기제를 통해 확립될 수 있다.[5] 또한 공공기관이나 조직에 근무하는 사람들이 그 직위와 관련하여 행하는 모든 활동이 법적 위반의 대상이 될 경우, 법적 책임을 물을 수 있다.

셋째, 전문적 책임성은 관료들이 자신의 업무와 관련된 전문적 지식이나 기술을 소유하고 있는 것을 말한다. 관료들이 자신에게 주어진 복잡하고 어려운 문제를 해결하려고 할 때 그들이 소유하고 있는 전문지식이나 기술이 그러한 문제해결의 가장 중요한 요인이 되며,[6] 이러한 지식이나 기술을 소유하지 못했을 때 전문적 책임성을 물을 수 있다. 전문적 책임성은 관료들의 직업주의, 학습, 업무경험으로부터 유인될 수 있으며, 그들의 직업적 규범과 일관된 방식에서 업무를 수행할 것이라는 믿음에 기초한다. 특히, 점차 복잡하고 어려운 업무수행

---

4) 엄석진. (2009). 행정의 책임성: 행정이론간 충돌과 논쟁. 한국행정학보, 43(4): 19-45; 한상일. (2010). 한국 공공기관의 민주적 책임성과 지배구조. 한국조직학회보, 7(1): 65-90; 한승주. (2013). 공무원의 주관적 책임성: 지방자치단체 중하위직 공무원의 경험을 통한 탐색. 한국행정학보, 47(1): 25-45; 길종백·노종호. (2015). 정부정책의 책임성에 대한 분석과 평가: 4대강사업을 중심으로. 국가정책연구, 29(4): 109-136.

5) 엄석진. (2009). 행정의 책임성: 행정이론간 충돌과 논쟁. 한국행정학보, 43(4): 19-45.

6) 김병섭·김정인(2014). 관료 (무)책임성의 재해석: 세월호 사고를 중심으로. 한국행정학보, 48(3): 99-120.

과정에서 관료들의 전문성이 강조되고 있는 현실을 감안할 때, 앞으로 전문적 책임성의 중요성은 더 커질 것으로 보인다.

넷째, 정치적 책임성은 일반대중, 이익집단, 고객집단 등과 같은 주요 이해관계자(stakeholders)의 관심과 기대에 대한 반응성(responsiveness)에 초점을 맞춘다. 다시 말해서 정치적 책임성은 관료들이 얼마나 이러한 이해관계자들의 기대와 욕구에 반응했느냐를 의미한다. 반응성이 정치적 책임성에서 기대되는 행태 기준이다. 정치적 책임성과 관련하여 관료들은 이해관계자들의 기대와 욕구에 어떻게 반응해야 하는지를 결정하기 위해 어느 정도의 자유재량과 선택할 수 있는 권한을 가지기를 희망한다. 그러나 관료들은 어느 정도의 범위와 수준까지 반응해야 정치적 책임성을 다했다고 판단할 수 있는지에 대해 분명한 기준을 가지고 있지 않아 그들의 정치적 책임성을 평가할 때 논란의 소지가 될 수 있다.

정리하면, 관료적 책임성은 효율성 가치를 강조하며 조직에 대한 복종을 기대하는 것을, 법적 책임성은 법의 지배를 강조하며 외적 권위에 대한 순응을, 전문적 책임성은 전문성 가치를 강조하면서 개인적 판단과 전문성에 대한 존중을, 정치적 책임성은 대응성을 강조하며 주요 외부 이해관계자에 대한 대응을 의미한다고 볼 수 있다.

〈표 3-1〉 책임성의 유형: Romzek & Dubnick(1998)

		관료조직 통제 소재	
		조직 내부	조직 외부
조직 자율성 (통제의 정도)	낮음(높음)	관료적(bureaucratic)	법적(legal)
	높음(낮음)	전문가적(professional)	정치적(political)

자료: 엄석진, 2009, 23. 재구성

4) 수평적 · 수직적 차원의 책임

Cendón(2000)은 책임성을 정치적 책임성, 행정적 책임성, 전문적 책임성, 민주적 책임성으로 유형화하였다.[7] 먼저, 정치적 책임성은 각 국가의 법적, 헌법

---

7) 한승주. (2013). 공무원의 주관적 책임성: 지방자치단체 중하위직 공무원의 경험을 통한 탐색. 한국행정학보, 47(1): 25-45.

적 조항에 의존하며, 수평적·수직적 차원으로 나누어서 설명할 수 있다. 수직적 차원에서 정치적 책임성은 주로 정치적 이유에 의해 자유롭게 임면될 수 있는 고위직 공무원들 사이의 관계에서 발생한다. 반면, 수평적 차원에서의 정치적 책임성은 정부와 의회 사이의 관계에서 발생하며 이념적 또는 정당의 본질에 대한 정치적 고려와 가치판단에 근거한다.

둘째, 행정적 책임성은 법적으로 설립된 규칙과 절차에 순응하면서 행동하는 것을 의미한다. 행정적 책임성도 수평적·수직적 차원으로 나눠서 살펴볼 수 있는데, 수직적 차원에서의 행정적 책임성은 조직 내에서 상관과 부하 사이의 관계에서 발생하는 것을 의미하며 감독과 통제의 광범위한 내부 기제에 의해 보장된다. 이러한 기제의 목적은 설립된 규칙과 절차를 가지고 행정성과의 엄격한 승인을 보장하기 위한 것이다. 수평적 차원에서의 행정적 책임성은 개인으로서의 공무원과 하나의 전체로서 서비스 수혜대상자인 일반 국민, 그리고 다른 외부 감독과 통제 기관 간의 관계에서 발생하는 것을 상정한다. 행정적 책임성의 확보를 위해 공무원은 일반국민과의 관계에서 중립성과 공평성의 의무를 가진다. 이러한 의미에서 공무원은 정치적 이념이나 다른 어떠한 이유에서라도 국민을 차별적으로 대우할 수 없으며, 행정 서비스의 전달에 있어서도 절대적인 중립성을 유지해야 한다.

셋째, 전문적 책임성은 공무원 자신의 업무영역에서 갖추어야 할 전문적 지식과 기술을 소유한 정도와 관련된다. 공무원들은 그들의 업무를 수행할 때, 오랜 경험을 바탕으로 그들 나름대로의 전문적 지식과 원리가 있으며, 이것들이 업무수행의 기초가 된다. 행정의 역할과 범위가 확대되고, 공무원들의 행정재량이 증가함에 따라 공무원들은 자기 업무분야에서 더 많은 지식과 기술을 소유할 필요가 있으며, 이러한 변화는 결국 그들에게 더 높은 수준의 전문적 책임성을 요구한다고 할 수 있다.

민주적 책임성은 시민, 사회적 집단, 사회전체의 요구와 이익에 부응하여 행동하는 것을 말한다. 다시 말해서 행정이 시민과 여러 사회 집단들의 다양한 욕구를 얼마나 충족시켜 주느냐와 관련된다. 민주적 책임성의 기본원리는 사회집단과 사회전체의 이익을 위한 활동이며, 그것을 평가하는 기준은 행정성과(administrative performance)의 사회적 영향력에 기초한다. 이러한 민주적 책임성은 시민위원회, 공청회, 소비자 단체 등과 같은 다양한 시민참여활동에서 행정이 어떤 역할을 수행하느냐와 관련된다고 볼 수 있다. 행정의 역할과 범위가 확대될수록 사회전체와 시민의 기대수준은 높아질 것이며, 이러한 상황에서 행정이 어떻게 그들의 다양한 욕구를 충족시켜 줄 수 있느냐가 중요한 문제로 대두되며, 그 과정에서 민주적 책임성의 요구는 높아질 수 있다.

〈표 3-2〉 책임의 유형 및 특징

	정치적 (political) 책임성	행정적 (administrative) 책임성	전문적 (professional) 책임성	민주적 (democratic) 책임성
기본 원리	정부가 도입한 정치적 규정에 따른 활동	법적 규정 및 절차에 따른 활동	기술적 규정 및 전문적 관행에 따른 활동	사회 집단과 전체사회의 이익을 위한 활동
내부적 책임	상위 정치기관	상위 행정기관	상위 전문기관 (기술평가)/ 행정기관(행정평가)	-
외부적 책임	의회	외부 감독/통제기관 대상 시민 사법부	외부 감독/ 통제 기구 (기술적/행정적)	사회 집단 전체로서의 사회
주요 문제	행정적 성과	행정행위에 따른 절차	전문적 규정/관행 전문적 성과	행정적 성과
기준	정치적 기준, 기술적/객관적 기준	공식적 기준, 공식적 절차와 규정	전문적 기준, 전문적 규정 및 관행 순응	행정성과의 사회적 영향력
메커니즘	내부 감독 통제, 의회 통제	내부 감독 통제, 외부 감독 통제, 행정적 요구, 사법 절차	내부 감독 통제 (기술적/행정적) 외부 감독 통제 (기술적/행정적)	시민참여 언론 여론표출기구 정보기술
결과	정치적 비판/인정, 사임/해고	행정행위 변경, 공식적 처벌/인정, 시민 보상	공식적 처벌/인정	행정행위 채택 행정적 결정 변경 행정성과의 민주적 정당화

자료: Cendón(2000); 한승주(2013: 30), 재인용

5) 새로운 유형의 책임성

Behn(2001)은 재정적 책임성, 성과 책임성, 공정성에 대한 책임성으로 구분하였다. Halligan(2007)은 책임성에 대한 요구가 환경에 따라 달라졌는데 과정적 법률적 책임성에서 관리적 책임성을 거쳐 고객에 대한 책임성으로 변화했고 최근에는 책임성의 공유가 중요한 이슈가 되었다고 주장한다. Acar et al.(2008)은 책임성의 개념을 응답적 책임성과 기대관리적 책임성으로 구분하였는데, 여기에서 응답적 책임성은 입증과 설명을 위한 의무의 개념으로써 관료제적 구조를 감독하고 감시하는 정치권의 영향력에 대하여 행정활동을 규명하는 성격을 의미한다. 반면 기대관리적 책임성은 관료제에 영향을 주는 다양한 이해관계자들이 조직 내외에 존재한다고 가정할 때 그들의 다양한 기대를 적극적으로 관리하고 형성하기 위해 전략적 방향을 결정하고 관계를 조성하는 책임을 의미한다. 이러한 책임성의 두 가지 유형은 공공성에 대한 영역별 접근법에서 도출된 경제적 영역과 정치적 영역과 통합되어 공공기관의 책임성의 유형을 설명하는 기준이 될 수 있다.

공공성의 영역에 따른 정치적, 경제적 요소와 책임성의 초점에 따른 응답적, 기대관리적 요소들은 공공기관들을 위한 네 가지 유형의 책임성 개념으로 발전될 수 있다. 다음의 <표 3-3>과 같이 이해관계자들을 위한 기대관리적 책임성이 정치적 영역에서는 정치적 책임성으로 나타나고 경제적 영역에서는 시장책임성으로 나타난다. 응답적 책임성이 정치적 영역에서는 관료적 책임성으로 나타나고 경제적 영역에서는 관리적 시장책임성으로 나타난다. 한상일은 공공기관의 지배구조 문제를 민주적 책임성의 관점에서 분석하면서, 책임성을 공공기관이 속하는 정치적·경제적 영역과 책임성이 구현되는 방식(응답적 또는 기대관리적)을 기준으로 하여 관료적 책임성, 정치적 책임성, 관리적 책임성, 시장 책임성으로 유형화하였다.[8]

정치적 책임성은 공공기관이 시민과 정치적 집행부에 대하여 보다 적극적으로 활동할 책임이 있다는 것으로, 다양한 주체의 참여를 유도하여 그들의 이익을 조정하고 반영하여 시민들의 보편적 이익을 실현하는 가치이다.

관료적 책임성은 관료제가 자신의 업무수행에 대한 책임을 정치적 집행부에

---

8) 한상일. (2010). 한국 공공기관의 민주적 책임성과 지배구조. 한국조직학회보, 7(1): 69-74.

지는 것으로, 정치적 요구가 관료제에서 실현되고 있는지를 통제하고 감시하는 것이 중요하기 때문에 응답적 책임성의 개념이 중시된다.

시장 책임성은 1980년대 이후 등장한 신자유주의적 공공부문 개혁이 중시하는 민영화나 시장화가 진행되면서 공공기관에 요구되는 책임성의 개념으로, 시장에서의 공정한 경쟁원리를 따르는 것이 강조된다.

관리적 책임성은 1990년대 이후 영미 국가를 중심으로 등장한 신공공관리론의 영향을 받으며 등장한 개념으로, 정부의 경제적 효율성을 높이기 위해 명확한 목표를 설정하고 공무원에게 자율성을 부여한 후 성과지표에 근거한 엄밀한 평가를 활용한다는 원칙을 표방한다. 자율성을 부여받은 공직자는 매우 높은 수준으로 동기유발이 되며 정부의 효율성과 생산성이 향상된다는 것이다.

〈표 3-3〉 공공기관의 책임성 유형

	응답적 (answerability)	지각 (PER기대 관리적 (managing expectation)
정치적 영역 (political dimension)	관료적 책임성	정치적 책임성
경제적 영역 (economic dimension)	관리적 책임성	시장 책임성

자료: 한상일(2010: 71)

최근 들어 새로운 책임성 유형으로 나타나는 것이 협력적 책임성(cooperative accountability)이다. 지금까지 논의된 책임성은 주로 계층적 관료제에서의 개인 간 또는 조직 간의 한 쌍 간의 관계를 전제로 한 것이었다(Brandsma and Schilemans, 2013). 그러나 정부의 의사결정이 점차 거버넌스 체제에서 협력적 과정을 통해 이루어지는 것이 증가함에 따라 다양한 이해관계자들 간의 협력적 관계 속에서 책임성을 이해할 필요성이 커지고 있다.[9]

---

9) 한상일·정소윤. (2014). 관료제와 행정민주주의: 한국적 맥락에서의 공공가치의 실현을 위한 제도적 설계. 정부학연구, 20(2): 3-33.

제2절　행정통제의 이론적 기초

1. 행정통제의 의의

1) 행정통제의 개념과 중요성

행정통제란 행정책임을 확보하기 위한 수단으로서, 공무원 개인이나 행정기관의 일탈에 대한 감시와 처벌을 통해 행정목표를 달성하기 위한 활동이다. 행정통제는 '행정의 목표가 효과적으로 수행될 수 있고, 행정이 국민의 입장에서 국민을 위하여 수행될 수 있도록, 업무수행 과정이나 결과에 대하여 조정하고 환류하며 진행시키는 것'을 말한다(행정학대사전, 1993: 915). 행정 목표가 효과적으로 달성되고 행정이 국민의 봉사자로서의 소임을 다할 수 있도록 업무의 수행 과정이나 결과에 대해 검토, 제재, 보상이 이루어지는 과정이다.

행정책임과 행정통제는 불가분의 관계에 있으며 동전의 양면과 같다. 행정책임은 행정인 또는 행정조직이 일정한 행동기준에 따라 행동할 의무를 지는 것을 말한다. 행정책임은 행정업무를 담당하는 쪽의 입장에서는 책임의 문제로서 논의되지만, 책임을 묻는 쪽에서는 통제의 차원에서 다루어진다.

행정통제는 특히 행정국가화 이후 행정인의 전문성·기술성 증대와 행정인의 재량권 확대로 인해 행정권력이 확대·강화되고, 입법권과 사법권이 상대적으로 약화되는 현상에 직면하게 되면서 그 중요성이 높아지고 있다. 민주행정을 구현하고 시민권을 보호하기 위해서 행정통제 강화가 요구된다. 행정통제의 중요성을 구체적으로 살펴보면 다음과 같다.[10]

첫째, 현대사회가 고도로 산업화·분업화되면서 행정기능 역시 세분화되어

---

10) 박동서. (1978). 한국행정론. 서울: 법문사. 489.

전문화의 경향이 심화되었다. 일반 국민의 경우 전문화된 행정업무에 대한 지식이 없을 뿐만 아니라 적극적 관심을 가질 시간도 없어 공무원이 내릴 결정에 따를 수 밖에 없는 현상이 발생하게 되었다. 이로 인해 행정의 국민에 대한 책임성을 약화시킬 위험성이 높아졌고, 이에 따라 행정책임을 확보하기 위한 행정통제의 필요성이 증대되었다.

둘째, 행정인의 재량권 확대로 인해 행정통제의 중요성이 증대되었다. 현대사회에서 의회는 과거에는 정책과 행정목표에 대하여 명확하게 규정하였으나, 현대사회에서의 의회는 추상적인 기준을 규정하고 세부적이고 구체적인 사항은 행정부에 위임하는 경우가 증가하고 있다.

셋째, 행정인이 보유하는 막대한 예산권으로 인해 행정통제의 중요성이 증대되었다. 행정재량권의 확대 및 막대한 예산권으로 인해 국가 예산의 낭비와 오용의 가능성이 높아졌으므로 행정책임을 확보하기 위한 행정통제의 필요성이 증대되었다.

2) 행정통제의 요건

행정책임을 확보하기 위한 행정통제를 위해서는 다음과 같은 바람직한 행정통제 요건을 고려해야 한다.

(1) 통제의 적합성

통제의 적합성이란 통제의 목적에 맞는 최선의 통제수단을 선택하는 것을 의미한다. 최선의 통제수단 선택은 행정인, 행정체제, 행정환경의 특성을 종합적으로 고려하여 신중하게 결정해야 한다.

(2) 통제의 신축성

통제는 시행 과정에서 예기치 못한 상황이나 오류 등 통제목적에 부적합한 요인이 발생할 수 있으므로 통제 상황에 맞는 통제과정의 신축성이 필요하다. 특히, 현대행정통제의 기능은 소극적이고 제재적 기능이 아닌 적극적이고 예방적 기능을 중시하고 있다는 점에서 행정통제의 범위 및 수단 등에 있어 신축성을 확보해야 한다.

(3) 통제의 효율성

통제는 조직의 모든 구성원이 통제의 목적과 기준에 대한 충분한 인식과 이해가 있어야만 효과적일 수 있다(효과성). 또한 행정통제의 소요시간과 투입비용이 최대한 절약적이어야 하며(경제성), 행정통제에 의한 효과나 실익이 행정통제의 소요시간과 투입비용보다 높아야 한다(능률성).

(4) 행정의 자율성 및 적극성과의 조화

통제는 사후적·소극적 통제(제재)보다는 사전적·적극적 통제(예방)가 더 효과적이다. 따라서 불가피한 경우를 제외하고는 결과에 대한 사후 제재적 차원의 통제보다는 사전 예방적 차원의 통제에 중점을 두어야 한다. 강력한 행정통제는 민주주의에 있어 권력분립과 균형 측면에서 그 목적에 부합하지만, 지나치면 행정의 자율성과 적극성을 저해할 가능성이 있다. 따라서 세부적 내용까지 통제하는 지나친 통제를 지양하고, 행정의 자율성을 보장하면서 적정한 통제가 이루어질 수 있도록 하기 위한 조화와 균형이 필요하다.

2. 행정통제의 유형

일반적으로 행정에 대한 통제 방법은 행정기관의 외부에서 통제하는 외부통제와 행정기관 내부에서 이루어지는 내부통제 방법으로 크게 나뉜다. Gilbert(1959)는 행정책임의 확보를 위한 행정통제수단을 통제자가 대상조직의 외부에 있는가 혹은 내부에 있는가, 통제가 법률 등에 의하여 공식적으로 설치된 제도적인 것인가 혹은 사실상의 효과 밖에 없는 비제도적인 것인가를 기준으로 행정통제의 유형화를 제시하였다. 그는 행정통제의 유형을 ① 외부적·공식적(제도적) 통제, ② 외부·비공식적(비제도적) 통제, ③ 내부·공식적(제도적) 통제, ④ 내부·비공식적(비제도적) 통제 등 네 가지로 분류하였다.[11]

---

11) Gilbert E. Charles. (1959). "The Framework of Administrative Responsibility". The Journal of Politics, 21(3): 382－383.

〈표 3-4〉 행정통제의 유형

	외부	내부
공식적	• 입법부에 의한 통제 • 사법부에 의한 통제 • 옴부즈만제도(행정감찰관)	• 청와대와 국무조정실 • 중앙행정부처 • 감사원에 의한 통제 • 옴부즈만제도(우리나라 국민권익위원회)
비공식적	• 시민, 시민단체에 의한 통제 • 이익집단 • 정당 • 언론, 여론	• 동료 평가 • 공무원 직업윤리

1) 외부통제

외부통제는 전통적으로 입법부와 사법부에 의한 통제, 감사원에 의한 통제, 정치적 압력의 형태인 일반시민의 간접적 통제, 오늘날 점점 비중이 높아져 가고 있는 시민참여를 통한 일반시민의 직접적 통제가 있다. 또한 우리나라에서 아직 활발하지 않은 제도이지만 옴부즈만에 의한 외부통제도 있다. 이외에 선거, 여론, 이익집단, 정당, 국민권익위원회의 활동, 국민신문고, 각 지방자치단체의 민원실과 고충민원처리위원회 등을 통해 이의를 제기할 수 있는 민원행정제도, 국회의 청원제도, 지방자치단체장과 지방의원들에 대한 주민소환제 등도 넓은 범위에서는 외부통제에 해당된다.[12]

(1) 외부 · 공식적(제도적) 통제

현대국가에 있어서 가장 기본적인 행정통제의 제도인 입법통제 · 사법통제와 넓은 의미의 입법통제에 속하는 옴부즈만 제도 등이 있다.

① 입법통제

입법부, 즉 국회는 대통령과 함께 국민주권을 공식적으로 위임받은 국민의

---

12) 김대건. (2018). 옴부즈만의 필요성과 새로운 역할 강화 방안: 전통적 행정통제 기제의 한계와 대안 기제를 중심으로. 한국조직학회보, 14(4): 128.

대표기관으로서 행정이 민주주의 원칙에 부합하는 방식으로 합당하게 이루어지고 있는지를 감시하고 통제하는 권한을 가진다. 공식적인 수단으로 법률의 제·개정 권한, 행정부가 편성한 예산안에 대한 심의와 확정 및 결산 심사권한, 국정감사와 국정조사, 국무총리와 장관 등 행정부처의 고위 공무원에 대한 국회 출석 요구와 임명동의 및 해임건의, 탄핵소추 의결 등의 장치를 통해 행정부에 대한 통제가 이루어진다.[13]

입법통제는 행정통제 방안 중 가장 역사가 오래되었고, 실질적인 효과가 가장 크다. 입법부에 의한 행정통제의 실효성을 높이기 위해서는 삼권분립의 원칙을 지키고 대통령의 권한 범위를 축소할 수 있는 제도적 장치가 마련되어야 한다. 특히, 국정감사를 효과적으로 수행하기 위한 입법부의 전문성 확보가 필요하다.[14]

② 사법통제

사법부는 법원과 헌법재판소를 포함한다. 대통령과 국회가 주로 행정의 방향에 사전에 지침을 제공하는 것이라면, 사법부에서는 행정이 실제 이루어진 후 사후적으로 법 위반 여부를 판단함으로써 행정통제 기능을 수행한다. 법치행정의 원칙을 구현하는 과정에서 법원은 대통령령과 행정 각부에서 만든 명령과 행정규칙이 법률 등에 위반되었는지에 대한 심사, 즉 명령·규칙심사권을 통해 행정통제가 이루어진다. 행정행위의 정당성 여부에 대한 사법적 판단을 통해 행정행위의 옳고 그름을 결정하게 되는데, 행정작용의 실효성 확보를 위해 법원의 판단을 요청하기도 하므로 사법부는 행정통제의 기능과 더불어 지원의 역할을 수행하기도 한다.[15]

헌법재판소는 헌법상 독립된 특별한 사법기관으로, 법률의 위헌성에 대한 심판과 헌법에 보장된 기본권을 침해받은 자가 청구한 헌법소원 심판을 통해 정부의 정책변경에 영향을 미친다. 예를 들어, 1999년 12월 헌법재판소가 공무원 채용시험에서 제대 군인에게 만점의 3~5%를 부여해 온 가산점 제도를 위헌이라고 판결함으로써 공무원 채용정책의 변화가 나타났다. 즉, 사법부는 행정에 의

13) 유민봉. (2021). 한국행정학. 서울: 박영사. 96.

14) 이종수·윤영진 외. (2012). 새행정학. 서울: 대영문화사. 197.

15) 이종수·윤영진 외. (2012). 새행정학. 서울: 대영문화사. 197.

해 야기된 법률적 분쟁을 해결하는 과정에서 법률을 최종적으로 해석함으로써 행정에 영향을 미치는 것이다.

(2) 외부 · 비공식적(비제도적) 통제

공식적인 제도 이외에 시민참여나 시민단체, 이익집단, 정당, 언론 등이 비공식적 방법을 통해 행정통제를 수행하고 있으며, 민주화의 진전과 거버넌스 사회로의 전환 이후 이와 같은 행정통제가 더욱 강화되고 있다.

① 시민에 의한 통제

선거나 각종 주민참여제도를 통한 주권자로서의 통제를 들 수 있다. 선거는 국정에 직접 참여할 대리인을 선출함으로써 개별적인 정책사안에 대한 직접 통제보다는 포괄적이고 간접적인 통제의 성격을 갖는다. 주민투표나 주민소환, 주민감사청구, 주민소송 등 다양한 주민참여제도를 통해 직접 정책현안에 대한 의사표시를 통해 행정통제가 이루어지는 직접 참여제도가 활발하게 나타나고 있다.

② 시민단체

시민단체는 시민사회의 구성원인 시민이 공익 실현을 위하여 자발적으로 결성하여 운영하는 단체를 의미한다. 정부로부터의 독립을 강조하는 측면에서 비정부조직(NGO: Non-Government Organization), 사회의 공공가치 실현을 목적으로 한다는 측면에서는 비영리조직(NPO: Non-Profit Organization), 자발적 결성에 초점을 두게 되면 자발적 조직(VO: Voluntary Organization)의 특성을 갖는다. 시민단체는 국가권력을 견제하는 세력으로 점차 그 영향력이 커지고 있어 입법, 사법, 행정 및 언론에 이어 제5부(府)로 불리고 있다.

시민단체는 다음과 같은 역할을 통해 행정통제 기능을 수행한다. 첫째, 행정에 대한 감시, 견제, 비판자 역할을 한다. 특히, 행정의 비효율과 공무원의 부패사례를 찾아 고발함으로써 행정을 보다 생산적이고 투명하게 이끄는 데 기여하고 있다. 둘째, 사회적 약자의 대변자로서 보다 강력하게 정부에 대항하기도 한다. 셋째, 자체 정책개발과 입법청원, 청문회 참여 등을 통해 정책결정의 투입 기능을 한다. 넷째, 갈등의 조정자로서 정부를 대신해 사회적 갈등을 효과적으로 조정하고 타협하기도 한다.

③ 이익집단

이익집단은 경제적 이해(interest)가 비슷한 사람들이 그 이익을 실현하기 위해 조직화한 집단을 의미한다. 이익 실현 과정에서 정부에 집합적으로 자신들의 이익을 표명하거나 압력을 행사하는 과정에서 행정 관여가 나타난다. 정책과정에서 이루어지는 다양한 로비활동을 통해 행정 통제가 이루어진다. 특히, 정부 정책에 의해 이익이 침해되는 집단의 경우 정부와 직접 맞서거나 국회를 통해 집단 이익을 지키기 위해 적극적인 행동을 보이기도 한다. 정책과정에서의 이익집단의 활동은 정경유착 차원에서 부정적 측면이 있기도 하다. 또한 이익집단의 양적 팽창과 정부에 대한 압력이 강화되면서 정부가 이를 관리하기 어려운 상황들도 나타나고 있다.

④ 정당

정당은 정치 권력 획득을 통해 자신들의 정치적 견해를 실현시키기 위해 조직화된 정치단체로, 정부의 정책이나 운영방식에 대한 지지와 반대를 통해 행정통제 기능을 수행한다. 정당은 국민을 대신하여 행정을 감시하고 비판하는 대리인 역할을 하기도 하고, 국민의 요구를 집약하여 정책개발과 연결시켜 전달해 주는 통로 역할을 하기도 한다. 즉, 정당은 정치적 의사형성과 정치적 이익의 결집을 통해 행정통제를 한다.

⑤ 언론과 여론

언론은 전통적 통치구조의 3부(3府)인 입법부, 사법부, 행정부로 구성되는 통치권력을 견제하고 감시한다는 의미에서 제4부(府)로 불리기도 한다. 언론은 표현의 자유를 바탕으로 정부 정책을 알리고, 정책의 잘못을 비판하는 역할을 통해 행정통제를 한다. 또한 정책이슈의 공론화를 통해 여론형성의 기능도 수행한다. 언론기관의 보도 내용이나 방향이 국민들의 여론을 형성하는 데 있어 많은 영향을 끼치게 되므로, 공정한 보도 태도가 요구된다.

행정정보 공개와 확산으로 왜곡된 행정행태를 수정하고, 인터넷을 통한 자유로운 행정참여가 확대되고 있다. 인터넷의 확산으로 사이버 여론의 영향력이 증대되고 있으나, 객관적 검증이 결여되어 무책임한 행정통제가 될 수 있다는 문제도 지적되고 있다.

2) 내부통제

내부통제는 행정부 자체, 행정조직이나 행정조직 구성원에 의해 이루어지는 행정통제를 의미한다. 행정부 내부에서 즉 행정관료 자신들이 스스로 통제를 가하는 것으로, 행정조직의 활동을 체계적으로 조정, 심사, 분석함으로써 불필요한 낭비를 예방하고, 효과적으로 행정성과를 산출하기 위해 필요한 통제이다. 행정활동이 본래의 목표나 방침대로 이루어졌는지를 자체적으로 확인하고 시정하는 것으로, 행정의 전문화와 복잡성이 증가하면서 그 중요성이 부각되고 있다. 내부통제에는 행정부 수반인 대통령에 의한 통제, 국무총리에 의한 통제, 중앙 및 지방행정기관에 의한 통제, 감사원에 의한 통제 등이 있다.[16]

(1) 내부 · 공식적 통제

행정관료제의 공식적인 계층제 구조에 기초를 둔 통제방법이며, 주로 관리통제를 의미한다. 각 행정기관 내부에서 상급자 내지 상급기관이 부하 또는 하급기관에 대하여 행하는 지휘 · 감독을 의미한다. 행정활동은 현실적으로 각 행정인의 행동으로 이루어지므로 해당 행동이 조직목표 또는 조직규범을 벗어나는 경우에는 상급자가 감독권에 의하여 통제한다.

① 대통령과 국무총리실

대통령은 국가원수이자 행정부의 수반이다. 국정의 최고 책임자로서 대통령은 국정지침을 정하고 행정 각 부처가 나아갈 방향을 제시하고, 이는 행정조직과 인사관리에 직접적인 영향을 미친다. 대통령은 고위 공무원에 대한 임용과 징계 권한을 행사하는 인사권과 행정입법을 통해 행정통제를 한다. 공식적인 행정명령뿐만 아니라 대통령 지시 사항을 통하여 정부가 당면한 문제나 정책방향에 대한 행정 관여를 하게 된다. 대통령 지시사항이 있는 경우 국무조정실에서 이를 정리하여 각 부처에 지시하고, 그 추진상황을 지속적으로 점검하고 정부업무평가에도 반영하고 있다.

국무총리 관할 국무조정실에서는 정부업무평가기본법에 따라 정부업무 등을

---

16) 이종수 · 윤영진 외. (2012). 새행정학. 서울: 대영문화사; 권기헌. (2018). 행정학강의: 행정학 강의에 대한 논제와 해설. 서울: 박영사; 유민봉. (2021). 한국행정학. 서울: 박영사.

평가하면서 내부통제 기능을 수행한다. 업무진행상황과 결과에 대한 심사분석 및 진도분석과 평가를 통해 환류조치를 하는 행정관리통제로서, 가장 포괄적이고 전반적인 통제방법이라 할 수 있다.

② 중앙행정부처

각 중앙행정부처에서는 계층제적 권한 구조를 바탕으로 각급 행정부서를 통제하게 된다. 상관은 부하를 감독하고, 부하는 상관의 적법한 지시에 따라 업무를 수행하는 의사결정 체계를 바탕으로 행정통제가 이루어진다. 인사평가제도와 예산상 감사도 행정통제의 수단으로 활용된다.

행정안전부에서는 인사권, 조직권, 행정감사의 조정통제 등을 바탕으로 각 중앙행정기관에 대한 행정통제를 시행하며, 지방자치단체에 대한 감독과 평가를 수행한다. 기획재정부에서는 예산 편성과 집행 관리, 중장기 재정운용계획 수립 등 예산에 대한 행정통제를 수행한다. 총액인건비 제도 도입 등을 통해 각 기관의 자율성을 확대하는 방향으로 행정개혁이 추진되고 있어 중앙행정부처에 의한 행정통제는 점차 약화되는 경향이 있다.

③ 감사원

감사원은 전문성과 공정성을 바탕으로 행정활동의 합법성과 합목적성에 대한 판단을 통해 행정통제를 수행한다. 회계검사와 직무감찰을 통해 행정통제 기능을 수행한다. 회계검사는 국가예산집행을 대상으로 지출의 합법성에 중점을 두어 회계책임을 확보하기 위한 것이고, 직무감찰은 공무원의 비위를 방지하고 행정운영 개선에 기여하기 위한 사후통제 장치이다. 최근에는 공공부문 자원의 획득과 사용에 대한 효율성을 위한 성과감사 강화가 요청되고 있다. 감사원 감사 기능의 실효성 제고를 위해서는 인사·예산상 독립이 필수적이다.

④ 옴부즈만 제도

옴부즈만(Ombudsman)이란 국가기관이나 공무원의 직무상 행위나 부작위에 의하여 권리를 침해받았다고 생각하는 국민이 그 구제를 호소하는 경우, 독립적인 지위를 가진 사람(의회 또는 행정부에서 임명)이 일정한 권한 범위 내에서 조사를 하여 잘못된 점이 있을 때, 그 시정을 촉구·건의하거나 공표함으로써 국민의 권리를 구제하고자 하는 행정감찰관 제도이다. 옴부즈만 제도는 입법부나 사법부가 행정통제의 기능을 제대로 못하게 되자, 이를 보완하고 보다 쉽게 국민의 이익을 보호하기 위해 1809년 스웨덴에서 처음으로 도입한 제도이다.

옴부즈만 제도의 원형인 스웨덴과 핀란드의 옴부즈만 제도의 특징을 살펴보면 다음과 같다. 첫째, 옴부즈만은 의회 소속 기관이지만, 의회의 지휘와 감독은 받지 않는 의회로부터 정치적·직무상 독립된 기관이다. 둘째, 옴부즈만이 고발할 수 있는 행위는 합법성 뿐만 아니라 합목적성에 문제가 있는 대상까지 포함한다. 셋째, 옴부즈만은 정부의 결정은 무효 또는 취소할 수 있는 권한은 없고, 다만 시정조치를 담당기관에 건의할 수 있다. 넷째, 옴부즈만의 사건 처리는 법원에 비해 신속하고 비용이 저렴하다. 다섯째, 옴부즈만은 시민의 요구나 신청에 의해서만 활동을 개시하는 것이 아니라, 직권으로 조사활동을 할 수 있다.

우리나라는 국무총리 소속으로 행정체제 내 독립통제기관으로 대통령이 임명하는 국가 옴부즈만인 국민권익위원회를 신설하여 운영하고 있으며, 지방자치단체에서는 시민고충처리위원회를 설치하고 시행 중에 있다. 우리나라의 옴부즈만 제도로 운영되고 있는 국민권익위원회에서는 헌법상 기관이 아닌 법률상 기관이라는 점, 행정부 소속으로 독립성이 미흡하다는 점, 신청에 의한 조사만 가능하여 직권조사권이 없다는 점, 행정기관만을 대상으로 하여 입법부나 사법부를 통제 대상으로 하지 못한다는 점 등이 한계로 지적되고 있다. 국민권익위원회가 국가 옴부즈만 제도로서의 소속과 관할 범위, 권한 등의 한계로 그 효과성에 대한 의문이 제기되고 있다.

(2) 내부·비공식적 통제

내부·공식적 통제에 속하지 않는 모든 내부통제가 이에 해당된다. 제도상 감독권을 갖지 않은 상사의 조언과 지시, 동료 직원의 조언, 조직 내 업무 관행과 조직문화 등이 행정조직 구성원의 행태에 대해 일정한 통제기능을 수행하는 경우를 들 수 있다. 또한 공복(公僕)으로서 전체 국민에 대한 공평한 봉사와 국민 의사의 존중 등 공무원의 직업 윤리 준수 의무도 내부·비공식적 통제기능을 수행하게 된다.

3. 행정통제의 실효성 확보

행정에 대한 내부 및 외부 통제 중에서 바람직한 통제방법은 무엇인가에 대한 논의는 지금도 다양한 관점과 시각에서 이루어지고 있다. 특히 관료들의 권력 남용을 통제하는데 효과적인 통제 방법이 대표적 논의이다. 이 논의는 Friedrich(1940)의 내부통제이론과 Finer(1941)의 외부통제이론이다. Friedrich(1940)는 관료의 권한을 제한하기 위한 유일한 방법을 관료 내부의 자율통제로 보는 반면, Finer(1941)는 민주주의의 발달을 위한 견제와 균형의 중요성을 강조하고 관료제를 통제하기 위해 대통령, 입법부 그리고 사법부 등에 의한 외부통제의 중요성을 주장하였다. 특히, Finer(1941)는 관료의 자율 규제적 통제를 불신하고, 선거(투표)로 권한을 위임받은 선출직 공무원인 의회 의원에 의한 통제가 가장 핵심적 통제방법이라고 하였다. 이러한 Friedrich(1940)와 Finer(1941)의 논쟁은 1940년대를 거쳐 60년대까지의 이어졌다. 하지만 그 이후에는 행정 국가화 현상, 즉 행정기능의 확대와 현대 행정에서의 공무원의 전문성이 크게 강조되어 왔고, 행정 관료들의 전문성을 기반으로 한 행정기술과 지식, 정보 및 경험에 기초한 전문적 행정재량권이 확대·강화되어 왔기 때문에 관료들의 자율적인 내부통제가 더 중요하다는 것이 지배적인 인식이었다.[17]

행정통제 방법은 시대별로 변천과정을 볼 수 있는데, 근대 입법국가 시대에는 외부통제를 통한 합법성 확보를 강조한 반면, 현대 행정국가 이후에는 외부통제를 통한 민주성 확보와 함께 내부통제를 통한 합목적성 증진이 강조되고 있다.

행정통제는 행정책임을 확보하기 위한 수단으로서의 의미가 있다. 행정통제의 실효성 확보를 위해서는 다음과 같은 제도 개선이 필요하다.

첫째, 행정부와 국민의 정보격차 해소를 위한 행정 정보공개제도의 활성화가 필요하다. 정부가 갖고 있는 정보를 국민과 공유함으로써 국민의 알 권리를 충족시키고, 정책의 개방성과 투명성을 높임으로써 행정책임을 확보하고 행정통제가 가능하도록 해야 한다.

둘째, 행정 과정에 시민의 참여기회가 제도적으로 확대되어야 하며, 주민소환 및 주민투표 등 주민의 직접 참여를 위한 제도의 내실화가 필요하다.

셋째, NGO 등의 시민단체의 정책 참여 활성화가 필요하다. 정부정책에 대한

---

17) 정우일 외. (2013). 정부통제론. 서울: 박영사. 9.

견제와 비판 기능을 수행하는 NGO의 주장을 경청하고, 정부 행정의 부족한 부분을 보완하는 파트너로서 협력적 관계를 구축하여 행정의 민주성과 효율성을 높일 수 있을 것이다.

넷째, 내부고발자(whistle－blower) 보호제도를 통해 내부통제를 활성화할 필요가 있다. 내부고발자는 조직 구성원이 조직 내부의 비리와 불법 행위를 조직 외부에 용기있는 신고를 통해 알림으로써 공익 증진에 기여하므로, 내부고발자에 대한 보호가 중요하다. 내부 고발 등으로 인하여 피해를 받지 않도록 비밀 보장, 신변보호조치, 인사상 불이익 방지 등 실효성 있는 대책이 필요하다[18].

다섯째, 옴부즈만 제도의 내실화가 필요하다. 행정부에 대한 입법부와 사법부의 외부통제, 시민에 의한 행정부의 시민통제는 그 자체의 한계점을 가지고 있고, 그로 인해 현실적 효과성이 미흡하다고 볼 수 있다. 이처럼 전통적 행정통제 기제의 실제와 한계 극복을 위한 대안 기제로 국가 및 지방 옴부즈만의 필요성과 새로운 역할 강화 방안이 논의되고 있다.[19] 국가 옴부즈만으로서의 국민권익위원회의 독립성과 전문성 등에 대한 제도적 보완을 통해 내실있는 옴부즈만 제도 운영이 필요하다.

여섯째, 권력기관 및 준정부조직 등 통제의 사각지대 해소를 통한 행정통제의 대상이 확대되어야 하며, 자체감사 기능의 활성화가 필요하다. 행정국가화 이후 실질적 통제가 내부통제라는 점을 고려할 때, 행정 내부 자체감사 기능을 확대하고 이를 활성화하는 것이 필요하다.

마지막으로, 무엇보다 공무원 스스로의 내부통제 측면에서 공무원의 행정윤리 확보와 자발적 준수가 필요하다 할 것이다.

---

18) 이와 관련하여 2011년 「공익신고자 보호법」이 제정되었다. 이 법은 '공익침해행위(국민 건강과 안전·환경·소비자 이익·공정한 경쟁 및 이에 준하는 공공의 이익을 침해하는 행위)'를 신고한 사람을 보호하고 지원하는 것을 목표로 만들어졌다. 이 법률에 따라 공익신고자(특히, 내부 공익신고자)는 '비밀의 보장,' '신변보호조치,' '인사조치,' '보호조치,' '불이익조치 금지,' '보상금 및 포상금, 구조금 등의 지급'을 요청할 수 있다. 즉, 신고자의 신분은 비밀에 부쳐지며, 공익신고로 인해 신변을 위협받는 경우에는 신변보호 조치를 요구할 수 있고, 직장 등에서 불이익을 당하지 않도록 요청할 수 있으며 그럼에도 불이익이 발생한 경우 보호조치와 구조금 등을 요구할 수 있다. 또한, 공익신고를 통해 공공기관 등에 직접적인 수입의 회복 또는 증대를 야기한 경우엔 보상금을, 재산상 이익이나 손실을 방지한 경우엔 포상금을 받을 수 있다.

19) 김대건. (2018). 옴부즈만의 필요성과 새로운 역할 강화 방안: 전통적 행정통제 기제의 한계와 대안 기제를 중심으로. 한국조직학회보, 14(4): 128.

제4장

비교·
발전행정론

제1절 비교 · 발전행정론의 개괄

1950년대와 60년대를 전후하여 행정학 분야에서의 과학화 필요성, 그리고 기획 및 정책수립 등에서 이론을 행정 문제에 적용하고자 하는 실천적 욕구 및 처방적 대안 마련을 위한 노력들이 '비교' 및 '발전'의 개념을 중심으로 한 비교행정론과 발전행정론이란 연구 분야를 형성하였다.

일반적으로 비교행정론이란 다양한 문화와 국가의 제도에 응용될 수 있는 행정의 이론과 검증될 수 있는 경험적 자료의 집합체로 규정하는 반면, 발전행정론은 사회체제를 발전시킬 수 있는 행정체제의 능력을 의미한다. 즉, 비교행정론은 이론적 · 경험적 자료를 분석하는 비교의 기준(criteria of relevance)에 중점을 두는 반면, 발전행정론은 행정 및 정책의 발전적 전략(guiding policy or strategy)에 중점을 두고 있다는 점에서 차이가 존재한다.

그러나 발전이라는 메타포(metaphor) 없이 비교행정을 논하거나 비교의 기준이 없는 상태에서 발전행정을 연구하는 것은 불가능하다.[1]

1. 비교 · 발전행정의 개념

1) 비교행정의 개념

비교행정은 '다양한 문화와 여러 국가의 제도에 응용될 수 있는 행정이론과 그와 같은 이론으로 검증될 수 있고 발전시켜 나갈 수 있는 사실적인 자료의 집합체'[2]로써 다양한 국가의 행정현상을 비교, 분석하여 행정 일반이론을 정립하

---

1) 김번웅. (1979), 비교행정과 발전행정의 이론적 경계. 법정논총, 1: 137.
2) 미국행정학회(Americanc Society for Public Administration)의 비교행정연구회(Comparative

는 동시에 행정 현상에서 나타난 문제점을 개선하는 데 필요한 지식을 구축하는 것을 목적으로 한다.

이러한 관점에서 비교행정은 다양한 국가의 행정체제와 행태를 연구함으로써 일반성 있는 이론정립 및 행정의 문제점을 개선하기 위한 전략을 추출해 내려는 학문적 노력이라고 할 수 있다.[3)]

이와 같이 행정문제의 해결이라는 현실적인 측면에서 서로 다른 국가의 행정 현상을 비교분석하여 문제의 원인을 분석하고 개선방안을 수립하는 데 결정적인 도움을 준다는 측면에서 비교행정은 그 중요성이 강조된다.

비교연구가 행정이론의 일반화 및 행정의 과학화를 지향하는 데 필수적이므로 비교행정에서 다양한 국가 간의 행정현상을 이해하고 비교분석하는 것은 문제의 해결 및 개선을 위한 방안을 수립하는 데 도움을 줄 수 있다는 측면에서 그 필요성이 강조된다고 하겠다.

2) 발전행정의 개념

1960년대는 행정 분야에서 발전행정이라는 새로운 용어가 등장하였고, 발전의 시대라고 할 수 있을 정도로 관심이 커진 시기다. 발전행정은 비교행정의 출발과 유사하게 신생국의 발전을 돕고 이를 촉진하려는 실천적, 실용주의적 측면에서 출발하였다고 할 수 있다. 발전행정은 정부에 대한 신뢰를 기반으로 큰 정부, 강력한 정부, 관료제 활용 등의 특징을 가진다. 이와 같이 국가발전을 위한 정부의 적극적 역할에 대한 지지는 실천적으로는 1930년 미국 불황기의 뉴딜 (New Deal), 전후 유럽부흥을 위한 마샬플랜(Marshall Plan) 등에서 확인된 성과, 사상적으로는 서구문화의 우월성에 기반한 근대화 이론의 연장선상에 있다고 할 수 있다.[4)]

발전행정에 대한 관심이 커지면서 발전행정의 정의도 매우 다양하게 등장한다. Weidner(1965)는 발전행정의 개념을 발전을 위해 수립된 정치적, 경제적 그리고 사회적 조직을 이끌어가는 과정이라 하였고, Gant(1982)는 발전행정을 사

Administration Group)이 작성한 보고서에서 정의한 비교행정의 개념이다.

3) 박동서 · 김광웅 · 김신복. (1998). 비교행정론. 서울: 박영사. 7.

4) 이승종. (2020). 발전행정의 새로운 지향, 신발전거버넌스. 행정논총, 58(3): 4.

62   행정학원론

회적, 경제적 발전의 계획을 촉진시키고 활용시키기 위하여 공공기관을 조직하고 관리함을 의미한다고 하였다.[5)

여기서는 발전행정의 정의를 가장 포괄적이고 종합적으로 규정하고 있는 Riggs(1966)의 견해를 따르고자 한다. Riggs는 발전행정의 개념으로 Administration of Development와 Development of Administration을 제시하고 있다.[6)] 즉 발전행정은 국가발전사업의 선정과 관리(Administration of Development)라는 전략적 개념과 이러한 발전사업의 관리를 담당하는 행정의 발전(Development of Administration)[7)]이라는 수단적 개념이 융합된 것으로 설명하고 있다.[8)]

2. 발전행정의 유사 개념

발전이라고 하는 용어는 유사한 개념이 많아 무분별하게 사용되는 경우가 있어서 혼란의 여지가 있다. 사회과학적 용어의 개념규정에 있어서 한계가 있을 수 있지만 가급적 많은 학자들이 동의하는 합리적 기준에 따라 규정하는 유사개념을 소개하고자 한다.[9)]

1) 성장(growth)

성장이란 양적인 변화의 뜻으로 해석한다. 예를 들어 공무원의 수가 증가한 것, 예산액이 증가한 것 등이 이에 해당한다.

---

5) 정기섭·김동화. (2009). 발전행정의 재음미와 접근연구: 개념정립과 접근방법을 중심으로. 사회과학연구, 16(1): 9−10.

6) Fred Riggs. (1966). *The Ideas of Development of Administration: A Theoretical Essay*, CAG. American Society for Public Administration, 9.

7) 행정발전(Administration Development)은 발전의 요인이라고 할 수 있는 정치, 경제, 문화, 사회 등의 발전을 유도할 수 있는 역량이 갖추어져 있는가 하는 점에 초점을 두는 것으로 행정의 발전 자체를 의미하는 개념이다.

8) 백완기. (1991). 행정학. 서울: 박영사. 499−503.

9) 발전행정에 대한 유사개념은 김광웅 외 공저, 1991, 발전행정론, 184−188쪽의 내용을 정리하였다.

2) 발전의 개념

성장이 양적인 의미의 성장이었다면, 발전은 질적인 측면에서의 성장을 의미한다. 예를 들면, 공무원의 질, 문제해결 능력 향상, 행정구조의 분화, 예산편성 기준의 합리화 등을 들 수 있다. 물론 발전의 개념에 가치지향여부를 포함시킬 것인가에 대한 쟁점[10]은 존재하고 있으나, 발전행정과 관련된 의미로서의 발전에 대한 개념은 다음과 같다.

발전이란 현재의 상황을 극복하여 보다 소망스러운 상태로 이전해 가는 과정이나 결과를 의미하는 것이다. 제2차 세계대전이 끝난 후 유럽 복구의 필요성과 신생국의 발전 필요성으로 인해 발전이라는 말에 다시 각광을 받기 시작하게 되었다. 발전행정의 등장은 제2차 세계대전의 종식과 함께 새롭게 등장한 개념이다. 이러한 맥락에서 발전은 국토개발과 경제성장을 의미하였으며 경제성장은 공업화와 동일시되는 경향을 지녔다. 선진국이나 신생국을 막론하고 국가의 가장 중요한 관심사는 경제문제였기 때문에 생산능력의 향상과 소비생활 수준의 신장을 지향하는 경제개발을 발전으로 간주할 수밖에 없었고, 그것이 곧 공업화로 표상된 것이다. 이 시기의 일부 후진국 정치 지도자들은 공장의 굴뚝에서 나오는 시커먼 연기를 국력 과시의 상징으로 받아들이기도 했다.[11]

3) 기관형성(institution building)

기관형성이란 새로운 변화를 유도하고 일단 이것이 이루어진 후에는 이것을 유지 보존하면서 환경으로부터 지지를 받을 수 있는 새로운 조직을 형성하는 것을 의미한다. 기관형성이라는 용어는 Esman(1977) 등이 창조한 개념으로 변화를 유도함과 동시에 이를 보전하는 공식적 조직의 뜻으로 규정하였다.

---

10) 발전의 개념에 가치판단적인 것을 포함하고자 하는 학자들은 Weidner, Saul, Katz 등이 있으며, 이에 반대하는 학자는 Riggs 등이 있다.

11) 정기섭·김동화. (2009). 발전행정의 재음미와 접근연구: 개념정립과 접근방법을 중심으로. 사회과학연구, 16(1): 7.

4) 혁신(innovation)

새로운 목표 달성을 위해 새로운 방법을 고안하여 이용하는 것을 의미한다. 따라서 목표 지향적이며 과거에 없던 새로운 방법을 도출하여 이용한다는 점에서 이미 존재하고 있었던 것을 의미하는 발견(discovery), 발명(invention)과 구별되는 개념이다.

5) 개혁(reform)

개혁은 행정의 성과 향상을 위한 새로운 방법에 대한 의식적인 고안 및 적용이라고 할 수 있다. 주요 내용은 목표지향성, 새로운 방법 고안 및 적용, 의식적·인위적 노력 등이라고 할 수 있다.

제2절 　비교 · 발전행정의 역사적 전개과정과 특징

　　비교 · 발전행정의 역사적 전개과정은 다양한 구분이 존재할 수 있으나 대부분의 학자들이 일반적으로 태동기(1945년~1971년), 논의의 확산기(1953~1971년), 침체기(1971~1980년대 중반), 도약기(1980년대~현재)로 구분하고 있다.[12]

1. 비교 · 발전행정의 태동기 (1945년 ~ 1971년)

　　제2차 세계대전 이후 냉전체제에 들어가면서 소련이 신생국들에게 사회주의 이념을 수출한 반면, 미국은 이들 국가에 대한 물자원조에 역점을 두었다. 이러한 미국의 물자원조는 유럽과 일본에서는 효과가 커서 이들 국가의 경제발전과 민주정치의 확립에 기여하였지만, 제3세계의 많은 신생국들은 미국의 원조물자를 효율적으로 활용하지 못하였다. 오히려 공산주의의 위협이 커서 이들 국가들에 대한 민주정치의 확립에도 크게 확신을 주시 못했다. 따라서 물자원조의 실효성을 거두기 위해서는 먼저 원조를 받아들이는 신생국 정부들의 행정이 발전되어야 한다는 인식 아래, 행정을 기술원조라는 범주에 포함시켜 근대 행정이론과 발전기업을 신생국에 소개하기 시작하였다. 우리나라의 경우에도 1955년부터 이것이 본격화되어 조직 · 인사 · 재무 등 행정의 능률성 제고를 위한 선진국

---

12) 비교발전행정의 역사적 전개과정에 대한 내용과 특징은 다음에 제시된 저서의 내용을 소개하였다. 김광웅 외, 1991, 발전행정론, 서울: 법문사, 176 – 191; 이도형 · 김정렬, 2019, 비교발전 행정론, 서울: 박영사, 6 – 16; 정기섭 · 김동화, 2009, 발전행정의 재음미와 접근연구: 개념정립과 접근방법을 중심으로, 사회과학연구 16(1): 16 – 20; 이성복 역, 비교행정론, 1997, 19 – 60 참고.

의 기능론적 관리행정원리들을 수용하게 되었다.

2. 비교 · 발전행정 논의의 확산기 (1953년 ~ 1971년)

초창기 비교행정의 발전은 인접 학문인 비교정치론의 이론체계와 미국정치학회 산하 비교행정연구회(CAG)의 주도적 역할에 기인한 바가 크다. 먼저 비교정치론은 학문적 체계와 방법론을 먼저 정립했다는 점에서 나중에 대두된 비교행정론에 지대한 영향을 미쳤다. 다음으로 1953년 설립된 비교행정연구회는 포드재단(Ford Foundation)으로부터 재정지원을 받아 연구세미나, 비교행정에 관한 실험적 교육사업, 비교행정전문가회의와 특별회의에서의 토론, 기타 예를 들면 현지조사 연구시설의 확장 등과 같은 광범위한 연구 사업을 전개했다. 당시 비교 및 발전행정 연구의 초점들로는 발전의 필요성(특히 경제적 필요성), 개도국들과 선진국들 간의 필요성에 대한 차이, 발전을 관리할 수 있는 가능성, 발전 노하우의 이전 가능성, 저개발 국가들의 정치 · 사회 · 경제 · 문화적 조건들의 변화 가능성 및 개선 가능성, 그리고 서구 국가들처럼 되고 싶은 목표를 가진 개발도상국들에 의해 채택된 모델로서 서구 선진 공업국들 등 이었다.

Riggs를 회장으로 한 비교행정연구회는 여러 가지 포괄적인 연구 사업을 추진하였는데, 이는 4가지의 범주로 나누어 설명할 수 있다. 첫째, 전통 수정형의 범주이다. 이것은 표준이 되는 행정문제 가운데 비교적 하위 주제들을 비교론적 관점으로 다루는데, 그 주제로는 행정조직 · 인사관리 · 재무행정 · 중앙과 일선기관 간 관계 · 공기업행정 · 규제행정 · 행정책임과 통제 그리고 사업 분야별 행정 등이 있다. 둘째, 발전 지향적 범주들의 연구이다. 이 범주에 속하는 연구들은 공공정책의 목표에 있어서 정치 · 경제 · 사회적으로 극적인 변화가 수반되는 나라에서 이러한 목표들을 달성하기 위한 행정적인 필수조건이 무엇인지에 대해 주의를 기울이고 있다. 셋째, 일반체제 모형의 범주이다. 이것의 주제로는 투입 · 산출의 균형이론을 이용한 정치, 행정체제분석 등이 있다. 넷째, 중범위이론 구성형의 범주이다. 이것은 나중에 관료제 모형으로 확립되었는데, 개별사례적인 접근을 통해 비교연구를 가능하게 하였다.

3. 비교 · 발전행정의 침체기 (1971년 ~ 1980년대 중반)

비교 · 발전행정의 침체는 해당 연구 분야에 대한 재정적 지원의 어려움, 이론적 취약성, 실제 발전에 대한 침울한 결과, 그리고 시장 중심 패러다임으로의 변화 등에서 나타난다.

1) 재정지원 중단으로 인한 어려움

비교행정 연구는 다른 국가들에 대한 자료수집이 용이하지 않아 충분한 연구비용이 지원되지 않으면 연구가 이루어지기 어려운 분야이다. 비교행정연구회(CAG)의 연구 활동에는 포드재단(Ford Foundation)의 재정적 지원금이 사실상 큰 역할을 하였다. 포드재단이 1962년 미국행정학회를 통해 1971년까지 지원한 총 50만 달러라는 금액은 그 당시로는 상당한 보조금(grant)이었다. 그러나 1971년 포드재단이 비교행정연구회에 대한 재정지원을 중단하면서, 미국을 중심으로 전개되었던 비교행정 연구는 침체의 길을 걷게되는 결정적인 역할을 하게 된다. 결국, 비교행정연구회는 재정압박에 직면하여 연구 활동을 대폭 축소하는 한편 비교행정저널(Journal of Comparative Administration)도 발간한 지 5년 만에 행정과 사회(Administration & Society)라는 학술지에 통합되었다.

2) 비교행정 이론의 광범위성으로 인한 이론적 취약성

비교행정 연구가 침체기에 접어들게 하였던 또 다른 이유는 바로 이론적 취약성에 있다. 즉, 비교행정론이 독자적인 학문분야였지만 비교행정의 범위에 들지 않는 분야가 없을 정도로 지나치게 비교행정 연구의 관심이 분산되어 있었으며, 주요 개념들도 통합되어 있지 못했고, 충분한 경험적 연구도 이루어지지 못했다는 점이다. 실제로 CAG의 활동은 이론적 탐구 및 아이디어 제공보다는 세미나 등의 활동이 주류를 이루었다. 또한 수많은 학자들의 연구내용도 새로운 이론을 구성하려는 노력보다는 일반이론(general theory)을 구성하여 각 국가 간의 구조적 차이점만을 부각시켰다는 점에서 과학적 및 경험적 접근이 부족하였다는 비판이 등장하였다.

3) 발전의 미약한 결과와 발전행정론의 퇴조

초창기 발전행정의 활성화를 주도한 실용주의적 관심 체계는 관련 논의의 다변화를 초래하였다. 하지만 이러한 양적 성장이 발전행정론의 질적 성장을 담보하는 것은 아니다. 일례로 1980년대 미국의 27개 종합대학에서 설강한 비교발전행정 강좌 40개에 대한 Ryan 교수의 내용분석 결과는 발전행정의 퇴조와 관련하여 시사하는 바가 크다. 그가 분석한 대부분의 강좌들은 높은 수준의 일관성과 응집력을 보여 주지 못했으며, 특히 발전행정은 대부분 비교행정의 한 부분으로 다루어진다는 사실을 발견하였다. 또한 그는 Heady가 저술한 비교행정론 교과서가 가장 널리 교재로 사용되고 있음을 확인하였다. Heady의 책의 초점은 주로 다양한 유형의 정치시스템에서 존재하는 정부관료제 분석에 주어져 있었다. 나아가 그는 Heady의 책이 범위가 넓고, 정향은 구조적이며, Finer의 제도론적 비교와 Weber의 관료제적 관점을 종합한 지적 전통에 기초한 것으로 평가하였다.

4) 시장중심 패러다임으로의 변화(1980년대 초반)

1980년대를 전후한 발전행정의 퇴조현상을 단적으로 보여 주는 현상으로써 경제사회 발전의 주도자로서 정부의 역할을 대신한 시장화 추세의 심화를 지적할 수 있다. 대처와 레이건의 집권을 계기로 가속화된 신자유주의(신보수주의)와 신공공관리(New Public Management)는 기본적으로 민간부문(시장과 시민사회)에 대한 공공부문(정부와 준정부조직)의 개입을 거부한다. 하이에크와 밀턴 프리드만 등에 의해 주도되고 있는 신자유주의는 사유재산제, 법적 제한이 없는 재산축적, 경제에 대한 정부 간섭이 없는 자유 시장 경제체제, 자본주의 동력으로서 이윤추구를 기본원리로 삼고 있다. 또한 보수주의에 기반을 두고 있는 신자유주의는 자연발생적 시장질서의 원리를 자유주의적 사회원리로 파악함으로써 경제적 자유주의 전통을 회복할 것을 주장하였다.

4. 비교·발전행정의 도약기 (1980년대 ~ 현재)

1) 연구 분야의 전문화

1970년대에 쇠퇴하기 시작한 비교 및 발전행정은 1980년대를 거치면서도 학문의 전망이 밝지 못하였다. 그러나 1980년대 중반을 거치면서 조금씩 새로운 도약의 전기를 마련하고 있었다. 즉, 비교연구의 새로운 관점이 도입되었고, 발전행정론이나 비교정책연구 등과 같은 하위 연구 분야의 전문화가 이루어지기 시작하였다. 또한 계량적 방법을 활동한 연구도 강화되었다.

1980년대 중반 이후 시장화 추세와 궤를 같이 하는 세계화 추세의 심화는 역설적으로 비교 및 발전행정의 새로운 연구 가능성과 양자 간의 통합 논의의 필요성을 제시한 것으로 평가된다. 세계화가 심화 될수록 비교 및 발전행정의 실천적 중요성을 선·후진국 모두에게 인식시키는 계기로 작용하고 있기 때문이다. 국가 간 상호의존성이 증대하면서 한 나라의 행정 및 정책이 이해관계국과 국제질서에 미치는 영향이 과거보다 훨씬 커짐으로써 선·후진국을 막론하고 관련 이해관계국의 행정기구와 제도가 어떻게 돌아가고 정책들이 어떤 내용으로 어떻게 형성되어 집행되는지에 대한 관심이 증가하고 있다.

2) 새로운 이론의 등장

비교발전행정 연구의 재도약 가능성을 엿볼 수 있는 중요한 계기는 새로운 이론의 등장이라고 할 수 있다. 비교발전행정은 1990년대 이후 새로운 도약기를 맞이한 것으로 평가된다. 태동 초기에 근대화이론이나 체계이론을 원용하여 주로 후진국들의 발전문제를 비교론적 시각에서 접근하였으나, 최근에는 국가론·정치경제론·신제도주의·거버넌스 등을 활용해 후진국은 물론 신흥공업국 및 서구 선진국들의 발전 문제에 대한 연구가 활발히 진행되고 있기 때문이다. 특히 거버넌스는 공공부문과 민간부문이라는 이분법을 초월해 비교발전행정의 새로운 가능성을 제시한 것으로 평가해 볼 수 있다.

제3절 　 비교·발전행정론의 연구대상 및 방법론

비교행정론과 발전행정론의 연구대상 및 방법론에서 발견할 수 있는 유사성과 차이점은 이론, 모형탐색, 분석개념, 방법론, 연구방법, 가치 등의 관점에서 소개하고자 한다.[13]

1. 비교행정과 발전행정의 유사성

1) 이론과 모형탐색의 측면의 유사성

제2차 세계대전 이전의 행정학 연구는 주로 서구 선진국의 정치·행정제도를 서술하는 데 중점을 두었었다. 그러나 전후 행정학 연구의 이론 및 가설에 대한 의문이 제기되었을 뿐만 아니라 서구의 행정이론과 경험이 아프리카, 동남아, 중동 등의 국가 등에 어느 정도 적용이 가능한가에 대한 연구가 시도되었다. 즉 서구 선진국의 행정모형을 신생국에게 수출하여 이식하려는 시도로 인해 지역연구, 문화 횡단적(cross cultural) 비교행정이론이 모색되었다.

이러한 상황에서 발전도상국에 대한 경제, 군사, 기술원조 등을 통해 획득하게 된 행정 경험을 토대로 실용적인 발전행정에 대한 논의가 등장한 것은 매우 자연스러운 일이 되었다. 발전행정은 행정의 발전과 발전사업의 관리를 그 핵심개념으로 하며, 국가의 행정 능력 또는 관리능력을 발전시키기 위한 발전목표,

---

13) 비교행정 및 발전행정의 유사성과 차이점에 대한 내용은 Fred Riggs, (1961), The Ecology of Public Administration, Asia Publishing House, 김번웅, (1979), 상게논문, 138-144의 논의를 소개하였다.

발전프로그램의 구체화, 혁신, 개혁, 변화 등에 대한 이론 형성을 중요시하게 되었다.

또한 행정원리의 일반화 및 가설의 검증 단계를 넘어서 각 국의 국가적 및 문화적 특수성을 포괄하는 이론모형을 정리하려는 경향이 나타난다. 따라서 비교행정과 발전행정은 동태적으로 변화하는 행정의 생태학적 상황을 경험적으로 포괄하려는 시도를 통해, 종래의 원리 및 가설에서 벗어나 모형이라는 분석의 틀을 탐색하려고 노력한다.

2) 방법론 및 분석개념의 다양화 대두

기존의 법률·제도적 분석기법, 형식적인 구조적 개념 등이 방법론의 다양화와 함께 집단적, 체제적이고 기능적인 개념으로 재개념화되는 경향이 나타난다. 즉 국가보다는 정치체제, 권력보다는 기능, 제도보다는 역할, 여론보다는 정치문화 등의 개념들이 사용된다. 또한 정치·행정발전의 기본 개념도 구조적 분화, 문화적 세속화, 하위체제의 자율성, 제도화, 실적 존중, 참여의 확대, 대응성 제고 등으로 다양한 개념 등이 등장한다.

3) 연구방법의 유사성

연구방법에서는 단일한 최선의 방법은 존재하지 않는다는 입장을 취하게 된다. 또한 행정을 정치과정의 변수로 보며, 본질적으로 비생태학적 연구방법에서 생태학적 연구방법으로 전환되는 특색을 보인다. 이러한 예로서는 실증적 경험적 연구, 사례연구, 계량적 분석, 미시적 접근방법과 거시적 접근방법의 병행, 일반체제이론의 적용, 구조·기능적 접근방법, 집단적 접근방법 등을 들 수 있다.

4) 실용적 가치의 중시 경향

연구의 중심이 규범적·추상적인 이론의 정립 등에서 벗어나 명확한 목표와 구체적인 문제해결의 프로그램을 포괄하는 행동지향적인 실용적 가치를 중시하

게 된다. 예를 들어, 기존의 기계적인 관리철학에서 사회경제환경의 변화에 기
능적으로 적응할 수 있는 실질적인 행정 능력, 관리능력의 개선, 산출, 생산성
등을 중시하는 프로그램의 기획, 정책결정의 패턴 등으로 연구의 초점이 옮겨가
게 된다.

2. 비교행정과 발전행정의 차이점

비교행정 연구업적의 대부분은 비교의 기준이 되는 기능의 분석, 가설의 설
정, 그리고 일반이론의 구상 등이다.

비교행정 연구의 목적은 신생국 및 개발도상국의 발전을 촉진시키려는 실천
적·실용적인 데 있었다. 그러나 기능주의가 지니는 보수성과 비현실성 때문에
가설의 정립과 경험적 검정의 측면에 있어서 일반성을 보여주고 있을 뿐이며,
특수성을 지니지 못한 경우가 많아서 그 과학성 및 적용가능성에 대한 의문이
제기 되었다. 가설에 대한 실증적 검정과정에서 각 국가들의 사례 및 표본으로
연구할 경우, 이론적 실효성에 의심을 받을 수 있다는 것이다. 즉 개념상으로는
일반이론에 해당한다고 하더라도 그 타당성과 실제 적용가능성이 낮은 경우에
해당되며, 연구를 위한 연구에 지나지 않게 된다는 것이다.

이러한 비판으로서 실용주의에 입각한 정책적·규범적이며, 동태성을 지닌
행정연구 분야로 대두한 것이 발전행정이다. 발전행정이 비교행정보다 행정능력
을 강화하기 위한 이론의 적용가능성이 높다는 점에서 비교행정과 발전행정의
근본적인 차이점이 존재한다.[14] 따라서 비교행정 및 발전행정의 내용 및 초점을
비교하여 이론적인 경계를 가정하는 것은 상대적인 의미에서 정도의 차이를 전
제로 하는 것이라고 할 수 있다.

비교행정과 발전행정을 행정이념, 합목적성, 방법론적 가치관, 이론적 성향,
분석의 지침 등을 대상으로 그 특징을 설명하면 다음의 <표 4-1>과 같다.

---

14) CAG 및 라파엘리(Raphaeli) 등은 발전행정을 비교행정의 한 접근방법으로 보고 있으며, 왈
    도(Waldo)나 와이드너(Weidner) 등은 발전행정을 비교행정으로부터 분리하여 상호 독립성
    을 인정하고 때로는 상호경쟁분야로 다루고 있다.

〈표 4-1〉 비교행정론과 발전행정론의 차이점

구분	비교행정론	발전행정론
행정이념	보편성, 일반성	특정성, 전문성
합목적성	• 정태적 • 가설정립, 일반법칙 모색	• 동태적 • 목적지향적인 정책, 기획, 프로그램 모색
방법론	기능주의	실용주의
이론의 성향	• 균형이론 • 변동의 확인 • 개념정립, 분류 · 과학지향적	• 변동이론 • 변동의 유발 • 정책 · 전략지향적
분석지침	• 비교의 기준 • 체제분석 • 합리성	• 정책유도의 기준 • 체제+정책분석 • 합리성+방향성
사회변동과 행정	• 전이변화의 행정 • 대중의 정채결정 참여증대에 관심	• 기획된 변화의 행정 • 엘리트의 사회적 역할 관심

자료: 김번웅(1979), 전게논문, 143-144에서 재정리.

3. 비교행정론과 발전행정론의 이론적 한계

1) 비교행정론의 이론적 한계

비교행정론의 이론적 한계에 대해서는 다양한 학자들이 다양한 문제들을 지적하고 있으나 일반적으로 사회변동에 대한 개념적인 문제, 행정제도의 원형에 대한 비판, 비교행정에서 사용하는 비교의 준거로서 비교변수에 대한 문제, 행정의 가치중립성에 대한 논의를 중심으로 서술하고자 한다.[15]

(1) 사회변동의 개념 문제

비교행정론에서 자주 언급하는 변동의 개념 및 모형은 체제의 자체 유지 또

---

15) 비교행정론의 이론적 한계에 대한 논의는 Weidner의 논문인 "발전행정 연구의 새로운 초점"에서 제시하고 있는 발전행정이론의 한계점을 요약하여 정리한 논문인, 김번웅, (1979), 전게논문, 144-147의 내용을 요약 정리하였다.

는 균형이론에 한정되어 서술적이며 정태적이라는 것이다. 즉 적극적으로 변화에 적용할 수 있는 기획적·정책적인 변화의 동태적인 측면을 간과하고 있다는 것이다. 또한 변화의 개념을 행정체제의 근대화, 발전도상국가의 전이적 변동에만 적용하고 있으며, 선진국의 발전된 행정체제의 개혁 등은 전혀 다루고 있지 않다는 점이다.

(2) 행정제도 원형(prototype)의 비현실성 문제

비교행정론에서 주장하는 행정제도의 원형은 행정 현실과 너무 괴리되어 있다는 점이다. 예를 들어, 막스 베버의 합리성을 행정조직에 적용할 경우, 그 실질적인 의미가 약해지는 경우가 많다는 것이다. 막스 베버의 합리성 기준에 의하면 부패 또는 부조리는 비합리적인 요소로서 정치체제 또는 행정조직의 발전을 저해한다. 그러나 후진국의 경우, 정치·행정의 현실에서 부패는 역기능을 초래하는 것은 맞으나 멕시코 및 브라질 등의 국가에서는 부패가 사회계층 간의 격차 해소, 커뮤니케이션의 증대, 정책결정과정에서 시민참여의 기회를 마련하는 등 오히려 순기능을 가져왔다는 것이다.[16]

(3) 준거의 기준인 비교변수가 너무 포괄적인 문제

비교행정에서 사용하는 준거의 기준으로서 비교변수가 너무 포괄적이며 광대하다. 리그스의 프리즘적 사회와 사라(Sala)모형, 알몬드와 콜만의 기능분화 변수 등은 너무 광범위하다는 것이다. 즉 비교변수가 너무 포괄적이고 광범위하여 분류의 과학적 유용성이 없으므로 비교변수의 수는 제한되어야 하고, 선별되어 사용되어야 한다는 비판점이 존재한다.

(4) 행정의 합목적성을 경시하는 문제

비교행정은 행정체제를 비교·분석할 경우에 행정의 합목적성 또는 목표달성 및 생산성을 경시하고 있다고 비판한다. 비교행정은 접근방법의 전제로서 행정을 중립적인 도구로 취급하고 있어서 근대화의 과제 등 발전문제를 해결하기 위

---

16) 가재창·김용동. (1991). 비교행정의 파라다임에 관한 고찰. 127.

한 행정체제 또는 행정인은 가치중립적일 수 없는 경우가 많다는 것이다. 오히려 행정의 발전을 위해 개입이 필요불가결 하다는 것이다. 즉 비교행정의 이론적 모형들은 사회변동을 설명하는 데 부적합한 경우가 있다는 것이다. 즉 근대 관료제의 특징을 정확하게 서술하지도 못하고 너무 포괄적이며 추상적이며 실용성이 없는 경우가 적지 않고 행정체제의 비교기준으로서 분석구조 자체의 유용성에 한계가 있다는 것이다.

2) 발전행정론의 이론적 한계

발전이라는 개념 자체가 다의적이고 사회변동의 과정이 다양하므로 기획된 변동을 관리하는 발전행정의 모형 및 접근방법도 다양한 이론적·경험적 한계를 지니고 있다. 발전행정론의 이론적 한계는 다양하게 지적되고 있으나 학자들 사이에서 일반적으로 지적되고 있는 문제, 즉 서구 중심 편견의 문제, 이론형성 자체의 문제, 경험적 검정의 방법론상 문제, 그리고 발전 개념의 모형성 문제를 중심으로 설명하고자 한다.[17]

(1) 발전모형 정립에서 서구 중심 편견(bias)의 문제

신생국 또는 발전도상국의 행정을 위한 발전모형의 정립에 있어서 서구중심의 편견이 존재하는 문제이다. Ramos는 그의 저서 "가능성 모형(Possibility Model)"에서 어느 발전도상국가도 자국의 주어진 조건에 따른 독자적인 발전 가능성을 잠재적으로 보유하고 있다고 주장한다. 즉, 이미 상당히 발전을 이룩한 미국이나 유럽 국가들의 발전 선례를 단계적으로 답습하는 "필요성 모형(Necessity Model)"은 실용성·적응성이 없는 근대화 이론이라고 비판하였다.[18] 또한 Riggs는 후진국의 행정발전 문제는 각국이 처한 상황 및 조건하에서 다루어져야 하며, 행정체제의 형성과 발전전략은 결코 수입이나 수출할 성격의 것이 아니라고 주장하면서 서구 중심의 편견 문제를 지적하고 있다.[19]

---

17) 발전행정이론의 한계는 김번웅, (1979), 전게논문, 147－149의 내용을 중심으로 제시하였다.
18) Ramos, A. G. (1970), "Towards a Possibility Model" in W. Beling and G. Totten, eds, Developing Nations: Quest for a Model, New York: Van Nostrand Reinhold Co. 22.

(2) 발전행정 이론형성 자체의 문제

행정의 발전과 발전사업의 관리를 통한 국가형성, 사회경제적 발전 등 발전목표를 달성하는데 있어서 혁신성향, 성취지향성 등 합목적성을 지나치게 강조하여 정책형성의 과정에 있어서 투입기능의 오류(fallacy of inputism)를 범할 가능성이 크다는 문제가 있다. 또한 이론을 위한 이론(theories about theories)을 전개하거나 단지 기존이론의 분석정도에 그친 경우가 많아서 실질적·경험적 검정을 거친 좋은 이론이 적다는 문제점을 지적한다.

(3) 경험적 검정의 방법론상의 문제

사례연구에 있어서 미시적 수준에서 획득한 특정한 결과를 일반화(generalization)하려는 위험성을 제시하고 있다. 또한 행정현실을 참여관찰을 통하여 분석할 경우 낮은 수준의 많은 수의 관찰이 높은 수준의 적은 수의 관찰을 압도할 우려성 등 방법론상의 문제가 제기된다.

(4) '발전' 개념의 모호성 문제

'발전' 개념의 모호성 문제로서 대부분의 학자들이 발전(development)과 혁신(innovation)의 개념을 혼용하여 사용하고 있다는 비판이 제시된다. 전자는 체계적·계층적·전략적인 개념인 반면 후자는 자연적·무작위적·사회적인 개념으로 볼 수 있다. 따라서 이러한 개념적 차이를 무시하고 행정의 발전모형을 모색하는 경우에는 이론적 또는 경험적 오류 문제를 초래할 수 있다.

4. 비교행정론과 발전행정론의 연구대상

비교·발전행정론은 국가론, 정치경제론, 신제도주의, 거버넌스 등의 활용으로 최근 재조명 받고 있으며, 후진국은 물론 신흥공업국 및 서구 선진국들의 발

---

19) Riggs, F. W. (1963). "Bureaucrats and Political Development: A Paradoxical view," in Lapalombara, ed., *Bureaucracy and Political Development*, Princeton: Princeton University Press. 35−38.

전문제에 대한 접근이 활발해야 하는 점도 비교·발전행정 연구의 새로운 가능성을 보여주고 있다. 특히, 세계화의 흐름에 적절하게 대응하기 위해서는 국가별 다차원적 비교분석이 필요하며, 상호 벤치마킹을 통해 각 국의 발전전략 수립과 자본의 세계화 속에서 국가경쟁력 제고를 위한 정부의 역할이 강조된다는 점에서 비교·발전행정론의 중요성이 더욱 강조된다.

비교행정론에서 발전의 개념을 제외할 수 없고, 발전행정론에서 비교의 기준을 도외시할 수 없다면 양자는 상호보완적, 상호의존적 관계가 될 수 밖에 없다. 즉 비교·발전행정론은 변동하는 행정현실의 체계적인 연구를 위하여 이론과 실제의 공존 또는 보완의 관계로서 역할을 하게 될 것이다.

제5장

정치|행정과
경제

제1절   다원주의 이론

1. 다원주의의 개념

다원주의 이론은 정치학 이론에서 출발한 것으로 획일성, 동질성에 반하여 사회 내의 다양성이나 차이를 존중하는 데서 출발한다.[1] 정치적 영역에서 다원주의(pluralism)는 권력이 소수의 지배집단에 집중되어 있는 것이 아니라 널리 분산되어 있으며, 다양한 집단의 의사가 반영되어 정책 및 사회적 의사결정이 이루어진다고 본다.[2] 주로 정당, 이익집단, 압력단체와 같은 다양한 집단에게 정책결정에 미치는 힘과 영향력이 분산되어 있다고 본다. 기본적으로 소수의 지배집단인 엘리트가 정부의 모든 정책과정에 지배적인 영향력을 가지고 있다고 보는 엘리트 이론과 대비되는 이론이라고 할 수 있다. 그러나 다원주의 이론은 다원주의자들 간에도 이론적 내용이 매우 다양해서 하나의 개념으로 규정하기 어렵고, 이론적 다양성과 편차가 매우 큰 이론이다. 오늘날에도 다원주의가 무엇인지를 명확하게 한마디로 정의할 수 있는 개념적 규정이 형성되지 않았다고 할 수 있다.[3]

다원주의는 이익집단들의 활동이 정부의 정책에 수용되는 과정에 대한 실증적이고 기술적인 차원을 설명할 뿐만 아니라 권력이 한 곳에 집중되어 있지 않고 균등하고 다양하게 분산되어 있으며 여러 집단 간 경쟁을 통해 도출한다는 민주적 원리가 다른 정책결정체제보다 우월하다고 보는 규범적 측면도 내포한다. 개인들의 집합인 집단들은 공공정책에 영향을 미치기 위해 상호경쟁, 투쟁,

---

1) Bevir. (2010). Encyclopedia of Political Theory. Sage Publications. 1066 – 1069.
2) 나현. (2009). 행정학 전자사전.
3) Brown, Judy. (2017). "Democratizing accounting: Reflections on the politics of 'old' and 'new' pluralisms". *Critical Perspectives on Accounting*, 43: 20 – 21.

협력 및 협상을 하게 되며, 그 과정에서 정부는 집단 간 도달된 균형을 소극적으로 수용하는 역할에 그치게 된다. 이러한 점에서 다원주의는 민주주의가 안정적으로 정착된 사회, 즉 고도로 다원화된 사회에서 각 이익집단들이 합법적으로 자신들의 이익을 주장하고, 그것이 정책결정 속에 반영될 수 있는 사회에서 적용될 수 있다.[4]

다원주의에서 국가의 역할은 소극적 또는 중립적이라고 보지만, 다양한 집단이 경쟁, 갈등, 타협, 협상하는 과정에서 국가는 정치적 투쟁의 장이 된다. 그리고 국가가 선택한 공공정책은 협상과 투쟁의 결과물이라고 간주한다.[5] 다원주의 국가에서 권력적 영향력의 방향은 사회에서 국가로 향하는 것이고, 국가는 사회의 타협안에 의해 결정된다고 본다. 단, 다원주의적 이익대표체계에서 가장 중요한 것은 모든 집단이 동등한 접근성, 기회와 권리, 동등한 영향력을 가짐을 전제한다.

다원주의 정치이론가인 Lindsay는 다원주의를 다음과 같이 표현한다.[6]

"사회의 일상생활은 모든 유형의 사회적 관계, 즉 교회나 노동조합 그리고 모든 종류의 제도에 소속되어 있는 개인들에 의해서 영위된다. 공동체의 종교적, 과학적 그리고 경제적 생활은 이러한 사회적 관계를 통해 이루어지고 발전한다. 각각의 생활들은 자신의 고유한 특성을 지니고 발전한다. 그러나 각각의 생활들 속에는 '자발성, 자생성 그리고 자유'라는 하나의 영역이 있다. 그러한 영역은 강제성을 수단으로 하는 국가에서는 좀처럼 나타날 수 없다."[7](Lindsay, A. D., 1943: 245)

---

4) 강성도. (2001). "미국 의료보험의 정책연구─다원주의 이론적 접근". 산업경제연구, 14(6): 3.

5) Shalev, Michael. (1983). "The Social Democratic Model and Beyond: The Generations of Comparative Research on the Welfare State". Comparative Social Research, 6.

6) 멘슈어 올즈. 최광·이성규 옮김. (2013). 178.

7) Lindsay, A. D. (1943). The Modern Democratic State. London: Oxford University Press, 245.

2. 다원주의 이론의 전개

1) 고전 다원주의

다원주의 이론은 역사적 전개에 따라 크게 세 가지의 이론적 흐름을 거친다.[8] 첫 번째는 20세기 초반의 정치학자들에 의한 것이고, 두 번째는 2차 세계대전 후의 다원주의이며, 세 번째는 신다원주의자들과 후기 구조주의 이론가들의 다원주의이다. 이 세 가지 이론적 흐름이 가지고 있는 공통점은 정치적 영역의 획일적 인식에 반대하고 시대적 이론 차이의 중요성을 강조한다는 점이다.

초기 다원주의 정치학 이론은 20세기 초에 시작되었고 대표적인 학자에는 벤틀리(Arthur Bentley), 바아커(Barker), 라스키(Laski) 등이다. 이들은 정치체제에서 국가가 중앙독재적 권력을 가지고 통치하는 것에 반대하면서 다양성, 차이, 집단 간 동질성, 사회적 다양성의 정치적 함의 등을 중요하게 논의하였다. 이들 연구는 다양성, 집단의 역할에 대한 측면을 강조한 의의를 지니고 있으나 큰 주목을 받지는 못했다.

반면 다원주의 이론으로 가장 주목받고 많은 역할을 한 것은 그 다음 연구로서 다알(Dahl)이나 린드블롬(Lindblom), 트루만(Truman) 등에 의해 이루어졌다. 이들의 연구는 실증적이고 경험적 연구를 강조하여 미국의 정치과정 분석에 매우 큰 영향을 미치게 된다. 이익집단과 정부과정의 관점에서 다원주의를 분석하는 연구들이 주된 경향을 이루었다. 이 시기의 다원주의 이론은 엘리트론의 방법론의 문제를 지적하면서 경험적인 연구를 제시한 Dahl에 의해 일반적으로 알려지게 되었다. 그러나 다원주의의 초기적 이론 틀은 벤틀리(Bentley)와 트루만(Truman)의 이익집단론에 의해 형성된 것으로 평가받는다.[9]

이익집단론은 이익집단들의 요구에 따라 정책을 결정하고 집행하는 것이 가장 민주적이라고 보면서, 미국의 정치체제가 특수이익에 좌우되지 않고 다양한 이익집단의 주장과 요구에 부응할 수 있는 이유에 대하여 두 가지 논리를 제시한다.[10] 하나는 잠재 이익집단론으로, 정책결정자들은 잠재집단(potential group)

---

8) Brown. (2017). "Democratizing accounting: Reflections on the politics of 'old' and 'new' pluralisms". Critical Perspectives on Accounting 43: 22.

9) 정정길·최종원·이시원·정준금. (2003). 정책학원론. 대명문화사. 226.

10) Truman David (1971). The Governmental Process. N. Y.: Alfred A. Knopf, 508−516.

이 언제든 조직화될 수 있음을 감안하기 때문에 소수의 특수이익에 좌우되지 않는다는 것이다. 잠재집단이란 현재는 조직화 되어 있지 않지만 특수이익을 가진 지배적 집단이 자신들의 이익을 침해할 가능성이 있는 경우 조직화 될 수 있는 상태의 집단을 의미한다. 둘째, 중복회원(multiple membership)의 현상 때문이다. 이익집단 구성원은 하나의 집단에만 속해 있는 것이 아니라 여러 집단에 중복적으로 가입되어 있기 때문에 특수이익을 위해 다른 집단의 이익을 크게 희생시키지 못하게 된다는 것이다. 셋째, 이러한 메커니즘하에서 다양한 이익을 대변하는 이익집단들이 상호 협상, 타협, 조정을 통해 사회의 이해관계를 조율하게 되고 정부는 이를 소극적으로 수용하게 된다고 본다.

한편 Dahl은 미국의 지역사회를 과연 "누가 지배하는가"라는 질문에 대하여 뉴헤븐(New Heaven)시를 대상으로 연구하면서 과거는 귀족, 기업가, 민족집단 지도자들이 순차적으로 지배했고, 1950년대 이후부터는 시장과 같은 정치적 지도자가 정책과정을 지배했지만 이들 지도자는 이익집단이나 유권자들의 요구에 영향을 받고 있음을 제시하였다.[11] 즉 Dahl의 결론은 자원의 불평등이 존재하기는 하지만 너무 분산적이고 다원적이어서 어떠한 동질적인 엘리트도 정책결정 전반의 정치과정을 지배할 수는 없다고 결론내렸다. 오히려 모든 집단은 정책형성과정에 폭넓게 동질적인 기회를 가지고 있고, 이해관계 간 경쟁에서 시장과 같은 경쟁과 협상이 이루어진다고 보았다. 뿐만 아니라 엘리트들의 주장과는 달리 엘리트 집단 전체가 대중의 요구에 민감하게 반응할 수 밖에 없음을 제시하였다. 만약 엘리트들이 대중의 이익을 침해하게 되면 대중들도 엘리트에게 저항하게 될 것인바 엘리트들은 대중들의 선호가 최대한 반영된 정책을 제시하게 될 수 밖에 없다는 것이다.

2) 신다원주의

이와 같은 2세대 다원주의는 신엘리트론자들에 의해 큰 비판[12]을 받았고, 그

---

11) Dahl, A. Robert. (1961). *Who Governs? Democracy and Power in an Amrican City*. New Haven: Yale University Press.

11) Dahl, A. Robert. (1961). *Who Governs? Democracy and Power in an Amrican City*. New Haven: Yale University Press.

12) 권력이론으로서 신엘리트이론은 R.Dahl의 뉴헤이븐시 연구에 대해 다원주의자들은 정책과정에 미치는 다양한 측면을 충분히 보지 못했다고 비판하였다. 대표적인 신엘리트론자인 Bachrach & Baratz는 정치권력에는 두 가지 얼굴이 있다고 제시하면서, 하나는 정책문제 해결을 위해 정책결정과정에서 행사되는 권력이 있고, 다른 하나는 정책과정에서 갈등을 억압하고 갈등

외에도 여러 이론적 문제점을 가지고 있었는바 다원주의자들은 이러한 비판에 대응하기 위해 다소 수정된 이론을 제시하였는데 이것이 신다원주의이다. 신다원주의와 구분되는 고전 다원주의가 받는 주요 비판 내용들은 다음과 같다.

첫째, 다원주의는 집단의 중요성을 지나치게 강조하고 있다. 정부 외부의 구조적 측면, 즉 집단의 행태에 초점을 맞추고 있어서 관료와 정부의 이해관계를 주의깊게 보지 못한다는 것이다. 때로는 관료의 이익 또는 정부의 의지에 따라 이익집단의 영향력 행사에 구애되지 않고 독자적으로 정책을 결정할 수 있는 여지를 인정하지 않는 측면이 있다.

둘째, 정부가 잠재집단의 가능성 때문에 특수이익에 지배되지 않을 것이라고 주장한 측면이다. 정부가 정책결정과정에서 잠재집단을 감안할 가능성이 얼마나 클 것인가의 문제를 차치하고서라도, 현실적으로 잠재적 집단이 얼마나 집단화될 것인가는 많은 어려움이 있을 것이다.

셋째, 다원주의자들은 정부의 외적인 환경이나 구조적인 제약을 감안하지 못하는 한계가 있다. 다원화된 국가에서도 세계 환경의 변화라는 한계에 직면하여 이익집단의 요구와 관계없는 결정을 하게 되는 경우도 많은 것이다.

이러한 다원주의에 대한 비판을 수용하여 새로운 다원주의 관점으로 제시된 것이 신다원주의(neopluralism)이다. 신다원주의는 자본주의 국가에서 특정한 집단, 특히 기업 등에 특권을 부여할 수 밖에 없음을 인정한다.[13] 신다원주의는 기존의 다원주의가 기업가의 특권적 지위를 제대로 고려하지 못했음을 인정하여 여러 이익집단 중 기업가 집단에게 특권적 지위가 있음을 인정한다.[14]

한편 신다원주의는 정부가 소극적이고 중립적인 조정자가 아닐 수 있음을 인정한다. 정부는 특정 이익집단에 더 반응적일 수 있고, 불평등 구조를 심화시켜 왔다고 본다.[15] 또한 이익집단의 투입활동에 정부가 수동적으로 반응한다는 관

이 정치과정에 진입하는 것을 방지하는 데 행사되는 권력이 있다고 주장하였다. 신엘리트론자는 무의사결정론을 제시하면서 다원주의 이론이 바로 이 두 번째 얼굴로서 엘리트들에게 불리한 이슈나 정책을 논의조차 하지 못하게 억압하는 측면을 제대로 보지 못했다고 비판하였다.

13) Dunleavy P. and D. O'Leary. (1987). Theories of the State: The Politics of Liberal Democracy. Basingstoke: Macmillan, 275

14) Lindblom, Charles E. (1977). Politics and Markets. New York: Basic Books, 175.

15) Manley, John F. (1983). "Neo-Pluralism: A Class Analysis of Pluralism Ⅰ and Pluralism Ⅱ." American Political Science Review 77: 372.

점과 달리 정부가 자율성을 가지고 기능한다고 본다.

즉 신다원주의는 권력이 동일하게 분산되어 있다고 보지 않는다. 권력의 원천이 비록 사회 내 개인들과 집단들에 널리 분산되어 있기는 하지만 그 분배상태가 불균등함을 인정한다. 경제력, 명성, 정보 및 전문성 등 집단이 가진 권력의 원천의 강도에 따라 정책결정은 영향을 받게 된다. 이러한 점에서 신다원주의자들은 정치과정에 참여하는 집단들의 기회 불균등 구조의 심화를 방지하기 위해 구조개혁이 필요하다고 주장한다.[16] 정부의 역할에 있어서도 신다원주의자들은 정부가 각종 이익집단의 압력 뿐만 아니라 국가의 정책의지에 의해 지배될 수 있다는 점에서 정부의 자율성을 강조한다. 국가가 보다 능동적이고 창조적인 정책기능을 수행할 수 있음을 제시하는 것이다.

가장 최근의 3세대 다원주의 연구는 Connolly, Laclau, Mouffe 등에 의해 탄생하였다.[17] 이전의 다원주의 연구가 정치적 투쟁의 장으로서 집합적 행동 및 이익집단의 주요 대상으로 국가권력을 중심적으로 본 반면, 3세대 다원주의는 정치적 수요와 집합적 정체성이 형성되는 과정에 초점을 둔다.[18]

3. 다원주의 이론의 특징

다원주의 이론이 세 가지 이론적 흐름을 거쳤지만 기본적인 공통점이 있다.[19] 개념적으로 지니는 공통점들을 정리하면 다음과 같다.

첫째, 다원주의는 정치적 과정이나 사회적 과정을 결정하거나 감시하는 데 있어서 단 하나의 독보적 통치체제가 있을 수 없다고 본다. 둘째, 다수의 집단 내 또는 집단 간에 사회적 영역 및 정치적 표현의 다양성을 줄일 수 없음을 강

---

16) 강성도. (2001). "미국 의료보험의 정책연구─다원주의 이론적 접근". 산업경제연구, 14(6): 5.

17) Brown. (2017). "Democratizing accounting: Reflections on the politics of 'old' and 'new' pluralisms". Critical Perspectives on Accounting 43: 32.

18) 1세대 다원주의는 집단이 자유, 평등, 정의와 같은 전통적 자유 가치를 위한 투쟁에 초점을 두었다면, 2세대 다원주의는 경제적 동기를 포함한 자기 이해관계를 위해 경합하는 집단에 관심을 두었다. 3세대 다원주의는 정치적 영역에 대한 포괄적 이해와 더불어 정치적 수요와 집합적 동질성이 형성되는 과정에 관심을 둔다는 특징을 지닌다.

19) McClure. (1992). On the Subject of rights: Pluralism, Plurality and Political Identity; Brown. (2017). "Democratizing accounting: Reflections on the politics of 'old' and 'new' pluralisms". Critical Perspectives on Accounting.

조한다. 셋째, 어떤 정치 집단도 독보적인 존재가 될 수 없다고 본다. 권력의 원천이 되는 부, 명성, 정보, 지위 등이 분산되어 있다. 이들 집단은 요구, 사회운동 등을 위해 투쟁하는 일시적이고 산발적인 형태로 나타난다. 넷째, 개인은 다수의 집단에 중복적으로 가입하는 특징을 지닌다. 개인은 소비자이자 고용인, 환경운동가, 국민, 다국적인 등 더 포괄적인 사회적 다원주의자라는 점을 강조한다. 따라서 다른 집단의 요구와 활동을 서로 존중하고 타협할 수 있는 주체로 본다.

4. 다원주의 이론에 대한 평가

다원주의 이론이 지니는 긍정적인 측면은 이익집단의 활동에 있어서 이들을 승자와 패자가 상호교체될 가능성을 열어 놓는다는 점이다. 이를 통해 이것은 사회의 안정성을 높이는 데 기여할 수 있다.[20]

두 번째 긍정적인 측면은 다양성에 대한 인정과 수용이다. 정치적 다원주의 이론은 시간이 경과함에 따라 많은 가치의 다양성을 인정하는 이론으로 확장되었다. 인종, 가치, 종교, 성 등의 다양성과 차이 및 관용(tolerance)을 강조한다.

한편 다원주의 이론에 대한 비판적 측면은 E.Schattschneider의 관점[21]에서 찾아볼 수 있다. 그는 이익집단 중심의 정치는 기본적으로 소수의 조직화된 상류집단들을 대변하는 정치가 될 수 밖에 없으며, 정당이 효율적으로 사회의 다양한 계층들을 잘 대변하지 못하는 한 시민들은 반쪽짜리 주권(semi-sovereign)을 가진 존재로 전락하게 됨을 지적한 바 있다. 두 번째 비판은 신엘리트이론의 무의사결정이론으로 제시되는 비판적 측면에서 찾아볼 수 있다. 즉 정부가 얼마나 중립적인 관점에서 정책결정과정을 이끌어 갈 수 있을 것인가에 관한 것으로 현실의 정책과정에서 많은 부분은 정치적 이해관계에서 자유로울 수 없고, 정치경제적 환경 차원의 이데올리기에도 영향을 받으며, 세계 체제 내의 구조적 제약에도 영향을 받을 수 밖에 없음을 감안한다면 순수한 고전적 다원주의 이론이 지니는 현실적 한계를 이해할 수 있을 것이다.

---

20) Miller(1983)는 순환다수(cyclical majority)와 사회 안정성 증진에 관하여 논의한 바 있다. 신유섭. (2008). 264.

21) Schattschneider, E. E. (1960). The Semisoveregin People. New York: Holt, Rinehart and Winston.

제2절   조합주의 이론

1. 조합주의의 개념

조합주의는 국가와 사회 간 관계성을 의미하는 용어이다. 즉 조합주의는 단체들 간 협력에 의하여 사회질서가 형성된다는 인식이 담겨진 용어이다. 보다 구체적으로는 정책결정과정이 정부와 다양한 이익집단들의 협의에 의하여 결정되는 것, 특히 노사정 간의 협조체제에 의하여 정책이 결정되는 것을 의미한다. 다시 말해 조합주의는 정부와 민간부문의 이익집단 간 합의를 통한 정책결정을 중시하는 자본주의 체제를 의미하며, 기업가 단체의 대표, 노동자 대표, 정부 대표의 3자 협의체제의 확립을 통하여 국가의 주요 경제정책을 결정하는 것을 특징으로 한다.[22] 즉 사회의 불안정 상태와 사회의 내외적 변화로 나타나는 사회문제에 정부가 적절하게 개입하여 사회체제를 안정되게 유지하고자 하는 목적을 지닌다.

조합주의라는 용어가 정치용어로 등장하게 된 건 1920년대~1930년대 유럽의 파시스트 운동에서 유래된다. 파시스트 조합주의는 기업가들을 돕기 위해 파시스트 당원을 노조의 대표로 받아들이도록 하고, 국가가 개입하여 이들 노동자 대표를 기업가 대표들과 유착하도록 하였다. 또한 노동조합을 법적으로 허가된 것과 허가되지 않은 것으로 구분하고 전자에 대해서만 단체협약을 체결할 수 있는 권리를 부여하였다. 이와 같은 파시스트 조합주의는 제2차 세계대전으로 파시스트 국가가 패망하면서 사라지게 되었다.[23]

제2차 세계대전 후 유럽 각국이 정부주도의 관료적 경제계획을 수립·집행하

---

22) 나 현. (2009). 행정학전자사전. 한국행정학회.

23) 정정길 외. (2003). 정책학원론. 대명출판사. 250-251.

면서 조합주의가 새로이 재등장하게 된다.[24] 이들 유럽 국가에서는 기업가 단체의 대표, 노동자 단체의 대표, 정부의 대표가 3자 연합을 통하여 주요 경제정책을 결정하는 3자 협의체제가 발전되었는데 유럽 국가들은 이러한 조직체를 통하여 민간부문과 시장경제체제에 깊이 개입 및 통제를 증대하였으며 이러한 요소들은 조합주의 이론의 측면에서 찾아볼 수 있다.

조합주의를 이론적으로 체계화한 대표적인 학자는 Schmitter이다. 그는 다원주의에 대한 대안적 이익대표의 한 유형으로 조합주의를 논의하였다. 그리고 렘브로치는 조합주의를 '이익의 결집', '가치의 권위적 배분', 또는 정책의 집행에 있어서 대규모 이해관계조직들 상호 간이나 또는 그들과 정책당국이 서로 협동하는 관계를 유지해야 한다고 주장하였다.[25] Nedelmann과 그의 동료들은 조합주의를 정부 당국과 사적부문 대표들 간의 상호작용 형태로 파악한다.

이와 같은 조합주의는 권위주의 국가든 민주주의 국가든, 선진국이든 개발도상국이든 상관없이 많은 나라에서 나타나고 있다. 특히 슈미터에 의하면 조합주의는 근본적으로 유럽의 작은 국가들, 스웨덴, 스위스, 덴마크 등에서 주로 나타나는 것으로 사회의 여러 이익이 표출 또는 중계되는 패턴의 체제를 말한다고 하였다.[26]

유럽의 조합주의의 특징을 제시하면 다음과 같다. 첫째, 국가적인 차원에서 노동자 계급과 자본가 계급 간의 이해관계 갈등을 완화시킬 수 있는 사회적 파트너십의 이념이 존재해야 한다. 둘째, 사회 내의 각 계급의 이익을 단순화된 형태로 이끌어 낼 수 있는 중앙집권적인 이익집단(강력하고 계층화된 노동조합과 자본가 계급), 즉 정점조직이 존재해야 한다. 셋째, 계층화되고 중앙집권적인 이익집단들과 국가(관료제 및 정당) 간에 계속적인 공식·비공식 이해관계의 조정과정 및 협상과정을 필요로 한다. 이 과정에서 국가는 자본가와 노동자 계급 간의 상충되는 이익의 타협을 순조롭게 하는 중재자 역할을 하는 것으로 본다[27].

---

24) 최장집. (1987). "국가의 역할증대의 조건: 민주주의와 조합주의를 중심으로". 한국정치학회(편). 법문사. 105–106; 정정길 외. (2003). 250–251에서 재인용.

25) 이 이론의 가장 기본적인 특성은 이익의 지역적 대표성보다 기능적 대표성을 강조하는 점이다(김영평. 1983. 198).

26) 홍성걸. (1993). "발전적 조합주의: 반도체산업에서의 국가–산업의 관계". 한국행정학보, 27(3); Schmitter. (1979). 8–9.

27) 홍성걸. (1993). "발전적 조합주의: 반도체산업에서의 국가–산업의 관계". 한국행정학보, 27(3): 724.

2. 조합주의의 특징

1) 다원주의와 조합주의 비교

조합주의는 이익집단의 참여와 협력을 중시하는 점에서는 다원주의와 공통점을 지니지만 둘 간에는 명확한 차이가 있다. 조합주의와 다원주의의 가장 큰 차이점은 국가의 역할에 대한 것이다. 다원주의는 국가를 중립적 심판자로 보는 반면 조합주의는 국가를 집단 간 이해관계를 조정하는 역할을 수행할 적절한 지도자를 선정하고 권한을 주는 등 적극적인 개입과 승인을 할 수 있는 주체로 인정한다.[28]

2) 조합주의의 특징

조합주의의 특징을 정리하면 다음과 같다.[29] 첫째, 조합주의 체제하에서 이익집단은 기능적으로 분화되어 단일의 강제적, 비경쟁적, 위계적으로 조직화된다. 예컨대 기업분야는 전경련, 농업분야는 농협, 노동분야는 한국노총, 민주노총과 같이 위계적인 형태를 지닌다. 각 분야별 이익집단들 간에는 경쟁보다는 협력적 관계를 가지고, 집단들 간의 상대적 중요성은 이들이 수행하는 역할의 기능적 중요성에 따라 다르다고 본다. 특정 집단에 의한 이익의 독점적 대표성을 가정하므로 이익집단들 간에 불평등 문제가 발생할 수 있다고 본다.

둘째, 조합주의는 정부를 자율적인 이해관계를 가지고 이익집단의 활동을 규정하고 포섭 또는 억압하는 독립적 실체로 간주한다. 정부는 중립적이지 않고, 특정 이익집단에 대해 차별적으로 배제하기도 하고, 특정 이익집단에 독점적 대표권한을 부여하기도 한다. 국가와 이익집단 간에는 상호교환 관계를 가지고, 정부 목표 달성을 위해 제도적·협력적으로 행동한다.

셋째, 조합주의하에서 이익집단은 구성원의 이익보다 사회적 합의를 유도하려는 정부의 의도가 크게 작용한다고 본다. 이익집단은 구성원들의 이익 대변뿐 아니라 정부 목표 달성에도 높은 가치를 부여하여 사회적 책임과 통합을 달성하고자 하는 노력을 기울인다.

---

28) A. Vandenberg and David Hundt. (2011). "Corporatism, Crisis and Contention in Sweden and Korea during the 1990s". Economic and Industrial Democracy, 33(3): 463.

29) 정정길 외. (2003). 정책학원론. 대명출판사. 251.

제3절   근대화 이론

1. 근대화론의 개념과 형성

2차 세계대전이 끝난 후 세계 각국은 전쟁 이후 식민지 독립국들의 발전에 대한 논의를 본격적으로 시작하게 되었다. 원래 서구 선진국의 경우 이러한 저개발국의 '발전' 문제에는 기본적으로 인식이 약했던 상황이었으나, 세계대전이 종료된 이후에는 근대사회로의 이행 과정에서 신생 독립국들의 발전문제를 고민하게 되었던 것이다. R.Chilcote 교수에 의하면 이 당시 '발전' 문제는 첫째 전통사회에서 근대 산업사회로의 발전, 둘째 근대화가 수반될 급격한 사회·경제 변동과 불안정에 대처하는 능력의 향상, 셋째 제3세계의 민주화가 인적·물적 동원을 위한 동원 체제로부터 자유주의 체제로서 근대적인 정치타협 체제로의 변화 등 3가지 측면에 초점을 두고 설명하고 있다.[30] 이 당시 근대화론자들은 근대화의 개념을 정치적 측면과 경제적 측면 및 사회문화적 측면 등 국가의 모든 측면의 발전을 논하고 있다는 점에서 흔히 우리가 일반적으로 짐작하는 정치·경제적 측면의 근대화만 대상으로 하지 않았다.

특히 정치적 근대화는 정치적 민주화를 중요 개념으로 삼았고 경제적 근대화는 산업화를, 그리고 사회적 근대화는 합리성을 그 핵심기준으로 설정하고 있다. 종합하면 일반적으로 근대화는 '한 국가의 경제적 산업화와 정치적 민주화에 따른 사회 전반의 구조적 변동 과정'으로 이해할 수 있다.

근대화론에서 말하는 근대성(modernity)은 서구 산업사회의 기본적 속성이며 이것은 저개발국의 발전 목표로 동시에 작용한다. 전통 사회의 가치, 사회 구조, 정치 제도, 사회 문화 등 전통적인 대부분의 가치와 제도들이 산업사회의 근대

---

30) R. Chilcote. (1981). Theories of Comparative Politics, Westwiew Press.

적 가치와 제도들로 변화하는 것을 강조한다.

2. 근대화 이론의 내용과 특징

근대화론에서 주장하는 이론적 내용과 특징들은 다음과 같다.

첫째, 후진국 저개발 사회를 전통사회와 근대사회로 구분하고 후진국의 저개발사회를 전통사회로, 그리고 서구 산업사회를 근대사회로 구분하여 이분화된 사회구조를 전제한다.

둘째, 저개발국의 후진성을 근대화하기 위해서는 서구 선진국의 외부 영향을 통해 자본, 기술, 제도와 가치관 및 기타 근대적인 요소들이 전통적이고 낙후된 지역으로 확산되도록 해야 한다.

셋째, 모든 국가의 발전 경로와 발전단계는 단선적이며 일차원적으로 똑같은 발전단계를 거치게 되며 그 과정에서 발전은 확산되어 간다. 이러한 단계적 발전에 관해서 A.Organski는 '정치발전의 4단계'에서 네 단계의 발전 단계를 주장하고 있다.

즉 첫째, 초기 통일의 정치(politics of primitive unification) 둘째, 산업화의 정치(politics of industrialization) 셋째, 국가복지의 정치(politics of national welfare) 넷째, 풍요의 정치(politics of abundance)이다. 그는 이 네 단계의 발전단계는 모든 국가가 이 동일한 단계의 방향으로 변동, 발전되고 있음을 주장하고 있다.

이러한 초기 근대화론자들의 생각은 T.Parsons의 사회 체계론과 W.Rostow의 경제성장 단계 및 경제결정론의 영향을 받으며 그 사상적 체계가 발전되었다.31) 이들은 후진국의 근대화는 경제적 근대화가 되면 정치 근대화 및 사회 각 분야의 근대화가 자동적으로 이루어지는 것으로 간주하였고, 그것은 곧 미국과 같은 서구화, 유럽화, 미국화를 모델로 이루어질 수 있다고 인식하였다.

---

31) 김영준. (1989). 비교정치발전론. 일조각.

제4절   종속이론

1. 종속이론의 개념과 형성

제2차 세계대전 이후 제3세계 특히 중남미 국가들은 서구 선진국에서 주장하듯이 자본주의 경제가 회복되고 새로운 사회질서가 사회·경제발전의 원동력으로 작용할 것으로 기대하였다. 그러나 이러한 기대는 머지않아 실망으로 변화해 갔고, 서구 선진국의 자본주의 경제이론은 제3세계 국가에는 그대로 적용하여 실현되기가 어려웠고, 오히려 국제경제체제에서 경제적 손실만 확대되어 갈 뿐이라고 생각하였다. 이 당시 라틴아메리카 국가들은 19세기 중반까지 스페인과 포르투갈 등으로부터 지배를 받아 온 상태라서 독립 이후에도 자체적인 경제개발 계획안이 마련되어 있지 않았고, 유럽이나 미국의 경제적 영향력하에서 머물러 있을 수밖에 없었다.

그러나 당시 남미 등 제3세계 국가들이 믿었던 것은 확산이론(diffusion theory)이다. 즉 저개발국의 발전은 서구자본주의 체제 속에서 선진국들과 상호교호하는 과정에서 일정한 단계를 거치면 그 발전의 효과가 확산되어 자동적으로 동시에 발전되어 간다는 경제파급이론이다. 그러나 이러한 이론적 논리가 단시간 내에 일어나서 당시 라틴 아메리카 국가들의 경제가 급속히 좋아진 것은 아니었고, 오히려 서구 선진국의 경제발천은 가속화되고 저개발국의 경제는 더 불리한 위치에서 국가경제손실로 이어진다고 생각하였는데, 이것이 종속이론의 핵심 내용이다. 즉 종속이론가들은 이러한 서구 선진국의 발전만 가속화되고 자신들의 경제는 오히려 악화되는 것은 제3세계 국가의 경제가 제1세계, 즉 서구 선진국의 경제체제에 종속되기 때문이라고 주장하였다. 이러한 종속이론은 다음 4단계를 거치면서 형성되어져 왔다.[32]

---

32) 김호진. (1982). 종속이론 비판. 국민윤리학회 춘계세미나 발표 논문.

제1단계는 UN ECLA(Economic Commission for Latin America)가 1949년 UN에 제출한 보고서에 의하면 라틴아메리카 국가들의 경제발전이 더딘 것은 중심국 (metropolis)과 주변국(satellite) 사이의 경제적 불평등 교환관계 때문이라고 설명하며 그 해결수단으로서 작동되었던 수입대체산업화 전략은 다국적기업의 증가와 외채증가로 인해 성공하지 못하였다.

제2단계는 1960년대 이후 수입대체 산업화전략을 비판하고 A.Frank 등 급진적 종속 이론가들의 이론적 체계가 전개된 시기이다.

이들은 국제경제체제의 중립－주변의 이원적 구조 이외에도 국내적 구조 하에서도 지배－피지배의 이원적 계급구조가 라틴아메리카 국가들의 저개발 상황을 더욱 후퇴 악화시키고 있음을 주장하였다.

제3단계는 이제까지의 종속이론의 발전기가 더욱 확대된 시기로서 O.Sunkel 등은 국제 정치와 재정 경제적 국제거래가 오히려 라틴아메리카 국가의 종속적 관계를 심화시켰다고 보고 이를 구체화시켜 이론적으로 발전시켰다.

제4단계는 1970년대 이후 종속이론의 전반적인 문제점과 비판이 활발하게 전개된 시기이다.

2. 종속이론의 내용과 특징

종속론자들은 어느 국가가 세계자본주의체제의 일원으로 일단 편입되면 중심국가와 주변국가의 불평등 교환관계에 의해 지배, 피지배의 악순환적 착취 구조가 발생하고 그 결과 주변부 국가의 경제 불평등과 국제적 손실은 고속화된다고 주장한다. 이러한 경제 불평등 구조는 경제 분야뿐만 아니라 정치 분야와 다른 사회 분야에도 당연히 확대된다고 주장한다. 종속이론을 확립하는 데 지대한 공헌을 한 A.Frank는 세계자본주의론에 입각하여 중심부 국가와 주변부 국가의 관계를 독점적 경제유통과정하에서 경제교환관계로 이루어지는 것으로 파악하였다. 그래서 이는 발전과 저발전의 이원화적 문제가 아니고 세계자본주의 체제 자체의 내부적 모순으로 발생되는 결과이며 이러한 구조 속에서 주변부 국가의 저발전은 심화된다고 한다.

이러한 관점에서 동일하게 D.Santos는 주변부 제3세계 국가의 저발전을 자본주의 경제체제의 급격한 확대에 따라 주변국 국가의 종속심화 현상이 가속화되며 여기에는 첫째 경제 잉여착취 및 유용의 모순, 둘째 중심—주변부 양극화의 모순, 셋째 변화에 대한 연속성의 모순을 지적하고 있다.[33] 여기서 우선 경제잉여착취 및 유용의 모순이라는 것은 중심부 국가들의 경제교환관계 구조 속에서 주변부 국가와의 불평등 관계가 형성됨으로써 그 상품 및 재화, 서비스의 거래 결과 국가의 경제적 효과가 중심부 국가로 이전되어 나타난다는 의미이다. 결국 주변부 국가의 국가경제손실로 귀착되는 것이다.

그리고 중심—주변부 국가의 양극화의 모순은 국제경제구조와 중심부 국가의 발전으로 그들의 경제규모는 더 커지고 주변부 국가의 경제규모는 더욱 작아져 국제경제의 빈익빈, 부익부의 양극화가 형성되며 더불어 주변부 국가의 내부적 양극화 계층 구조도 동시에 모순되어 발생된다는 의미이다.

그리고 변화에 대한 연속성의 모순은 저개발국가와 발전국가의 발전에 대한 변화는 서로 교차되어 선진국의 발전 효과가 저개발 주변국가의 발전 효과로 이전되지 않고 중심부 국가의 발전은 중심부 국가의 발전으로, 주변부 국가의 저발전은 저개발국가의 저발전으로 평행 이동되어 연속적으로 이어진다는 연속선상의 발전의 모순을 의미한다.

그러면서 D.Santos는 종속은 특정국가의 다른 국가 경제에의 예속과 편입을 의미하는데 이들의 경제와 세계 무역 간의 상호의존관계는 즉, 중심부 국가는 스스로의 노력과 자극으로 발전되나 주변부 국가는 이러한 중심부 국가의 반사적 형태로서 발전될 수밖에 없으며, 이 경우 경제는 종속경제의 양상을 띠게 된다고 주장하고 있다. 이와 같이 초기 종속 이론가들은 중심부 국가와 주변부 국가의 경제 불평등 관계를 매개로 하여 국제적 분업관계의 구조적 문제점 등을 강하게 비판하였으며 특히 주변부 국가의 피동적 경제주체로서의 역할과 기능에 초점을 맞추어 논리를 전개하고 있는 것이 특징이다.

그러나 그 이후 1970년대에 들어와서 F.Cardoso와 P.Evans 같은 후기 종속론자들은 초기 종속론자들의 이론을 확대시켜 주변부 국가의 종속과 발전은 상호양립 가능하다고 설명함으로써 초기 종속론자들과의 견해와 조금 달리 그들

---

33) P. Santos. (1976). The Crisis of Dependent Theory and the problems of Dependence in Latin America, Underdevelopment: The Third World Today, Henry Berstein, ed., Harmondsvortu: Penguin Books.

의 논리를 주장하고 있다. 즉 F.Cardoso는 종속의 경제구조 속에서도 저개발국의 발전은 어느 정도 가능하다는 전제하에 그것은 주변부 국가의 정치 구조, 내부 이해 관련 집단, 계급 관계, 토착 사회 구조 등에 따라 종속 경제의 구조적 상황 속에서도 발전은 어느 정도 가능할 수 있음을 시사하였다. P.Evans 역시 종속적 발전(dependent development)이라는 개념을 토대로 주변부 국가의 국내 자본, 국가, 해외 자본 등의 '제3자 동맹'(triple alliance)은 종속적 발전을 가능케 하는 상호 연계된 혼합 주체(mingled actors)임을 강조하고 있다. 여기서 더 나아가 S.Amin과 J.Petras 등은 이제까지 저개발국의 종속의 문제를 종속의 외부결정요인의 분석에만 지나치게 치우쳤던 점을 인식하고 이를 극복하기 위해 외부요인보다 주변부 국가 내부 구조의 문제 즉, 국내적인 계급구조나 사회구조, 사회문화 및 관계 등의 문제에 중심을 두어 논의를 전개하였다.

특히 S.Amin은 '세계적 자본 독점 이론'과 '주변부 자본주의론' 등으로 종속 국가 내부의 구조적 모순 등을 연구하는 데 큰 영향을 미쳤다.[34]

이와 같이 종속적 국가라 하더라도 국내 경제 주체의 역할과 지지 세력의 귀속 정도에 따라 충분히 국가의 발전을 주도할 수 있고 특히 브라질의 경우처럼 국내 부르주아 계급들의 경제 자율성의 행동에 따른 국가적 이익과 발전에 큰 영향을 미쳐왔음을 예로 들고 있는 것은 이 당시 종속이론의 다양한 견해를 말해주고 있는 것이다.

이상과 같이 당시 종속이론은 시대적 상황을 반영하여 1960년대와 1970년대의 세계 경제 체제의 이중성 즉 중심부 국가와 주변부 국가라는 이분법 구조를 통해 나타나는 세계 경제의 불평등 문제를 부각시키는 데 큰 기여를 하였다. 특히 이 과정에서 국내 산업 구조 역시 외국 자본의 침투에 의한 자본집약적 산업의 전통적 노동집약적 산업에 대한 배격과 우위의 현상이 결국 국내 소비 산업과 생산구조의 분배적 불평등을 조장하였다. 또한 이는 국내 소비구조의 소득 양극화를 초래하는 원인이 되기도 하였다.

---

34) S. Amin. (1980). The Class Structure of the Contemporory Imperialist System, Jan, Monthly Review.

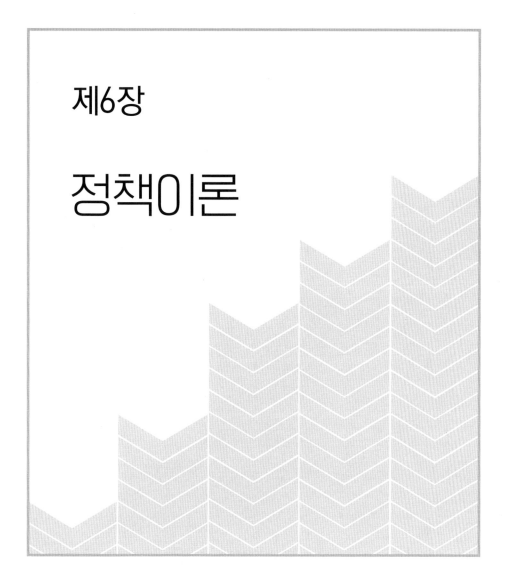

제6장

정책이론

제1절   정책이론의 기초

1. 정책의 개념

정책이란 정부 혹은 관료가 공공문제에 대해 어떤 일을 하거나 하지 않기로 선택한 어떤 것으로 볼 수 있다.[1] 또한 정책이란 공공문제를 해결하거나 공적 목표를 달성하기 위해 정부가 결정하는 권위 있는 행동방침이라 할 수 있다.

여기서 공공문제란 무엇인지, 공공성이란 어떤 의미를 지니는지를 먼저 살펴볼 필요가 있다. 공공문제란 나의 사적인 문제가 아니라 우리 공동의 문제, 즉 사회적 동물인 인간이 상호작용하면서 발생하는 문제를 말한다. 환경의 질 저하, 불충분한 복지서비스, 소비자 안전과 산업안전의 위협과 같이 일반 대중이 현재 상태를 수용하기 어렵고 따라서 정부의 개입이 필요하다고 인식하는 문제를 말한다. 따라서 공공문제는 우리 공동의 문제이기 때문에 서로 간에 협상과 설득, 타협을 통해 해결할 수도 있지만, 권위 있는 행위자 혹은 중재자가 있다면 그 해결이 보다 용이할 수 있다. 이러한 역할을 수행할 수 있는 주체 중 하나가 정부이다. 공공성이란 공익만큼이나 정의하기가 쉽지 않지만, 일단 우리 공동의 문제를 해결하기 위해 정부가 개입하면서 특정 개인이나 집단의 이익을 위해서가 아니라 그 사회적 편익의 합이 최대가 될 수 있도록 하는 의사결정이 이루어지면 공공성을 달성하였다고 본다.

먼저, 정책의 주체는 '정부'이다. 이 경우 정부를 광의로 보면 행정부, 입법부, 사법부를 포함하겠지만, 여기서는 좁은 의미의 정부로 중앙정부와 지방정부를

---

[1] James E. Anderson. (1994). *Public Policymaking: An Introduction*(2nd ed.), Boston: Houghton Mifflin Company, 4-5; Michael E. Kraft & Scott R. Furlong(2021). *Public Policy: Politics, Analysis, and Alternatives* (7th ed.), Sage Publications Inc.

포괄하는 행정부만을 지칭하는 것으로 한정한다. 물론 현대 사회에서는 행정부만이 아니라 공공기관, 민간기업, 비정부기구(NGOs)로서의 시민단체 등이 정책과정에 참여하고 있지만, 정책결정 및 정책집행의 최종적이고 책임 있는 주체는 정부기관과 공무원일 수밖에 없다.

둘째, 정책은 정치체제(political system)에서의 '권위'있는 결정의 산물이다. 여기서 권위란 정당성이 부여된 권력으로 민주주의 국가에서는 주권자들에 의해 부여되는데, 구체적으로는 선거나 투표를 통해, 국회에서 의결된 법률을 통해 위임받은 권력이다. 이러한 권위는 대통령, 장·차관, 국회의원, 행정공무원, 사법부 재판관 등을 통해 구체적으로 행사된다. 민주공화정을 선택한 대한민국의 최상위 사회계약인 헌법 제1조 제2항 "대한민국의 주권은 국민에게 있고, 모든 권력은 국민으로부터 나온다"라는 조항으로부터 부여된 권력이라 할 수 있다.

셋째, 정책은 목표지향적인(goal-oriented), 의도를 가진 '행동방침'이라 할 수 있다. 정책이 항상 목표를 달성하는 것은 아니지만, 어떤 정책이든지 특정한 목표를 달성하고 특정한 결과를 산출하도록 설계된다. 현실에서의 정책은 사업, 프로그램, 방침, 지침 등으로도 표현된다. 이 행동방침은 정부가 '어떤 일을 한다' 또는 '어떤 일을 하지 않는다'라는 의사를 표시하는 것으로 일반적으로 공공문제를 해결하거나 공동의 목표를 달성하기 위한 정책수단으로 구성된다. 어떤 정책이든지 정책결정을 통해 이익을 보는 개인이나 집단과 손해를 보는 개인이나 집단이 존재하기 때문에 갈등은 불가피하다. 따라서 합의를 도출하고 지지를 얻기 위해 정책목표는 보다 일반적인 방향을 제시하지만 명확성이 결여될 가능성이 높다.

넷째, 정책은 '정책수요자의 요구에 대응'하여 공공문제를 해결하거나 공공의 목표를 달성하는 것이다. 정부의 주요한 역할과 기능은 개인이나 집단 수준에서는 해결하기 어려운 공공문제를 해결하는 데 있다. 환경문제, 주택문제, 교통문제, 실업문제, 노동문제, 산업재해문제, 청소년문제, 여성문제, 노인문제 등 정책은 현재 사회가 직면한 우리 공동의 문제를 해결하기 위해 정부가 대안을 모색하고 실행하는 것이다. 동시에 특정 사회가 나아가야 할 바람직한 방향이 있다면 그것을 달성하기 위한 계획적인 노력을 수행하는 것이기도 하다. 경제성장을 위한 경제정책, 지역균형발전정책, 에너지 전환정책, 그린뉴딜 등이 그러한 예에 해당한다.

2. 정책의 특징

일반적으로 정책은 공공문제의 해결이나 완화를 통해 사회후생(social welfare)을 개선하는 것을 목표로 삼는다. 문제란 해결이 요구되는 어떤 것이라는 의미에서 공공문제라고 정의 내리는 순간 거기에는 가치가 개입된다. 또한 정책문제는 하나의 개별 학문으로는 온전한 모습을 밝히기도 어렵고 그 해결책을 마련하는 데 있어서도 다양한 학문영역에서의 성과를 활용해야 그나마 실현가능하고 적절한 처방이 가능하다.[2]

먼저, 정책은 명백하게 문제지향성(problem—oriented)을 지니고 있다. 정책의 개념에서 살펴보았듯이, 정책은 한 사회 내의 다수의 사람들이 해결을 요구하는 문제를 다룬다. 소위 공공문제라고 불리는 우리 공동의 문제, 예를 들어 주택가격의 급등, 환경오염, 교통체증, 범죄, 교육기회의 불평등, 전염병 등과 같이 개인이 사적으로 해결하기 힘든 문제를 정부의 개입을 통해 완화하거나 해결하고자 한다. 따라서 각각의 문제가 무엇인지, 왜 발생하는지, 해결방안은 무엇인지, 어떤 대안을 제시할 수 있는지 등을 다루게 된다.

둘째, 어떤 상황을 문제 상황이라고 진단하는 순간 가치지향성(value oriented)을 지니게 된다. 출퇴근 시의 교통체증을 당연하다고 생각하거나 경제성장을 위해서는 대기오염이나 수질오염, 대량으로 발생하는 쓰레기는 감수해야 하는 어떤 것이라 생각한다면 그것은 문제라고 할 수도 없다. 해결을 위해 정부가 노력할 필요도 없다. 문제 상황은 해결이 요구되는 상태이기 때문에 정책적 개입이 이루어지면 개선될 여지가 있다. 물론 잘못된 진단과 처방으로 인해 상황이 더 나빠질 수도 있다. 통상 정책이 지향하는 가치는 궁극적으로 민주주의 정치체제가 실현하고자 사회후생의 최대화 및 인간의 존엄성과 관련된다.

셋째, 정책문제는 다학문성(multi—disciplinary)을 지니고 있다. 따라서 정책문제를 진단하고 대안을 모색하는 과정에는 다양한 분야의 학문에서 달성한 성과를 최대한 활용해야 한다. 정책이 해결하고자 하는 사회문제나 공공문제는 한 분야의 학문으로는 그 특성을 온전히 밝혀낼 수 없기 때문에 다양한 학술영역의

---

2) Peter DeLeon & Christine R. Martell. (2006). The Policy Science: Past, Present, and Future in B. Guy Peters & Jon Pierre(eds). *Handbook of Public Policy*. London: Sage Publications, 31 – 47.

학제 간 연구가 필수적이다. 예를 들어, 환경문제 중 하나인 대기오염문제를 생각해 보자. 대기오염 물질에는 어떤 종류가 있는지, 어느 정도의 농도일 때 사람들에게 안전한지 여부와 관련된 환경기준 설정, 대기오염 저감장치나 시설의 기술기준과 그 효과는 어떠한지 등을 알아야 대기오염문제를 해결할 수 있다. 또한 시설이나 기준을 정할 때 기존의 이해관계에 얽매어 있는 기업이나 사람들은 새로운 변화를 원하지 않는다. 이러한 변화로 인해 그들이 부담하는 비용이 증가하기 때문이다. 환경단체나 일반시민들은 사회전체적으로 발생하는 외부비용을 내부화함으로써 깨끗한 공기를 마시기를 원한다. 따라서 대기오염문제 하나를 해결하기 위해서도 자연과학, 환경공학, 정치학, 경제학, 정책학 등의 도움이 필요하다는 것을 알 수 있다.

3. 정책의 유형

1) 영역에 따른 분류

정책이 다루는 분야 및 내용에 따라 분류하는 방식이다. 환경정책, 교통정책, 주택정책, 교육정책, 외교정책 등 공공문제가 발생하는 영역이 어디인가에 따른 유형화이다. 정부 부처는 기본적으로 정책분야에 따라 그 조직과 기능이 구성되어 있다. 환경부는 환경정책을 담당하고 기획재정부는 경제정책을, 교육부는 교육정책을, 국토교통부는 국토 · 교통 · 주택 · 도시정책 등을 담당하는 식이다. 이러한 분류방식은 분야별 정책의 종류와 정부의 특정 부처에서 담당하는 다양한 정책을 이해하는 데는 도움이 되지만, 이론적 기초와 학문적 관심에 따른 정책의 성격과 과정을 밝히는 데는 한계가 있다.

2) 정책의 성격에 따른 분류

정책을 연구하는 학자들은 정책이 지니는 특성에 따라 몇 개의 범주로 정책의 종류를 나눈다. 여기서는 배분정책, 규제정책, 재분배정책, 구성정책, 상징정책, 추출정책으로 나누어 살펴보고자 한다.[3]

첫째, 배분정책이란 특정한 개인, 조직, 기업, 단체 등에 공공서비스나 편익을 나누어 주는 정책을 말한다. 대표적으로 도로나 다리 건설, 항만 인프라 구축 등 일반조세를 들여 그 시설을 이용하는 사람들에게 혜택을 주는 정책이 이에 해당된다. 이 밖에도 특정 산업이나 제품 구입자에게 조세를 감면하거나 면세혜택을 주는 것, 특정 시설의 설치나 특정 서비스를 제공하는 데 국가보조금을 지급하거나 주택자금의 대출에 낮은 이자율을 적용하는 경우가 이에 해당된다. 이러한 배분정책의 경우 편익은 그 재화나 서비스를 사용하는 사람에게 귀속되는데 반해, 비용은 일반 조세수입으로 충당하기 때문에 정책을 둘러싼 갈등이 가장 적은 정책유형이다.

둘째, 규제정책은 사회경제적으로 바람직한 질서를 구축하기 위해 기준을 정하고 이를 준수하도록 개인이나 기업의 행위에 제약을 가하는 정책을 말한다.[4] 특정한 개인이나 기업, 조직의 행위에 제제나 통제, 제한을 가하는 것이기 때문에 가장 강력한 방식의 정부개입이라 할 수 있다. 기준을 지키지 않았을 때에는 벌금, 과태료, 조업정지, 폐업, 징역 등 위반정도에 합당한 처벌이 가해진다. 규제정책은 가격규제, 진입규제, 독과점규제, 환경규제, 산업안전규제, 소비자보호규제 등으로 나눌 수 있다. 규제정책은 정부정책 중 가장 큰 비중을 차지하고 있으며 이익을 보는 개인이나 집단과 손해를 보는 개인이나 집단이 분명하게 구분되기 때문에 가장 갈등이 많은 정책유형이다.

셋째, 재분배정책은 소득이나 부를 많이 가지고 있는 개인이나 집단으로부터 조세를 거두어 소득이나 부가 적은 개인이나 집단에게 이전하는 정책을 말한다. 소득이 많을수록 조세부담율이 더 높은 누진소득세는 대표적인 재분배정책의 예에 해당한다. 종합부동산세도 일정 수준 이상의 부동산을 소유한 개인이나 집단에 부과하기 때문에 재분배정책이라 할 수 있다. 공공임대주택의 건설, 저소득층을 위한 세액공제나 세액감면, 다양한 복지정책 등이 모두 여기에 해당한다.

넷째, 구성정책은 정부기관의 구축·신설·변경, 선거구 조정 등과 같이 정부기구나 정치체제를 어떻게 구성할 것인가와 관련된 정책이다. 이와 같이 정부 및 정치체제의 구조와 운영에 관련된 정책을 말하는데, 정부조직법이나 공직선

---

3) T. Lowi(1972)는 배분정책, 규제정책, 재분배정책, 구성정책으로 정책유형을 분류하였는데, 여기서는 이에 더하여 상징정책, 추출정책을 포함한다.

4) 최병선. (1992). 정부규제론. 서울: 법문사.

거법의 내용을 살펴보면 구성정책의 주요 내용을 알 수 있다.

다섯째, 상징정책이란 한 국가의 구성원이라는 자부심과 사회공동체라는 일체감을 갖게 하는 정책을 말한다. 올림픽, 월드컵, APEC과 같은 대형 국제행사의 유치 및 개최, 광화문이나 남대문과 같은 문화재의 복원 등이 대표적인 예에 해당한다.

여섯째, 추출정책은 정부를 운영하고 정책을 결정·집행하기 위해서는 인적·물적 자원이 필요한데, 이러한 자원을 확보하기 위해 국민들에게 부담을 지우는 정책이다. 이러한 자원은 국가의 구성원들이 직접 몸으로 봉사하거나 세금을 납부함으로써 확보될 수 있다. 병역의 의무를 수행하도록 하는 징병제, 각종 세금을 부과하는 조세제도, 노력 동원 등과 관련된 정책이 여기에 해당한다.

제2절 　 정책과정

　정책은 정책이 어떻게 만들어지는가를 통해서 이해할 수도 있고, 정책의 구체적인 내용을 살펴봄으로써 이해할 수도 있다. 전자는 정책과정을 들여다봄으로써 알 수 있고 후자는 다양한 정책영역을 자세히 살펴봄으로써 알 수 있다. 정책영역에 따른 구체적인 정책내용은 공통의 특징이 있다 하더라도 매우 다양하기 때문에 분야별 정책(경제정책, 주택정책, 환경정책, 교육정책, 복지정책, 해양정책, 문화정책 등)에서 다루어야 할 것이다. 정책과정은 정책을 연구하는 학자들에 따라 조금씩 다르게 분류할 수 있지만 크게 세 단계로 나눌 수 있다. 정책의제설정 및 정책결정으로 구성된 정책형성단계, 결정된 정책의 집행단계, 집행이 끝난 후의 정책평가단계가 이에 해당된다. 이러한 연속적 과정은 경험적으로는 분리하기가 어렵다 하더라도 분석적으로는 쉽게 구분할 수 있다.

1. 정책형성

　사회문제가 모두 공공정책의 대상이 되지는 않는다. 따라서 어떤 문제가 정책의 대상이 되는지를 규명할 필요가 있다. 공공문제는 무엇인가? 어떤 조건이 충족되어야 정부의제(governmental agenda)[5]로 채택되는가? 의제설정은 이런 의문을 살펴보는 단계이다. 그 다음 단계로 공공문제를 해결하거나 완화할 수 있는 대안들(alternatives or options)을 모색하고 그중 가장 적절한 혹은 만족할 만한 대안을 선택하는 것이 정책결정이다. 정책결정 단계에는 정책대안에 대한 분석과 정책대안의 채택이 포함된다.

---

5) 정부의제란 공공문제 중 정부가 그 문제의 해결을 위해 개입하는 것이 필요하다고 생각하고 정부의 공식의제로 채택하는 의제를 말한다.

1) 정책의제설정

정책의제설정 과정은 정책과정의 가장 첫 번째 단계에 해당한다. 해결을 요구하는 수많은 사회문제 중에서 정부의 개입이 필요하다고 판단하고 정책문제를 확정하는 단계이다. 정부가 문제의 해결에 개입한다는 것은 정부가 문제해결을 위해서 인적·물적 자원을 투여해 직접 혹은 간접적으로 공공서비스로 제공해야 할 사안을 결정하는 것을 의미한다.

일정 기간 동안 많은 사회문제와 이슈들은 최고 의사결정자, 국회의원, 고위공무원들의 관심을 받기 위해 경쟁하게 된다. 대개 이들은 시간, 자원, 관심, 정보 등이 부족하기 때문에 다양한 문제들 중 일부만이 공공의제(public agenda)화6)되고 정부의제로서의 지위를 획득하는 데 성공한다. 이 과정은 이슈가 되고 있는 사회문제가 어떻게 정의되는가를 포함하여 수많은 요인이 영향을 미치기 때문에 상당히 경쟁적인 과정이라 할 수 있다.

개별 국가의 정치문화가 어떤 특성을 지니는지에 따라 정부의제가 설정되는 과정은 크게 세 가지 유형(외부주도형, 동원형, 내부접근형)으로 구분할 수 있다.7) 먼저, 외부주도형 의제설정을 살펴보자. 외부 주도형 의제설정은 정부 바깥에 있는 다양한 행위자들에 의해 특정한 사회문제가 정부의제화되는 것을 말한다. 서구선진국처럼 다원화된 사회일수록 외부주도형으로 정책의제가 설정될 가능성이 높다. 정책의 특성이 어떠한지에 따라서 달라질 수 있는데, 다양한 경로를 통해 각계각층의 이해관계자가 정부의 관련 행위자로 하여금 문제의 심각성을 인지하고 이를 해결할 수 있는 정책을 선택하도록 의도적으로 여러 가지 전략을 사용하는 경우가 많다. 예를 들어, 중대재해기업처벌법이 제정되는 과정을 살펴보면, 우리나라의 산업재해율이 OECD 국가 중 1위라는 불명예를 널리 알리고 출근한 후 퇴근하지 못하는 노동자가 매일 6~7명이라는 언론보도는 많은 사람의 관심을 불러일으켰다. 민주노총이나 한국노총과 같은 노동자단체, 이들에 우호적인 진보적인 언론, 학계, 정의당과 같은 정당, 국회의원 등이 다양한 전략을 사용해 여론을 환기시켜 기업의 반대를 넘어 특정 사회적 쟁점을 공공의제

---

6) 신문, 방송 등의 다양한 언론매체와 이슈화된 내용이 유통되는 다양한 SNS(Social Network Service)는 사회구성원들 간의 의사소통에 영향을 미치고 사회에서 발생하는 주요 사건들에 많은 사람이 관심을 갖도록 하는 공공의제화에 중요한 역할을 한다.

7) R. W. Cobb; 이종수·윤영진 외. (2014). 새행정학 2.0. 서울: 대영문화사. 374-5 재인용.

(public agenda)로 만들었기 때문에 가능했던 것이다.[8].

둘째, 동원형 .의제설정 유형이다. 이는 정부 내부의 정책결정자가 주도적으로 정부의제를 설정하는 상황이 전개되는 것을 말한다. 중앙집권적 정치문화를 지니고 있고 시민사회가 충분히 성숙되지 않은, 정부주도형의 경제성장을 달성한 개발도상국이나 저개발국에서 의제설정이 이루어지는 방식이라 할 수 있다. 이 유형에서는 정부의 고위 정책결정자나 정치 지도자들이 주도적으로 정부의제를 설정하고 이를 언론을 통해 홍보하고 여론을 환기함으로써 많은 사람들이 관심으로 갖도록 한다. 외부주도형과는 달리 정부의제로 먼저 제시되고 이를 공공의제화하는 과정을 거쳐 최종적인 정책의제가 되는 것이다.

셋째, 내부접근형 의제설정 유형이다. 이 유형은 정책결정자에게 접근이 용이한 소수의 외부집단과 정책 담당자들이 정책의제를 설정하는 방식으로 이루어진다. 정책담당자들이 주도적으로 정책의제를 설정한다는 점은 동원형과 유사하지만, 정부의제가 공공의제로 되는 것을 피하고 곧바로 정책의제로 채택된다는 점에서 다르다. 국방이나 외교, 안보 분야와 같이 비밀 유지가 필요한 정책이나 강한 반대가 예상됨에도 불구하고 반드시 추진하려는 정책의 경우에 주로 발견되는 유형이다. 권력의 집중화가 높은 국가일수록 내부접근형의 의제설정이 이루어질 가능성이 높다. 내부접근형으로 의제가 설정될 경우, 일반국민의 이익은 무시되기 쉽고, 정책과정에 접근이 용이한 소수의 외부집단만 이익을 확보할 수 있다.

2) 정책결정

사회문제가 정부의제로 설정되면 이를 해결할 수 있는 다양한 대안을 모색하고 정책목표를 달성할 수 있는 최적의 혹은 만족할 만한 정책대안을 채택하게 된다. 따라서 정책결정단계는 정책분석과 정책채택으로 나눌 수 있는데, 정책결정과정을 설명하는 몇 가지 모형을 소개하는 데 초점을 맞추고자 한다.

정책분석은 공공문제를 다루기 위해 대안, 제안, 옵션 등으로 불리는 적절하

---

8) 물론 「중대재해기업처벌법」은 최종적으로 국회 본회의 의결 단계에서 「중대재해처벌법」으로 법률 명칭도 변경되고 그 내용도 50인 미만 사업장은 5년간의 유예기간을 둠으로써 기업에 대한 처벌정도가 상당히 완화되었다.

고 수용할 만한 행동계획을 개발하는 과정이다. 대안은 한 가지가 아니라 여러 개의 경쟁적인 안들이 제시된다. 이를 통해 최적의 혹은 점증적인, 만족할 만한 정책의 채택(policy adoption)이 이루어진다.

정책결정은 여러 개의 대안 중 하나를 선택하는 것인데, 이를 설명하는 다양한 모형이 있다. 정책결정을 설명하는 계량적인 모형으로 선형프로그래밍, 게임 이론 등이 있지만, 여기서는 대표적으로 네 가지 정책결정모형(합리모형, 점증주의모형, 만족모형, 혼합탐사모형)을 살펴본다.[9]

(1) 합리모형

합리모형(rational model)이란 정책결정자가 공공문제를 해결할 수 있는 모든 대안을 검토하고 각각의 대안에 따른 결과를 비교하여 분석한 다음, 소요되는 비용에 비해 사회적 편익이 극대화(maximum social gain)되는 최적의 대안을 선택하는 것이다. 이 모형은 합리적 인간은 어떻게 의사결정을 하는지에 관한 경제학적 시각에서 도출된 것으로 정책결정자는 정책문제의 인지, 정책목표 설정, 대안 분석에 이르는 전반적인 과정을 체계적으로 이행하면서 정책을 결정한다는 입장이다. 즉 '정책문제의 인지 → 정책대안의 탐색 및 분석 → 최적 대안 선택'의 절차를 거쳐 생각할 수 있는 모든 대안을 검토하고 이 중에서 정책목표를 최대로 달성할 수 있는 대안을 선택하는 일련의 과정을 거친다.

합리모형은 의사결정모형으로서는 이상적이지만, 현실에 적용하는 데는 한계가 많다. 이 모형은 인간의 완전한 합리성을 가정하고 있기 때문에 합리적인 분석에 의한 결정만을 고려한다. 그 결과, 현실에 있어 직관이나 관행, 일상적인 절차에 따라 정책결정이 이루어지는 측면에 대해서는 소홀할 수 있다. 합리모형에 의한 정책결정은 지나치게 많은 분석을 함으로써 오히려 시간낭비를 초래하고 적시성 있는(timely) 대안을 선택하기 어렵다는 비판을 받는다.

현실에 있어서 정책결정자는 합리적 의사결정을 하는 데 필요한 정보도 부족하고 시간도 부족하기 때문에 미래를 예측하는 데 어려움을 겪는다. 공공영역에는 가치갈등이 발생하는 상황이 많기 때문에 이러한 가치갈등으로 인해 대안의

---

9) 이 외에도 정책결정모형으로는 사이버네틱스모형, 회사모형, 최적모형, 쓰레기통모형, 관료 정치모형(앨리슨모형) 등이 있다.

비교나 계산을 정확하게 하기도 힘들다.

합리모형의 또 하나의 문제로 지적할 수 있는 것은 매몰비용(sunk costs)의 문제이다. 합리모형은 기존 정책으로 이미 집행된 비용을 상관하지 않고 처음부터 다시 의사결정을 하는 것이 바람직하다는 입장이다. 이미 지출된 비용은 매몰비용에 해당하는데, 현재의 의사결정에 끊임없이 영향을 미친다. 기존 정책이 존재하는 한 이전의 의사결정, 투자 등으로 인해 수많은 대안을 고려하는 것은 현실적으로 어렵다는 의미이다.10)

(2) 점증주의 모형

점증주의 모형(incremental model)은 전통적인 합리모형을 비판하면서 린드블롬(Charles E. Lindblom)이 처음으로 제안한 의사결정모형인데 윌다브스키(A. Wildavsky)도 동일한 입장에 있다. 이 모형은 합리모형이 지니고 있는 많은 문제들을 피할 수 있을 뿐만 아니라 실제로 관료들이 의사결정을 하는 방법을 보다 자세히 묘사해 준다. 점증적인 의사결정은 기존 정책의 제한적인 변화나 기존 예산의 몇 퍼센트 증가와 같은 약간의 점증적인 수정과 함께 정부의 과거 활동이 지속되는 형태로 이루어진다.

점증주의 모형은 정책이 결정되는 현실적인 모습을 가장 잘 보여주고 있다. 정책결정자가 지니고 있는 시간·정보·자원의 부족, 정치적 제약으로 인해 합리모형처럼 모든 대안의 비용과 편익을 정확하게 계산할 수는 없다는 것을 인정한다는 점에서 현실적이다. 또한 단일의 의사결정이나 단일의 "올바른" 해결책이 존재하지 않는다고 본다. 훌륭한 의사결정이란 다양한 분석가들이 합의할 수 있는 내용을 찾아가는 과정이다. 따라서 점증주의적 의사결정은 급격한 정책변화로 인한 혼란을 일으키지 않고, 현재의 안정성을 유지하며 정치시스템 자체를 보전하는 역할을 하는 것이다.11)

그러나 이 모형에서는 한번 잘못된 결정이 이루어지면 반복해서 잘못된 결정

---

10) James E. Anderson. (1994). *Public Policymaking: An Introduction*(2nd ed.), Boston: Houghton Mifflin Company, 123.

11) James E. Anderson. (1994). *Public Policymaking: An Introduction*(2nd ed.), Boston: Houghton Mifflin Company, 123−124; Thomas R. Dye. (1995). *Understanding Public Policy* (8th edn), Prentice−Hall, Inc., 31−32.

이 이루어질 가능성이 높다. 또한 서구 선진국과 같이 사회의 기초적인 체계가 잘 만들어진 안정된 사회를 설명하는 데는 유용하지만, 불안정한 정치적 상황, 급속한 개발이 필요하여 단기간에 다수의 혁신적인 의사결정을 해야 하는 사회에서는 적용하기 어렵다. 따라서 사회의 변화가 요구되는 새로운 환경에서 혁신적인 정책결정을 하기 어렵다는 점에서 의사결정과정의 보수적인 측면을 보여준다.

(3) 만족모형[12]

만족모형은 사이먼(H. A. Simon)의 인간에 대한 '제한된 합리성'(bounded rationality)의 가정에 기초하고 있다. 즉 인간의 뇌가 지닌 인지 능력의 한계와 인적·물적 자원, 시간, 정보의 제약으로 인해 정책결정자는 합리적이고자 하나 제한된 합리성으로 인해 만족할 만한(satisficing) 대안을 선택하는 의사결정을 하게 된다는 것이다.

만족모형에 따르면 실제 정책결정 상황에서 의사결정자는 가능한 모든 대안을 탐색하지는 않는다. 접근가능한 몇 개의 대안을 무작위적이고 순차적으로 검토하다가 만족할 만한 대안이 발견되면 그 대안을 선택하고 의사결정을 종료한다. 이 모형 또한 점증주의 모형과 마찬가지로 현실에서 발견할 수 있는 의사결정을 설명하는 데 유용하다.

만족모형은 만족할 만한 목표수준을 어느 선에서 선택하느냐하는 측면에서 자의성이 개입된다는 비판을 피할 수 없다. 그러나 현재 달성되고 있는 상태보다는 좀 더 나은 목표설정이 이루어진다는 측면에서 점증주의와 궤를 같이한다. 한편 정책설계자를 미시적 개인으로 설정하고 그 개인의 제한된 합리성을 전제한다는 측면에서의 비판이 존재한다. 그러나 이는 만족할 만한 목표를 추구하는 정책을 모색하는 과정이 갖는 제약이기 때문에, 의사결정자가 직면하는 권력구조 등을 포함할 수 있으므로 미시적이라는 비판은 정당하지 않다.[13]

---

12) H. A. Simon의 인간에 대한 이해는 행동경제학의 인간에 대한 가정과 유사하다. 제한된 합리성을 지닌 인간은 다양한 휴리스틱과 편향에 의해 비합리적인 판단과 선택을 하게 된다. 이러한 개인을 가정할 경우 정부 정책의 개입방식은 달라야 한다. 이에 대한 좀 더 자세한 내용은 이 장의 제5절에서 다룬다.

13) 이종수·윤영진 외. (2014). 새행정학 2.0. 서울: 대영문화사. 380−381.

(4) 혼합탐사모형

에치오니(A. Etzioni)는 합리모형에 대한 비판에 동의하면서도 점증주의 모형이 지니는 단점을 제시하면서 혼합탐사모형(mixed scanning model)을 주창했다. 점증주의 모형은 권력이 있고 조직화된 이익이 결정되는 방식은 잘 보여주지만, 사회적 약자나 정치적으로 조직화되지 못한 이익은 무시되고 전쟁선포와 같이 크고 근본적인 결정은 고려되지 않는다는 점에서 한계를 지니고 있다고 지적하였다.

이 모형은 거시적 맥락의 근본적인 결정에 해당하는 부분에서는 합리모형의 방식으로 대안의 고려나 결과에 대한 평가를 하고, 세부적인 결정은 근본적인 결정을 벗어나지 않는 범위 내에서 점증주의 모형의 방법으로 개선된 대안을 마련하는 의사결정의 행태를 말한다.[14]

혼합탐사모형은 기본적인 방향을 설정하는 상위의 근본적인 의사결정 뿐만 아니라 근본적인 결정을 준비하는 점증주의적 과정을 모두 고려하는 의사결정 접근방법이라 할 수 있겠다.[15] 점증주의 모형에서도 의사결정자의 역량은 고려되지만, 이 모형에서도 의사결정 내용을 집행할 수 있는 힘이 클수록 실질적으로 탐사할 수 있는 범위도 넓어지며, 탐사범위가 넓어지면 더 효과적인 의사결정이 이루어진다고 본다.

2. 정책집행

정책집행이란 선택된 대안이 효과를 발휘할 수 있도록 실행하고 적용하는 것이다. 정책집행은 국민, 기업과 같은 정책대상자들에게 실질적으로 영향을 미치는 정부활동의 시작이라 할 수 있다. 정책이 결정된 후 집행되어야 정책이 실질적인 효과를 발휘한다. 따라서 정책결정은 의회에서 법이 통과되고 거기에 대해 대통령이 서명하는 것으로 끝나는 것이 아니라 정책집행을 통한 정치의 지속적 과정으로 연결된다. 정책집행은 의회와 청와대에서 관료제, 즉 부처, 기관, 위원회 등 집행기관으로 정책결정이 이전되는 것을 말한다. 관료제는 집행업무를 수행함으로써 정

---

14) 이종수 · 윤영진 외. (2014). 새행정학 2.0. 서울: 대영문화사. 381 – 382.

15) James E. Anderson. (1994). *Public Policymaking: An Introduction*(2nd ed.), Boston: Houghton Mifflin Company, 123 – 124.

책문제를 실질적으로 결정할 수 있는 헌법적 권한이 부여되는 것이나 마찬가지다.16)

정부 정책이 효과를 발휘할 수 있도록 하는 활동의 구성 요소로는 조직화, 해석, 적용을 들 수 있다. 여기서 조직화란 정책을 실행할 수 있는 인적·물적 자원, 공식적인 기구, 구체적인 업무수행 방법을 말한다. 정책을 담당할 공식적인 조직과 인력, 예산이 확보되지 않으면 정책을 집행하는 것은 불가능하다. 해석이란 정책을 뒷받침하는 법률을 현실에 적용할 수 있도록 시행령, 시행규칙으로 구체화시키는 것이다. 적용이란 합의된 목표나 수단을 일상적으로 제공하는 것을 말한다. 관료들에 의해 결정되는 이와 같은 세부적인 활동들이 정책의 실질적인 내용을 결정하는 것이다.

현대사회는 규모와 복잡성이 지속적으로 증대함에 따라 관료들의 정책결정 과정에서의 역할도 증대되어 왔다. 의회나 대통령은 정책의 세부적인 사항에 대해 충분히 고려할 시간도, 에너지도, 기술적 전문성도 부족하다. 환경이나 에너지정책, 고용정책, 주택정책, 교통정책 등 다양한 정책분야에 대한 전문성은 개별부처와 기관에 오랫동안 근무한 관료들을 도저히 따라갈 수 없다. 의회에서 통과된 법에는 광범위하고 일반적인 정책방향만 담겨 있기 때문에 정책의 중요하고 구체적인 내용은 관료들이 결정해야 한다.

일반 국민들은 정부가 개입하고 사회적인 결과가 도출되어야 정책의 효과를 체감할 수 있기 때문에 이 단계는 정책과정에서 중요한 단계라 할 수 있다. 따라서 정책을 적용하고 집행하는 과정에 누가 관여하고 어떤 일이 일어나는지를 살펴봐야 한다. 정책이 효과를 발휘하기 위해서는 정책대상자들의 순응을 확보하는 것이 중요하기 때문에 정책을 집행할 때에는 정책대상자가 누구인지, 정책순응을 방해하는 요인은 무엇인지 등을 확인하여 이를 최소화하려는 노력을 해야 한다.

그리고 정책집행단계에서 실질적으로 정책의 구체적인 내용이 만들어지거나 결정되기도 한다. 집행기관이나 행정관료들은 정책결정과정에도 영향을 미치지만, 집행과정에서 일정한 수준의 재량권을 갖고 있기 때문에 일반 시민들이 체감하는 구체적인 정책내용을 알기 위해서는 관료제 내부의 작동이 어떻게 이루어지고 있는지도 알고 있어야 한다.

---

16) Thomas R. Dye. (1995). *Understanding Public Policy*(8th ed.), Prentice—Hall, Inc. 311–314; Michael E. Kraft & Scott R. Furlong(2021). *Public Policy: Politics, Analysis, and Alternatives*(7th ed.), Sage Publications Inc.

3. 정책평가

정책평가는 정책이 잘 작동하고 있는지 평가하는 것이다. 정책평가자들은 정책분석에서 사용하는 분석도구를 활용하여 정책이 애초의 목적과 목표를 달성했는지, 정책성과를 보여주는 증거를 찾아내야 한다. 따라서 정책평가단계에서는 집행된 정책이 어떤 성과를 달성했는지를 확인하는 활동이 수반된다. 정책이 애초의 목표를 달성했는지, 원하지 않는 결과를 산출했다면 그 이유는 무엇인지를 확인하는 단계이다.

정부정책을 집행하는 데에는 엄청난 규모의 정부재정이 들어가는데, 정책집행의 결과가 그만큼의 지출을 할 만한 가치가 있는지 검토해 봐야 한다. 정책평가자는 정책결과의 비용과 편익을 분석하는 기술적 연구뿐만 아니라 정책결과의 가치에 관한 정치적 판단도 함께 해야 한다. 정부 정책이 실현하고자 하는 가치는 효율성, 효과성, 민주성, 형평성 등으로 상충되는 경우(trade-off)도 허다하기 때문이다.

따라서 모든 정책은 관련된 이해관계자들 예컨대 의회, 이익집단, 전문가 그룹(think tanks) 등의 (명시적이든 암묵적이든) 평가로부터 자유로울 수 없다. 정책평가과정에서는 누가 관여되어 있고 정책으로 인해 이익을 얻은 사람과 손해를 본 사람은 누구인지, 애초의 정책목표를 충분히 달성해서 정책수요자들이 원하는 사회적 결과를 도출하였는지 등을 살펴봐야 한다. 필요하다면 환류(feedback)를 통해 정책종결, 정책승계 등의 정책변동을 결정해야 한다. 이러한 피드백을 통해 새로운 문제가 확인되면 정책결정과정은 다시 시작될 가능성이 높다. 그러나 체계적인 정책평가는 현 정책의 장단기 효과뿐만 아니라 장단기 비용을 주의 깊고 객관적이며 과학적으로 평가하는 것인데, 쉬운 일은 아니다.

우리나라는 「정부업무평가 기본법」에 의거해 매년 중앙행정기관과 지방자치단체의 자체평가를 비롯한 특정평가, 지방자치단체 합동평가, 공공기관평가 등이 이루어지고 있다. 평가결과는 기관 차원에서 정책개선·예산편성·조직관리 등에 활용된다. 개인 차원에서는 성과급 및 인사와 연계되며 평가결과는 매년 축적되고 활용된다. 평가결과에 기초해 시행 중인 정책에 문제점이 발견되면 이를 수정하거나 정책집행의 중단·축소 등의 시정조치를 통해 지속적으로 정책개선을 위해 노력해야 한다.[17]

4. 단계별 접근방법의 한계

정책과정별 혹은 정책단계별로 정책을 살펴보는 것은 나름의 장점을 지니고 있다. 그러나 정책연구자들이 실질적으로 각각의 정책단계를 분절된 단위로 나눔으로써 라스웰(Lasswell)이 주장한 바 있는 전체 정책과정의 통합성(holistic intent)을 간과하기 쉽다.

사바티어(Sabatier, 1993; 1999)와 나카무라(Nakamura, 1987)는 정책단계별 접근방법이18) '아이디어의 역할'을 무시했다고 언급하면서 상당히 비판적인 입장을 취했다. 동시에 정책에 대한 이해에 있어서 정책과정 접근방법이 갖는 이론적 단점을 다음과 같이 지적하고 있다.19)

첫째, 단계별 모형은 인과모형이 아니기 때문에 예측을 할 수 없고 한 단계에서 다음 단계로 어떻게 나아가는지도 보여주지 못한다.

둘째, 단계별 모형은 경험적인 가설검정을 하는 데 필요한 분명한 기초를 제공해 주지 못한다. 따라서 가설의 수정·확증·검증이 불가능하다.

셋째, 단계별 모형은 일련의 단계를 제시하는 데 있어서도 서술적 불확실성(descriptive inaccuracy)을 지니기 때문에 정책과정을 이해하고 판단하는 데 있어서 주먹구구식 어림짐작을 하는 도구(heuristic)로서의 역할을 하는 데 불과하다.

넷째, 정책단계에서 단계라는 용어에 포함된 의미는 이미 구축된(built-in) 법률을 엄격히 따르는(legalistic), 하향식 접근이라는 특성을 지닌다. 법률에 기초한 수직적 명령체계처럼 정책과정을 이해하기 때문에 지니는 한계를 말한다.

다섯째, 정책단계에서 단계라는 용어에 포함된 상징적 의미 때문에, 시간의 흐름에 따라 정책을 들여다봄으로써 정책의 순환적 성격을 보여주는 데는 부적절하다.

---

17) 이종수·윤영진 외. (2014). 새행정학 2.0. 서울: 대영문화사. 396-397.
18) Sabatier(1999)와 Fischer(2003)는 단계별 접근방법을 하나의 휴리스틱(heuristic)이라 불렀다. 그러나 과정별 혹은 단계별 접근방법은 정책이 지닌 다학문성과 가치지향성을 보여주는 메커니즘을 제공한다는 점에서 여전히 유효하다고 할 수 있다(DeLeon & Martell, 2006).
19) Jenkins-Smith & Sabatier. (1993). 3-4; DeLeon & Martell. (2006). 32-33에서 재인용.

여섯째, 정책단계에서 단계라는 용어에 포함된 은유적 의미는 공공정책의 전 과정을 통해 정책분석과 정책지향학습을 통합하는 훌륭한 도구를 제공하지 않는다.

사바티어(Sabatier)와 젠킨스-스미스(Jekins-Smith)의 비판에도 불구하고 정책에 대한 단계별 접근방법은 여전히 유효하다고 볼 수 있다. 정책과정은 단계별로 상이한 특성을 지니고 있기 때문에 단계별 접근방법은 정책의제설정부터 정책평가까지 각각의 단계가 지니는 분명한 기능과 특징을 보여 준다. 다만, 단계별 접근방법이 지니는 한계를 보완할 수 있는 이후의 연구성과를 정책연구에 추가한다면 정책에 대한 이해는 좀 더 깊어질 것이다.

제3절 정책과 제도, 정책참여자, 정책네트워크

정책에 대한 단계별 접근방법이 지니는 단점을 보완할 수 있는 개념은 제도와 정책네트워크라 할 수 있다. 이하에서는 정책의 맥락으로 작동하고 때로는 정책의 하나가 되기도 하는 제도, 정책참여자 및 정책네트워크에 대해 보다 자세히 살펴보고자 한다. 제도와 정책네트워크는 정책과정이 지니는 역동적인 측면을 보다 더 잘 이해하는 데 도움을 준다.

1. 정책맥락으로서의 제도

1) 제도의 의의

정책·제도·법률은 동일한 개념은 아니지만, 때로는 혼용되어 사용되기도 하는 겹쳐진 영역이 존재한다. 일반적으로 정책은 국회의 심의·의결을 거친 법률의 뒷받침을 받아야 하기 때문에 개별 법률이 정책이 되기도 하고 하나의 법률에 여러 개의 정책이나 프로그램이 포함되기도 한다. 일반적으로 제도는 법률·명령과 같은 공식적 제도와 관습·규범·문화와 같은 비공식적 제도로 구분된다. 공식적 제도가 법률·명령 등으로 구성된다면 제도와 법률은 거의 겹치는 개념이지만, 정치제도, 선거제도, 가족제도, 지방자치제도와 같은 경우에는 가장 큰 법률이나 명령·정책보다는 범위가 큰 개념이다. 따라서 여기서는 개념이 포괄하는 범위를 고려할 때 '제도 ⊃ 법률 ⊃ 정책 ⊃ 프로그램' 순으로 앞의 개념이 뒤의 개념을 포함하는 것으로 보고자 한다.

제도(institution)는 연구자에 따라 다양하게 정의되어 왔지만, 여기서는 제도를 공식적·비공식적 게임의 규칙(rules of the game)으로 정의한다. 제도에 대한 이러한 정의는 합리적 선택 신제도주의 입장이라 할 수 있다.[20] 오스트롬(Ostrom, 1990, 1991)은 제도를 다음과 같이 정의한다. 제도란 누가 의사결정의 장에 참여할 자격이 있는지, 어떤 행위가 허용되거나 금지되는지, 어떤 의사결정규칙이 사용되고 어떤 절차를 따라야 하는지, 어떤 정보가 제공되며 개개인의 행동에 따라 어떠한 보상이 돌아가도록 할 것인지 등을 결정하는 데 사용되는 일련의 실행 규칙(rules-in-use)이라고 주장하였다.[21]

정책을 이해함에 있어서 제도를 살펴보는 것이 중요한 이유는 제도가 정책의 맥락을 결정하기 때문이다. 즉 제도는 정책과정에 참여하는 행위자들의 속성에 해당되는 참여자들의 수, 시계(視界, time horizon)의 유사성, 이익의 유사성 혹은 이질성, 공동의 규범 유무 등과 이들의 행위와 거기에 소요되는 비용, 그로 인한 결과, 행위와 결과의 연계성, 사용가능한 정보, 개인들이 행사하는 통제력의 범위, 특정 행위와 그 결과의 조합에 대해 주어지는 보상 등을 결정하는 데 영향을 미친다. 이를 통해 문제상황에서 행위자들이 직면한 문제구조와 이들이 채택한 규칙이 왜 작동할 수 있었는지에 대해 알아내는 것이다.

제도에 의해 지배를 받는(rule-governed) 행위자는 자신의 선택이 이루어지

---

20) 신제도주의 접근방법(new institutionalism)은 크게 세 가지 흐름으로 정리할 수 있다. Hall 과 Taylor(1996)는 신제도주의 접근방법을 역사적 신제도주의(historical institutionalism), 합리적 선택 신제도주의(rational choice institutionalism), 사회학적 신제도주의(sociological institutionalism)의 세 가지 흐름으로 나누어 소개하고 있다. 각 유파의 모 학문은 각각 정치학, 경제학, 사회학이라고 볼 수 있다. 이 중 합리적 선택 신제도주의는 신제도주의 경제학(new institutional economics)라고도 불리며 D. North, E. Ostrom, Williamson이 대표적인 학자들로 꼽힌다. Peter A. Hall & Rosemary C. R. Taylor(1996). Political Science and the Three New Institutionalisms, *Political Studies*, XLIV, 936-957.

21) 오스트롬은 특정 사회의 역사·문화적 전통이 합리적 선택 신제도주의 이론의 진화에 있어서 보다 중요한 역할을 할 것이라고 보았다. 1990년대 이후 활발해진 실험경제학과 현장연구 및 진화적 게임이론의 연구성과는 신고전파경제학에서 가정하지 않는 새로운 인간형이 이론적·실제적으로 존재할 수 있다는 것을 보여주고 있다. 이러한 연구결과는 1990년 이후 오스트롬의 연구대상의 범위가 확대되는 데 기여했을 뿐 아니라 관습이나 규범을 '비합리적으로' 따르는 존재로서의 인간, 신뢰에 보답하는 상호성을 지닌 인간, 합리적이고자 하나 그렇지 못한 존재로서의 인간 등 역사적 신제도주의 혹은 사회학적 신제도주의에서 포함하고 있는 '제도'의 영향 내에 있는 존재로서의 인간을 고려하도록 하였다(Ostrom et. al., 1994; Ostrom, 2005). 오스트롬의 제도에 대한 관점은 '공식적인' 게임의 규칙이라는 측면을 넘어 사회 내에서 혹은 역사적으로 그 성격이 규정되는 '비공식적인' 게임의 규칙까지 포함함으로써 제도의 개념이 확대된다. Elinor Ostrom. (2005). Understanding Institutional Diversity, NJ: Princeton University Press.

는 게임의 규칙을 알아야 하며 보다 나은 게임상황을 구축할 수 있는 규칙을 만드는 데 참여하는 방법도 알아야 한다.[22]

2) 제도분석틀

사회현상을 설명하고 예측할 수 있는 다양한 이론을 개발하고 평가하기 위해서는 보다 일반적인 틀(general framework)이 필요하다. 틀(framework)은 메타이론적 언어로서, 일련의 질문에 대한 진단과 처방적 연구를 조직화하는 데 도움이 된다. 오스트롬이 제안한 제도분석틀(Institutional Analysis and Development framework, 이하 IAD틀)이 대표적인 예라고 할 수 있다. 제도분석틀은 다양한 정책영역에 적용될 수 있는 모형으로 합리적 선택 신제도주의 모형의 한 예라 할 수 있다. 이를 그림으로 묘사하면 <그림 6-1>과 같다.[23]

〈그림 6-1〉 제도분석틀 (IAD Framework)

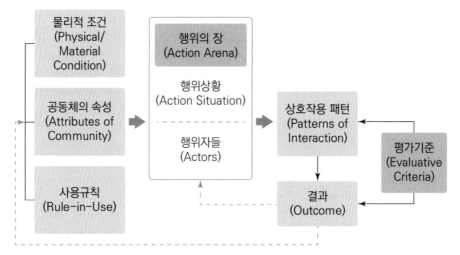

자료: Ostrom(2007: 27); Ostrom, Gardner & Walker(1994: 37)을 수정함.

---

22) Douglass G. North. (1990). Institutions, Institutional Change and Economic performance, NY: Cambridge University Press; Elinor Ostrom. (1991). Rational Choice Theory and Institutional Analysis: Toward Complementarity, APSR. Vol. 85, No. 1, 237~243.

23) Elinor Ostrom. (2007). Institutional Rational Choice: An Assessment of the Institutional Analysis and Development Framework in P. A. Sabatier(ed.). Theories of the Policy Precess, Westview Press.

어떤 정책영역이든 그 정책대상이 지니는 고유한 물리적 조건으로부터 자유로울 수 없다. 예를 들어 해상운송정책은 바다와 선박이라는 고유한 물리적 조건의 제약을 받는다. 주택정책, 환경정책, 교통정책, 외교정책 등 거의 대부분의 정책은 그 정책이 발생하는 고유한 영역이 있고 그 영역이 지니고 있는 물리적 제약으로부터 자유로울 수는 없다.

또한 정책대상을 둘러싼 그 사회의 공동체적 속성(문화, 사회규범, 관습 등)과 법·제도(사용규칙)는 행위의 장에서 활동하는 이해관계자들과 그들의 인센티브 구조에 영향을 미친다. 이러한 인센티브 구조하에서 이해관계자들의 상호작용이 이루어지고 상호작용의 패턴이 나타나며 이에 따라 특정한 사회적 결과(게임의 균형)가 발생한다.

행위의 장(action arena)에서는 일정한 행위상황(action situation)이 형성되고 다양한 이해관계자들(actors)이 존재한다. 행위상황이란 인간행위와 그 결과의 규칙성을 설명하기 위해 이해관계에 영향을 미치는 구조를 밝혀낼 수 있는 분석적 개념이다. 정책을 둘러싼 참여자나 이해관계자들의 역할이나 상호작용을 살펴보면 그 특성을 파악할 수 있다. 이해관계자들은 자신의 편익을 최대화하기 위한 전략적 행동을 지속적으로 선택하고 이러한 과정을 통해 그들 간의 상호작용 패턴(patterns of interaction)이 형성된다. 행위자들의 상호작용에 따라 특정 패턴이 형성되면 특정한 사회적 결과가 나타난다. 사회적 결과는 이를 평가할 수 있는 기준(evaluative criteria)을 적용함으로써 사회 전체적으로 얻게 되는 '순편익의 크기'라 할 수 있다.

2. 정책참여자와 정책 네트워크

1) 정책참여자와 정책 네트워크의 의의

정책참여자와 이들 간의 상호작용으로 인해 나타나는 정책결정 구조를 설명할 수 있는 유용한 개념이 정책네트워크(policy network)이다. 민주주의 국가에서의 정책결정에는 상이한 수준과 분야에서 다수의 공공 및 민간의 행위자가 참여하고 있다. 정책네트워크는 이러한 현실을 표현하고 이들 사이에 존재하는 관계를 범주화하는 수단이다.[24] 따라서 정책네트워크이론은 정책과정의 참여자들

간 상호작용을 구조적인 차원으로 설명하는 틀로서 유용하다고 할 수 있다. 조던(Jordan)과 슈버트(Schubert)는 정책네트워크를 다음과 같이 정의하고 있다.[25]

> 하나의 정책네트워크는 행위자(actors) 및 행위자들 간의 연계(linkages), 그 경계(boundary)로 구성되어 있다. 여기에는 주로 공공부문과 민간부문의 행위자들로 구성되는 비교적 안정적인 행위자들의 집합(sets of actors)이 포함된다. 행위자들 간의 연계를 통해 의사소통과 전문지식, 신뢰, 그 외의 자원교환이 이루어진다. 정책네트워크의 경계는 공식기관들에 의하여 결정되는 것이 아니라 기능적 적합성과 구조적인 틀에 따라 달라지는 상호인지의 과정에서 결정된다.

정책네트워크를 구성하는 가장 본질적인 요소는 정책을 둘러싼 정책결정과정에 활동하는 참여자로서의 행위자이다. 여기에는 대통령, 정부관료제, 의회, 사법부, 지방자치단체, 지방의회와 같은 공식적 참여자 뿐만 아니라, 기업, 언론, 정당, 전문가 집단, 시민단체, 일반시민 등 정책에 대해 이해관계를 가지고 있는 모든 사회적 단위로서의 비공식적 참여자가 포함된다. 수많은 참여자들은 부분적인 자율성을 갖고서 자신들에게 보다 유리한 정책이 결정될 수 있도록 갈등, 경쟁 및 타협을 벌이게 된다.

현대사회의 복잡성, 정부기능의 확대, 정책문제의 기술적 성격으로 인해서 전문성에 대한 압력은 엄청나게 커졌다. 규모가 작은 지역사회(communities)를 제외하고 하나 혹은 둘 이상의 정책에 대해 정확히 이해한다는 것은 매우 어렵다. 따라서 특별한 문제나 정책영역에 관심이 있는 정치엘리트들은 상대적으로 자율적인 하위체제[26]를 형성하게 된다.[27]

---

24) 남궁근. (1998). 비교정책연구: 방법, 이론, 적용. 서울: 법문사. 179.

25) Grant Jordan & Klaus Schubert. (1992). A preliminary ordering of policy network labels, European Journal of Political Research, 21(1−2): 7−27. https://doi.org/10.1111/j.1475−6765.1992.tb00286.x.

26) 정책하위체제란 정책문제를 둘러싼 행위자들의 집합(a set of actors)이라고 할 수 있다. 이러한 하위체제의 개념은 정책을 둘러싼 정치적 참여자를 뜻한다. 정책네트워크 접근방법에서 이 개념은 잠재적 참여자까지 고려한다는 점에서 유용한 개념으로 평가된다.

27) P. A. Sabatier. (1988). An Advocacy Coalition Framework of Policy Change and the Role of Policy−oriented Learning Therein, Policy Sciences, 21(2−3): 129−168.

행위자들 간의 구조적 관계는 비교적 안정적·지속적·반복적인 패턴을 형성하기 때문에, 이러한 관계는 상당히 오랜 시간에 걸쳐 형성·유지되며 특정 사회체제 내에서 정책분야에 따라 다양하게 존재할 수 있다. 예를 들어, 환경문제를 둘러싸고 전개되는 행위자들 간의 구조적 관계는 느슨하고 비지속적이며 개방적인 네트워크 형태를 띠게 된다.[28]

2) 정책 네트워크의 유형

일반적으로 정책결정과정의 참여자는 공식적 참여자와 비공식적 참여자로 나뉜다. 이를 다시 구체적으로 세분하는 경우가 많지만, 실제적으로 각 분야의 정책과정을 들여다보면 제한된 참여자들만이 정책과정에 참여한다는 것을 알 수 있다. 정책네트워크는 다양한 정책참여자들과 그들 간의 상호작용에 따라 형성된 구조적 측면을 파악할 수 있다는 측면에서 공식성 여부에 따라 참여자를 살펴보는 것보다 유용한 개념적 도구라 할 수 있다.

여기서는 정책네트워크의 유형으로 하위정부모형, 정책공동체모형, 이슈네트워크모형로 나누어 살펴보고자 한다.[29]

하위정부(subgovernment)모형이란 특정 정책분야에서 지속적인 상호작용을 통해 정책결정을 좌우하는 이익집단, 의회의 상임위원회, 주요 행정부처로 구성되는 정책네트워크를 말한다. 이러한 유형의 정책네트워크는 자율성과 안정성이 높아 마치 '작은 정부'와 같다고 하여 하위정부라는 용어가 사용되고 있다. 이 모형은 철의 삼각관계(iron triangles), 삼각동맹(triple alliances) 등 다른 명칭으로도 불리고 있다. 의회 상임위원회, 행정부처, 이익집단 간의 관계가 높은 통합성으로 말미암아 일종의 동맹관계를 형성하고 있다고 보는 것이다. 즉 소수의 엘리트 행위자들이 특정 정책영역에서 정책결정을 지배하고 있다는 의미이다. 정책결정은 그 결정의 영향을 받게 될 당사자들 간의 조용한 협상에 의한 합의를 통하여 이루어진다. 이러한 상황에서 정당정치는 비교적 자율적이며 안정적인 네트워크 구조를 교란시

---

28) 사득환. (1996). 환경정책의 형성과 중간집단의 역할: 자연공원법 개정사례를 중심으로. 고려대학교 행정학 박사학위논문.

29) R. A. W. Rhodes. (1990). Policy Networks: A British Perspective, *Journal of Theoretical Politics*, 304－305.

키는 데 큰 영향력을 미치지 못한다.30) 이러한 하위정부모형은 리플리(Ripley)와 프랭클린(Franklin)에 의하여 주로 미국정치체제에서 정책결정구조의 특징을 기술하는 이론으로 제시되었다.

1960년대 이래 미국에서는 이익집단의 급증, 시민단체의 증가, 집단 간 갈등의 발생 및 의회구조의 변화 등이 안정적인 하위정부의 쇠퇴에 결정적인 영향을 미쳤다. 이들 중 의회구조의 변화를 제외하고는 유럽의 각 국가뿐만 아니라 우리나라에서도 유사한 현상이 나타나고 있다.31)

다음으로 정책공동체 모형과 이슈네트워크 모형을 살펴보자.

두 모형은 여러 차원에 걸쳐 차이를 보여주고 있다. 정책공동체는 상대적으로 안정적이고 질서가 있으며 예측가능한 데 반해, 이슈네트워크는 상대적으로 불안정하고 무질서하며 갈등과 복잡성을 지니게 된다. 따라서 정책공동체와 이슈네트워크는 정책네트워크의 연속선(continuum)상의 양극단에 존재하는 이념형(ideal type)에 불과하다. 따라서 현실에서 발견할 수 있는 정책네트워크의 유형은 대부분 그 중간 정도에 위치하고 있을 가능성이 크다.32)

폐쇄적인 하위정부모형이 설명력을 상실하게 되면서 새롭게 제시된 정책네트워크 모형의 하나가 바로 정책공동체 모형인 것이다. 이러한 정책공동체 모형에서도 대부분의 정책결정이 특정의 하위영역(sub arena) 또는 전문화된 정책영역(specialized policy arena)에서 이루어진다고 보는 점에서 하위정부모형과 유사한 측면도 있다. 실제로 통상·보건복지·환경·교육·과학기술·정보·국방 등 실질적 정책분야별로 정책결정과정이 분산되고 전문화되어 있다.33) 정책공동체

30) 정정길. (1997). 정책학원론. 서울: 대명출판사. 228 – 229; 유훈. (1998). 정책학원론. 서울: 법문사. 92.

31) 실제로 80년대 말 이후 우리나라는 이익집단의 급증현상이 나타났고, 환경단체, 여성단체, 민권단체 등의 시민단체가 대거 등장하였다. 이에 따라 집단 간 갈등도 증폭되고 있어 서구 선진국과 유사한 현상을 경험하고 있다.

32) D. Marsh & R. A. W. Rhodes. (1992). Policy Communities and Issue Networks: Beyond Typology in D. Marsh & R. A. W. Rhodes(eds). Policy Networks in British Government, Oxford: Oxford University Press, 250.

33) John Creighton Campbell, Mark A. Baskin, Frank R. Baumgartner, and Nina P. Halpern. (1989). Afterwork on Policy Communities: A Framework for Comparative Research, Governance: An International Journal of Policy, Administration, and Institutions, 2(1): 86 – 94.

의 주요 구성원은 관료들과 그 소속행정기관(agencies), 개별 정치인과 그들의 집단, 조직화된 이익집단과 그 지도자 및 참모들, 정책에 대하여 생각하고 연구하는 대학 및 기타 연구기관과 정부 내의 "전문가들"(experts)이다.

이 모형에서 제시하는 정책결정의 참여자는 하위정부모형의 참여자와 성격이 전혀 다른 것이 아니라 행정관료, 정치인, 이익집단을 주축으로 하면서 전문가 집단을 추가한 것이다. 정책결정의 주요 참여자의 하나로 전문가 집단을 추가한 것은 정보·지식사회에서 비중이 점차 증가하고 있는 전문가의 역할을 정확하게 강조한 것으로 생각된다. 국내외를 막론하고 정책결정과정에는 학계와 연구기관의 전문가들이 참여하고 있다.

이 모형에 따르면 분야별 정책공동체의 구성원들은 관심사항을 공유하고 있고, 서로 상대방이 유용하게 활용할 수 있는 자원을 가지고 있기 때문에 정기적으로 상호작용 한다. 그 과정에서 각기 자기의 정책분야 내에서는 어떤 문제가 중요한 문제인지, 어떤 해결방안들이 바람직하고 실현가능한 것인지에 관한 일련의 공통된 이해(shared understandings)와 공동체적 감정(sense of community)을 가지게 된다. 공동체의 구성원들은 정책문제가 공동체 내부에서 해결되어야 한다는 규범에는 동의하지만, 구성원들의 이해관계와 생각(idea)이 다르기 때문에 정책문제의 해결방안을 둘러싸고 갈등이 발생할 수도 있다고 본다. 따라서 이 모형은 참여자들 간의 합의, 의견일치, 협력에 의하여 정책결정이 이루어진다고 보는 하위정부모형과는 다른 입장을 취하고 있다.[34]

한편, 헤클로는 하위정부모형에 관해 비판하면서 하위정부 모형이나 정책공동체 모형과는 차이가 있는 이슈네트워크 모형을 제시하였다. 그는 하위정부모형이 잘못되었다기 보다는 매우 불완전하다고 지적한다. 미국에서 이익집단이 수적으로 크게 늘어나고 다원화됨에 따라 하위정부나 철의 삼각이 불가능해졌다고 주장한다. 폐쇄적 삼각관계만을 보는 경우, 이익집단이 정책결정에 미치는 영향이 커지고 있는 상황에서 상당히 개방적인 사람들의 네트워크를 감안하지 못하게 된다는 것이다. 그러면서 정책결정은 규모가 훨씬 큰 이슈네트워크 내에서 이루어진다고 보는 것이 가장 적절하다고 주장하였다. 이슈네트워크는 특정 이슈를 중심으로 이해관계나 전문성을 갖는 개인 및 조직으로 구성되는 네트워

---

34) 남궁근. (1998). 비교정책연구: 방법, 이론, 적용. 서울: 법문사. 186-187.

크로 특정한 경계가 없다. 즉 이슈네트워크는 공통의 기술적 전문성을 가진 대규모의 참여자들을 함께 묶는 지식공유집단(a shared-knowledge group)을 말한다.

단순하고 분명하게 정의된 하위정부의 경계와는 달리 이슈네트워크의 경계는 가시화하기 어렵고, 잘 정의되지 않는다. 참여자들의 진입 및 퇴장은 매우 쉬운 편이며, 네트워크의 경계를 찾는 것은 거의 불가능하다. 그러나 이러한 네트워크의 구성원이 하위정부모형 및 정책공동체모형과 근본적으로 다른 것은 아니다. 왜냐하면 로비스트, 입법가, 입법보좌관, 그리고 정부기관의 관료 등이 여전히 행위자들의 대다수를 형성하고 있기 때문이다. 이들 이외에도 대통령의 참모진과 자문가들, 지식을 구비한 저명 개개인과 일반 시민 등도 포함된다. 그러므로 이슈네트워크는 정책공동체와 비교할 경우에도 그 규모가 크고 신규 참여자의 접근가능성이 더욱 크다. 이슈네트워크의 구성원들은 쟁점에 관한 관심을 공유할 뿐 서로가 잘 알고 있다고 가정하지는 않는다. 어느 하나의 이슈네트워크의 경계가 분명하지 않다는 것은 한편으로는 이슈네트워크들 간의 중복이 매우 크다는 것을 의미한다. 예를 들면 하나의 이슈네트워크에서는 주변적인 역할을 하는 행위자가 다른 이슈네트워크에서는 중심적인 역할을 수행할 수도 있다.

이슈네트워크 모형에서는 모든 참여자의 전문가로서의 자질을 중요시한다. 정책결정이 보다 전문화되고 복잡해지며, 이슈네트워크 구성원들 간의 경쟁이 매우 치열해지기 때문에 정책결정게임에서 전문성은 더욱 중시되고 있다. 여기서 전문성이란 이슈에 관하여 단순히 친숙함의 수준을 넘어선 것으로 기술적 전문가(technical specialists)로서 정책영역에 관한 고도의 지식을 보유하고 있음을 의미한다. 예컨대, 보건의료정책, 원자력정책, 유독성폐기물정책, 산성비와 같은 정책결정에서 정책대안을 둘러싼 논란의 근저인 과학적 이슈에 관한 구체적 지식이 없이는 영향력을 행사하기 어렵다. 전문적 지식을 갖춘 새로운 행위자가 이슈네트워크에는 쉽게 접근하여 중심적 역할을 수행할 수 있다. 그러므로 이슈네트워크에서 행정관료를 포함한 구성원들은 현안 쟁점에 관한 전문성의 수준에 따라 영향력의 정도가 결정되는 것으로 보고 있다.[35]

35) 남궁근. (1998). 비교정책연구: 방법, 이론, 적용. 서울: 법문사. 182-191.

한편 <표 6-1>과 같이 마쉬(Marsh)와 로즈(Rhodes), 스미스(Smith)가 제시하는 몇 가지 차원이나 기준을 통해 특정 정책네트워크가 정책공동체와 이슈네트워크의 연속선상에서 어느 위치에 해당하는지를 판단할 수 있을 것이다.[36) 기본적으로 정책공동체와 이슈네트워크 간에는 참여자의 수와 이익유형, 통합성의 정도, 자원배분, 권력의 균등성에 있어서 차이가 있다.

지금까지 살펴본 정책네트워크 이론은 정책문제를 연구하는 데 있어서 몇 가지 유용성을 제공해 준다. 첫째, 정책네트워크 이론은 정책연구와 관련하여 정책결정과정의 참여자와 그들 간의 상호작용을 살펴봄으로써 정책결정구조를 밝혀낼 수 있기 때문에 과정과 구조를 동시에 파악할 수 있다.[37) 따라서 이 이론은 구조, 기능 및 행위자를 모두 고려하여 정책현상을 분석해야 한다는 것을 제시해 준다. 둘째, 정책네트워크 이론을 가지고 정책변동의 요인을 파악하게 되면, 시간적 차원을 고려함으로써 참여자들 간의 역동적인 관계를 분석하는 데 용이하다. 즉 이 시각은 정책쟁점을 둘러싸고 벌어지는 참여자들 간의 상호작용을 시간적 추이에 따라 분석함으로써 역동적인 설명을 가능케 한다. 셋째, 정책네트워크 분석은 미시수준의 분석과 거시수준의 분석을 연계하는 중간수준의 개념(meso-level concept)으로서 정부부처와 이익집단 간의 관계가 지니는 지속성을 강조한다.[38) 여기서 미시수준의 분석이란 어떤 정책결정에서 이익집단과 정부의 역할을 다루는 반면에 거시수준의 분석은 사회 내의 권력배분과 같은 보다 범위가 넓은 문제에 초점을 맞춘다.

36) D. Marsh & R. A. W. Rhodes. (1992). Policy Communities and Issue Networks: Beyond Typology in D. Marsh & R. A. W. Rhodes(eds.). Policy Networks in British Government, Oxford: Oxford University Press; Martin J. Smith. (1993). Pressure, Power and Policy: State Autonomy and Policy Networks in Britain and the United States, London: Harvester Wheatsheaf, 59-66.

37) Helen Ingram & Steven Rathgeb Smith(eds.). (1997). Public Policy for Democracy, Washingto, D.C.: The Brookings Institution.

38) R. A. W. Rhodes. (1997). From Marketization To Diplomacy: it's the mix that matters, Public Policy and Administration, 12(2).

〈표 6-1〉 정책네트워크의 유형: 정책공동체와 이슈네트워크 특징

차원(Dimention)		정책공동체	이슈네트워크
구성원 (Memb-ership)	참여자의 수	매우 제한적, 일부 집단은 의식적으로 배제시킴	많음
	이익 유형	경제적이고/이거나 전문적인 이익이 지배적	관련된 모든 이익(range of affected interests)을 포함
통합성의 정도 (Integra-tion)	상호작용 빈도	• 빈번하고 수준이 높은 상호작용 • 정책이슈와 관련된 모든 문제에 대해 모든 참여자가 상호작용	접촉의 빈도와 강도가 유동적
	지속성	구성원, 가치, 산출(outcomes)이 지속적임	접근(access)이 지극히 유동적
	합의	모든 참여자가 기본적인 가치를 공유하고 산출의 정당성을 받아들임	어느 정도의 동의가 있지만 갈등이 항상 존재함
자원 (Resour-ces)	네트워크 내에서의 자원배분	모든 참여자가 자원을 보유하고 기본적인 관계는 교환관계임	일부 참여자가 자원을 보유하지만, 제한적임. 기본적인 관계는 협의적(consultative)
	참여조직 내에서의 자원배분	계층적이며 지도자가 구성원에게 배분	배분 및 구성원에 대한 규제능력이 다양하고 변화함
권력 (Power)		• 참여자 간의 권력균형이 이루어짐 • 하나의 집단이 지배적일 수 있지만 공동체가 유지되기 위해서는 패자가 없어야 함 • 포지티브섬게임(positive-sum game)	• 자원과 접근이 불균등하므로 권력은 불균등함 • 제로섬게임(zero-sum game)

자료: Marsh & Rhodes(1992: 251); 남궁근(1997: 192)의 수정 · 보완.

제4절　　　정책변동론

1. 정책변동의 의의

정책은 한번 만들어지면 오랜 기간 유지되며 지속해서 집행될 수도 있지만, 이러한 경우는 흔치 않다. 시간이 흐름에 따라 정책을 둘러싸고 있는 사회·경제적 환경이 끊임없이 변화하고, 미래에 대한 불확실성(uncertainty)으로 인해 정책 결정자들은 현재의 정책을 변화시키고자 한다. 불과 1~2년 전에 성공적인 결과를 기대하며 결정되었던 정책들이 여러 원인으로 인해 수정 또는 폐지되는 경우를 우리는 많이 본다. 정책 결정의 '계속적' 속성[39]을 고려해본다면, 정책이 변하는 모습은 예외적인 것이 아닌 보편적인 현상이라고 할 수 있다. 이렇게 우리 주위에서 흔히 일어나고 있는 기존정책의 내용 및 목표 등이 변하는 현상 또는 모습을 정책변동(policy change)이라고 한다.

1) 정책변동의 개념

정책변동(policy change)은 기존 정책의 변화를 의미하며, 정책의 변화는 기존 정책의 목표, 수단 등 정책내용 또는 집행과정과 전략이 점진적(incremental shifts)으로 변경(축소 또는 확장)되거나, 종결(termination)되는 것을 의미한다.[40] 이러한 변화는 정책대상집단(policy target group)의 변화까지도 포함한다.[41] 즉, 정책변동은

---

39) Charles E. Lindblom. (1959). The Science of "Muddling Through". Public Administration Review, 19(2): 79−88.

40) Colin J. Bennett & Michael Howlett. (1992). The lessons of learning: Reconciling theories of policy learning and policy change, *Policy Sciences*, 25: (275−294).

41) 정정길·이시원·정준금·권혁주·김성수. (2020). 정책학원론. 서울: 대명출판사.

정책 과정(policy process) 전반에 걸쳐 발생하는 여러 가지 변화의 양태를 뜻한다.

정책변동에 관한 연구는 1970년대 중동 사태(Middle East crisis) 및 석유 파동 (oil shock) 등 급변하는 사회·경제적 환경에 적응하기 위해 기존정책을 축소하거 나 폐지하려는 연구에서 시작되었다. 초기 연구에서는 정책종결(policy termination) 과 감축관리(cutback management)에 관한 것이 주를 이루었다면, 최근에는 정책 전 과정에서 발생하는 모든 변화를 주제로 연구가 이루어지고 있다.[42]

정책 과정은 순환·동태적인 과정이다. 정책은 지속적인 환류 과정을 통하여 정책이 목표한 문제해결을 위해 변화해 나간다. 하지만, 최종적으로 정책목표가 달성되지 못하거나, 정책이 집행되고 있는 가운데 이해관계자의 갈등 등 여러 장애요인으로 인한 심각한 저항이 발생한다면, 이는 정책종결로 직결되거나 새 로운 정책으로의 변경이 요구된다.

2) 정책변동의 원인

정책변동은 여러 가지 원인에 의해 발생한다. 정책이 결정되는 과정(policy process)에의 영향 요인이 정책의 내용·성격 등에 따라 다른 것과 같이 정책변 동의 원인도 각 특정 정책의 세부 내용·성격에 따라 다르다. 하지만, 일반적인 정책변동의 원인으로는 크게 두 가지, 즉 정책 자체 및 정책 담당 조직들과 관련된 내부적 원인(internal factors)과 정책환경과 관련된 외부적 원인(external factors)으로 나눌 수 있다. 최근에는 정책을 구성하고 있는 요소[43] 간의 영향을 정책변동의 원인으로 보고 네트워크 분석(Social Network Analysis: SNA)을 통해 그 원인을 밝히는 연구도 이루어지고 있다.[44]

---

42) 백승기. (2019). 행정학원론(제4판). 피앤시미디어.

43) '3Is'(Walt, 1994; Palier & Surel, 2005), 즉 제도(Institutions: processes, context), 이익 (Interests: actors, power), 그리고 아이디어(Ideas: content, evidence, values)가 대표적인 예이다.

44) Jessica C. Shearer, Julia Abelson, Bocar Kouyaté, John N. Lavis, Gill Walt. (2016). Why do policies change? Institutions, interests, ideas and networks in three cases of policy reform, Health Policy and Planning, 31(9): 1200−1211.

(1) 내부적 원인

첫째, 내부적 원인으로는 다음의 세 가지를 살펴볼 수 있다. 첫째, 정책집행과정 중의 평가(중간평가) 또는 사후의 평가(종료평가)에서 정책목표 달성이 부진(또는 실패)하거나 달성 정도가 너무 높은 경우, 즉 정책목표 달성 자체에 문제가 발생했을 경우 정책목표에 대한 수정이 요구된다. 정책목표의 적합성 및 목표수준의 적절성을 고려하여 정책목표를 수정할 필요가 생기는 것이다.

둘째, 정책목표 달성을 위해 고안된 여러 정책대안 중 선택되는 대안은 시간이 흐름에 따라 효과성 및 효율성이 변할 수 있다. 현재 최선의 정책대안이 빠른 사회변화로 인해 2~3년 후에는 효과가 떨어질 수 있으며, 이는 더욱 효과적이고 효율적인 새로운 정책대안으로 대체·수정될 필요성이 커지게 되는 것이다.

셋째, 정책을 담당하는 조직 규모의 변화(축소 또는 확대), 정책 관련 주도 인물의 교체, 조직의 정치적 취약성(대외적 이미지의 악화, 지도층의 리더십 약화, 내부적 갈등의 심화 등) 등으로 인해 정책 변동이 요구된다.[45]

(2) 외부적 원인

첫째, 외부적 원인은 크게 두 가지로 나누어 살펴보자. 첫째, 정치·사회·경제·제도·문화적 상태가 변화함에 따라 현재의 정책내용이 현실적합성을 갖지 못하거나 정책문제를 다시 정의·분석해야 하는 경우에는 기존의 정책을 수정하거나 다시 새로운 정책을 수립해야 한다.[46] 예를 들어, 경제침체라는 경제적 상황의 변화는 정책집행 예산확보에 문제를 발생시킬 수 있으며, 고령화라는 사회적 상황의 변화는 기존 일자리, 복지정책의 보완·수정을 요구한다. 새로운 정부가 들어서는 것과 같은 정치적 상황의 변화는 통수권자의 정치적 이념에 따라 경제·노동·환경·인권·언론 등의 정책에 큰 수정이 가해진다. 이명박 정부의 녹색성장 정책은 박근혜 정부가 들어서면서 수정 또는 종결되었고, 박근혜 정부의 원자력 진흥 정책도 문재인 정부에 들어와서 많은 부분 종결되었다. 또한 정책이 수립될 당시에는 예측하지 못하였던 새로운 과학기술이 발명될 때도 정책

45) 한석태. (2017). 정책학개론. 서울: 대영문화사. 458.
46) B. W. Hogwood, L. A. Gunn, & S. Archibald. (1984). Policy analysis for the real world, Oxford: Oxford University Press.

목표가 수정되어 정책변동을 가져온다.

둘째, 일반적으로 정책 대상 집단의 요구와 기대는 고정되지 않고 변한다. 정책 이해관계자들의 지지 또는 대상 집단의 정책 수용여부가 바뀌게 될 경우 정책내용에 대한 수정 또는 종결이 요구된다. 그 예로서, 1998년 대통령 공약사업인 전주권 신공항 건설의 경우, 전라북도와 지역의 상공업자들 및 일부 정치권의 지속적인 공항 건설 시도에도 불구하고, 김제시장, 시의회, 지역구 국회의원, 경실련, YMCA, 시민연대 등의 반대 투쟁에 결국 무산되었다. 또 다른 예로는, 전력 확보정책으로서 진행되는 원자력발전소 건설 추진사업에서 방사능오염 및 주변 지역 부동산 가격 하락의 염려로 설치 예정지 주민들의 의견이 찬성에서 반대로 변화될 경우, 발전소 위치 선정, 규모, 설득을 위한 홍보 등에 관한 집행정책의 수정이 요구된다.

2. 정책변동의 유형

정책변동(policy change)의 대표적인 유형은 호그우드(Hogwood)와 피터스(Peters)의 정책승계, 정책유지, 정책종결, 정책혁신 등 네 가지로 구분될 수 있다.[47]

1) 정책승계

정책승계(Policy succession)란 동일한 문제(problem) 대한 기존의 정책이 새로운 정책으로 대체(replacement)되는 것을 말한다. 이는 정책의 기본적인 내용·성격을 상당 부분 바꾸는 것으로 정책의 일부를 삭제하거나 추가하는 경우를 포함한다. 하지만 어느 경우에서도 기존정책이 추구하는 목표는 변하지 않기 때문에 이를 '정책 승계'라고 부른다.

정책승계는 선형승계(linear succession), 정책통합(policy consolidation), 정책분할(policy splitting), 부분종결(partial termination), 우발적 승계(incidental policy succession), 복합적 정책승계(complex patterns of policy succession) 등으로 그 유

---

47) B. W. Hogwood & B. G. Peters. (1983). Policy Dynamics, New York: St. Martin's Press, 26 – 29.

형을 다시 나눌 수 있다.[48]

2) 정책유지

정책유지(policy maintenance)는 본래의 정책목표 달성을 위해 기존정책의 기본적 특성은 유지하면서, 변화되는 상황에 맞춰 약간의 수정이나 변경이 이루어지는 경우를 말한다. 정책 수혜자(clientele)의 수(數), 수혜액, 수혜자의 자격 등을 확장하거나 축소함으로써 조정해 나가는 경우가 이에 해당한다. 예를 들어, 인플레이션 혹은 디플레이션이나 생활 수준의 향상 혹은 저하에 따라 관련 정책의 적용대상을 확장·축소해야 하는 경우로, 저소득층 자녀에 대한 교육비 보조를 차상위 계층의 자녀에게도 확대하는 경우가 대표적이다.[49]

3) 정책종결

정책종결(policy termination)은 기존의 정책, 사업, 담당조직을 의도적으로 폐지(abolition)하거나 완전히 중단하고 이를 전혀 대체하지 않는 것을 말한다. 정책종결은 정책의 시간, 내용, 대상에 따라 분류할 수 있다. 소요시간의 관점에서 바다크(Bardach)는 정책종결을 폭발형, 점감형, 혼합형으로 분류하였다. 폭발형은 특정한 정책이 일시에 종식되거나 중지되는 유형을 말하며, 점감형은 정책이 장시간에 걸쳐 소요자원의 감축에 의하여 서서히 소멸되는 과정의 유형, 혼합형은 폭발형과 점감형의 성격을 모두 나타내는 유형이다.[50] 정책종결을 정책내용에 따라 분류한

---

48) 선형승계는 정책목표를 변경시키지 않는 범위 내에서 정책내용을 완전히 새로운 것으로 바꾸는 경우를 의미하며, 정책통합은 두 개 이상의 정책이 하나의 정책으로 통합되는 경우, 정책분할은 정책통합과 반대되는 개념으로 하나의 정책이나 조직이 두 개 이상으로 분리되는 경우, 부분종결은 일부의 정책은 유지하면서 일부는 종결하는 경우, 우발적 승계는 전혀 예기치 않았던 원인 또는 우연한 계기로 인해 정책승계가 발생한 경우, 복합적 정책승계는 정책분할, 정책통합, 부분종결 등 정책승계의 여러 유형이 복합적으로 나타나는 경우를 의미한다. B. W. Hogwood & B. G. Peters. (1982). The dynamics of policy change: Policy succession, Policy Sciences, 14: 225−245.

49) B. W. Hogwood & B. G. Peters. (1983). Policy Dynamics, New York: St. Martin's Press, 28.

50) Eugene Bardach. (1976). Policy termination as a political process, Policy Sciences, 7: 126.

보썬(Bothun)과 코머(Comer)는 기능적 종결(functional termination)과 구조적 종결(structural temination)로 나눈다. 기능적 종결은 정책평가에 의해서 정책이 이미 목표를 달성했다고 판단된 경우 또는 목표 달성이 더 이상 불가능하다고 판단된 경우, 정부활동이나 산출물을 중지시켜 정책을 기능적으로 종결하는 경우를 말한다. 구조적 종결은 정책과 관련된 활동을 하는 제도, 조직, 기관 등이 없어지거나 이들의 자원이 감축되거나 중단되는 경우를 뜻한다.[51] 또한, 트리온(deLeon)은 대상 및 저항 정도에 따라 기능의 종결, 조직의 종결, 정책의 종결, 계획의 종결로 나누기도 한다. 기능의 종결은 정부의 시민에 대한 서비스의 종결을 의미하는데, 이는 대상자의 관점에서 서비스가 중단되는 것이기 때문에 정책종결 시도 가운데 가장 저항수준이 높다. 조직의 종결은 정부조직을 폐지하는 것으로서 기능의 종결보다는 낮지만 조직의 종결 역시 저항이 적지 않다. 정책의 종결은 정책문제의 해결로 인해 정책이 폐지되는 경우로서 저항은 낮은 수준이다. 계획의 종결은 정책에 대한 계획이 폐지되는 경우로서 집행이 되기 전이기 때문에 저항수준은 매우 낮은 수준이다.[52]

4) 정책혁신

정책혁신(policy innovation)은 정부가 이전까지 개입하지 않았던 완전히 새로운 분야(new area of policy)에 개입하여 새로운 정책을 결정하는 것을 의미한다.[53] 하나의 정책이 새로 만들어지는 것이므로 엄격하게 보면 이는 정책의 변동이 아니라 새로운 정책을 만드는 것이다.[54]

정책혁신은 정부가 새로운 분야에 진출하는 것이므로 이 분야에는 기존의 관련 조직이나 법률, 예산 등이 존재하지 않는다. 다시 말해, 사회문제가 처음으로 정책문제로 전환되고 정부가 이것을 해결하기 위해 정책을 결정하는 것이기 때문에 현재

51) Douglas Bothun & John C. Comer. (1979). The Politics of Termination: Concepts and Process, Policy Studies Journal, 7(3): 540－553.
52) Peter deLeon. (1978). Public Policy Termination: An End and a Beginning, Policy Analysis, 4(3): 369－392.
53) B. W. Hogwood & B. G. Peters. (1983). Policy Dynamics, New York: St. Martin's Press, 26－29.
54) 남궁근. (2021). 정책학. 서울: 법문사. 505.

정책이나 활동이 없고 이를 담당할 조직이나 예산도 없는 무(無)의 상태에서 유(有)를 만드는 것이다. 대표적인 예로는 미국정부가 경제 대공항을 극복하기 위하여 실시한 뉴딜(New Deal)정책, 인간의 달착륙을 계획한 아폴로 프로젝트(Apolo project)가 있으며, 한국의 경우는 1993년 실시된 금융실명제가 대표적이다. 이러한 정책변화는 정부가 우연히 개입하는 것이 아닌 의도적(purposive)으로 개입하는 것이 특징이라고 할 수 있다.

20세기 후반부터는 정부에서 이전에 단 한 번도 개입하지 않은 정책분야를 발견하기 어렵다는 점에서, 순수한 형태의 정책혁신이란 매우 드문 현상이다. 하지만, 다른 국가나 지방자치단체에서 창안하여 이미 시행되고 있는 정책을 도입할 경우에도 후발 정책채택자 입장에서는 정책혁신이라고 할 수 있다.[55] 예를 들어, 2005년 서울시 영등포구청에서 관급공사의 부실공사를 예방하기 위해 웹 카메라를 사용한 품질관리 시스템을 정책으로 개발(policy invention)하여, 이를 여러 기관 및 지방자치단체에서 도입하였는데 이 경우를 정책혁신이라고 할 수 있다.[56]

하지만 로저스(Rogers)는[57] 다른 국가나 지방정부에서 이미 실시하고 있는 정책을 도입할 경우, 이를 정책혁신이 아닌 정책채택(policy adoption)의 개념으로 일컬었다. 이후 정책혁신(policy innovation)은 정책채택(policy adoption), 혁신의 확산(diffusion of innovations)의 개념과 함께 지속적으로 연구되며 많은 이론과 모델을 탄생시켰다.[58]

지금까지의 내용을 표로 요약하면 <표 6-2>와 같다.

---

55) Jack L. Walker. (1969). The Diffusion of Innovations among the American States, American Political Science Review, 63(3): 880-899; 남궁근. (2021). 정책학. 서울: 법문사. 505.

56) 남궁근. (2021). 정책학. 서울: 법문사. 505.

57) Rogers(1983)는 하나의 정책혁신사례를 다른 국가 또는 지방정부에서 채택하는 경우를 혁신의 확산(diffusion of innovation)이라 일컫고, 혁신의 확산을 일으키는 영향요소-문화적, 정치적 요인 등-에 관한 연구를 하였다.

58) Frances Stokes Berry & William D. Berry. (2018). Innovation and Diffusion Models in Policy Research in Theories of the Policy Process(4th ed.), Routledge.

〈표 6-2〉 정책변동의 유형

	정책승계	정책유지	정책종결	정책혁신
대응 성격	의도적 · 적응적	적응적	의도적	의도적
조직 측면	필요하면 조직개편이 시행됨	직접적이고 의도적인 조직 변화는 없지만, 업무량 변화와 같은 관리적 이유로 일부 조직개편이 필요	일반적으로 담당 조직이 폐지됨	정책집행을 위한 새로운 조직 신설이 필요
법률 측면	필요하면 법률의 개정이 시행됨	일반적으로 법률 개정이 불필요	관련 법률 폐지	원활한 정책집행을 위한 법률 제정 및 개정이 필요
예산 측면	일부 기존 예산을 승계	기존 예산을 계속 사용	관련된 모든 예산지출 중단 및 종료	기존 예산 부재에 따른 새로운 예산 편성 및 충분한 확보가 필요
변동 내용	기존 정책 대체	최소한의 변동, 지속적 대체	기존 정책 폐지	새로운 정책 결정

자료: Hogwood & Peters(1983: 27); 한석태(2017: 467)의 수정 · 보완.

제5절　　정책에 대한 새로운 접근방법

여기서는 심리학과 경제학의 결합으로 탄생한 행동경제학[59]의 시각에서 밝혀낸 인간의 모습에 기초한 새로운 접근방법을 설명하고자 한다. 행동경제학에서 밝혀낸 인간의 모습을 받아들인다면 그들을 대상으로 현실의 개선을 위한 정책적 개입으로 어떤 방식이 유효할지를 살펴보고자 한다. 행동경제학에서는 이러한 정책적 개입을 '넛지'(nudge)라고 부르는데, 간접적·유도적 방식의 정책개입을 말한다.[60]

1. 인간에 대한 새로운 이해

1) 두 가지 인지 시스템

수많은 심리학자와 신경과학자에 의해 인간의 뇌에 대한 연구가 축적되고 인간의 인지 구조에 대한 이해도가 높아지면서 인간의 뇌 기능이 두 가지 유형의

---

59) 행동경제학의 '원년'은 통상 1979년으로 보고 있다. 그 해에 발행된 이론 계량경제학 분야에서 세계 최고 수준의 잡지로 평가받는 『Econometrica』에 Kahneman과 Tversky가 공동으로 기념비적인 논문인 「Prospect Theory: An Analysis of Decision under Risk」를 게재했기 때문이다(도모노 노리오(2006). 행동경제학: 경제를 움직이는 인간심리의 모든 것. 서울: 지형). 또한 쎄일러(Thaler)의 1980년 논문인 「Toward a Theory of Consumer Choice」가 『Journal of Economic Behavior and Organization』에 게재되면서 많은 사람에 의해 행동경제학에서 진정한 첫 번째 논문이라고 간주되었다(Camerer et al., 2004). 이러한 관점에서 1979년 혹은 1980년을 행동경제학의 실질적인 출발이라고 보면, 행동경제학은 40년이 조금 넘는 역사를 가진 젊은 학문이라고 할 수 있다. 강은숙·김종석. (2019). 행동경제학과 공공정책. 서울: 윤성사. 51-52. 참고.

60) 이 절은 강은숙·김종석. (2019). 행동경제학과 공공정책. 서울: 윤성사. 참조.

사고방식을 갖게 하는 것으로 보는 접근 방법이 제시되고 있다.[61] 즉 직관적이고 자동적인 사고방식 대 합리적이고 심사숙고하는 사고방식이라는 구분이 이에 해당된다. 전자를 자동 시스템(automatic system) 혹은 시스템 1(system 1)이라고 부르고 후자를 숙고 시스템(reflective system) 혹은 시스템 2(system 2)라고 부른다.[62]

<그림 6-2>는 두 가지 시스템의 핵심적인 특징을 보여준다. 시스템 1은 신속하고 직관적이다. 생각(thinking)이라는 단어가 연상시키는 것들과는 관련이 없다. 야구공이 갑자기 날아올 때 몸을 피하는 행위나 비행기를 타고 가다가 난기류를 만났을 때 초조해하는 행위, 귀여운 강아지를 보고 미소를 띠는 행위 등은 자동 시스템에 의해 이루어진다. 뇌과학자들에 따르면, 자동 시스템의 활동은 두뇌에서 가장 오래된 부분으로서 파충류들도 동일하게 갖고 있는 부분과 연관된다. 반면, 시스템 2는 신중하고 의식적이다. "411 곱하기 37은 얼마인가?"와 같은 문제를 풀 때는 시스템 2를 사용한다. 예를 들어 여행 경로를 결정하거나 로스쿨과 경영대학원 중 진로를 어디로 택할 것인가를 결정할 때도 시스템 2를 사용할 가능성이 높다.[63]

시스템 1은 직감에 의한 반응으로, 시스템 2는 의식적인 사고라고 볼 수 있다. 그런데 우리는 살아가면서 사적 혹은 공적인 선택이나 의사결정을 수없이 하게 된다. 복잡하고 불확실한 상황에서 의사결정을 할 때에는 두 가지 시스템 중 특별히 노력할 필요가 없고 감정적이며 무의식적인 시스템 1이 우선적으로 작동한다.

그러나 직감이 어느 정도 정확할 수도 있지만 여러 가지 선택 및 의사결정 과정에서 과도하게 시스템 1에 의존하게 되면 실수를 저지르고 일을 그르칠 수 있다. 이때 인간이 사용하는 판단방법을 휴리스틱(heuristic)이라 하고, 이러한 과정에서 나타나는 체계적인 판단 오류를 편향(bias)이라고 부른다. 다양한 휴리스틱과 편향이 체계적으로 개입되면 합리성이 제약을 받게 되고 그 결과 의사결정 내용은 오류를 포함하게 된다.

---

61) Daniel Kahneman. (2003). Maps of Bounded Rationality: Psychology for Behavioral Economics, American Economic Review, 93(5): 1449-1475; Richard H. Thaler & Cass R. Sunstein. (2009). Nudge: Improving Decisions About Health, Wealth, and Happiness, Penguin Books.

62) D. Kahneman은 이를 "시스템 1", "시스템 2"로 불렀고, Thaler와 Sunstein(2009: 20)은 시스템 1을 "자동 시스템"(automatic system), 시스템 2를 "숙고 시스템"(reflective system)이라고 명명하였다.

63) Richard. H. Thaler & Cass R. Sunstein. (2009). *Nudge: Improving Decisions About Health, Wealth, and Happiness*, Penguin Books, 19-22.

〈그림 6-2〉 인간의 인지 체계

	지각(PERCEPTION)	직관(INTUITION) (시스템 1)	추론(REASONING) (시스템 2)
과 정	• 빠른(fast) • 병렬적(parallel) • 자동의(automatic) • 노력이 들지 않는(effortless) • 연상에 의한(associative) • 느린 학습(slow-learning) • 정서적인(emotional) • 무의식의(unconscious) • 숙련된(skilled)		• 느린(slow) • 연속적(serial) • 통제되는(controlled) • 노력이 필요한(effortful) • 규칙의 지배를 받는 [연역적인] • 유연한(flexible) • 중립적인(neutral) • 자의식을 지닌(self-aware) • 규칙을 따르는(rule-following)
내 용	• 인지(percepts) • 현재의 자극 • 자극에 구속 받음		• 개념적 표상(conceptual representations) • 과거, 현재, 미래 • 언어에 의해 촉발될 수 있음

자료: Kahneman(2003: 1451). figure 1; Thaler & Sunstein(2009: 20). table I.1 통합.

인간이 생존하기 위해서는 자신에게 안전한 것과 위협이 되는 것을 판단하고 적절한 대응을 하는 것이 필수적이다. 인간에게 위협이 닥쳤을 때 시스템 1이 우선적으로 작동한다. 그러나 시스템 1이 지니는 특성은 인간으로 하여금 끊임없이 편견과 선입관에 기초하여 판단하게 함으로써 시스템 2에 기초한 제대로 된 판단을 하는 데 방해가 된다. 이로 인해 오늘날 시스템 2를 작동해야만 더 나은 판단을 할 수 있는 경우, 시스템 1을 작동시킴으로써 문제가 발생할 가능성이 높다.

시스템 1은 감각 자료를 유사성(resemblance), 시공간상의 근접성(temporal spatial contiguity)에 기초하여 기억장치에 있는 내용을 연상한 다음, 그것을 통해 인위적인 인과관계(causality)를 설정함으로써 빠른 판단이 이루어지는 감정 영역에서 주로 작동한다. 따라서 인간의 뇌는 시스템 1의 측면에서는 일종의 연상기계라고 할 수도 있다. 시스템 2는 전전두엽을 사용하여 자기통제(self-control)를 하고 계획하며(planning) 추론 능력을 발휘하는 이성의 영역에서 작동한다. 감각 자료에 대한 시스템 1의 빠른 해석[인지]과 판단에 대해 시스템 2는 이를 사후적으로 추인 혹은 승인(endorse)하는 역할을 수행한다. 친숙하고 익숙한 상황에서는 시스템 1이 작동하고 인지적 편안함(cognitive ease)을 느낀다. 낯선 상황에서는 시스템 2가 작동하는 데 인지적 불편함을 느끼고 긴장(cognitive strain)하게 된다.

인간은 살아가는 동안 에너지(calorie)를 사용하여 인지 및 정서, 생리 기능을 수행한다.[64] 정서와 생리 기능에 너무 많은 에너지를 쓰게 되면 인지 기능이 떨어질 수 있다. 또한 인지 기능 자체를 지나치게 많이 사용하여 에너지가 소진되는 경우에도 인지 기능이 떨어질 수 있다. 이를 인지고갈(cognitive depletion)이라고 한다. 인지고갈 상태에서는 시스템 2가 작동하기 어렵기 때문에 시스템 1이 작동하기 시작하고 이에 따라 특정 사안에 대한 비판 능력이 상실될 수 있다.

2) 경제적 인간과 현실의 인간

주류경제학에서 인간은 이기적이고 합리적[65]이며 동시에 이성적인 존재다. 따라서 우리 각자는 의사결정을 해야 하는 상황에 직면할 때, 자신의 이익을 실현하는 데 도움이 되는 합리적이고 이성적인 선택을 한다.

이와 같이 경제학자들이 주장하는 인간의 합리성은 일종의 이상형이라 할 수 있는데, 행동경제학에서는 이러한 합리성을 지닌 인간은 이콘(econs), 즉 경제적 인간이라고 한다.

'이콘'은 어떤 의사결정을 할 때 대단히 냉철하고 객관적한 태도를 견지한다. 실제로 이콘은 자신과 상관없는 사건이나 상황에 영향을 받는 점화되기(priming), '내가 보는 것이 전부다'라고 믿는 시각(WYSIATI: what you see is all there is), 협소한 프레이밍, 내부자 관점, 선호역전[66] 등에 민감하지 않다. 경제적 인간은 미

---

64) 인지 기능은 시스템 1과 시스템 2에 의해, 정서적 기능은 시스템 1에 의해 주로 결정된다. 따라서 겉과 속이 다르게 행동하게 되면 인지 기능을 많이 사용함으로써 에너지를 과다하게 소모하게 되어 인지고갈이 나타날 수 있다. 감정노동이 대표적인 예에 해당한다.

65) 이때의 합리성은 '목표-수단 합리성'으로, 어떤 사람이 자신의 이기심을 가장 잘 충족시켜 줄 수 있는 선택을 한다면 이는 '합리적 선택'이라고 해석한다. 사회과학에서 합리성이라 할 때는 '목표-수단'이 그 앞에 생략되어 있다고 보면 된다. 많은 학자가 사회과학에서의 합리성에 대해 다양한 방식으로 논의해왔다. 여기서의 합리성은 논리적 일관성(logical coherence)이라고도 할 수 있다. 그런 의미에서 경제적 인간은 합리적이다.

66) 프레임(frame)은 판단이나 선택을 할 때 문제가 제시되는 방식을 말하며, 이러한 프레임으로 인해 판단이나 선택이 달라지는 것을 프레이밍 효과라고 말한다. 프레임이 좁게 설정되

래를 예측할 때 완전한 예측을 할 필요는 없지만 편향되지 않은 예측(unbiased forecasts)을 할 것이라고 생각된다. 즉 미래에 대한 예측이 틀릴 수는 있으나 체계적인 오류는 없다고 본다. 이콘으로서의 인간은 경제적 인센티브에 반응하여 동기가 부여되고 특정한 선택을 하게 된다.[67]

행위자들이 합리적이라는 가정은 공공정책에 대한 자유주의적 시각(libertarian approach)의 지적 토대이다. 합리적 개인은 자신에게 가장 좋은 것이 무엇인지를 알고 선택할 능력이 있으므로 선택의 자유만 부여되면 충분하다. 이 시각에서는 정부가 개인의 삶에 정책적으로 개입하려 할 때 개인선택의 자유권을 보장하는 것은 당연하다. 아마도 유일한 예외는 개인의 자유로운 선택이 타인의 행복에 악영향을 미칠 때뿐이다.[68]

경제학은 오랜 기간 절대효용이론을 근본으로 하여 소비자나 기업 등 모든 경제 주체들의 의사결정 방법을 탐구해 왔다. 절대효용이론이란 각 개인이 어떤 소득이나 부의 수준에서 얻는 만족도라는 효용은 소득이나 부의 절대 수준에 의해 결정된다고 본다.

그러나 이와 같은 이론은 현실에서 만나는 개인의 선택을 구체적으로 관찰해 보면 잘 맞지 않음을 알 수 있다. 실제로 스스로 포함하여 현실에서 우리가 만나는 인간은 다양한 편견과 오류에 빠져 있다. 살이 찔 것이 뻔한 데도 입에 달콤한 아이스크림이나 쿠키, 치킨과 맥주를 선택한다. 몸에 해롭다는 것을 뻔히 알면서도 흡연을 멈추지 않고 과도한 음주를 하기도 한다. 이와 같이 사람들은 자신의 진정한 행복(well-being)이 증진되지 않는 데도 습관적으로 이러한 선택을 좀처럼 멈추지 않는다.

경제학 교과서에서 만날 수 있는 호모 이코노미쿠스라는 의미의 '이콘'은 알버트 아인슈타인처럼 사고할 수 있고 IBM 컴퓨터처럼 뛰어난 기억용량을 지니며 마하트마 간디처럼 의지력을 발휘할 수 있는 존재다. 그런 인간이 있을 수는

면 프레이밍 효과도 협소해진다. 내부자 관점(insiger's view)이란 같은 조직에서 유사한 경험을 공유하게 되면 비슷한 생각을 하게 되면서 판단에서의 오류가 발생하는 것을 말한다. 이럴 경우, 외부자의 시각이 필요하다. 선호역전(preference reversal)이란 대안에 어떻게 표현되는지에 따라 실질적인 내용이 동일함에도 불구하고 선택이 달라지는 것을 말한다.

67) Richard. H. Thaler & Cass R. Sunstein. (2009). Nudge: Improving Decisions About Health, Wealth, and Happiness, Penguin Books, 7-8.

68) Daniel Kahneman. (2011). Thinking, Fast and Slow, Penguin Books, 411.

있지만, 대부분의 사람은 그렇지 않다. 사람들은 계산기가 없이는 복잡한 나눗셈을 할 때 어려움을 겪고 배우자의 생일을 종종 잊어버리며 새해 아침부터 숙취에 시달리기도 한다. 사람들은 호모 이코노미쿠스가 아니라 그냥 인간일 뿐이다. 일상의 의사결정이나 중요한 의사결정 과정에서 우리는 종종 최선의 수단을 선택하지 않는다. 현실에서 만나는 이와 같은 인간을 '이콘'과 구별하여 행동경제학에서는 '휴먼'(humans)이라 부른다.

그럼에도 불구하고 '휴먼'은 예측 가능한 오류(predictably err)를 지니고 있기 때문에 이들의 선택이 무작위적으로 이루어지지는 않는다. 예측 가능한 오류를 행동경제학에서는 편향(biases)이라 부른다.

편향의 예는 앞에서도 몇 가지 살펴보았지만, 추가적으로 몇 가지 더 살펴보자. '계획 오류'(planning fallacy)도 그 중의 하나이다. 계획 오류는 프로젝트에 대한 낙관적인 전망 때문에 실제 계획했던 것보다 더 많은 시간과 비용, 노력이 들어가는 오류로 정의할 수 있다. 계획 오류는 이러한 낙관성에 기인하므로 '낙관적 편향'(optimistic bias)이라 부르기도 한다. 사람들이 특정 프로젝트를 수행할 때 현실적인 평가보다는 최적의 시나리오에 기초해서 판단하다 보니 작업의 소요일수이나 예산을 과소 예측하게 되고 결국 예상에서 크게 벗어나는 일이 발생한다. 건물을 짓는 경우에도 거의 대부분 애초에 생각했던 것보다 더 많은 시간이 걸린다.

이와 같이 계획 오류에 의해 실패가 발생했음에도 불구하고 그 프로젝트를 포기하지 못하는 비합리적인 인내(irrational perseverance)를 지속하는 어리석음을 보이기도 한다. 이를 매몰비용(sunk cost)의 오류 혹은 손실회피 편향(loss aversion bias)이라고도 한다.[69] 현상 유지 편향(status quo bias)은 손실회피 편향의 또 다른 형태이다. 현상 유지 편향은 때로 관성 혹은 타성(inertia)이라 불리기도 한다. 수많은 이유로 사람들은 현상을 유지하거나 디폴트 옵션(default option)을 따르려는 경향이 강하다. 여기서 디폴트 옵션은 변경하지 않으면 자동으로 선택되는 초기의 기본값을 의미한다.

앞의 내용을 간단하게 요약하면, 다음 <그림 6-3>과 같이 묘사할 수 있다.
<그림 6-3>은 주류경제학 모형과 행동경제학 모형이 개인의 사고와 행동, 그에 따른 결과를 어떻게 인식하고 활용하는지를 보여준다. 합리적 인간을 가정

---

69) Daniel Kahneman. (2011). Thinking, Fast and Slow, Penguin Books, 249-252.

하고 있는 주류경제학에서 개인은 시스템 2를 끝없이 가동할 수 있으며 그에 따라 행동하게 되면 특정한 경제적 결과가 산출된다고 본다. 이러한 과정에서 얻게 되는 정보는 고스란히 개인의 기억창고에 저장되어 이후의 판단과 선택에서 완벽하게 활용된다. 그러나 개인을 심리적·사회적 행위자로 보는 행동경제학모형에서는 인간을 자동시스템(시스템 1)과 숙고시스템(시스템 2)을 동시에 작동하여 특정 행동을 하는 존재로 본다. 그에 따라 경제적 결과가 산출될 뿐만 아니라 공유된 인지적 틀을 지니게 된다. 여기서 얻게 되는 정보 중 일부는 여과되어 사라져 버리고 나머지만 차후의 판단과 선택 과정의 재료로 활용된다.

〈그림 6-3〉 주류경제학 모형과 행동경제학 모형

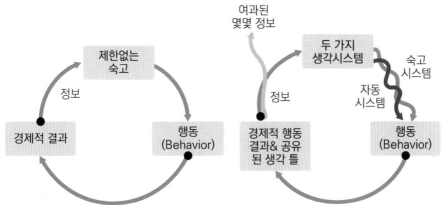

자료: World Bank(2015). World Development Report 2015: Mind, Society, and Behavior, Washinton, DC: World Bank.

2. 넛지방식의 정책개입

1) 넛지의 개념

넛지(nudge)란 선택 대안의 수는 변경하지 않으면서, 즉 개인이 자유롭게 선택하도록 하면서도 자신의 행복을 가장 크게 증진시킬 수 있는 대안을 선택하도록 '은근히 유도하는' 정책적 개입이다. 넛지는 특정 선택에 대해 금지, 처벌 혹은 보상을 하지 않는다. 대신에 디폴트 옵션, 묘사, 앵커 혹은 기준점 등을 바꿈으로써 사람들이 어떤 선택을 하도록 유도한다. 예를 들어 사람들이 좀 더 건강한 식단을 선택하도록 하기 위해서 과일을 눈높이에 두고 정크푸드는 눈높이에 두지 않는 방식이다.[70]

넛지 방식으로 정책을 설계하는 것을 선택설계(choice architecture)라 하며 단순함(simplicity)이 그 구성 요소 중의 하나다. 옵션이 너무 많고 복잡하면 의사결정을 할 때 생각을 하고 싶지 않아진다. 적극적인 의사결정을 끝없이 미루게 되고 따라서 실수가 자주 발생한다.

넛지 방식의 정책 개입은 작은 변화나 적은 비용의 정책 변화를 통해 목표를 달성하고 공공 문제를 해소하는 데도 큰 영향을 미칠 수 있다. 프레이밍(framing) 효과[71], 앵커링(anchoring) 효과[72], 단순화, 기억 환기(reminders) 등을 통해 정책 결정자는 사람들이 보다 나은 의사결정을 하는 데 도움을 줄 수 있다. 그 결과 사회 전체의 후생(welfare)이 증가하는 데 기여할 가능성이 높다.

2) 선택설계자로서 정책결정자의 역할

선택설계자(choice architect)는 자유주의적 개입주의 입장에서 사람들이 의사결정을 하는 맥락을 조직화하는 책임을 지는 사람이다. 선택설계자는 선택 대안(options)을 단순하게 제시하거나 특정 연상을 자동적으로 불러일으키거나 혹은 어떤 선택 대안이 다른 대안보다 더 두드러져서(salient) 선택하기 쉽도록 함으로써 의사결정에 영향을 미친다.[73]

넛지는 선택설계자가 취하는 방식인데, 사람들의 선택을 금지하거나 경제적 인센티브를 크게 바꾸지 않으면서 예측할 수 있는 방식으로 사람들의 행동을 변

---

70) Richard. H. Thaler & Cass R. Sunstein. (2009). Nudge: Improving Decisions About Health, Wealth, and Happiness, Penguin Books, 6.

71) 문제의 제시 방법을 판단이나 선택에 있어서의 프레임(frame)이라고 부르고 이러한 프레임에 따라 판단이나 선택이 달라지는 것을 프레이밍 효과(framing effect)라 부른다.

72) 사람들이 의사결정을 할 때 닻의 역할을 하는 것이 있는데, 이 닻은 의사결정과 직접적인 관련은 없지만 영향을 미치는 것들이다. 사람들이 의사결정과 관련 없는 어떤 단어, 숫자 등의 단서를 보고 듣거나 특정 상황이나 맥락에 놓이게 되면 그것이 의사결정에 일정한 영향을 미치게 되는 효과를 말한다.

73) World Bank. (2015). World Development Report 2015: Mind, Society, and Behavior, Washington, DC: World Bank, 90.

화시킨다. 넛지는 명령이나 강제가 아니라 부드러운 힘(gentle power)이다.[74]

선택설계자는 작고 사소한 디테일이 사람들의 행동에 주요한 영향을 미칠 수 있음을 알고 있다. '모든 것이 중요하다'고 생각한다. 작은 디테일의 힘은 정책대상자들의 관심을 특정 방향에 초점을 맞추도록 하는 데서 나온다.

앞에서 살펴본 '앵커링 효과'를 이용한 넛지의 예로는 암스테르담 스키폴 공항을 들 수 있다. 이 공항에서는 남자화장실 소변기에 검은 집파리 이미지의 스티커를 붙여 두었더니, 흘리는 소변의 양이 80%까지 줄어들었다고 한다. 작은 비용을 들여 청소에 들어가는 비용을 상당 부분 줄일 수 있었던 것이다.

또 다른 예로 '현상유지편향'이나 '관성' 혹은 '타성'을 이용한 디폴트옵션 설정 방식의 넛지를 들 수 있다. 독일의 쇠나우(Schönau)와 뷔스텐하겐(Wüstenhagen) 지역의 경우, 재생에너지원으로부터 에너지를 구입하는 것을 자동으로 등록되도록 하는 시스템이 디폴트옵션으로 설정되어 있었다. 물론 원하지 않는 주민은 등록을 취소할 수 있었다(opt out). 이렇게 디폴트옵션을 설정하는 것만으로 다른 지역에 비해 재생에너지 사용 비율이 90% 이상 높게 나타났다.

정부정책은 아니지만, 민간부문에서 디폴트옵션을 변경시켰더니 플라스틱 쓰레기가 대폭 줄어든 사례가 있다. 민간기업의 선택설계에서 디폴트옵션을 적용한 성공적인 사례이다. 우리나라의 배달앱 3사(배달의 민족, 요기요, 쿠팡이츠)가 2020년 6월 1일부터 디폴트옵션을 '일회용 수저 받기'에서 '일회용 수저 안 받기'로 변경했다. 일회용 수저를 받으려면 옵트-아웃을 해야 하는 것이다. 이러한 단순한 변화만으로 배달앱 주문 10건 중 7건가량(70.2%)(합계 6,574만 건)이 일회용 수저 없이 배달된 것으로 추정되었다. 1년 전 같은 시기와 비교했을 때 4배 이상 플라스틱 쓰레기를 줄인 것이다.[75] 민간영역에서 디폴트옵션을 활용한 사례이지만, 환경부가 2021년에 도입하고자 했던 '일회용 식기 무상 제공 금지 정책'에 비해, 선택의 자유를 허용하면서 일회용 플라스틱을 크게 줄였다는 점에서 시사하는 바가 크다.

선택설계자의 선택설계로 인한 효과가 나타나도록 하기 위해서는 자유주의

---

74) Richard. H. Thaler & Cass R. Sunstein. (2009). Nudge: Improving Decisions About Health, Wealth, and Happiness, Penguin Books, 6.

75) 중앙일보. 2021. 08. 26.

적 개입주의의 황금률을 준수해야 한다. 사람들에게 최대한으로 도움을 주면서 동시에 최소한의 해를 가하는 넛지를 제공하는 것이다.[76)

3) 넛지의 두 가지 측면

행동경제학에서는 정책설계자를 선량한 의도를 지닌 가부장과 유사하다고 본다. 즉 개인의 의사결정을 프레이밍하는 것과 같은 선택설계(choice architecture)를 통해 개인의 선택의 자유를 축소하지 않으면서 개인과 사회의 장기적 이익 (long-term interests)이 증가되는 방향으로 의사결정이 이루어지도록 돕는 것이다. 따라서 행동경제학에서 정부나 정책 결정자를 바라보는 시각을 한마디로 요약하면 '자유주의적 개입주의자'(liberal paternalist)이다. 선택설계자로서의 정책 결정자는 사람들이 더욱 나은 선택을 하도록 은근슬쩍, 팔꿈치로 살짝 건드리듯이 정책적으로 개입한다. 이와 같이 자유주의적 개입주의는 자유주의 측면과 정책개입 측면으로 구성된다.[77)

(1) 자유주의 측면 (libertarian aspect)

일반적으로 사람들은 자신이 좋아하는 것을 할 수 있으며 자신이 원치 않거나 바람직하지 않은 대안은 버릴 수 있어야 한다. 자유주의 시각에서는 개인에게 선택의 자유가 주어지는 것이 당연하다. '개입'이라는 말 앞에 '자유주의적'이라는 수식어가 붙는 이유는 선택설계자가 개입한다 하더라도 개인의 선택의 자유에는 변화가 없기 때문이다. 즉 개입(paternalism)의 입장을 취하되 개인의 자유를 보전한다는(liberty-preserving) 의미다. 자유주의적 개입주의자들은 사람들이 자신의 방식을 쉽게 선택할 수 있고 자신의 자유를 행사하고자 하는 사람에게 부담을 주지 않기를 바란다. 선택의 자유를 제한하지 않음으로써 부적절하고 잘못된 설계의 위험을 줄일 수도 있다. 선택의 자유는 나쁜 선택설계에 대한 최

---

76) Richard. H. Thaler & Cass R. Sunstein. (2009). Nudge: Improving Decisions About Health, Wealth, and Happiness, Penguin Books, 74.

77) Richard. H. Thaler & Cass R. Sunstein. (2009). Nudge: Improving Decisions About Health, Wealth, and Happiness, Penguin Books, 4-6.

선의 안전장치(safeguard)이기도 하다.

(2) 정책개입 측면 (paternalistic aspect)

정책개입은 사람들의 삶이 더 긴 안목에서, 더 건강하고, 더 행복하게 만들기 위해 선택설계자가 사람들의 행동에 영향을 미치려고 하는 것은 정당하다는 입장이다. 다시 말하면, 사람들의 삶이 개선되는 방향으로 사람들의 선택을 유도하기 위해 (민간 부문의 단체나) 정부가 의식적인 노력을 기울이는 것을 지지한다.

만일 어떤 정책(개입)을 통해 사람들이 스스로 판단하여 자신의 삶을 좀 더 좋게 만드는 방식을 선택하도록 영향을 미치고자 한다면 그 정책은 개입적이라고 말할 수 있다. 이미 앞에서 살펴보았듯이, 사람들은 잘못된 결정을 내리는 경우가 많다. 여기서 잘못된 결정은 그들이 충분한 주의를 기울이고 완전한 정보, 제한되지 않은 인지 능력, 완벽한 자기통제력을 가졌더라면 즉, 합리적이라면 내리지 않았을 결정을 의미한다.

요약하면, 자유주의적 개입주의는 은근하고 부드러우며 비강제적인 방식의 개입이다. 왜냐하면 큰 부담을 지우지 않으면서 개인의 자유로운 선택을 막거나 차단하지 않기 때문이다. 사람들이 담배를 피우고 캔디를 많이 먹거나 부적절한 건강관리 계획을 선택하거나 은퇴 이후를 대비한 저축에 실패한다면, 자유주의적 개입주의자들은 그들이 그렇게 되지 않도록 강제하지 않으면서 선택의 자유를 방해하지도 않는다. 그럼에도 불구하고 이 접근 방법은 개입적이다. 왜냐하면 (민간 부문과) 공공 부문의 선택설계자들이 단지 사람들이 선택하리라 기대되는 것을 파악하거나 집행하려고 노력하는 것이 아니라 그들의 삶이 좀 더 나아지는 방향으로 사람들이 움직이도록 의식적으로 노력하기 때문이다. 그런 의미에서 선택설계자는 넛지를 행하는 사람이다.

미국의 경우, 일반적으로 공화당을 지지하는 보수주의자들은 개인의 선택에 대한 정부의 개입을 꺼려 한다. 따라서 넛지 방식의 개입에도 반대할 수 있다. 그러나 그들도 사람들의 삶의 질이 개선되기를 바라기 때문에 그들의 우려는 사람들의 선택을 없애는 것에 대한 단순하지만 정당한 의심이라 할 수 있다. 적극적인 정부의 개입을 지지하는 진보주의자들도 공적인 제도가 사람들의 삶을 개선할 수 있기를 바란다. 이들도 선택의 자유는 좋은 것이며 공공 정책에서 없어서는 안 되는 기초라는 데 동의한다. 따라서 자유주의적 개입주의는 양 진영이 모두 동의할 수 있는 기초이다. 좋은 거버넌스란 정부의 강제와 제한이 적으면서 선택의 자유를 늘리는 방향으로 나아가는 것이다. 의무와 금지가 아니라 인센티브와 넛지를 통해 정부가 업무를 수행한다면 보다 큰 정부(bigger government)가 아니라 보다 나은 거버넌스(better governance)가 될 것이다.

제7장

기획이론과 성과관리

제1절 기획이론의 기초

1. 기획의 개념

현재는 과거와 달리 환경이 급변하고 있고, 조직 간의 경쟁이 더욱 치열해지고 있다. 이는 조직을 둘러싼 환경의 변화가 빨라 이에 적절한 대응능력을 겸비하지 못하면 조직 생존에 위협을 받을 수 있다는 것이다. 환경의 변화가 심하고 조직 간의 경쟁이 치열해지면서 시스템이 매우 복잡하게 되어 가고 있다. 또한, 공공부문에서도 정치적, 관료적, 관리적 추세에 대한 다양한 수요가 증가하고 있고 국민은 공공조직이 올바르게 행하는 것뿐만 아니라 올바른 것을 행할 것을 요구하고 있다. 즉, 하여야 할 것과 하지 말아야 할 것을 구별하고 이에 따라 우선순위를 설정할 필요가 있다. 그리고 협력 및 사회의 다양한 요구의 확인과 조정 및 하는 일에 대한 책임성 확보를 강조하고 있다. 따라서 조직의 입장에서는 조직의 구조뿐만 아니라 관리방식과 사업운영 및 리더십에 이르기까지 조직의 전반적인 차원에서 개선이 필요하다. 이를 위해 필요한 것이 바로 기획이다.

따라서 기획(planning)이란 중범위적으로 '사업을 위하여 설정된 목적을 달성하기 위해 수행되어야 할 일들과 이를 수행하는 방법을 개괄적으로 만드는 것'이라고 할 수 있다.[1] 이러한 기획의 특징을 살펴보면 첫째, 목표 지향적 활동이다. 둘째, 미래에 대하여 생각하고 준비하는 것이다. 셋째, 미래를 통제하는 것이다. 넷째, 의사결정을 통합한 것이다. 다섯째, 합리성을 추구하는 것이다.

---

[1] Gulick, L. (1937). Notes on the Theory of Organization. Classics of organization theory, 3(1937).

2. 기획의 유형

1) 전통적 기획과 전략적 기획

전략의 사전적 의미는 '전쟁에서 승리하기 위해 여러 전투를 계획·조직·수행하는 계책'을 뜻하며, '전쟁에서 적을 속이는 술책'이라는 뜻을 지닌 그리스어(strategos)에서 비롯된 용어이다. 전략이란 용어는 경쟁을 전제하고 있다. 경쟁의 형태는 여러 가지가 있을 수 있지만, 이 중에서 어떠한 형태의 경쟁이라도 결국에 그 경쟁에는 상대가 있다. 전략은 그 상대로부터의 승리를 쟁취하는 것을 목적으로 하고 있다는 점에서 전략의 함축적 의미를 이해할 수 있다. 최근 급격한 사회 환경 변화에 따라 기획에서 강조되는 점도 변화되고 있다. 기존의 기획은 정확한 정보와 객관적이고 과학적인 미래예측을 통해 조직의 안정성과 성장을 도모하는 것에 초점을 두고 있었다. 그러나 현재는 불확실한 환경과 미래에 대한 예측 불가능성을 인정하고 이러한 가정하에서 조직의 변화와 개혁을 이루기 위한 기획으로 변화되고 있다. 기존의 기획은 조직구조의 현상유지와 안전성에 초점을 두었으나 최근에는 구조의 변화 및 개선에 비중을 두고 있다. 후자의 기획을 '전략적 기획'이라고 부른다. 또한, 전략적 기획은 앞서 언급한 사회의 변화에 있어서 국민의 요구에 부응하는 기획이라고 할 수 있다. 이는 피터 드러커(Peter Drucker)가 언급한 'Doing the Right thing, Do things right'와 일맥상통하다고 볼 수 있다. 전략적 기획은 이에 따라 성과관리를 강조하였다. 이러한 관점에서 볼 때 전략적 기획은 성과관리와 성과평가와 연계될 필요가 있다.

환경의 변화에 따라 기획의 경향도 변화되고 있다는 점에서 기존의 전통적 기획과 전략적 기획은 어떠한 차이가 있는지를 살펴보면 다음 <표 7-1>과 같다.

〈표 7-1〉 전통적 기획과 전략적 기획의 차이

전통적 기획	전략적 기획
투입 지향	결과 지향
기술 관료(전문가)에 의한 수립	참여적 수립
중립적	동원의 도구
선형 기획	순환적 · 반복적 기획
엄격한 집행	신축적 집행
정형적 업무에 기초	변화 지향
불평, 불만 모니터링	성과 모니터링
기획서에 초점을 둠	계획의 집행에 초점을 둠

출처: UNESCO, International Institute for Educational Planning(2010), Strategic planning: concept and rationale. 13.

전략적 기획의 특징을 살펴보면 첫째, 조직을 관리하기 위한 도구이다. 둘째, 조직 지도층의 활동 과정이다. 셋째, 지피지기의 과정이다. 넷째, 미래 지향적 활동이다. 다섯째, 성과 또는 결과 지향적인 질 관리 활동이다. 여섯째, 전략적 이고 참여적 의사결정 과정이다. 일곱째, 체계적인 과정이다. 여덟째, 적응적이 고 지속적인 순환적 변화 과정이다. 마지막으로 전략적 사고를 위한 학습 과정 이다.

2) 전략과 전술

많은 조직이 성과관리체계를 구축하고 전략체계를 수립하며 이에 대한 관리 를 하고 있음에도 불구하고 성과가 창출되지 않는다고 하여 성과관리에 대해 부 정적인 생각하는 경우가 있다. 하지만 자세히 살펴보면 조직들이 설정한 전략체 계에는 전략이 없다. 전략이 아닌 전술을 바탕으로 성과관리를 하고 있다는 것 이다. 전략이라는 것은 전술의 상위 개념으로 목적을 달성하기 위한 방향 즉, 방 침을 의미하고 전술은 전략의 하위 개념으로 전략을 달성하기 위한 수단으로 이 해하면 된다. 세부적으로 전략과 전술에 대한 차이를 살펴보면 <표 7-2>와 같다.

<표 7-2> 전략과 전술의 차이

기준	전략	전술
시간	장기	단기
결정자	조직의 상위계층	조직의 하위계층
결정 내용	비구조화된 결정	구조화된 결정
불확실성	높은 불확실성	상대적으로 낮음
대안의 수	다양한 대안	제한된 대안
조직에 영향	매우 중요함	상대적으로 적음
주관의 개입	주관 개입이 큼	상대적으로 적음
시관	미래 지향적	현실 지향적
결정의 내용	포괄적 결정	구체적 결정
목표의 규모	광대함	제한적임
행동의 범위	넓고 일반적	좁고 집중적
신축성의 정도	적응적	유동적
행동 시간	행위 이전	행위 도중

자료: 박홍윤(2014). 『공공조직을 위한 전략적 기획론』. 대영문화사.

3. 기획의 일반과정

(1) 목표의 설정

목표의 설정은 기획과정에서 제1단계에 해당되는 중요한 과정으로서 이루고 자 하는 바가 무엇인지를 설정 내지 확정하는 것을 말한다. 이것은 정책결정의 인지와 같은 기본적인 과정이라고 볼 수 있다.

(2) 상황의 분석과 판단

기획과정의 다른 중요한 단계는 계획화된 행동(planned action)을 요구하는 문제점에 대한 올바른 분석이다. 이 상황을 바르게 하려면 무엇보다 관련 상황 에 대한 자료의 수집이 있어야 한다. 밀렛(J.D.Millet)은 상황의 분석과 판단이란 현황에 대한 명확한 인식은 물론이려니와 현재 우리가 가지고 있는 것(what we now have)과 우리가 원하는 것(what we want) 사이의 간격(gap)을 측정해야 행정활동을 통해서 수행되어야 할 확실한 업무내용을 결정할 수 있으며, 이 단계야말로 기획의 필수부분이라고 말하고 있다.

(3) 기획가정의 설정

기획과정의 제3단계는 기획가정 또는 기획의 전제(planning premise)를 설정하여 이 가정의 합의에 도달하고, 이를 전파하는 것이다. 기획가정의 설정은 앞에서 말한 기획목표와 수집된 자료에 입각해서 이루어진다.

기획가정의 설정에는 반드시 장래의 예측이 포함된다. 여기에서 장래가 지니는 불확실성을 감소시키고 기획의 토대가 되며, 기획 과정상의 협조가 이루어지기 위한 공통의 바탕을 이룩하기 위하여 장래에 있어 무엇이 어떤 방법으로 작용하고, 어떤 현상이 현저히 나타나고 어떤 상태가 소멸될 것이라는 것 등을 가정해야 하는 것이다. 따라서 기획가정에는 정치적·경제적·사회적·군사적·심리적·윤리적 분야는 물론 기타 어떤 분야라도 포함될 수 있다. 기획가정은 기획이 행하여지는 구조를 제공하는 데 사용된다.

(4) 대안의 작성과 비교

기획과정에서 네 번째 단계는 대안의 작성과 비교이다. 대안이 작성되기 위해서는 행정관료의 과거 경험이나 조직이 가지고 있는 선례가 매우 중요하다. 이것은 어떤 문제에 접근하는 가장 손쉬운 방법인 동시에 대부분의 경우 매우 적절한 방법이다.

(5) 최종대안의 선택

여러 가지 대안가운데 최종적으로 하나의 대안을 선택하게 된다. 최종 선택이 있는 결정 후에는 실행하게 되는데 실행하기 전에 다시 한 번 종합적인 정책환경 등에 대한 검토 역시 필요하다. 기획수립과정에서 기존 정책환경이 변화되었을 수도 있기 때문이다.

제2절   내·외부환경 평가

1. 외부환경 분석

　외부환경은 조직의 사업 또는 운영에 있어서 직·간접적으로 영향을 미치는 모든 외부 요소로, 거시환경이나 산업 환경, 시장 환경, 고객과 경쟁자 및 기술환경 등을 말한다. 즉, 외부환경은 조직 미래의 위치 및 방향을 설정하기 위한 정보를 획득하는 활동이라고 할 수 있다. 외부 환경분석은 조직이 활동하는 환경의 변화를 확인하고 그것이 조직의 미션과 목적을 달성하는 데 기회 또는 위협이 되는지를 판단하는 활동으로 단순히 예상되는 외부환경의 변화를 예측하는 것이 아니라 변화가 조직 및 조직의 미션과 목적을 달성하는 데 미치는 영향을 분석하는 것이다.

〈그림 7-1〉 PEST 분석 측정 변수 예시

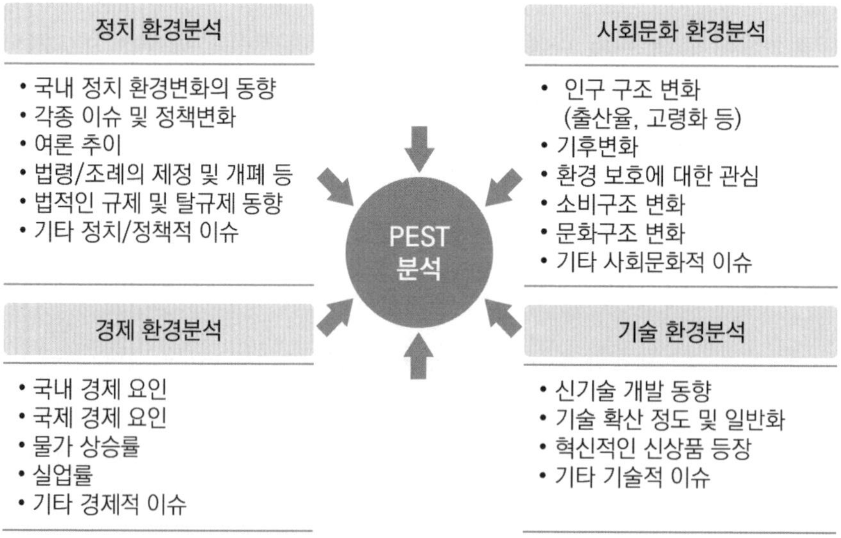

정치 환경분석
- 국내 정치 환경변화의 동향
- 각종 이슈 및 정책변화
- 여론 추이
- 법령/조례의 제정 및 개폐 등
- 법적인 규제 및 탈규제 동향
- 기타 정치/정책적 이슈

사회문화 환경분석
- 인구 구조 변화 (출산율, 고령화 등)
- 기후변화
- 환경 보호에 대한 관심
- 소비구조 변화
- 문화구조 변화
- 기타 사회문화적 이슈

PEST 분석

경제 환경분석
- 국내 경제 요인
- 국제 경제 요인
- 물가 상승률
- 실업률
- 기타 경제적 이슈

기술 환경분석
- 신기술 개발 동향
- 기술 확산 정도 및 일반화
- 혁신적인 신상품 등장
- 기타 기술적 이슈

거시환경을 분석하기 위한 기법으로 주로 사용하는 방법은 정치(political)·경제(economic)·사회문화(socio‒cultural)·기술(technological)환경을 분석하는 PEST 분석을 가장 많이 활용한다.

PEST분석 이외에도 STEEP 분석을 통해 거시환경을 분석하기도 한다. STEEP는 PEST의 정치(political/legal), 경제(economic), 사회(social), 기술(technological)에 생태학(Ecological)을 추가하여 각각의 첫 글자로 이루어진 것이다. 이는 생태학적인 관점이 포함되면서 환경에 대한 중요도를 고려해야 한다는 것을 의미한다.

〈표 7-3〉 STEEP 분석의 요소의 세부 내용

관점	환경 요인(예)
사회적 관점	인구통계, 사회문화 현상, 교육수준, 행동 양식/규범, 사회 전반의 가치, 생활양식, 나이/지역별 인구분포도, 인구이동 수/비율
기술적 관점	정부의 기술인력 양성을 위한 예산, 디지털 통신, 생물공학, 화학, 에너지 등 관련 기술의 발달, 학계의 R&D 예산, 지역별 대학 수
생태학적 관점	천연자원의 소진, 소멸/변질에 따른 피해 정도(지구온난화, 이상기온) 재활용률, 소음/먼지 공해 정도
경제적 관점	환율, 금리, 무역수지, 예산운영 정도, 취업률, 인플레이션 증가율, 신용경색 정도, GDP 대비 가계부채, 가처분 소득 수준
정책/법규적 관점	탈규제화, 민영화, 산업구조조정, 시장자율경쟁체제로의 전환, 좌/우파의 정책성향 여론

출처: 김동철·서영우(2008). 경영전략 수립 방법론. 시그마인사이트컴. 28.

2. 내부역량 분석

내부역량 분석은 조직의 현황을 진단하고 사업을 추진하는 데 필요한 내부역량을 분석하는 것을 말한다. 내부역량 분석은 조직의 강점과 약점을 확인하고, 이슈·문제·기회 및 위협에 대응하는 조직의 자원과 능력을 진단하는 것이다. 이러한 내부역량 분석의 기본적인 목적은 조직의 강점에 맞는 전략을 찾아내고, 약점을 보강하여 조직의 전략적 목적을 보다 효율적으로 달성하는 데 있다. 즉, 내부역량 분석은 현 상태의 조직 운영 원리를 밝혀 주고, 현재의 활동에 지침이 되는 패러다임과 가치가 무엇인가를 확인시켜주며, 조직의 위치·성과·문제와 잠재력 등을 진단하게 된다. 이 밖에 조직의 내적인 강점과 약점의 진단은 최고 관리자로 하여금 조직의 상대적 능력을 파악하는 데도 용이하게 활용될 수 있다.

〈표 7-4〉 내부역량 측정항목

구분		내용
자원분석		재무자산, 유형자산, 기술정보 자산
역량 분석	전략	비전 및 전략, 방침의 공유, 권한과 책임, 리더십, 벤치마킹
	조직구조	조직 효율성, 조직의 유연성, 의사결정 신속성, 업무규정 및 절차, 부서간 기능 조정
	업무수행	업무부가 가치, 개인의 전문적 기술, 업무 흐름의 효율성, 정보화 마인드
	인사제도	인사평가제도, 능력개발, 동기부여, 교육제도, 평가의 활용
	관리체계	보고관리, 경영방식, 조직간 협조, 관리제도 효율성, 회의관리
	의사소통	상사와 의사소통, 정보수집, 부서 간 의사소통, 정보공유 수준, 정보공유 인프라

3. SWOT 분석

SWOT 분석은 내적인 강점(strengths)과 약점(weaknesses) 그리고 외적인 기회(opportunities)와 위협(threats)의 약자로 조직이 어떠한 결정을 하고자 할 때 초기 단계에서 이용하기 위하여 만들어진 일반적인 도구이다.

SWOT 분석은 조직의 내부역량 진단에 의하여 조직의 현재 위치를 알려주며, 외부환경 분석에 의하여 조직의 능력이 어떠한 상태인지와 어떠한 방향으로 가야 하는지를 결정하는 데 필요한 정보를 제공한다. 외부환경분석 결과(기회(O)·위협요인(T)) 및 내부역량분석 결과(강점(S)·약점(W))를 활용하여 SO, ST, WO, WT전략을 도출한다. 즉, 강점요인(S)과 약점요인(W)은 조직의 내부적인 관점이며 기회요인(O)과 위협요인(T)은 조직을 둘러싸고 있는 외부환경이 된다.

〈그림 7-2〉 SWOT 분석

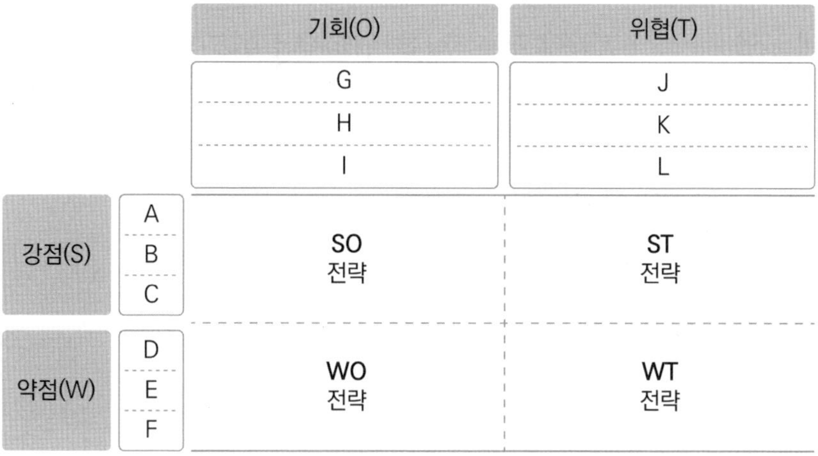

기회(O)
위협(T)
G
H
I
J
K
L
강점(S)
A
B
C
약점(W)
D
E
F
SO 전략
ST 전략
WO 전략
WT 전략

SWOT 분석 결과(SO, ST, WO, WT전략)를 바탕으로 평가를 통해 발전 방향을 도출한다. SWOT 항목 평가의 경우 도출된 전략들에 대해 중요성 및 시급성과 내·외부 평가 결과를 활용하여 최종적인 발전 방향 및 우선순위를 도출한다.

〈그림 7-3〉 SWOT 분석

전략방향 도출 (SWOT 분석)
SWOT 항목 평가
SWOT 전략 평가
발전 방향 도출

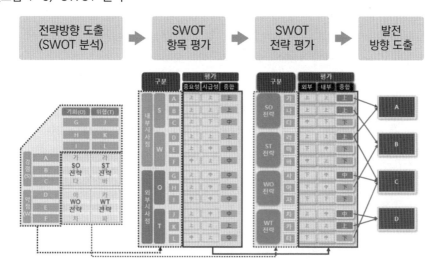

제3절   전략적 기획과 성과관리

1. 성과관리의 개념

전략적 기획을 위해서는 성과관리 시스템이 구축되어야 한다. 전략적 기획 및 운영에 있어 가장 중요한 점은 조직이 얼마나 신속하고 정확하게 조직의 목표를 달성하기 위해 움직이느냐의 문제이기 때문이다. 당연히 이를 위해서는 조직단위에서의 목표인 비전에서부터 부서의 목표, 개인의 목표까지 연계되는 성과관리체계가 조직에 구축되어 있어야 한다.

공공부문에서의 성과의 개념은 관리적 차원(managerial aspect)과 정치적 차원(political aspect)의 두 가지의 관점에서 이해되어야 한다. 그리고 성과 향상(performance improvement)은 상당히 종합적이면서도 복잡한 개념으로 다양한 차원(dimension)과 요인(factor)들에 의해 영향을 받을 수밖에 없다. 이러한 관점에서 공공부문에서 성과관리의 중요성을 언급되고 있다.

성과향상에 영향을 미치는 요소는 다양하다. 최고관리층의 지원, 조직구성원들의 몰입도, 성과측정과 평가시스템, 교육, 보상체계, 성과에 기초한 예산관리, 시민 참여, 피드백 등이 이에 해당한다. 즉 관리시스템과 체계 등도 결국 사람에 의해 운영된다는 점을 고려하면, 성과향상에서 가장 중요한 것은 인적자원을 어떻게 관리하느냐에 대한 것이라 볼 수 있다. 다시 말하자면, 조직의 구성원을 조직의 목표를 달성하고자 하는 의도대로 어떻게 움직일 수 있도록 할 수 있느냐가 중요하다는 것이다.

이러한 의미에서 조직구성원이 조직 목표를 달성하도록 동기부여를 하고 움직이게 하기 위한 도구들인 MBO(Management by Objectives), TQM(Total Quality Management), BSC(Balanced Scorecard)에 대해 살펴보면 다음과 같다.

2. 목표관리제(MBO)

1) 목표관리제의 유용성

목표관리제(MBO: Management by Objectives)는 Peter Drucker가 1954년에 「The Practice of Management」라는 저서에서 그 개념과 내용을 소개한 이후부터 공식화되었으며, 사기업·공공기관·정부 등을 막론하고 활용되는 체계로 자리매김하고 있다. 비록 MBO는 1954년에 발표되어 오랜 시간에 걸쳐 변화해 왔으나 지금도 일정 부분이 활용하고 있다는 점에서 그 중요성을 알 수 있다.

그러나 일각에서는 MBO를 개인 단위에서의 성과평가 도구로 인식하거나 BSC(Balanced Score Cards)보다 못한 구제도로 인식하는 경향이 있다. 특히 BSC가 지적했던 과거의 MBO를 포함한 성과관리 도구가 성과를 재정적 관점만을 중시하고 고객이나 기타 내부과정, 학습성장 관점의 측정은 다차원적으로 하지 않았다는 비판과는 전혀 다르게 실제 MBO는 BSC를 능가하는 다차원적 목표를 제시하고 있음도 알 수 있다.

2) 기본 구성요소

MBO는 목표설정, 참여, 환류의 세 가지의 기본 구성요소로 이루어진다.

(1) 목표설정

목표의 설정은 그 무엇보다 우선시 된다. 특히 MBO의 경우 집단과 개인이 무엇을 해야 하는가를 잘 알면 알수록 그것을 해낼 수 있다는 가능성이 크다는 것을 전제로 하기 때문에 목표를 명확히 설정할 경우 그 성과를 극대화할 수 있을 것이다. 다음은 유용한 목표의 유형이다.

첫째, 명확하고 상세한 목표가 설정되어야 한다.
둘째, 목표는 현실적이어야 한다.
셋째, 측정 가능하여야 하며, 시기를 알 수 있어야 한다.
넷째, 우선순위가 정해진 목표여야 한다.

또한, 목표는 단면만을 측정해서는 안 되며, 다차원적으로 설정되어야 한다. 앞서 언급한 것처럼 MBO는 다차원적인 접근을 하고 있다. Drucker는 그의 저서에서 목표의 차원을 다음과 같이 정의하고 있다.

(1) 시장에서의 위치(market standing)
(2) 혁신(Innovation)
(3) 생산성(productivity)
(4) 물리적 재정적 자원(physical and financial resources)
(5) 이윤 가능성(profitability)
(6) 관리자의 성과와 역량개발(manager performance and development)
(7) 종업원의 성과와 태도(worker performance and attitude)
(8) 공공에 대한 책임(public responsibility)

Drucker는 재정적인 측면만을 강조하는 목표설정이 아닌 사조직에서 강조하고 있는 시장, 생산성, 이윤, 관리 등 뿐만 아니라 공공에 대한 책임에 대해서도 언급할 만큼 다차원적으로 목표를 설정하는 것이 바람직하다고 평가하고 있다. 특히 그는 현대에서 사조직이 강조하고 있는 공공성에 대한 부분을 당시부터 강조했다는 점에서 MBO의 미래지향적 측면을 강조하고 있다.

(2) 참여

MBO는 참여 과정을 통한 목표설정을 강조하고 있다. 조직에서 목표의 설정에 참여를 강조한다는 점은 조직의 의사결정에 있어서 역량을 발휘할 수 있다고 볼 수 있다.

목표설정을 할 때 참여가 이루어진다면, 목표는 현실성을 얻을 수 있고, 참여한 조직구성원들은 목표를 달성하기 위한 열정을 가질 수 있으며 목표의 수용성 또한 높아진다. 특히 이러한 참여를 통해 조직의 목표가 설정되고 조직의 전략이 기획될 수 있다면 주인의식을 향상할 수도 있을 것이다.

(3) 환류

MBO는 평가를 통한 환류를 강조하고 있다. 명확한 환류가 이루어졌을 경우 조직의 문제해결 능력을 증진하고, 개인의 직무수행능력을 제고시킬 수 있다고 보기 때문이다. 객관적인 기준에 의해 역할을 수행하고 환류가 이루어진다면, 조직구성원들이 조직에 대한 몰입과 만족도, 신뢰가 높아질 것이며, 나아가 조직의 성과를 향상하는 데 크게 기여할 수 있을 것이다.

3) 장·단점

MBO는 다음과 같은 장점을 갖는다.

첫째, 조직 목표를 명확히 하기 때문에 목표달성을 위한 조직의 효율성을 높일 수 있다.

둘째, 조직구성원들에게 목표를 달성하기 위한 명확한 계획을 제공할 수 있어 책임과 업무에 대해 체계적으로 알 수 있게 해 준다.

셋째, 참여를 통한 조직구성원들의 팀워크를 강조하게 되며, 조직구성원의 민주화와 상호 간의 유기적인 관계 형성의 중요성을 강조한다.

넷째, 평가를 통한 환류를 중요시하기 때문에 문제점을 빨리 알 수 있으며, 보완을 신속히 할 수 있게 해준다.

이에 반해, 단점은 다음과 같다.

첫째, 목표달성의 성과를 측정하는 것이 어렵다. 특히 공공부문의 경우 모두 계량화되는 것이 아니기 때문에 목표설정에 어려움이 있다.

둘째, 조직구성원의 참여를 높이기 위해서는 시간과 노력, 재정적인 지원을 위한 비용이 많이 소모된다.

셋째, 목표설정이 어려울 정도로 긴급하거나 상황이 유동적인 곳에서 미래 예측이 어려워지고 성과를 거둘 수 없게 된다.

넷째, 단기적으로 계량된 목표에 집중하여 장기적인 목표의 달성이 소홀해질 수 있다.

3. 총체적 품질관리 (TQM)

1) 총체적 품질관리의 의미

총체적 품질관리(TQM: Total Quality Management)는 조직의 과정·산출물·서비스의 계속적 개선을 위한 수량적 방법이용과 종업원의 참여를 통해 고객의 요구와 기대를 만족시키는 총체적이며 종합적인 조직 관리의 접근방법이다. 기본철학은 다음과 같다.

첫째, 품질에서 가장 중요한 결정권자를 고객으로 본다. 아무리 조직에서 목표를 설정하고 이를 달성할지라도 고객이 만족하지 못하면 소용없다는 것이다.

둘째, 품질관리를 위해서는 생산과정의 마지막 과정만을 관리해서는 안 되며, 생산과정의 첫 번째 과정부터 관리되어져야 한다는 것이다.

셋째, 품질관리는 조직구성원들의 참여를 통해 창출되는 것이다.

넷째, 품질관리를 위해서는 투입·전환·산출의 전 단계에서 지속적인 개선이 필요하다.

다섯째, 품질관리는 계속적인 순환과정으로 지속적인 조직구성원의 참여와 관심이 요구된다.

---

2) TQM의 기본요소

(1) Malcolm Baldrige 모형

미국은 공공부문의 TQM 도입에 대해 말콤 볼드리지(Malcolm Baldrige) 모형을 강조하고 있다. 1987년 의회입법으로 창설된 말콤 볼드리지 모형은 미국 연방 및 주·지방정부의 조직진단 및 평가모델로 널리 활용되고 있다. 이 모형은 TQM을 도입하여 조직역량을 강화하기 위한 기본요소를 제시하고 있다.

(1) 리더십	(2) 전략기획
(3) 고객 및 시장중시	(4) 정보와 분석
(5) 인적자원중시	(6) 과정관리
(7) 사업성과	

(2) Edward Deming의 기본요소

TQM을 창시했던 Edward Deming은 기존의 MBO를 배격하고 새로운 품질관리를 해야 한다고 주장하였다. 이른바 Deming의 14가지 포인트를 강조하면서 성과관리의 새 패러다임을 제시하고자 하였다.[2]

1) 제품과 서비스를 개선하기 위해 목적의 불변성을 창출하라
2) 새로운 철학을 도입하라
3) 검사에 대한 의존성을 줄여라
4) 가격 중심의 비즈니스를 칭찬하는 유혹을 떨쳐 버려라. 대신에 전체비용을 줄이려고 노력하라. 어떤 아이템이든지 장기적 관계 속에서 신뢰와 충성도를 얻기 위해 하나의 하청 업체에 집중하라
5) 생산과 서비스 시스템을 상시적으로 개선하라
6) 교육훈련을 제도화시켜라
7) 리더십을 제도화시켜라
8) 두려움을 쫓아 보내라
9) 전문영역 간의 칸막이를 제거하라
10) 지나친 슬로건이나 권고, 목표치를 남용하는 것을 피하라
11) 계량적인 목표할당을 강조하지 말고 MBO를 제거하라
12) 숙련의 자부에 장애가 되는 요인들을 제거하라
13) 활발한 교육프로그램과 자기개선을 제도화하라
14) 변화를 이루기 위해 회사의 모든 사람을 관여시켜라

---

2) 여기에서는 Deming의 14개의 포인트를 상세히 소개하기 위해 Deming Institute의 Website에 올라와 있는 "Dr. Deming's 14 Points for Management"의 내용들을 기초로 하였음을 밝힌다. (http://deming.org/explore/fourteen-points)

3) TQM의 행정 부문 도입의 한계

TQM은 기업조직에 맞도록 체계화된 관리기법이기 때문에 행정부문의 특성에 맞게 수정되어야 유용한 역할을 할 수 있을 것이다. TQM의 도입에 있어서 문제점은 다음과 같다.

(1) 측정에 관한 문제

TQM은 제조업과 같은 생산품의 관리기법으로 만들어졌으나 공공기관에서는 생산품보다는 서비스와 정책을 산출해 내기 때문에 측정에 문제가 있을 수밖에 없다.

(2) 고객 설정에 관한 문제

TQM의 기본 설정 중 하나는 고객 만족에 있다. 기업의 경우 고유한 활동 시장이 있으며 고객을 설정할 수 있다. 반면, 행정기관에서는 고객의 규정이 매우 어려우며, 다양한 산출물로 인해 고객의 대상이 모두 다르기 때문에 측정에 문제가 생길 수 있다. 심지어 고객이 누구인지 모르는 경우까지 나타날 수 있으므로 고객 설정에 관한 문제를 가진다고 할 수 있다.

(3) 리더의 연속성과 조직의 경직성에 대한 문제

TQM은 지속적인 리더의 관심이 필요하다. 장기적인 관점에서 계속적으로 관리되어야만 TQM의 성과가 도출될 수 있기 때문이다. 특히 TQM은 품질을 높이기 위한 몰입을 중요시하기 때문에 조직문화가 이러한 경향을 유지하도록 리더의 지속적인 관심이 중요하다. 그러나 행정기관의 경우 리더의 잦은 경질 등으로 단기적 관리할 수밖에 없다는 한계가 있다.

또한, TQM은 지속적인 변화를 통해 품질관리를 위해 노력해야 하지만 행정기관은 조직특성상 경직성을 가지고 있고 법적·제도적인 문제로 인해 조직의 변화가 쉽게 일어나기 어렵다.

(4) 목표의 불명확성의 문제

공공영역의 목표는 불명확한 경우가 많다. 다차원적이면서 복합적인 구조를 가지는 경우가 많은데 이러한 공공영역의 특성은 목표의 명확성을 요구하는 TQM의 도입에 한계를 가지게 된다.

4) 공공부문 TQM의 도입 방안

TQM의 공공영역 도입에 대한 한계를 극복하기 위해서는 다음과 같은 도입 방안이 요구된다.

(1) 고객 개념의 재설정과 고객 만족의 내실화

현대 행정에서 고객은 단순히 정책이나 서비스의 대상이라는 개념에서 벗어나 공공영역의 최고의 서비스를 제공받아야 할 주인(owner)의 개념으로 강조되고 있다. 따라서 국민이나 시민들이 최고의 서비스를 제공받아야 하고, 이를 위해 그들이 만족할 수 있는 정책이나 서비스를 제공해야 한다는 것이다. 따라서 고객에 대한 개념을 공고히 하고 만족도를 향상시킬 수 있도록 TQM의 관점에서 접근하는 부분이 필요하다.

(2) 리엔지니어링과 벤치마킹

리엔지니어링(reengineering)이란 핵심적 성과의 극대화를 위해 조직의 업무과정을 근본적으로 고객 지향적 흐름 등으로 재설계하는 것을 의미한다. 그리고 벤치마킹(benchmarking)은 지속적인 개선을 달성하기 위하여 내부활동, 기능, 관리능력을 외부와 비교를 통해 평가하고 판단하는 것을 말한다(오세덕 외, 2013). 따라서 TQM의 도입을 위해서는 다양한 조직의 벤치마킹을 통해 성공적으로 도입하여야 하고 정책 및 서비스의 품질을 향상시키기 위한 리엔지니어링이 지속적으로 이루어져야 한다.

(3) 조직구성원의 관심과 지원

TQM은 품질관리에 대한 조직구성원의 문제의식과 함께 장기적이고 지속적인 리더의 관심 속에서 이루어질 수 있다. 갑작스러운 리엔지니어링은 조직구성원의 수용성을 낮출 수 있기 때문이다. 그리고 품질관리를 위해서는 모든 과정에서 리엔지니어링이 이루어져야 하는데 이때 리더의 관심이 필요하다.

4. 균형성과 점수표(BSC)

앞서 언급한 성과관리 도구들과 관련한 논의들을 보다 체계적으로 정리하여 한동안 민간부문과 공공부문에 큰 유행을 불러일으켰고 현재까지도 대부분의 조직에서 적용되고 있는 성과관리모델이 균형성과점수표(BSC: Balanced Scorecard)이다.

이 개념을 창시한 Kaplan과 Norton(1992)은 민간부문의 연구들을 통해 기업의 관리자들이 의사결정을 내릴 때 재정지표(financial measures)에만 의존하지 않는다는 것을 확인 하였다. 오히려 다양한 지표들을 동시에 고려하여 의사결정을 내리는 관리자들이 더 많다는 것을 확인하였다. 또한, 실패하는 많은 기업들이 단기적 목표에만 집중하고 장기적 목표를 소홀히 하는 경향이 나타난다는 것을 보고 이를 연계할 수 있는 관리시스템이 필요하다고 판단하였다.

이렇게 하여 개발된 성과관리체계가 BSC이다. BSC는 재정적 관점에 기초한 재정지표 이외에 고객 관점, 내부과정의 관점, 학습과 성장의 관점에 관한 운영지표(operational measures)들을 구성하고 이를 종합적으로 보여줄 수 있는 형태로 구성된다. 이러한 운영지표들이 조직이 미래에 살아남을 수 있는 재정지표를 올려주는 동인(driver)이 된다는 것이다.

BSC는 기본적으로 조직 내부의 관점과 조직 외부의 관점으로 구분하고 있으며, 성과를 4가지 관점에서 관리해야 한다고 강조하고 있다. 우선 조직 내부의 관점은 재정적 관점(financial perspective), 내부과정의 관점(internal process perspective), 학습과 성장의 관점(learning & growth perspective)으로 이루어지며, 조직 외부의 관점에서는 고객 관점(customer perspective)으로 구성된다. 이러한 BSC의 4가지 관점과 구조도는 다음 <그림 7-4>와 같다.

각각의 관점은 성과목표(performance goal)와 성과지표(performance measures)로 구성되며 성과목표와 성과지표는 인과관계가 있도록 구성되어 있다. 또한, 관점 간에 논리적 연계가 설정되어 있다.

이러한 체계를 살펴보면, BSC에서는 내부의 관점들이 좋아지면 그 결과 외부의 관점인 고객 관점이 개선되어 조직의 전략과 비전이 관리된다는 논리이다. BSC는 이러한 틀을 제공하여 사영역과 공공부문에서 전략적 성과관리를 위한 역할을 하고 있다.

〈그림 7-4〉 BSC의 4가지 관점과 구조도[3]

- The Balanced Scorecard Links Performance Measures -

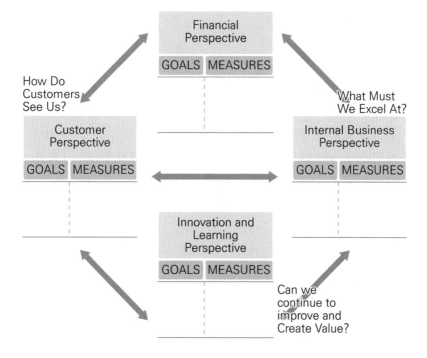

3) Kaplan, R.S. and Norton, D.P. (1992). The balanced scorecard measures that drive performance, Harvard Business Review, January-February: 71-79.

현재도 BSC는 다양한 모습과 형태로 한국을 비롯하여[4] 미국·영국·싱가폴·호주·일본 등 선진국을 중심으로 확산·운영되고 있으며 전 세계 공공부문 성과관리의 기초적인 틀을 제시하고 있다.

BSC는 여러 가지 비판에도 불구하고 공공부문 전반에 미션과 비전·전략, 성과목표와 성과지표라는 개념을 전파하고 내재화시키는 데 기여했다. 어떤 공공조직을 보아도 비전과 전략을 고민하지 않는 조직이 없으며 이러한 전략을 달성하기 위해 성과목표와 성과지표를 관리하지 않는 조직이 없다.[5] 이러한 체계들은 BSC라는 명칭 여부와 관계없이 중요한 관리전략에 속한다. BSC가 주장하는 4가지 관점은 다음과 같다.

1) 고객의 관점

외부의 관점인 고객관점(Customer Perspective)에서의 기본 질문은 "고객들이 우리 회사를 어떻게 바라보고 있는가?(How do our customers see us?)"이다. 이것은 어떤 조직이든 조직의 재화나 서비스를 사용해 주어야 하는 고객들이 그 조직을 어떻게 바라보고 있는가에 관한 관점을 의미한다. 고객제일주의나 고객을 왕으로 모셔야 한다는 기업들의 핵심가치가 이러한 관점에 고스란히 투영된다. 따라서 고객의 관점에서는 고객들의 서비스에 대한 만족도, 제품 추천 의사, 체감도, 시장점유율, 그리고 고객의 입장에서 중요하다고 생각되는 상태가 목표상태로 정의되어 진다.

2) 재정적 관점

원래 초장기 BSC에서는 4가지 관점 중에서 재정적 관점(Financial Perspectives)을 최상위 관점으로 설정했었다. 기업을 대상으로 하는 관리에서 출발함에 따라

---

4) 한국에서는 경기도 부천시가 2004년에 공공부문에서는 국내 최초로 시범운영을 거쳐 BSC를 도입하였고 이듬해에 행정자치부가 BSC를 중앙정부차원에서 최초로 도입하기 시작하여 중앙정부와 지방자치단체, 공공기관으로 확산되어 나갔다. BSC 도입사례와 관련해서는 이석환 연구(2006: 127−149)가 있다.

5) 현재 우리나라의 공공부문의 성과관리는 BSC에 기반한 통합성과관리체계, 통합적 성과관리 등으로 불리고 있지만 결국 그 토대는 BSC라고 할 수 있다.

수익률, 현금의 흐름과 함께 ROI(Return on Investment) 등 다양한 재정관점의 지표들이 최종적인 관점으로 판단되었기 때문이다. 이 관점에서는 "How do we look to our shareholders?"가 주된 질문으로 "주주들에게 우리 회사가 어떻게 보여지는가?"를 확인하는 것이다.

3) 내부과정의 관점

내부과정의 관점(Internal Process Perspective)은 고객의 관점과 직결된 관점으로서 궁극적으로 고객의 관점 지표들을 달성하기 위하여 조직이 내부적으로 무엇을 할 것인가에 관한 내용을 다룬다. 여기서 궁극적인 질문은 "What must we excel at?" 즉 "우리가 무엇에 가장 뛰어나야 하는가?"에 답하는 것이다. 이는 고객 관점에서 성과를 달성하기 위한 일련의 서비스 또는 제품제작 과정에 대한 개선, 구체적인 실천계획과 행동, 그리고 의사결정에 관한 내용이 지표가 된다.

4) 학습과 성장의 관점

학습과 성장의 관점(innovation & learning perspective/learning & growth Perspective) 관점은 4가지의 관점 중에 제일 마지막에 있는 관점으로 위에서 언급한 고객 관점과 내부 과정적 관점을 뒷받침하는 "지속적인 개선(continuous improvement)" 과 관련된 부분이다. 여기서 주요 질문은 "우리가 지속적으로 가치를 개선하고 창출할 수 있는가?(Can we continue to improve and create value?)" 이다. 이것은 회사가 지속적으로 혁신하고 개선하며 학습하는 능력을 갖추어야 한다는 것이고 이것이야말로 회사의 가치(value)에 직접적으로 연결된다는 것이다. 다시 말해 신상품을 출시하고 고객을 위해 새로운 가치를 창출하며 효율성 개선을 위해 노력하는 것이야말로 회사로 하여금 시장에서 우위를 갖게 하는 중요한 시금석이 된다는 것이다.

5. 균형성과점수표의 실제 사례[6]

앞에서도 언급되었듯이 한국의 공공부문에서는 경기도 부천시가 2004년 시범운영을 시작하면서 2005년부터 본격적으로 도입하여 현재까지 약 15년 이상을 운영해 오고 있다. 미국에서는 노스캐롤라이나 주의 샬롯시가 공공부문에서는 최초로 위의 BSC의 개념에 기초하여 각 시에서는 4가지 관점별로 성과목표(Score Card)를 설정하고 그 목표 내에서 지표를 운영해 오고 있다.

1) 부천시의 사례

(1) 부천시의 전략지도

부천시는 2004년 국내 공공부문 최초로 BSC를 시범운영하고 2005년에 본격적으로 도입하였다. 공무원들로 구성된 BSC 설계팀이 구성되어 수일에 거친 워크숍을 진행하였고 그 결과 최초로 시 전체차원에서의 전략지도를 완성하였다. 이후 수정을 거쳐 지금의 전략지도가 완성되게 되었다.

전략지도에서 나타난 전략에는 현재 3개의 전략목표가 존재하며 이는 핵심영역(focus area)라 불리는 것으로 각 영역에 대한 정의가 별도로 내려져 있다. 또한, 4개의 관점별로 목표카드(score card)로 불리는 성과목표(performance goal)가 설계되었고 이 목표카드별로 또한 별도의 정의를 내리고 있다.

(2) 국·과 단위로의 캐스케이딩

이렇게 만들어진 시 전체차원의 전략지도를 중심으로 부천시는 국과 과 단위에서 상위목표를 Top-Down 방식으로 내려받기 위한 캐스케이딩(cascading)[7] 작업이 이루어졌는데 국보다는 과 단위가 실행단위였기 때문에 과를 중심으로 전체 시의 전략지도 상에 나타난 목표들을 직접 캐스케이딩 하는 방식을 취했

---

6) 이석환(2008) UOFO: 신뢰받는 정부와 기업의 전략적 성과관리(경기: 법문사), 이석환(2021) BLUE Government: 성과와 결과를 창출하는 유능한 미래정부의 조건, 경기: 법문사, 참조.

7) 캐스케이딩은 조직차원에서의 상위목표들을 각 부서수준에서 미션에 고려하여 목표를 할당받는 방식을 의미한다.

다. 또한, 캐스케이딩을 할 때에는 가급적 전체 시 차원에서의 성과목표인 핵심성공요인(CSF: Critical Sucess Factor)[8]을 말을 바꾸지 않고 그대로 내려받는 것이 좋은데 이것은 목표의 투명성을 확보하기 위한 방안으로서 조직 전체차원의 비전에 대한 부서들의 비전 몰입도를 상승시킬 수 있기 때문이다. 따라서 각 과 단위에서 전략지도를 새롭게 구성하고 그에 따라 목표카드 내에서 성과지표를 도출하는 작업을 시작하였다.

(3) 성과지표와 실행계획

부천시는 각 관점별 목표카드에서 결과 중심의 성과지표를 도출해 내고 이를 달성하기 위한 수단으로서의 실행계획(과제지표)들이 결과 중심의 성과지표마다 필요하다고 본다. 사실 기존의 BSC에서는 이 부분을 별도로 구분하지 않고 4가지 관점에서 고객 관점을 제외한 내부과정의 관점과 학습성장의 관점에서의 일종의 선행지표로 이러한 과제지표를 대신하려 했으나 공공부문은 민간부문보다 관리구조가 더 복잡하여 선행지표의 개념으로 과제지표를 관리하는 데는 문제가 있다고 판단하였다. 과제지표는 구체적인 액션과 정책, 프로그램들을 의미하므로 이를 고객 관점의 결과지표에 연계시켜 관리하는 것은 매우 의미 있는 일이었다. 따라서 하나의 결과지표에 여러 과제(지표)들이 열매처럼 매달려 있는 모습을 구현하고자 하였으며 이러한 철학이 지표 정의서에 반영되었다. 여기서 지표정의서는 정책목표, 실행수단, 집행일정, 목표달성도 등을 기술해 놓은 종합 상황표의 기술서이다.

2) 미국 노스캐롤라이나주의 샬롯시 사례

(1) BSC 도입의 배경 및 전략지도

샬롯시는 미국 내에서 최초로 공공부문에서 BSC를 도입한 지방정부로 알려져 있다. 1991년에 시의회의 중장기 목표설정 계획과 함께 BSC 설계를 위한 기초가 만들어지기 시작했다. 초기에 샬롯시는 BSC의 창시자들인 Kaplan과

---

8) 핵심성공요인(CSF: Critical Success Factor)과 목표카드(Score Card), 성과목표(Performance Goal)는 같은 의미이다. 기업마다, 공공기관, 지방자치단체, 중앙정부마다 각기 다른 용어를 쓰고 있어 혼돈이 있는 것이 사실이다.

Norton의 도움을 받아 1997년 말에 처음 BSC를 본격적으로 시작하게 되었다. 당시 시의 부매니저(city assistant manager)이었던 Pamela Syfert의 관심과 지원으로 시작된 BSC 수립 노력은 그녀가 시의 매니저로 승진하면서 더 박차를 가하게 되었다.

샬롯시 역시 4가지 관점을 기준으로 BSC를 설계하였으나 내부과정의 관점을 "사업의 운영(Run the Business)" 관점으로, 재정적 관점을 "자원 관리(Manage Resources)" 관점으로, 혁신과 학습의 관점을 "구성원을 계발(Develop Employees) 하는 관점으로 재정의하고 전략지도를 작성하였다. 그리고 전략목표에 해당하는 부분을 5개의 핵심 영역(focus area)로 구분하여 사용하였다. 샬롯시는 아래의 전략지도에서 보는 바와 같이 고객 관점에서 6개, 내부과정관점에서 3개, 재정적 관점에서 4개, 혁신과 학습의 관점에서 3개의 목표를 설정하였다.[9]

(2) 핵심부서 단위로의 상위목표 캐스케이딩

샬롯시는 전략지도가 만들어지고 난 후에 시 전체의 상위목표를 각 핵심부서 단위(KBU: Key Business Unit)로 캐스케이딩 하는 절차를 진행하였다. 다음의 그림에서 보는 바와 같이 샬롯시의 전체 전략지도를 교통부서(CDOT: Charlotte Department of Transportation)에서 어떻게 캐스케이딩을 받는지를 보여준다. 샬롯시는 부천시와 달리 캐스케이딩을 할 때 전략지도상에 나타난 성과목표들을 그대로 할당받지 않고 교통국(CDOT)의 입장에서 세부적인 계획(Initiative)을 정해서 별도의 하위목표로 부서 전략지도에서 선정하였다. 다음의 <그림 7-5>와 <그림 7-6>은 교통과가 샬롯시 전체의 전략지도를 보고 해당 부서에 맞는 성과목표(performance goal 또는 critical success factor)를 선택한 후 세분화된 하위목표를 설정하였음을 보여준다. 예를 들면 전체 전략지도 상의 목표인 "안전하고 편안한 교통의 이용(availability of safe, convenient transportation)"을 캐스케이

---

9) 현재 샬롯시는 새로운 중장기 계획인 2040 Comprehensive Plan을 작성하고 있는 중이고 지역주민과 시의회, 전문가들의 의견을 수렴하여 2020년 말이나 2021년 봄까지 완성하고 이를 채택할 예정이다. 또한 2020년에는 focus area를 4개의 전략적 우선순위(strategic priorities)로 수정하여 운영해서 2020 year end performance report를 홈페이지에 게재할 예정이다. 2040 종합계획 관련하여서는(https://cltfuture2040.com/about)을 참조하고 전략우선순위 수정 관련 하여서는 2019 성과보고서(https://charlottenc.gov/budget/Documents1/2019_YearEndReport%20Final%20Draft.pdf) 참조.

딩 하여 교통국 전략지도에서 5개의 하위목표를 설정하였음을 알 수 있고 나머지 관점에서도 마찬가지로 하위목표들이 설정되었음을 알 수 있다. <그림 7-5>의 시 전체 전략지도에서 볼 때 음영 처리된 성과목표들이 교통국에서 캐스캐이딩 받은 목표들이다. 이 과정을 통하여 샬롯시의 관리자들은 전체지도를 보게 되고 시 전체 전략지도(corporate strategy map)에 나타난 성과목표 내에 모여 있는 부서 단위의 성과지표들을 보고 전체를 파악해 낼 수 있게 된다. 반면 부서 단위에서는 상위목표에 연결된 자신들의 전략지도를 보면서 그에 연계된 지표관리를 하게 된다.

〈그림 7-5〉 샬롯시 전체 차원의 전략지도

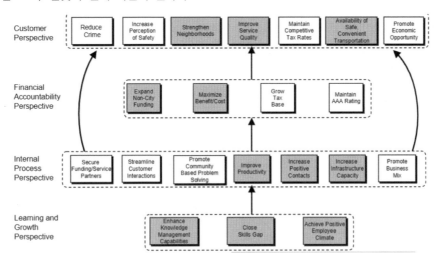

출처: Lathrop, Terry(2000), The Balanced Scorecard in Charlotte's DOT: A Planning and Management Technique, paper delivered at American Public Work Association Conference. Kansas, Missouri. 9.

〈그림 7-6〉 교통과(CDOT) 의 전략지도

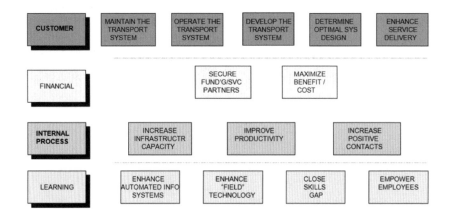

출처: Lathrop, Terry(2000), The Balanced Scorecard in Charlotte's DOT: A Planning and M anagement Technique, paper delivered at American Public Work Association Confer ence. Kansas, Missouri. 11.

제4절 전략적 성과관리

1. 성과관리체계의 설계

1) 핵심가치의 설정

핵심가치(core value)란 조직 전체를 덮어 씌우는 우산과도 같은 개념이어서 조직에 내재된 믿음체계를 의미하며 변하지 않는 것이어야 한다. 따라서 이러한 가치는 구성원들의 일상생활에서 자연스럽게 구현될 수 밖에 없으며 결국 조직의 미션과 비전을 통해 구현되고 비전 달성에 구성원들을 최종적으로 몰입시키는 역할을 하는 것이다. 이러한 관점에서 최근 가치 중심적 경영(Value-Driven Management)의 개념이 관심을 끌고 있다.

그렇다면 여기서 또 하나의 질문은 "과연 어떤 핵심가치가 의미 있는 가치이 겠는가?" 하는 것이다.

여기에 지금까지 대부분의 조직이 핵심가치를 비전과 비슷하게 멋있는 말로 꾸미려고만 하거나 형식적으로 또는 캠페인 식으로 표방하는 수준에 머물러 왔다는 점이 지적되어야 할 것이다.

핵심가치가 본래의 기능을 다하기 위해서는 이것 역시 매우 구체적이어야 한다. 막연한 의미의 인간존중, 고객 중심, 신뢰 등의 가치를 표방하면 이것은 구성원들을 끌어들이지 못하고 단지 공허하게 들릴 뿐이기 때문이다.

일본의 도요타 자동차 회사의 핵심가치는 '인간성 존중'을 표방하고 있다. 이것이 도요타 사람들을 하나로 묶는 기능을 하고 있는 것이다. 그것은 곧 모든 구성원이 체감할 수 있는 '종신 고용제'라고 하는 다른 회사와는 차별화된 도요타만의 가치가 있었기에 가능한 것이었다.

만약 섣불리 핵심가치를 만들어서 이제부터 지켜 나가자고 하면 설득이 어렵게 된다. 핵심가치는 오랜 시간을 거쳐 형성된 조직의 원칙이 구성원들 간에 자연스럽게 스며들 때 가능한 것이다. 따라서 핵심가치를 발굴하려고 하는 조직들은 앞으로 어떻게 변하겠다는 계획을 세우기보다는 지금까지 조직이 어떤 이미지로 조직구성원에게 다가왔는가를 분석하여 여기서 공통인자를 뽑아낼 수 있도록 노력해야 한다. 새로운 핵심가치를 선포하려면 기관장의 강한 의지와 더불어 이를 신뢰할 수 있게 하는 제도적 뒷받침이 있어야 한다. 예를 들어 '우리 조직은 실패를 두려워하지 않는다'라는 핵심가치를 실현시키려면 실제 실패했을 때 불이익이 가지 않도록 조직이 제도적으로 뒷받침해 줄 수 있는 조치를 먼저 마련해 놓고 난 뒤에야 가능한 것이다.

2) 조직의 미션 설정

조직의 미션은 존재 이유를 의미한다. 따라서 미션이 사라지면 조직이 사라져야 하는 것을 의미하는 것이다. 성과관리 체계 설계의 첫 번째 단계로서의 미션 설정은 새로운 조직을 창출하기 위한 최초 단계이다. 이러한 기관의 미션을 설정하기 위해서 크게 아래의 4가지 질문에 대답할 수 있어야 한다.

첫째, 우리는 왜 존재하는가? (주요 목적, 요구되는 사항)
둘째, 우리는 누구를 위해 존재하는가? (주요 고객)
셋째, 우리는 무엇을 제공하기 위해 존재하는가? (핵심 서비스)
넷째, 우리는 무엇을 위하여 존재하는가? (장기 성과)

---

3) 조직의 비전 설정

미션이 설정되고 나면 이제 조직의 비전을 설정하는 단계로 넘어간다. 비전이란 미래에 조직이 도달해야 할 세상을 의미하는 것이다. 많은 경우에 공공부문에서 비전의 중요성을 인식하지 못하고 그저 멋있는 말만 사용하여 만들어 놓고 비전과 실무가 합치되지 않는 상황을 반복해 왔던 것이 사실이다. 비전이 제 기능을 발휘하기 위해서는 다음과 같은 조건이 충족되어야 한다.

첫째, 비전은 구성원들을 흡입하는 블랙홀과도 같은 역할을 하여야 한다. 따라서 비전 문구를 바라볼 때 구성원들의 내면적 동기부여가 이루어져야만 비전으로서의 기능을 다 하는 것이다.

둘째, 비전은 조직구성원들이 생각하기에 향후 5년에서 10년의 기간에 노력하면 달성할 수 있을 것 같은 세상이어야 한다. 만일 이것이 너무 지나치게 오래 걸릴 것 같다거나 구성원이 재직하고 있는 기간 이내에 달성할 수 없을 것 같아 보일 때에는 비전으로서의 매력을 상실하게 된다는 것이다. 사실상 가장 바람직하지 않은 비전 문구 중의 하나는 '세계 최고'라는 말이 들어가는 비전이다. 경우에 따라 세계 최고를 지향할 수도 있겠지만 경영전략상의 비전은 현실적인 것이어야 한다.

4) 조직의 전략목표의 설정

미션·비전·핵심가치가 결정되고 나면 구체적인 비전을 달성하기 위한 전략목표를 설정하는 단계이다. 많은 경우에 SWOT 분석을 통해 전략들을 도출해 내기도 하지만 공공부문에서는 이 부분이 사실상 잘 맞지 않는 경우가 많다.

그러나 핵심은 비전이라고 하는 큰 목표를 먼저 만들어 놓고 이를 달성하기 위한 수단을 찾아 나간다는 점에서 전략목표의 의미를 찾아야 할 것이다. 이것은 지금까지 3+2를 먼저 결정해 놓고 결과인 5를 지정하는 방법에서 탈피하여 5를 먼저 지정해 놓고 5가 되기 위한 경우의 수를 다양하게 시도해 보는 과정과도 같은 것이다. 이것이 바로 전략적 행정 내지는 경영인 것이다.

5) 조직의 핵심 성공 요인의 설정

전략목표가 결정되면 이러한 목표를 달성하기 위한 하위목표를 정하는 단계이다. 이를 BSC에서는 핵심 성공 요인(CSF: Critical Sucess Factor)이라 부른다. 복수의 전략목표를 각각 달성하기 위해 고객의 관점과 재정적 관점, 내부 과정적 관점과 학습·성장의 관점에 따라 인과관계에 입각하여 CSF를 발견하는 단계이다. 예를 들어 하나의 전략목표를 달성하기 위해 고객 관점에서 무엇을 해야 할 것인가를 고민하면서 CSF를 도출하게 되고 고객 관점에서의 CSF를 달성하기 위해 재정적 관점, 내부과정의 관점, 학습성장의 관점에서 무엇을 할 것인가를 고민하면서 각각의 CSF를 도출하게 된다.

이렇게 해서 4가지 관점별로 그리고 전략목표별로 CSF가 도출되며 중복되고 개념이 유사한 것들을 합치는 작업을 통하여 전 기관 차원에서의 이른바 전략지도(strategy map)를 완성하게 된다.

6) 조직의 결과지표 설정

이렇게 해서 전략지도가 완성되면 각 CSF 별로 결과지표(KPI: Key Performance Indicator)를 도출하는 단계이다. 공공부문의 경우 가장 바람직한 전 기관 차원에서의 CSF별 KPI는 해당 고객들에게 실제로 그렇게 느끼고 있는지를 측정하는 것이다. 적어도 매출액이 아닌 이상 '편안하고 안전한 교통체계 구축'이라는 CSF의 KPI는 '해당 CSF에 대한 전략적 정의에 체감한다고 응답한 응답자의 비율'이 된다는 것이다. 같은 논리로 나머지 관점도 내외부 고객을 상대로 이러한 지표를 도출해 낼 수 있다.

2. 부서단위 성과관리체계 설계

1) 부서 미션의 설정

전 기관 차원에서의 전략지도가 완성되었으면 해당 부서 단위들은 전 기관 차원에서 도출된 핵심 성공 요인들을 내려받을 준비를 해야 한다. 이를 내려받기(cascading) 과정이라 부르는데 이를 위해서 우선 각 부서는 조직의 미션과는 별도로 부서의 미션을 정의하여야 한다. 이 경우 실/국별로 과/팀별로 미션이 설정되어야 한다. 부서별 미션 기술서를 도출하기 위해서는 적어도 아래의 4가지 질문에 답할 수 있어야 한다.

첫째, 우리는 누구를 위하여 존재하는가?
둘째, 우리 부서의 핵심업무는 무엇인가?
셋째, 핵심업무가 달성된 이후에 시민(고객)입장에서 기대되는 가치는 무엇인가?
넷째, 핵심업무를 추진하는 과정에서 시민(고객)입장에서 기대되는 가치는 무엇인가?

미션의 설정은 대단히 중요하다. 이는 단순히 조직 내에서 특정부서들의 존재 이유를 정리하는 기회일 뿐만 아니라 향후 조직 및 부서의 핵심성과지표(KPI)를 도출할 때 중요한 근거가 되기 때문이다. 미션이 제대로 설정되어 있지 못하면 제대로 된 KPI가 도출되지 못한다는 이치와 같다. 여기서 KPI는 물론 결과지표(outcome indicator)를 의미하는 것이다. 부서 미션 정의서에서 핵심업무와 함께 중요한 가치들이 발견되면 그러한 가치들이 곧 중요한 결과지표가 되는 것이다.

2) 핵심성공요인의 내려받기와 핵심성과지표의 설정

각 부서들은 고유의 미션을 고려하면서 본격적으로 상위 핵심 성공 요인을 내려받아야 하는 단계이다. 한편 핵심 성공 요인을 내려받기하는 데 있어 3가지 원칙이 존재한다.

첫째, 영향력(기여도)을 중심으로 핵심성공요인을 할당받아야 한다.
둘째, 조직구조상의 선후관계가 아닌 기능상의 선후관계를 중심으로 핵심성공요인을 할당받아야 한다.
셋째, 구체적인 과제를 수행할 수 있는 단위에서 핵심성공요인을 할당받아야 한다는 것이다.

첫 번째 원칙과 관련하여 고객 관점에서 핵심 성공 요인을 내려받는 데 있어 중요한 단계를 나열하면 다시 3가지 단계로 나누어 볼 수 있다. 이때 기존의 BSC가 제시하는 내려받는 방법과 다르다는 점을 주목할 필요가 있다.

첫 번째 단계로는 우선 각 부서가 전사 차원의 모든 핵심 성공 요인을 조사해 보고 각 부서의 미션에 기초하여 의미상 가장 가까운 핵심 성공 요인을 선택하는 것이다. 이때 전사 차원의 핵심 성공 요인과 부서 차원의 핵심 성공 요인이 동일해야 한다(Niven, 2006). 이것은 목표의 투명성(transparency of objectives)을 확보하기 위한 방안으로서 조직 전체 차원의 비전에 대한 부서들의 비전 몰입도(commitment to vision)를 상승시킨다.

두 번째 단계로, 이렇게 고유의 핵심 성공 요인 선택이 되고 난 후에 더 중요한 단계가 남아있게 되는데 이것은 미션과 직접적 관계가 없는 다른 핵심 성공

요인들을 선택하는 것이다. 이때의 기준은 미션 그 자체가 아닌 미션에 기초한 다른 영역에의 영향력 내지는 기여도이다. 구체적인 방법으로는 우선 해당 핵심 성공 요인과 관련하여 직접적으로 미션에 연결된 부서들이 모여 공통이슈 및 문제점을 시민(고객)의 소리(VOC: Voice of Citizen or Customer)와 내부 운영진의 소리(VOB: Voice of Business)에 기초하여 도출한 후 이를 다른 부서들과 공유하여 서로의 기여 부분을 발견케 하는 것이다.

예를 들면 미국 샬롯시의 경우 "범죄율을 줄여라(Reduce Crime Rate)"는 핵심 성공 요인과 직접적으로 연결된 부서는 경찰 과(課)(police department)였으며 경찰과는 방화에 의한 범죄가 심각하다는 것을 내부적으로 공개하였다. 이를 소방 과(fire department)가 보고 기여할 수 있는 부분을 찾아내어 "방화건수를 감소시킨다."는 지표를 내게 되었고 소방 과가 범죄율을 줄이기 위한 핵심 성공 요인에 달려들어 이를 예방하고 줄이기 위한 다양한 과제들을 도출하였다. 이러한 과정에서 경찰과 협조하면서 문제를 해결해 나갔던 것이다. 이러한 방식으로 문화영역과 복지영역이, 교통영역과 환경영역이 자유롭게 교류되는 다기능 연합조직(Cross Functional Organization)을 만들 수 있는 것이며 이렇게 하나의 핵심 성공 요인이 서로 다른 기능을 수행하는 부서들의 충돌하거나 연관이 있는 목표들로 채워지게 됨에 따라 자연스럽게 동일 핵심 성공 요인 내에서 부서 간의 상충하는 목표가 형성될 수 있다.

세 번째 단계가 남아있는데, 위의 소방과의 예처럼 긍정적으로 연관이 있는 부분에서만 핵심 성공 요인을 선택하고 기여하는 것이 아니라, 부서 본연의 업무에 정면으로 대치되어야 문제가 해결되는 경우에도 핵심 성공 요인을 내려받아 적극적으로 협조해야 한다는 것이다. 즉 해당 핵심 성공 요인의 목표를 달성하기 위해 정면으로 충돌하거나 방해가 되는 부분을 해결하지 않으면 안 된다는 것이다.

예를 들어 환경부서는 지역개발 관련 핵심 성공 요인과 관련하여 환경규제를 완화해 주어야 한다는 임무를 갖게 되면서 환경의 고유영역에서 규제를 강화해야 한다는 딜레마에 빠지게 된다. 반면에 지역개발과도 환경 관련 핵심 성공 요인에서 환경을 보호하겠다는 지표를 내야 한다. 이것은 충돌하는 목표들을 서로 다른 부서들이 협력하여 해결하는 차원을 넘어서 아예 하나의 의사결정 권한 속에(하나의 국 내지는 부서에) 충돌하는 기능을 만들어 놓고 이를 자발적으로 해결하지 않으면 안 되는 환경을 만들어 주는 것이다.

결국 조직 내의 모든 부서가 전사차원의 모든 핵심 성공 요인에 대해서 어떻게 도움이 되고 기여할 수 있을까를 고민하는 조직을 만들어야 하며, 전사차원에서 문제 되는 문제해결의 책임을 담당 부서와 해당 핵심 성공 요인 내에서 협력해야 하는 다른 부서에 공동으로 부여해야 한다는 것이다.

3. 성과지표의 이해

성과지표는 다음과 같이 분류할 수 있으며, 대표성을 가진 지표들은 모두 관리해야 하지만, 성과관리체계에서는 결과지표로 이루어지는 지표를 가장 중요하게 보고 있다.

〈표 7-5〉 지표의 종류

Driver Measures			Outcome Measures
Inputs	Processes	Outputs	Outcomes
목적을 달성하기 위해 투자된 자원 내지는 자산들	목적을 달성하기 위해 하고 있는 (해야 할) 활동들	목적달성을 위해 뛴 결과 나온 산출물	목적달성을 위해 뛴 결과 나온 산출물이 사회적으로 초래한 영향 내지는 최종 효과들
• 투입 인력 수 • 투입원가 • 사용 재료량 등 • 버스운전기사의 수 • 버스의 수	• 효과적인 계획수립 • 효율적인 실행 • Lead-time, 1인 당 생산성 등 • 대중교통체계 개편 안 수립	• 보고건수 • 상담건수 • 지원건수 • 조직기금규모 • 버스전용차로 확보	• 교통수단 이용 증가율 • 주민만족도 조사에서 "안전 하고 편안하다"에 응답한 시 민들의 비율

자료: 이석환(2008). UOFO: 신뢰받는 정부와 기업의 전략적 성과관리. 법문사. 78.

〈표 7-6〉 좋은 지표의 체크리스트

번호	좋은 지표의 조건
1	지표가 측정가능한가?
2	지표가 공공부문의 시민(고객)에 대한 책임성 향상에 도움이 되는가?
3	지표가 공무원의 조직에 대한 책임성을 향상 시키는가?
4	지표가 공무원 직급간의 책임성을 향상 시키는가?
5	지표가 물적 자원 배분의 효율성을 향상 시키는가?
6	지표가 분석 · 계획 · 운영의 효율성을 향상 시키는가?
7	지표가 공무원들에게 긍정적 동기부여가 되어 성과를 개선하게 하는가?
8	지표가 조직에게 새로운 개선 전략을 가져다 줄 수 있을만한 정보를 제공하는가?

※ 성과지표를 개발 후 다음의 각각의 질문에 모두 '예'라는 답을 얻어야 좋은 성과지표라고 할 수 있음

자료: 이석환(2008). UOFO: 신뢰받는 정부와 기업의 전략적 성과관리. 법문사. 79.

성과목표를 내려받고 성과지표를 설정할 때 인과관계 성립이 안 된다는 것은 성과지표라는 목표를 가지고 열심히 일하지만, 성과를 달성할 수 없다는 의미가 된다. 따라서 이 부분을 명확히 설계할 필요가 있다. 물론 이때 국이나 실 단위에서의 전략지도는 팀이나 과의 전략지도의 합으로 관리되며 실과 국을 위한 평가도 가능하게 된다.

1) 핵심성과지표별 전략과제의 도출

핵심성과지표가 도출되면 여기서 끝나는 것이 아니라 이른바 전략과제를 도출하는 단계로 접어들어야 한다. 즉 옳은 목표로 볼 수 있는 핵심성과지표가 정해졌기 때문에 이를 달성하기 위한 수단으로서의 전략적 과제가 도출되어야 하는 단계이다. 이 경우 단순히 업무를 나열하는 것은 전략이 아니다. 해당 업무가 목표에 직접적으로 연결되어 목표달성 수단으로서의 인과관계가 성립하는 경우에만 전략이 되는 것이다. 따라서 전략적 과제(Strategic Initiative)란 단순한 이행과제 수준을 넘어선 새로운 수단 내지는 방법의 고안을 요구한다고 할 수 있다. 해당 업무를 착실히 추진하는 것과 그로 인한 민원 발생 건수를 줄이는 방법을 강구하는 것은 명확히 다른 차원인 것이다.

또한, 이 부분은 향후 실시될 사업별 예산제도와 밀접한 관련을 맺고 있다. 전략적 성과관리시스템 하에서 조직의 최상위 목표체계인 비전을 설정하고 비전을 관리해 나가기 위해 사업 내지는 과제가 관리되어야 하고, 이는 구조중심이 아닌 기능 및 부문 중심으로 조직의 전략단위가 재정비되어야 함을 의미한다.[10]

---

10) 이 절은 이석환(2008) UOFO: 신뢰받는 정부와 기업의 전략적 성과관리(경기: 법문사), 이석환 (2021) BLUE Government: 성과와 결과를 창출하는 유능한 미래정부의 조건(경기: 법문사) 참조.

제5절   전략적 기획의 평가와 통제

1. 평가와 통제의 의의

평가는 조직이 조직의 미션과 비전을 얼마나 달성하고 있는지 그리고 조직의 운영 원리대로 적절하게 운영되고 있는지에 대한 양적·질적으로 판단하는 활동이다. 평가의 목적은 첫째, 통제를 위한 정보를 얻는 것, 둘째, 성과측정을 통해 평가되는 결과는 조직의 의사결정, 자원배분 및 책임성 향상, 셋째, 변화를 위한 동기부여를 목적으로 활용된다.

통제는 평가를 전제로 이루어지며, 통제는 조직의 실제 활동 및 성과를 이미 정해진 기준이나 목표와 비교하여 적절하게 수행하지 못한 부분에 대해 시정 조치를 하는 일련의 활동으로 정의할 수 있다. 통제는 사업을 추진하는 과정에서 잘못되어 가는 것에 대해 사전 예방에 초점을 두고 있다. 또한, 통제는 소극적인 관점에서는 회고적 통제로 집행 결과에 대한 성과를 평가하고 이에 대한 상벌을 주기 위한 목적이 있다. 적극적인 관점에서 미래 지향성을 강조하면서 바람직한 전략기획 시스템을 구축하기 위한 목적으로 활용하는 것이다.

2. 성과평가

전략적 기획의 성과평가는 통제를 위한 정보를 얻는 것을 목적으로 하고 있다. 하지만 성과가 높지 않다는 점, 측정의 가치를 이해하지 못하는 경우 그리고 측정이 용이하지 못한 경우에 대해서 성과평가에 대한 저항이 있다. 하지만 앞서 언급한 바와 같이 성과평가의 목적은 첫째, 통제를 위한 정보를 얻는 것, 둘째, 성과측정을 통해 평가되는 결과는 조직의 의사결정, 자원배분 및 책임성 향상, 셋째, 변화를 위한 동기부여이다.

성과평가는 조직에 대한 통제 및 개선 활동의 첫 번째 단계이다. 성과평가를 위해서는 전략의 집행 결과 및 성과에 대한 정보를 수집하고 이를 분석하여 필요한 정보를 산출하여야 이용할 수 있게 된다.

전략적 기획에서의 성과평가 시스템은 기존의 단기적이고 단편적인 성과평가를 거시적이고 장기적인 관점에서 성과를 중점으로 평가를 하는 시스템이다. 즉, 전략의 실행 결과 이외에 활동 과정까지 포함되며, 조직의 경쟁력 확보 및 조직의 전체적인 사항들에 대한 평가가 이루어져야 한다.

성과평가는 크게 평가의 여건, 평가내용 및 이를 전략적 기획 과정에 환류 활동으로 구분할 수 있다. 평가의 여건은 '평가의 가능 여부', '평가에 대한 필요성' 등을 고려해야 한다. 평가의 내용은 '무엇을', '누구를' 평가할 것인지 또한 '평가의 기준이 무엇인지'와 '언제 평가할 것인지'를 검토할 필요가 있다. 마지막으로 평가의 환류는 '평가 결과가 무엇을 의미하는지', '평가의 결과를 어떻게 그리고 어디에 활용할 것인지'에 대해 고민할 필요가 있다.

성과평가 시스템을 보다 효과적으로 적용하기 위해서는 평가의 목적이 명확해야 하고, 평가를 통해 도출된 정보를 적시에 제공되고 적절하게 활용되고 있는 모습을 보여줄 필요가 있으며, 성과평가를 위한 활동이 경제적이고 단순할 필요가 있다. 또한, 성과에 대해 처벌을 하는 과거 지향적인 사고를 버릴 필요가 있으며, 지표에 초점을 둔 평가가 이루어질 필요가 있다.

3. 성과정보 활용

성과정보는 전략적 기획, 운영 기획과 통제, 프로그램 평가, 관리의 수단으로 활용될 수 있다. 전략적 기획 과정에서는 평가 결과의 환류를 통해 기획 과정에서 개선에 필요한 정보를 제공하는 데 활용될 수 있다. 운영 기획과 통제에 있어 모니터링 및 연말 평가에 있어서 성과평가를 통해 도출된 정보들을 활용할 수 있다. 관리의 수단으로는 자원 배분에 활용될 수 있다. 즉, 예산 또는 인력의 활용 계획수립에 있어서 성과평가 결과를 활용할 수 있다. 또한, 서비스 제공의 질 개선, 조직구성원들의 책임성 확보 및 통제의 수단으로 활용할 수 있다. 이외에 학습 조직화와 교육훈련을 위한 기초자료로 활용될 수 있다.

성과정보의 이용 촉진을 위해서는 우선 좋은 성과정보를 창출할 필요가 있다. 좋은 성과정보는 관련성(relevant), 이해 용이성(understandable), 기여도(attributable), 정확성(accurate), 균형성(balanced) 등이 있어야 한다. 또한, 성과정보 이용을 위한 기획이 이루어져야 하며 이는 정보 활용을 성과정보 시스템의 설계에 반영하고 이용을 제도화할 필요가 있다. 마지막으로 성과평가 정보와 관리시스템의 통합이다. 이는 기존 별도로 운영되고 있는 시스템들을 통합하여 하나의 일원화된 시스템으로 운영될 필요가 있다는 것이다. 즉, 예산 및 인력관리를 위해 활용된 시스템과 성과평가 시스템이 연계되어 운영될 필요가 있다는 것이다.

제8장

조직이론

제1절   조직이론의 기초

1. 조직이론의 개괄

1) 조직의 개념

조직의 개념은 학자마다 다양하게 정의하고 있는데, 몇몇 중요한 학자들의 개념을 중심으로 정리하면 우선 Weber는 '조직이란 지속성과 목적성을 갖는 체계'라고 정의하였다.[1] 또 Barnard는 조직을 '2명 이상의 사람들로 구성되어 조직목표 달성을 위한 '협력 체계'라고 정의하였다.[2] Etzioni는 '어떤 환경 속에서 특정한 목표를 추구하는 사회적 체계의 한 종류'라고 파악하였다.[3] 따라서 조직이란 조직 목적달성을 위해 구성원간의 지속적이며 총체적인 협력 체제(system)를 의미한다. 이러한 정의를 바탕으로 조직의 특성을 기술하면, 조직이란 첫째, 명확한 목적이 존재하기 때문에 목적 지향적(goal-directed) 성격을 갖는다. 둘째, 목적 달성을 위한 구성원들 간 협동·협력 기반의 시스템(system)적 특징을 갖는다. 셋째, 정부조직이 국민의 복리 증진이라는 기능을 담당하는 것처럼 조직은 사회적 기능을 담당한다. 넷째, 마지막으로 조직 외부 환경과의 교류를 통해 존속과 성장을 추구하는 지속성을 갖는 생명체적 특징을 갖는다.[4]

---

1) Weber, Max. (1947). The theory of social and economic organization. New York, NY. Free Press.

2) Barnard, C. (1938). The function of the executives. Mass. Harvard University Press.

3) Etzioni, A. (1961). A compartative analysis of complex organization. New York, NY. Free Press.

4) 오세덕·이명재·강재상·임영제. (2019). 조직론. 서울: 윤성사.

2) 민간조직과 행정조직의 차이점

조직적 측면에서 민간조직과 행정조직간의 차이점은 존재할까? 이 점에 있어서 다수의 학자들은 비교연구를 통해 조직구조와 행태적 측면에서 차이점이 존재한다고 주장한다. 우선, 직무 특성을 비교할 때 민간조직보다 행정조직의 구성원들은 정치적 결정에 좀 더 영향을 받고 이러한 정치적 영향으로 인하여 본인의 역할이나 가치관에서 충돌이 발생하기 때문에 행정조직의 구성원들이 좀 더 역할 모호성(role ambiguity)을 갖는다고 주장한다. 또한 공무원의 경우 제도적 제약으로 인하여 의사결정의 측면에 있어서 민간의 종사자에 비하여 업무 자율성(job autonomy)이 상대적으로 낮으며, 중간관리자 역시 권한(authority)에 있어서 제약을 받는다. 하지만 공공부분의 종사자의 경우 민간기업의 종사자에 비하여 직업적 안정성(job security)은 더욱 높다는 장점이 있다.[5]

3) 조직구조 형태

조직구조란 직무와 권위의 공식적인 체계에 의하여 발생하는 조직내 하위체제 간의 공식적인 관계를 의미한다. 일반적으로 우리는 매우 다양한 조직 구조적인 형태를 볼 수 있는데, 조직을 연구하는 학자들은 이렇게 다양한 조직형태의 결정요인을 찾는 연구를 지속적으로 발전시켜 왔다. 조직구조에 영향을 주는 요소를 살펴보면, 첫째 개인의 업무가 얼마나 분업과 전문화를 지향하는가에 따른 업무 전문화(job specialization)의 정도, 둘째 업무권한에 대하여 직원들에게 얼마나 자율성을 주는가에 대한 집권화와 분권화(centralization vs decentralization)의 정도, 셋째 규칙과 규정에 의하여 얼마나 조직구성원의 행동을 제약하는 정도를 의미하는 공식화(formalization)의 정도 등에 의하여 조직구조는 다양한 형태를 갖게 된다.[6]

위에서 언급한 것처럼 다양한 조직구조 형태가 존재하는데, 일반적이고 가장 흔한 정부 조직구조의 형태로서 관료제 조직이 있다. 이는 비교적 안정적인 외

---

5) Rainey, H. G., Backoff, R. W., & Levine, C. H. (1983). Comparing public and private organizations. CA: Mayfield Publishing.

6) 김지원 외. (2021). 인트로 행정학. 서울: 대영문화사.

부환경에서 반복적인 작업과 업무 표준화의 과정을 통해 업무의 통제를 높이는데 가장 적합한 구조이다. 이에 비하여 사업부 형태의 조직인 경우에는 조직전체의 통제성을 낮추며 조직의 기능적 요소를 중심으로 수직적 분권화를 위해 조직구조의 형태를 말하는데, 대표적으로 삼성전자의 경우 생산품에 따라서 가전제품사업부, 스마트기기 사업부, 반도체 사업부 등의 형태로 구성되어 있다. 이러한 사업부 형태는 조직 내 작은 조직의 특징을 갖는다. 프로세스 조직의 경우 제품의 생산과정을 중심으로 조직구조가 형성되는 것인데, 일반적인 제조업체의 많은 조직들이 이러한 프로세스형 조직 구조를 갖고 있다. 이러한 전통적 조직구조 외에도 관료제의 병리현상을 극복하기 위해서 현대에서는 동태적 외부환경에 유연하게 적용하기 위해서 독립적인 조직이 유동적으로 결합하는 형태인 네트워크형 조직, 팀 단위의 조직에 최대한 업무를 위임하는 자율관리 팀조직 (self-managed team organization) 등이 출현하고 있다.

2. 조직이론의 발달과 변천

1) 고전적 조직이론의 발달

고전적 조직이론의 시작은 독일의 사회학자 Max Weber의 관료제(bureaucracy) 연구에서 기인한다. 관료제의 개념은 사실 부정적인 의미로부터 시작되었는데, 프랑스의 외교관이었던 부르네가 프러시아(前 독일) 정부를 견학할 당시 정부의 모든 의사결정을 문서에 기반하고 기록하는 모습을 보면서 '문서에 의한 지배'(bureau+kratos)라는 의미로 처음 사용되었다. 반면에 베버는 그 당시 사회는 기존의 봉건제적 사회와 다른 근대성(modernity)을 지닌 사회라고 주장하며, 이러한 근대적 사회에서는 합리적·합법적 통제방식을 지향한다고 말한다. 또한 화폐경제의 발달로 관료들에게 규칙적인 월급의 지급이 가능하게 되었고, 행정의 발전에 따른 관료들이 전문적·기술적 우월성을 갖게 되었다. 또 기존 왕 중심의 권력 집중화가 사회전반으로 분산화되었기 때문에 근대사회에서는 관료제의 출현이 필연적이어서, 이러한 조직형태는 근대사회에 가장 적합한 조직구조라고 주장하였다.[7]

---

7) Weber, Max. (1947). The theory of social and economic organization. New York, NY.

베버가 관심을 갖고 있었던 관료제의 역사는 프러시아 팽창의 역사와 그 궤를 같이 하였다. 프러시아 대지주 융커(Junker) 집단의 자제들은 군대를 복무한 후에 공무원으로 임용될 수 있는 권리를 갖고 있었고, 실제로 많은 융커집단 출신들이 행정운영을 통해 절대군주를 보좌하였다. 이러한 전통으로 인하여 행정을 군대식 조직으로 운영하는 관리기술이 발달하게 되었으며, 이는 후에 관방학이 발전하는 계기가 된다. 고전적 관료제 조직은 몇 가지 특징을 갖고 있다. 첫째 조직구조는 피라미드식의 계층제의 형태, 둘째 의사결정이 법에 근거, 셋째 조직구성원의 업무가 분업화를 통한 전문화, 넷째 정실인사가 아닌 자격 중심의 인사채용, 다섯째 공식적인 문서에 의한 의사결정, 여섯째 조직 안정성 및 업무의 지속성 등을 추구한다.[8] 현대사회의 모든 조직의 형태는 베버가 주장하는 것처럼 어느 정도는 관료제의 형태를 갖고 있는 것은 사실이나, 관료제가 갖고 있는 병리현상(문제점)을 극복하기 위해서 새로운 형태의 조직구조가 출현하고 있다는 것은 현재를 살고 있는 우리에게 많은 시사점을 준다고 할 것이다.

독일을 포함하는 유럽 대륙과는 달리 영·미권 정부조직의 형태는 민간으로부터 영향을 많이 받는 전통적 특징을 가졌다. 19세기 초반에 급격한 산업혁명의 진행에 따른 초기 자본가의 등장으로 독점기업이 형성되어 기업 경영자들의 부(富)의 증가에도 불구하고 열악한 노동환경으로 노동가들은 조업단축, 파업 등의 노동운동을 전개하면서 기존의 생산관리 방식의 변화가 요구되는 상황이었다. 이에 20세기 초반 이러한 미국의 시대적 상황에서 테일러(Frederick Taylor)는 시간연구와 동작연구를 중심으로 '1인 1일 표준작업량'을 산출하여 노동자에게는 높은 임금을, 경영자에게는 낮은 노동비용을 추구하며 생산을 관리하는 「과학적 관리의 원리」(the principle of science management)라는 저서를 소개하였다. 과학적 관리이론은 실제 경영원리에 적용되어서 첫째 시간연구 및 동작연구에 따른 작업방식의 과학화, 둘째 인원의 배치와 분업조직의 효율화, 셋째 차별적 성과급에 따른 임금의 합리화, 넷째 작업환경의 개선, 다섯째 과업에 맞는 근로자 선별에 따른 합리적 선발방식의 도입을 이끌었다.[9]

이에 비하여 프랑스의 한 광산회사의 최고 경영자였던 페욜(Henry Fayol)은

Free Press.

8) 김지원 외. (2021). 인트로 행정학. 서울: 대영문화사.
9) 오세덕 외. (2019). 조직론. 서울: 윤성사.

경영자 측면에서 민간이나 공공부분의 모든 영역에서 적용할 수 있는 관리 일반화의 원칙을 찾으려 노력했는데, 그의 저서 「산업 및 일반 경영관리론」(general and industrial management)에서 조직은 그 규모에 상관없이 일반적으로 기술(technical), 영업(commercial), 재무(financial), 안전(security), 회계(accounting) 등 6가지 관리기능으로 구분될 수 있다고 주장한다. 비슷한 맥락에서 귤릭(Luther Gulick)은 루즈벨트 대통령이 연방정부의 조직개편을 위한 브라운로 위원회(Brownlow Committee)의 일원으로 참여하는 과정에서 조직재설계를 위한 조언을 하는 역할을 맡다. 그리고 이 경험을 바탕으로 행정관리의 보편적 관리기능을 POSDCoRB 약어로 표현하였는데, 이는 기획(planning), 조직(organizing), 인사(staffing), 지휘(directing), 조정(coordinating), 보고(reporting), 예산(budgeting)을 의미한다.[10]

고전적 조직이론은 조직 내 작업환경 개선과 구성원의 생산성 향상에 많은 기여를 했지만, 인간이 지닌 잠재력을 무시한 채 단순한 기계로 간주하는 부정적 관점과 생산관리가 아닌 다른 업무부분에서 이 이론을 적용하는데 어려움이 있다는 한계를 갖는다. 또한 관리의 보편적 기능을 찾는데 기여하였지만, 한 조직의 성패에 대한 이론적 분석틀을 제시하는 데 한계점이 있다.

2) 신고전적 조직이론(인간관계론)

신고전적 조직이론인 인간관계론의 등장은 미국 시카고 내 미국 국영 전화회사(AT&T)에 제품 공급업체였던 웨스턴 전기회사의 호손(Hawthorne)공장에서 실행된 한 실험으로부터 시작된다. 당초 실험 목적은 과학적 관리론에 근거하여 물리적 작업환경(조명)과 생산성의 관계를 조사하는 것이었으나, 기대와는 달리 작업환경의 변화에 상관 없이 생산성이 지속적으로 증가하는 현상이 발견되었다. 이러한 연구발견에 대한 의문을 풀기 위해서 하버드 경영대학의 메이요 교수(Elton Mayo)와 그의 제자인 뢰스리스버거(Roethlisberger)에 의해 주도된 추가적인 실험이 진행되었고, 이 실험부터는 인간의 심리적 요인인 피로·권태감 등과 생산성의 관계를 연구하였다. 그 결과 물리적 작업조건보다는 심리적 요인 등의 업무태도가 생산성에 미치는 영향이 크다는 것을 발견하였다. 이후 호손실

---

10) Gulick, Luther & Lyndall Urwick. (1937). Papers on the science of administration. New York: Institute of Public Administration, Columbia University.

험은 기존의 관리과학론이 기본적으로 가정하는 경제적 합리성을 추구하는 개인이라는 관점에서 벗어나, 심리적·사회적 욕구를 갖는 인간으로의 관리 관점을 갖게 하는 큰 변화를 일으켰다.

AT&T의 경영자였던 버나드(Chester Barnard) 역시 기존의 생산중심의 관리과학론의 관점에서 벗어나 조직을 '목표 달성을 위한 인간들의 협력체계'라고 정의하였다. 또한, 최고관리자는 조직의 목표달성을 위해 공시적·비공식적 조직의 협력과 조정을 이끌어야 한다고 주장하였다. 뿐만 아니라, 조직구성원의 협력의 과정에서 최고경영자의 윤리성과 책임성의 중요성을 강조하기도 하였다. 버나드는 기존 조직이론과는 달리 비공식 조직의 긍정적 효과를 강조하였다. 그에 따르면 비공식조직은 협력과 조정에서 긍정적인 역할을 한다고 말한다. 예를 들면, 정책적 이해당사자의 충돌 과정에서 정책의사결정자들의 비공식적 연계를 통해 해결하는 것을 현실에도 볼 수 있다.[11]

신고전적 조직이론(인간관계론)의 등장은 조직 내 인간적 요소의 발견이라고 종합할 수 있다. 기존 조직이론에서는 조직의 형태 등이 개인의 생산성에 영향을 준다고 강조하였으나, 인간관계론에서는 조직형태적 요소보다는 조직구성원의 인간적 욕구 즉, 자기개발, 존중의 욕구가 생산성에 큰 영향을 준다고 말한다.

3) 현대적 조직이론

고전적 조직이론의 중심은 합리적인 조직설계를 바탕으로 최고의 조직모형을 구축할 경우 최고의 성과를 창출할 수 있다는 기본 가정을 갖고 있었다. 하지만 1950~1970년대 등장한 상황이론(contingency theory)에 의하면 모든 조직에 적용될 수 있는 최고의 조직행태는 존재하지 않으며, 최고보다는 주어진 상황에 적합한 최적의 조직을 구축하는 것이 필요하다고 말한다. 상황이론의 발전은 조직 기능의 폐쇄적 특징을 강조하는데 반발하는 개방형 기능주의적 조직이론이 출현하면서 외부환경과 조직의 상호영향을 강조하는 사회학적 조직이론의 발전에 영향을 받았다.[12] 즉 조직의 구조와 형태는 조직 외부환경의 영향을 받는다는 것인데, 예를 들면, 최근 4차 산업혁명으로 정부 외부 환경에서의 기술

---

11) Barnard, C. (1938). The function of the executives. Mass. Harvard University Press.

12) 신동엽·이상묵. (2007). 거시 조직이론의 필드 구조. 연세경영연구, 44(2): 367-389.

변화가 크게 발생하고 있으며, 이러한 변화에 대응하기 위해서 4차 산업혁명을 준비하는 정부기능의 중요시되고, 이러한 기능의 강화는 과학기술정통부, 중소벤처기업부의 조직기능과 구조의 변화가 발생할 것이다. 종합하면, 상황이론은 조직의 성장과 소멸에 대한 이론적 근거를 제시한다는 점에서 학문적으로 기여했으나, 외부환경이 조직구조를 결정한다는 '환경결정론적' 시각에 대한 비판과 외부환경 변화의 의미가 추상적이고 애매하기 때문에 구체적인 인과관계를 측정하여 설명하는데 한계점이 존재한다.

상황이론과 비슷한 개념이지만 조직 구성원의 역량과 혁신을 강조하는 조직학습(organizational learning)이론 역시 1960년대 이후 지속해서 발전해 왔다. '학습'이란 문제점을 발견하는 과정을 의미하며, 조직학습이란 '외부환경의 변화에 따라 조직이 적응하는 과정에서 조직구성원들이 문제점을 발견·해결을 통해 조직 전체의 역량이 향상되는 것'을 의미한다.13) 반면에, 학습조직(learning organization)이란 조직 내에서 집단 간 상호학습을 통하여 개개인의 역량 향상을 추구하고, 최종적으로 조직의 성과향상을 위해 끊임없이 학습하는 조직이라고 정의 된다.14) 또한 조직의 전체적·통합적 관점에서 개인, 팀, 조직 등의 단위에서 상호 간 정보의 공유를 통하여 지식의 획득, 신념의 변화를 이끄는 지속적인 학습활동의 과정이라고도 정의된다.15) 다시 정리하면, 학습조직이란 소집단 구성원끼리 상호 간 정보교류나 대화를 통해 구성원의 역량개발을 추구하나, 조직학습은 이러한 학습조직의 형태를 기반으로 조직 전반의 역량개발에 대한 체계적 노력을 의미한다고 볼 수 있다.

마지막으로 조직의 중장기 전략 개발과 이에 따른 실행체계를 강조하는 전략집중형 조직(strategy-focused organization)의 개념이 존재한다. 이 개념은 하버드 경영대학의 Robert Kaplan 교수와 경영컨설턴트인 David Norton이 제시하였는데, 균형성과관리(balanced-scorecard) 개념과 연계하여 제시하였다. 전략집중형 조직은 한마디로 전략을 개발·실행하는 데 성과관리와 연계시켜서 그 실

---

13) Argyris, C., & Schön, D. A. (1978). Organizational learning: A theory of action perspective. Reading, MA. Harvard Business School Press.

14) Senge, P. M. (1990). The fifth discipline: The Art and Practice of the Learning Organization. New York, NY: Doubleday.

15) Watkins, K. E., & Marsick, W. J. (1993). Sculpting the Learning Organization. San Francisco: Jossey-Bass.

행력을 강화하는 목적으로 설계되었다. 전략집중형 조직이 되기 위해서는 첫째 경영층의 리더십을 통한 강한 조직혁신을 이끌어야 하며, 둘째 업무 담당자가 얼마나 전략을 이해하고 실행할 있도록 조직 전략에 대한 이해도를 높여야 하고, 셋째 성공적인 조직전략 실행을 위해서는 조직의 상부 목표와 하부목표 간의 정렬을 해야 하며, 넷째 조직원에게 전략실행에 대한 동기부여를 제공해야 하고, 마지막으로 다섯째, 구성원들의 지속적인 학습과 현재 운영체계와의 지속적인 통합에 대하여 노력해야 한다.[16]

---

16) Kaplan, R. S. & Norton, D. P. (1992). The Strategy-Focused Organization: How Balanced Scorecard Companies Thrive in the New Business Environment. Boston: Harvard Business School Press.

제2절   조직 환경과 목표

1. 조직 외부환경

조직이론의 발전은 크게 1960년대를 중심으로 시기적으로 구분이 되는데 1960년대 이전에는 조직이론을 외부환경에 관계없는 폐쇄적 시스템으로 보는 관점이 주류를 이루었으나, 60년대 이후부터는 조직의 외부환경과 교류하는 개방적 시스템의 관점으로 조직이론이 발전하였다. 특히 조직구조는 외부 환경적 (정치, 경제, 기술, 제도적) 요소에 '합리적(rational)' 적응의 형태로 변화한다는 이론이 주류를 이루었다.[17] 정부조직의 형태에서 예를 들면, 정보통신 기술의 발전에 의하여 정보통신기술의 국가전략 사업으로 육성과 정책의 수립 및 관리의 필요성에 의하여 1994년 정보통신부가 설립되었지만, 2008년 정보통신기술의 국가전략 사업이 마무리 되면서 정보통신부의 기능은 과학기술부, 문화관광부 등으로 통합·개편되었다. 결론적으로 조직은 외부환경의 변화에 적극적으로 적응해야하는 존재인 것이다.

최근 조직의 외부환경의 특징을 VUCA 시대로 요약될 수 있는데, 변동성(volatility)이 심화되고, 불확실성(uncertainty)이 높아지며, 사회적 복잡성(complexity)이 향상되고, 미래를 예측하기 어려운 모호성(ambiguity)이 높아지는 특징을 갖고 있다. 이러한 급격한 외부환경의 변화에 대한 조직의 빠른 적응을 강조하는 민첩형 정부조직(agile government)라는 개념이 최근 주목을 받고 있다. 민첩형 정부조직의 시작은 높아지는 시민의 행정서비스 질적인 향상요구에 따른 효과적인 방식에서의 대응의 일환으로 정부 조직의 형태적 측면에서 새로운 대안으로 출현하였다. 민첩형 정부

---

17) Scott, W. R. (1981). Developments in Organization Theory, 1960 – 1980. American Behavioral Scientist, 24(3): 407 – 422.

구조는 첫째 상황은 항상 가변적이다, 둘째 관료적 절차보다는 개인의 재량행위를 강조, 셋째 지속적인 자기성찰적 학습태도, 넷째 새로운 지식의 추구 등의 조건이 요구되며, 다섯째 변화의 필요성, 대응성과 책임성, 그리고 협력을 강조한다. 특히 이러한 형태의 조직구조를 만들기 위해서는 새로운 형태의 리더십이 필요하며 기존의 관료제적 형태로부터의 근본적인 변화가 필요하다고 주장한다.[18]

2. 조직전략

전략이란 조직이 목표를 달성하기 위해 외부환경의 변화에 대하여 어떻게 적응하는가에 대한 구체적인 계획을 의미한다. 전략을 위해서는 먼저 조직의 존립 근거를 의미하는 미션(mission)과 미래의 바람직한 상태를 의미하는 비전(vision)을 통해 조직구성원들과 같이 외부환경 변화에 따른 조직의 적응 계획을 공유하게 된다. 예를 들면, 새로운 행정부가 출범하면서 국정철학 및 정치적 이념의 방향을 설정하고, 이에 기반을 둔 미션 혹은 비전을 수립하며, 국가비전 달성을 위한 정책적인 전략과제를 도출하게 된다. 조직의 미션과 비전을 달성하기 위해 조직 차원에서의 목표를 설정하게 되는데 조직 목표는 달성하고자 하는 구체적 목적이 되며, 달성하기 위한 구체적 방법은 전략을 의미한다. 특히, 국민의 요구는 다양한데 한정된 재원에 의하여 시민들의 욕구를 모두 만족시키는 불가능하기 때문에 제한된 분야에서의 공공서비스 제공과 집중되어지는 정책수혜자의 개념을 명확하게 하는 과정이 전략적 선택 과정이다. 조직목표 달성을 위해 우리는 어떠한 프로그램을 선택하고 어떤 부분에 집중적인 서비스를 제공해야 하는가에 대한 구체적 결정은 정책 전략수립에서 매우 중요한 과정이다.

미국 하버드 경영대학원의 Michael Porter 교수는 국가차원의 산업경쟁력을 연구하는 과정에서 전략이론과 전략수립의 체계적인 방법을 제시한 대표적인 학자이다. 포터는 외부환경분석을 통해 조직생존의 위협요인을 분석할 수 있는 5 요인 동인모델(5-forces model)을 제시하는데, 5 요인은 ① 기존 산업내 경쟁구조, ② 잠재적인 진입자, ③ 대체재의 존재유무, ④ 공급자 교섭력 유무, ⑤

---

18) Mergel, I., Ganapati, S. & Whitford, A. W. (2020). Agile: A New Way of Governing. Public Administration Review. forthcoming.

구매자와 교섭력 유무 등을 의미한다. 이러한 분석모델을 통해 전략적 포지셔닝(strategic positioning)을 수립할 수 있는데, 기본적으로 차별화전략과 비용우의 전략, 집중화 전략 등이 있다.[19] 포터의 5 요인 동인모델의 경우 왜 그 산업이 매력적인가를 이해하는 데 매우 중요한 프레임을 제공하지만, 왜 그 조직이 성공·실패하는가를 설명하는 점에는 분석을 제공하지 못하는 한계점이 있다.

몇몇의 전략이론가인 게리 하멜 등은 조직전략 수립과정에서 중요한 개념인 핵심역량(core competency)을 소개하는데, 이는 다른 조직이 모방하기 힘들고 경쟁력을 갖게 하는 그 조직만이 소유하는 특유의 지식·기술·능력 등의 총합체를 의미한다. 따라서 하멜은 핵심역량을 모르거나 핵심역량이 없는 조직은 경쟁력이 없기 때문에 경쟁에서 살아남을 수 없다고 주장하며, 중·장기적으로 핵심역량에 대한 지속적인 개발이 중요하다고 강조한다. 핵심역량의 종류를 핵심 기술, 핵심 자산, 핵심 프로세스로 구분하였다. 핵심 기술이란 그 조직만이 지니고 있는 기술적인 경쟁력이라고 말하며, 핵심 자산이란 그 조직만이 갖고 있는 유·무형의 자산(예 브랜드 혹은 특허 등)을 의미하며, 마지막으로 핵심 프로세스는 업무과정에서 그 조직만이 갖고 있는 생산능력(예 AI기반 자동설비 등)을 의미한다.[20]

하지만 위에서 제시한 민간부분의 전략이론은 여러 가지 한계점을 지닌다. 우선 기본적인 이론의 가정에서 무한한 조직 간의 경쟁을 가정한다. 하지만 민간조직과 달리 공공조직은 공공서비스 제공의 독점적인 공급의 지위를 갖는 경우가 많기 때문에 위의 전략이론을 적용하는 데 한계점이 있다. 둘째는 외부 환경변화에 따른 생존을 위한 조직 간의 협력에 대한 노력을 위의 이론은 설명하는 데 어려움이 있다. 예를 들면, 공공조직에서 행정서비스의 보다 효율적·효과적 제공을 위한 거버넌스 체계나, 혹은 민간 기업 중 항공사나 해운사들은 생존을 위해 다른 업체들과 전략적 파트너십 등을 구축하는 사례도 존재하고 있기 때문에 기본적인 '경쟁' 가정에 문제점이 있다.

이러한 문제점으로 인하여 행정학에서는 민간의 전략이론을 그대로 차용하지 않고 다른 시각에서 전략의 개념을 소개하는데, 그 대표적인 학자가 하버드 행

---

19) Porter, M. E. (1985). Competitive Advantage, Free Press, New York.

20) Prahalad, C. K. & Hamel, G. (1994). Competing for the Future. Harvard Business School Press, Boston, MA.

정대학원의 무어(Moore) 교수이다. 무어 교수는 행정의 궁극적인 목표는 공공가치(public value)의 창출이라고 주장하며, 공공가치의 창출을 위한 구체적인 방법론인 공공가치 측정표(public value scorecard)를 제시하였다. 공공가치측정표는 원래 케플란과 노턴(Kaplan & Norton)이 개발한 균형성과관리(balanced scorecard)의 아이디어를 빌려와 공공조직의 공공가치창출을 중심으로 가치창출전략(value creation strategy)을 중심으로 수정하였다. 무어 교수는 공공부분의 전략수립을 위해 크게 3가지를 고민해야 한다고 주장한다. 첫째 공공조직이 추구하는 궁극적 가치(ultimate public value)는 무엇인가?, 둘째 서비스를 수행하기 위한 합법성과 지원(legitimacy & support)을 확보하고 있는가?, 셋째 서비스 제공을 위한 충분한 수행역량(operational capability)을 갖고 있는가?[21] 이러한 고민을 바탕으로 가치창출을 위한 구체적 실행전략을 구축해야 한다고 주장한다.

3. 조직전략의 실행

성과관리(performance management)란 조직의 중·장기 전략적 목표달성을 위하여 조직목표와 하부 조직목표와의 정렬을 통해 목표달성을 추구하고, 목표의 달성여부를 평가하여 보상해 주는 지속적이고 체계적인 조직 활동이다.[22] 위에서 언급한 것처럼, 예를 들면, 새로운 행정부가 출범하면서 국정철학 및 정치적 이념의 방향설정 후 미션 혹은 비전을 정립하며, 국가비전 달성을 위한 정책적인 전략과제를 도출하게 된다. 이러한 전략과제는 청와대 단독으로 실행할 수 없기 때문에 다시 하부 관련조직에게 전략 과제를 위임하게 된다. 특히, 이 과정에서 가장 중요한 것이 상부 목표의 하부목표를 일치화 시키는 목표 세분화(goal cascading) 과정이 발생하는데, 이러한 과정에서 일치화가 약하게 된다면 전략과제의 실행이 약하게 될 수밖에 없다.

---

21) Moore, Mark H. (1995). Creating public value: Strategic management in government. Cambridge, MA: Harvard University Press.

22) Aguinis, H. (2009). Performance management. Upper Saddle River, NJ: Pearson Prentice Hall

〈그림 8-1〉 성과관리 프로세스

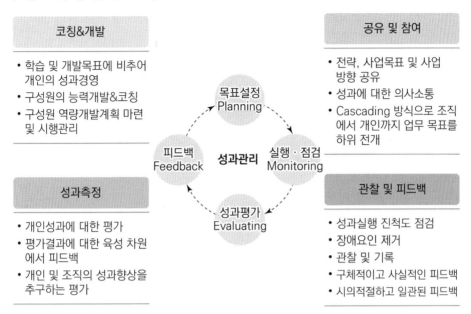

일반적으로 성과관리제도는 '목표설정 – 실행·점검 – 성과평가 – 피드백'의 일련의 과정으로 구성된다. 목표설정 단계에서는 조직전략의 방향성을 검토하고, 전략적 목표 달성을 위해서 각 하부 조직별 사업계획 및 성과지표를 중심으로 목표를 확정한다. 특히 이 과정에서는 전략과제 성과측정을 위해서 성과달성도를 측정가능할 수 있도록 객관적인 수치를 중심으로 목표를 수립한다. 집행단계에서는 목표달성을 위해 조직구성원이 전략과제를 실행하는 과정을 의미한다. 이 단계에서 과제 담당자는 목표 달성을 위해 분기별 혹은 반기별로 관리자에게 보고하고, 관리자는 진행사항을 점검하게 된다. 이 과정에서 관리자는 담당자가 전략과제 진행에 어려움 여부를 확인하고 장애요인을 제거해 줘야 한다. 성과평가(근무성적평정) 단계에서는 위의 목표수립 단계에서 설정한 조직과 개인단위별 목표와 실제적으로 수행된 업무실적을 중심으로 결과를 정하여 평가점수를 부여한다. 마지막 결과환류(feedback) 단계에서는 성과평가의 결과를 공유하며 차년도 전략적 목표달성을 위한 보완계획을 수립한다.

성공적인 성과관리를 위해서는 조직의 전략적 목표달성 여부에 대한 객관적인 평가가 절대적으로 필요하다. 목표관리는 업무성과에 대한 수치적인 지표를 선정하고, 개인 스스로 목표를 설정하고 점검하는 특징을 갖는다. 목표관리(MBO)라는 것은 조직차원에서 가능한 객관적인 목표를 설정 과정에서 조직구성원과 관리자가 대화를 통해 조직목표를 설정·합의하고, 이를 기반으로 평가하여 보상하는 관리체계이다.[23] 특히 목표설정 과정에서 목표 달성 여부를 측정하기 위해서 구체적인 수치로 표현하게 되는데, 이를 핵심성과지표(KPI: Key Performance Indicator)라고 부른다. 성과평가(업적평가)는 대부분 핵심성과지표를 중심으로 1년간 수행한 업무를 목표 대비 실적으로 평가하여 평정하는 정량평가의 방식으로 수행된다. 예를 들면, 인사관리부서의 중장기 조직목표로 창의적 인재채용을 목표로 설정하였다면, 창의적 인재를 측정하기 위한 지표가 KPI가 되며, 창의적 인재 채용의 수치를 매년 10명으로 구체적으로 기술하면 이것이 목표치가 되는 것이다. 만약 매년 10명의 채용목표가 달성된다면 중장기 조직목표가 달성되어서 조직의 미션 및 비전이 달성하게 되는 원리이다.

현재도 많은 공공기관이 목표관리제를 활용하고 있는데, 그 장점은 우선적으로 성과측정을 위한 명확한 수치화된 핵심성과 지표를 쓰기 때문에 보다 성과를 객관적으로 평가할 수 있으며, 조직목표를 이해하는 데 도움을 줄 수 있기 때문이다. 위의 장·단점 외에도 공공조직에서 성과관리는 업무책임성을 증가시킬 수 있으며, 행정의 투명성과 혁신성을 높여주며, 합리적 의사결정 등을 강화시킬 수 있는 장점을 가졌다.[24] 일반적으로 성과관리의 필요성과 효과성에 대하여는 동의하지만, 성과관리의 부정적인 결과는 관리자들의 '성과평가'를 운영하는 잘못된 행동의 결과에 의해서 발생한다고 주장하며 성과관리보다는 성과평가에 대하여 부정적 의견을 제시하고 있다.

최근에 많은 공공조직에서 활용하고 있는 균형성과관리(BSC: Balanced Score Card)란 민간부분에서 기존 목표관리를 재무적 관점에 집중되어 전략을 실행하였으나, 효과적인 전략실행을 위해서는 다양한 관점에서 접근해야 한다고 주장하면서 제기된 전략실행의 도구(tool)이다.[25] 균형성과관리는 전략실행의 효과성

---

23) Drucker, P. (1976). What Results Should You Expect? A Users' Guide to MBO. Public Administration Review, 36(1): 12−19.

24) De Bruijn, H. (2002). Managing Performance in the Public Sector. London: Routledge.

25) Kaplan, R. S., & Norton, D. P. (1992). The balanced scorecard: Measures that drive performance. Harvard Business Review, 70(1): 71−79.

을 위해서는 네 개 관점(학습과 성장, 내부 프로세스, 고객, 재무)이 균형적으로 목표가 수립되고 직원들과 공유될 때 전략 수행에 대한 성과가 발생할 수 있다고 주장하며 새롭게 제기된 성과관리 체계이다. 전략실행을 위한 최고의사결정자는 학습과 성장관점에서 나무의 뿌리에 해당되는 것으로 전략실행을 위해서 직원들은 어떤 교육을 시켜야 하는가에 대한 질문이며, 내부 프로세스 관점이란 나무의 줄기에 해당되며 전략적 목표달성을 위해서 조직 내부의 운영체계의 어떠한 부분을 변화시켜야하는가에 대한 질문이며, 고객관점이라는 것은 나무의 잎에 해당되며 조직전략 달성을 위해 과연 고객에게 어떠한 새로운 가치를 제공해야하는가에 대한 질문이다. 마지막으로, 재무적 관점은 기존 성과관리처럼 열매에 해당되는 것으로 전략목표 달성을 위해 어떠한 재무적 지표에 관심을 가져야하는가에 대한 질문이다.[26]

4. 조직개발과 정부혁신

조직개발(OD: organizational development)이란 조직 외부환경 변화에 대응할 수 있도록 조직전략, 구조, 업무 프로세스를 변화시키는 조직차원의 의도된 혹은 계획된 변화를 의미한다. 보다 넓은 의미로는 조직의 계획된 개입을 통하여 조직의 업무성과와 구성원의 삶의 질을 향상시키는 총체적인 과정을 의미한다.[27] 조직개발의 역사는 레윈(Kurt Lewin)과 동료들의 지역사회 리더십 개발을 위한 1946년 실험실 훈련(T-Group 실험)으로부터 시작되는데, 당초에는 실험참가자의 관찰을 통해 전문가들의 의견을 통해 리더십을 개발하려고 했으나, 실험참가자들의 상호 관찰 중심의 피드백을 포함하여 교육 효과를 높이게 되었고, 실험실 훈련을 통해 집단형성(team building)의 매커니즘을 이해하게 되었다. 50년대에는 더욱 발전하여 맥그리거(Douglas McGregor)와 벡하드(Richard Beckhard)가 컨설팅을 수행하면서 기존의 방식과는 달리 상향식(bottom-up) 중

---

26) Kaplan, R. S., & Norton, D. P. (1992). T. The balanced scorecard: Measures that drive performance. Harvard Business Review, 70(1).

27) Porras, J. I., & Robertson, P. J. (1992). Organizational development: Theory, practice, and research. In M. D. Dunnette & L. M. Hough (Eds.), Handbook of industrial and organizational psychology. Consulting Psychologists Press, 719-822.

심의 생산성 향상을 위한 조직혁신을 조직개발로 명명하였다. 이후 연구자와 실무자가 함께 조직문제의 원인을 찾기 위해서 과학적으로 자료를 수집하고 분석하여 처방을 제시하는 실행연구(action research)로 발전되었으며, 1970~80년대 TQM(total quality management) 혹은 Six Sigma 등 조직 전체의 생산성과 효율성 향상을 위한 방법으로 활용되었다. 이후 조직적 차원의 생산성을 높이기 위해서는 근로자의 삶의 질(Quality of Work Life)에 대한 관심이 필요하다고 제기되었으며, 직원들의 업무몰입과 권한위임을 통한 생산성 향상에 발전을 이루었으며, 최근에는 조직문화 변화활동과 조직의 전략적 차원에서 조직의 변화를 이끄는 형태로 발전하고 있다.

레윈(Kurt Lewin)은 조직변화의 과정을 3단계로 제시하는데 우선적으로 해빙단계(unfreezing)에서는 구성원과의 비전 공유를 통해 변화를 공감하고, 이후 변화단계(moving)에서는 변화에 필요한 개인과 조직전체의 역량향상을 통해 변화의 동력을 확보하고, 다시 재동결단계(refreezing)에서는 조직변화를 제도화하여 정착시키는 과정으로 설명한다.[28] 하지만 3단계 모형은 변화를 설명하는 데 도움이 되지만 경우 구체적으로 어떻게 변화를 이끄는 방법을 제시하지 못하는 한계점이 있다. 이에 대하여 커터(John Kotter)는 8단계 모형을 제시하는데, 우선적으로 ① 위기감을 조성하여 변화의 분위기를 만들고, ② 변화를 주도하는 팀을 구성하며, ③ 변화관리 계획을 수립하고, ④ 구성원들의 자발적인 참여를 유도, ⑤ 변화의 장애물을 파악하고 제거하며, ⑥ 단기적인 성공사례를 만들고, ⑦ 변화추진을 가속화하고, ⑧ 변화를 문화로 정착시킨다.[29]

조직개발의 과정에서 수립한 변화계획과 실행을 추진하면서 많은 직원들의 변화에 대한 저항이 발생하게 된다. 변화에 대한 저항이란 조직변화에 대한 목표를 저해하는 행동 혹은 현 상태를 유지하려는 태도 등의 총체를 의미한다. 특히, 변화추진 과정에서 발생하는 저항은 예상치 못한 지연 활동이나 비용을 동반하게 되고 변화 과정의 불안정한 상태를 야기시키는 구성원의 대응행동으로 나타날 수 있다. 즉, 조직변화에 대한 저항은 어느 특정 단계에서만 일어나는 것이 아니라 변화의 전 과정에서 나타난다. 따라서 저항은 변화 과정에서 반드시 고려되어야 하는 요소이다.

---

28) Lewin, K. (1947). Field theory in social science. New York. Harper & Row.

29) Kotter, J. P. (1996), Leading Change, Harvard Business School Press, Boston, MA.

정부혁신은 어떻게 보면 행정학의 도입으로부터 시작된다고 볼 수 있는데, Woodrow Wilson(1887)의 「The study of administration」 논문에서 행정학 연구의 필요성에 대하여 제시하면서, 행정학의 방향과 목적은 어떻게 하면 정부가 성공적으로 가장 '효율적'으로 정책을 실현하는 방법을 발견하는지에 있다고 주장한다. 이러한 효율적인 정책수행에 대한 개선을 찾는 전통은 1980년대 영미권의 신자유주의 경제이념과 작고 효율적인 정부를 지향하며 민간조직의 관리 DNA를 공공의 영역에 도입·적용을 강조하는 신공공관리(new public management)의 기조와 함께 정부재창조(reinventing government)이론30) 등을 기반으로 현재까지도 많은 정부혁신이 추진되고 있다.

우리나라에서 공공부문의 혁신은, 위에서 제시한 신공공관리론(new public management)의 영향을 받아 1990년대 이후 우리나라 모든 정부에서 혁신을 추진하고 있다. 예를 들면, 김대중 정부에서는 국제금융위기(IMF) 극복의 최우선 정책운영을 위해 구조조정을 통한 민간·공공부분에서의 혁신을 추구하였다. 노무현 정부에서도 정부혁신을 추진하였지만, 범정부차원에서 하향식으로 행정혁신을 체계적이며 통합적으로 추진하였다는 점에서 기존의 정부혁신의 노력과는 차별화가 된다. 이명박 정부는 실용정신을 강조하면서 '유능하고 작은 정부, 국민을 섬기는 정부'를 만들기 위해서 정부조직의 통폐합을 추진하였다. 박근혜 정부에서는 '깨끗하고 투명하고 유능한 정부'를 천명하며 행정패러다임을 웹 기반을 중심의 전자정부 중심으로 정부혁신을 추진하였다. 마지막으로 문재인 정부 역시 행정혁신을 추진하였는데, 국정목표인 '정의로운 국가구현'을 목표로 국민이 정부혁신을 체감할 수 있도록 사회적 가치제고와 정부신뢰를 중심으로 혁신의 방향을 설정하여 추진하고 있다.31)

---

30) Osborne, D., & Gaebler, T. (1992). Reinventing Government: How the entrepreneurial spirit is transforming the public sector. Reading, MA: Addison—Wesley.

31) 김미경. (2020). 우리나라 역대 정부별 정부혁신 흐름과 특성 분석. 한국인사행정학회보, 19(1): 117-139.

제3절   조직과 구조

1. 조직구조의 개념

　조직구조는 조직구성원들 또는 조직을 구성하는 부문 간의 상호작용을 일정한 질서나 유형으로 구성한 것을 의미하며, 조직에 있어서 업무의 흐름(work flow)을 결정하는 중요한 의미를 가지고 있다. 따라서 조직구조는 조직활동이 이루어지는 실질적이고 물리적인 구조의 의미와 함께 조직부서 간 그리고 조직구성원 간 유기적인 협력 및 조정 등을 내포하고 규정한다.

2. 조직구조의 기본변수

　조직구조의 기본변수란 조직구조의 기본 요소인 직위와 과업, 권한과 책임이 갖고 있는 특성이나 수준을 나타내는 것으로, 공식화, 집권화, 복잡성 등이 있다.

1) 공식화

　공식화(formalization) 또는 공식성은 조직 내 직무의 표준화 수준 또는 조직구성원의 조직활동에 있어서 규칙과 절차에 의존하는 정도를 말한다. 즉 조직의 공식화 수준이 높다는 것은 조직 구성원이 조직 내부의 규칙에 따라 업무를 수행해야 하므로 개인의 재량권이 낮은 것을 의미하고, 공식화의 수준이 낮다는 것은 조직 내부의 관련 규칙이 적어 조직구성원이 상당한 재량권을 발휘하면서 업무를 수행하는 것을 말한다.

이러한 공식화의 장점 및 필요성은 다음과 같다.

첫째, 조직구성원들의 행동이 정형화 되어 통제가 쉬워진다.

둘째, 공식화의 수준이 높을수록 조직행동에 대한 예측가능성이 높아진다.

셋째, 조직 내 활동을 공식화 할수록 어떤 상황에서 어떤 행동을 해야 할지를 알게 되므로 급격한 상황 변화 시 조직 내 혼란을 막을 수 있다.

반면에 공식화의 단점은 다음과 같다.

조직 내 규칙에 따라야 하는 경우가 많아지므로 조직 구성원들의 자율성이 축소되며, 관료제의 병리현상인 복지부동이나 비창의적인 업무처리 등이 만연될 수 있다.

2) 집권화와 분권화

집권화(degree of centralization)는 조직 내의 권력을 어떤 특정한 개인, 계층, 집단에 집중하거나 위임하는 것을 의미한다. 집·분권은 국가에 따라 다양한데 어느 나라나 완전한 집권·분권은 있을 수 없고 어느 쪽이 강조되느냐에 따라 상대적인 성격을 띠고 있으며 여건 변화에 따라 항상 동태적으로 변한다.

이러한 집권화와 분권화는 형태차원에서 볼 때 조직활동이 한 지역에 집중되거나 여러 지역에 분산되는 형태와 조직 내의 인사기능이 한 부서에서 이루어지는 경우와 조직 내의 여러 부서에서 독립적으로 수행되는 형태며, 그리고 권한배분에 있어 의사결정권이나 지휘·명령권이 내포하고 있는 정도에 따른 형태를 말한다.

집권화와 분권화 수준을 결정할 때 최근 들어 분권화가 더욱 긍정적인 가치를 가지고 있는 것으로 논의되고 있는 것이 사실이다. 특히 관료제의 많은 병폐 현상과 역기능을 해결하기 위해 더욱 그러하다. 그러므로 분권화에 대한 논의는 매우 정교하게 설계되어야 하며, 집·분권은 <표 8-1>과 같이, 상대성을 띠며 어느 한편의 장점은 다른 한편의 단점이 된다. 그러므로 그 나라의 정치이념, 행정합리화 및 사회문화에 대한 관심 등에 따라 양자가 조정되어 균형적으로 이용되는 것이 바람직하다.

〈표 8-1〉 집권화 · 분권화의 형성 요인 및 장 · 단점

	집권화	분권화
형성요인	① 조직의 규모가 작을 때 ② 신설조직일 때 ③ 조직의 위기상황일 때 ④ 조직의 운영이 특정한 개인의 리더십에 의존할 때 ⑤ 하급자의 자주적인 관리능력이 부족할 때 ⑥ 특정한 활동의 전문화가 필요할 때 ⑦ 결정사항의 중요도가 높을 때 ⑧ 상급자나 상급기관에 정보가 집중될 때 ⑨ 조직 밖의 통제가 집권적일 때	① 최고관리자가 장기기획이나 정책 문제에 집중할 때 ② 업무의 신속성이 요구될 때 ③ 조직 내에 관리자를 육성하고 동기부여의 분위기가 강할 때 ④ 조직의 규모가 커져 복잡성이 더해질 때 ⑤ 조직이 혁신기법이나 기술을 받아들이고 대량생산시스템을 구축하려고 할 때 ⑥ 지역의 특수성이나 시기의 적절성을 고려하고자 할 때 ⑦ 분권화를 이루려는 관리자가 있을 때
장점	① 통일성 촉진으로 업무효율 향상 ② 전문적 기술의 활용가능성 향상 ③ 경비절감 ④ 위기대처능력 향상 ⑤ 행정의 중복, 혼란, 분열 방지	① 대규모조직에 효용 크며, 최고관리층 업무 감소 ② 신속한 업무처리 ③ 참여의식 권장과 자발적 협조유도 ④ 탄력적인 업무수행 ⑤ 의사전달개선으로 인간관계와 사기고무
단점	① 관료주의 및 권위주의 경향 초래 ② 형식주의화하여 실효성 저해 ③ 획일주의화로 탄력성 상실 ④ 부하의 창의성 · 자주성 · 혁신성 억제	① 중앙의 지휘감독 약화, 업무중복초래 ② 협동심 감소와 조정이 어려워짐 ③ 전문화 및 전문직의 기술활용도 어려움

3) 복잡성

복잡성(complexity)이란 조직의 분화 수준을 의미하는 것으로, 수직적 분화, 수평적 분화, 장소적 분산의 세 가지로 구성되는데, 이들 세 가지의 수준이 높을수록 조직의 복잡성은 높아지게 된다.

첫째, 수직적 분화(vertical differentiation)는 조직구조의 깊이를 가리키는 말로 권한계층의 최상층으로부터 최하층에 이르는 계층의 수를 말한다. 수직적 분화 수준을 나타내는 지표로는 조직 내 계층의 수와 계층제의 깊이 등을 들 수 있다.

수평적 분화(horizontal differentiation)는 업무의 세분화를 가리키는 말로 조직

구성원의 수, 과업의 양과 질 등에 따른 조직 단위 간의 수평적 분화 정도를 말한다.

장소적 분산(Spatial dispersion)은 지역적·장소적으로 분산되어 있는 것을 의미한다. 장소적 분산을 나타내는 지표로는 업무수행장소 및 물적 시설이 장소적으로 분산되어 있는 수준과 정도, 주된 사무소와 분산된 시설과의 장소적 거리 등을 들 수 있다.

조직구조에 있어서 복잡성이 지나치게 증대하는 것은 조직 내 인력과 업무의 상충 등으로 인해 효율성을 저해시킬 수도 있다. 그러므로 조직 내 효율성을 높이기 위한 조직구조의 복잡성은 그 속성을 깊이 이해하고 심도 있게 검토하고 고려해야 한다.

4) 기본변수들의 통합

번즈와 스토커(Burns & Stalker, 1961)는 조직구조의 기본변수인 공식화, 집·분권화, 복잡성을 통합하여 조직구조를 구분하고자 하였다. <그림 8-2>의 유기적 조직(organic organization)과 기계적 조직(mechanistic organization)은 Burns와 Stoker가 기술적 환경과 조직구조를 관련시켜 유형화한 것이다.

〈그림 8-2〉 기계적 조직과 유기적 조직

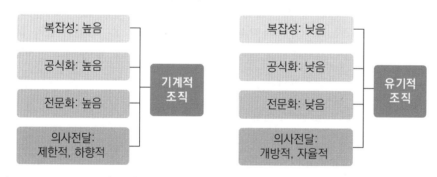

자료: Burns & Stalker(1961)

조직을 효과적으로 관리하기 위해서는 분화와 함께 통합을 어떻게 적절하게 운영할지가 매우 중요하다. 통합이란 말 그대로 조직의 목표를 달성할 수 있도록 조직구성원은 물론 조직의 각 하부단위를 하나로 엮어 내는 과정이라고 할 수 있다. 사실 수많은 조직구성원과 하부단위를 조직의 목표를 수행할 수 있는 하나의 시스템으로 제대로 연계하기 위해서는 조직 내에서 수시로 조정의 과정이 필요한 바, 여기서 통합의 필요성이 발생한다.

3. 조직구조의 상황변수

조직구조에 영향을 미치는 변수로는 앞에서 살펴본 기본변수와 함께 상황변수가 있다. 여기에서는 상황변수인 규모, 기술, 환경 등에 대하여 알아본다.

1) 조직규모

조직규모는 주요한 상황변수로 인식되어 왔다. 즉, 조직규모가 커질수록 공식화, 분권화, 통합의 수준은 증가한다고 한다.

이러한 조직의 규모를 파악하는 데 있어서 다양한 기준이 가능한 바, 어떠한 기준을 설정하느냐가 중요하다. 일반적으로 조직규모의 판단기준으로 거론되는 것에는 조직구성원의 수, 매출액, 자본금, 자산총액 등 여러 가지가 있다.

이러한 조직규모와 조직구조의 기본 변수 간의 관계를 살펴보면 다음과 같다.

첫째, 조직규모와 공식화이다. 조직의 규모가 커질수록 과업은 분업화되고 구성원들의 행동은 공식화된다.

둘째, 조직규모와 집권화이다. 조직규모와 집권화는 대체적으로 역의 관계에 있다고 할 수 있다.

셋째, 조직규모와 복잡성이다. 조직규모가 커질수록 조직구조는 점점 복잡해져 감으로써 복잡성이 증대된다.

2) 조직기술

조직기술이란 조직의 투입이 성과로 연결되고 변화되는 과정에 활용되는 기술적인 측면들 즉, 지식, 기법 그리고 수단들을 말한다.

기술의 특성은 현실적·객관적이며 환경의 상태에 의하여 결정되지만 사회적으로 결정되거나 조직참여자의 시각에 따라 동일한 업무에서도 획일성 또는 다양성, 예측불가능성·복잡성 또는 확실성·단순성 등 어느 쪽에 치중할 수도 있다. 조직은 구조설계, 기획·통제활동, 충원·훈련·동기부여, 의사결정과정 등에 걸쳐 극히 다양한 사회적·행태적 기술을 활용하고 있다.

우드워드(Woodward)는 조직기술을 그 복잡성에 따라 단위소량생산체계, 대량생산체계, 연속공정생산체계의 세 가지 유형으로 나누었으며, 조직수준의 기술이 조직구조에 미치는 영향을 다루었다.

페로우는 조직 수준보다는 부서 수준의 기술과 이에 따른 조직 구조의 형태에 관심을 기울였으며, 조직기술을 일상적 기술, 장인 기술, 공학적 기술, 비일상적 기술로 분류하고 있다.

3) 조직환경

조직환경이란 조직의 경계밖에 존재하면서 조직에 영향을 미치거나, 또는 영향을 미칠 가능성이 있는 모든 것이다.

던컨(Duncan)은 지각이라는 개념을 이용하여 환경의 불확실성을 연구면서 환경의 불확실성은 두 가지 차원, 즉 정태성·동태성이라는 차원과 단순성·복잡성이라는 차원으로 이해할 수 있음을 밝혔다.

톰슨(Thompson)은 환경을 <표 8-2>와 같이 안정-불안정, 동질-이질의 두 가지 차원으로 나누고 이 두 차원의 조합에 따른 조직의 최적구조를 제시하였다. 결국 안정적 환경에 속한 조직은 규칙에 의존하는 관료제적인 적응형태를 취했고, 불안정적인 환경에 속하는 조직은 관료제 속에 유기적인 조직의 특성이 혼재한다고 한다.

〈표 8-2〉 Thompson의 환경에 따른 조직구조

	동질적	이질적
안정	비교적 간단한 차별화와 표준화된 절차나 규정을 통해 환경에 적응	다양한 차별화와 표준화된 규칙으로 환경에 적응
불안정	계획을 탄력적으로 변화하면서 환경에 적응	조직을 분권적으로 차별화하여 변동에 대응하고 계획을 탄력적으로 변경

자료: Thompson, J. D.(1967). Organizations in Action: Social Science Bases of Administra tive Theory. New Brunswick, NJ: Transaction Publishers.

4. 조직설계의 기본구조

민츠버그(Mintzberg)는 조직이 다섯 가지 기본 부문으로 구성되어 있으며, 각 부문별로 조직구성을 위한 힘을 발휘하여 각각 자기 쪽으로 조직을 움직이려는 경향이 있다고 주장하였다. 즉, 조직구성의 기본 부문으로 전략정점, 핵심운영층, 중간관리층, 기술구조부문, 지원참모부문을 들고 있다.

Mintzberg에 의한 조직의 다섯 가지 기본 부문은 다음 <그림 8-3>과 같이 나타낼 수 있다.

〈그림 8-3〉 조직의 다섯 가지 기본 부문

자료: Mintzberg(1983: 262). 박경원 외(2000: 237)에서 재인용.

첫째, 전략정점(Strategic Apex)은 조직을 가장 총체적으로 관리하는 최고경영진이 전략을 수립하는 곳으로 주로 조직을 둘러싼 환경관리에 힘쓰며, 조직의 비전과 기본전략을 결정한다.

둘째, 핵심운영층(Operating Core)은 조직의 기본업무 즉, 제품이나 서비스를 생산하고 공급하는 가장 중요한 영역이다. 즉, 제품이나 서비스를 생산하고 공급하는 사람들로 구성되어 있다.

셋째, 중간관리층(Middle Line)은 전략정점과 핵심운영층을 직접적으로 연결하는 위치에 있는 모든 중간관리자들로 구성된 부문으로 핵심운영층을 감독 및 통제하는 동시에 자원을 지원하고 공급하는 역할을 수행한다.

넷째, 기술구조(Techno-Structure)는 주로 조직의 산출물 및 서비스의 생산과정을 검사함으로써 조직구성원들의 업무를 표준화하는 역할을 하는 부문으로 전문분석가 집단을 의미한다.

다섯째, 지원참모(Support Staff)는 조직활동에 있어서 기본적인 작업의 흐름과는 직접 상관이 없지만 핵심운영층에서 작업이 제대로 이루어지고 달성되도록 지원을 담당하는 전문가들로 구성되어 있다.

Mintzberg는 이러한 조직구성의 다섯 가지 기본 부문을 기초로 단순구조, 기계적 관료제, 전문적 관료제, 사업부제구조, 애드호크라시 등을 가능한 조직설계 모형으로 제시한다.

1) 단순구조

단순구조(simple structure)는 전략정점과 핵심운영층만 존재하는 가장 단순한 구조이다. 즉, 고도로 집권화되어 있는 유기적 구조로서 그 권한이 전략정점의 최고관리자에게 집중되어 있으며, 지원참모부문이나 기술구조부문 그리고 중간관리층이 없거나 거의 존재하지 않는 수준에 있는데 이 구조는 주로 매우 작은 규모의 조직이나 새로 생겨난 조직에서 발견된다.

단순구조는 그 규모가 작고 집권적인 의사결정이 신속히 이루어질 수 있다는 점에서 급변하는 동태적인 환경에 적응하기 용이하다는 장점이 있지만, 최고관리자의 판단이나 성향에 크게 의존한다는 점에서 잘못된 판단이나 결정을 했을 때 가장 큰 위험이 초래될 수도 있는 등의 단점이 있다.

2) 기계적 관료구조

  기계적 관료제(machine bureaucracy)는 베버(Weber)가 언급한 이념형 관료제 조직구조와 가장 가까운 형태로서 대부분의 조직, 특히 대규모 조직에서 나타나는 유형이다. 즉, 계층제의 원리, 표준화된 업무처리, 명문화 된 내부규정 등을 특징으로 한다.

  기계적 관료제 구조는 그 특성상, 동태적인 환경보다는 단순하고 안정적인 환경, 규모가 작은 조직보다는 규모가 크고 안정된 조직의 경우에 주로 선택되는 조직유형이다. 효율성이 높다는 장점이 있지만, 조직관리에 있어서 인간에 대한 관점이 기계적인 능률성을 강조하다 보니, 비인간화와 인간소외를 유발한다는 것과 급변하는 환경대응에 적절하지 못하다는 단점이 있다.

3) 전문적 관료구조

  전문적 관료제(professional bureaucracy)는 대규모 조직과 복잡하고 안정적인 환경에 적합하다. 그리고 전문화 과정을 통해서 내재화된 일상적인 기술을 사용하는 조직에 적합하다. 복잡하고 안정적인 환경은 조직으로 하여금 정규적인 교육프로그램을 통해서 습득되는 어려운 기술의 사용을 요구하지만 그 기술자체는 명확하게 정의되고 표준화되어 있어 안정성이 유지되는 환경을 의미한다. 1980년대에 조직 내에 전문가의 수가 급증하면서 기계적 관료제를 대신할 수 있는 조직구조를 요구하게 되었는데 그 대안으로 등장한 것이 바로 전문적 관료구조이다.

4) 사업부제 구조

  조직이 제품이나 고객 또는 지역에 따라 분화해야 할 경우에, 각 부문의 이익을 책임지는 자율적인 권한을 가진 사업부들로 구성되는 분권형 조직구조이다. 즉, 조직에 대한 분권화와 조직혁신 등의 요구에 대응하기 위한 조직모형으로 개발되었다.

  사업부제 구조는 표준화를 강조한다는 점에서 기계적 관료구조와 비슷하기에 정형화되지 않은 절차와 산출물과 관련이 있는 복잡하고 동태적인 환경에는 어울

리지 않는다. 이러한 사업부제는 분권형 조직구조이므로 조직에 발생할 수 있는 위험을 분산할 뿐만 아니라 조직이 가지고 있는 자원을 효율적으로 배분할 수 있다는 장점이 있지만, 조직혁신 및 조직변화가 어렵고 부문 최적화에만 치중하다 보니 더 중요할 수도 있는 조직 전체 최적화에는 한계가 있을 수 있다는 단점이 있다. 중복성으로 인한 비효율적인 조직관리가 이루어질 수 있다는 한계도 있다.

5) 애드호크라시(adhocracy)

애드호크라시(adhocracy)는 관료제(bureaucracy)와 대비되는 개념으로서 조직의 민첩성과 효율성을 제고하기 위해서 조직 내 다양한 전문적인 능력을 가지고 있는 구성원들을 임시적이고 유기적으로 연결시키는 구조로 매우 혁신적인 성격을 갖는다. 이는 문제를 해결하기 위해 변화가 빠르고 융통성이 있으며, 일시적인 체제라고 할 수 있다. 단점으로는 책임소재가 불분명하기 때문에 조직 내 갈등이 발생할 소지가 높다는 것이다.

애드호크라시에 속하는 조직에는 프로젝트팀, 매트릭스, 태스크포스 등이 있다.

6) 가상조직

컴퓨터, 정보기술의 비약적 발전은 조직구조, 의사소통, 의사결정과정, 통제 매카니즘 등 조직관리 전반에 걸쳐 혁명적 변화를 촉발시키고 있다. 이러한 과정에서 조직의 기본적인 패러다임을 획기적으로 변화시키는 새로운 조직모형으로서 대두되는 것이 가상조직이다.

용어의 의미에서 주는 바와 같은 가상 조직은 그 실체가 불분명하여 개념의 정의에 있어서도 그리 쉽지 않다. 가상조직의 형태는 가상공간(cyber space)중심으로 일어나는 것과 가상공간의 공동체가 아닌 단지 조직구성원들 상호 간, 또는 복수의 조직이 전사적인 네트워크만으로 연결망을 이루어 나가는 경우의 네트워크 매체로 구분할 수 있다. 전자와 같은 형태를 사이버 가상조직(cyber virtual organization)이라고 하고, 후자와 같이 사이버스페이스가 아닌 독립된 네트워크를 구축하여 가상의 공간에 조직을 구성한 경우를 네트워크 가상조직 (network virtual organization)이라고 할 수 있다.

제4절　　조직과 리더십 이론

1. 조직 리더십의 개괄

1) 리더와 리더십의 의의

　　리더십에 대한 논의는 지난 수십 년간 진행됐으며, 특히, 조직행태, 공공 및 관리, 그리고 인사 등의 경영학 및 사회과학 분야에서 중요한 연구대상이 되어 왔다. 특히, 세계화 및 정보화로 인해 공공부문이 해결해야 할 사회문제의 복잡성이 증가하고 있을 뿐 아니라, 조직 외부의 환경이 매우 유동적인 상황에서, 뚜렷한 비전 및 방향성을 갖고 조직구성원들의 이해와 협조를 도모하여 바람직한 방향으로 이끌어가는 역할을 수행하는 리더십은 현대 조직의 필수 조건으로 강조되고 있다. 리더십은 '이끄는 자'라는 의미의 'leader'와 '마음가짐'이라는 뜻의 'ship'이 합쳐진 단어이다.[32] 리더십은 그 개념의 다차원성, 복잡성 및 중요성으로 인해 다양한 측면에서 다뤄지고 있으나, 대체로 리더십은 "집단이나 조직속에서 활동하는 사람들의 행동을 일정한 방향으로 이끌어 나가는 과정"을 의미한다.[33]

　　리더십(leadership)은 학자별로 다양하게 정의되어왔고, 그러한 개념 정의를 바탕으로 시대적 흐름에 따라 다양한 이론들이 제시되어왔다.[34] 리더십 관련 이론들은 크게 6가지로 분류될 수 있는데, 이는 다음과 같다. 첫째, 집단과정의 중

---

32) 정호준. (2015). 리더십의 조직효과성에 관한 경험적 연구: 단순최소자승 모형과 순위프로빗 모형의 비교. 행정논총(Korean Journal of Public Administration). 300.

33) 하미승. (2018). 리더십-이론과 개발. 윤성사. 29.

34) 김대건. (2018). 옴부즈만의 필요성과 새로운 역할 강화 방안: 전통적 행정통제 기제의 한계와 대안 기제를 중심으로. 한국조직학회보 14(4).

심(the focus of group processes)으로 리더십을 정의하는 경우로, 집단의 변화를 도모하고 집단행동을 이끄는 핵심으로써 리더를 바라보는 경우를 의미하며, 둘째, 리더가 갖춰야 하는 기본적인 특성(traits)을 중심으로 정의한 이론으로, 성격차원 (personality perspective)에서 리더십을 정의하며, 리더십을 한 개인이 타인으로 하여금 일련의 업무를 수행할 수 있게 도움을 부여할 수 있는 성격 혹은 특별한 특성(trait)을 갖춘 경우로 정의한다. 셋째, 리더십의 행태(behavior)에 초점을 맞춘 경우, 집단 내에서 리더가 일련의 변화를 도모하기 위해 취한 행동(behavior) 및 행위(activity)에 초점을 맞춰 정의한다. 넷째, 권력 관계(power relation) 측면에서 리더십을 정의한 경우, 리더와 팔로워 사이에 존재하는 권력관계를 중심으로 정의한다. 다섯째, 리더십을 조직목표 달성의 도구 (instrument for goal achievement)로 바라보는 경우로, 리더가 조직구성원들에게 비전을 설정하고, 역할 모델이 되어 팔로워를 변화시키는 임무를 수행한다고 본다. 마지막으로 리더가 갖춘 스킬 측면에서 바라보는 경우, 효과적인 리더십이 발휘되기 위해서 리더가 갖춰야 할 지식 및 기술 수준을 중심으로 정의한다.

이처럼 리더십에 대한 다양한 개념적 정의 및 이론이 존재하지만, 일반적으로 리더십을 구성하는 본질적인 요소로 첫째, 프로세스(process)로써의 리더십, 둘째, 팔로워에 대한 영향력 행사여부, 셋째, 조직 혹은 집단 내에서의 발생한다는 점, 그리고, 넷째, 공동목표의 달성주도 등이 제시된 바 있다. 리더십을 하나의 과정으로 보는 것은 리더십이 리더가 갖춘 어떤 특성 혹은 특징에 국한되는 것이 아닌 리더와 팔로워 사이에 발생하는 일련의 거래적 사건들을 통해서 발휘되는 과정임을 의미하는 것으로, 리더가 팔로워에게 영향을 미칠 뿐 아니라 리더 또한 팔로워에 의해 영향을 받는 상호작용을 통해 행사될 수 있음을 강조한 것이다. 이러한 측면에서 리더십을 정의할 경우, 리더는 조직 내에서 공식적인 관리·감독의 권한을 부여받는 관리자(manager)에 국한될 이유가 없고, 조직 내 구성원은 누구든 공동의 목적달성을 위해 영향력을 행사하는, 즉, 리더십을 행사할 수 있음을 의미한다. 이러한 영향력 행사과정에 참여한 사람을 리더(leader)라 지칭하고, 리더로부터 지시를 받고 영향을 받는 대상을 팔로워(follower)라 지칭한다. 이러한 리더십은 많은 측면에서 관리행위(management)와 유사점을 갖는다. 리더십과 관리는 모두 조직운영에 있어서 핵심적인 요소로, 두 요소 모두 조직 내 타인에게 영향력을 행사한다는 점에서 공통적이며, 효과적인 목표 달성을 지향한다는 점에서 또한 유사하다. 다만, 리더십과 관리를 구성하는 활동에 있어서 차이가 존재하는데, 관리의 주요 기능은 조직 내 질서유지 및 일관성 제고를 통하여 안정성을 도모함을 목적으로 하는 반면, 리더십의 주요한 기능은 적응적이고 건설적인 변화를 도모하는 것이다. 일반적으로 관리자가 수행하는 업무는 실현가능한 목표를 설정하고, 이를 실행하기 위한 일련의 계획을 수립하고, 예산을 배정하는 역할을 수행한다. 더불어, 조직 및 집단 내 계층 및 부서를 형성하는 등 하부조직을 편성하고 분업화된 업무를 수행할 수 있는 역량을 갖춘 인재를 채용 및 배치하는 업무를 수행한다. 또한, 조직 내 구성원 및 하위부서가 조직 내 업무를 계획대로 수행하는지 여부에 대한 지속적인 감시감독업무를 수행한다. 보통, 조직 내 관리자는 관리자의 역할 및 리더의 역할을 수행하게 되나, 진정한 의미의 리더는 이러한 관리자 업무 이외의 다양한 역할을 수행하게 되는데, ① 미래의 조직의 이상적인 모습인 비전을 설정하고 제시하는 것, ② 조직의 목표 및 비전에 대해 조직 내 구성원과 의사소통을 하고, ③ 조직구성원들이 자발적 혹은 적극적으로 조직 내 직무를 수행할 수 있도록 동기부여하는 것, 그리고 ④ 창의성 및 혁신을 주도하는 것 등이 포함된다.

〈표 8-3〉 리더십과 관리의 기능비교

관리(질서와 지속성 도모)	리더십(변화와 움직임 견인)
기획 및 예산	방향성 설정(비전 등 설정)
조직 및 인력충원	인력 조정 및 연계 (목표에 대한 의사소통 및 몰입도 제고)
통제/문제해결	동기부여 및 영감부여

자료: Kotter(1990).

이러한 핵심요인을 바탕으로 정의하면, 리더십은 '리더가 집단의 공통된 목표를 달성하기 위해 집단 내 구성원들에게 영향력을 행사하고 발휘하는 일련의 과정'으로 정의될 수 있다.

2. 리더십 이론의 발전과정

1) 전통적 리더십 이론

(1) 특성이론(Trait Theory)

초기의 리더십 논의는 리더가 신체적 특징 및 리더가 갖춰야 할 기본적인 특성(trait), 즉, 개인의 자질, 능력 및 인품 등의 개인적인 특성을 중심으로 논의가 진행되었다. 이러한 논의는 '위대한 인물 이론(great man theories)'으로 지칭 될 만큼, 사회, 정치 및 군사조직의 위대한 리더는 다른 사람과 구분되는 공통적인 특성을 갖고 있음을 전제로 한다. 즉, 리더가 선천적인 특성을 가지고 태어난다는 가정을 바탕으로 하며, 성공적인 리더와 비성공적인 리더를 구분하는데 사용될 수 있는 특성을 규명하는 연구에 초점을 맞추었다.

특성(trait)은 개인이 내재적으로 보유하는 성격, 기질, 동기, 가치관 등을 지칭하는 것으로, 단기간에 쉽게 변화하지 않기 때문에, 개인의 독특한 개성을 나타내게 하는 주요 요인이다. 이에 기존의 연구들은 효과적인 리더십을 발휘하게 하는 성격적 특성이 무엇인지를 규명하기 위한 연구를 수행해 왔다. 초기의 특성이론 연구들은 위대한 리더가 갖춰야 하는 일반적인 특성을 규명하는 것에 초점을 맞추었는데, 몇 가지 특성이 특수한 조직적 상황에서만 적용될 수 있음이 제시되면서, 1940년대 후반에서 70년대까지 진행된 연구의 경우, 상황 특수적인 (situation-specific) 특성을 규명하는 것에 초점을 맞춰 진행되었다.

대표적인 학자인 Ralph Stogdill로, 훌륭한 리더가 갖춰야 할 특성을 규명하기 위한 연구를 진행하였다. 첫 번째 연구의 경우, 1904년에서 1947년 사이에 출간된 약 124개의 특성 관련 연구를 바탕으로 비교분석을 시행하여 효과적인 리더의 특성 및 자질을 규명하고자 하였으며, 이에 다음의 8가지의 특성을 제시하였다.

① 지능(intelligence)
② 민감성(alertness)
③ 통찰력(insight)
④ 책임감(responsibility)
⑤ 주도력(initiative)

⑥ 지속성(persistence)

⑦ 자신감(self – confidence)

⑧ 사회성(sociability)

Stogdill(1974)의 두 번째 연구에서는 1948년에서 1970년 사이에 제시된 163개의 연구에 대한 분석을 통하여 상화특수적인 특성요인을 규명하고자 하였으며, 이에 다음과 같은 10가지 특성을 제시하였다.

① 책임 수행 및 과업 관료 등을 위한 성취동기(drive for responsibility and task completion)

② 목표 달성에 있어서의 활력 및 집념(vigor and persistence in pursuit of goals

③ 문제해결과정에서 모험심 및 창의력 발휘(venturesomeness and originality in problem – solving)

④ 주도력을 발휘하고자 하는 욕구(drive to exercise initiative in social situation

⑤ 자신감 및 자아 정체감(self – confidence and sense of personal identity)

⑥ 의사결정 및 행동의 결과를 수용하려는 의지(willingness to accept consequence of decision and action)

⑦ 대인간의 스트레스를 감소할 수 있는 성숙도(readiness to absorb interpersonal stress)

⑧ 좌절감과 지체를 감수할 수 있는 의지(willingness tolerate frustration and delay)

⑨ 타인의 행동에 영향을 미칠 수 있는 능력(ability to influence other person's behavior)

⑩ 목표 달성을 위해 사회적 상호작용체계를 마련할 수 있는 역량(capacity to structure social interaction systems to the purpose at hand)

이외에도 Mann(195), Kirkpatrick & Locke(1991) 등 다양한 학자들이 리더의 특성을 규명하기 위한 연구를 수행하였으며, 이러한 연구결과를 통해 도출된 리더십 특성을 정리하면 다음의 <표 8–4>와 같다.

〈표 8-4〉 리더십 특성 및 특징에 관한 연구들

Stogdill (1948)	• 지능(intelligence) • 민감성(alertness) • 통찰력(insight) • 책임감(responsibility)	• 주도력(initiative) • 지속성(persistence) • 자신감(self-confidence) • 사회성(sociability)
Mann (1955)	• 지능(intelligence) • 남성성(masculinity) • adjustment • 지배성향(Dominance)	• 외향성(Extroversion) • 보수주의적 성향 (Conservatism)
Stogdill (1974)	• 성취감(achievement) • 지속성(persistence) • 통찰력(insight) • 주도력(initiative) • 자신감(self-confidence)	• 책임감(responsibility) • 협력성(cooperativeness) • 참을성(tolerance) • 영향력(influence) • 사회성(sociability)
Lord et al. (1986)	• 지능(intelligence) • 남성성(masculinity)	• adjustment • 지배성향(Dominance)
Kirkpartirck & Locke (1991)	• 추진력(drive) • 동기(motivation) • 청렴(integrity)	• 자신감(confidence) • 인지능력(cognitive ability) • 과업지식(task knowledge)

자료: Northouse, 2004, 18.

이러한 특성이론은 리더십이 발휘되는 상황 혹은 팔로워에 대한 논의보다는 리더에 초점을 맞춰 논의가 진행되었으며, 리더가 보유하고 있는 특성이 무엇이며, 누가 그러한 특성을 지니고 있는지 여부에 초점을 맞추었다. 이러한 특성이론은 직관적으로 흥미를 이끌 뿐 아니라, 새로운 리더의 확보가 필요한 경우 참고할 수 있는 특성요인을 제시했다는 점이 긍정적으로 평가된다. 다만, 특수한 상황에서 필요한 리더의 유형을 제시하거나 혹은 특정 상황에서 리더가 어떠한 행동을 취하는 것이 바람직한지에 대한 설명을 제시하지 못한 채 리더가 가진 특성에만 초점을 맞춰 논의가 진행되었으며, 더불어, 리더십이 발휘되는 상황 혹은 팔로워에 대한 고려를 하지 못했다는 점이 한계점으로 제시된다. 또한 리더의 특성에 대한 상당히 광범위한 요소들이 규명되어왔으나, 이를 제시한 대부분의 연구가 제시된 개념에 대한 실증적 검토 없이 연구자의 주관적인 해석에 바탕을 둔 추상적인 개념을 제시했다는 점 또한 주요 한계점으로 제시되고 있다 (Northouse 2004).

(2) 행태이론(Style Approach)

리더가 갖춰야 할 특성 및 자질에 초점을 맞춘 특성이론과 달리 행태이론의 경우 리더가 무엇을 하는지, 그리고 어떻게 행동하는지 등, 리더의 행위 및 행태에 초점을 맞춰 리더십을 정의한 이론이다. 리더십 스타일에 초점을 맞춘 이러한 행태연구자들은 두 가지 핵심적인 리더십행태를 규명하였는데, 이는 각각 과업 행동(task behavior)과 관계 행동(relationship behavior)이다. 리더십의 행동 및 행태를 연구하기 위한 다수의 연구가 수행되었는데, 가장 초기의 연구인 오하이오 주립대학의 연구, 이와 유사한 시기에 수행된 미시간대학(University of Michigan)의 리더십 연구, 그리고 1960년대에 Blake와 Mouton이 수행한 연구가 대표적이다.

① 오하이오 주립대학 리더십 연구(Ohio State University Leadership Studies)

오하이오 주립대학의 연구진들은 조직 혹은 집단 내에서 리더십이 발휘될 때 리더가 어떠한 행동을 취하는지를 중점적으로 분석하였다. 리더십 행태를 분석하기 위해서 부하직원들이 리더의 행동을 기술하는 방식을 활용하였으며, 이를 통해 초기에 약 1800개의 설문항목을 개발하였고, 이후 이를 150개로 축약하여 리더행태 기술설문지(LBDG: Leader Behavior Description Questionnaire)를 작성하였다. 이렇게 작성된 설문항목을 활용하여 교육기관, 군대 및 산업조직에 종사하는 사람들을 대상으로 설문조사를 시행하였고, 이를 통해 두 가지 일반적인 리더십행태가 도출되었는데, 이는 각각 과업주도형 행동(initialing structure)과 배려형 행동(consideration)이다. 여기서 과업주도형 행동은 과업과 관련된 행동으로 일을 조직화하는 것, 역할 및 책임을 명확히 하는 것, 업무일정을 계획하는 것 등을 포함한다. 배려형 행동은 관계 중심적 행동으로 존경, 신뢰감 구축 및 리더와 팔로워 사이의 호의적 관계를 형성하는 것 등을 포함한다. 오하이오 주립대학의 연구진들은 이러한 리더십 행태를 명확히 구분되는 독립적인 행태로 규정하였다. 즉, 리더는 과업지향성이 높거나 낮을 수 있고, 동시에 배려 지향성이 높거나 낮을 수 있음을 제안하였다.

② 미시간 대학 리더십 연구(Univerity of Michigan Leadership Studies)

미시간 대학의 연구진 또한 오하이오 주립대 리더십 연구와 비슷한 시기에
리더의 행태가 소집단의 성과에 미치는 효과를 규명하는 연구를 수행하였다. 미
시간 대학의 연구를 통해 두 가지 유형의 리더십 행태가 제시되었는데, 이는 각
각 부하직원 지향성(employee orientation) 및 생산 지향성(production orientation)
이다. 부하직원 지향성은 리더가 부하직원과의 좋은 인간관계를 맺는 것을 중점
으로 하는 행태를 의미하며, 이는 오하이오 주립대학에서 제시한 배려지향적 행
동과 유사하다. 생산 지향성은 직무를 수행함에 있어서 기술 및 생산측면을 강
조하는 리더의 행태로, 이러한 지향성을 갖는 리더의 경우 부하직원을 업무달성
을 위한 도구로 간주하는 경향성이 높다. 오하이오 주립대학의 연구와 다르게
미시간대학의 연구자들은 부하직원지향성과 생산지향성을 하나의 연속선상에
양 극단에 존재하는 것으로 규정하고, 부하직원 지향성이 높은 리더의 경우 생
산지향성이 낮을 수밖에 없고, 생산지향성이 높은 리더의 경우 부하직원 지향성
이 낮을 수 있음을 제시하였다.

③ Blake과 Mouton의 관리 그리드(The Managerial Grid)

텍사스 대학의 연구진이었던 Blake와 Mouton은 기존의 리더십행태 연구결
과를 확장하여 리더가 조직목표 달성을 도모하는데 어떠한 방식으로 도움을 주
는지를 설명하고자 하였다. Blake와 Mouton은 두 가지 리더십 행태요인, 생산
(과업)에 대한 관심(concern for production) 및 인간에 대한 관심(concern for
people)을 제시하고 생산에 대한 관심을 가로축에 그리고 인간에 대한 관심을
세로축에 놓고 그리드화하여, 각각의 차원에서의 행동 유형을 총 9가지로 구분
하여 제시하였다. 생산(과업)에 대한 관심은 조직 내 업무를 수행하는 과정에서
리더가 취하는 행동에 대한 논의로 정책결정, 새로운 상품의 개발 등이 그 예시
이며, 인간에 대한 관심은 리더가 조직 내 구성원들에 어떠한 방식으로 관심을
기울이는지에 대한 설명으로, 조직구성원의 몰입도 및 신뢰형성, 좋은 업무관계
의 형성 등이 이에 포함될 수 있다. 이 중 5가지 대표적인 행동유형을 제시하였
는데 다음과 같다.

- (1, 1) 빈약형(improverished management): 직원복지 혹은 성과제고 모두에 관심이 적은 유형임
- (9, 1) 권위－복종형(authority－compliance): 업무추진을 통한 효율성 제고에 관심이 높은 반면 직원복지제고에 관심이 적은 경우
- (1, 9) 사교형(country club management): 직원의 복지제고에 관심이 많은 반면 과업성과 제고에 관심이 적은 경우
- (5, 5) 타협형(Middle of the Road management): 생산성 제고 및 직원 복지 제고 관련 적정수준의 노력을 기울이는 경우
- (9, 9) 팀형(team management): 직원복지 제고 및 성과제고 모두에 최선을 다하는 유형

Blake와 Mouton은 이외에도 후견적 리더(paternalism) 및 기회주의적 리더(opportunism) 유형 또한 함께 제시하였는데, 후견적 리더의 경우(1, 9) 사교형과 (9, 1) 권위－복종형을 모두 활용하나 두 가지가 통합된 형태는 아니며, 기회주의형의 경우 제시된 5가지 유형을 개인의 승진 및 기타 목적 달성을 위해 활용하는 형태를 지칭한다.

이러한 행태중심의 이론적 논의는 리더가 취해야 할 바람직한 행동방식에 대한 설명을 제시하는 것이 아닌, 리더가 취하는 행태의 다양한 요소들을 규명하고 제시하는 것에 초점을 맞추었다. 이를 통해 다양한 상황 하에서 보여질 수 있는 리더의 행동 및 행태에 대한 이해를 높였다는 점에서 긍정적으로 평가되나, 리더십 스타일을 2차원적 관점에서 검토하여, 실제 사회 및 조직에 존재하는 다양한 유형의 리더십 스타일을 충분히 규명하지 못했다는 점, 그리고 리더십 스타일이 조직성과에 초래하는 영향에 대한 충분한 설명을 제시하지 못했다는 점, 또한, 모든 상황에서 보편적으로 적용될 수 있는 리더십 유형을 제시하지 못했다는 점 등의 주요 한계점으로 제시된다.[35]

---

35) 하미승. (2018). 리더십－이론과 개발. 윤성사; Northouse, P. G. (2004). Leadership: Theory and practice. Sage publications.

(3) 상황적 리더십이론(situational approach)

상황적 리더십이론(situational approach)은 특정 상황에서 발휘되거나 그 효과성이 입증된 리더십에 초점을 맞춰 제시된 이론이다. 상황적 리더십이론을 제시한 학자들은 상황별로 상이한 리더십이 필요함을 강조하고, 상황에 맞춰 개별 리더의 리더십 스타일을 적용시켜야 함을 제안하였다.

상황적 리더십 이론에 따르면, 리더십은 크게 지시형(directive) 및 지원형(supportive) 측면, 두 가지로 나눠 살펴볼 수 있는데, 특정 상황 하에서 어떠한 측면의 리더십이 보다 효과적인지 여부를 규명하기 위해서는 부하직원의 업무수행 능력 및 성숙도에 대한 점검이 선행되어야 함을 강조하였다.

대표적인 학자는 Hersey와 Blanchard으로, 초기의 이론은 Blanchard(1985)에 의해 제안되었으며, Hersey와의 공동연구를 통하여 리더십 스타일(leadership style)과 팔로워의 성숙도(maturity of followers)를 고려한 수정·보안된 형태의 상황적 리더십이론 II(Situational Leadership II)를 제시하였다. 상황적 리더십 이론은 부하직원의 성숙도와 리더의 행동이 일치할 때 리더십의 효과성이 높아질 수 있음을 강조하였다.

리더십 스타일은 지시형(과업) 행동과 지원적(관계) 행동으로 나눠 제시하였으며, 이를 다시 4가지로 세분화하였는데, 각각, S1(높은 지시형, 낮은 지원형), S2(높은 지시형, 높은 지원형), S3(높은 지원형, 낮은 지시형), S4(낮은 지원형, 낮은 지시형) 등이다. 이에 리더의 행동을 각각 지시형(S1: directing), 코칭형(S2: coaching), 지원형(S3: supporting), 그리고 위임형(S4: delegating)으로 구분하였다.

팔로워의 성숙도(maturity of followers)는 팔로워가 업무를 수행할 충분한 역량 및 몰입도를 갖고 있는지 여부를 의미하는 것으로 업무를 수행하기 위해 필요한 지식 등의 역량을 갖췄는지 여부와 업무수행과 관련한 긍정적인 태도를 갖췄는지 여부를 의미한다. 이에 팔로워의 성숙도를 업무수행능력(competence)과 업무수행에 대한 태도(commitment)를 바탕으로 4가지로 구분하였는데, 이는 각각 M1(낮은 역량수준, 높은 몰입도), M2(적정수준의 역량, 낮은 몰입도), M3(보통에서 높은 수준의 역량, 몰입도 결여), M4(높은 수준의 역량, 높은 수준의 몰입도)이다.

〈그림 8-4〉 상황적 리더십이론

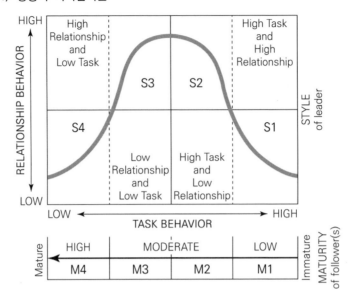

자료: Hersey et al, 1979, 421.

리더십의 효과성을 제고하기 위해서는 팔로워의 성숙도 수준에 따라 적합한 리더십유형을 행사하는 것이 중요함을 제안하였다. 예를 들어, 팔로워의 성숙도 수준이 가장 낮은 M1인 경우에는 지시적 리더십 행동이 효과적일 수 있고, 반면 팔로워의 성숙도 수준이 가장 높은 M4의 경우 위임형 리더십 행동이 효과적일 수 있다는 것이다.

(4) 상황이론(contingency theory)

리더십의 특성이론 및 행태이론에 대한 비판에서 시작된 상황이론(contingency theory)은 어떠한 상황에서나 적합한 최적의 리더십이 존재하지 않고, 다만 리더십 스타일과 리더가 처한 상황이 잘 부합할 때 리더십의 효과성이 발휘될 수 있음을 제안하였다. 대표적인 학자는 Fred E. Fiedler(1972)로 상황모형(contingency model)을 제안하면서, 기존의 리더십관련 연구와 상이하게 리더십 효과성에 영향을 미칠 수 있는 세 가지의 상황변인(situational variable)을 제시하였다. 이는 각각 리더와 팔로워의 관계(leader-member relations), 업무구조(task structure), 및 권력구조

(position power)이다. 리더와 팔로워의 관계는 집단 내 분위기에 대한 설명으로 팔로워가 리더에 대해 느끼는 충성도, 자신감 및 매력 등을 의미한다. 업무구조는 조직 내에서 수행해야할 업무가 명확하게 구조화되어 있는지 여부를 의미하는 것으로 업무상 요구되는 목표치 및 업무방식이 명확하게 제시되어 있는지 여부 등이 포함된다. 권력구조는 리더가 팔로워에 대한 보상 및 징계 등의 권한을 행사할 때, 권한이 부여되어 있는 정도를 의미한다. 이러한 상황적 요인들을 고려할 때, 리더십이 발휘됨에 있어서 긍정적인 상황이 마련될 수 있고, 비긍정적인 상황이 조성될 수 있는데, 일반적으로 리더와 팔로워 간의 좋은 관계가 조성되어 있고, 업무가 명확하게 구조화되어 있으며, 리더가 강력한 수준의 권한을 행사할 수 있을 때 가장 긍정적인 상황이라 평가한다.

〈그림 8-5〉 Fiedler의 상황모형(contingency model)

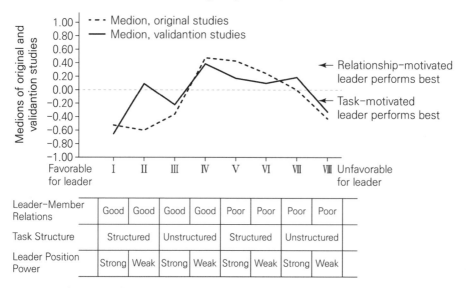

자료: Fiedler(1972, 455) 그림1. MEDIAN CORRELATIONS BETWEEN LEADER LPC SCORES AND GROUP PERFORMANCE MEASURES OBTAINED IN ORIGINAL AND VALIDATION STUDIES. 재인용

더불어, 리더십 스타일을 규명하기 위해서 '가장 선호하지 않는 동료 작업자 (LPC: Least preferred coworker)' 척도를 개발하였는데, 이는 리더가 처한 상황에 따라 효과적인 리더십 스타일이 상이할 것이라는 가정에서 개발된 척도이다. 연구대상자에게 과거부터 현재까지 함께 일한 동료들 중에 싫어하는 감정이 아닌, 함께 일하기 용이하지 않았던 동료를 택하여 8개의 척도로 제시된 일련의 평가 항목을 활용하여 평가하도록 하였다. 이 척도의 흥미로운 특징은 응답자가 기존에 혹은 현재 함께 일한 동료에 대한 평가를 내리는 것이지만, 상대방에 대한 평가점수가 결국엔 리더 본인의 점수가 된다는 점이다(윤선주·박종민 2014). 예를 들어, 관계지향적인 리더의 경우 함께 과업을 수행하기 어려웠던 동료에게 높은 점수를 줄 가능성이 높은 반면, 과업지향적 리더의 경우 낮은 점수를 줄 가능성이 높기 때문이다. 이러한 방식으로 LPC 총 점수를 산출하여 LPC 총점이 높은 경우 관계지향적 리더로, LPC 총점이 낮은 경우 과업지향적 리더로 간주하였다.

Fiedler는 상황과 리더십의 적합화(Fit)를 강조하였는데, <그림 8-5>에서 제시된 바와 같이 직무성격이 구조화되어 있고, 리더와 구성원간의 관계가 좋고, 리더의 권력이 높은 우호적인 상황이 조성된 경우, 직무지향적 리더십이 발휘될 때 높은 수준의 성과를 가져올 수 있음을 제안하였다. 반면, 직무가 비구조적이고, 리더의 권력이 낮은 수준이고, 리더와 구성원간의 관계가 나쁜, 즉, 비우호적인 상황일 때, 직무지향적 리더십이 효과적일 수 있음을 제시하였다.

이러한 상황이론(contingency theory)을 조직운영에 적용할 경우, 리더십의 효과성을 높이기 위한 전략은 일정한 리더십 스타일을 지닌 리더를 그에 적합한 상황요인을 갖춘 조직에 배치하거나, 상황적 요인을 리더십의 스타일에 맞춰 변화시키는 것 등을 고려해 볼 수 있다.

2) 현대적 리더십 이론

(1) 거래적(transactional) 및 변혁적(transformational) 리더십

1980년대 이후 리더십에 대한 논의 중 가장 많은 관심을 받은 이론은 변혁적 리더십이론이다. 변혁적 리더십은 Downton(1973)이 처음 제시한 용어이나,

James MacGregor Burns(1978)의 일련의 연구를 통해 관련 연구가 활성화 되었다. 이에 다수의 선행연구들이 Bass(1985)의 이론을 중심으로 변혁적 리더십의 유효성을 검증하는 실증연구결과를 제시해 왔다. 국내의 경우에도 변혁적 리더십의 효과성을 검증하는 연구가 다수 제시되었는데, 직무스트레스, 조직성과 및 효과성, 조직몰입, 조직몰입 등에 미치는 영향검증한 연구 등이 있다. 예를 들어, 정호준 외(2015) 연구에서는 변혁적리더십, 거래적리더십 및 진성리더십이 조직효과성에 미치는 영향을 실증적으로 검증하였으며, 그 결과 변혁적 리더십이 조직효과성에 미치는 정(+)의 효과 그리고 거래적리더십이 직무만족 및 조직시민행동에 정(+)의 효과를 가져옴을 확인하였다. 변혁적 리더십 관련 선행연구는 일반적으로 변혁적 리더십의 긍정적 효과에 초점을 맞췄으며, 변혁적 리더십이 발휘될 때 조직구성원들의 긍정적인 직무태도 및 업무행동 및 성과제고 등의 긍정적인 효과를 가져올 수 있음을 제안하였다.

변혁적 리더십에 대한 논의는 J. M. Burns(1978)에 의해 시작되었는데, Burns(1978)는 기존의 리더십 유형을 거래적 리더십으로 규정하고 이와 차별적인 형태의 리더십 유형인 변혁적 리더십을 새롭게 제시하였다. 거래적 리더십은 리더와 팔로워 간의 발생하는 교환관계에 초점을 맞춘 리더십 논의로 안정과 성과제고를 강조하는 리더십인 반면, 변혁적 리더십은 이에 상반되는 개념으로 리더가 내재된 가치 및 이상향을 바탕으로 팔로워에게 동기를 부여하고, 팔로워의 발전을 도모하는 등 변화와 혁신 등을 주도하는 형태의 리더십으로 조직의 환경이 급변하는 상황에서 필요한 리더십으로 강조하였다.

① 변혁적 리더십의 구성요소

변혁적 리더십은 다음의 역할을 수행함으로서 동기부여 효과를 갖는다고 제안하였다.

- 이상적 영향(idealized influence): 리더가 팔로워에게 조직이 궁극적으로 지향해야 할 비전 및 도전적 목표를 제시하고, 이의 실현을 위한 사명감을 부여하고, 지속적인 격려를 하는 리더십행태를 의미한다.
- 영감적 동기부여(inspirational motivation): 팔로워에게 높은 이상과 가치관을 부여함으로써 내적 동기를 부여하고, 이를 지속적으로 고무시키는 리더십 행태를 의미한다.

- 지적자극(intellectual stimulation): 기존의 문제해결방식에서 벗어나서 새롭고 창의적인 문제해결방안을 모색하고, 새로운 지식, 지혜 및 정보를 창출할 수 있도록 자극하는 것을 의미한다.
- 개별적 배려(individualized consideration): 리더가 팔로워와 양방형 의사소통을 통하여 팔로워 개개인이 갖고 있는 욕구 및 필요사항을 세심하게 파악 및 이를 적극 수렴함으로써, 조직 내 구성원들의 성장 기회를 부여하는 등 개별적인 배려를 제공하는 리더십을 의미한다.

② 거래적 리더십의 구성요소

반면, 거래적 리더십은 일반적으로 리더와 팔로워 간의 비용 – 편익 효과관계를 바탕으로 한 리더십으로, 리더가 팔로워의 행위에 대한 보상, 인센티브 혹은 징계 등을 사용하여 해당 구성원의 바람직한 행동을 유도하고 동기를 부여하는 리더십이다. 이러한 리더십은 조직 내 구성원들의 행동이 금전적 인센티브와 같은 보상에 의해 좌우되고, 구성원들의 행동이 예측가능하다는 가정에서 시작한다는 점에서 한계가 있다. 다만, 거래적 리더십의 행사는 조직구성원을 대상으로 업무관련 성과목표 및 기대치를 명확히 하고, 목표달성 여부에 대한 피드백을 제공하고, 목적달성여부에 따른 보상을 제공함으로써 조직 전반의 성과제고라는 긍정적 효과를 기대할 수 있다.

거래적 리더십의 주요 구성요인으로 상황적 보상(contingent reward)과 예외적 관리(management by exception)를 제시하였다.

- 상황적 보상은 조직구성원의 노력에 대한 대가로 보상을 지급하고(긍정의 강화) 혹은 그 반대의 경우, 즉 목표를 달성하지 못한 경우 처벌(부정의 강화)을 행함으로써, 바람직한 행동을 유인하는 노력을 의미한다.
- 예외적 관리는 목표달성이 용이하지 않은 경우, 혹은 조직구성원들의 이탈행위가 발견될 때에만 리더가 관여하는 것으로, 조직구성원들의 규칙 혹은 절차에 대한 준수여부를 관찰하여, 이탈행위가 발견될 시에 이에 대한 즉각적인 수정조치를 취하거나 향후 인사고과에 반영하는 방식이 활용될 수 있다.

(2) 윤리적 리더십(ethical leadership)

보편적으로 윤리는 국가, 조직, 집단 및 개인이 반드시 준수해야할 도덕적인 규범을 지칭한다. 이러한 윤리적 원칙을 잘 준수하는 리더를 보통 윤리적 리더십을 행사하는 리더라 지칭한다. 윤리적 리더십(ethical leadership)에 대한 정의는 매우 다양하나, 일반적으로 리더 개개인의 특성, 태도 및 행위에 초점을 맞춰 조직 내 리더가 정직, 신뢰, 공정 등 규범적으로 바람직한 속성들을 지니고 있는지 여부 및 윤리적 특성을 바탕으로 관련 행동을 수행하는지 여부로 정의하는 경우가 다수 존재한다. 그러나 최근의 논의는 리더가 초래한 윤리적 영향력에 초점을 맞춰 리더가 조직 내에서 일련의 사회적 권력, 권한 및 영향력을 행사하여 조직구성원의 윤리적 태도를 촉진하는 영향력 행사과정으로 정의한다. 이에, 윤리적 리더십을 리더의 개인행위 및 영향력 행사과정을 모두 고려하여 "개인행위와 대인관계를 통해 규범적으로 적절한 행동을 보이고, 쌍방적 의사소통, 강화, 의사결정을 통해 부하에게도 그러한 행동을 촉진시키는 것"으로 정의한다. 이는 리더가 조직구성원들과의 상호과정 속에서 좋은 덕목과 행동을 실천하여 사회적·심리적 영향력을 행사하고, 이를 통해 조직구성원들이 올바른 행동을 내재화 하고 실천할 수 있도록 동기부여를 하는 등 긍정적인 행태변화를 초래할 수 있다는 인식에 근거하고 있다. 특히, 공공조직의 경우 윤리적 리더십의 함양이 더욱 강조되고 있는데, 공공조직의 경우 다양한 시민의 의견에 공평하게 대응해야 하며, 더욱이 공공조직의 리더가 강한 윤리의식 및 역량을 갖추지 못할 경우 부하직원의 비윤리적 행동으로 이어질 수 있고, 이는 공공부분에 대한 전반적인 신뢰도 저하 및 비효율성을 초래할 수 있기 때문이다.

Brown, Trevino & Harrison는 윤리적 리더십을 구성하는 요소로 다음의 요인을 제시하였다.[36]

첫째, 청렴, 정직, 신용 등의 규범적으로 적절한 특성을 갖추는 것이다.

둘째, 조직구성원과의 개방적인 쌍방적 의사소통(two-way communication)을 통하여 윤리적 가치 및 규범에 대한 조직구성원의 관심을 제고시키는 것이다.

---

36) Brown, M. E. et al. (2005). Ethical leadership: A social learning perspective for construct development and testing. Organizational behavior and human decision processes, 97(2); 박현숙·김태희. (2021). 공무원의 윤리적리더십이 조직효과성에 미치는 영향-공정성 인식의 조절효과를 중심으로. 한국자치행정학보 35(3).

셋째, 강화(reinforcement)의 사용으로, 윤리적 원칙 및 규범에 부합하는 행동을 보일 경우 그에 상응하는 보상을 지급하고, 이에 부합하지 않는 행동을 보일 경우 이에 걸맞는 처벌을 부여함으로써 조직구성원 전체의 윤리적 행동을 촉진하는 것이다.

넷째, 의사결정과정에 조직구성원을 참여시키고, 의사결정권한을 부여함으로써 조직 내에서 결정된 윤리적 규범에 대한 정당성을 확보함으로써 윤리적 행동을 촉진시키는 것이다.

이와 유사하게 김호정(2013)은 공공조직의 윤리적 리더십을 논의하면서 도덕적 사람 및 도덕적 관리자로서의 역량을 갖춰야 함을 강조하였는데, 도덕적 사람, 즉, 리더가 도덕적이고 규범적인 특성을 갖추는 것, 그리고, 조직 내에서 상호의사소통, 영향력행사 및 역할모델 등을 통해 조직구성원의 윤리적 특성을 강화시키고, 윤리수준을 향상시키는 역할을 수행하는 도덕적 관리자로서의 역할 또한 강조하였다. 도덕적 사람으로 갖춰야 하는 특성과 관련하여 4가지 요인을 제시하였는데, 이는 각각 인간지향(배려), 정의, 사회적 책임성 및 절제이다. 인간지향은 타인의 권리와 존엄에 대해 존중하는 것을 의미하며, 정의는 공정성과 준법성을 유지함으로써 차별 없이 정직하게 조직구성원을 대하는 것, 그리고 사회적 책임은 공익실현 및 사회공동체의 이익을 도모하기 위해 리더가 사회적 책임을 다하는 것, 그리고 절제는 조직목표와 개인이익간의 균형을 도모하는 현명한 의사결정을 내리고, 공직 및 권력을 이용하여 부당한 이익을 추구하지 않은 것 등을 의미한다.

이러한 윤리적 리더십은 좋은 덕목 및 행동의 실천을 통해 팔로워로 하여금 바람직한 행동을 하게하는 유인책이 될 가능성이 높다. 이에 다수의 선행연구는 윤리적 리더십의 폭포효과에 초점을 맞췄는데, 윤리적 리더십이 행사 될 때, 조직구성원들이 리더의 행동을 관찰 및 학습함으로써 윤리적으로 바람직한 행동을 따르고, 조직 전체의 이익을 위해 자발적인 노력을 기울일 것이라 예상할 수 있기 때문이다. 윤리적 리더십은 조직의 효과성 및 조직 구성원의 직무관련 태도에 긍정적인 효과를 가져옴이 실증연구를 통해 입증되었는데, 예를 들어, 문국경·허경렬(2109)의 연구에서는 윤리적 리더십이 조직시민행동에 긍정적인 영향을 가져옴을 확인하였으며, 박현숙·김태희(2021)의 연구에서도 윤리적 리더십의 행사가 조직몰입도 및 조직시민행동의 정(+)의 효과를 가져옴을 확인하였다. 더불어, 이명신·장영철(201)의 연구, 김선문·문국경(2019)의 연구에서도 윤리적 리더십이 조직몰입도에 긍정적인 영향을 미침을 제시하였고, 박정화·심동철(2018)의 연구에서는 업무열의에 정(+)의 효과를, 박정호(2017)의 연구에서는 공공봉사동기에 정(+)의 효과를 가져옴을 확인하였다.

공공기관의 사회적 책임성 제고 및 윤리경영의 필요성에 대한 인식이 확대되고 있으며, 이에 국민권익위원회에서도 공공기관의 청렴도 수준 측정을 위한 가이드라인을 제시하고, 자체진단을 통해 청렴도 수준을 파악하는 등의 노력을 기울이고 있다. 윤리적 리더십의 긍정적인 효과에 대한 선행연구결과로 미루어 볼 때, 공공조직 리더의 윤리성을 리더 선출시 중요한 덕목으로 고려할 필요가 있으며, 윤리적 규정의 제정을 적극 권장할 필요가 있다. 더불어, 윤리적 리더십 강화 및 조직구성원이 도덕적인 규범과 공직윤리를 내재화할 수 있도록 다양한 교육프로그램의 개발 및 도입이 필요하다고 하겠다.

(3) 서번트 리더십(servant leadership)

서번트리더십은 미국 AT&T 회사의 경영연구자였던 Robert K. Greenleaf에 의해 1970년에 처음 제시된 개념으로 리더의 동기부여 및 타인을 섬기는 역할을 강조하는 개념이다. 섬김(serving)과 이끎(leading)이라는 두 개의 다소 양립하기 어려운 개념을 합쳐서 만든 이론적 논의로, 다소 부정적으로 여겨지던 섬김이라는 개념을 강조하여 제시하였다. 서번트 리더십에 대한 논의를 본격적으로 학계에 알리게 된 기념비적인 글인, 1970년 출간된 Greenleaf의 글 제목 또한 *The Leader as Servant*가 아닌 '*The Servant as Leader*'라는 점에서도 학자가 강조하는 바를 이해할 수 있다.

Greenleaf가 제시한 서번트 리더십의 개념은 헤르만 헤세의 소설인 동방순례(Journey to the East)에 등장하는 주인공 레오(Leo)의 이야기에서 출발하였다. 레오는 궂은일을 도맡아 하는 하인같은 존재였는데, 길찾기, 먹을 것을 준비하는 등 순례단의 동행자들이 필요로 하는 일들을 도맡아 열심히 수행하는 인물이었다. 그러나 레오가 갑자기 사라지면서 순례단은 혼란에 빠지게 되고, 결국엔 해체의 수순을 밟게 되었다. 순례단 구성원들 모두 레오 없이는 순례의 여정을 마무리할 수 없음에 동의하였다. 몇 년의 방황 끝에 레오를 찾게 되는데, 하인같은 존재로 알고 있었던 레오가 원래는 교단의 책임자(titular head of the Order)였음을 알게 되었다. 즉, 개인의 위치 혹은 직위여부와 상관없이 리더십이 발휘될 수 있음을, 그리고 무엇보다도 다른 사람이 필요로 하는 것을 섬김의 자세로 충족시켜주는 역할을 수행함으로써 효과적인 리더십이 발휘될 수 있음을 보여주는 이야기라 하겠다. 이에 착안하여, Greenleaf는 섬김의 리더십, 서번트 리더십이라는 이론적 개념을 제안하게 되었다. 1964년 비영리 연구조직인 Greenleaf Center for Servant Leadership(https://www.greenleaf.org/what-is-servant-leadership)을 설립하게 되었고, 서번트리더십 관련 다양한 연구 및 교육사업을 수행해 오고 있다.

서번트 리더십의 핵심 논의는 리더와 팔로워 간의 평등한 관계를 가정하는 것이다. 즉, 리더 개인의 영향력 행사가 아닌, 팔로워와 리더십에 대한 공유를 통해서 신뢰를 구축하고 일련의 상호작용을 통해서 조직 내에 '우리'라는 의식이 형성되도록 공동체형성을 도모하는 수탁자(trustee)의 역할을 강조하는 것이다. 이에, 명령과 통제보다는 배려와 섬김의 역량을 주요 리더십 요인으로 제안하고 있다. 서번트 리더십은 팔로워에 대한 배려 및 성장을 도모한다는 점에서 변혁적 리더십과 유사하나, 변혁적 리더십의 경우 팔로워에 대한 지원이 조직의 목표달성 차원에서 행해지나, 서번트 리더십의 경우 조직목표달성이 아닌 섬김 그 자체에 초점을 둔다는 점에서 상이하다.

① 서번트 리더십의 10가지 행동요소

서번트 리더십은 리더 개인의 이익 혹은 조직의 이익보다도 팔로워의 성장, 이익 및 복리가 가장 우선시 된다는 점에서 기존의 리더십 모형과 본질적인 차이가 있다. 서번트 리더십의 구성요인 관련 다양한 학자의 의견이 제시된 바 있다. 예를 들어, Herbert(2003)은 존중, 성장지원, 공동체형성, 진실성, 리더십발휘 및 정보 공유 등의 6가지 요인을, 정성현(2007)의 연구에서는 공동체의식, 경청, 공감대형성 및 비전제시 등의 4가지 요인을 제시하였다. 다만, Greenleaf의 이론적 논의에 대한 실증적 연구를 가능하게 대표적인 학자는 Larry C. Spears인데 2008년 Larry C. *Spears* Center for *Servant-Leadership*, Inc.(Indianapolis)를 설립하여 관련 연구 및 교육사업을 시행하고 있다. Spears(1995)는 서번트리더가 갖춰야할 10가지 행동양식을 제시하였으며, 다수의 관련 선행연구에서 활용되고 있다. 서번트 리더십의 10가지 핵심요인은 <표 8-5>에 제시된 바와 같다.

〈표 8-5〉 서번트 리더십의 행동요소(Servant-Leadership Attributes)

행동요소	
경청(listening)	조직구성원의 다양한 의견을 경청하는 것
공감(empathy)	동료 혹은 팔로워가 처한 상황 및 곤경을 이해하고, 상대방에 대해 공감하는 것
치유(healing)	상대방의 정신적 혹은 감정적 고통을 완화시켜주는 것
설득(persuasion)	개방적인 의사소통을 활용하여 조직 내 합의를 도출하는 것
인지력(awareness)	동료 혹은 팔로워보다 많은 것을 이해하고 인지하는 것
통찰력(foresight)	경험과 직관을 통해 미래에 대한 통찰력을 갖는 것
나침반역할 (Conceptualization)	미래의 비전을 제시하고 문제에 대한 해결방안을 제시하는 것
청지기 의식 (stewardship)	개인의 이익보다는 팔로워의 이익을, 그리고 조직전체의 이익을 우선시하는 것
성장지원 (commitment to growth)	팔로워의 자기개발 및 조직 내 성장을 지원하는 것
공동체형성 (community building)	조직 내 '우리'라는 의식을 형성하여 화합과 단결을 유도하는 것

다른 리더십 이론에 비해, 서번트리더십 관련 연구는 충분하지 않은 실정이나, 행정학 분야에서 최근 몇몇 학자에 의해 서번트 리더십의 영향요인을 실증적으로 검토하는 노력이 기울여졌다. 예를 들어, 최주근 외(2018) 연구에서는 대구·경북 소재 12개 NGO 상근 및 비상근 조직구성원을 대상으로 설문을 실시하여, 해당 조직 리더의 서번트 리더십 행사가 조직구성원의 직무만족 및 조직몰입에 미치는 영향을 실증적으로 검증하고자 하였다. 연구결과, 조직구성원의 직무만족 및 조직몰입에 정(+)의 효과를 가져옴을 확인하였다. 경기도에 있는 지역보건의료기관 직원을 대상으로 한 김호선·진종순(2013)의 연구에서도 조직구성원의 임파워먼트인식과 조직효과성에 정(+)의 효과를 가져옴을 확인하였다.

즉, 서번트 리더십은 조직구성원의 행태 및 직무성과에 긍정적인 영향을 미치는 것으로 파악되고 있다. 이러한 연구결과는 조직구성원의 존엄 및 가치에 대한 믿음을 바탕으로 한 섬김과 돌봄의 리더십 행사의 중요성을 보여주는 결과라 하겠다. 급변하는 상황 속에서 팔로워에게 명령하고 지시하는 기존의 리더십 스타일보다는 개별 구성원에 대한 배려와 조력자로서의 역할을 수행함으로써 팔로워의 성장과 발전을 도모할 수 있는 리더의 필요성 및 관련 리더십의 개발이 강조되는 상황이다. 이러한 상황 하에서 서번트리더십은 조직과 개인의 발전을 함께 도모할 수 있는 리더십 대안으로서 주목받고 있다. 이에 서번트 리더십을 함양하기 위한 교육 프로그램의 개발 및 추가적인 연구가 필요하다.

제9장

행정과
거버넌스

제1절   거버넌스의 기초

1. 거버넌스(governance)의 개념

오늘날 사회과학 분야 전 영역의 실로 방대한 문헌들에서 '거버넌스'라는 용어를 사용하고 있는 것을 볼 수 있다. 그러나 거버넌스라는 용어는 아직 충분한 합의에 도달하지 못하고 개념적 혼란을 거듭하고 있으며, 이론으로서의 필요조건을 충족시키지 못하고 있는 것처럼 보인다.

그럼에도 불구하고 거버넌스는 국가를 둘러싼 행정환경의 변화와 함께 사회의 공동 문제를 해결하기 위해 새롭게 모색된 국정운영방식의 의미로써 매우 각광받고 있는 분석틀이며, 이에 관한 연구도 활발하게 이루어지고 있다.

1990년대 이후 행정학은 물론 정치학, 사회학, 경제학 등 사회과학 분야 전반에 걸쳐 거버넌스(governance)에 관한 연구가 주목을 받아 왔다. 우리나라의 문헌에서 거버넌스는 협치(協治), 공치(共治), 국정관리(國政管理), 국가경영(國家經營) 등으로 번역되기도 하지만, 원래 의미하고 있는 바를 정확히 전달하지 못한다는 이유로 원어 그대로 '거버넌스'로 쓰이고 있는 경우가 많다.

거버넌스라는 개념은 학자에 따라 정책망(Rhodes, 1997), 공공관리(Hood, 1990), 공－사간 협력관계(Pierre, 1998), 경제부문의 조정(Campbell et al. 1991), 방향잡이(Pierre, 2000) 등의 의미로 매우 다양하고도 광범위하게 사용되고 있다.

이처럼 그 개념이 모호하여 하나의 확실한 형태로 정의되지 못하고 있음에도 많은 학자들이 거버넌스라는 용어를 즐겨 사용하고 있는 것은, 새로운 환경변화에 따르는 새로운 개념 등장의 필요성에서, 또한 거버넌스가 가지고 있는 포괄적 의미의 편리성 때문일 것이다.

사전적 정의를 살펴보면, American Heritage Dictionary는 거버넌스를 '통치행위, 과정 또는 권력, 정부(The act, process, or power of governing)'라고 정의하여 행위자에 초점을 두어 정의하고 있는 것을 알 수 있다. 한편 Oxford English Dictionary에서는 거버넌스를 '국가를 통치하거나 기업 또는 조직을 통제하는 활동(activity)'로 정의함으로써 통치나 통제 행위 강조점을 두어 정의하고 있다.

또한 세계은행(World Bank, 1992, 1997)은 거버넌스를 '국정운영을 위한 정치적 권력행사' 또는 '발전을 위하여 국가의 경제·사회적 자원들을 관리하는 권력의 행사 방식'으로 정의하여 권력중심적인 시각에서 정의하고 있다. 즉, 기존의 행정활동 이외에 국정운영을 위한 제도와 도구는 물론, 정부 이외의 영역과의 관계까지를 거버넌스라 일컫고 있는 것이다.

한편 UNDP(1997)는 거버넌스를 '모든 수준에서 정부업무의 관리에 정치·경제·행정적 권위를 행사하는 것'으로 보아 정부와 민간, 자발적 연합체들간의 상호작용을 강조하고 있다. OECD에서는 거버넌스의 민주주의적 측면을 강조하면서 자원의 투자가 개발목표를 향한 진보에 기여하도록 하는 지속가능한 경제사회개발을 위한 민주적 가치와 절차 및 책임성 있는 체계의 구축에 관심을 가지며, 정부의 정당성과 책임성, 인권 등과 같은 보편적 이슈를 다루기 위한 포괄적 참여 또는 권한부여에 관심을 보이고 있다.[1]

학자들은 거버넌스를 어떻게 설명하고 있는가를 살펴보면, 먼저 쿠이만(Kooiman)은 거버넌스를 일방통행이 아니라 쌍방향의 통행이 가능한 모델로 생각하여, 어떤 중심적인 행위자가 지배적인 통치를 행하는 것이 아니라 여러 행위자들이 상호 협력, 조정, 협동하는 수평적인 관계성을 지니는 모델로 정의하고 있다.[2]

피엘(Pierre) 등은 거버넌스의 개념을 구조로서의 거버넌스와 과정으로서의 거버넌스로 나누어 설명하고 있는데,[3] 구조로서의 거버넌스는 구조와 제도의

---

1) 문순홍 외. (2000). "거버넌스와 젠더, 젠더친화적 거버넌스의 조건에 대한 탐구". 한국정치학회 하계학술회의 발표논문집.

2) Kooiman. (1993). "Governance and Governability: Using Complexity, Dynamics and Diversity", in Kooiman(ed.), Modern Governance: New Government—Society Interactions. London: Sage. 35–36; Kooiman. (2000). "Societal Governance: Levels, Models, and Orders of Social—Political Interaction", in Pierre(ed.), Devating Governance, New York: Oxford University Press. 142,148; Kooiman. (2003). Governing as Governance. London: Sage. 3.

3) 피엘 등은 거버넌스라는 용어에 있어서 야기되는 혼동은 그것이 현상과 이론(분석틀)으로서의

영향을 중시하는 것으로, 바람직한 거버넌스를 위해서는 계층제, 시장, 네트워크, 커뮤니티와 같은 구조들이 조작되어야 함을 가정하고 있다. 한편 과정으로서의 거버넌스는 경제나 산업부문의 조정(Hollingsworth et al. 1994), 경제의 방향잡이(Gamble, 2000) 등으로 표현되는 것처럼 사회적 체제들의 조정, 그 과정에서의 정부의 역동적 역할로 보는 것이다.4)

한편, 린(Lynn) 등은 거버넌스의 제 요소, 즉 시민의 가치와 이익, 정책의 구조, 집행과 조직의 구조와 역할, 업적평가 등이 역동적인 상호작용과정을 거쳐 이들이 어떻게 관련되어 있는가에 따라 세 가지 수준의 거버넌스를 설명하고 있다.5) 첫째는 ① 제도(공공선택)수준의 거버넌스로, 정치적으로 표현된 시민의 가치와 이익이 정책결정자에 의해 선택되어 정책이라는 형태로 명확히 되는 정책형성의 과정을 말한다. 둘째 ② 관리수준의 거버넌스는 행정관이 정책을 실현하는 전략을 결정하는 과정을 가리키는 것으로 조직 내부에 있어서의 전략구축의 과정을 말한다. 셋째 ③ 기술적 수준의 거버넌스는 공공부문이나 민간부문의 계약자에 의해 서비스의 공급이 실시되는 정책실시의 과정을 말하는 것이다. 이들 각 수준은 상호 관련되어 있으며 ①이 ②를, ②가 ③을 규정하게 되나, 일방적인 것이 아니라 상호적으로 거버넌스의 구조를 형성하고 있다고 본다.

프레데릭슨(Frederickson)의 경우 거버넌스를 '행정이 좀 더 나은 현실을 추구하기 위하여 유용하면서도 현실적으로 수용 가능한 것'으로 정의하면서, 여러 조직들 간의 네트워크, 다원주의 이해 요소, 새로운 관리 과정, 창조적인 조직 개념으로서 거버넌스를 설명하고 있다.6)

또한 정정길7)은 거버넌스를 세 가지의 범주로 분류하고 있는데, 첫째는 협의의 거버넌스로 인사나 예산 및 내부관리에서의 통제 완화, 분권화, 재량권의

두 가지 의미를 동시에 지니고 있기 때문이라고 지적한다(Pierre et. al. (2000). *Governance, Politics and the State*. New York: St. Martin's Press. 24).

4) 피엘 등은 거버넌스라는 용어에 있어서 야기되는 혼동은 그것이 현상과 이론(분석틀)으로서의 두 가지 의미를 동시에 지니고 있기 때문이라고 지적한다(Pierre et. al, 2000; 24).

5) Lynn et al. (2001). *Improving governance: a new logic for empirical research*. Washington, DC: Georgetown University Press. 28－32.

6) Frederickson. (1997). *The Spirit of Public Administration*. San Francisco; Jossey－Bass. 83－84.

7) 정정길. (2000). 행정학의 새로운 이해. 서울: 대명출판사.

확대, 민간기법의 도입과 같은 행정내부적 변화 또는 관리혁신을 말한다. 둘째 일반적 거버넌스는 시장주의 또는 신제도주의 경제학의 경쟁원리와 고객주의를 공공부문에 도입하는 것으로, 서비스의 공급은 민간부문에 맡기고 정부는 유인책을 통하여 방향잡기에 주력하는 것이다. 이는 단순한 내부적 경영혁신에 민간과의 협력을 통한 정부기능의 축소까지를 포함하는 것이다. 마지막으로 광의의 거버넌스는 관료중심의 집권적 행정체계를 탈피하여 경쟁과 성과, 참여와 네트워크를 중심으로 내부운영체계와 행동양식이 변화하는 것을 말한다.

〈표 9-1〉 거버넌스의 개념

협의의 거버넌스	일반적 거버넌스	광의의 거버넌스
• 인사, 예산 등 내부통제 완화 • 일선 관리자에게 재량권과 책임 부여 • 성과지향, 고객만족의 중시 • 규제의 완화 • 민간 경영기법의 도입	• 협의의 개념 + 시장주의 • 신관리주의와 신제도주의 경제학의 결합 • 경쟁원리와 고객주의 도입 • 신공공관리의 신보수주의적, 신자유주의적 측면을 대표	• 일반적 개념 + 참여주의+우파적 공동체주의 • 정부 재창조에서의 기업가적 정부 관리

자료: 정정길(2000)에서 재구성.

하인리히(Heinrich) 등은 거버넌스라는 단어가 행정학에서는 두 갈래의 지적인 연원을 가지고 있다고 설명한다. 하나는 제도주의자들의 연구에서 다계층, 규범지배에 관한 구조적 상황을 강조한 것과 공공선택론자들이 거버넌스 연구의 제도적 기초에 기여한 것이며, 다른 하나는 네트워크 연구에서 네트워크 내의 협상, 집행, 전달 등 다양한 사회적 행위자들의 역할을 강조한 것으로부터 거버넌스가 유래한 것이라고 설명하고 있다.[8]

거버넌스에 관한 정의는 학문의 분야에 따라서도 조금씩 다른 시각과 초점을 보인다. 행정학적 관점에서는 주로 정부를 중심으로 보는 시각에서 사회와 시장을 통치하는 새로운 방식으로서의 국정관리로 보는 반면, 정치학에서는 통치권력적인 시각에서 정치적 행위자들간의 다원적·협력적 통치방식으로 본다. 한편 경제학에서는 시장을 중심으로 하여 정부의 개입과 규제가 약화된 자율적인 관

---

8) Heinrich et. al. (2000). Governance and Performance: New Perspectives. Washington D. C.: Georgetown University Press. 3.

리체계로 이해하며, 사회학에서는 사회를 중심으로 하여 시민사회의 자율적인 조정양식이나 협력체제의 의미로 사용하고 있다.

또한 거버넌스의 개념 정의는 지역적으로도 서구 유럽과 미국에서 각각 조금씩 다르게 나타나고 있다. 즉, 유럽에서는 통치과정에 있어서 사회의 참여라는 개념으로 거버넌스라는 용어를 사용하는 데 반해, 미국에서는 본래의 방향잡이 (steering) 개념을 유지하고 있는 것으로 보인다. 이는 거버넌스 내의 행위자의 특이성이나 네트워크의 특징이 지역 간, 국가 간에 서로 다양한 모습으로 나타나기 때문이다.

거버넌스에 대해 보편적 개념정의를 내리기 어려운 이유로 ① 거버넌스가 사물이 아니라 인공물이라는 점, ② 거버넌스가 정부역할의 미래상에 대한 은유기능에 초점을 부여해 왔다는 점, ③ 거버넌스 정의들이 각국의 고유한 현실을 반영하고 있기 때문이다.9) 다양한 의미를 가지는 거버넌스의 개념을 일반화하는 것은 어렵기 때문에, 그 특징에 초점을 맞추는 것이 거버넌스를 이해할 수 있는 현실적인 방법이 될 것이다.

2. 거버먼트(government)와 거버넌스(governance)

이제까지 다양한 개념 정의들의 공통요소를 쉽게 서술하여 보면, 과거의 일방적인 정부 주도적 경향에서 벗어나, '정부, 기업, NGO 등 다양한 행위자가 공동의 관심사에 관한 네트워크를 구축하여 문제를 해결하는 새로운 정부운영의 방식'이라고 정의할 수 있을 것이다. 즉, 이는 연합파트너십이나 네트워크 등을 통해, 기존의 시민참여의 개념보다는 좀 더 적극적으로 민간부문이 협력과 참여로서 공공문제를 해결해 나가는 방식을 일컫는 것이라고 할 수 있다.

이처럼 거버넌스는 전통적인 국정운영방식인 거버먼트(government)를 대체할 수 있는 대안적 의미로서 등장한 개념임을 살펴보았다. 그렇다면 거버먼트와 거버넌스는 다음과 같은 차이가 있다.

첫째, 국정운영에 참여하는 행위자의 다양성에 있어 차이가 존재한다. 거버

---

9) 최성욱. (2004). "거버넌스 개념에 대한 비편적 고찰: 한국행정학계의 거버넌스 연구경향분석". 정부학연구, 10(1): 246.

먼트의 경우 정부, 의회 등 통치기구로서 제도에 포함되는 것들이 행위자인 반면에, 거버넌스에 있어서는 정당과 관료를 비롯하여 지방자치단체, NGO, 민간기업 등 보다 다양한 행위자들이 국정운영에 주요 행위자로서 참여한다.

둘째, 계층제적 기구가 존재하는가의 여부이다. 거버먼트 체계에서는 구속력, 강제력을 가지는 특정의 제도나 기구를 전제로 하는 데 비해, 거버넌스 체계하에서는 의사결정에 참여하는 행위자를 반드시 어떤 형태로 한정하지 않으며, 오히려 다양한 형태의 자발적이고 주체적인 참여를 허용하는 네트워크 구조를 가진다는 점이다.

셋째, '공(公)적' 영역과 '사(私)적' 영역의 구분에 관한 점이다. 거버먼트에서의 관심이 공적 영역에서 공적인 문제를 공적 행위자인 정부가 해결하는 것이 그 내용이라면, 거버넌스에서는 공적 영역의 공적인 문제를 사적 행위자(대표적인 예로 NGO 또는 민간기업)가 관여함으로 인해 공·사 영역 간의 재편이 이루어진다는 점이다.

넷째, 권력의 집중과 분산이다. 거버먼트 체제하에서는 사회내에 존재하는 다른 행위자들에 비해 막강한 국가권력을 전제로 하고 있으나, 거버넌스 체제하에서는 이러한 독점적·절대적인 국가권력을 부정하며, 국가 역시 하나의 행위자로서 기능하는 것으로 파악한다.

다섯째, 문제의 수준에 관한 것이다. 거버먼트 체계에서 다루던 문제들은 주로 한 국민국가 내에 존재하는 문제인 데 비해, 거버넌스 체계에서는 국가의 경계를 벗어나는 공통의 관심사까지 그 범위가 확대되었다.

제2절   거버넌스의 등장배경

거버넌스의 등장 배경 또한 학문적인 관심에 따라 서로 다르게 설명되고 있는데, 이는 설명의 대상, 주체, 방식 및 그 범위를 다르게 설정하고 있기 때문이다.[10]

제솝(Jessop)은 탈국민국가로의 국가의 변용을 정책레짐의 국제화(초국가적 조정에 따른 국가의 공동화와 다양한 기능영역에 있어서의 거버먼트로부터 거버넌스에로의 변화라는 두 가지 측면)로 설명하고 있다.[11] 여기서 국가의 공동화란 규칙과 정책결정에서의 모든 권한이 초국가적 기관으로 이양되어 국가의 자율성이 상실되는 것이며,[12] 거버넌스로의 이행이란 다양한 행위자들 간의 협력을 강조하여 기존의 국가주도적, 국가중심적 역할이 비계층화, 분권화, 상대화되는 것을 말한다.

---

10) Stoker. (1998). "Governance as Theory; Five Propositions." International Social Science Journal, 155.

11) Jessop. (1997). "Narrating the Future of the National Economy and the National State? Remarks on Remapping Regulation and Re-Inventing Governance". Working paper; Ritsumeikan University. 4-5.

12) 그러나 제솝(Jessop)은 모든 영역에서 공동화와 네트워크화의 진행에 따라 국가의 자율성이 상실되는 것은 아니라고 본다(Jessop(1997). "Narrating the Future of the National Economy and the National State? Remarks on Remapping Regulation and Re-Inventing Governance". Working paper; Ritsumeikan University. 17-18). 그는 국가기능을 예외기능과 통상기능으로 나눠, 전자(前者)의 기술, 경제적, 국가의 자기유지, 정치적, 이데올로기적 기능이 각 레벨의 주체에 이양된다고 해도 후자(後者)의 사회응집적 기능-사회적 갈등의 해결, 재배분-과 민주적·정치적 능력의 확보는 국가에게 남겨져 있다고 설명한다. 또한 기능 이양에 의한 네트워크화는 국가 자율성의 저하를 가져오는 것이 아니라, 오히려 다양한 행위자로부터 새로운 지식과 자원을 동원함으로써 목표달성을 가능하도록 하는 국가 능력의 강화를 가져온다. 즉 정책영역에서 통치형태, 패턴은 달라도 거버먼트로부터 거버넌스로의 이행은 국가의 기능 및 국가-사회관계의 재구축을 반영하는 것이라 할 수 있다.

로드스(Rhodes)의 경우는 1980년대 앵글로색슨계 국가들의 신자유주의 행정개혁 과정에서 도입되었던 신공공관리론의 정치적 능력 저하에 대한 행정학의 대응이 바로 거버넌스론이 대두된 배경이며, 국가의 공동화는 곧 자율성의 저하라는 자율적 조직 간 네트워크로의 진행에서 거버넌스의 출현을 설명하고 있다.13)

이와 같이 학자들에 따라 다양하게 설명되고 있는 거버넌스의 등장 원인을 종합하여 보면 다음의 네 가지로 정리해 볼 수 있다. 첫째로 복지국가의 위기가 그 원인이다. 즉, 20세기에 나타난 '시장의 실패'에 대한 대안으로 정부가 시장과 시민사회에 적극적으로 개입하게 되면서 공공부분이 팽창하게 되었으나, 1970년대 두 차례의 오일쇼크를 거치면서 다시 '정부의 실패'를 초래하게 되자, 이로 인해 케인즈적 복지국가에 대한 낭만적 기대가 붕괴되어 더 이상 국가가 완전고용과 지속적인 경제성장을 보증할 수 없다는 것을 깨닫게 되었다. 이로부터 정부의 시장개입 정당성에 관한 의문이 제기되고 복지국가의 토대를 흔들지도 모르는 재정위기가 발생하면서, 비대한 국가기능을 비국가적 기구들과 공유하여야 할 필요성에 의해 거버넌스가 등장하게 되었다고 할 수 있다.

둘째, 1970년대 이래 세계화의 진전을 한 원인으로 지적할 수 있다. 세계화의 진전으로 인해 국경을 초월하는 세계자본과 세계시장의 개념이 도입되면서, 국가중심의 통치체제와 규제는 약화되었다. 또한 국가 간에 노동력이 이동함에 따라 기존 국민국가의 국민적 응집력이 약해지고 완전고용, 복지국가가 위협을 받게 되었으며, 한편으로는 부부중심의 전통적 가족형태의 파괴와 여성노동자의 등장, 장기적 실업의 증대 등으로 사회적 재생산 분야의 모순이 나타나면서 이로 인한 변화가 일어난 것을 그 원인으로 지적할 수 있다.14)

셋째, 정치적 무관심과 부동층의 확대로 인해 대의민주주의의 위기가 제기되고, 케인즈적 복지주의에 대한 대안이 요구됨에 따라 반관료적이고 자율적인 시민사회를 이끌 새로운 사회운동이 일어나면서 거버넌스가 등장하게 되었다.15)

13) Rhodes. (1997). Understanding Governance, Policy Network, Governance, Reflexivity, and Accountability. Buckingham: Open University Press. 51-52.

14) Kofman. (1995). "Citizenship for Some but Not for Others; Spaces of Citizenship in Contemporary Europe". Political Geography, 15(2): 121-138.

15) Offe. (1985). "New Social Movements; Challenging the Boundaries of Institutional Politics". Social Research, 54(2): 817-868.

지역사회 중심의 참여가 점차 활발해지고 시민사회의 다양한 행위자들간의 연계와 파트너십이 형성되면서, 과거의 배타적인 국민국가 시대의 지배체제를 대신할 새로운 방식의 국가운영 형태로서 거버넌스가 등장하게 된 것이다.

마지막으로는 정보화와 지식정보사회의 등장으로 인해 노동과 자본의 경계가 모호해지고 사이버 공간이 확대되면서 소위 네티즌이 증가하게 되고, 정부와 시민사회를 직접적으로 연결하는 하나의 새로운 제도적 장치가 탄생하게 된 것을 그 원인으로 들 수 있다. 과거의 대의제 기구들 대신, 시민사회와 기업, 정부를 직접적·수평적으로 연결하는 네트워크와 이의 관리가 중요한 공동체 운영의 수단으로 등장하면서 거버넌스라는 새로운 국정운영방식이 주목을 받게 된 것이다.

요컨대 케인즈적 복지국가로부터 탈국민화, 탈국가화, 국제화, 정보화가 진행되면서 다양한 행위자간의 파트너십을 강조하면서 주도적·결정적이었던 국가의 역할이 상대적으로 약화되고, 국가관여의 성격이 계층성이 낮고 보다 분권화·비통제적으로 바뀐 것이 거버넌스의 등장 배경이다.

한편 학문적 관점에 따라 거버넌스의 등장배경을 다르게 설명하기도 한다. 예를 들면 조직이론에서는 조직 내부의 운영과 관리에 초점을 두면서, 과거의 조직 관리 방식에 비해서 보다 유연하고 다이내믹한 관리방식으로 거버넌스를 이해한다. 행정학에서는 정부에 중점을 두고, 정부가 변화하는 상황에 좀더 대응적이고 책임성있는 관리기법을 어떻게 제도화하는가에 관심을 둔다면, 정치학에서는 다양한 이해관계를 가진 행위자들을 포괄하는 통치양식으로서 거버넌스의 등장을 설명하는 등이다.[16]

---

16) 김석준 외. (2000). 뉴거버넌스 연구. 서울: 대영문화사. 36.

제3절 　 거버넌스의 접근법

이제까지 살펴본 바와 같이, 거버넌스는 기존의 전통적 관 중심·관 주도 행정학의 비효율성에 대한 반발과 관료제를 대체할 새로운 이론에 대한 모색으로 등장하게 된 것이며, 따라서 전통 행정학과 차별하여 새롭고 긍정적인 방향으로의 변화를 의미하는 다양한 용어들과 이론들과 함께 사용되고 있다.

1. 거버넌스 개념의 변화

거버넌스의 개념은 시간의 흐름에 따라서도 조금씩 다른 의미로 사용되어 왔다. 1970년대에는 거버넌스가 국민국가의 차원에서 정부와 동일한 의미, 즉 국가수준에서의 관리능력이라는 의미로 사용되었으며, 경제·사회적 발전을 위한 공공서비스의 배분과 집합적 행동을 촉진하기 위해 작동하는 공식적, 제도적인 체계 및 과정들과 관련하여 주로 언급되었다.[17] 그런데 1970년대 말에 들어서면서 정부의 독점적 관리체계 및 통치양식에 대한 한계성이 지적되면서[18] 국가의 실패를 극복하기 위한 대안 및 공공서비스 공급을 위하여 서비스 공급체계로서의 거버넌스에 주목하게 되었다.

1980년대에는 세계화의 진전과 함께 개별 국가가 무한경쟁의 상황에 처하게 되면서 정부중심의 구조와 조정에 대해 한계를 실감하고 거버넌스에 대한 국제

---

17) Stoker. (1998). "Governance as Theory; Five Propositions." International Social Science Journal, 155: 17−28.

18) 클리브랜드(Cleveland)가 그의 저서에서 '정부보다는 거버넌스(less government, more governance)'라고 하여 정부의 개입을 축소하면서 국민의 다양한 수요를 충족시키는 거버넌스를 강조한 것이 대표적인 예이다. Cleveland. (1972). The Future Executive. New York: Harper & Row.

사회의 관심이 증대된 시기다. 이 시기의 거버넌스는 정부 이외의 행위자들에게 관심을 가지고 주로 지역경제의 활성화를 위한 민·관 파트너십의 의미로 사용되었으며, 정부기능을 축소하고 이를 시장, 시민사회, 국제기구 등이 대체하는 네트워크 중심의 제도화를 시도하는 것이었다.

〈표 9-2〉 거버넌스 개념의 변화

1970년대	1980년대	1990년대 이후
• 거버넌스의 관리적 특성을 강조하여 정부(government)와 거의 같은 의미로 거버넌스 이해 • 정부 내부, 국가 수준에서의 관리능력에 대한 관심 • 경제, 사회적 발전의 동력으로서 공공서비스 공급체계에 대한 관심 • 국가중심 이론	• 거버넌스에 대한 국제사회의 관심 증대 • 국가차원의 사회통합과 발전관리 능력에 초점 • 지역경제의 활성화를 위한 민·관 파트너십의 강조 • 국가중심 이론	• 거버넌스의 민주주의적 특성 강조(시민사회를 포함한 참여, 합의형성 등) • NGO와 CBO의 역할에 대한 새로운 인식 • 새로운 제도와 기능 및 과정 개발의 필요성 인식 • 사회중심이론의 대두

자료: 정규호(2002: 41), 김석준(2000: 56) 등을 참조하여 재구성.

1990년대에 들어서는 시민사회의 성장에 따른 참여의 보장과 합의의 도출과 같은 절차적 합리성을 중시하는 의미로 거버넌스의 의미가 확대되고 민주주의적 특성이 강조되며, 정부와 시장의 대안적 통치 및 국정관리 방식으로 주목을 받게 된다. 각 국가에서 NGO의 역할이 활성화되고 시민사회의 비중이 높아지면서, 기존의 관료제라는 계층제적 방식을 통하여 정부가 배타적으로 국정을 운영하던 방식과 시장에 의해 주도되던 방식에서 벗어난 새로운 대안으로서 점차 다른 행위자들과의 팀워크(teamwork)과 참여(participation)가 강조되는 방식의 국정운영으로 그 개념이 변화하였다. <표 9-2>는 거버넌스의 개념이 변화한 과정을 시대별로 요약한 것이다.

2. 국가중심적 거버넌스

1) 국가중심적 접근의 기본원리

거버넌스에 관한 이론은 행위자로서의 국가가 가지는 권력을 다른 행위자들의 권력관계에서 어떻게 파악하는가에 따라 국가중심적 접근과 사회중심적 접근으로 크게 나눌 수 있다.[19] 국가중심적 접근(state-centric approach)은 국가가 시민사회에 깊게 개입하는 전통을 지닌 대륙계 국가에서 주로 나타나는 접근법으로, 국가가 배타적이고 독점적인 지위를 지니지는 않지만 여타의 행위자들을 주도하고 관리하는 입장으로 바라본다. 즉, 정부 조직을 이루고 있는 제도를 시장과 시민사회에 맞추어 어떻게 조정할 것인가가 관건이며, 방향조종, 국가운영의 정통성·책임성의 확보를 위해 시민이 정책결정에 영향력을 행사하도록 참여를 확대하는 것이 과제이다.

이러한 접근법의 대표적인 학자로 피엘(Pierre)을 들 수 있는데, 그는 정책조정과 공적인 문제 해결을 행하는 통치 능력과 시스템에 비중을 둔다. 국가는 사회를 조종할 수 있으나, 그 권위와 정통성은 법적 권력이 아니라 중요한 자원에 대한 통제능력 및 집합적 이익에 기초한다는 것을 전제조건으로 하여, 국가가 어떤 목적에서 누구의 이익을 위해 조종을 행하는 것일까에 초점을 둔다. 따라서 거버넌스를 '국가에 의한 환경변화(경제의 세계화, 응답성의 요구 등)에의 적응과 집합적 이익 확보를 향한 국가능력의 강화를 위한 제도편성'[20]이라고 정의한다.

피터즈(Peters)의 경우는 글로벌 시장, 초국가적 기관, 지방자치단체, 네트워크 등이 통치능력을 상실한 국가를 대체하는 거버넌스의 행위자이지만, 그들의 정책결과에 대한 영향력은 생각만큼 크지는 않으며, 정책의 일관성과 사회의 중심적 목표라고 하는 관점에서 볼 때 아직도 국가가 지배적인 행위자이며, 신공공관리론 등의 행정개혁을 통해 국가의 능력을 높일 수 있다고 주장한다. 따라서 국가의 통치능력 상실의 정도를 비판하는 기준을 제공하는 의미로서도 거버

---

19) 학자에 따라서는 국가중심적, 시장중심적, 시민사회 중심적 거버넌스로 나누기도 한다(문순홍·정규홍(2000). "거버넌스와 젠더, 젠더친화적 거버넌스의 조건에 대한 탐구". 한국정치학회 하계학술회의 발표논문집. 9-12; 김석준 외(2002). 거버넌스의 이해. 서울: 대영문화사. 19-47). 여기에서는 대립적 성격을 지니는 두 접근법으로 대별하여 설명하도록 하겠다.

20) Pierre. (2000). Debating Governance. New York: Oxford University Press. 242.

넌스 개념을 사용할 수 있다고 하여, 국가의 조종능력(steering)에 초점을 맞춘 국가중심적 접근을 택하고 있다.[21]

이들은 거버넌스의 스타일에는 ① 규제·재분배정책, 규제완화 후의 재규제를 대상으로 하는 국가주도형 ② 고객요구에의 대응을 위한 서비스 공급시스템의 다양화, 의사결정의 가시성·투명성을 높이기 위한 참가의 확대를 목적으로 한 지방분권화형 ③ 시장화, 기업가정신의 고양, 서비스공급의 효율성을 목적으로 한 기업·NGO에의 권한위양(정부 외로의 분권화형)이 있는데,[22] 그 스타일은 국가가 사회에서 정책에 대한 동의를 확보하는 프로세스라고 정의하고 있다.

그 정당화 또는 정통화 프로세스는 정책 협의에 맡겨진다. 정책 협의란 정책형성에 다양한 시민견해·의견을 도입하는 시도로, 정책의 토의과정에의 시민참여를 촉진하는 것인데, 거기에는 신조합주의적 정책조정의 의미가 들어있다. 그러나 주된 사회적 행위자의 이해표명과 그 조정을 목적으로 하는 네오 코포라티즘은 시민이 결정에 접근하는 것을 거부하는 폐쇄적 정책공동체를 초래할 가능성이 있다. 따라서 정책과정을 더 공개하도록 시민참여를 확대시키는 조치를 고려하여야 하는데, 이러한 방법으로 주목을 받고 있는 것이 숙의민주주의(deliberative democracy)를 실천하는 정책, 계획의 결정에 있어서의 시민 패널이다.

2) 신공공관리론(New Public Management)과 거버넌스

(1) 신공공관리론의 개념

1980년대에 등장한 신공공관리론(New Public Management)은 1990년대 이래로 세계적인 행정개혁의 주류를 이루게 되었다. 신공공관리론은 신제도주의 경제학과 관리주의라는 두 가지 상이한 흐름이 융합된 것이기 때문에 잠재적 긴장관계를 내포하고 있으며,[23] 아직 명확한 이론체계를 가지지 못하여 이 또한 나

---

21) 피터스(Peters)는 신제도론을 규범적 제도론, 합리적 선택론, 역사적 제도론, 경험적 제도론, 사회학적 제도론, 이익유지의 제도론(이익집단을 중심으로 한 정치과정론), 국제적 제도론의 8가지로 나누어 신제도론의 결함이 제도 자체에 대해서 잘 설명할 수 없는 것(Peters(1999). 150)이라 비판하고 있다. 그러나 그의 거버넌스에 대한 접근은 신제도론을 전면적으로 부정하기 보다는 신제도론의 틀 안에서 그 결점을 보완하려는 입장이라고 보아야 할 것이다.
22) Pierre and Peters. (2000). Governance, Politics and the State. New York: St. Martin's Press. 201 – 207.

라와 지역, 또는 시대에 따라 개념에 상당한 차이가 있다. 그러나 이들 개념들 간의 공통점을 추출해 보면 ① 고객주의 ② 계층제의 간소화(분권화·권한 위양) ③ 시장 메커니즘의 활용(민영화·민간위탁·의사시장의 창설) ④ 업적·성과에 의한 통제라는 요소를 들 수 있을 것이다. 이것은 원래 기업경영의 여러 가지 기법과 전략을 공공부문에 도입·응용함으로써 공공부문의 생산성을 향상시키려는 의도에서 시작된 것으로, 앞서 살펴본 린(Lynn) 등의 거버넌스 구분 중에서는 관리수준 이하의 구조를 변경하는 것을 말하는 것이라 할 수 있다.

(2) 신공공관리론의 등장

후드(Hood)는 신공공관리론이 등장하게 된 원인을 제2차 세계대전 이래의 선진국의 경제성장에 따라 발전하게 된 특정한 사회상황에 대한 반응으로써 해석하고 있다. 그래서 유권자의 소득수준 향상과 분배의 변화, 사회기술 시스템의 발전에 따라 공공부문과 민간부분의 전통적 장벽이 허물어지면서 공공정책에 있어 국가주의적 접근에 비판적인 화이트칼라가 급증한 것이 신공공관리론의 등장을 촉진시킨 조건이라고 지적한다.[24] 한편 미노그(Minogue)는 재정면, 행정의 질, 이데올로기적 측면의 세 가지 압력에서 신공공관리론이 등장하였다고 지적한다.[25]

허스트(Hirst)는 종래의 국가의 역할을 ① 국가-사회의 권한·책임의 배분의 규칙의 설정 ② 사회활동에의 개입(규제)와 서비스의 공급 ③사회의 합의의 촉진, 이익의 조정으로 나누어, 신공공관리론은 ①의 역할만을 담당하는 자유주의 국가에의 회귀와 자율적 사회의 창출을 이상으로 하여 ②의 역할을 축소·해체하는 것을 목표로 하고 있다고 주장한다.[26]

한편, 오스본(Osborne)과 개블러(Gaebler)는 정책결정(steering)과 서비스 공급

---

23) Hood. (1991). "A Public Management for All Seasons?", Public Administration, 69 Spring: 6.

24) Hood. (1991). "A Public Management for All Seasons?", Public Administration, 69 Spring: 7−8.

25) Minogue M. (1998). "Changing the state:concepts and practice in the reform of the public sector", Beyond the he new public management: changing ideas and practices in governance, Martin Minogue, Charles Polidano, David Hulme. Cheltenham(eds.), UK; E. Elgar: 17−37.

26) Hirst. (2000). "Democracy and Governance", in Jon Pierre(ed.). Debating Governance. New York: Oxford University Press. 26.

(rowing)을 구분하여 이제 관료제는 서비스 공급을 위해서는 부적절한 수단이 되었다고 하면서, 성과의 측정, 결과에 의한 관리, 경쟁, 시장, 고객의 개념을 중시하는 기업가적 정부로 대체되어야 한다고 주장한다.[27]

(3) 신공공관리론의 특징

신공공관리론의 특징은 정부의 정책실시 및 서비스 제공기능에 있어서 시장메커니즘을 도입하고 사회적 영역으로부터의 정부의 후퇴(withdrawal)를 주장하는 것이다. 즉, 공급부문을 정부에서 시장으로 전환하는 소위 민영화의 활발한 추진을 통해 기존의 방대한 정부기능을 축소하고자 한다. 민영화에는 대부분의 공공서비스의 생산주체를 민간으로 이양하여 공공부문이 최소한의 공공재만을 제공하는 협의의 민영화로부터, 계약에 의한 서비스의 민간위탁, 바우처 제도 등 다양한 단계가 포함되며, 이를 통해 자연스럽게 서비스 수혜자인 국민을 과거 일방적 수요자에서 자신의 선호를 가진 시장에서의 고객으로 바라보는 것이다.

또 하나의 특징은, 관료제 조직 내부적으로도 최고 책임자를 공개모집에 의해 채용하는 소위 에이전시(agency)화와, 이들에게 책임과 권한을 이양한 후, 업적과 성과에 따라 면밀히 평가하고 경영상의 부담을 지우는 것이라고 할 수 있다. 소위 주인－대리인 이론(principal－agency theory)에서의 정보의 불완전성과 비대칭성의 문제를 성과에 대한 엄밀한 평가를 통해, 이에 따른 인센티브와 제재조치를 활용하여 극복해 보겠다는 발상인 것이다. 이러한 특징들을 전통적 관료제와 대비해 보면 ＜표 9-3＞과 같이 정리할 수 있다.

〈표 9-3〉 전통적 관료제와 신공공관리론의 비교

전통적 관료제	신공공관리론
법령과 규칙에 의한 관리	업적과 성과에 의한 관리
단일의 직무에 특화된 분업체계	서비스공급의 효율화를 위한 유연한 조직운용
명확한 계층제	소규모 조직간 계약에 의한 관리
경쟁적인 수단의 한정적 활용	민간위탁과 내부시장체계의 활용
전략적 관리의 결여	고객의 수요를 반영하는 관리

자료: Naschhold(1996), 14.

---

27) Osborne & Gaebler. (1992). Reinventing Government. Reading, Mass.: Addison－Wesley. 20－34.

신공공관리론이 실질적으로 자원관리를 개선하고 공공부문의 대응성을 높이기 위해서는 다음의 몇 가지 요건들이 충족되는 것을 전제로 한다. 첫째, 성과의 기준과 측정 가능성이다. 이는 당연하게 보일 수 있으나, 사전에 성과를 평가하기 위한 효율적 기준에 관한 합의가 있어야 하며,[28] 사후에는 이를 측정하여 기준과 비교할 수 있어야 하는 것이 제일의 전제조건이다.

둘째, 서비스를 제공 받는 고객이 스스로의 선호에 관해 정확히 인지하고 있어야 한다는 점이다. 고객의 서비스 질 평가는 투입과 산출만으로 계산되는 정량적 비용편익분석의 한계를 극복할 수 있는 대안이므로, 이를 위해서는 고객 스스로가 자신의 선호 및 제공되는 서비스의 질에 대해 정확히 주체적 판단을 내릴 수 있는 평가자의 자질을 갖추고 있어야 한다.

셋째, 대안적 서비스 제공자 또는 서비스 제공 방식이 존재하여야 한다는 점이다. 주민이 만족하지 못하는 서비스의 경우라도 공급자가 독점적 지위를 가지거나 다른 공급방식을 취할 수 없는 경우 평가는 유명무실해질 뿐이다. 따라서 대안적 제공자나 제공방식은 필수적 전제조건이다.

넷째, 공공부문이 사용하는 투입부문에 대한 정보가 주어져야 한다는 것이다. 시장에서의 소비자 만족도를 측정하는 마케팅 조사의 경우, 평가되는 상품의 가격은 물론 시장에서의 다른 대체품에 관한 정보까지 소비자가 알고 있는 것을 전제로 한다. 물론 공공부문은 민간에 비해 이러한 모든 정보가 제공되는데 어려움이 있지만, 최소한의 비용 정보만이라도 확보되어야 주민 만족도의 측정이 가능할 수 있을 것이다.

(4) 신공공관리론의 한계

신공공관리론이 거버넌스와 관련이 있는 것은 종래의 국가의 역할·기능의 재정립을 촉진하는 주장이기 때문이다. 기존 관료제에 대한 반발로 일어난 신공공관리론은 1990년대 전세계적으로 풍미하였으나, 여기에서 주창하는 기업가적 정부모델은 정부와 사회 또는 정부간관계를 규정하는 데 있어 관료적 모델과 마찬가지로 결점이 있다는 점에서 최근 들어 많은 비판에 직면하고 있다.

---

28) 이것은 주로 유사한 사업 간의 우선순위를 어떻게 정할 것인가 하는 정치적, 배분적 효율에 관한 합의일 것이다.

이를 정리하여 보면 첫째로, 시장화에 대한 비판을 들 수 있다. 신공공관리론은 개개인에게 선택의 기회를 권리로써 부여하고, 시장이 이러한 수요에 대해 대응성을 가지며, 자원배분의 효율화가 이루어짐으로써 비시장적 기제보다 우월함을 가정하고 있다. 이러한 논리에 따라 대고객 서비스, 성과의 중시, 경쟁, 시장, 탈규제 같은 민간기업의 경영기법이 공공부문에 도입됨으로써 정부 간 관계, 그리고 정부와 시민, 기업 간의 관계를 규정하는 데에 시장원리가 적용되는 것이다. 이 때문에 공공관리론은 공공선으로서의 공익을 간과하고 이기적인 인간형을 추구함으로써 민주적 통제를 위협하는 관점이라 비판받고 있다.[29] 고객 유치를 위한 경쟁에서 정부기관은 상위의 목표 달성을 위해 서로 기여하고 상호의존하는 협력자라는 관점에서 생존을 위한 경쟁자로 서로를 규정하는 결과를 낳을 수도 있다는 것이다.

둘째는 시민을 서비스의 고객으로서 바라보는 시각에 대한 비판이다. 신공공관리론에서 시민은 고객의 개념으로 대치되었으며, 교류와 정치적 공동체로서의 사회가 개인의 효용 극대화를 추구하는 합리적 인간이 지배적인 시장으로 그 개념이 바뀌게 된 것이다. 따라서 시민은 공익의 추구보다는 개인의 단기적 이익에 대응하도록 정부를 강요하게 된다는 것이다.

셋째로, 신공공관리론이 효율과 경쟁성만을 주요한 가치로 강조함으로써 법치국가의 정통성, 또는 법의 정통성과의 융합성, 국민국가가 보증하여야 할 평등과 공정성, 공평성의 개념이 침해될 수 있으며, 정부의 능력을 저하시킬 수 있다는 점이다. 한센(Hansen)은 정책과 관리·공급의 분리가 정부의 정책형성능력을 저하시켰다고 지적한다.[30] 즉, 정부가 서비스를 직접 공급하지 않게 되면서 그로 인해 주민의 다양한 이익과 의견이 피드백 되지 않는 구조적 단절이 야기되었다는 것이다. 그는 이에 대한 해결책으로서 ① 정부와 서비스 공급조직, 시민 (또는 stakeholer) 간의 상호작용을 개선하기 위한 대화와, ② 목표를 조작 가능한 수준까지 체계화시키는 전략적 관리의 두 가지를 들고 있다.[31]

---

29) Frederickson. (1996). Comparing the Reinventing Government Movement with the New Public Administration. Public Administration Review, 56(3): 263-270; Kelly. (1998). An Inclusive Democratic Polity, Representative Bureaucracies, & the New Public Management. Public Administration Review, 58(3): 201-208.

30) Hansen(2001). "Local Councillors: Between Local 'Government' and Local 'Governance'". Public Administration, 79(1): 118.

3. 사회중심적 거버넌스

1) 사회중심적 접근의 기본원리

사회중심적 접근법에서는 국가가 개입하지 않아도 사회에는 자체적으로 정책을 형성하고 문제를 해결할 수 있는 능력과 자원이 있다고 상정한다. 로드스(Rhodes)와 같은 학자가 이를 대표하는 입장인데, 그는 신공공관리론이 조직의 내부 관리를 위한 이론으로 조직 간 관리에는 적용될 수 없다고 비판하면서, 신공공관리론적 개혁이 국가의 공동화와 이에 대한 반발로 등장한 것이 바로 네트워크화와 거버넌스라고 본다.

그는 거버넌스를 통치(governing)의 새로운 과정, 기존 규칙의 조건변화, 사회통치의 새로운 방법을 뜻하는 것으로써, 행정학에 있어서 거버넌스가 ① 기업적 거버넌스 ② 신공공관리론 ③ 좋은(good) 거버넌스 ④ 국가 간의 상호의존성 ⑤ 소시오-사이버네틱 시스템(socio-cybernetic system) ⑥ 새로운 정치경제 ⑦ 네트워크라는 적어도 7가지 의미에서 다르게 사용되고 있다고 설명하면서,[32] 이 중 ①, ⑤, ⑦을 통합하여 '자기조직적인 조직 간 네트워크'[33]로서 거버넌스를 정의하였다.[34]

---

31) 이 두 가지 방안은 시민을 고객 및 소유자로 보아 전략계획을 책정하고 의사결정에 참가시키는 것이다. 이러한 한센의 접근은 계획·가치수준에 시민의사를 고려함으로써 공동화되는 대의제를 보완하고 민주주의의 강화에 기여하여 결과적으로 업적관리를 민주적 통제하에 두는 것을 상정하고 있다.

32) Rhodes. (2000). "Governance and Public Administration", in Pierre, Jon(ed.), Debating Governance. New York: Oxford University Press. 55-63.

33) Rhodes. (1997). Understanding Governance, Policy Network, Governance, Reflexivity, and Accountability. Buckingham: Open University Press. 53.

34) 로드스(Rhodes)가 말하는 자기조직성은 벡(Beck)에 의하면 사회의 서브정치화인데, 그는 "집단과 조직 간에 원칙적으로 교섭이 가능한 문제영역은 모두 사회화할 수 있다. 즉 이들 문제영역은 국가가 관여함으로써 다면적인 교섭시스템 중에 해결책이 나타난다(Beck(1994). Reflexive Modernization: Politics, Tradition, and Aesthetics in the Modern Social Order. Cambridge: Polity Press. 78)."고 주장한다. 그는 이러한 국가를 교섭형 국가라고 하며 그 역할은 교섭능력이 없어도 교섭권한을 배경으로 대화의 장을 준비하고 관련된 행위자를 무대로 끌어들여 논의와 교섭의 교통정리를 하는 것이며, 교섭의 결과를 규정할 수는 없다고 설명한다. 그러나 국가의 역할이 모든 문제영역에서 교섭형은 아니다. 직접 교섭할 상대가 없거나 교섭상대가 이해관심을 표명하지 않기 때문에 교섭할 수 없는 경우엔 국가가 해결주

국가의 공동화, 네트워크화를 논하는 자는 국가의 조종 능력의 결여를 주장하여, 공식, 비공식의 공·사 행위자 간의 상호작용에 초점을 맞춘 사회중심적 접근을 택하지만, 사회적으로 일정의 방향성을 가져오도록 하는 조종의 필요성을 부정하는 것은 아니다. 즉, 사회중심적 접근이 국가의 조정능력의 저하를 주장한다고 해서 무정부주의를 주장하는 것이 아닌데, 이는 또 다른 조정양식이나 방법을 모색하고 있기 때문이다.

2) 네트워크 거버넌스

(1) 네트워크의 개념

사회중심적 접근에서 기존의 모형에 대한 비판으로부터 새로운 거버넌스의 모델로 제시하고 있는 대표적인 것이 네트워크 이론이다. 이는 네트워크가 관료제를 대표하는 권위적인 계층제 또는 시장에서의 합리적 교환 그 이상의 개념을 포괄하고 있기 때문이다.

오툴(O'Toole)은 네트워크를 '다수의 조직이나 당사자를 포함하고 있으면서 구조적 안정성을 나타내고, 제도적인 것을 매개로 얽혀 있는 관계를 포괄하는 상호의존적인 구조'라고 보고 있다.[35]

키케르트(Kickert) 등은 네트워크를 '상호의존적 행위자들 간에 이루어지는 사회교류관계의 다소 안정적인 패턴'[36]으로 정의한다. 또 공공관리는 정부조직, 사적 기업조직, 정치·사회적 집단과 그룹 등 다양한 참가자로 구성된 복잡한 네트워크이기 때문에 정부가 유일한 지배적 행위자는 아니라고 설명한다.[37]

체가 되며, 이해관심이 자기조직화할 수 있게 되어 사회적으로 그 의의가 인정되면 국가는 그 역할을 서브정치에 위임한다. 문제영역에서 사회의 자기조직성의 정도에 따라 국가의 관여방법과 역할은 달라진다.

35) O'Toole. (1997). "Treating Networks Seriously: Practical & Research-Based Agendas in Public Administration". Public Administration Review. 57(1): 45.

36) Kickert & Koppenjan. (1997). "Public Management and Network: Management: Overview", in Kickert, Walter, Erik-Hans Klijn, & Joop Koppenjan (eds.), Managing Complex Networks: Strategies for the Public Sector. London: Sage. 6.

37) Kickert & Koppenjan. (1997). "Public Management and Network: Management: Overview", in Kickert, Walter, Erik-Hans Klijn, & Joop Koppenjan (eds.), Managing Complex Networks: Strategies for the Public Sector. London: Sage. 39.

로드스와 마쉬는 정책 네트워크를 다원주의와 조합주의에 이은 제3의 대안으로 제안하면서, 안정적, 폐쇄적, 제한된 멤버십의 정책커뮤니티와 불안정적, 개발적, 다수의 멤버십의 이슈 네트워크 사이에 존재하는 모든 종류의 이익집단의 개입방식을 포괄하는 것이라 설명한다.[38]

이상을 종합하면, 네트워크는 안정된 상호의존이라는 점과 신뢰를 주요 기제로 하는 자율적인 조직이라는 점에서 상부결정의 의존과 권위를 중시하는 기존의 계층구조나 독립적이고 가격을 강조하는 시장과는 구별되는 것으로 파악된다. 다만, 이러한 네트워크화가 국가의 자율성 저하와 국가능력의 강화 중 어느 쪽을 초래할 것인가, 또한 민주적 정치적 능력을 어느 정도 확보하게 할 것인가에 대해서는 최근 활발하게 논의되고 있다.

(2) 네트워크 거버넌스의 특징

로드스(Rhodes)는 네트워크화가 계층제와 시장을 대체하는 제3의 조정 메커니즘이며 통치의 구조라고 주장하면서 그 특징으로 ① 정부, 민간기업, NGO 등 조직 간의 상호의존 ② 자원교환과 공통목적의 교섭 필요성에 의한 네트워크 구성원간의 계속적 상호작용 ③ 참가자 간의 교섭, 동의에 기초한 게임의 법칙에 규제된, 신뢰에 기초한 상호작용 ④ 정부로부터 네트워크는 자율성을 가지며, 정부는 네트워크를 불완전, 간접적으로만 통제한다는 네 가지를 들고 있다.[39]

그는 저서에서 『정부 없는 통치(governing without government)』[40]라는 말을 자주 사용하여 정부의 존재와 역할을 무시하는 것 같은 인상을 주지만, 사실은 공사 행위자간의 상호작용, 또는 문제해결을 위한 다양한 결정 내지 구상의 촉진이라고 하는 사이버네틱스 시스템 내에서 정부가 주요한 역할을 담당한다고 인정하고 있다.

---

38) Rhodes & Marsh. (1992). Policy Communities & Issue Networks: Beyond Typology. In David Marsh & R. A. W. Rhodes(eds.), Policy Networks in British Government, 149 – 169. Oxford: Clarendon Press. 4.

39) Rhodes. (1997). Understanding Governance, Policy Network, Governance, Reflexivity, and Accountability. Buckingham: Open University Press. 51 – 52.

40) Rhodes. (1997). Understanding Governance, Policy Network, Governance, Reflexivity, and Accountability. Buckingham: Open University Press. 51.

네트워크가 신뢰·상호성(reciprocity)·상호조절을 특징으로 스스로 정책을 형성하고 환경을 만드는 자율적 존재라고 한다면, 의사결정의 틀과 규범은 네트워크 내의 행위자 간의 관계를 규정하여 행위자의 행위양식과 상호작용, 문제해결의 방법을 찾게 하고 일정한 질서를 낳는 규칙이라고 생각될 것이다. 거꾸로, 네트워크에 있어 행위자는 교섭, 동의에 의해 형성된 규칙에 근거하여 상호작용하기 때문에 환경의 불확실성이 감소되고, 신뢰가 생기며, 커뮤니케이션이 가능하게 되어 안정적으로 문제를 해결하고 질서가 확보되게 되는 것이다.

따라서 네트워크에 있어 참가자가 교섭, 동의에 의해 스스로 행위양식, 상호작용을 하는 규칙을 설정·개혁하는 때에 그 규칙의 내용에 영향을 주는 것이 바로 국가의 방향잡이로, 이것이 바로 네트워크의 관리라고 생각된다. 이는 국가도 하나의 행위자로서 네트워크내의 규칙에 따라 상호작용, 협동하기 때문에 스스로의 행위양식을 규정하는 규칙의 내용이 중요하기 때문이다.

국가의 방향잡이 양식(관리기법)으로서는 제도적 권한과 재원을 이용한 교섭, 협의·설득 등이 있으나, 오툴(O'Toole)이 지적한 바와 같이 네트워크 관리를 위해 정부가 네트워크 내에 새로운 행위자를 참여시키거나 기존 행위자를 퇴출시킴으로서 네트워크 구조를 변화시키며, 규칙의 변경, 행위자간 역할변화를 조장하는 것이 가장 효과적일 것이다.[41]

로드스는 네트워크 거버넌스에 있어서 책임성은 관료제 등의 공식적 제도에 의해 확보되는 것이 아니라 실체적 정책에 부수되는 것으로 책임성 개념의 전환이 촉진되며, 효과적 책임성은 정책영역의 민주화에 존재하는 것이라고 말한다. 이는 상호작용에 의해 정책이 형성되고 자치적 질서를 유지하는 네트워크 운영의 민주화를 강조하는 것으로, 방향잡이는 근본적으로 네트워크 운영을 규정하는 규칙의 민주화를 지향하여야 한다는 것이다.

규칙의 설정을 국가의 관여 없이 사회에 위임하면, 합의라는 이름하에 행위자들 간에 존재하는 자원과 능력의 격차를 반영한 규칙이 형성되기 쉬우며, 그 결과 격차의 고정화, 네트워크의 폐쇄적 공동체화가 초래될 수 있다. 따라서 교

---

41) O'Toole. (2000). "Different Public Management? Implications of Structureal Context in Hierarchies and Networks". in Jeffrey Brudney, Laurence O'Toole and Jr. Hal Rainey (eds.). *Advancing Public Management.* Washington D.C.: Georgetown University Press. 29.

섭과정에 있어 참가방법(정보공개와 공청회 등)의 보장과 과정의 감시, 민주적 규칙의 실질화에 있어 영향력을 행사하는 것은 국가가 담당해야 할 역할이라 생각된다.

(3) 네트워크 거버넌스의 한계

시민중심적 거버넌스는 강력하고 성숙된 시민사회가 형성되어 있는 사회에서는 매우 효과적일 수 있고 시민사회가 자율적 힘을 키울수 있는 열린 기회를 제공할 수 있으나, 국가와 사회간의 권력관계가 불평등하고 행위자들 간에 자원과 정보가 비대칭적인 사회에서는 또 다른 갈등과 문제를 유발할 가능성이 있다.

로드스(Rhodes)는 네트워크의 위험성으로 외부자에 대하여 폐쇄성을 보이는 것과 사익을 공익으로 위장할 가능성을 지적하였다. 따라서 시민의 다양한 견해와 이익이 표명되도록 정책형성, 결정과정에의 참가가 보장되지 않는다면 민주주의는 보장될 수 없을 것이다. 이러한 역할을 담당해야 하는 것이 바로 정부이며, 많은 행위자 간의 공적 토론을 확보하여 정책형성의 민주화를 촉진해 가는 것이 거버넌스에 있어 정부가 담당할 중요한 역할이다.

또한 제솝(Jessop)이 지적하고 있는 것처럼 집합적 행위에 있어 각 행위자의 행위를 규정하는 규칙과 목표가 구체적 상황에 있어서는 계속적인 교섭과 행위자의 성찰을 통해 변화되어 그 타당성을 잃게 되므로,[42] 이에 대한 재정의가 합의에 이르지 못할 경우 행위자는 네트워크에 머물 의미가 없어지기 때문에 네트워크의 와해, 거버넌스의 실패가 생겨날 수도 있다.

---

42) Jessop. (2000). "Governace Failure". in Gerry Stoker(ed.). The New Politics of British Local Governance. London: Macmillan, 17.

4. 분석단위의 수준에 따른 분류

거버넌스는 분석수준과 대상을 기준으로 다양하게 구분할 수 있다.[43]

1) 글로벌 거버넌스(global governance)

글로벌 거버넌스는 개별 국가의 경계를 넘는 정치, 경제, 문화, 환경 등의 문제, 즉 한 국가가 단독으로 해결할 수 없는 문제를 국가 간 또는 전 세계적 차원에서 다루는 것[44]으로, UN, UNDP, UNESCO, OECD, IMF, World Bank 등 대표적인 국제기구들이 세계화가 진전되면서 그 영향력 또한 강해져 점점 강제력을 가지게 되었다. 다국적·초국적 기업과 환경 등을 둘러싼 글로벌 NGO의 등장에 의해, 국가를 초월하는 국제적 수준에서의 정부·시장·시민사회의 행위자 간 관계가 형성되게 되었고 그 중요성이 대두되었다.

2) 리져널 거버넌스(regional governance)

리져널 거버넌스는 국가 간의 공통문제를 해결하기 위한 수단이라는 점에서는 글로벌 거버넌스와 같으나, 주로 지정학적으로 인접해 있는 동일 지역 내의 복수 국가에 걸쳐서 작용하는 거버넌스라는 의미로 사용되며, EU, APEC, NATO 등과 같은 국제기구들을 그 예로 들 수 있다. 이는 세계 경제체제로의 재편에 대응하기 위한 개별 국가의 대응능력에는 한계가 있다는 인식하에 경제 및 안보의 블록화가 진전되면서 그 필요성이 증가하여 나타난 현상이라 할 수 있으며, 최근에는 정치, 경제, 사회, 문화, 환경 등 다양한 영역에 걸친 이슈들을 다루고 있다.

---

43) 김석준 외. (2000). 뉴거버넌스 연구. 서울: 대영문화사. 48–50.
44) 글로벌 거버넌스위원회는 글로벌 거버넌스를 '개인과 제도, 공공부문과 민간부문에 걸친 공동의 관심사를 다루는 다양한 방법의 총화로, 상호 대립적인 다양한 이해관계를 해결하기 위한 협조적이고 지속적인 과정(Commission on Global Governance(1995). Our Global Neighborhood. New York: Oxford University Press.2)'이라고 정의하였다.

3) 내셔널 거버넌스(national governance)

내셔널 거버넌스는 국가를 단위로, 국가라는 테두리 내에서 정부 이외의 다른 정치적 행위자와의 관계를 다루는 것이다. 최근 들어 국가의 경계를 넘어서는 초국가적 행위자들이 등장하고 이 수준에서의 결정이 국가적 수준에서의 의사결정을 제한하게 되고, 또 로컬 거버넌스와 같은 미시적 수준에서의 거버넌스에 관심이 모아지면서 상대적으로 국가수준에서의 거버넌스에 대한 논의가 줄어들고는 있지만, 거버넌스의 개념이 원래 국가적 수준에서의 행위자들 간의 관계에서 비롯된 것이며 여전히 국가는 중요한 행위자이다.

4) 로컬 거버넌스(local governance)

로컬 거버넌스는 지역공동체 수준에서의 민관협력과 네트워크에 관심을 가지는 것으로 지방자치의 실시와 함께 지방정부의 자치기능이 증대하고, 지역에 기반한 기업과 NGO들이 성장하면서 주목을 받게 되었다. 과거 중앙정부에 의존적이었던 서비스의 공급이 복지국가의 후퇴로 위축되면서 지방의 서비스는 지방정부가 담당하도록 요구되었다. 또한, 지역주민의 서비스에 대한 양적, 질적인 기대수준이 높아지고 복잡해지면서 지방정부는 공급자에서 조력자로의 역할변화, 즉 정부에 의한 통치가 아니라 시민(단체), 시장(기업), 정부 등의 행위자가 공동의 문제해결을 위하여 의사결정권을 공유하고 이를 통해 서비스를 제공하는 새로운 방식의 거버넌스가 등장하게 된 것이다.

로컬 거버넌스는 거버넌스 이론의 단순한 국지적인 적용이라는 의미를 넘어서 직접 민주주의 체제로의 전환을 위한 실천적 연습과 훈련이라는 점에서 그 의의를 지닌다.

5. 한국에서의 거버넌스 연구

1990년대 들어서면서 한국에서도 거버넌스 이론에 대하여 많은 관심을 가지게 되었고 이에 관한 연구도 활발하게 이루어졌다. 한국은 1960년대 이래로 강력한 행정부가 중심이 되어 주도하는 경제개발모형을 추구하여 왔으나, 1980년대에 들어서면서 국내적으로는 민주화가 진전되고 대외적으로는 세계화로 국제질서가 재편되면서 이에 대응하기 위한 새로운 국정운영의 방식이 필요하게 되었다.

특히 1990년대 후반에 IMF라는 경제위기를 겪으면서 이러한 국가중심적 발전국가의 실패를 극복하기 위한 대안의 모색이 활발해지게 되어, 이전에는 정부의 내부적 개혁에 초점을 둔 연구들이 많았던 데 비해, 1990년대 후반기부터는 정부의 실패를 극복하기 위하여 시민사회를 중심으로 여타 행위자와의 관계를 재설정하는 연구들이 많이 등장하게 되었다.

2000년대 이후로는 보다 다양한 연구분야에서 거버넌스라는 용어가 사용되었는데, 사전적 의미와는 달리 이전에는 정부, 행정, 또는 정책이라는 말이 사용되었을 경우를 대체하여 사용되고 있다. 즉, 지방정부나 지방행정대신 지방거버넌스, 환경정책이나 교육정책 대신 환경거버넌스나 교육 거버넌스라는 용어가 사용되는 식이다.[45]

세계적으로는 신자유주의와 신공공관리론를 기반으로 하는 영미식 거버넌스에 관한 연구가 많지만, 국가권력이 우월하였던 대륙형의 역사적인 배경을 가지는 한국에서는 시장의 기능 및 시민사회가 취약하여 이를 그대로 적용하기는 어려우며, 또한 급진적 변화에 대한 관료들의 강력한 저항 등 많은 문제점이 예상된다. 따라서 한국에 적합한 거버넌스로는 대륙형의 국가중심이나 영미형의 시장 및 시민사회중심도 아닌 한국형 네트워크 구조가 바람직하다는 주장도 대두되었다.[46]

---

45) 이명석. (2016). "거버넌스: 신드롬 또는 새로운 행정학 이론?" 11(3): 2.
46) 김석준 외. (2000). 뉴거버넌스 연구. 서울: 대영문화사. 156−157.

제4절   거버넌스 이론의 문제점

아직까지 거버넌스 이론은 몇 가지의 극복되어야 할 문제점과 한계점을 가지고 있다. 거버넌스의 한계와 그 극복방안은 다음과 같다.

1) 개념의 일반화의 어려움

거버넌스 이론은 사회과학의 다양한 이론들로부터 새롭게 형성된 것이기 때문에 그 개념이 복잡하고 모호한 면을 지니고 있다. 로드스(Rhodes)가 거버넌스를 '보는 자의 눈에 비친 다양한 이야기'[47]라고 했듯이 정책영역에 있어 통치의 형태·방식이 달라 전 영역을 망라할 수 있는 방식은 존재하지 않는다고 생각된다. 때문에 사회의 방향잡이의 주체와 양식에 따라 국가중심적 접근과 사회중심적 접근이 논의되는 것이며, 또한 논자의 기대·이상을 담은 규범적 논의, 구상이 전개되고 있는 것이다.

일반적으로 학계에서는 환경의 변화에 따른 기존의 운영방식을 보완하려는 정부의 다양한 노력을 거버넌스로 개념화시키고 있는 것으로 보이나 거버넌스의 일반화는 아직 그 성과가 기대수준에 못 미치는 실정이다. 계속된 후속 연구를 통하여 개념의 다접근성과 다차원성에 대한 분석적 이해와, 유사 개념 및 관련 이론들과의 관계를 명확히 하고 거버넌스의 개념을 일반화하려는 노력이 계속되어야 할 것이다.

---

47) Rhodes. (2000). "Governance and Public Administration", in Pierre, Jon(ed.), *Debating Governance*. New York: Oxford University Press. 67.

2) 이론적 다양성의 극복

거버넌스 이론이 매우 다양한 학문적 배경과 이론적 토대를 지니고 있다는 것으로부터 이것이 다양한 이론들을 절충한 것에 지나지 않으며, 그렇기에 아직 이론의 전 단계에 머물러 있다는 비판이 제기되고 있다. 따라서 이러한 다양성을 수용할 수 있도록 분석의 대상과 수준 또한 다원화하여 각각의 수준에서 활동하는 행위자의 다양한 측면을 분석하고 설명할 수 있도록 고안하고 체계화하여야 할 것이며, 다차원적 부분 이론들에 대한 체계적이고 경험적인 연구들이 시도 되어야 할 것이다.

3) 거버넌스의 실패 가능성

제숍(Jessop)은 그의 논문에서 정부의 실패, 시장의 실패에 이어 거버넌스 또한 실패할 수 있다고 지적하면서, 그 원인으로 ① 우연적 필연성, ② 사회의 복잡성 ③ 구조적인 모순 ④ 전략적 딜레마 ⑤ 모호한 목표들의 공존이라는 다섯 가지를 제시하고 있다.[48) 이에 대처하기 위해서는 계층제를 매개로 한 국가와 같은 일원성이 반드시 필요한 것은 아니지만, 네트워크를 유지하기 위해서는 다소의 중심핵(core)이 필요하다고 하면서 정부·시장·네트워크라는 다원적 조정 메커니즘을 적절히 혼합하여 관리하는 메타 거버넌스(meta governance)를 제안한다.[49) 그는 메타 거버넌스에 있어 중심적 역할을 담당하는 것이 정부라고 하여 다음과 같은 역할을 들고 있다.

① 규제정책: 각 행위자가 목적을 추구할 수 있는 규제적 질서와 규범의 제공
② 다양한 거버넌스 메커니즘의 일관성 확보
③ 정책공동체 간의 대화의 조직화
④ 인지적 기대를 형성하기 위한 정보의 공개

---

48) Jessop. (1997). "Narrating the Future of the National Economy and the National State? Remarks on Remapping Regulation and Re−Inventing Governance". Working paper; Ritsumeikan University.118, (2000). "Governace Failure". in Gerry Stoker(ed.). *The New Politics of British Local Governance*. London: Macmillan. 19−23.

49) Jessop. (2000). "Governace Failure". in Gerry Stoker(ed.). *The New Politics of British Local Governance*. London: Macmillan. 23−24.

⑤ 네트워크 내부 및 그것을 넘어서 발생하는 분쟁 조정자로서 기능

⑥ 재분배정책: 사회적 응집과 시스템 통합을 위해 약한 행위자와 시스템의 강화에 의해 힘의 균형을 꾀함

로드즈(Rhodes) 또한 거버넌스를 통한 국정운영에서 책임이 없는 주체가 참여함으로써 정책결과에 대한 책임성에 대한 혼란이 발생할 수 있는 문제를 지적한다. 또한 성숙한 시민사회가 성립되지 않은 네트워크 상황에서 외부자들에 대해 폐쇄적이거나 사익이 공익으로 위장될 위험성이 있음을 경고한다.

오늘날 거버넌스의 유행에도 불구하고 전통적 행정학의 관료제 패러다임이 행정학의 주류이론으로 자리매김하고 있으며, 거버넌스는 정부가 정책과정에 시민사회의 목소리를 일부 반영하거나 정책수용성을 높이기 위한 수단으로 인식하는 경우가 흔하다.[50]

그럼에도 불구하고, 거버넌스는 분명 공공부문의 성과를 높일 수 있는 하나의 도구이다. 그러나 단순히 공식적 권한을 재배분하는 것만으로는 성과에 큰 영향을 미치지 못한다. 합의를 통해서 얻어진 목표의 수행과, 새로운 실행과 성과를 제도화하고 활성화하는 데에 있어 적절한 거버넌스는 필수적이다. 더구나 거버넌스는 그 자체가 목적이며, 상반된 이해와 가치가 정책과 사업의 운영지침과 소유권으로 전환하는 과정이며 결과이기도 하다는 데 그 의의가 있다.[51]

---

50) 이명석. (2016). "거버넌스: 신드롬 또는 새로운 행정학 이론?" 11(3): 7.

51) 이 장은 '오승은. (2006). 거버넌스론에 관한 제 접근, 연세행정논총'을 일부 수정·보완한 내용임.

제10장

인사행정

제1절 인사행정의 기초

1. 인사행정의 의의

인사행정은 국가 및 지방자치단체에 근무하게 될 인력의 임용, 임용 후 승진 및 인사이동, 교육, 성과관리 등 체계적인 인력관리 활동을 말한다. 행정환경의 복잡화·불확실성 및 4차 산업혁명 기술 확산으로 공직의 전문화가 요구되고 있다. 공직의 전문화 실현을 위해 직무와 역량 매칭이 강조되고 있다. 최근 인력의 중요성을 강조하는 의미에서 인력을 인적자원(human resource) 또는 인적자본(human capital)으로 칭해지고 있다. 이는 조직 내 인력을 단순히 조직목표 수행을 위한 수동적 도구가 아닌 조직 내 부가가치 창출의 핵심자원으로 인식되고 있음을 의미한다. 지하자원이 가공을 통해 산업 원재료로 기능되듯이 인적자원도 관리를 통해 조직 자원으로 기능한다.

국가의 미래를 좌우하게 될 공무원의 체계적 관리를 목표로 하는 인사행정은 매우 긴요한 업무이다. 인사행정은 조직목표를 달성하기 위해 필요한 인력을 충원하고 교육훈련을 통하여 역량을 높이며 주어진 직무를 잘 감당할 수 있도록 동기를 부여한다. 또한 인사행정은 인력을 적재적소에 배치하고 성과를 기초로 승진 및 보상을 부여하는 일을 담당한다. 공직 인력의 체계적 관리는 공직의 질적 수준을 담보하고 국가경쟁력을 좌우하는 중차대한 과업이라 할 수 있다.

2. 인사행정의 특징

국가 및 지방자치단체의 인사행정의 특징은 민간영역의 인사관리와 대비되는 특징이 존재한다. 먼저 인사행정의 대상자는 공직자이다. 공직자는 자기 자신의 사적인 이익을 도모하기 보다는 국민을 위해 헌신하고 봉사함으로써 공익을 추구하는 사람이다. 관리대상이 공적인 업무를 담당하는 공직자라는 점에서 특이성이 있다. 즉, 인사행정은 직무역량 외에 공직윤리와 기풍(ethos)을 강조함으로써 공직자의 윤리의식을 강조한다. 두 번째로 인사행정은 법적 구속력을 가진다는 점에서 민간영역의 그것과 구별된다. 국가공무원은 국가공무원법, 지방공무원은 지방공무원법에 의해 제약을 받으며 법률 적용에 보편성을 지니며 공무원들에 의한 자의적인 인사행정이 법에 의해 제한된다. 마지막으로 인사행정은 민간영역의 그것과 비교할 때 정치적 환경에 영향을 받는다. 직업공무원제를 채택하고 있는 우리나라의 경우 정권교체라는 정치적 변동에 상관없이 공무원의 신분은 보장되나, 인사행정의 성격과 내용이 정권 변동에 따라 변화가 이루어지기 쉽다.

가령 우리나라의 경우, 정권마다 인사행정 주무부처의 변화가 있어 왔다. 1998년 김대중 정부 시 총무처와 내무부를 통합하여 행정자치부로 개편하였고 1999년 이후 중앙인사위원회를 설립하고 인사행정기능을 중앙인사위원회와 행정자치부로 이원화하여 운영하였다. 노무현 정부에서 행정자치부의 인사기능을 중앙인사위원회로 이관하여 중앙인사행정기관을 중앙인사위원회로 일원화하였다. 이명박 정부에서 중앙인사위원회를 폐지하고 중앙 인사행정기능을 행정안전부로 이관하였다. 박근혜 정부에서 인사혁신처가 설립되어 지금까지 중앙정부 인사행정을 담당하고 있다.

제2절 인사행정제도

1. 엽관주의

엽관제(獵官主義, spoils system)란 선거에 의해 당선된 선출직 인사권자에 대한 정치적 충성도와 공헌도를 기준으로 공무원을 임명하는 것이다. 엽관주의의 영어 표현인 'spoils'는 전쟁에서 승리한 자가 챙기는 전리품을 의미한다. 이는 민주주의 국가에서 선거에서 이긴 사람이 정부 내 공직 임명권을 갖는 것을 비유하고 있다. 인사권자에 대한 정치적 충성도를 기준으로 한다는 점에서 인사권자와 친분이나 연고관계를 기준으로 임용하는 영국의 정실주의(patronage system)와 구별된다.

엽관주의 발달 배경은 미국 정당정치 발전과정과 맥을 같이하고 있다. 정당정치는 정치적 견해 및 이념을 공유하는 사람들이 정당을 중심으로 모여서 집권을 목표로 정당 간 경쟁을 기초로 한다. 정당은 선거를 통해 집권하기 위해 많은 정치적 충성을 발휘할 사람이 필요했고 사람들은 자신들에게 공직의 문호를 열어줄 정당이 필요했다.

1829년 미국 제7대 대통령인 앤드류 잭슨(A. Jackson)이 집권 후 엽관주의가 본격적으로 발달하기 시작하였다. 그는 엽관제를 통해 평범한 사람들이 공직에 임용될 수 있는 공직의 대중화를 추구하여 엽관제는 19세기 중반이후 절정을 이루었다. 엽관제는 공직의 문호를 일반대중에게 활짝 개방함으로써 공직에 뜻을 품은 사람이 정당으로 향하게 하여 정당정치의 발전을 도모하였다. 엽관제가 정당정치 및 민주주의, 행정의 민주화에 기여한 반면 매관매직, 정당 내 소수 리더들의 과두적 지배 촉진, 정권변동에 따른 행정의 불연속성 등의 병폐도 초래하였다.

2. 실적주의

　정실제와 엽관제의 폐해는 실적제의 등장을 촉진하였다. 인사권자와의 연고 관계에 의한 임용이나 정치적 기여에 의한 공직배분은 공직의 질적 저하 등 많은 부작용을 초래하였다. 실적주의(merit system)는 인사권자와의 관계가 아닌 개인의 능력과 객관적인 자격을 공직 임용의 기준으로 삼는 인사행정 제도이다. 실적주의는 임용과정과 임용 이후의 관리과정, 두 가지 측면으로 이해된다. 실적주의는 임용과정에서 개인의 능력이 객관적인 기준에 의해 평가되어 일정 기준 이상의 성적을 득하면 임용된다. 또한 실적주의에서는 임용 이후, 개인의 업적과 성과를 기초로 승진 등의 성과관리가 이루어진다.

　정실제를 기초로 했던 영국은 1870년 추밀원령에 의해 공개경쟁시험의 도입으로 실적제의 기초가 확립되었으며 시험을 관장할 중앙인사위원회 및 시보제도가 도입되었다. 엽관제의 폐해를 경험했던 미국은 1883년 팬들턴법(Pendleton Act)을 하였다. 팬들턴 법에 의해, 독립적인 연방 인사위원회가 설치되었고 임용을 위한 공개경쟁시험이 실시되었으며 시험합격 후 일정기간 시보기간을 의무화하였다.

　실적주의는 정실제 및 엽관제에 의한 공직의 부패 및 비능률성을 극복하기 위해 고안되었다. 특히 실적제는 공무원의 정치적 중립을 보장하고 선거로 인한 정권교체에도 행정의 안정적 운영을 가능하게 하였다. 행정은 정치와 분리되기 어려운 속성이 있고 선거를 통해 집권한 인사권자가 직업공무원을 통솔하면서 정치와 행정의 경계가 모호해졌다. 그러나 실적제는 정치에 의한 행정의 개입을 어렵게 하고, 정치적 영향력으로부터 직업공무원을 보호해 준다. 반대로 실적제는 선출직 인사권자 또는 정치지도자의 행정 통솔력을 약화시킴으로써 선거에서 표출된 유권자 선호의 효과적인 정책화를 어렵게 하는 단점이 있다.

　우리나라도 실적제를 근간으로 하는 직업공무원제를 채택하고 있다. 직업공무원제도는 엽관제에 대비되는 개념으로 공무원의 정치적 중립, 신분보장, 계급제 및 성적주의를 전제하고 있다.

3. 엽관주의와 실적주의의 조화

민주주의를 채택하고 있는 나라에서 엽관주의 또는 실적주의를 양자택일하여 운영하는 곳은 없다. 직업공무원제도를 실적제 방식으로 운영하는 반면 선거로 선출된 인사권자는 선거에서 표출된 국민의 선호를 정책에 반영시키는 대응성을 높이기 위해 직업공무원을 통솔하고 통제하는 엽관제적 성격의 정무직 공무원을 임명한다. 즉 실적제와 엽관제를 조화시켜 양자의 약점을 양자의 장점으로 보완하고 있다. 예를 들어, 실적제에 의해 임용된 공무원은 국민의 요구를 수용하는 적극행정을 추진하지 않더라도 신분이 보장된다. 이것은 실적제가 지니는 하나의 문제점이라 할 수 있으나, 부처의 임명직 장관이 인사권을 가지고 직업공무원들을 통솔함으로써 국민의 요구를 수용하게 할 수 있다. 이러한 관료적 대응성을 높이는 것은 엽관제가 지닌 장점으로 엽관제의 장점으로 실적제의 단점을 보완하고 있다.

4. 대표관료제

1) 개념

대표관료제(representative bureaucracy)는 한 사회의 성, 인종, 지역, 학력, 계층의 분포비율에 비례적으로 정부관료제를 구성하는 것을 말한다. 즉 정부관료제를 사회라는 모집단의 대표성 있는 표본으로 바라보는 것이며 이 표본은 모집단의 여러 특성이 비례적으로 구성되어야 한다는 것이다.

대표관료제 용어는 1944년 Kingsley에 의해 처음 사용되었으며 Kingsley는 관료제의 구성이 사회를 정확히 반영해야 한다는 구성적인 면을 강조하였다. 이후 1958년 반 라이퍼(Van Riper)는 대표 관료제의 고려 기준을 사회적 가치로 확대하였으며, 크랜츠(Kranz, 1976)는 비례대표(proportional representation)개념을 추가하여 사회 내 특정집단이 총인구에서 차지하는 비율에 상응하게 관료제가 구성되어야 한다고 주장하였다.

대표성(representativeness)은 소극적 대표성과 적극적 대표성으로 구분된다. 전자는 구성적 측면에서 관료제를 사회라는 모집단의 인구사회학적 특성에 비례하여 구성하는 것을 말한다. 이에 반해 적극적 대표성은 정부관료제 내 관료가 사회 내 자신의 모태집단의 이익과 의사를 정책에 적극적으로 반영하는 것을 의미한다. 대표관료제에서 소극적 대표와 적극적 대표를 구분하고 있으나 적극적 대표가 실현되기 위해서는 소극적 대표가 전제되어야 한다는 입장을 견지한다.

2) 대표관료제의 의의 및 한계

대표관료제는 관료제 인적 구성의 대표성 및 관료가 사회 내 소속된 모집단의 선호와 가치를 적극적으로 반영한다는 점에서 형평성 및 행정의 대응성을 고양시키는 데 의의가 있다고 볼 수 있다. 또한 정부관료제 인적 구성이 엘리트에 국한되지 않고 사회 내 다양한 집단의 공직참여가 보장되고 이들에 의해 다양한 집단의 이익과 선호가 정책으로 산출되어 행정의 민주성을 제고할 수 있다.

그러나 대표관료제의 장점이 많음에도 불구하고 운영에 있어서 현실적인 제약이 존재한다. 대표관료를 어떤 방식으로 충원할 것인가? 먼저 인적 구성의 소극적 대표성을 충족하기 가장 좋은 방식은 무작위추출 방식일 것이다. 고대 아테네 도시국가에서 활용했던 추첨에 의해서 시민들의 일부를 무작위로 선정하여 공무를 맡겼던 방식을 고려해 볼 수 있다. 이러한 방식은 소극적 대표성을 쉽게 확보할 수 있으나 충원에 있어서 실적주의와 정면 배치된다.

공무원 충원에 있어서 현재 많은 국가들이 실적주의 원칙을 견지하고 있다. 즉, 공직을 수행할 의사를 가지고 있고 시험이라는 객관적인 평가기준을 통과한 사람들에게 공직자격을 부여하고 있다. 공직수행 의사가 있고 공직 수행을 위한 평가기준도 통과하여 충분한 자격을 갖춘 사람이 공직에 배제된다면 이는 역차별 문제를 초래하게 된다. 이는 대표관료제가 지닌 가장 큰 문제라 할 수 있다.

3) 우리나라 사례

우리나라는 실적제를 공직 임용의 근간으로 하고 있으나 정부관료제 내 인적 구성의 다양화를 위해 대표관료제적 성격의 균형인사제도가 도입·운영되고 있다. 실적제 하에서 공직진출이 어려웠던 과학기술인력이나 공직임용에서 그동안 소외되었던 사회적 약자에 대해 공직문호를 확대하여 공직 구성의 다양성과 형평성을 제고하고 있다.

공직의 성별 불균형을 시정하기 위해 '양성평등채용목표제'를 도입하였으며,[1] 사회적 약자인 장애인 고용 확대를 위해 「장애인고용촉진 및 직업재활법」에 의해 국가 및 지방자치단체로 하여금 장애인을 일정비율(3%) 의무적으로 채용하도록 하고 있다. 또 하나의 사회적 약자인 저소득층 출신의 공직진출 문호 확대를 위해 2009년부터 9급 공채인원의 2% 이상 및 경력경쟁 채용인원의 1%를 기초생활수급자 등 저소득층으로 채용하고 있다.

공무원 인력의 중앙 – 지방 간 지역적 불균형을 시정하기 위해 '지역인재추천채용제'와 '지방인재채용목표제'를 실시하고 있다.[2] 대표적인 실적주의 채용방식인 공개경쟁채용을 통해서 국가가 원하는 기술계통의 전문가 등용이 어렵다. 따라서 기술전문 인력의 국가적 활용을 위해 이공계 인력의 공직진출 기회를 확대하고 있다. 5급 신규채용 인원의 40% 이상을 이공계 전공자로 충원하며 일반직 고위공무원 중 이공계 비율 30% 달성을 추진하고 있다.

〈표 10-1〉 우리나라 균형인사제도

소수계층의 균형인사를 통한 더불어 사는 균형사회실현				
다양한 계층의 가치와 이익 반영		사회 소수집단의 고용기회 확대		지역인재의 균형적 활용
국가 전체적인 공익 추구		실질적인 사회통합		국가경쟁력 강화
여성	장애인	지역인재	이공계	저소득층
• 양성평등채용목표제 • 여성관리자 임용 확대 • 출산휴가 및 육아휴직 대체인력 확보	• 장애인 공직임용 지속확대 • 승진, 보직, 교육 훈련 기회 확대 • 장애인 친화적 근무여건 조성	• 지역인재 추천 채용제 • 지방인재 채용 목표제	• 과학기술직 공무원 임용확대 • 기술직의 정책결정 직위 보임 확대 • 기능인재 추천 채용제	• 저소득층 공직대표성 강화 • 사회양극화 해소 및 사회통합에 기여

자료: 백종섭 외(2018). 104.

---

[1] 1996년 여성 공직 임용 확대를 위해 '여성채용목표제'로 시작하였으나, 2003년 이후 '양성평등채용목표제'로 변경되었다. 이는 남성과 여성 중 어느 한쪽의 합격자 비율이 30% 미만일 때 합격선 범위 내에서 해당 성의 시험 응시자를 목표비율만큼 추가 합격시키는 제도이다

[2] '지역인재추천채용제'는 지역인재 7급과 9급으로 나누어져 있으며, 전자는 전국 대학졸업(예정)자 대상으로 후자는 특성화고, 마에스터고, 전문대학 졸업(예정)자를 대상으로 하고 있으며 일반 7급과 9급 공개채용시험보다 시험형식을 단순화하여 실시하고 있다.

제3절   공직의 분류

　　정부부처 내 모든 직위는 일정한 원칙과 기준에 따라 유사한 성격의 직위를 분류되어 범주화되어 있다. 공직을 분류하는 두 가지의 중요한 기준이 사람과 직무이며 이 두 가지 기준에 의해 계급제와 직위분류제로 구분된다. 사람에 따른 공직 분류를 계급제라 하며 직무 성격에 따른 분류를 직위분류제라 한다. 군주국가 전통을 가지고 있는 유럽과 유교 전통 및 계급적 사회 경험을 지닌 아시아 국가들이 계급제 성격이 강한 공직구조를 지닌 반면 이러한 역사적 경험이 없는 미국은 대표적인 직위분류제 채택 국가라 할 수 있다. 두 제도 중 하나를 절대적으로 채택하고 있는 나라는 없고 둘 중 하나를 근간으로 삼으면서 다른 제도를 부분적으로 보완하고 있는 실정이다.

1. 계급제와 직위분류제

1) 계급제

　　계급제(階級制, rank classification system)는 자격, 경력, 학력 등 개인적 특성을 기준으로 유사한 공무원을 하나의 범주나 집단으로 계급화하는 제도이다. 즉 유사한 개인적 특성을 가진 사람들이 하나의 계급으로 범주화하는 것이다. 개인의 능력과 역량에 따라 직무가 정해지는 것이 아니라, 개인적 특성에 의해 부여된 계급에 따라 직무가 정해진다. 예를 들어, 군대에서 중대장이라는 직무를 수행하기 위해서 중대원을 잘 이끌 수 있는 리더십 역량보다 대위 계급이라는 개인적 특성이 충족되는 사람만이 중대장 역할이 부여된다. 즉, 계급제는 어떤 능력이 있는가라는 기준보다는 어떤 사람인가라는 기준에 따라 직무가 주어지는 제도이다.

많은 국가에서 공직은 위계적 구조를 띠고 있는데, 우리나라 일반직 공무원은 최하계급인 9급에서 고위공무원단까지 위계적인 직급구조를 가지고 있다. 일본의 경우도 직종에 따라 상이한 위계적 직급구조를 가지고 있으며 영국의 경우 부처 간의 차이가 있으나 일반적으로 Administrators－Junior Manager－Middle Manager－Senior Manager 등 4대 계급구조의 골격을 지니고 있다.

2) 직위분류제

직위분류제(職位分類制, position classification)는 직무의 복잡도와 난이도 등의 직무의 특성을 기준으로 공직을 수평적·수직적으로 분류하여 범주화하는 제도이다. 직위분류제는 직무를 담당하는 사람의 특성을 기준으로 공직을 분류하지 않고 직무의 특성만을 고려하여 직무중심의 공직분류를 형성한다. 예를 들어, 이 제도에서는 일하는 사람의 직급은 중요하지 않으며 해당 직무를 가장 잘 수행할 수 있는 역량을 소유한 사람에게 직무가 맡겨진다. 공직분류가 직무를 중심으로 편성되어 있고 계급에 상관없이 직무에 적합한 능력이 중요시 되어 위계적인 사회 및 문화보다는 합리성을 중시하는 사회에서 쉽게 정착할 수 있는 제도라 할 수 있다.

우리나라도 1963년 「직위분류법」이 제정된 이후 계급제 토대에서 직위분류제적 요소를 도입하기 위한 노력을 기울였다. 현재 우리나라 「국가공무원법」은 직위분류제에 대한 규정이 있으며 실시가 쉬운 기관, 직무의 종류 및 직위부터 단계적으로 실시할 수 있음을 명시하고 있다. 실제로 중앙정부부처 실·국장급의 고위공무원단은 직무분석을 통해 직무등급제를 도입함으로써 고위공무원에 한하여 부분적인 직위분류제가 시행되고 있다.

(1) 직위분류제의 기본적 원리

직위분류는 직무가 체계적으로 분류되어 있지 않은 분류 이전의 비체계적인 직위를 직무분석을 통해 직무의 종류가 유사한 직위를 범주화하여 수평적으로 분류한 후, 각 직무평가를 통해 직무의 곤란성과 책임도를 기준으로 직위를 수직적으로 분류한다.

〈그림 10-1〉 직위분류 도해

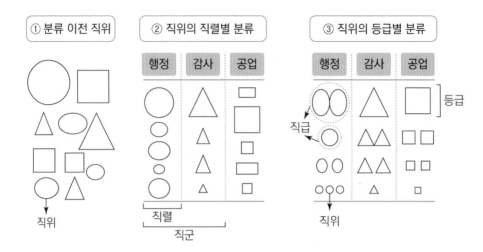

자료: 백종섭 외(2018: 47).

(2) 직위분류제 구성 요소

직위분류제를 이해하기 위해서는 직위분류제를 구성하는 요소의 개념을 숙지할 필요가 있다. 우리나라 「국가공무원법」은 이에 대한 개념을 명시하고 있다.

① 직위(職位, position)

한 명의 공무원에게 부여할 수 있는 직무와 책임을 말하며 분류의 기초가 되는 기본 단위이다.

② 직급(職級, class)

직무의 종류, 곤란성과 책임성이 상당히 유사한 직위의 군(群)을 말한다.

③ 직렬(職列, series of classes)

직무의 종류는 유사하나, 그 책임과 곤란성의 정도가 다른 직급의 군(群)을 말한다.

④ 직류(職類, sub-series)

동일한 직렬 내에서 담당 분야가 같은 일치하는 직무의 군(群)을 말한다.

⑤ 직군(職群, occupational group)

직무의 성질이 비교적 유사한 직렬의 군을 말한다.

⑥ 등급(等級, grade)

직무의 책임성과 곤란성의 정도가 매우 유사한 직위의 군으로 직무의 종류는 다르나 동일한 등급에 해당되는 직위의 보수는 동일하다.

3) 계급제와 직위분류제 특징 비교

(1) 계급제는 전문성보다는 장래성과 발전 가능성이 있는 일반행정가(generalist)를 주요 임용대상으로 하나 직위분류제는 특정 직무에 능력과 전문성을 갖춘 전문행정가(specialist)를 임용대상으로 한다.

(2) 계급제는 능력과 직무의 난이도에 관계없이 동일 계급에 속해 있는 사람들 간 보수의 큰 차이가 없으나, 직위분류제는 계급이 아닌 직무를 기준으로 하여 동일 직무에 대한 동일보수(equal pay for equal work)가 적용된다.

(3) 계급제는 공직 내부에서 수평적·수직적 이동 시, 계급만 고려하기 때문에 인사배치의 유연함이 있으나, 직위분류제는 특정 직무에 적합한 사람을 찾아야 하기 때문에 인사배치의 신축성이 결여되어 있다고 할 수 있다.

(4) 충원에 있어서 계급제는 주로 계급을 중시하여 하위직에 임용되어 내부승진을 통해 고위직으로 향하게 하는 폐쇄형 임용제도(closed career system)가 주로 활용되며 직위분류제는 특정 직무의 적임자를 수시로 신규채용할 수 있는 개방형 임용제도(open career system)를 주로 채택한다.

(5) 계급제는 조직개편 또는 구조조정 환경하에서도 인사배치의 유연성으로 신분보장이 유지되나, 직위분류제는 조직개편 등으로 인해 특정 직무가 사라지게 될 경우 직무의 부재로 인해 공무원의 신분보장을 어렵게 한다.

2. 경력직 공무원과 특수경력직 공무원

1) 경력직 공무원

경력직 공무원은 실적과 자격에 따라 임용되고 그 신분이 보장되어 평생동안 공무원으로 근무할 것이 예정되는 직업공무원으로 일반직과 특정직으로 구분된다. 일반직 공무원은 행정 · 기술 · 연구 · 지도 · 특수기술직에 종사하는 공무원을 말하며 특정직 공무원은 법관, 검사, 외무, 경찰, 소방, 교육, 군인 등 타 개별법에 적용받는 특수 분야의 업무를 담당하는 공무원을 말한다.

2) 특수경력직 공무원

특수경력직 공무원은 경력직 공무원 이외의 공무원으로 실적제와 직업공무원제에 적용받지 않는 공무원이다. 경력직과 다르게 신분이 보장되지 않으며 정무직과 별정직으로 구분된다. 정무직 공무원은 대통령, 국회의원, 지방자치단체장 등 선거를 통해 취임하는 공무원과, 정치적으로 임명되는 국무총리, 장 · 차관, 서울특별시 행정부시장 등이 포함된다. 별정직 공무원은 특정업무 수행을 위해 법령으로 별정직으로 지정된 공무원으로 국회 위원회 수석전문위원, 중앙행정기관의 차관보와 실 · 국장 및 심판관, 국가정보원의 기획조정실장, 헌법재판소장 비서실장이 이에 속한다.

제4절   임용

1. 임용의 의의

인사행정은 인력의 선발과 선발된 인력의 적재적소 배치 및 이동을 주요 기능으로 하고 있다. 공직에서 임용은 공무원 신분관계를 설정하는 외부임용과 공무원 신분관계 설정이후 조직 내에서의 수평적·수직적 이동의 내부 임용으로 구분된다.

2. 임용의 유형

1) 외부임용

공직 지원자를 일정한 선발절차와 기준에 의해 선발하는 것을 외부임용 또는 신규채용이라 한다. 외부임용은 크게 공개경쟁채용 방식과 경력경재채용으로 구분된다. 공개경쟁채용은 공식적인 공고 절차를 통해 모든 사람들에게 지원 기회를 평등하게 부여하고 지원자 모두 공개경쟁시험에 응시하여 일정한 기준 점수 이상의 사람에게 임용을 허용하는 방식이다. 경력경쟁채용은 특별채용으로도 불리며 일정한 자격 기준을 설정하고 경쟁을 제한하는 별도의 선발절차를 거쳐 임용하는 방식을 말한다.

공개경쟁채용과 경력경쟁채용은 상호보완적인 역할을 한다. 공개경쟁채용은 수험과목의 표준화된 시험성적이라는 실적을 임용기준으로 삼기 때문에 특수 직무분야 전문가의 공직 진출을 어렵게 하고 있다. 그러나 시험성적보다는 전문성을 기준으로 한 경력경쟁채용 방식에 의해 특수 분야의 전문가의 공직 임용이

용이하게 이루어지고 있다.

우리나라의 경우 공개경쟁채용의 대표적 사례는 5급 공무원 채용시험, 7급 공무원 채용시험, 9급 공무원 채용시험이 있다. 경력경쟁채용으로는 2011년에 도입된 민간경력자 채용제도가 있다. 민간경력자 채용제는 공직의 경쟁력을 높이기 위해 민간에서의 업무경력을 중요한 자격기준으로 하여 민간 전문가의 공직 영입을 도모하고 있다.

그 외 개방형 직위제도와 공모 직위제도도 경력경쟁채용의 일환으로 활용된다. 개방형직위제도는 고위직 공무원의 경쟁력을 높이기 위해 고위직에 공직 경력자와 민간 경력자를 대상으로 경쟁하여 적격자를 선발하는 것이다. 공모직위제도는 공직 내 특정 직위에 요구되는 자격요건을 갖춘 자를 정부 내 지원자들 간에 경쟁을 통해 적격자를 임용하는 것이다.

2) 내부임용

내부임용은 정부 조직 내에서 공무원을 수직적·수평적으로 이동시키는 것을 의미한다. 수직적 이동의 내부 임용 유형은 승진, 승급, 강등, 강임이며, 수평적 이동의 내부임용 유형은 전직, 전보, 파견, 전입 등이 있다.

(1) 수직적 이동

승진은 대표적인 수직적 이동에 해당되며 하위직급에서 직무의 중요성이 높은 상위직급으로의 이동을 말한다. 승급은 승진과 다르게 직급의 상승이 아닌 직급 내에서 호봉만 상승시키는 것을 말한다. 강등은 징계에 의해서 공무원의 현재 직급에서 한 계급 아래의 직급으로 이동시키는 것이다. 강임은 현재의 직급에서 하위 직급으로 이동시킨다는 점에서 강등과 유사하나, 징계에 의해서가 아니라 직제 변경으로 인한 퇴직 회피를 위해서 일시적으로 이루어진다는 점에서 강등과 다르다.

(2) 수평적 이동

수평적 이동은 정부 조직 내 횡적 인사배치를 말한다. 전직(轉職)은 상이한 직렬 간 동일한 직급으로의 이동을 의미하며 전보(轉補)는 동일한 직렬 및 동일한 직급 내에서 부서 또는 직위의 이동을 말한다. 파견은 공무원의 원소속을 변경하지 않고 일정 기간 동안 타 부처 및 기관에서 근무하는 것을 뜻한다. 전입은 인사관할을 달리하는 행정부·입법부·사법부 간 공무원의 이동을 말한다.

제11장

재무행정

제1절   예산의 기초

1. 예산과 재정의 의의

1) 예산과 재정의 개념

예산에 대한 개념 정의는 다양한 의미와 차원에서 이루어질 수 있다. 전통적으로는 '숫자적인 개관'(A.Wagner), '회계적인 표현'(L.v. Stein), '숫자적인 진술과 추계'(M.v.Heckel), '수지의 승인'(R.Stourn), '예산은 모든 이데올로기의 분식을 벗어던진 국가의 골격'(Goldscheid) 등과 같이 많은 예산의 개념 규정들이 이루어져왔다. 다양한 개념 정의에도 불구하고 기본적으로 예산은 '일정 기간에 있어서의 정부의 수입과 지출에 관한 계획'이다. 즉 결산이 사후적인 수지의 집계인 데 반하여 예산은 사전에 예상되는 지출 내지 수입에 관한 계획안이라고 할 수 있다. 단순한 재정설명서라고는 볼 수 없으며 예산은 일정 기간 동안 화폐표시를 수반하는 수지간의 균형이 고려되어 있다.

예산은 세입, 세출, 활동, 그리고 목적에 관한 정보 등 조직의 상황을 표시한 문서로서, 일정 기간 동안의 목적과 관련된 사업의 달성을 위한 계획으로서의 성질을 가지고 있다. 즉 정부가 일정 기간 동안 어떤 목적을 위하여 어떠한 사업을 계획하고, 이에 따라서 어떻게 자원을 배분할 것인가를 나타낸 정보로서, 또는 계획으로서 예산을 바라볼 수 있다.

아울러 정부의 정책은 예산을 통해 뒷받침 되므로 결국 예산에 표현된 숫자를 통해 계획된 정책의 규모 내지 특징을 파악할 수 있게 된다. 또한 예산은 예산편성 및 예산심의 등을 거치면서 예산과정에 참여하는 많은 당사자들의 의견이 반영되어 확정 되므로 예산은 예산과정에 참여하는 당사자 간 내지는 정부와 국민간 '계약'으로서의 의미를 가지게 된다. 결국 정부는 계획에 따라 예산을 집행할 일종의 의무를 지게 된다고 할 것이다. 예산은 선거를 통해 구성되어 결과적으로 정치적 성격을 띨 수밖에 없는 정부의 수입 지출의 예측적 계산이라는 점에서 기업 내지는 가계의 경우와는 다를 수밖에 없다. 이렇게 생각할 때 예산은 정보, 계획, 정책, 국민과의 계약 등 여러 가지 성질을 가지고 있다고 볼 수 있다.

한편 예산보다 더 넓은 의미를 가지는 '재정(fiscal)'이라는 용어가 종종 예산과 혼용되고 있다. 재정(fiscal)은 정부 부문의 경제활동을 통칭하는 표현으로서, 재정활동은 정부가 수행하는 경제활동으로서 조세 등 재원조달 활동과 여러 가지 공공지출 활동을 포괄한다. 이러한 재정활동에 대한 계획으로서 화폐단위로 표시되는 것이 바로 예산이라고 할 수 있다.

2) 정부 재정의 기능

정부와 공공기관이 조직의 목적을 달성하는 데 필요한 재원을 조달·배분하고 이를 관리·운영하는 것과 관련된 일련의 활동을 재정(public finance)이라고 한다. 재원의 동원, 배분 및 관리 그 자체는 경제적 활동인 동시에 본질적으로 의사결정과정이며, 재정의 운용을 위해서는 당연히 관리행위가 전제되어야 한다. 이러한 재정은 크게 자원배분 기능, 소득재분배 기능, 그리고 경제성장 및 안정 기능 등을 수행한다.

(1) 자원배분 기능

자원배분 기능은 공공부문을 시장의 활동에만 맡겨 두었을 경우 발생하는 시장의 실패, 즉 공공재의 과소공급이라는 비효율적인 자원배분 상태를 최적상태에 가깝게 하기 위해 정부부문이 부족한 재화와 서비스를 공급하는 기능을 말한다. 그 범위는 소방, 교육, 의료, 보건위생, 상·하수도, 운수·교통, 치산·치수, 항만, 도로, 공원, 문화시설, 경찰 등 국민생활의 기반을 이루는 모든 분야에 이르고 있다. 이와 같은 공공적인 재화와 서비스의 제공은 중앙정부뿐만 아니라 지방자치단체에게도 가장 중요한 기능으로서 주민의 삶의 질을 향상시키고 지역발전을 도모할 수 있는 기능이다. 대표적으로 공공재는 한 사람의 소비행위가 다른 사람의 소비행위에 영향을 주지 않는 비경합성이 있을 뿐 아니라 대가를 지불하지 않은 사람도 소비할 수 있는 비배제성을 지녔으므로 정부가 집중적으로 책임져야 할 영역이라 할 것이다.

(2) 소득재분배 기능

소득재분배란 소득 및 부의 공평한 분배를 실현하는 기능을 말한다. 그런데 그 필요성에도 불구하고 소득과 부 중 무엇을 기준으로 공평한 분배를 추구할 것인가, 그리고 공평한 소득의 분배를 추구하는 과정에서 자원배분의 효율성이 상실되고 결국 사회후생의 극대화가 이루어지지 못하는 이른바 '상충(trade-off)'의 문제가 발생할 수 있다는 지적이 있다.

한편 소득재분배 기능 수행과 관련하여 이는 중앙정부가 담당할 문제이지 지방정부에게는 이에 대한 궁극적인 책임은 없다고 보는 입장이 있는 것도 사실이다. 소득 및 부의 분배상태를 조정하는 소득재분배 기능은 전통적으로 국가재정이 전국적으로 통일된 형태로 누진세 형태의 조세체계와 저소득층에 대한 사회적 이전지출과 사회서비스 제공을 통하여 수행하는 것이 효과적이라는 논리이다. 그러나 오늘날 국민 또는 주민에게 최소한의 기본수요를 충족시키기 위하여 국고보조금 형태로 국가로부터 일부 재정지원을 받아 자기부담이 확대되는 등 국민의 기초생활을 보장하는 지방정부의 역할이 증가하고 있다. 또한 원가 이하로 지방 행정서비스를 제공하고 있어 제한적이나마 소득재분배 기능이 확대되고 있다는 점을 볼 때 소득재분배 기능의 수행은 일반정부로서 중앙정부와 지방정부 모두의 몫이라고 볼 것이다.

(3) 경제성장 및 안정 기능

정부는 물가의 안정, 생산자원의 완전고용, 국제수지의 균형, 경제의 지속적인 성장을 목표로 하여 경제에 개입한다. 이와 함께 거시경제적인 목표를 달성하기 위한 정부의 개입도 종종 이루어진다. 경기조절 또는 경제의 안정은 국가경제 전체적인 입장에서 재정지출, 감·증세 등 재정정책과 이자율의 조정을 통한 금융정책, 임금·물가·환율정책 등 이용 가능한 모든 정책수단을 동원하여야 효과를 발휘할 수가 있다. 따라서 이와 같은 여러 가지 정책수단을 보유하고 있는 국가재정이 경기조절 기능을 수행하는 것이 효과적이다.

한편 경기조절정책을 그 내용으로 하는 경제안정화 기능에 있어서 지방재정은 상대적으로 역할상 한계가 존재하는 것도 사실이다. 그러나 오늘날 각 지방자치단체는 지역경제를 안정시키기 위하여 지방물가 안정대책을 추진하고 있고, 지역경제를 활성화시키기 위하여 지역전략산업과 재래시장 기반확충사업 등 다양한 시책들이 추진되고 있다. 또한 최근에는 여러 사회경제적 위기 극복을 위하여 선제적 재정지출 확대정책 등을 추진하는 등 지방자치단체에서도 지역경제의 안정화 기능을 적극적으로 수행하고 있음도 간과할 수 없다.

3) 예산 관련 법적 기초

우리나라 재정 관련 법령에는 최상위에 「헌법」이 있고, 그 하위에 예산의 편성·집행·결산 등을 관장하는 「국가재정법」과 예·결산 심의 등을 관장하는 「국회법」이 있다. 이들 법률에 의해 1년 단위 한시 규범으로서 「예산 및 기금운용계획」 등이 수립·운용되고 있다. 또한 「국가재정법」에 근거하여 다수의 수입 및 지출 관련 법률, 국가채무 관련 법률이 운영되고 있다. 지방예산의 경우 「지방자치법」, 「지방재정법」, 「지방회계법」, 「지방교부세법」, 「지방공기업법」 및 이상의 각 법의 시행령·시행규칙과 자치단체의 조례·예규 등이 있다. 이와 함께 「국가재정법」, 「보조금의 예산 및 관리에 관한 법률」, 「국가균형발전특별법」 및 예산·회계 관련 지침 등을 준용하고 있다. 국가 채권 및 채무와 관련하여서는 「국가채권관리법」, 「공공자금관리기금법」, 「공적자금상환기금법」 및 이상의 각 법의 시행령·시행규칙 등이 있다.

[그림 11-1] 주요 재정법률 체계

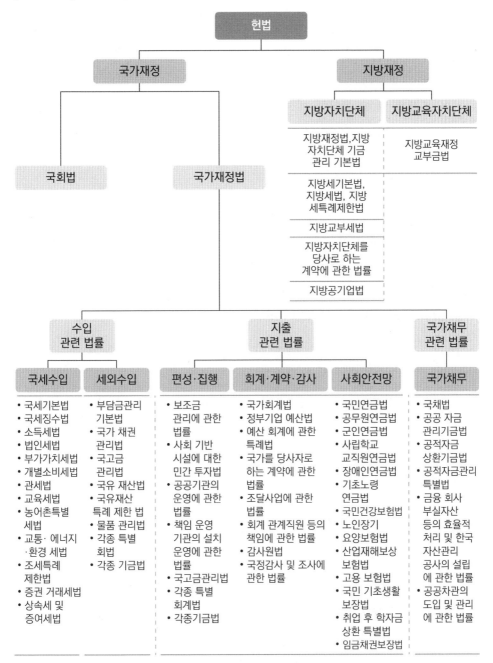

자료: 기획재정부, e재정배움(http://finedu.mosf.go.kr)

4) 예산의 원칙

예산의 원칙이란 정부가 예산의 편성 및 집행과 결산과정에 있어서 기본적으로 지켜야 할 원리를 말한다. 예산의 원칙은 근본 취지에서 볼 때 예산의 편성과 집행 및 결산에 있어 정부가 이를 자의적으로 운영하지 않도록 하는 데 일차적인 목적이 있다. 이러한 예산의 원칙은 대부분 관련법령에 규정되어 있으며 학문상으로 정립된 경우도 있다.

(1) 예산총계주의 원칙

한 회계연도의 모든 수입을 세입으로 하고, 모든 지출을 세출로 하며, 세입과 세출은 모두 예산에 편입해야 한다는 것을 의미한다(국가재정법 제17조). 예산총계주의 원칙은 정부의 재정활동을 효과적으로 통제하고 정부활동의 경제적 결과를 정확하게 측정하기 위한 전제가 된다. 이를 통해 정부활동에 대한 책무성을 강화할 수 있다. 예산 외로 국가재정을 운용하기 위해서는 명확한 법적 근거가 필요하다.

(2) 예산 단일의 원칙

정부의 재정활동을 쉽게 알아볼 수 있고 예산을 효과적으로 통제·관리할 수 있도록 예산은 하나만 존재해야 한다는 원칙을 말한다. 실제로는 특별회계, 기금 등 다양한 여러 종류의 예산이 운영되고 있다. 그러나 일반회계, 특별회계, 기금을 포괄하여 작성하게 되는 통합예산은 예산 단일의 원칙을 추구하는 것이라 할 수 있다.

(3) 예산 통일의 원칙

예산이 제대로 운영되기 위해서는 세입과 세출이 분리되어 운영되는 것이 바람직하다는 원칙을 말한다. 즉 모든 수입은 국고에 편입되고 여기서부터 지출이 이루어져야 한다는 것이다. 목적구속 금지의 원칙 내지 세입 비지정의 원칙이라고도 한다. 실제로는 특별회계와 목적세(예 농어촌특별세, 교육세 등), 기금, 수입 대체경비 등과 같은 예외가 존재한다.

(4) 예산 사전의결의 원칙

모든 정부의 예산은 집행이 이루어지기 전에 입법부의 의결을 거쳐야 함을 의미한다. 준예산은 예산 사전의결의 원칙에 예외에 해당한다.

(5) 예산 한정성의 원칙

정부가 예산집행에 있어서 일정한 제약을 받게 됨을 규정하고 있는 원칙을 말한다. 이 때 일정한 제약은 일반적으로 ① 예산의 지출 상한(양적 한정성), ② 예산의 지정된 용도 외의 사용 금지(질적 한정성), 그리고 ③ 지출 시기 준수(시간적 한정성, 회계연도 독립의 원칙) 등을 의미한다. 그러나 실제로는 예산의 이용/전용, 예산의 이월, 계속비, 과년도 수입, 과년도 지출 등과 같은 예외가 인정되고 있다.

(6) 예산 공개의 원칙

예산 운영의 모든 상태가 국민에게 공개되어야 한다는 원칙을 말한다. 공개된 정부활동에 관한 정보에 국민들이 쉽게 접근할 수 있어야 하며, 이때 공개된 정보는 신뢰할 만하고 포괄적이며 시의적절하고 쉽게 이해할 수 있어야 할 것이며 국제적으로도 비교 가능한 정보일 것이 요구된다.

(7) 그 밖의 원칙

「국가재정법」 제16조에서는 예산의 편성과 집행에 있어 다음과 같은 예산의 원칙을 제시하고 있다.

---

1. 정부는 재정건전성의 확보를 위하여 최선을 다하여야 한다.
2. 정부는 국민부담의 최소화를 위하여 최선을 다하여야 한다.
3. 정부는 재정을 운용함에 있어 재정지출 및 조세지출의 성과를 제고하여야 한다.
4. 정부는 예산과정의 투명성과 예산과정에의 국민참여를 제고하기 위하여 노력하여야 한다.
5. 정부는 예산이 여성과 남성에게 미치는 효과를 평가하고, 그 결과를 정부의 예산편성에 반영하기 위하여 노력하여야 한다.

---

5) 예산 관련 기관 및 조직

일반적으로 재무행정의 조직체계는 중앙예산기관, 수입지출 총괄기관, 중앙은행으로 구성된다. 이를 재무행정조직의 트로이카로 부르기도 한다. 이러한 핵심적 조직 이외에도 다양한 조직들이 재무행정과 관련된 여러 역할을 수행한다.

(1) 중앙예산기관

중앙예산기관은 예산 편성과 집행을 총괄하는 기관이다. 중앙예산기관은 기본적으로 ① 재정계획의 수립 및 예산배분의 우선순위 설정, ② 예산의 편성과 조정, ③ 예산집행의 관리, ④ 성과관리와 행정개혁 등의 기능을 수행한다. 우리나라는 기획재정부가 중예산기관으로서의 역할을 수행하고 있다.

(2) 수입지출 총괄기관

수입지출 총괄기관은 정부의 수입과 지출을 총괄하는 기관이다. 수입 측면에서는 조세정책을 수립할 뿐만 아니라 수입을 예측하고 징수계획을 수립해 이를 징수한다. 지출 측면에서는 지출계획을 수립하고 이에 의거하여 자금을 배분하며 국고금을 관리한다. 기획재정부는 중앙예산기관뿐만 아니라 수입지출 총괄기관으로서의 역할을 수행하고 있으며, 조세 징수를 위해 기획재정부 산하에 국세청과 관세청을 두고 있다.

(3) 중앙은행

본래 중앙은행은 금융정책을 수행하는 정부의 기관이다. 구체적으로 중앙은행권을 발행하는 기능, 정부의 은행으로서 기능, 민간은행의 은행으로서 기능, 해외자산을 관리하는 기능을 수행하는 기관이다. 정부의 재정과 관련시킨다면 중앙은행은 정부의 은행으로서 정부의 모든 국고금의 출납 업무를 대행하는 정부의 재정 대행기관이다. 우리나라의 중앙은행은 한국은행이다. 정부의 수입은 한국은행 본점의 정부 예금계정으로 집중되고 또한 여기에서 정부예산 지출이 인출·지급된다. 한국은행은 정부 각 부처의 예금 계정을 취급할 뿐만 아니라 국채의 인수와 상환 및 이자 지급 등의 업무도 대행한다.

2. 재정의 구조

정부의 재정구조는 일반회계, 특별회계, 기금으로 구성된다. 이와 함께 공공부문의 재정을 총체적으로 파악하기 위한 개념으로서 일반회계와 특별회계, 그리고 기금을 포함하는 '통합재정'이 운영되고 있다.

1) 일반회계

정부의 일반회계는 기본적인 정부활동과 관련되는 주요한 재정사업을 모두 포괄하는 회계이다. 즉 일반회계는 조세수입 등을 주요 세입으로 하여 국가의 일반적인 세출에 충당하기 위하여 설치한다(국가재정법 제4조 제2항). 일반회계 예산은 국가 고유의 기능을 수행하기 위해 필요한 예산이므로 세입은 원칙적으로 조세수입을 재원으로 하고 세출은 국가사업을 위한 기본적 경비지출로 구성된다. 즉 일반회계는 소득세·법인세·부가가치세 등 국세수입과 정부출자기업의 배당·지분 매각 수입 등 세외수입을 주요 재원으로 하여 국가의 일반적인 지출에 사용한다.

2) 특별회계

특별회계는 국가가 특정사업을 추진하거나 특정한 자금을 운용하고자 할 때, 또는 특정한 세입으로 특정한 세출에 충당함으로써 일반회계와 구분하여 계리할 필요가 있을 때 법률에 근거하여 설치하는 회계이다(국가재정법 제4조). 예산 통일의 원칙에 예외에 해당한다.

3) 기금

기금은 특정한 분야의 사업에 대하여 지속적이고 안정적으로 자금을 지원할 필요가 있거나 통제위주의 경직된 예산제도로서는 적절하게 대처할 수 없는 특별한 행정수요에 탄력적으로 대처하기 위하여 예산과 별도로 개별 법률에 근거하여 설치, 운용하는 자금을 말한다(국가재정법 제5조). 예산의 경우 회계연도 내의 세입이 그 해에 모두 지출되는데 반해 기금은 조성된 자금을 회계연도 내에 운용해 남는 여유자금을 계속 적립해 나간다는 점에서 차이가 있다. 따라서 기금은 매년 기금운용계획과 함께 연도말 기금조성액 규모가 작성된다. 기금은 조세수입이 아닌 출연금·부담금 등을 주요 재원으로 하여 특정 목적의 사업을 추진하므로 수입과 지출의 연계가 강하게 나타난다는 점에서 특별회계와 유사하다. 그러나 기금은 계획변경이나 집행절차에 있어서 일반회계나 특별회계에 비해 탄력성이 인정된다는 측면에서 예산과 구별된다. 다만, 중앙정부의 경우 기금운용계획의 확정 및 결산도 예산과 마찬가지로 국회의 심의·의결을 거친다는 점에서 재정운용 수단으로서의 차이는 크지 않다.

4) 통합재정

통합재정은 공공부문의 재정규모 및 재정수지를 파악하여 국가 재정운영의 건전성을 판단하고 재정정책의 기본방향을 수립하기 위한 개념으로서 일반회계와 특별회계, 그리고 기금을 포함한다.

IMF의 권고에 따라 중앙정부는 1979년부터 통합재정을 도입하였고, 지방정부의 경우 2004년 시범적용을 거쳐 2005년 「지방재정법」 개정 이후 2013년도 예산편성부터 '지방자치단체 통합재정 개요'를 통해 지방정부의 통합재정 규모 및 통합재정수지가 발표됨으로써 본격적인 시행이 이루어졌다. 통합재정이 적용됨으로써 정부 재정의 실질적 총규모를 파악할 수 있고, 통합재정수지를 통해 순수 재정활동의 건전성 판단이 가능해진다는 장점을 기대할 수 있다. 아울러 세입·세출을 경상거래와 자본거래로 구분하여 작성함으로써 정부 재정의 경제에 미치는 효과를 파악할 수 있게 된다. 나아가 지방재정을 포함한 국가 전체의 통합재정을 산출해 IMF의 재정통계지침(GFS)에 따른 국가 간 재정통계의 비교가 가능해진다.

IMF GFS(1986, 2001)에 의하면 공공부문(public sector)에는 일반정부(general government) 부문과 공기업(public enterprise) 부문이 존재하며, 재정 규모나 국

가채무 규모는 일반정부 부문 규모를 지칭한다. 일반정부 부문에는 중앙정부와 지방정부, 그리고 비영리공공기관이 포함되며, 공기업 부문에는 중앙정부와 지방정부의 비금융공기업과 금융공기업이 모두 포함된다.

현행 우리나라 통합재정의 포괄범위는 일반정부 부문이다. 즉 「GFSM 2001」에 근거하여 작성된 2019회계연도 통합재정의 포괄범위는 중앙정부의 일반회계 (55개 중앙관서 중 일반회계가 없는 조달청, 특허청 제외 53개), 특별회계(교도작업특별회계 등 19개), 기금(고용보험기금 등 67개), 비영리공공기관(가축위생방역지원본부 등 222개)과 지방정부의 일반회계(광역 시·도 17개, 기초 시·군·구 226개), 기타특별회계(1,771개), 직영공기업특별회계(254개), 기금(2,468개), 교육비특별회계(17개), 비영리공공기관(대구도시철도공사 등 95개)이다.

3. 예산의 종류 및 관련 제도

대한민국 「헌법」 제54조에 따르면 예산안은 정부가 편성하여 국회에 제출하며, 국회는 예산안을 심의하여 확정한다. 예산은 정부가 국회에 예산안을 제출하는 시기와 국회의 심의·확정 여부에 따라 본예산, 수정예산, 추가경정예산, 준예산 등 네 가지로 구분할 수 있다. 아울러 「국가재정법」에 근거하여 조세지출예산과 성인지예산, 그리고 국민참여예산 등이 운영되고 있다. 지방자치단체의 경우에도 중앙정부와 유사하게 「지방자치법」과 「지방재정법」 등에서 여러 가지 종류의 예산 및 관련제도를 규정하고 있다.

1) 본예산과 수정예산, 추가경정예산

(1) 본예산

중앙정부의 본예산은 전년도 정기국회에서 다음 회계연도 예산에 대해 심의·의결된 확정예산을 말하며 당초예산이라고도 한다. 지방자치단체의 경우 본예산은 전년도 지방의회 정기회에서 심의·의결된 확정예산을 말한다.

(2) 수정예산

수정예산은 정부가 예산안을 국회에 제출한 후 부득이한 사유로 인하여 그 내용의 일부를 수정하고자 할 때 편성하는 예산이다(국가재정법 제35조). 수정예산에 대하여 대한민국 「헌법」에는 별도의 근거가 없고 대신 「국가재정법」에서 이에 대한 근거를 두고 있다. 예산 편성이 시작되는 시점과 예산안의 국회 제출 시점 간에 상당한 시차가 존재하여 예산 변경이 필요할 만큼 사회경제적 환경이 달라질 수 있으므로 이러한 경우에는 국회에 예산안을 제출한 후라도 수정예산안을 제출할 수 있도록 하는 것이 합리적이기 때문에 수정예산이 인정되고 있다.

(3) 추가경정예산

추가경정예산은 이미 성립된 예산을 성립 이후의 사유로 인해 추가 또는 변경할 필요가 있을 때 편성할 수 있는 예산을 말한다. 예산집행의 신축성을 유지시킬 수 있는 방안 중 하나로 의미가 있다. 추가경정예산은 예산 단일성의 원칙의 예외에 해당되며, 빈번하게 편성될 경우 국회의 행정부에 대한 통제가 약화되고 국민의 예산에 대한 이해를 곤란하게 하며 예산팽창의 원인이 된다는 점에서 불가피한 사유를 제외하고는 가급적 편성을 최소화하는 것이 바람직하다고 할 것이다. 「국가재정법」(제89조)에서는 재정 건전성 확보 차원에서 추경예산 편성 사유를 다음의 세 가지로 제한하고 있으며, 정부는 국회에서 추경예산이 확정되기 전에 이를 미리 배정하거나 집행할 수 없도록 하고 있다.

① 전쟁이나 대규모 자연재해가 발생한 경우
② 경기 침체, 대량실업, 남북 관계의 변화, 경제협력과 같은 대내·외 여건에 중대한 변화가 발생했거나 발생할 우려가 있는 경우
③ 법령에 따라 국가가 지급해야 하는 지출이 발생하거나 증가하는 경우

지방자치단체의 경우에도 추가경정예산을 편성할 수 있는데, 다만 중앙정부의 경우와는 달리 다음의 경비는 추가경정예산의 성립 전에 사용할 수 있으며 이는 같은 회계연도의 차기 추가경정예산에 계상하여야 한다.

① 시·도의 경우 국가로부터, 시·군 및 자치구의 경우 국가 또는 시·도로부터 그 용도가 지정되고 소요 전액이 교부된 경비
② 시·도의 경우 국가로부터, 시·군 및 자치구의 경우 국가 또는 시·도로부터 재난구호 및 복구와 관련하여 복구계획이 확정·통보된 경우 그 소요 경비

2) 준예산

준예산은 새로운 회계연도가 개시될 때까지 예산안이 의결되지 못한 때 정부가 국회 내지 지방의회에서 예산안이 의결될 때까지 특정 경비에 한해서 전년도 예산에 준하여 지출할 수 있도록 하는 제도이다. 중앙정부의 경우 헌법 제54조 제3항에 근거하여 다음의 목적을 위한 경비는 전년도 예산에 준하여 집행할 수 있다.

① 헌법이나 법률에 의해 설치된 기관 또는 시설의 유지·운영
② 법령상 지출의무의 이행
③ 이미 예산으로 승인된 사업의 계속

지방자치단체의 준예산도 중앙정부와 거의 유사한 구조를 가지고 있다. 지방의회에서 부득이한 사유로 회계연도가 시작될 때까지 예산안이 의결되지 못하였을 때 지방자치단체의 장은 「지방자치법」 제131조에 따라 예산을 집행하여야 한다. 「지방자치법」 제131조에 따르면 지방의회에서 새로운 회계연도가 시작될 때까지 예산안이 의결되지 못하면 지방자치단체의 장은 지방의회에서 예산안이 의결될 때까지 다음의 목적을 위한 경비는 전년도 예산에 준하여 집행할 수 있다.

① 법령이나 조례에 따라 설치된 기관이나 시설의 유지·운영
② 법령상 또는 조례상 지출의무의 이행
③ 이미 예산으로 승인된 사업의 계속

준예산은 국회의 의결을 필요로 하지 않는다는 점에서 사전의결의 원칙에 예

외에 해당한다. 중앙정부와 지방자치단체 공히 준예산에 의해 집행된 예산은 당해 연도의 예산이 확정되면 그 확정된 예산에 의해 집행된 것으로 간주한다. 우리나라는 독일의 임시예산제도를 모델로 하여 1960년 3차 개헌 시 도입하였으나, 중앙정부 차원에서는 준예산이 활용된 적은 없다. 다만 2013년 기초자치단체로서 성남시가 준예산을 편성한 적이 있으며, 광역자치단체로서는 2016년 경기도에서 준예산이 처음으로 집행되었다. 기금의 경우에도 「국가재정법」 제85조(준용규정)에 따라 준예산제도가 준용된다.

3) 조세지출 예산

조세지출 예산을 다루기 전에 우선 조세지출의 개념을 이해할 필요가 있다. 조세지출(tax expenditure)은 거두어 들일 수 있는 세금의 전부 내지 일부를 깎아줌으로써 지출과 같은 효과를 나타내는 것을 말한다. 즉 조세감면, 비과세, 소득공제, 세액공제, 우대세율 적용 또는 과세이연 등 조세특례의 방식으로 납세자에 대한 재정지원을 목적으로 발생하는 국가 세입의 감소를 말한다. 통상적인 직접적 세출과 비교하였을 때 조세지출은 예산편성과 심의 등 정치·행정과정을 제대로 거치지 않을 가능성이 높다는 특징이 있다. 아울러 수입을 걷지 않았기 때문에 세입예산, 세출예산 어디에도 포착되지 않으며 이에 따라 정부의 직접적 지출과 비교하여 재정규모가 작게 나타나게 된다. 이러한 특징 때문에 조세지출을 그림자지출(shadow expenditure) 내지 감추어진 보조금(hidden subsidy) 등으로 부르기도 한다.

조세지출예산(tax expenditure budget)은 이러한 조세지출로 인한 세수감소액을 종합 분류하여 체계적으로 나타낸 것이다. 즉 조세지출을 통해 예상되는 세수입의 감소분을 기록하여 공개하고 의회에 제출함으로써 예산과정을 통해 조세지출의 규모와 구성을 통제하고자 하는 것이다. 우리나라의 경우 1996년 OECD 가입을 계기로 재정의 투명성을 높이고 국가재원의 효율적 운용을 위해 1999년부터 2009년까지 직전연도, 해당연도의 국세감면 실적 및 전망 금액을 '조세지출보고서'로 작성하여 공표하였으며, 2010년부터 「국가재정법」에 따라 3개 연도(직전·해당·다음)의 국세감면 실적·전망 금액을 집계·분석한 '조세지출예산서'를 정부예산안과 함께 국회에 제출하고 있다. 지방정부의 경우에도 주요 세원인 지방세에 대한 비과세·감면의 합리적인 통제를 위해 이른 바 지방세지출 예산제도를 도입하여 운영하고 있다. 현재 각 지방정부는 행정안전부가 제시한 형식에 따라 지방세지출보고서를 매년 지방의회에 제출하도록 의무화되어 있다.

4) 성인지 예산

성인지 예산제도(gender budget)는 예산이 여성과 남성에게 미칠 영향을 미리 분석하여 이를 예산편성에 반영함과 아울러 예산이 여성과 남성이 동등하게 예산의 수혜를 받고 예산이 성차별을 개선하는 방향으로 집행되었는지를 평가하여 다음연도 예산편성에 그 결과를 반영하는 제도이다. 즉 성인지적 관점을 예산의 전 과정에 적용하고자 하는 제도라고 할 것이다.

현행 「국가재정법」은 "예산이 여성과 남성에게 미칠 영향을 미리 분석(국가재정법 제26조)"하여 정부의 양성평등 구현의지를 확인하며, "여성과 남성이 동등하게 예산의 수혜를 받고 성차별을 개선하는 방향으로 집행되었는가를 평가"(국가재정법 제57조)하여 재정운용을 통한 정부의 양성평등 구현의지 및 노력을 평가하고자 하는데 그 의미를 두고 있다. 지방자치단체의 경우에는 「지방재정법」제36조의2, 제53조의2에 성인지 예산의 법적 근거를 두고 있으며, 중앙정부의 경험을 바탕으로 2013년 처음으로 성인지 예산서가 작성된 이후 안정적으로 제도가 정착되어 운영되고 있다.

성인지 예산은 정부가 편성하고 집행하고 결산과정을 거치는 본래의 예산과정에 성인지적 관점을 반영하는 것이다. 성인지 예산이 기존의 예산과 별도로 추가적인 예산을 편성하는 것이 아니라는 점에 유의할 필요가 있다. 원칙적으로 모든 수준의 예산이 성인지 예산의 대상이 될 수 있다. 즉 예산과 기금, 세입과 세출, 그리고 국가재정 운용계획이 포함된다. 또한 중앙정부와 지방자치단체를 포함하는 일반정부, 나아가 공기업 예산도 포함된다. 그러나 여러 가지 현실적 제약이 존재하기 때문에 실제로는 성인지 예산이 적용되는 범위는 사전에 특정 범위로 한정되는 것이 일반적이다.

현재 우리나라의 중앙정부는 예산과 기금의 세출만을 대상으로 성인지 예산서를 작성하고 있으며, 지방자치단체도 중앙정부의 경우와 마찬가지로 일반회계, 기타 특별회계, 기금회계를 대상으로 성인지 예산서를 작성하고 있다.

5) 참여예산 제도: 국민참여 예산과 주민참여 예산

참여예산 제도는 주권자로서의 국민 또는 시민이 정부의 예산과정에 참여함으로써 재정민주주의와 재정의 투명성을 제고하기 위한 제도라고 할 수 있다. 우리나라의 참여예산 제도는 중앙정부 차원에서는 국민참여예산 제도로, 그리고 지방자치단체 차원에서는 주민참여예산 제도로 각각 제도화되어 운영되고 있다.

우선 주민참여예산 제도는 1989년 브라질 포르투 알레그레 市에서부터 시작되었다. 포르투 알레그레의 참여예산제는 주민들이 직접 예산편성과정에 참여하는 제도로서 주민참여의 성공적인 모델로서 긍정적인 평가를 받아왔다. 우리나라에서는 2003년 광주광역시 북구에서 처음으로 시작한 이래로 다른 지방자치단체 또한 점차 도입하였으며, 2011년 「지방재정법」 개정을 통해 주민참여 예산제도 실시가 의무화됨에 따라 전국 243개 지방정부에 도입되었다. 이에 따라 지방자치단체의 장은 지방예산 편성 과정에 주민이 참여할 수 있는 절차를 마련하여 시행하여야 한다. 지방정부의 장은 예산 편성 과정에 참여한 주민의 의견을 수렴하여 그 의견서를 지방의회에 제출하는 예산안에 첨부하여야 하며, 행정안전부장관은 지방정부별 주민참여예산제도의 운영에 대한 평가를 실시할 수 있다.

지방자치단체의 장은 주민참여에 의하여 수렴된 주민의견을 검토하고 그 결과를 예산편성시 반영할 수 있으며, 그 밖에 주민참여 예산의 범위·주민의견수렴에 관한 절차·운영방법 등 구체적인 사항은 지방정부의 조례로 정한다.

한편 중앙정부의 국민참여예산 제도는 재정의 민주성과 투명성을 제고하고자 국가재정법 등에 근거하여 국민이 예산사업의 제안, 심사, 우선순위 결정 과정에 참여하는 제도이다. 국민참여 예산은 현재 제안형과 토론형 2가지 형태로 운영되고 있는데, 제안형은 국민의 직접제안 중 적격제안을 사업으로 숙성하여 예산에 반영하는 유형이며, 토론형은 주요 재정관련 사회 현안 등에 대한 논의 및 국민의견 수렴 등을 통해 사업을 숙성하여 예산에 반영하는 유형이라 할 수 있다.

제2절   예산 과정

1. 예산 과정의 의의

우리나라의 예산은 '회계연도 독립의 원칙'에 따라 한 회계연도(1년) 동안만 효력을 갖는 것이 원칙이다. 회계연도(FY: fiscal year)란 회계사무를 명확히 구분·정리하기 위해 설정한 예산의 유효기간을 말한다. 회계연도를 구분하여 독립적으로 운영하는 것을 '회계연도 독립의 원칙'이라고 하며 이는 한 회계연도에 속하는 세입·세출은 원칙적으로 당해 연도 내에 완결되어야 함을 의미한다. 이는 각 연도의 수지 상황을 명확하게 하게 함으로써 적정한 재정통제를 실현하기 위함이다.

이러한 정부의 예산과정은 '행정부의 예산편성 – 입법부의 예산심의 – 행정부의 예산집행 – 행정부·입법부·감사기관의 결산 및 회계감사' 등의 4단계로 이루어진다. 그리고 이러한 예산과정의 각 단계들이 시간적 차원에서 반복되는 일정한 주기를 예산주기(budget cycle)라고 한다. 우리나라는 예산주기가 3년이지만 사실 국가마다 예산주기는 상이하다. 우리나라의 예산주기는 중앙정부와 지방정부 모두 예산편성(t – 1년도), 예산심의(t – 1년도), 예산집행(t년도), 결산 및 회계검사(t + 1년도)를 거치므로 3년인 데 반해 미국 연방정부의 경우 최소 편성 9개월, 심의 8개월, 집행 12개월, 회계검사 12개월 등 총 41개월로서 4년이 소요된다.[1]

한편 우리나라의 회계연도는 중앙정부와 지방정부 모두 1월 1일부터 12월 31일까지이다. 미국의 일부 주정부와 같이 2년도 예산(biennial budget)을 편성하는 경우도 있다. 아울러 회계연도의 시작 시점도 국가마다 상이하다. 회계연도

---

1) 신무섭. (2014). 재무행정학, 대영문화사.

의 시작 시점은 세입·세출의 흐름과 정부의 사업주기, 예산의 관리 및 통제 등을 고려하여 해당 국가의 실정에 맞게 결정되고 있다.

중앙정부나 지방정부의 예산과정은 기본적으로 '예산편성 – 예산심의 – 예산집행 – 결산심사' 등으로 이어지는 동일한 구조를 취하고 있다는 점을 고려하여 이하에서는 중앙정부를 중심으로 예산과정을 자세히 살펴보기로 한다.

2. 예산 편성 단계

1) 예산 편성 개관

예산편성은 정부가 수행하고자 하는 계획과 사업을 구체화하여 이에 대한 다음 회계연도의 세입과 세출을 예정적으로 계산하는 과정이다. 대한민국 「헌법」 제54조는 예산안의 편성권을 정부에, 심의·확정권을 국회에 부여하고 있다. 정부의 예산안 편성은 각 중앙관서의 장이 작성·제출한 예산요구서를 기초로 기획재정부장관이 총괄하여 수행한다.

예산편성 과정에서는 하향식(top–down)과 상향식(bottom–up) 의사결정이 순환적으로 이루어진다. 예산총액과 예산배분에 관한 전체적인 윤곽을 잡은 후 이를 토대로 세부적인 예산배분이 이루어지는 거시적인 예산 편성(macro–budgeting)은 하향식 의사결정에 해당한다. 거시적 예산 편성은 국정 최고책임자, 중앙예산기관장 등 소수의 엘리트만이 주요의사결정에 참여하며 경제상황, 동원 가능한 재원의 규모, 정책우선순위 등을 종합적으로 고려한다는 특징이 있다. 이에 비해 각 부처가 자신의 관할사업들에 재원을 배분하는 미시적 예산 편성(micro–budgeting)은 상향식 의사결정에 해당한다. 각 부처의 예산 요구에 따라 중앙예산기관이 취합·조정하는 과정이 이에 해당한다. 상향적 의사결정에서 예산과정 참여자인 각 부처의 역할은 분절화되어 있기 때문에 만약 각 부처가 자신의 예산증액만을 위해 노력하는 경우 예산이 팽창될 가능성이 높아지게 되는 특징이 있다. 이러한 각 예산 편성 방식의 특징들을 고려하여 우리나라는 거시적·하향적 예산편성 제도의 일환으로 2005회계연도 예산부터 총액배분 자율편성제도(top–down 예산제도)를 도입하였다.

「국가재정법」

제29조(예산안편성지침의 통보) ① 기획재정부장관은 국무회의의 심의를 거쳐 대통령의 승인을 얻은 다음 연도의 예산안편성지침을 매년 3월 31일까지 각 중앙관서의 장에게 통보하여야 한다.

② 기획재정부장관은 제7조의 규정에 따른 국가재정운용계획과 예산편성을 연계하기 위하여 제1항의 규정에 따른 예산안편성지침에 중앙관서별 지출한도를 포함하여 통보할 수 있다.

2) 예산편성 절차

총액배분 자율편성제도에 입각한 중앙정부의 예산편성 세부 절차를 살펴보면, 기획재정부장관은 각 부처로부터 제출된 예산요구서를 토대로 예산안을 편성하여 국무회의 심의를 거친 후 대통령의 승인을 얻어 다음 회계연도 개시 120일 전(9월 3일)까지 국회에 제출하여야 한다.

예산안은 예산총칙, 세입세출예산, 계속비, 명시이월비, 국고채무부담행위 등으로 구성되며, 정부는 예산안을 국회에 제출한 후 부득이한 사유로 인하여 그 내용의 일부를 수정하고자 하는 때에는 국무회의의 심의를 거쳐 대통령의 승인을 얻은 수정예산안을 국회에 제출할 수 있다.

예산안의 구성 요소

① 예산 총칙: 당해 연도 예산의 총괄적 사항 및 필요한 사항 규정
② 세입세출 예산: 회계연도 내에 있어서의 모든 수입(세입)과 지출(세출) 세부사항
③ 계속비: 완성에 수년이 필요한 공사나 제조 및 연구개발사업에 대해 경비의 총액과 연부액(年賦額)을 정하여 미리 국회의 의결을 얻은 범위 안에서 수년도에 걸쳐서 지출할 수 있게 하는 예산
④ 명시이월비: 세출예산 중 경비의 성질상 연도 내에 지출을 끝내지 못할 것이 예측된 때에는 그 취지를 예산에 명시하여 미리 국회의 승인을 얻은 후 다음 연도에 이월하여 사용할 수 있는 경비
⑤ 국고채무부담행위: 당해 연도 예산확보 없이 국가가 채무를 지는 행위(해외공관 건축이나 함정 건조 등과 같이 지출원인행위(계약)와 지출이 동일 연도에 이루어지지 않는 경우 허용)

3) 정부예산안의 첨부 서류

정부예산안에는 다양한 서류가 첨부되는데 성과계획서, 성인지 예산서, 조세지출예산서 등이 포함된다. 이와 함께 국가재정운용계획 및 재정관련 자료도 정부예산안과 함께 국회에 제출된다(국가재정법 제34조). 성과계획서, 성인지 예산서, 조세지출예산 등은 이후 다시 논하기로 하고, 여기에서는 예산편성과 관련하여 중요한 의미를 가지는 국가재정운용계획에 대해서 조금 더 살펴보기로 한다.

국가재정운용계획은 5년 재정 운용 시계(time horizon)를 가지는 연동식 중기 재정계획으로서 단년도 예산편성의 기본 틀이 되며 매년 경제·사회적 여건 변화와 연동·보완된다(국회예산정책처, 2020). 2004년 도입되어 2005회계연도부터 운영되고 있다. 재정 운용의 효율화와 건전화를 위하여 매년 당해 회계연도부터 5회계연도 이상의 기간에 대한 재정운용계획을 수립하여 회계연도 개시 120일 전까지 국회에 제출하여야 한다(국가재정법 제7조). 기획재정부장관은 국가재정운용계획과 예산편성을 연계하기 위하여 예산안편성지침에 중앙관서별 지출한도를 포함하여 통보할 수 있다(국가재정법 제29조 제2항). 국가재정운용계획은 2004년 최초 수립된 이후, 현재까지 계속 발전되어 왔으며 2010년 5월 「국가재정법」이 개정되면서 현재와 유사한 체제와 내용을 갖추게 되었다. 2010~2014년 국가재정운용계획부터 수입을 국세·세외수입·기금수입으로 세분화하였고, 통합재정수지의 전망, 근거 및 관리계획을 제시하였으며, 중장기 기금재정관리계획, 국가채무관리계획, 전년도 계획 대비 변동사항 등에 대한 평가·분석보고서를 첨부서류로 국회에 제출하게 되었다. 2012년부터는 재정지출을 의무·재량지출로 구분하여 지출성격별로 전망근거와 관리계획 등을 제시하였고 공기업·준정부기관의 중장기재무관리계획도 수립하여 국회에 제출하고 있다. 2014년부터는 중장기 조세정책운용계획도 첨부서류에 포함하여 제출하고 있다. 또한, 국가재정운용계획 수립 절차에 있어서도 국가재정운용계획의 실효성 제고를 위하여 외부 재정전문가 등의 의견을 폭넓게 수렴하고 전문기관과의 협력을 확대하고 있다. 2020년 3월 「국가재정법」 제7조가 개정되면서 정부가 40회계연도 이상의 기간을 대상으로 5년마다 장기 재정전망을 실시하고 그 결과를 국회에 제출하는 국가재정운용계획에 첨부하도록 하는 내용이 신설되었다.

3. 예산 심의 단계

1) 예산 심의 개관

예산심의는 행정부가 제출한 예산안을 입법부가 검토하고 예산을 최종적으로 조정·배분하는 과정이다. 입법부의 예산심의는 국민의 대표기관인 입법부가 행정부의 재정 활동에 참여하고 통제하는 것으로서 재정민주주의를 실현하는 중요한 제도적 장치라고 할 수 있다. 재정 민주주의 차원에서 헌법에 규정된 국회의 재정에 관한 권한은 예산심의권 이외에 재정입법권, 국회의 정부 재정행위에 대한 동의권과 승인권, 결산심사권이 포함된다고 할 것이다.

예산심의/의결은 정부의 예산안이 국회에 제출된 이후 '정부의 시정연설 – 소관 상임위원회의 예비심사 – 예산결산특별위원회의 종합심사 – 본회의 심의·의결 – 정부 이송' 순으로 진행된다.

2) 예산 심의 과정

(1) 정부의 시정연설

정부가 편성한 예산안이 국회에 제출되면, 국회는 본회의에서 정부의 시정연설을 듣는다. 우리나라는 제2공화국이 내각책임제를 채택한 외에는 대통령중심제를 채택하여 왔음에도 대통령이 국회 본회의에서 직접 시정연설을 한 사례는 많지 않고 대개 국무총리가 대통령의 시정연설문을 대독하였으나, 최근에는 대통령의 시정연설이 늘어나고 있다. 현행 헌법에서 대통령이 직접 국회 본회의에 출석하여 시정연설을 행한 경우는 10차례이며, 2013년부터는 매년 대통령이 직접 시정연설을 하고 있다. 시정연설의 시기는 일정하지 않은데, 국회는 본회의 일정을 고려하여 시정연설 일자를 결정한다. 과거에는 예산안을 소관 상임위원회에 회부하기 전에 시정연설을 듣도록 규정되어 있었으나, 「국회법」 개정(1994. 6. 28.)으로 시정연설을 듣기 전이라도 소관 상임위원회에 예산안을 회부할 수 있게 되었다. 추가경정예산안도 예산안이므로 시정연설의 대상이 되며, 예산안에 관한 규정이 준용되는 기금운용계획안의 경우에도 시정연설이 실시된다.

(2) 국회 상임위원회 예비심사

국회의장이 제출된 예산안(기금운용계획안을 포함한다. 이하 같다.)을 소관 상임위원회에 회부하면, 이로써 국회 예산안 심사의 실질적인 첫 단계인 상임위원회 예비심사가 개시된다. 예산안이 회부된 소관 상임위원회는 예비심사를 하여 그 결과를 의장에게 보고한다. 국회의장은 예산안을 소관 상임위원회에 회부할 때에는 심사기간을 정할 수 있으며, 상임위원회가 이유 없이 그 기간 내에 심사를 마치지 않는 경우에는 예산안을 바로 예결위에 회부할 수 있다.

상임위원회에서는 전문위원의 검토보고, 대체토론을 거친 후 예산안을 예산안 심사소위원회에 회부하여 심사한다. 소위원회 심사를 마친 예산안은 상임위원회 전체회의에 보고된 후 의결되는데, 이와 같은 과정을 상임위원회의 예비심사라고 한다.

(3) 국회 예산결산특별위원회 종합심사

상임위원회가 예비심사 결과를 보고하면 국회의장이 예비심사보고서를 예산안에 첨부하여 예결위에 회부함으로써 예결위의 종합심사가 개시된다. 국회의장은 소관 상임위원회의 예비심사기간을 정할 수 있으며 상임위원회가 이유 없이 그 기간 내에 심사를 마치지 아니한 때에는 이를 바로 예결위에 회부할 수 있으므로, 상임위원회의 예비심사가 종료되지 않은 경우에도 예결위의 종합심사가 개시될 수 있다. 이 경우 국회의장은 예비심사보고서를 첨부하지 않고 해당 상임위원회의 예산안을 예결위에 회부할 수 있다. 상임위원회의 예비심사는 예결위의 심사에 앞선 예비적인 성격을 가지며 예비심사결과는 예결위를 구속하지 못한다.[2] 이를 보완하기 위하여 「국회법」은 예결위로 하여금 상임위원회의 예비심사내용을 존중하고, 상임위원회에서 삭감한 세출 예산금액을 증가시킬 때에

---

2) 다만, 「국회법」제84조 제4항에서는 정보위원회의 예산안 및 결산심사에 대해 그 내용의 기밀성을 고려하여 정보위원회의 심사를 예산결산특별위원회의 심사로 보고 있다. 정보위원회의 예산안 및 결산 심사 결과는 부처별 총액으로 하여 의장에게 보고하고, 의장은 정보위원회에서 심사한 예산안과 결산에 대하여 총액으로 예산결산특별위원회에 통보한다. 예산결산특별위원회는 의장으로부터 심사결과에 대한 통보가 있어도 이를 가감하거나 변경하는 등의 수정을 할 수 없다.

는 상임위원회의 동의를 받도록 하고 있다.[3]

예산결산특별위원회 종합심사는 전문위원 검토보고, 종합정책질의, 부별심사 등의 순서로 진행된다. 종합정책질의 및 부별심사가 끝나면 예산안 및 기금운용계획안 조정소위원회에서 각 상임위원회의 예비심사 결과, 종합정책질의, 부별심사 시 수정의견 및 전문위원 검토보고 등에 근거하여 예산안을 조정하고, 예산안의 수정안을 마련하여 예산결산특별위원회 전체 회의에 보고한다.

(4) 본 회의 심의 및 의결

예산안의 본 회의 심의절차는 ① 상정, ② 예산결산특별위원장의 심사보고, ③ 질의 및 찬반토론, ④ 예산안증액 및 새 비목 설치 동의, ⑤ 표결, ⑥ 의결의 순으로 진행된다. 예산은 법률과 달리 대통령에 의한 공포를 효력발생 요건으로 하지 않으며, 대통령의 거부권도 인정되지 않기 때문에 국회 본회의 의결로 예산이 확정된다. 「대한민국헌법」 제54조는 회계연도 개시 30일 전까지 예산안을 의결하도록 규정하고 있으며 이에 따라 「국회법」 제85조의3은 예산안 등의 심사를 11월 30일까지 마치도록 규정하고 있다.

4. 예산집행 단계

1) 예산집행 단계 개관

예산집행(budget execution)은 국회에서 확정된 예산에 따라 해당 회계연도 동안 수입을 조달하고 공공경비를 지출하는 재정활동을 의미한다. 이는 단순히 예산으로 정해진 금액을 수납하고 지출하는 것만이 아니라 수입의 조정, 예산 및 자금의 배정, 지출원인행위의 실행, 국채의 발행, 일시차입금의 차입, 세출예

---

3) 「국회법」 제84조(예산안·결산의 회부 및 심사) ⑤ 예산결산특별위원회는 소관 상임위원회의 예비심사 내용을 존중하여야 하며, 소관 상임위원회에서 삭감한 세출예산 각 항의 금액을 증가하게 하거나 새 비목(費目)을 설치할 경우에는 소관 상임위원회의 동의를 받아야 한다. 다만, 새 비목의 설치에 대한 동의 요청이 소관 상임위원회에 회부되어 회부된 때부터 72시간 이내에 동의 여부가 예산결산특별위원회에 통지되지 아니한 경우에는 소관 상임위원회의 동의가 있는 것으로 본다.

산의 이용·전용·이체, 계약의 체결 등을 모두 포함하는 활동이다.

예산집행과정은 다음과 같다. 첫 번째 단계는 각 중앙관서의 장이 예산배정요구서를 기획재정부장관에게 제출하는 것으로 시작된다. 다음으로 예산의 배정이 수행된다. 이는 중앙예산기관이 행정부처가 사용할 수 있는 예산의 한도를 정해 주는 작업이다. 예산의 배정이 이루어지면, 각 행정기관 내부에서 예산의 재배정이 이루어진다. 예산의 재배정은 각 행정부처의 장이 각 사업부서에게 지출을 할 수 있는 권한을 부여하는 것을 의미한다. 예산의 배정과 재배정이 이루어지고 나면 비로소 각 사업부서에서 예산의 집행이 이루어진다.

예산집행은 예산의 배정으로부터 시작된다. 예산배정은 확정된 예산을 계획대로 집행할 수 있도록 예산집행기관에게 허용하는 일종의 승인이다. 기획재정부장관은 분기별 예산배정계획을 작성하여 국무회의 심의와 대통령 승인 후에 각 중앙관서의 장에게 예산을 배정하며, 배정된 예산은 다시 하급기관에 재배정된다. 예산의 배정은 국가의 예산을 회계체계에 따라 질서 있게 집행되도록 하기 위한 내부통제의 기능을 가지고 있다. 정부는 경기부양이나 경제안정화시책의 추진을 위해 예산의 배정 시기를 조정하기도 한다.

배정된 예산은 「국고금 관리법」에 따라 기획재정부장관이 작성·통지한 월별 세부자금계획의 범위 안에서 그 정한 목적과 용도에 따라 소정의 과정에 의하여 집행된다. 세출예산의 경우, 각 수요부서에서 예산집행요구를 하면 재무관이 계약체결 등 지출원인행위를 한 후 관계서류를 지출관에게 송부하고, 지출관은 채권자 또는 국고금의 지급사무를 수탁하여 처리하는 자의 계좌로 이체하여 지급하는 과정을 거친다.

2) 예외적인 상황에서의 예산배정

「국가재정법」은 일반적인 예산배정 절차 외에 예산의 효율적인 집행관리 등을 위하여 회계연도 개시 전의 예산배정(긴급배정), 수시배정, 조기배정, 예산배정의 유보 등 다양한 배정방식을 규정하고 있다. 우선(예산 성립 후) 회계연도 개시 전에 예산을 배정할 수 있는 경비는 「국가재정법 시행령」 제16조에 의해 ① 외국에서 지급하는 경비, ② 선박의 운영·수리 등에 소요되는 경비, ③ 교통이나 통신이 불편한 지역에서 지급하는 경비, ④ 각 관서에서 필요한 부식물의 매입경비, ⑤ 범죄수사 등 특수활동에 소요되는 경비, ⑥ 여비, ⑦ 경제정책상 조기집행을 필요로 하는 공공사업비, ⑧ 재해복구사업에 소요되는 경비로 한정되어 있다.

수시배정은 사업시행의 점검이 필요한 사업 등에 대하여 분기별 예산배정계획에 관계없이 해당 사업의 추진상황 및 문제점 등을 분석·검토한 후 예산을 배정하는 제도이다. 「국가재정법」 제43조 제4항은 기획재정부장관이 예산의 효율적인 집행관리를 위하여 필요한 때에는 분기별 예산배정계획에도 불구하고 개별사업계획을 검토하여 그 결과에 따라 예산을 배정할 수 있도록 규정하고 있다.

조기배정은 경기회복 등 경제정책상의 필요에 의하여 예산을 조기 집행하고자 할 때, 연간 정기배정계획 자체를 앞당겨 전체 예산의 상당부분을 1/4분기나 2/4분기에 집중 배정하는 제도이다. 「국가재정법」 제43조 제5항은 기획재정부장관이 재정수지의 적정한 관리 및 예산사업의 효율적인 집행관리 등을 위하여 필요한 때에는 분기별 예산배정계획을 조정하거나 예산배정을 유보할 수 있음을 규정하고 있다. 조기배정의 목적은 연내 상반기 중 민간의 내수부진 등으로 상저하고(上低下高)의 경기흐름이 예상될 경우 예산의 집행시기를 상반기로 앞당겨 경기의 진폭을 줄임으로써 안정적인 경제성장을 유지하려는 데 있다. 조기배정의 효과와 관련하여, 조기배정을 통한 예산의 조기집행은 내수부진을 보완하여 경제성장률에 간접적인 영향을 미치고, 자금의 유통속도를 일정하게 유지하여 경기 안정성을 개선하며, 연도말 정부재정의 집중으로 민간부문과의 소비수요 중복에 의한 경기과열을 방지하는 등의 긍정적 효과가 있다고 알려져 있다.

한편 기획재정부장관은 배정된 예산의 집행 보류 조치를 「국가재정법」 제43조 제5항에 따라 취할 수 있다. 「2021년도 예산 및 기금운용계획 집행지침」에서는 예산배정이 유보되는 사유를 다음과 같이 열거하고 있다.

- 예산 편성 시 전제조건이 이행되지 않을 경우
- 기획재정부장관과 사전 협의 없이 총사업비를 증액한 경우
- 지방비 분담 또는 민간부담 내용이 예산상 또는 기타 객관적인 방법으로 입증되지 못할 경우
- 「공기업·준정부기관 경영실적평가」 결과가 저조한 경우
- 세입징수실적이 당초 세입예산과 현저한 차이가 발생하여 집행 관리가 필요하다고 인정되는 경우
- 집행점검 및 예산낭비신고사례* 검토 등을 통해 사업이 효율적으로 추진되지 않거나 예산 낭비 소지가 있다고 판단되는 경우
  * 「국가재정법」 제100조에 의거하여 접수된 신고 중 재정 비효율이 중대한 제도적 결함에 기인하여 시급한 제도개선이 필요하다고 인정되는 경우
- 수시배정 대상 사업으로 기획재정부장관이 사전에 지정한 사업
- 기타 재정집행의 효율성 및 예산 절감 등을 위해 기획재정부장관이 정하는 경우

3) 예산집행의 신축성 확보를 위한 수단

예산집행의 일차적 목표는 예산통제이지만 예산 편성이나 심의 시에 예견하지 못했던 사정의 변화가 일어날 수 있기 때문에 예산 집행이 신축성을 유지할 수 있는 제도적 장치가 필요하다. 예산집행의 신축성 유지 방법에는 이용과 전용, 이체, 예비비, 추가경정예산, 총액계상 예산, 수입대체경비, 이월, 계속비, 국고채무부담행위 등이 있다. 추가경정예산과 수입대체경비는 앞서 예산의 종류 및 예산의 원칙과 관련하여 이미 살펴보았으므로 이를 제외한 나머지 수단들에 대해 살펴본다.

우선 이용(移用)은 예산이 정한 각 기관 간 또는 각 장·관·항(입법과목) 간에 상호 융통하는 것을 말한다. 이용은 원칙적으로 허용되지 않으나, 예산집행상의 필요에 따라 미리 예산으로써 국회의 의결을 얻은 때에는 기획재정부장관의 승인을 얻거나 기획재정부장관이 위임하는 범위 안에서 가능하다. 현재 예산의 이용은 예산총칙에 규정되어 국회의 심의·의결을 거치고 있다. 그런데 이용사유인 '예산집행상의 필요'가 지나치게 폭넓게 인정되고 있는 문제를 감안하여, 국가재정법에서는 2016년 1월 1일부터 이용의 사유를 다음과 같이 한정하였다.

① 법령상 지출의무의 이행을 위한 경비 및 기관운영을 위한 필수적 경비의 부족액이 발생하는 경우
② 환율변동·유가변동 등 사전에 예측하기 어려운 불가피한 사정이 발생하는 경우
③ 재해대책 재원 등으로 사용할 시급한 필요가 있는 경우
④ 그 밖에 대통령령으로 정하는 경우

다음으로 전용(轉用)은 각 세항·목(행정과목) 사이에 상호 융통하는 것을 말한다. 이는 예산의 목적범위 안에서 재원의 효율적 활용을 위한 것으로, 각 중앙관서의 장은 기획재정부장관의 승인을 얻거나 기획재정부장관이 위임하는 범위 안에서 전용할 수 있다. 전용을 할 경우 사업 간의 유사성, 재해대책 재원 등으로 사용할 시급한 필요성, 기관운영을 위한 필수적 경비의 충당을 위한 것인지 여부 등을 종합적으로 고려하여야 한다. 2014년 「국가재정법」 개정에 따라 당초 예산에 계상되지 않은 사업을 추진하거나, 국회가 의결한 취지와 다르게 사업 예산을 집행하기 위한 전용은 허용되지 않는다.

그리고 이체(移替)는 정부조직 등에 관한 법령의 제·개정 또는 폐지로 인하여 중앙관서의 직무와 권한에 변동이 있는 때 예산을 변경시키는 것을 말한다. 예산의 이체는 사업내용이나 예산규모 등에 변경을 가하지 않고 해당 예산의 귀속만 변경하는 것으로서, 「국가재정법」은 기획재정부장관이 중앙관서 장의 요구에 따라 예산을 이체할 수 있도록 규정하고 있다.

또한 예비비(豫備費)는 예산의 편성 및 심의 시점에서는 예측할 수 없는 지출에 충당하기 위하여 총액으로 국회의 승인을 얻어 세출예산에 계상하였다가 필요할 때 사용하는 금액이다. 정부의 예산집행은 입법부가 심의·확정한 한계를 준수하도록 함으로써 민주적으로 통제할 필요성이 있는 한편, 예산 확정 후 여건 변화에 신축적으로 대응할 수 있어야 한다. 이에 따라 「헌법」 제55조 제2항에서 예비비의 근거를 두고 있으며, 「국가재정법」은 예비비의 정의(제22조), 예비비의 관리와 사용(제51조), 예비비사용명세서의 작성 및 국회제출 절차(제52조)를 규정하고 있다.

다음으로 총액계상사업은 「국가재정법」 제37조에 따라 세부내용을 미리 확정하기 곤란하여 총액으로 예산에 계상하게 되는 사업이다. 즉 총액계상사업은

주로 대상사업 또는 장소가 전국적으로 분포되거나 전국에 걸쳐 연례적으로 이루어지는 유지보수사업 등 세부사업별로 나누어 예산을 편성하는 것이 곤란하거나, 예산수요자가 집행단계에서 수요를 정하는 것이 예산집행의 효율성을 제고할 수 있는 사업을 대상으로 한다. 「국가재정법」은 그 대상을 대통령령에 위임하고 있고, 「국가재정법 시행령」 제12조는 총액계상이 가능한 사업으로 ① 도로보수 사업 ② 도로안전 및 환경개선 사업 ③ 항만시설 유지보수 사업 ④ 수리시설 개보수 사업 ⑤ 수리부속지원 사업 ⑥ 문화재 보수정비 사업 ⑦ 제1호부터 제6호까지의 사업 외의 대규모 투자 또는 보조 사업에 해당하는 사업으로서 기획재정부장관이 정하는 사업(국가재정법 시행령 제12조 제1항)으로 정하고 있다.

다음으로 이월이 있다. 매 회계연도의 세출예산은 원칙적으로 그 회계연도에 지출해야 하는데, 이는 「국가재정법」 제3조 회계연도 독립의 원칙에 의한 것이다. 다만 예외적으로 이에 대한 예외를 인정하여 당해 회계연도 예산의 일정액을 다음 연도에 넘겨서 사용할 수 있도록 하는데 이를 이월(移越)이라고 한다. 이월하여 사용할 수 있는 경우로 「국가재정법」 제48조 제2항은 다음과 같은 사항을 규정하고 있다. 이 중 ②에 대해서는 재이월을 금지하고 있다. 또한 계속비의 연도별 연부액 중 당해 연도에 지출하지 못한 금액도 계속비사업의 완성연도까지 계속 이월할 수 있다.

---

① 경비의 성질상 연도 내에 지출을 끝내지 못할 것이 예측되어 그 취지를 명시하여 미리 국회의 승인을 얻은 경비(명시이월비)
② 연도 내에 지출원인행위를 하고 불가피한 사유로 인하여 연도 내 지출하지 못한 경비와 지출원인행위를 하지 않은 그 부대경비
③ 지출원인행위를 위하여 입찰공고를 한 경비 중 입찰공고 후 지출원인행위까지 장기간이 소요되는 경우로서 대통령령이 정하는 경비
④ 공익사업의 시행에 필요한 손실보상비로서 대통령령이 정하는 경비
⑤ 경상적 성격의 경비로서 각 기관 또는 시설의 유지·운영에 소요되는 경비 중 기획재정부장관이 정하는 경비

각 중앙관서의 장은 예산을 이월하는 때에는 이월명세서를 작성하여 다음 연도 1월 31일까지 기획재정부장관 및 감사원에 각각 송부하여야 하며, 이렇게 이월된 금액은 다음 연도의 이월예산으로 배정된 것으로 본다. 기금의 경우에도

연도 내에 지출원인행위를 하고 불가피한 사유로 연도 내에 지출하지 못한 경우에 한하여 이월이 가능하며, 세출예산과 마찬가지로 이월명세서를 작성하여야 한다.

다음으로 계속비(繼續費)란 완성에 수년도를 요하는 공사나 제조 및 연구개발 사업에 대해 경비의 총액과 연부액(年賦額)을 정하여 미리 국회의 의결을 얻은 범위 안에서 수년도에 걸쳐서 지출할 수 있게 하는 예산을 말한다. 국가가 지출할 수 있는 연한은 당해 회계연도부터 5년 이내이며, 사업규모 및 국가재원 여건상 필요한 경우에는 예외적으로 10년 이내로 할 수 있다. 이러한 지출연한에 대해 기획재정부장관은 필요하다고 인정하는 때에는 국회의 의결을 거쳐 연장할 수 있다.

마지막으로 국고채무부담행위는 당해연도 예산확보 없이 국가가 채무를 지는 행위를 의미한다. 「국가재정법」에서는 법률에 따른 것과 세출예산금액 또는 계속비의 총액의 범위 안의 것 이외에 채무를 부담하는 행위를 할 때에는 미리 예산으로서 국회의 의결을 얻도록 하고 있다. 이외에도 재해복구를 위하여 필요한 때에는 회계연도마다 국회의 의결을 얻는 범위 안에서 채무를 부담하는 행위를 할 수 있다.

4) 결산심사 단계

(1) 결산심사 단계 개관

정부의 결산과정은 「국가재정법」, 「국가회계법」, 「국고금 관리법」 등에 규정되어 있다. 이는 출납사무 완결, 각 중앙관서의 결산보고서 등의 작성 및 제출, 기획재정부의 국가결산보고서 작성 및 국무회의 심의, 감사원의 결산검사, 국가결산보고서의 국회제출 등으로 이루어진다.

출납사무의 완결이란 수입금의 수납행위와 지출금의 지급행위를 종료하고 국고금 출납장부를 감하는 것을 말한다. 「국고금 관리법」 제4조의2에서는 한 회계연도에 속하는 세입·세출의 출납에 관한 사무를 다음 연도 2월 10일까지 완결하도록 규정하고 있다.

출납장부가 마감되면 각 중앙관서의 장은 그 소관에 속한 일반회계·특별회계 및 기금을 통합한 중앙관서결산보고서를 작성한다. 또한 중앙관서의 장이 아닌 기금관리주체는 기금결산보고서를 작성하여 소관 중앙관서의 장에게 제출한다. 중앙관서결산보고서는 2월 말까지 기획재정부장관에게 제출되어야 하며, 기획재정부는 각 중앙관서결산보고서를 통합하여 국가결산보고서를 작성한 후 국무회의 심의를 거쳐 대통령의 승인을 받은 다음 4월 10일까지 감사원에 제출해야 한다.

감사원은 수입과 지출, 재산의 취득·보관·관리 및 처분 등에 대한 검사를 포함하는 회계 검사를 실시하여 결산을 확인한다. 이를 통해 결산의 합법성과 정확성을 점검하여 변상책임의 판정, 징계·문책요구, 시정·개선요구, 고발 등의 조치를 한다. 감사원은 결산검사보고서를 5월 20일까지 기획재정부장관에게 다시 송부해야 한다. 이러한 절차가 완료되면 정부는 국가 결산보고서를 5월 31일까지 국회에 제출한다.

국회의 결산심의 과정은 「국회법」에 규정되어 있으며, 상임위원회의 예비심사, 예산결산특별위원회의 종합심사, 본회의 심의·의결 등으로 이루어진다. 예산안이 국회에 제출되면 정부의 시정연설 절차가 있는데 결산의 경우 시정연설을 하지 않는 것을 제외하면 전반적인 절차는 예산안 심의과정과 유사하다.

(2) 국가결산보고서의 구성

결산보고서는 결산개요, 세입세출결산(기금의 수입지출결산 포함), 재무제표(재정상태표, 재정운영표, 순자산변동표), 성과보고서로 구성된다. 이러한 구성에 따라 우리나라의 결산보고서는 현금주의·단식부기 방식의 세입세출결산과 발생주의·복식부기 방식의 재무제표를 모두 포함하고 있다.

세입세출결산은 현금주의·단식부기 방식에 따라 예산이 집행된 결과를 보여주는 것이다. 「국가회계법 시행령」제4조 제1항에 따라 세입세출결산에는 세입예산액·징수결정액 등 세입에 관한 사항 및 세출예산액·지출액·불용액 등 세출에 관한 사항을 구체적으로 명시하여야 한다. 또한, 같은 법 시행령 제4조제2항에 따라 기금의 수입지출결산에는 당초 수입계획액·징수결정액·수납액 등 수입에 관한 사항 및 당초 지출계획액·지출액·불용액 등 지출에 관한 사항을 명시하여야 한다.

재무제표는 거래를 측정·기록·분류·요약해 작성되는 회계보고서로, 재정상태표, 재정운영표, 순자산변동표로 구성된다. 재정상태표는 기업의 대차대조표에 해당하며, 현재의 자산과 부채의 명세 및 상호관계 등 재정상태를 나타내는 것으로 자산, 부채 및 순자산으로 구성된다. 재정운영표는 기업의 손익계산서에 해당하며, 회계연도 동안 수행한 정책 또는 사업의 원가와 재정운영에 따른 원가의 회수명세 등을 포함한 재정운영결과를 나타내는 것을 말한다. 특히 기금별, 부처별 재정운영표에 프로그램 순원가를 표시하여 사업별 순원가에 대한 정보를 제공한다. 순자산변동표는 회계연도 동안 순자산의 변동명세를 표시한다.

성과보고서는 성과계획서에서 정한 성과목표와 그에 대한 실적을 대비하여 작성하는 것으로, 사업의 주요내용, 성과지표별 달성현황, 성과분석 및 개선사항 등을 프로그램예산 체계상의 단위사업 수준에서 설명하고 있다. 성과보고서는 기관별 성과목표 달성 분석을 통해 재정사업의 효율성을 제고하고 다음 연도 예산편성에 환류하기 위한 제도이다.

그 밖에 국가결산보고서에는 「국가회계법」 제15조의2에 따라 세입세출(수입지출) 결산과 재무제표의 부속서류를 첨부하여 제출하고 있다. 세입세출(수입지출) 결산의 첨부서류는 국가결산보고서에 포함되어 작성되고 있고, 국가채무관리보고서 등 재무제표의 부속서류는 별도의 첨부서류로 국회에 제출되고 있다.

한편 「국회법」 제84조 제2항은 결산심사 결과 위법 또는 부당한 사항이 있는 때에 국회는 본회의 의결 후 정부 또는 해당기관에 변상 또는 징계조치 등 그 시정을 요구하고 정부 또는 해당기관은 시정요구를 받은 사항을 지체 없이 처리하여 그 결과를 국회에 보고하도록 하고 있다. 또한 「국회법」 제127조의2는 결산 결과 문제가 있는 특정사안에 대하여 국회가 의결로 감사원에 감사를 요구할 수 있도록 규정하고 있다. 그리고 법률적 근거는 명확하지 않지만 국회는 결산 의결시 시정요구와 별도로 부대의견을 채택하고 있다.

(3) 발생주의 회계와 정부 재무제표

회계란 "특정의 경제적 실체(economic entity)에 관하여 이해관계를 가진 사람들에게 합리적인 경제적 의사결정을 하는 데 유용한 재무적 정보(financial information)를 제공하기 위한 일련의 과정 또는 체계"를 말한다(AICPA). 회계의 개념은 과거

경제적 실체의 거래 또는 활동의 결과를 체계적으로 기록, 요약하고 보고하는 관점에서 현재는 회계정보 이용자의 보다 합리적인 의사결정에 도움이 될 수 있는 정보의 제공이라는 적극적인 개념의 정보전달과정으로 확대되어 인식되고 있다. 회계는 회계실체 외부에 있는 이용자(주주, 채권자, 정부기관 등)에게 회계정보의 제공을 목적으로 하는 재무회계와 내부 이용자(경영자, 실무자 등)에게 회계정보 제공을 목적으로 하는 관리회계로 나뉜다.

한편 회계제도는 기장방식에 따라 단식부기와 복식부기로, 그리고 인식기준에 따라 현금주의와 발생주의로 나뉜다. 우선 기장방식에 따른 단식부기와 복식부기를 살펴보면, 단식부기는 거래의 한쪽만을 장부에 기록하는 방법으로서 현금 수반 거래만을 측정하여 장부에 기록하는 방식인 반면, 복식부기는 동일한 거래를 두 가지 측면에서 파악하여 차변과 대변에 동시에 기록하는 방식이다.

다음으로 인식기준에 따라 회계제도는 현금주의와 발생주의로 구분된다. 현금주의는 현금의 수납과 지급을 기준으로 수입과 지출을 인식하는 방법이며, 발생주의는 현금 유출입과는 무관하게 실질적으로 경제적 사건이 발생하였을 때 수익과 비용을 인식하는 방법이다. 현금주의와 발생주의에 따라 여러 가지 특징적인 회계 차이가 발생할 수 있는데, 대표적으로 미지급 비용과 미수수익은 현금주의에서는 인식되지 않는데 반해 발생주의에서는 부채와 자산으로 인식된다. 또한 감가상각과 대손상각은 현금주의에서는 인식되지 않으나 발생주의에서는 비용으로 인식된다.

현재 국가 및 지방자치단체의 재무제표는 공히 재정상태표, 재정운용표, 순자산변동표 등 3가지로 구성된다. 자금의 원천 및 사용결과를 표기하게 되는 현금흐름표는 현재 작성이 유예되어 있다.

① (재정상태표) 특정시점의 자산, 부채 및 순자산을 나타낸 재무제표
② (재정운영표) 회계연도 동안 수행한 사업별 원가 등 재정운영결과를 나타낸 것
③ (순자산변동표) 회계연도 동안의 순자산 증감내역을 나타낸 재무제표로서 기초순자산, 재정운영결과, 재원의 조달 및 이전, 조정항목, 기말순자산으로 구분하여 표시

(4) 성과관리제도와 성과보고서

성과관리제도란 기존의 투입·통제 중심의 방식을 벗어나 성과관리를 통해 획득된 성과정보를 바탕으로 정부업무 수행의 책임성을 제고하며, 예산의 편성·심의·집행·결산의 전 과정을 경제성·능률성·효과성 등의 성과관리 관점에서 운영하는 제도이다. 우리나라의 성과관리제도는 「정부업무평가 기본법」, 「국가재정법」 및 「국가회계법」에 근거하여 시행되고 있다. 이 중 「국가재정법」은 제8조에서 성과중심의 재정운용을 위한 성과관리체계의 구축, 성과계획서 및 성과보고서의 작성·제출, 재정사업에 대한 평가 및 재정운용에의 반영 등에 대하여 규정하고 있다. 또한 동법 제34조에서 예산안 첨부서류로서의 성과계획서, 제71조에서 기금운용계획안 등의 첨부서류로서의 성과계획서를 규정하고 있고, 동법 시행령 제3조에서 재정사업자율평가와 재정사업심층평가에 대하여 규정하고 있다. 「국가회계법」은 제14조 및 제15조에서 결산보고서 구성서류의 하나로서 성과보고서를 규정하고 있다.

성과보고서는 성과계획서에서 미리 설정한 각 중앙관서의 사업별 성과목표 달성여부 등을 분석한 보고서로서 사업의 주요내용, 성과지표별 달성현황, 성과분석 및 개선사항 등을 프로그램예산 체계상의 단위사업 수준에서 종합적으로 설명하고 있다. 성과보고서는 기관의 사업 성과분석 결과를 다음연도 집행단계 및 예산편성에 환류(feed-back)함으로써 재정운용의 효율성을 제고하고자 하는 목적이 있으며, 또한 각 중앙관서 성과보고서는 결산보고서의 구성서류로 국회를 통해 국민에게 공개됨으로써 정부의 재정운용성과에 대한 이해를 제고하는 한편, 재정운용의 투명성과 책임성을 확보하는 데 기여하고자 하는 목표를 가지고 있다.

제3절 예산이론과 예산개혁

1. 예산이론

예산이론은 예산과 관련된 여러 가지 현상을 설명하고 예측하고자 하는 일련의 명제 체계라고 정의되고 있다. 지금까지 정부의 예산현상을 모두 설명할 수 있는 예산이론은 나타나지 않고 있다. 정부의 예산현상을 부분적으로 설명하는 예산이론들이 제시되고 현실에 적용되면서 발전되어 왔으며, 이러한 사실은 복잡다기한 정부의 예산현상을 소수 내지 특정 이론만으로 온전하게 설명할 수 없음을 시사하는 것이라고 볼 수 있다.

1) 전통적 예산이론

(1) Key의 질문

V.O. Key(1940)는 1940년 미국정치학회보에 예산이론의 부재(The Lack of a Budgetary Theory)를 개탄하는 논문을 게재하였다. 그는 논문에서 "어떠한 근거로 X 달러를 B 사업 대신 A 사업에 배분하도록 결정하는가?"라는 근본적인 질문을 던졌다. 당시 합법성과 통제 수단, 기계적 측면만 강조하던 품목별 예산의 한계에 초점을 맞추고 어떤 기준에 따라 예산을 배분할 것인가에 대한 연구가 이루어져야 한다는 촉구를 한 것이라 볼 수 있다. Key는 합리성과 정치적 측면을 모두 강조함으로써 이후의 예산이론의 기본주제를 제시했다는 평가를 받고 있다.

(2) 경제적 합리성 이론

예산이론이 부족한 현실에 대한 V. O. Key(1940)의 질의에 대해 Lewis(1952)가 답변하는 과정을 거치면서 이른바 경제적 합리성 이론이 발전되었다. Lewis의 경제적 합리성이론은 결과로서의 상대적 가치, 그리고 한계분석 및 상대적 효과성이라는 경제적 관점에서 예산현상을 분석하는 기본 토대를 제시하였다는 평가를 받고 있다. 이러한 경제적 합리성에 입각한 예산이론은 성과예산, 계획예산, 영기준예산 등의 예산제도 개혁을 통해서 예산규범으로서 효율성과 효과성이 추구되는 것이라고 볼 수 있다. 그는 다음과 같이 예산배분의 세 가지 원칙을 제시하였다.

① 상대적 가치(relative value): 총지출로 인한 편익이 그에 따르는 기회비용(opportunity cost)보다는 최소한 커야 한다.
② 점증적 분석(incremental analysis): 여러 예산항목에 예산을 배분할 때 지출의 한계편익이 모든 예산항목에서 동일하도록 예산을 배분해야 한다.
③ 상대적 효과성(relative effectiveness): 공통의 목적을 달성하는 지출 간에 상대적 효과성에 입각하여 비교·평가해야 한다.

경제적 합리성에 입각한 Lewis는 예산배분의 합리성 측면을 보다 발전시킨 연구를 수행하였는데, 이는 한계효용이론을 응용하여 예산배분에 대한 응용경제학적인 이론 구축을 시도한 최초의 연구라는 점에서 의의가 있다.

(3) 점증주의 예산이론

한편 V.O.Key(1940)의 질의에 대해 정치적 합리성이론은 Burkhead(1956)와 Wildavsky(1961; 1975)를 거치면서 점증주의 이론으로 정립되었다. Wildavsky는 그의 저서 '예산과정의 정치'에서 미국 연방정부의 예산과정, 특히 미국 연방정부와 의회의 예산과정에 초점을 맞추었으며, 예산은 정치과정의 핵심에 해당하는 사안임에도 집권화·기술적 정교화·예산의 완전성 등을 요구하는 예산개혁의 시대에 이러한 예산의 정치적 속성이 간과되고 있다고 지적하였다. 예산과정은 누구의 선호가 반영될 것인가와 관련된 갈등을 해결하는 과정이며, 예산의 편익을 어떻게 극대화할 것인가만 중요한 것이 아니라 '누가 예산으로부터 편익을 얼마만큼 얻을 것인가'도 중요한 문제라고 보고 있다. 점증주의이론은 현실 정치에서의 예산과정을 강조하는데, 특히 예산권한을 둘러싸고 행정부와 의회 간 정치적 투쟁과정으로 본다. 즉 예산은 기술적인 문제해결 과정이라기 보다는 정치적인 의사결정과정이라는 것이다. 정치적 의사결정과정의 결과는 점증적이며, 복잡성에 대처하기 위하여 의사결정은 단순화되는 과정을 거치게 된다고 본다. 아울러 예산개혁은 계산의 부담을 늘리고 합의를 곤란하게 한다고 주장한다. Wildavsky는 점증주의 예산과정을 통해 다음과 같은 기대효과가 있다고 본다.

① 예산과 관련된 갈등을 최소화하고 사업의 불확실성도 감소시킬 수 있다.
② 중요한 사회적 가치를 무시할 가능성을 줄일 수 있고 합의의 가능성을 제고할 수 있다.
③ 예산결정에 있어서 정치적 · 인지적 부담을 감소시킬 수 있다.

그러나 이러한 점증주의 예산이론에 대하여 합리적 의사결정의 가능성에 대해 지나치게 비판적이라는 점, 정치적 성격을 전체적으로 고려하기보다는 오직 다원주의적 정치과정(즉, 미국의 의회예산과정)에만 초점을 둠으로써 이론의 일반화 가능성이 부족하다는 점, 그리고 점증주의는 특정시기(호황)에만 유효한 예산이론이며, 예산삭감과 하향적 예산과정을 설명하기 곤란하다는 점, 점증주의는 재량적 지출에만 적용가능하고 의무적 · 비재량적 지출을 설명하기 어렵다는 등의 비판이 제기되었다.

이러한 한계에도 불구하고 점증주의이론은 1960년대 이래로 예산현상을 설명하는 주류 예산이론으로서 자리매김하고 있다. 하지만 1980년대부터 점차 그 영향력이 줄어들자 Wildavsky는 점증주의이론의 조건들이 사라져 가고 있다고 하면서 현대적 이론과의 결합을 시도한 바 있다.

2) 최근의 예산 이론

최근에는 다양한 학문적 배경을 가진 학자들이 점증주의와 합리주의를 대체하고자 하는 예산이론들을 제시하고 있다. 여러 예산이론들 중에서 특히 경험적 지식이 지속적으로 축적되는 이른바 '이론적 성장을 하고 있는 이론들로서 다중합리성 이론, 단절균형이론, 공공선택이론 등이 주목을 받고 있다. 이들 이론에 대해 핵심적인 사항을 중심으로 간략히 소개하기로 한다.

(1) 단절적 균형 이론

단절균형 이론(Punctuated Equilibrium Theory)은 Gould & Eldredge(1972)의 진화 생물학에서 논의가 시작되었다. 그들은 진화과정에서 안정적 상태가 일정 기간동안 지속되다가(equilibrium periods) 급작스러운 변화(punctuation)과정을 겪게 되고 다시 안정적인 상태가 지속된다는 점을 발견하였는데, 이는 점진적인 변화가 지속되는 것이 아니라 단절적인 변화가 동반되어 종의 변화가 이루어지는 불연속적인 과정의 반복으로 진화가 된다는 것을 의미한다. 이러한 초기 진화생물학에서 논의된 단절균형이론을 정책 및 행정학 영역에서 응용하여 기존에 논의되던 점증주의 예산이론의 한계를 극복하는 새로운 방법론으로서 주목받기 시작하였다.

한편 점증주의적 시각에 의한 정책 및 예산의 변동의 설명은 한계가 있으며 이러한 점증주의적 시각이 정책의 변동을 설명할 수 있는 보편적인 패턴이 아니라는 사실이 설득력을 갖게 되면서, 정책 혹은 예산의 급진적 변동을 설명하려는 다양한 연구가 진행되고 있다. 이 중 단절적 균형론(punctuated equilibrium)에 입각한 분석에 의하면 대부분의 정책 혹은 예산은 비교적 안정적이며 장기간 점증적으로 변화하지만 외부 충격이나 기타의 영향에 의해 급진적인 변화가 일어나게 된다고 설명한다. 실제로 이러한 단절적 균형모형은 예산 뿐 아니라 정책, 조직 분석 등에 다양하게 적용되고 있다. 이러한 연구의 결과를 예산 이론에 적용해 보면 점진적인 변화는 점증주의이론에서 말하는 예산의 점증적 변화와 유사한 것으로 볼 수 있으며, 단절적인 종의 변화는 예산의 비점증적 현상으로 설명할 수 있다는 것이다.

단절적 균형이론의 이러한 유용성에도 불구하고 여전히 이 이론이 가지는 한계 또한 명확하게 나타나고 있다. 단절균형이론은 단절이 발생하는 시점이 언제인지에 대하여 예측하기 어려우며, 적용대상에 대하여 실증적으로 검증하기가 곤란하다. 무엇보다 단절 발생 여부에 대해서는 보일 수 있지만 왜 그러한 단절이 발생하였는지에 대해서는 설명할 수 없다는 점은 여전히 이론적 한계로 남아 있다.

(2) 공공선택이론

공공선택이론은 경제학의 기본가정, 경제적 합리성을 추구하는 경제적 개인(economic man)을 가정하고, 이들이 정치나 정책과정에서도 효용을 극대화하는 방식으로 행동할 것이라고 설명하는 이론을 통칭한다. 공공선택이론은 각 구성원의 의사가 집단의 의사로 통합되는 과정이 경제적 측면에서 가지는 의미를 분석해보려는 목적을 가지고 있다. 다양한 이론들 가운데 예산이론으로서 분류할 수 있는 주요 이론들은 관료의 지대추구(Niskanen 모형), 예산의 크기에 관한 중위투표자이론(Downs 모형) 등이다.

① 예산과 관료: Niskanen의 예산극대화 모형

민주주의 사회에서 관료들은 정치가들에 못지않게 중요한 역할을 수행하고 있으며, 여러 나라의 예로 볼 때 그 역할은 점점 더 중요해지고 있다. 니스카넨이 개발한 관료제의 모형은 관료들이 그가 속한 부서의 예산을 극대화하는데 목표를 두고 있다는 기본가정으로부터 출발한다. 기업가들은 이윤극대화를 추구하지만, 관료들은 직접적으로 이윤을 획득하기 어려우므로 예산을 확보함으로써 업무상의 특권, 사회적 명성, 권한, 영향력 등을 얻으려 한다는 것이다.

그런데 이것들은 자신이 속한 부서의 예산과 비례해 커지기 때문에 자연히 예산극대화(budget maximization)를 추구하게 된다고 설명한다. 나아가 예산의 크기는 관료적 생산의 크기와 정비례하고 있으므로, 예산의 극대화를 추구한다는 것은 바로 관료적 생산의 극대화를 추구한다는 것을 뜻하게 된다.

② 예산과 정치인: Downs의 중위투표자 모형

대의민주제하에서 국민은 직접 의사결정에 참여하지 않고 단지 자신들을 대표해 의사결정에 참여할 정치가(politicians)를 선출하는 일만 하게 된다. 이렇게 선출된 정치가가 정부 운영을 책임지게 되므로 대의민주제하의 공공선택에 관한 논의는 정치가의 행동에 대한 분석으로부터 시작해야 한다. 다운즈(A. Downs)는 대의민주제하의 투표자와 정치가가 각각 다음과 같은 목표를 추구한다는 기본가정으로부터 논의를 시작하고 있다.

① 투표자는 자신의 효용을 극대화하려 한다. 이는 정부의 경제활동에서 나오는 순편익이 극대화되기를 바란다는 뜻으로 해석할 수 있다.

② 정치가는 자기가 원하는 공직을 얻기 위해 최대한 많은 표를 얻으려 한다.

따라서 투표자는 자신의 이익을 가장 잘 대표해 줄 수 있는 사람에게 표를 던질 것이고, 정치가는 이에 부응해 투표자에게 가장 유리한 정책을 추진하려 할 것으로 예상할 수 있다. 이 과정에서 개인의 선호가 집단의사로 반영된다는 것이 그가 제시한 투표극대화모형(vote maximization model)의 주요 내용이다.

이 모형은 자신의 이익을 추구하는 정치가라면 선거구민의 의사를 충실하게 대변하지 않을 수 없다는 설명을 제시하고 있다. 그런데 정치가가 득표를 극대화하려면 결국 중위투표자의 지지를 획득하는 방향으로 나가야 한다. 그러므로 직접민주제를 대의민주제로 대치한다 해도 중위투표자가 선호하는 방향으로 집단의 의사결정이 이루어진다는 결과에는 아무런 변화가 없게 된다. 양당제 하에서 두 당이 모두 중도적인 방향으로 나가려는 경향이 자주 관찰되는데, 중위투표자의 지지를 획득해야 선거에 이길 수 있다는 사실에 비추어 보면 쉽게 이해될 수 있는 현상이다.

③ 예산과 이익집단: 지대추구 이론

지대(rent)는 일반적으로 토지에 대한 임대료를 의미하지만 학술적으로는 '공급이 제한되어 있는 상황에서 공급자가 얻게 되는 이익'을 말한다. 그리고 지대추구(rent-seeking)는 '지대를 위해 관련자들이 공급을 인위적으로 조절하는 행위'를 말한다.

이익집단은 특수한 이해관계를 같이하는 사람들이 공동의 이익을 실현하기 위해 만든 단체를 말한다. 이러한 이익집단이 지대를 추구하는 대표적인 관련자들이라 볼 수 있다. 이익집단은 소득의 원천(자본 혹은 노동), 소득수준, 산업, 지역, 인구학적 개인적 특성 등 여러 가지 원인으로 인해 형성된다.

이익집단의 지대추구는 정부에 의한 카르텔(cartel)의 강제에 의해 실현될 수 있다. 정부가 면허권, 생산 쿼타 등을 통해 카르텔을 강제하고 이를 안정적으로 유지하는 경우라고 할 수 있다.

이익집단은 한 번 생성되면 계속 유지되는 속성을 가지고 있다. 일반적으로 이익집단은 잘 조직되어 있고 많은 정보로 무장하고 있는 반면 상대적으로 소비자의 조직력은 약하고 정보가 부족하다. 이에 따라 이익집단의 지대추구로 인해 발생하는 개별소비자 각각의 손실은 크지 않아 보여 반발이 작은데 반해 이익집단의 개별 기업의 이익은 상대적으로 크기 때문에 지대가 존재하는 한 이익집단은 지속적으로 존재하려는 속성을 보이게 된다. 사회가 다원화되고 사회자본이 형성되어 있는 경우에는 자발적인 시민사회의 힘으로 이러한 이익집단의 지대추구에 대하여 어느 정도 대응할 수 있으나, 그렇지 못한 경우에는 정부가 개입(규제)하는 방식으로 대응하려고 하는 여지도 있다.

2. 예산개혁

1) 예산개혁의 의의

예산개혁은 예산의 분류방식과 운용방식을 개선해 나가는 노력이며 이를 통해 예산의 합리성을 제고하고자 하는 것이다. 예산개혁에 대한 논의는 이를 주도해 온 미국의 예산제도 변천에 크게 의존하고 있으며, 미국의 예산개혁은 예산과정에 합리적 절차를 도입하는 방향으로 전개되어 왔다. A. Schick(1996)은 이러한 미국의 일련의 예산개혁을 통제-관리-계획 지향으로 구분하기도 한다.

한편 예산제도의 변천을 제도별 '정보 정향'으로 구분하기도 한다. 품목별 예산은 재화 및 용역 투입, 성과주의 예산은 활동 및 산출, PPBS는 목표 및 영향, ZBB는 프로그램과 관련된 정보를 생산하는 데 상대적으로 초점을 맞추고 있다.

2) 예산제도 개혁의 변천

(1) 품목별 예산제도

예산의 품목별 분류에 기반해서 예산을 편성하고 운용해 나가는 예산제도이다. 이때 품목별 분류란 정부가 구입하는 재화와 서비스를 중심으로 예산을 분류하는 것을 말하며, 투입(input)에 초점을 두고 지출 대상별로 예산을 분류한다. 예산액을 지출 대상별로 한계를 명확히 배정함으로써 관료의 권한과 재량을 제한하는 통제 지향적 예산제도이며, 입법부의 재정통제를 통한 재정 민주주의 실현의 한 수단으로 등장했다. 1688년 영국의 명예혁명 때부터 국왕의 재정권을 통제하려는 노력에서부터 시작된 것으로 보이며, 미국에서는 부정부패에 대한 반발로서 1900년대 초반 진보주의 운동의 일환으로 등장하였다.

품목별 예산제도는 대부분의 국가에서 채택되고 있으며 미국의 경우 여러 차례의 예산개혁의 단행에도 불구하고 여전히 존속하고 있다. 품목별 예산제도는 새로운 제도와 결합해 변화된 모습으로 병존할 수 있는 적응력이 있기 때문이다. 품목별 예산제도 ① 효과적인 정부지출 통제가 가능하다는 점, ② 전년도 예산과 올해 예산 비교가 용이하다는 점, 그리고 ③ 단순하기 때문에 정부예산을 이해하는데 용이하다는 점 등의 장점이 인정된다. 그러나 품목별 예산제도는 ① 예산이 무엇을 위해 사용되는가(산출)에 대한 정보를 제공하기 어렵다는 점, ② 예산사용 재량권을 과도하게 제약하고 성과에 대한 책임을 묻기 어렵다는 점 등의 한계를 가지고 있다.

(2) 성과 예산제도

성과 예산제도(PBS: Performance Budgeting System)는 예산을 사업별·활동별로 분류하여 편성하되, 업무 단위의 원가와 양을 계산하여 편성하는 제도이다. 미국에서 1930년대 뉴딜정책의 시행과 정부기능의 확대에 따라 정부사업의 수와 규모 확대되었지만, 품목별 예산제도는 이를 유용한 정보와 관리도구를 제공하지 못하는 한계를 노정하였다. 성과예산제도의 등장은 사업의 목표를 설정하고, 목표달성에 소요되는 비용을 측정하며, 각 사업별로 수행된 과업과 성과를 측정하는데 목적이 있다고 할 것이다. 이때 정부활동(activity)과 비용이 연계된다는 큰 특징이 있다.

성과예산은 ① 업무 단위의 선정과 단위 원가의 과학적 계산을 통해 합리적이고 효율적인 자원 배분을 할 수 있고 동시에 투입되는 예산의 성과(산출)를 파악할 수도 있다는 장점이 있다. 또한 ② 계량화된 정보를 통해 합리적 의사결정과 관리 개선이 가능하며, ③ 사업 또는 활동별로 예산이 편성되기 때문에 정부가 무슨 사업을 추진하는지 국민들이 쉽게 이해할 수 있다. 아울러 사업별로 예산 산출 근거가 제시되기 때문에 의회에서 심의가 용이하다는 점도 장점이라고 할 수 있다.

반면 몇 가지 문제점도 있는데, ① 업무 단위의 선정이 곤란하다는 점과 ② 단위 원가의 계산이 어렵다는 점은 성과예산이 지닌 아주 근본적인 한계라고 할 수 있다. 아울러 ③ 성과지표로서의 업무 단위가 실질적으로는 중간 산출물인 경우가 많아 예산성과의 질적인 측면(결과, 사회적 영향)을 파악하는 것이 용이하지 않다는 점도 성과예산의 한계라고 볼 수 있다.

(3) 계획 예산제도

계획 예산제도는 계획(planning)－사업(program)－예산(budget)을 연결시킴으로써 합리적인 자원배분을 이루려는 예산제도이다. 장기적인 계획과 단기적인 예산편성이 사업을 매개로 연결되는 것이다. 미국에서 베트남 전쟁, 위대한 사회 프로그램 등 정부예산이 급격하게 팽창하던 1960년대에 도입되어 운영되었는데, 예산배분의 우선순위 설정, 사업간 비용과 편익 비교 통해 예산운용의 합리성 제고에 큰 관심을 가질 수밖에 없는 상황이었기 때문이다.

1961년 미 국방부 도입을 시작으로 1965년에는 全 연방정부로 확산되었다. 이후 닉슨 행정부 등장으로 1971년 공식적으로 계획예산제도는 중지되었지만 캐나다, 영국 등 많은 나라에서 도입되어 운영 중에 있으며 미 국방부는 내부관리제도로서 지금까지도 활용하고 있다.

계획예산제도의 구조적 측면은 '기획－사업계획－예산 배정'의 주기를 확립하는 것이며, 여기서 핵심적인 작업은 사업구조(program structure)를 만드는 것이다. 이는 목표를 구체화하는 작업이며, 목표를 달성하기 위한 대안을 체계적으로 검토해 사업계획을 확정하는 작업이다.

사업구조는 사업범주－하위사업－사업요소 등의 하위체계로 구성되며, 이러한 사업구조를 바탕으로 사업의 자금 소요를 추정한 수년간의 자금계획과 각 사업의 특성을 표시하는 수년간의 산출계획을 수립한다. 이를 통해 장기적 시계를 반영할 수 있게 된다.

계획예산제도에서는 목표 달성을 위한 사업계획을 마련할 때 여러 대안을 체계적으로 분석 검토하는 작업을 거친다. 체제분석, 비용—편익 분석 등 다양한 분석기법들이 활용된다.

계획예산제도는 ① 정부가 지향하는 목표(objectives)에 따라 사업 구성 및 예산 배분하므로 조직과 사업의 목표가 분명하게 설정된다는 장점이 있다. 아울러 ② 중복 내지 상호모순되는 사업들을 발견하고 조정할 수 있으며, ③ 중장기적인 시각에서 예산을 운영할 수 있다. 또한 ④ 여러 대안적 사업들의 결과 및 비용에 대한 정보를 제공해주며, 이를 통해 최소비용을 달성할 수 있는 대안을 선택할 수 있게 된다는 점에서 유용성이 인정된다. 그러나 계획예산제도는 ① 성과예산의 경우와 마찬가지로 분명한 목표 정의 내지 측정이 곤란한 경우가 많다는 점, ② 비용—편익분석을 위해 자료 내지 인력을 많이 필요로 한다는 점 등 운용상 어려움이 따르는 측면이 있다. 아울러 ③ 여러 정부활동에 대응하는 비용을 배분하거나 측정하기가 곤란한 경우가 발생할 수 있다. 이와 함께 점증주의 예산이론 입장에서는 계획예산제도는 ④ 예산의 정치적 성격을 무시하고 합리적인 예산배분만을 추구한다는 비판이 가능하다.

이러한 한계 내지 비판에도 불구하고 PPBS의 기본요소들은 오늘날까지도 예산과정에 영향을 미치고 있다. 다년도 예산운영, 예산의 기능별 분류, 사업의 목표와 결과에 대한 고려, 목표 달성을 위한 대안의 비교 평가, 분석기법의 광범위한 활용, 회계정보시스템의 향상 등이 바로 계획예산제도의 소중한 유산이라고 할 수 있다.

(4) 영기준 예산제도(零基準 豫算制度)

영기준 예산제도(ZBB: Zero Base Budgeting)는 모든 정부사업과 예산항목을 원점(zero)에서 재검토, 우선순위에 따라 예산배분 강조하는 제도이다. 1969년 미국의 민간기업 Texas Instruments에서 처음 도입되었으며, 예산배분의 기득권을 인정하지 않는다는 점에서 점증주의와는 상반되는 제도라는 특징을 가지고 있다.

영기준 예산제도의 운영은 ① 의사결정의 단위(decision unit) 정의, ② 의사결정 패키지(decision package)를 통한 각 의사결정 단위 분석, ③ 의사결정 패키지에 대한 우선순위 설정 및 정부 전체 차원의 통합, 그리고 ④ 우선순위에 따라 예산 배분 등 크게 4단계로 이루어진다. 이때 의사결정의 단위는 예산의 기본단위가 되며, 사업, 단위부서, 또는 활동 등이 의사결정 단위가 될 수 있다. 의사결정 패키지는 의사결정 단위의 목표, 사업내용, 예산수준 등을 기록한 문서이다. 의사결정 패키지를 대상으로 우선순위를 책정하며 각각의 의사결정 패키지 내에는 사업의 목표, 사업에 대한 기술(description), 사업의 비용 및 편익, 업무량과 성과측정, 목표달성을 위한 대안적 방법 등과 같은 사항이 포함된다.

의사결정에 대해 몇 가지 예산배분 수준을 제시하고(일반적으로 3가지), 각 예산수준이 사업의 성과에 미치는 영향을 분석하여 제시한다. 현행 수준과 증액수준 대안에 대한 예산 금액의 표시는 최저 수준과의 차액이 표시된다.

〈그림 11-2〉 의사결정 패키지

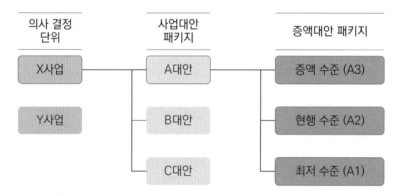

자료: 윤영진(2014), 새 재무행정학 2.0.

이후 단위부서별로 의사결정 패키지에 대한 우선순위를 결정한다. 우선순위는 조직체의 계층별로 관리자나 최고관리자의 단독결정, 조직 구성원의 토론을 통한 결정, 위원회 구성을 통한 결정 등을 통해 결정될 수 있다. '각 단위부서 → 상위단위 → 각 부처 수준 → 전 정부' 순으로 우선순위를 통합해 간다.

마지막으로 모든 사업을 우선순위에 따라 정렬하고, 가용예산에 따라 컷오프(cut-off) 수준을 결정한다. 채택된 각 사업의 증액대안에 의거해 각 사업의 수준 및 규모가 결정되며, 이를 종합한다.

이러한 영기준 예산제도의 장점은 다음과 같다.

① 합리적 의사결정과 재원 배분이 가능해진다.

② 예산 운영의 다양성과 신축성이 제고된다.

③ 조직 구성원의 참여가 가능하다.

반면 영기준 예산제도의 단점은 다음과 같다.

① 과다한 노력과 시간이 소요된다.

② 우선순위 결정이 어렵다.

③ 정부활동의 명확한 목표 설정이 곤란하다.

④ 모든 사업에 대해서 매년 원점에서 재검토할 필요 크지 않을 수 있다.

⑤ 비재량적 지출 등은 영기준에서 검토하기 불가능하고 불필요하다.

⑥ 예산편성과정에서 전략적 행위가 나타날 가능성 높다(역순위).

제4절   재정관리 제도

정부는 재원을 효율적이고 효과적으로 배분하고 이와 함께 재정의 유지가능성을 확보하고자 하는 목적에서 예산편성 및 집행 등 예산 전 과정에서 걸쳐 여러 가지 재정관리제도를 운영하고 있다. 중앙정부의 경우에는 예비타당성 제도, 총사업비관리제도, 국유재산 관리제도, 그리고 국가채무 관리제도를 운영하고 있으며, 지방자치단체의 경우에는 지방재정영향평가, 중기지방재정계획, 투자심사, 지방채발행제도, 지방재정분석, 지방재정공시, 지방재정위기관리제도 등과 같은 다양한 지방재정관리제도가 운영되고 있다.

1. 중앙정부의 재정관리제도

1) 예비타당성 제도

예비타당성제도는 「국가재정법」 제38조 및 같은 법 시행령 제13조의 규정에 따라 대규모 신규 사업에 대한 예산 편성 및 기금운용 계획을 수립하기 위하여 기획재정부장관 주관으로 실시하는 사전적인 타당성 검증·평가를 말한다. 즉 대규모 국가예산이 투입되는 사업에 대해 기획재정부에서 사업의 타당성을 객관적, 중립적 기준에 따라 사전에 검증하는 제도로서 예산 낭비와 사업 부실화를 방지하고 재정운영의 효율성을 높이기 위해 1999년 도입되었다. 주관 부처가 아닌 기획재정부가 '객관적인 기준'으로 '공정'하게 조사하며, 조사결과 타당성이 인정되는 경우에 한해 예산 편성이 가능하다. 예타는 대규모 재정사업의 신규투자를 우선순위를 정하기 위해 투명하고 공정하게 결정하도록 하는 목적이 크다. 사업의 향후 추진여부, 적정 사업시기, 사업규모 등에 대한 합리적 의사결정이 이뤄질 수 있도록 각 부처가 수립한 사업계획의 타당성 및 대안, 사업추진과정에서 고려할 점 등을 검토한다. 사업의 경제성, 정책성(사업추진 여건, 정책효과 등), 기술성, 지역균형발전 등을 종합적으로 고려해 평가하고 있다.

예비타당성 조사의 대상은 총사업비 규모가 500억 원 이상이고 국가의 재정지원이 300억 원 이상인 신규 사업이다. 건설공사가 포함된 사업, 정보화 사업(국가정보화 기본법 제15조 제1항) 및 국가연구개발사업(과학기술기본법 제11조) 등 대규모사업에 대한 예산편성 및 기금운용계획을 수립하기 위해 실시한다.

---

① 총사업비 500억원 이상, 국고 300억 원 이상 신규사업
  ① 토목, 건축 등 건설공사가 포함된 사업(예 철도, 도로, 공항, 항만 건설공사 등)
  ② 정보화 사업(「국가정보화 기본법」제15조제1항)(예 정보망구축사업, 통신망 구축사업)
  ③ 국가연구개발사업(「과학기술기본법」제11조)(예 순수 · 기반구축(연구시설 · 장비) · R&D)

② 신규사업 중 중기사업계획 500억 원 이상 기타 재정사업
  프로그램 예산체계 분류상, ① 사회복지 ② 보건 ③ 교육 ④ 노동 ⑤ 문화 및 관광 ⑥ 환경 보호 ⑦ 농림해양수산 ⑧ 산업 · 중소기업 분야 사업

---

2) 총사업비 관리제도

총사업비 관리 제도는 완성에 2년 이상이 소요되는 국고 또는 기금으로 추진하는 대규모 재정사업의 총사업비를 사업추진 단계별로 합리적으로 조정 · 관리하기 위한 제도이다. 정부는 무분별한 사업비 증가를 미연에 방지하고 재정지출의 효율성을 제고하기 위해 동 제도를 도입하였다. 총사업비 관리 제도는 공공투자사업에 대한 체계적인 관리수단의 일환으로 구(舊)「예산회계법 시행령」에 따라 1994년부터 시행되었으며, 2006년 이후부터는 「국가재정법」에 의거하여 시행되고 있다.

기획재정부장관은 총사업비 관리 제도의 원활한 운영을 위해 「총사업비 관리지침」을 마련하여 각 중앙관서의 장에게 통보하고 있다. 그리고 중앙관서의 장은 동 지침을 바탕으로 대상 사업의 각 단계별로 사업규모, 총사업비, 사업기간을 기획재정부장관과 협의하여 사업을 추진하고 있다.

총사업비 관리 제도는 사업기간이 2년 이상으로서 총사업비가 500억원 이상

이고 국가의 재정지원 규모가 300억원 이상인 사업(건축사업·연구개발사업의 경우 총사업비 200억원 이상)을 대상으로 한다. 다만 일부 국고 정액지원사업, 국고 융자지원사업, 민간투자사업, 기존 시설의 단순 개량 및 유지·보수 사업, 시설 또는 장비의 구축을 포함하지 아니하는 연구개발사업 등은 총사업비 관리 대상에서 제외된다.

3) 국유재산 관리제도

국유재산종합계획은 국유재산에 관한 연간 종합 계획으로서, 다음 연도 국유재산의 효율적 관리를 위한 기본계획 역할을 수행한다. 국유재산종합계획은 「국유재산법」에 따라 2012년부터 작성되었으며, 「국가재정법」에 따른 예산안 첨부서류의 하나로서 국회에 제출되고 있다. 국유재산종합계획은 ① 중장기 국유재산 정책방향, ② 국유재산 집행유형별·중앙관서별·회계별 관리·처분 세부계획, ③ 국유재산 처분 기준, ④ 국유재산특례 종합계획 등으로 구성된다.

한편 국유재산을 체계적으로 관리하고 국가 재정건전성을 제고하기 위한 목적으로 국유재산특례지출예산서가 작성되고 있다. 국유재산특례지출예산서는 정부가 예산안을 제출할 때 3개 연도(직전연도, 해당연도, 다음연도)의 국유재산특례지출 실적·전망을 집계·분석하는 보고서이다. 이때 국유재산특례지출이란 「국유재산특례제한법」상 사용료등의 감면, 양여 등 국유재산특례를 통한 각종 재정지원을 의미한다. 국유재산특례지출예산서는 2011년 「국유재산특례제한법」 제정에 따라 도입되어 2016년도 예산안부터 작성되기 시작하였으며, 「국가재정법」 제34조에 따라 예산안 첨부서류로 국회에 제출되고 있다.

4) 국가채무 관리제도

국가채무는 정부가 민간이나 해외에 원리금의 상환의무를 지고 있는 채무를 의미한다. 「국가재정법」 제91조 및 같은 법 시행령 제43조는 국가채무에 국가의 회계 또는 기금의 '발행채권', '차입금', '국고채무부담행위'와 '정부의 대지급(代支給) 이행이 확정된 국가보증채무'를 포함하도록 규정하고 있다. 그러나 '중앙관서의 장이 관리·운용하지 않는 회계 또는 기금의 금전채무'는 국가채무에서 제외하고 있으며, '재정증권 또는 한국은행으로부터의 일시차입금'과 '채권 중 국가의 회계 또는 기금이 인수 또는 매입하여 보유하고 있는 채권' 및 '차입금 중 국가의 다른 회계 또는 기금으로부터의 차입금'도 국가채무에서 제외하고 있다. 국가채무는 유형별로 크게 중앙정부채무와 지방정부순채무로 구성되며, 이 가운데 중앙정부채무는 국채, 차입금, 국고채무부담행위로 구분된다. 국가채무는 성질에 따라 적자성 채무와 금융성 채무로도 구분한다.

(1) 국가채무의 통계의 작성

국가채무는 한 나라의 재정상태의 건전성 및 국제적 신인도와 관련이 있으므로 그 규모 및 관리에 있어서 보다 신중한 접근이 요구된다. 아울러 국가채무의 지속적인 증가는 재정규율을 약화시키기 때문에 한 번 늘어난 채무를 줄이기는 현실적으로 매우 어렵다. 경제규모가 커지면 국가채무도 일정 정도 커질 수밖에 없기 때문에 국가채무를 볼 때는 절대규모도 중요하지만 명목GDP 대비 비중이 더욱 중요하다.

정부는 재정통계의 투명성 및 신뢰성을 제고하기 위하여 발생주의·복식부기 국가회계제도 도입과 함께 IMF의 「GFS 2001(Government Finance Statistics Manual)」을 기본적인 기준으로 하는 "일반정부 부채(D2)" 통계를 2012년 말에 마련하여 2011 회계연도부터 적용하였다. 일반정부 부채(D2) 통계는 회계기준을 현금주의에서 발생주의로 전환하여 미지급금, 예수금 등의 발생주의 부채 항목도 포함하며, 정부 기능을 수행하는 비영리 공공기관의 부채도 함께 포함한다. 아울러 지방재정도 비영리공공기관을 포함하는 등 중앙정부와 동일한 기준으로 개편되었다. 정부는 「GFS 2001」을 기본적인 기준으로 하는 일반정부 부채(D2) 통계와 함께 기존의 「GFS 1986」에 따른 국가채무(D1)통계도 계속하여 작성하여 「국가재정운용계획」, 「국가채무관리계획」 등에 활용하고 있으며, 결산 시 작성되는 재무제표상 부채(국가회계법 제14조)는 적극적인 재정위험관리 판단지표로 활용하고 있다.

한편, 2000년대 후반 글로벌 금융위기 이후 각국의 재정적자 및 공공부문 부채비율이 증가함에 따라 IMF·OECD 등 9개 국제기구는 통계작성 범위를 GFS 기준의 일반정부에 공 기업을 추가한 '공공부문(Public Sector)'으로 확대한 부채 작성 지침인 「PSDS(Public Sector Debt Statistics)」를 발표하였다. 정부는 PSDS 등을 기준으로 한 공공부문 부채(D3)를 일반정 부 부채(D2)와 함께 작성하고 있다.

〈표 11-1〉 국가채무, 일반정부 부채, 공공부문 부채 비교

유형	규모('16년) (GDP대비)	포괄범위	산출기준	활용
국가채무(D1)	626.9조원 (38.3%)	중앙 및 지방정부의 회계 · 기금	국가재정법, 현금주의	국가재정 운용계획
일반정부 부채(D2)	717.5조원 (43.8%)	D1+비영리공공 기관	국제지침, 발생주의	국제비교 (IMF, OECD)
공공부문 부채(D3)	1036.6조원 (63.3%)	D2+비금융공기업	국제지침, 발생주의	공공부문 재정 건전성 관리

(2) 국가채무 관리제도

「국가재정법」 제86조는 정부에 건전재정을 유지하고 국가채무를 적정 수준으로 유지하도록 노력할 의무를 부여하고 있다. 이를 위하여 「국가재정법」 제91조 제1항에서 국채 또는 차입금의 상환실적 · 계획 및 5회계연도 이상의 기간에 대한 채무 증감 전망 등을 포함한 국가채무관리계획을 매년 수립하도록 규정하고, 같은 법 제7조 제3항에서 국회가 예산안 심의 시 동 계획을 참고할 수 있도록 국가채무관리계획을 국가재정운용계획에 첨부하여 국회에 제출 하도록 규정하고 있다. 아울러 「국가회계법」 제15조의2 제4항에서도 국가결산보고서에 국가 채무관리보고서를 첨부하도록 규정하여 결산 심의 시에도 국회가 국가채무 현황 및 관리 실태를 점검할 수 있도록 하고 있다.

〈그림 11-3〉 국가채무 관리제도의 체계

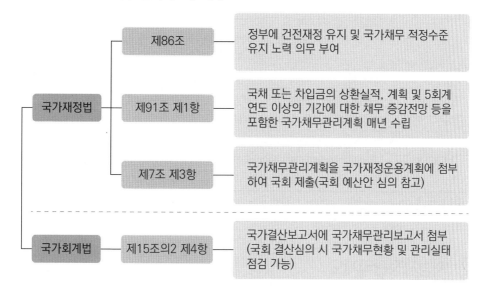

한편 재정건전성의 유지를 위한 수단 중 하나로 이른바 재정준칙이 지속적인 관심의 대상이 되어 왔다. 재정준칙(fiscal rules)은 재정수입, 재정지출, 재정수지, 국가채무 등 총량적 재정지표에 대한 법적 구속력을 부여함으로써 구체적인 재정운용 목표로 재정규율 확보하기 위해 각국이 도입·운영 중인 재정건전화 제도로, 목표변수에 따라 수입준칙, 지출준칙, 재정수지준칙, 채무준칙 등으로 구분된다.

〈표 11-2〉 재정준칙의 유형별 장단점

	장점	단점
수입준칙	• 초과수입의 일부를 국가채무 상환에 사용하여 재정건전성에 기여	• 수입준칙 단독으로는 지속가능성 측면에서 직접적 연관성이 부족
지출준칙	• 정부지출을 줄여 재정건전화에 기여 • 단순하고, 감독이 용이하여 통제가능성이 높은 편임	• 재정의 지속가능성과는 직접적인 연관성은 부족 • 재정건전화 시기에는 효과적으로 사용될 수 있으나 조세지출 등을 통한 우회위험이 존재

	장점	단점
재정수지준칙	• 재정건전성 제고에 효과적 • 간단하고, 이해하기 쉽고, 투명하고, 모니터링이 용이하고, 대중들과 소통이 쉬움	• 경기안정화기능이 미약(경기순응적)하여 거시경제 안정성이 저해될 가능성 존재
구조적 재정수지준칙	• 경기대응성을 유지하면서도 재정건전성을 확보하는 데 유리하게 작용	• 잠재GDP, 수입 및 지출의 GDP 탄력성 등의 추정에 불확실성이 내재
채무준칙	• 재정건전성 제고에 효과적 • 단순하고 감독이 용이하여 통제가능성도 높은 편	• 경기안정화기능이 미약(경기순응적) • 최적의 부채수준에 대한 사회적 합의가 어려움

자료: 국회예산정책처(2020). 대한민국 재정 2020.

2. 지방재정관리제도

지방재정관리제도는 예산편성과 관련된 사전적 관리제도와 예산 편성 후 집행 및 결산과 관련된 사후적 관리제도로 구분된다. 사전적 재정관리제도에는 지방재정영향평가, 중기지방재정계획, 투자심사, 지방채발행 제도 등이 있으며, 사후적 재정관리제도로는 지방재정분석, 지방재정공시, 지방재정위기관리 제도 등이 있다.

1) 지방재정영향평가 제도

지방재정영향평가제도는 지방자치단체와 중앙관서가 지방재정 부담을 수반하는 사업을 할 경우 지방재정에 미치는 영향을 평가하도록 의무화한 제도이며 2014년 도입되었다. 세입기반의 확대가 여의치 않은 상황에서 일차적으로는 무분별한 사업추진에 따라 지방재정의 건전성이 악화되는 것을 방지하기 위한 제도적 장치로서의 의미가 있으며, 아울러 대규모 사업은 일단 착수가 되면 사후적으로 문제점이 발견되더라도 중단하거나 되돌리기가 극히 어렵다는 점에서 신규사업 추진 전에 해당 재정사업으로 인한 재정적 영향을 평가할 필요가 있다는 점을 고려한 것이다. 2014년 「지방재정법」 제27조의6(지방재정영향평가) 신설에 따라 지방재정영향평가의 법적 근거가 마련되었으며, 평가 대상, 지방재정투자심의위원회의 심시 의무화 등을 규정하였다. 아울러 지방재정영향평가의 세부 내용은 시행령과 지침에서 규정하고 있다.

2) 중기지방재정계획

중기지방재정계획은 지방자치단체의 발전 계획과 수요를 중·장기적으로 전망하여 반영한 다년도 예산으로서, 효율적인 재원배분을 통한 계획적인 지방재정 운용을 위해 수립하는 5년간의 연동화 계획이다. 중·장기적 시계에서 5개년 계획을 수립하고, 경제·사회적 여건 변화를 반영한 연동화 계획으로 운영한다는 특징이 있다. 이를 통해 지방정부의 비전과 정책우선순위를 반영하여 발전계획을 수립하고 지방재정의 예측가능성을 제고할 수 있게 된다. 아울러 개별사업 검토 중심의 단년도 예산편성 과정에서 놓치기 쉬운 전략적 재원배분 기능을 강화한다는 의미도 있다. 국가재정운용계획에서 제시하는 중·장기 중점재원 투자 방향 및 주요사업계획을 반영하여 국가와 지방의 재정적 연계성을 확보할 수 있다는 장점도 있다. 중앙부처는 지역정책의 준거를 제시하고, 지방자치단체는 재정운용의 기본틀로 활용할 수 있다.

중기지방재정계획은 1988년 「지방재정법」에 처음 반영되었으며, 2007년부터는 사업예산제도 운영과 연계하여 수립하도록 하고 있다. 2015년부터는 중기지방재정계획의 대상 연도를 다음 회계연도를 포함한 5개 회계연도로 변경하였다.

3) 투자심사 제도

지방재정 투자심사제도는 지방정부 예산의 계획적·효율적 운영과 각종 사업에 대한 무분별한 중복 투자를 방지하기 위해 지방자치단체의 장이 주요 투자사업 및 행사성 사업에 대해 예산 편성 전에 그 사업의 필요성 및 사업계획의 타당성 등을 심사하는 제도이다. 1992년 지방재정 투융자 심사제도로 도입되었으며, 2014년 '투·융자 심사'가 '투자심사'로 용어 변경되었다. 또한 2014년 지방재정법 개정을 통해 투자심사 대상에 보증채무부담행위, 예산외 의무부담(확약·협약 등)에 관련된 지방의회 의결을 추가하였으며, 500억원 이상 사업의 사전타당성 조사는 행정안전부장관이 정하여 고시하는 전문기관에서 실시토록 하였다.

원칙적으로 일반투자사업과 행사성 사업으로서 다음 회계연도부터 시행하고자 하는 총사업비가 일정규모 이상인 신규 투자사업이 투자심사의 대상이 된다. 일반투자사업은 시설의 설치, 자산의 취득 등 자산형성적 투자사업으로 지방자치단체가 예산을 반영하여 추진하는 사업을 말하며, 행사성 사업의 경우 행사를 위한 시설물·구조물 등을 임시적·일회적으로 설치·구축하는 경비와 행사개최를 위하여 지출하는 제반 경상경비를 대상한다.

4) 지방채 발행 제도

지방자치단체는 한도액의 범위 내에서는 지방의회의 의결을 거쳐 지방채 발행 등 채무를 발생시키는 행위를 할 수 있지만, 한도액을 초과하여 발행하고자 하는 경우에는 사전에 행정안전부장관의 승인을 받아야 한다. 자치단체별 채무 수준 및 재정여건 등 재정상황에 따라 지방채발행 한도액이 부여되는데, 2020년 지방채 발행 한도액 산정 권한이 행정안전부장관에서 지방자치단체의 장으로 이양되었다. 즉 기존 행정안전부장관이 정하는 금액에서 행정안전부장관이 정하는 기준 내에서 지방자치단체의 장이 한도액을 산정하도록 변경되었다.

특별시·광역시 및 특별자치시·특별자치도, 도 및 인구 100만 이상의 대도시, 시·군·구의 계층별로 발행가능 비율을 차등 부여하며, 사실과 다른 지표의 제출로 과도하게 지방채발행 한도액을 받았거나 승인을 얻지 않고 한도액을 초과하여 지방채를 발행한 경우에는 다음 회계연도의 기본 한도액을 50% 감액한다. 원칙적으로 공유재산의 조성 등 소관 재정투자사업과 그에 직접적으로 수반되는 경비의 충당 재해예방 및 복구사업, 천재지변으로 발생한 예측할 수 없었던 세입결함의 보전, 지방채의 차환 등에 지방채를 발행할 수 있다.

5) 지방재정분석 및 진단제도

지방재정분석제도는 전국의 지방자치단체를 대상으로 재정·회계와 관련된 핵심 측정수단을 활용하여 재정분석을 실시한 다음, 분야별·지표별 분석결과 및 유사단체별로 재정비교표를 작성하고 그 결과를 활용하는 실질적 재정관리

수단이다. 지방재정분석제도는 지방자치단체의 재정상태와 운영실태 및 성과를 객관적인 재정·통계자료를 토대로 종합 점검·분석·평가함으로써 지방재정의 건전성·안정성·효율성·투명성을 높이고 지방자치단체의 재정확충 및 예산절감의 노력을 진작시키는 데 목적이 있으며, 1998년부터 도입하여 운영 중에 있다. 또한 재정분석 결과가 미흡한 지방자치단체에 대해서는 원인 분석을 위해 진단을 실시한 후 재정건전화계획 수립·이행을 권고하여 지방자치단체 스스로 재정여건을 개선할 수 있도록 하고 있다.

재정진단은 재정분석결과 재정현황과 운용실태가 다른 단체에 비하여 부실한 경우 구조적 원인과 위험의 정도, 채무관리상황 등에 대하여 종합적이고 심층적인 조사를 하는 과정이다. 재정진단 실시결과 재정위기가 현저하여 재정적 조치가 필요한 경우 재정건전화 노력을 구체적이고 체계적으로 강구하는 '재정건전화계획의 수립·운영단계'가 최종단계로 이루어진다. 지방재정건전화계획은 재정상황이 5년 이내에 실질적으로 개선될 수 있도록 ① 재정건전화 기본방침 ② 세입확보 방안 ③ 재정지출의 효율성 제고방안 ④ 조직의 간소화 ⑤ 기타 재정건전화 및 효율화 방안이 포함되어야 한다. 재정건전화계획은 계획을 수립한 지방자치단체가 주체적으로 시행하되 매년 연도별 추진계획과 실적보고서를 시·도지사 및 행정안전부 장관에게 제출하고, 행정안전부장관은 실적보고내용을 기초로 필요시 현지확인 등을 통하여 건전화계획이 계획대로 추진되도록 지도하여야 한다.

6) 지방재정공시 제도

1994년부터 '재정운영상황 공개제도'가 마련되어 운영되었다. 그런데 자치단체별로 공개범위, 공개방법, 공개시기 등이 서로 상이하여 주민에 대한 체계적인 정보제공 및 다른 자치단체와 비교 등이 어렵다는 한계가 있었다. 이에 따라 지방자치단체가 재정운용 결과와 주민의 관심사항 등을 객관적인 절차(홈페이지, 일간지 등)를 통해 주민에게 공개하는 제도로서 지방자치단체 재정운용상황에 대해 주민의 이해를 돕고 주민에 대한 재정적 책임성과 투명성을 제고하기 위해 '지방재정 공시제도'가 2006년부터 도입되었다. 즉 지방자치단체의 장은 예산 또는 결산의 확정 또는 승인 후 2개월 이내에 예산서와 결산서를 기준으로 재정운용에 관한 여러 중요사항을 주민에게 공시하여야 한다(지방재정법 제60조).

지방자치단체 재정공시 항목으로는 공통공시와 특수공시가 있다. 공통공시는 지방재정법령에서 정한 자치단체의 일반적인 재정운용상황에 대한 공시로서 예산공시 4개 분류 21개 세부항목, 결산공시 9개 분류 59개 세부항목이 그 대상이 된다. 특수공시는 당해 지방자치단체의 특수한 재정운용 상황에 대한 공시이며, 특수공시를 하여야 할 사항에 대해서는 각 자치단체별로 설치된 지방재정공시 심의위원회에서 결정한다. 예산 또는 결산의 확정 또는 승인 후 2개월 이내에 시행하는 정기공시 이외에 부득이한 사유로 정기공시 시점에 작성되지 않은 항목을 작성이 가능해진 시점에 추가로 공시하는 '수시공시'가 가능하다. 공시편람을 준수하되 수요자의 입장을 고려하여 항목별 세부사항을 업무담당자가 자율적으로 작성할 수 있다.

7) 지방재정위기관리 제도

지방재정위기관리 제도는 지방재정 위기를 선제적으로 예측·대응하기 위해 자치단체의 주요 재정지표를 분기별로 모니터링하고 필요시 재정주의 또는 위기단체로 지정·관리하는 제도이다. 2009년 글로벌 경제위기로 지방세수 감소와 지방채무 급증 등 지방재정 위기에 대한 우려가 확산되어 정부에서는 『지방재정 건전성 강화방안』 발표 및 재정위기 사전경보시스템을 구축하기로 결정('10. 7. 20. 국무회의)하고, 2011.3 8.「지방재정법」('11. 9. 9. 시행)을 개정하여 제도 시행의 근거를 마련하였다. 최근 「지방재정법」 개정을 통해 재정분석제도와의 연계를 강화하고 재정위험 수준 점검 및 재정주의단체 지정·해제의 근거 규정이 마련된 바 있다.

행정안전부장관은 재정분석 결과와 재정진단 결과 등을 토대로 지방재정위기관리위원회의 심의를 거쳐 해당 지방자치단체를 재정위기단체 또는 재정주의단체(財政注意團體)로 지정할 수 있다(제55조의2). 이 때 재정위기단체는 재정위험 수준이 심각하다고 판단되는 지방자치단체를 말하며, 재정주의단체는 재정위험 수준이 심각한 수준에 해당되지 아니하나 지방자치단체 재정의 건전성 또는 효율성 등이 현저하게 떨어졌다고 판단되는 지방자치단체를 말한다. 행정안전부장관은 재정수지, 채무관리, 세입관리, 자금관리, 공기업 등의 관점에서 재정위험

수준에 따라 지방자치단체를 지방재정위기관리위원회의 심의를 거쳐 재정위기단체 내지 재정주의단체로 지정할 수 있다. 아울러 행정안전부장관은 재정위기단체 또는 재정주의단체의 지정사유가 해소된 경우에는 지방재정위기관리위원회의 심의를 거쳐 그 지정을 해제할 수 있다.

제12장

지방자치

제1절 지방자치의 의의

1. 지방자치의 개념

지방자치는 일정한 지역의 주민들이 지역 공동체의 문제를 자기부담과 자기 책임의 원칙에 따라 처리하는 것을 의미한다.[1]

지방자치를 위해 필요한 구성요소는 지역, 주민, 자치권이다. 자치권은 자신의 책임하에서 자율적으로 공적 업무를 처리할 수 있는 권한을 의미한다. 여기에는 자치입법권, 자치행정권, 자치재정권 등이 있다. 지역은 국가의 일부분으로 자치권이 영향력을 미치는 지리적 범위라고 할 수 있다. 기본적으로는 상호배타적이나, 미국의 특별구와 같이 중첩되는 경우도 있다. 주민은 지역의 구성원이

---

[1] 지방자치의 개념에 관해 유럽평의회(CoE: Council of Europe)는 1985년 제정한 유럽자치헌장(European Charter of Local Self-Government) 제3장 제1항에서 "지방자치단체가 스스로의 책임과 지역주민들의 이익을 위해 법률의 범위 안에서 공적 업무의 상당 부분들을 규율하고 관리할 수 있는 권리와 능력"으로 규정하고 있다. 국제지방자치단체연합(IULA: International Union of Local Authorities)은 1993년 제정한 세계지방자치선언(IULA World Wide Declaration of Local Self-Government) 제2조 제1항에서 "지방자치단체가 스스로의 책임과 지역주민들의 이익을 위해 공적 업무를 규율하고 관리할 수 있는 권리와 의무"라고 규정한다. 국내 학자들은 "일정한 지역의 주민이 지방자치단체를 구성해 국가의 협력 아래 그 지역의 공동문제를 자기부담에 의하여 스스로 혹은 그 대표자를 통해 처리함으로써 국가발전에 기여하는 것"(최창호. (2015). 지방자치의 의미와 발전방향. 「지역리더를 위한 지방자치 사용설명서」, 서울: 조선뉴스프레스, 32), "일정한 지리적 경계내의 주민이 그들의 대표로 구성된 지방자치단체를 통하여 지역적 성격을 지닌 문제를 자율적으로 처리하는 통치양식"(김병준. (2000). 「한국지방자치론」, 서울: 법문사), "법률에 정한 바에 의하여 지방에 사는 주민이 지역단체를 구성하고 그 단체의 활동으로서 지방에 있어서의 정치와 행정을 그들의 의사와 책임하에서 처리하는 것"(조창현. (2005). 「지방자치론(6정판)」, 서울: 박영사), "일정한 지역을 기초로 하는 단체가 그 지역 내의 사무를 자주재원을 가지고 당해 지방주민의 의사와 책임하에 자주적으로 처리하는 과정"(정세욱. (2000). 「지방자치학」, 서울: 법문사, 5) 등으로 정의한다.

자 행위자로서 지방자치의 인적 구성요소이며, 자치권 행사의 주체이자 대상이다. 기본적으로는 일정 지역에 주소를 둔 사람을 의미하나, 경우에 따라서는 주소와 관계없이 지역 내에 존재하는 기관, 단체, 지역의 공공서비스에 영향을 미치는 행위자들을 포함하기도 한다.[2]

2. 지방자치의 가치

지방자치가 추구하는 두 가지의 중요한 가치는 민주성과 효율성이다.

먼저 지방자치는 민주주의에 기여한다. 주민들의 자율적 선택에 의한 대표자의 직접 선출로 주민들의 민주시민의식이 향상되고, 지방 정치권력의 상시 교체가 가능해진다. 수평적 권력분립에 더하여 수직적 권력분립을 통해 과도한 권력 집중을 막을 수 있다.

다음으로 지방자치는 국가자원의 효율적 배분에 기여한다. 지역사회의 행정수요에 보다 신속하게 반응하고, 지역사회와 주민의 요구에 보다 적합한 공공서비스를 제공할 수 있다. 다수 지방자치단체들 간의 경쟁은 공공서비스 제공의 효율성을 촉진할 것이다.

3. 지방자치의 유형

지방자치의 유형은 지방자치의 형성과정을 기준으로 주민자치와 단체자치로 구분할 수 있다.

주민자치의 계보는 중앙정부에 의한 지방행정체제의 구축이 제대로 이루어지지 않은 상태에서 주민에 의한 자치행위가 먼저 시작된 경우이다. 지역의 문제해결을 위해 주민들이 자체적으로 자치를 수행하는 방식이다. 주민자치 계보는 민주주의 사상을 바탕으로 영국과 미국 등에서 이루어진 패러다임이다.

단체자치의 계보는 강력한 중앙정부가 지역의 효율적 관리를 위해 지방자치를 채택한 것이다. 중앙정부가 지방행정기관을 통해 정책의 효율적 집행 및 지

---

2) 일부 학자들은 지방자치의 구성요소로 지방자치단체(집행기관으로서 단체장과 의결기관으로서 지방의회)를 포함하기도 한다. 김병준. (2000). 「한국지방자치론」. 서울: 법문사. 10.

역문제의 해결을 도모하는 과정에서 자치권을 부여하는 방식이다. 단체자치 계보는 지방분권 사상을 바탕으로 하며, 한국과 일본, 독일, 프랑스 등에서 이루어진 패러다임이다.

단체자치에서 지방자치단체는 중앙정부의 지역단위 종합 지방행정기관으로서 국가사무를 처리하는 지위와 중앙정부가 부여한 자치정부로서 자치권을 갖고 자치사무를 처리하는 이중적 지위를 갖는다. 주민자치에서 지방자치단체는 자치정부라는 단일 지위를 가지며, 사무 또한 원칙적으로는 자치사무만을 처리하게 된다. 다만 이 경우에도 지방자치단체의 자발적 동의에 의해서나 중앙정부와의 계약관계를 통해서 중앙정부의 사무를 처리하기도 한다.[3]

---

3) 김병준. (2015). 「지방자치론」(제2수정판). 법문사. 12-15.

제2절 　　지방자치단체의 기구

1. 지방자치단체의 종류

지방자치단체의 종류는 존립 목적과 대상 사무의 범위에 따라 일반지방자치단체(general-purpose local government)와 특별지방자치단체(special-purpose local government)로 구분한다.

일반지방자치단체는 지역주민들의 생활과 관련된 주택, 복지, 도로·교통, 환경 등의 사무 전반에 대해 종합적인 기능을 수행한다. 일반지방자치단체는 통상 관할구역이 상대적으로 넓은 광역지방자치단체와 관할구역이 상대적으로 좁은 기초지방자치단체로 구분한다.

특별지방자치단체는 특정 목적의 수행이나 행정사무의 공동처리를 위해 목적이나 구역, 권한 등에서 한정적인 기능을 수행한다. 행정 효율성 제고 등의 장점과 복잡성, 조정 곤란, 주민통제 약화 등의 단점이 있다.

일반지방자치단체와 특별지방자치단체는 법인격의 부여를 통해 자치권을 부여받을 수 있는 주체가 된다는 점, 정부기관으로서의 자격을 지닌다는 점, 일정 수준의 자치권을 지닌다는 점에서 공통점이 있다. 반면에 일반지방자치단체가 지방자치의 필수존재이고 통치기구의 성격을 지니고 있는 데 비해, 특별 지방자치단체는 부가적이고 보조적인 조직으로서 공공서비스 제공기관의 성격을 지닌다는 차이점이 있다.4)

우리 지방자치법은 일반지방자치단체의 종류를 광역에 해당하는 특별시, 광역시, 특별자치시, 도, 특별자치도와 기초에 해당하는 시, 군, 구로 구분하고 있다(제2조 제1항). 일반지방자치단체 외에 특정한 목적을 수행하기 위하여 필요하

---

4) 김병준. (2019). 「지방자치론(개정판)」. 서울: 법문사. 150-151.

면 따로 특별 지방자치단체를 설치할 수 있도록 하고 있다(제2조 제3항). 2개 이상의 지방자치단체가 공동으로 특정한 목적을 위하여 광역적으로 사무를 처리할 필요가 있을 때에는 특별지방자치단체를 설치할 수 있다(제199조 제1항).

2. 계층과 구역

1) 계층

중앙정부와 지방자치단체는 본질적으로 수직적인 상하관계를 형성하며, 하나의 계층으로 이루어진 단층제(single-tier system)와 둘 이상의 계층으로 이루어진 중층제(multi-tier system)로 구분할 수 있다.

단층제와 중층제의 장점과 단점은 상대적인 특성을 지니고 있다. 단층제의 장점은 중층제의 단점이 되고 단층제의 단점이 중층제의 장점이 되는 경우가 많다.

단층제의 장점은 첫째, 행정 중복을 방지하여 행정 지연을 막고 행정력의 낭비를 줄임으로써 행정의 효율성을 제고할 수 있다. 둘째, 중앙정부와 지방자치단체 간 권한과 기능의 중첩을 최소화함으로써 행정 책임과 권한을 명확히 할 수 있으며, 불필요한 대립과 갈등을 막을 수 있다. 셋째, 지역주민의 의사와 여론을 신속하게 확인함으로써 행정의 대응성을 제고하고 지역의 특수성을 존중함으로써 행정의 고객지향성을 높일 수 있다.

단층제의 단점은 첫째, 지방분권이 저해되고 중앙집권이 강화될 수 있다. 기초 단위 지방자치단체의 역량을 뛰어넘는 대규모 사업과 다수 지방자치단체들이 관련된 광역적 사무들이 중앙정부의 사무가 될 가능성이 높기 때문이다. 둘째, 지방자치단체 간 갈등과 분쟁의 조정이 어렵고 중앙정부에 대한 지방자치단체의 의사전달이 용이하지 않다. 지방자치단체들 간의 다양한 갈등과 분쟁을 조정하는 역할과 다수 지방자치단체의 다양한 의사를 효과적으로 종합하는 역할을 중앙정부가 직접 수행해야 하기 때문이다. 셋째, 인구가 많고 국토 면적이 넓은 국가에서는 단층제를 채택하기가 어렵다. 효과적인 관할구역이 상이한 행정사무를 중앙정부와 지방자치단체만으로 분담하는 것이 적절하지 못하기 때문이다.

중층제의 장점은 첫째, 지방자치단체와 중앙정부 사이에 광역단위 지방자치단체를 설치함으로써 기초단위 지방자치단체가 수행하기 어려운 대규모 사업과 다수 지방자치단체들이 관련된 광역적 사무에 효과적으로 대응할 수 있다. 둘째, 지방분권을 촉진하고 중앙정부의 과도한 통제를 막을 수 있다. 광역단위에 적합한 행정사무를 광역단위 지방자치단체가 수행함으로써 중앙정부의 권한이 비대해지는 것을 막을 수 있다. 상대적으로 강한 자치권을 보유한 광역단위 지방자치단체가 중앙정부의 독단적 권한 행사를 저지할 수 있다. 셋째, 기초단위 지방자치단체 간의 협력과 지방자치단체와 중앙정부 간의 보다 원활한 의사전달이 가능하다. 광역단위 지방자치단체가 관할 구역 내 기초단위 지방자치단체들 간의 갈등과 분쟁을 조정하고, 다양한 의사를 효과적으로 종합하여 전달할 수 있기 때문이다.

중층제의 단점은 첫째, 다양한 정부계층들 간에 권한과 책임이 명확하지 않고, 행정기능이 중첩되어 행정의 비효율성이 발생하고 행정력이 낭비될 수 있다. 둘째, 정부계층들 간에 의사 왜곡과 전달 지연이 발생할 수 있다. 기초단위 지방자치단체나 주민의 의사가 중앙정부에 전달되는 과정 혹은 중앙정부의 의사가 기초단위 지방자치단체나 지역주민에게 전달되는 과정에서 광역단위 지방자치단체로 인해 지연 혹은 왜곡이 발생할 수 있다. 셋째, 기초단위 지방자치단체의 개별적 특성이 반영되기 어렵고 감독과 규제가 강화될 수 있다. 광역단위 지방자치단체가 기초단위 지방자치단체의 의사를 종합하는 과정에서 개별적 특성이 제거될 수 있으며, 중앙정부와 광역단위 지방자치단체에 의한 이중적 감독과 규제가 행해질 수 있다.

우리는 기본적으로 광역지방자치단체와 기초지방자치단체로 구성된 중층제를 택하고 있으며, 세종특별자치시와 제주특별자치도만 단층제를 채택하고 있다. 2021년 현재, 17개의 광역지방자치단체는 1개 특별시, 6개 광역시, 1개 특별자치시, 8개 도, 1개 특별자치도로 구성되어 있다. 226개의 기초지방자치단체는 75개의 시, 82개의 군, 69개의 구로 구성되어 있다. 자치계층이 아닌 행정계층으로는 행정시와 행정구가 있고, 기초지방자치단체에 설치하는 읍·면·동이 있다.[5]

---

5) 2021년 5월 현재, 행정시는 제주특별자치도에 설치된 2개, 인구 50만 이상의 시에 설치하는 행정구 32개, 그리고 기초 지방자치단체에 설치하는 230개의 읍, 1,182개의 면, 2,079개의 동이 있다.

2) 구역

지방자치단체의 구역은 지방자치단체의 자치권이 미치는 지역적 범위를 의미한다. 일반적으로 지역주민들의 자연적·지리적 거주공간이자, 다양한 정치적·사회적·경제적 활동이 이루어지는 공간이다. 공공서비스 제공과 관련된 행정적·법적 공간이며, 동일 혹은 유사한 공동체성을 보유한 역사적·문화적·심리적 공간이다.

지방자치단체 구역의 기능을 살펴보면, 첫째 지방자치단체 주민의 범위를 한정한다. 지방자치단체가 제공하는 공공서비스와 관련된 권리와 의무의 주체를 구체적으로 설정한다. 둘째, 지방자치단체 자치권의 효력이 미치는 범위를 한정한다. 특정 지방자치단체가 보유한 입법과 행정, 재정적 측면 등에서의 자치권은 해당 지방자치단체의 관할 구역 내에서만 효력을 지닌다. 셋째, 국가 및 지방의 행정사무를 처리하고 지역주민의 이익을 결집하는 기초가 된다. 지방자치단체의 구역은 해당 지역 주민들에게 공공서비스를 효율적으로 제공하기 위해 설정된 공간이며, 지역주민들의 다양한 이익을 결집하고 종합하여 반영하는 기준이 되는 공간이다. 넷째, 유사한 역사와 문화, 관습과 전통 등에 기반하여 설정하는 공간이기도 하지만, 동시에 심리적 안정감과 일체감을 부여함으로써 집단적 공동체 의식을 형성해 나가는 공간이기도 하다.

무엇을 기준으로 지방자치단체의 구역을 설정해야 하는가에 관한 다양한 논의가 이루어져 왔다.

대표적인 학자들을 살펴보면, 리프만(Vivian Lipman)은 면적이나 인구 등의 유사성을 확보하고 구역의 수를 한정하기 위해 양적 척도를 이용할 것, 지리적 특성, 산업의 분포, 경제생활의 권역별 배치, 전통적 구성, 인구 집단 등을 고려할 것, 교통 및 주민의 소비 동향에의 중점 등을 제시하였다.[6]

밀스포우(Arthur Millspaugh)는 주민의 공동 생활권과의 일치, 행정 능률의 확보 및 행정 편의에의 적합성, 자주재원을 조달할 수 있는 능력 등을 제시하였다.[7]

페슬러(James Fesler)는 자연적·지리적 조건 및 교통·통신의 발달 수준, 행정

---

6) Vivian, D. Lipman. (1949). Local Government Areas: 1834−1945. Oxford: Basil Blackwell.

7) Arthur C. Millspaugh. (1936). Local Democracy and Crime Control. Washington D.C.: Brookings Inc., 78−79.

기능을 가장 능률적으로 수행할 수 있는 적정 규모, 경제적 조건으로서 재원의
자주적 조달 가능성, 행정에 대한 주민들의 통제가 유효하게 이루어질 수 있는
지 등을 기준으로 제시하였다.[8]

강용기는 여섯 가지의 자치구역 설정기준을 제시하고 있다. 첫째, 자연 공간
의 공유이다. 자연지리적 공간은 산이나 하천, 바다, 호수 등에 의해 구분되며,
삶의 집단을 형성하는 경계가 된다. 자연지리적 경계의 변화는 구역의 재조정
필요성을 제기하기도 한다. 둘째, 지역공동체의 형성이다. 인종, 언어, 역사, 문
화, 종교 등이 유사하거나 동일한 경제생활권의 공유로 형성되는 생활공동체를
중심으로 자치구역이 설정될 수 있다. 셋째, 주민참여의 기회 보장이다. 자치구
역이 풀뿌리 민주주의를 실현하는 민주주의 학습장으로 기능하기 위해서는 주
민참여 기회가 부여되고 주민 간 상호 소통이 가능한 참여의 공간을 확보할 수
있어야 한다. 넷째, 주민 편리성 확보이다. 행정적·관리적 차원에서 저비용 구
조를 실현하고, 고품질의 행정서비스를 받을 수 있는 공간구조를 토대로 해야
한다. 다섯째, 행정의 능률성이다. 공공사무 관리의 능률성과 경제성을 확보할
수 있는 적정하고 적절한 규모를 확보해야 한다. 여섯째, 자치 능력의 문제이다.
자치구역은 최소한의 자치능력, 즉 인적 자원의 동원과 재정의 자율적 운영능력
을 갖추고 있어야 한다.[9]

3. 지방자치단체의 기관구성

지방자치단체의 기관은 의사결정기능을 수행하는 지방의회와 결정된 의사를
집행하는 기능을 수행하는 지방자치단체의 장(長)으로 구성된다. 지방자치단체
의 기관구성 형태는 의결기관과 집행기관의 관계 설정방식에 따라 결정된다. 지
방자치단체의 기관구성 형태는 지방자치의 역사와 전통 등에 따라 국가별로 혹
은 지역별로 상이하지만, 크게 기관통합형과 기관대립형, 절충형으로 구분한다.

---

8) James, W, Fesler. (1964). Area and Administration, Alabama: University of Alabama
   Press, 49–153.
9) 강용기. (2021). 「현대지방자치론(4정판)」, 경기: 대영문화사, 238~239.

1) 기관통합형

기관통합형은 주민이 선출한 대표기구인 지방의회가 의사결정기능과 집행기능을 모두 담당하는 유형이다. 주민의 직선으로 구성된 지방의회가 모든 권한을 가지고 있으며, 지방의회 의장이 집행기관의 장을 겸직한다. 기관통합형은 영국식의 내각제형과 미국식의 위원형이 대표적이다.[10]

(1) 내각제형

주민이 선출한 지방의원 일부가 내각 혹은 집행위원회를 구성하여 집행기능을 담당하는 형태이다. 영국과 유럽 지방자치단체에서 주로 채택하고 있다.

영국의 경우, 집행기능을 담당하는 지방자치단체의 내각을 지방의회 다수당의 지도자가 통솔하며, 통상 5~10명 정도의 다수당 소속 지방의원으로 구성한다. 스웨덴 등 다른 유럽 국가들은 지방의회 중심의 체제를 유지·운영하면서 그 안에 내각 또는 내각과 유사한 집행위원회(executive committee) 등을 두어 집행기능을 담당하게 한다. 내각의 각 부 혹은 개별 위원회의 장은 의원 중에서 선출하며, 업무수행에 있어서 상당한 권한을 갖는다.

내각제형은 지방의회 내에 별도의 조직으로 내각 혹은 집행위원회를 운영하는 체제이므로 일반적으로 지방의회는 다수의 지방의원으로 구성된 대의회제 구조를 이룬다.

(2) 위원회형

선출직 지방위원 모두가 집행기능을 나누어 담당하는 형태이다. 타운미팅(town meeting)의 전통을 가진 미국에서 주로 나타난다. 주민에 의해 선출된 소수의(3~7명)의 위원들이 위원회(board or commission)를 구성하여 의결기능과 집행기능을 함께 수행한다. 의결기능은 집합적으로 수행하고, 집행기능은 위원 개개인이 각각 집행부서의 책임을 지고 업무를 수행하는 방식이다.

시장은 위원들이 선출하며, 집행기관의 장으로서가 아니라 지방자치단체를

---

10) 김병준. (2015). 「지방자치론(제2수정판)」. 경기: 법문사. 157 – 159; 임승빈. (2019). 「지방자치론(제12판)」 경기: 법문사. 25 – 27. 조창현. (2005). 「지방자치론(6정판)」. 서울: 박영사.

대표하는 의례적인 기능을 담당한다.

(3) 장점 및 단점

기관통합형의 장점은 다음과 같다.

첫째, 의결기관과 집행기관을 분리했을 때 발생할 수 있는 기관들 간의 대립과 갈등으로 인한 행정 지연이나 행정력의 낭비를 줄일 수 있고 지방행정의 안정성을 확보할 수 있다. 다만, 내각제형의 경우는 압도적 다수당이 부재한 상태에서는 정당들 간의 대립으로 행정 지연이나 행정력의 낭비가 발생할 수 있다. 이 경우에도 다수당이 내각을 통솔하기 때문에 기관대립형에 비해서는 신속한 처리가 가능하다.

둘째, 주민들이 선출한 위원들이 직접 구체적인 집행까지 담당하기 때문에 행정에 주민들의 의사를 보다 잘 반영할 수 있다. 지방자치단체의 권한과 책임이 주민의 대표기관인 지방의회에 집중되어 있기 때문에 민주성과 책임성 확보가 용이하다.

셋째, 위원들이 직접 정책을 결정하고 집행하기 때문에 지방자치단체가 추진하는 정책 및 사업들이 보다 신중하게 처리될 수 있다. 정책결정과 정책집행이 긴밀하게 연관되어 있으므로 정책이나 사업의 효과성을 제고할 수 있다.

반면, 기관통합형의 단점은 다음과 같다.

첫째, 지방의회에 권한이 집중되고, 의회가 정책을 결정하고 집행 및 평가하기 때문에 견제와 균형의 원리가 작동하지 않아 권력의 남용이 발생할 수 있다. 위원회형의 경우는 적은 위원수로 인해 도시의 규모가 큰 경우에는 다양한 이익집단과 사회계층의 이해를 대표하기 어렵다.

둘째, 행정업무 처리능력이 부족한 위원이 선출되는 경우에는 지방행정의 전문성 약화로 인한 비능률 등 많은 문제가 발생할 수 있다.

셋째, 구체적인 정책집행 업무를 담당하는 선출직 위원들은 각기 상이한 정치적 입장과 기반을 바탕으로 하는데다, 총괄적 차원의 책임자가 없기 때문에 조정을 통한 통일성과 종합성 확보가 어려울 수 있다. 집행업무를 담당하는 부서들 간의 부서중심주의(sectionalism)로 혼란이 심화될 수 있다.

넷째, 선출직 정치인으로 구성된 지방의회가 정치적 기능과 행정적 기능을 동시에 수행함으로써 지방행정에 과도한 정치개입을 야기하여 행정의 일관성과 독자성을 약화시킬 수 있다.

2) 기관대립형

기관대립형은 의사결정기능을 담당하는 지방의회와 집행기능을 담당하는 집행기관을 상호 분리하고 대립시켜 견제와 균형(check and balance)이 이루어지도록 하는 형태이다. 일반적으로는 주민 직선을 통해 지방의회와 집행기관 각각에 민주적 정당을 부여한다. 기관대립형은 양 기관의 지위와 권한 배분에 따라 강시장·의회형과 약시장·의회형으로 구분한다.[11)

(1) 강시장·의회형

집행기관의 장이 지방의회에 비해 상대적으로 강한 권한을 행사하는 유형이다. 지방행정에 대한 강력한 책임과 통제권이 집행기관의 장에게 부여되어 있으며, 지방자치단체의 내·외부적으로 지방자치단체를 대표하는 의례적 기능뿐만 아니라 실질적인 강력한 정치적 리더십을 보유한다.

집행기관의 장은 소속 공무원에 대한 폭넓은 인사권과 예산의 편성 및 집행에 있어서도 강력한 권한을 행사한다. 지방의회의 의결사항에 대해서도 거부권(veto power)을 통해 견제할 수 있다. 반면에 지방의회는 주요 간부에 대한 임명(파면) 동의권, 예산에 대한 심의·확정권, 행정감사 및 조사권, 집행기관의 장이 거부한 의안에 대한 재의결권 등을 통해 집행기관의 장을 견제하고 감시하는 역할을 수행한다.

(2) 약시장·의회형

지방의회가 집행기관의 장에 비해 상대적으로 강한 권한을 행사하는 유형이다. 집행기관의 장은 소속 공무원에 대한 인사와 예산 등 지방행정에 있어서 제

---

11) 김병준. (2015). 「지방자치론(제2수정판)」, 경기: 법문사. 163－165; 임승빈. (2019). 「지방자치론(제12판)」. 경기: 법문사. 29－33, 조창현. (2005). 「지방자치론(6정판)」. 서울: 박영사.

한된 권한만을 행사한다. 지방의회가 예산편성권과 예산에 대한 관리책임을 행사하기도 하며, 고위 공직자에 대한 임명권 혹은 임명동의권을 보유하기도 한다. 집행기관의 장 이외에 많은 공직자들을 시민들이 직접 선출함으로써 이들 선출직들과 지방의회 의원들이 포함된 독립된 위원회 등이 집행기능을 공유한다. 이들은 관련 업무에 대한 집행기관의 장의 지휘·감독을 받지 않고 독자적인 권한을 행사한다.

결과적으로 집행기관의 장의 권한범위가 상대적으로 좁다. 집행기관의 장은 지방의회의 의결에 대한 거부권도 없으며, 지방의회 의원들이 오히려 다양한 방식으로 집행기관의 행정업무 처리과정에 개입하는 경우가 많다.

(3) 장점 및 단점12)

기관대립형의 장점은 다음과 같다.

첫째, 의결기관과 집행기관을 분리하여 대립시킴으로써 양 기관들 간의 견제와 균형을 통해 권력남용을 방지할 수 있다. 의결기관과 집행기관을 모두 주민이 직접 선출함으로써 지방행정에 주민통제의 실효성을 높일 수 있다.

둘째, 집행기관의 장이 집행기능을 전담함으로써 행정의 안정성을 확보하고, 전문성을 제고할 수 있다. 셋째, 집행기관의 장이 행정권한을 통합적으로 보유함으로써 행정의 책임성을 명확히 하고, 부서중심주의(sectionalism)을 막을 수 있다.

기관대립형의 단점은 다음과 같다.

첫째, 의결기관과 집행기관 간의 대립과 갈등으로 행정의 안정성이 저해되고 비효율이 초래될 수 있다. 특히 집행기관의 장과 지방의회 다수의원의 소속 정당이 다를 경우, 갈등과 대립이 심화될 수 있다.

둘째, 주민대표기관으로서 지방의회의 책임성이 약화되고, 집행기관의 장이 지방행정을 주도함으로써 다양한 주민의사의 반영이 어려울 수 있다. 집행기관의 장이 전문적 행정역량을 보유하지 못한 경우에는 높은 수준의 지방행정을 기

---

12) 기관대립형은 강시장-의회형과 약시장-의회형으로 구분하기는 하나, 실제로는 의결기관과 집행기관 간의 권한 및 역할 배분에 따라 매우 다양한 스펙트럼을 갖는다. 여기서는 기관대립형의 대표적 유형에 해당하는 강시장-의회형을 중심으로 장점과 단점을 살펴본다.

대하기 어렵다.

셋째, 집행기관의 장인 단일 책임자에 의한 리더십으로 편향적 의사결정 가능성이 있고, 집행기관의 장이 행정보다 차기선거 등의 정치에 보다 많은 관심을 기울이는 경우 행정의 비능률과 불합리가 발생할 수 있다.

3) 절충형

절충형은 기관통합형의 요소와 기관대립형의 요소를 상호 절충시켜 각 유형의 단점을 최소화하고 장점을 최대화하려는 형태이다. 일반적으로 지방자치단체의 의사결정기능과 집행기능을 분리시키지만, 상호 대립시키지는 않는다. 절충형은 미국의 시정관리관형(city-manager form)이 대표적이다.[13]

시정관리관형은 지방의회가 전문행정인을 책임자로 임명하여 그에게 행정권을 위임하고 행정업무를 처리하게 하며, 지방의회는 전문행정인을 관리·감독하는 형태이다. 전문행정인은 집행기능을 총괄하며, 그 결과에 대해 지방의회에 일차적인 책임을 진다. 지방의회가 시장을 선출하지만, 이들은 지방자치단체의 수장으로서 외부에 대해 지방자치단체를 대표하는 등의 의례적인 기능만을 수행한다.

시정관리관형의 장점은 다음과 같다.

첫째, 주민이 직접 선출하는 지방의회 중심의 체제를 유지하면서도 행정에 관한 전문적 지식과 경험을 보유한 전문가를 활용함으로써 행정의 전문성과 능률성을 확보할 수 있다.

둘째, 직업의식과 윤리의식을 보유한 행정전문가로 행정에 대한 책임소재를 명확히 함으로써 행정의 책임성을 확보할 수 있다.

셋째, 행정전문가의 임명에 있어서 실적과 성과를 중요시함으로써 지속적인 행정혁신을 이루고 생산성을 향상시킬 수 있다.

시정관리관형의 단점은 다음과 같다.

첫째, 행정전문가는 통상 정치적 역량과 기반이 약하여 지방자치단체 업무전반에 걸친 리더십을 기대하기 어렵다. 특히 행정전문가에게 충분한 권한이 부

---

13) 김병준. (2015).「지방자치론(제2수정판)」, 경기: 법문사. 163-165; 임승빈. (2019).「지방자치론(제12판)」. 경기: 법문사. 29-33, 조창현. (2005).「지방자치론(6정판)」. 서울: 박영사.

여되지 않거나 임명권을 보유한 지방의회 내에 정치적 갈등이 심각한 경우에는 행정전문가가 제대로 역할을 수행하기 어렵다.

둘째, 의사결정기능을 수행하는 정치의 영역과 집행기능을 수행하는 행정의 영역을 분리하고 있으나, 실제로는 행정전문가와 지방의회, 행정전문가와 의례적 기능을 수행하는 지방자치단체 수장 간에 대립과 갈등이 발생할 수 있다. 이 경우 오히려 행정의 효율성을 저해할 수 있다.

셋째, 임명에 있어서 실적과 성과의 강조는 행정전문가로 하여금 단기적이고 가시적인 성과 창출에 집중하게 함으로써 장기적이고 보다 근본적인 지역사회의 발전을 저해할 수 있다.

4) 한국 지방자치단체의 기관구성

한국 지방자치단체의 기관구성 형태는 일차적으로 집행기관의 장과 지방의원을 주민이 직접 선출하는 기관대립형이며, 보다 구체적으로 지방의회의 권한보다 집행기관의 장의 권한이 상대적으로 강한 강시장−약의회형의 특징을 지니고 있다. 기초지방자치단체와 광역지방자치단체가 모두 동일한 방식을 채택하고 있다.

다만, 「지방자치법」 제4조제1항은 지방자치단체의 의회와 집행기관에 관한 지방자치법의 규정에도 불구하고, 따로 법률로 정하는 바에 따라 지방자치단체의 장의 선임방법을 포함한 지방자치단체의 기관구성형태를 달리 할 수 있도록 특례를 두고 있다.

이하에서는 「지방자치법」을 중심으로 우리 지방자치단체의 기관을 구성하는 지방의회와 집행기관의 지위와 권한 등을 보다 구체적으로 살펴본다.

(1) 지방의회

지방의회는 지역주민이 선출한 지방의원들로 구성된 합의제 기관이다. 우리 지방의회는 광역지방자치단체에 설치되는 광역의회와 기초지방자치단체에 설치되는 기초의회가 있다.

① 지방의회의 지위

지방의회는 주민대표기관, 의결 및 입법기관, 집행부 감시·견제기관으로서의 지위를 갖는다.

첫째, 지방의회는 지역주민들이 직접 선출한 지방의원들로 구성된 주민대표기관이다. 지방의원들은 대의민주주의 원칙에 따라 개인이 아니라 지방의 주권자인 주민의 이익을 대변하는 지위를 갖는다.

둘째, 지방의회는 예산 및 정책, 조례 등 지방자치단체의 행정과 관련된 전반적인 사항에 관해 최종적으로 의사를 결정하는 의결기관이다. 특히 자치법규인 조례를 제정하는 경우에는 입법기관으로서의 지위를 지닌다.

셋째, 지방의회는 집행기관의 각종 행정행위를 견제·감시하는 기관으로서의 지위를 갖는다. 집행기관의 인사 및 재정 등의 권한에 근거한 각종 행정행위가 주민들의 복리증진에 기여하도록 비판하고 감시함으로써 주민을 위한 책임행정을 구현한다.

② 지방의회의 권한

지방의회의 지위를 실질적으로 보장하기 위해 지방자치법은 지방의회의 각종 권한을 규정하고 있다. 일반적으로 지방의회의 권한부여 방식은 대표적인 권한을 나열하는 열거주의와 개별 항목을 나열하지 않고 포괄적으로 위임하는 포괄주의로 구분할 수 있다. 우리 「지방자치법」은 열거주의를 채택하고 있다.

지방의회의 대표적인 권한을 살펴보면 다음과 같다.

첫째, 각종 의안에 대한 발의권을 갖는다. 「지방자치법」 제76조 제1항은 '지방의회에서 의결할 의안은 지방자치단체의 장이나 조례로 정하는 수 이상의 지방의회의원의 찬성으로 발의한다.'고 규정하여 지방의원 및 지방의회의 발의권을 인정하고 있다. 주민대표기관으로서 지역주민의 의사를 지방자치단체의 정책 및 행정과정에 반영할 필요가 있기 때문이다.

둘째, 각종 의안에 대한 의결권을 갖는다. 「지방자치법」 제47조는 제1항에서 조례의 제정·개정 및 폐지, 예산의 심의·확정, 결산의 승인, 그 밖에 법령에 따라 그 권한에 속하는 사항 등을 필수적 의결사항으로 제시하고 있다. 제47조 제2항은 '지방자치단체는 제1항 각 호의 사항 외에 조례로 정하는 바에 따라 지방의회에서 의결되어야 할 사항을 따로 정할 수 있다.'고 규정하여 임의적 의결사항의 근거를 제시하고 있다. 지방의회의 의결기관 및 입법기관으로서의 지위를 보장하기 위한 권한들이다.

셋째, 지방의회의 집행부 감시·견제기관으로서의 지위를 보장하기 위한 대표적인 권한으로 행정사무 감사권 및 조사권을 갖는다. 「지방자치법」 제49조는 제1항에서 '지방의회는 매년 1회 그 지방자치단체의 사무에 대하여 시·도에서는 14일의 범위에서, 시·군 및 자치구에서는 9일의 범위에서 감사를 실시하고, 지방자치단체의 사무 중 특정 사안에 관하여 본회의 의결로 본회의나 위원회에서 조사하게 할 수 있다.'고 규정하고 있다. 행정사무 감사는 정기적으로 이루어지는 데 비해, 행정사무 조사는 의원들의 발의를 통해 수시로 이루어질 수 있다. 「지방자치법」 제49조 제4항은 '필요하면 현지 확인을 하거나 서류 제출을 요구할 수 있으며, 지방자치단체의 장 또는 관계 공무원이나 그 사무에 관계되는 사람을 출석하게 하여 증인으로서 선서한 후 증언하게 하거나 참고인으로서 의견을 진술하도록 요구할 수 있다.'고 규정하여 지방의회 행정사무 감사권 및 조사권의 실효성을 확보하고 있다.

넷째, 서류제출 요구권과 행정사무 처리상황의 보고와 질의응답권을 갖는다. 「지방자치법」 제48조 제1항은 '본회의나 위원회는 그 의결로 안건의 심의와 직접 관련된 서류의 제출을 해당 지방자치단체의 장에게 요구할 수 있다.'고 규정하여 지방의회의 서류제출 요구권을 보장하고 있다. 제51조 제1항은 '지방자치단체의 장이나 관계 공무원은 지방의회나 그 위원회에 출석하여 행정사무의 처리상황을 보고하거나 의견을 진술하고 질문에 답변할 수 있다.'고 규정하고 있으며, 제2항은 '지방자치단체의 장이나 관계 공무원은 지방의회나 그 위원회가 요구하면 출석·답변하여야 한다.'고 규정하여 지방의회에 행정사무 처리상황의 보고 및 질의응답권을 보장하고 있다.

이 외에도 지역주민들이 지방자치단체에 대해 불만의 시정이나 희망사항을 요구하는 청원에 대한 심사 및 처리권, 지방자치단체의 장의 일정한 법적 행위혹은 행정 행위에 관한 동의 및 승인권, 지방의회의 의장, 부의장, 상임위원장 등에 대한 선거권 및 피선거권, 그리고 지방의회의 자율적 운영을 위한 각종 권한을 갖는다.

③ 지방의회의 조직

지방의회의 조직으로 의장과 부의장, 위원회, 지방의원, 그리고 사무기구를 들 수 있다.

의장과 부의장의 임기는 2년이며, 지방의회의원 중에서 시·도의 경우 의장 1명과 부의장 2명을, 시·군 및 자치구의 경우 의장과 부의장 각 1명을 무기명 투표로 선출한다. 지방의회의 의장은 의회를 대표하고 의사를 정리하며, 회의장 내의 질서를 유지하고 의회의 사무를 감독한다. 지방의회의 의장이나 부의장이 법령을 위반하거나 정당한 사유 없이 직무를 수행하지 아니하면 지방의회는 재적의원 4분의 1 이상의 발의와 재적의원 과반수의 찬성으로 불신임을 의결할 수 있다(지방자치법 제5장 제5절).

지방의회는 조례로 정하는 바에 따라 소관 의안과 청원 등을 심사·처리하는 상임위원회와 특정한 안건을 심사·처리하는 특별위원회를 둘 수 있고, 위원회의 위원은 본회의에서 선임한다. 위원회는 본회의의 의결이 있거나 지방의회의 의장 또는 위원장이 필요하다고 인정할 때, 재적위원 3분의 1 이상이 요구할 때에 개회한다(지방자치법 제5장 제6절).

지방의원은 광역의원과 기초의원, 지역구 의원과 비례대표 의원으로 구분한다. 지방의원은 정무직 지방공무원으로서 임기는 4년이다. 우리나라 지방의원은 명예직으로 출발했으나, 2003년 지방자치법 개정을 통해 유급제로 전환하였다. 유급제 전환에 따라 지방의원은 의정자료를 수집하고 연구하거나 이를 위한 보조 활동에 사용되는 비용을 보전하기 위해 매월 지급하는 의정활동비와 지방의회의원의 직무활동에 대하여 지급하는 월정수당 등을 지급받는다. 지방의원의 의정활동을 지원하기 위해 지방의회에 지방공무원으로 보하는 정책지원 전문인력을 들 수 있다. 지방의회 의원은 공익우선 및 양심에 따른 직무의 성실수행 의무, 청렴 및 품위유지 의무, 지위남용 금지 의무, 지방자치단체 등과의 영리행위 금지의무, 소관 상임위원회 직무관련 영리행위 금지 의무 등이 있다. 이외에도 직무활동에의 전념과 공익 추구를 위해 일정 직위에 대한 겸직을 금지하고 있다(지방자치법 제5장 제2절).

지방의회의 사무를 처리하기 위하여 시·도의회에는 사무처를, 시·군 및 자치구의회에는 사무국이나 사무과를 둘 수 있다. 특히 지방의회의 의장은 지방의회 사무직원을 지휘·감독하고 법령과 조례·의회규칙으로 정하는 바에 따라 그 임면·교육·훈련·복무·징계 등에 관한 사항을 처리한다고 규정하여 지방의회 사무기구의 인사권을 의장에게 부여하고 있다(지방자치법 제5장 제12절).

④ 지방의회의 운영

지방의회의 회의는 매년 2회 개최하는 정례회와 지방자치단체의 장이나 조례로 정하는 수 이상의 지방의회의원이 요구하면 소집하는 임시회가 있다. 지방의회의 연간 회의 총일수와 정례회 및 임시회의 회기는 해당 지방자치단체의 조례로 정한다.

지방의회는 재적의원 3분의 1 이상의 출석으로 개의하고, 지방자치법에 특별히 규정된 경우 외에는 재적의원 과반수의 출석과 출석의원 과반수의 찬성으로 의결한다. 본회의 표결은 조례 또는 회의규칙으로 정하는 표결방식에 의한 기록표결로 가부를 결정하되, 지방의회의 선거 및 인사와 재의요구에 관련된 사항들은 무기명 투표로 표결한다.

지방의회 회의 진행의 기본원칙으로는 회의 공개의 원칙, 지방의회에 제출된 의안은 회기 중에 의결되지 못한 것 때문에 폐기되지 아니하는 회기계속의 원칙, 지방의회에서 부결된 의안은 같은 회기 중에 다시 발의하거나 제출할 수 없는 일사부재의의 원칙 등이 있다(지방자치법 제5장 제4절 및 제7절).

(2) 집행기관과 지방자치단체장

집행기관은 협의로는 최고집행기관인 지방자치단체장을 의미하며, 광의로는 지방자치단체장과 보조기관, 소속 및 하부행정기관을 포함한다. 우리의 경우, 지방자치단체의 장으로 특별시에 특별시장, 광역시에 광역시장, 특별자치시에 특별자치시장, 도와 특별자치도에 도지사를 두고, 시에 시장, 군에 군수, 자치구에 구청장을 둔다(지방자치법 제106조).

① 지방자치단체장의 지위

지방자치단체장은 주민의 대표기관, 지방자치단체의 대표기관, 지방자치단체의 최고 행정기관, 지방의회의 감시·견제기관, 그리고 국가의 일선 지방행정기관장으로서의 지위를 갖는다.

첫째, 지방자치단체장은 주민에 의해 직접 선출되어 주민의 이익을 대변하는 주민의 대표기관이다.

둘째, 지방자치단체장은 외부에 대해 지방자치단체를 대표한다. 이는 외부 인사나 외국의 국빈 방문 시 영접 및 의전행사에서 지방자치단체를 대표하는 상징적인 의미와 법인격을 가진 지방자치단체가 법률행위를 하는 과정에서 지방자치단체를 대표하는 실질적인 의미를 모두 포함한다.

셋째, 지방자치단체장은 자신에게 부여된 각종 권한을 활용하여 지방자치단체의 각종 기관을 지휘·감독하고, 지방행정 사무 전반을 총괄하고 책임지는 지방자치단체의 최고행정기관이다.

넷째, 기관대립형의 한 주체로서 다양한 방식으로 지방의회를 견제·감시함으로써 권력남용을 방지하는 기관이다.

다섯째, 먼저 지방행정기관을 설치·운영하다가 이후에 자치권을 부여하는 방식으로 지방자치를 실시하는 경우에 지방자치단체는 자치정부로서의 지위와 일선 지방행정기관으로서의 이중적 지위를 지닌다. 특히 국가사무를 지방자치단체장에게 위임하는 기관위임사무를 처리하는 경우에 지방자치단체장은 국가의 일선 지방행정기관으로서의 지위를 지니게 된다.

② 지방자치단체장의 권한

지방자치단체장의 지위를 실질적으로 보장하기 위해 다양한 권한을 부여하고 있으며, 크게 행정에 대한 권한과 지방의회에 대한 권한으로 구분할 수 있다.

먼저 행정에 대한 권한은 다음과 같다.

첫째, 지방행정에 대한 통할 대표권을 갖는다. 지방자치단체를 대표하고, 자치사무와 단체 및 기관위임사무를 총괄하며, 보조기관과 소속 및 하급행정기관 등 집행기관을 지휘·감독한다. 보다 구체적으로 살펴보면 첫째, 규칙제정권을 갖는다. 법령 또는 조례의 범위에서 그 권한에 속하는 사무에 관하여 규칙을 제정할 수 있다. 지방자치단체장의 규칙제정권은 자치사무와 단체 및 기관위임사무를 포함한다(지방자치법 제29조).

둘째, 관리·집행권을 갖는다. 지방자치단체장은 그 지방자치단체의 사무(자치사무 및 단체위임사무)와 법령에 따라 그 지방자치단체의 장에게 위임된 사무(기관위임사무)를 관리하고 집행한다(지방자치법 제116조).

셋째, 임면권 및 지휘·감독권을 갖는다. 지방자치단체의 장은 소속 직원(지방의회의 사무직원은 제외)을 지휘·감독하고 법령과 조례·규칙으로 정하는 바에 따라 그 임면·교육훈련·복무·징계 등에 관한 사항을 처리한다(지방자치법 제118조).

다음으로 지방의회에 대한 권한은 다음과 같다.

첫째, 의안발의 및 출석발언권을 갖는다. 지방자치단체장은 지방의회에서 의결할 의안을 발의할 수 있고, 지방의회나 그 위원회에 출석하여 행정사무의 처리상황을 보고하거나 의견을 진술하고 질문에 답변할 수 있다(지방자치법 제51조 제1항 및 제76조 제1항).

둘째, 조례안 등 지방의회의 의결에 대한 재의 요구권을 가진다. 지방자치단체의 장은 지방의회의 의결이 월권이거나 법령에 위반되거나 공익을 현저히 해친다고 인정되면 그 의결사항을 이유를 붙여 재의를 요구할 수 있다(지방자치법 제120조).

셋째, 지방의회의 예산상 불가능한 의결에 대한 재의 요구권을 가진다. 지방자치단체장은 ① 지방의회의 의결이 예산상 집행할 수 없는 경비를 포함하고 있다고 인정하는 경우, ② 지방의회가 법령에 따라 지방자치단체에서 의무적으로 부담하여야 할 경비나 비상재해로 인한 시설의 응급 복구를 위하여 필요한 경비를 줄이는 의결을 할 때에는 이유를 붙여 재의를 요구할 수 있다.

넷째, 지방자치단체장은 지방의회의 의결 이전에 집행기관이 먼저 처분하는 선결 처분권을 가진다. 지방자치단체장은 ① 지방의회가 성립하지 아니할 때(지방의원이 구속되는 등의 사유로 의결정족수에 미달될 때)와 ② 지방의회의 의결사항 중 주민의 생명과 재산보호를 위하여 긴급하게 필요한 사항으로서 지방의회를 소집할 시간이 없거나 지방의회에서 의결이 지체되어 의결되지 아니할 때에는 선결처분을 할 수 있다(지방자치법 제122조).

③ 집행기관

광의의 집행기관은 지방자치단체장, 보조기관, 소속 및 하부행정기관을 포함한다.

첫째, 지방자치단체장은 임기 4년의 선출직 공무원이며, 3기 내에서만 계속 재임할 수 있다. 재임 중에는 일정한 직을 겸임할 수 없으며, 그 지방자치단체와 영리를 목적으로 하는 거래를 하거나 그 지방자치단체와 관계있는 영리사업에 종사할 수 없도록 제한하고 있다.

둘째, 보조기관은 지방자치단체장의 의사결정을 보조하여 지방행정기관의 목적달성에 기여하는 기관으로 부단체장 및 행정기구와 공무원이 있다. 부단체장은 해당 지방자치단체의 장을 보좌하여 사무를 총괄하고, 소속 직원을 지휘·감독한다. 광역지방자치단체의의 부단체장은 2명 또는 3명으로 정무직 또는 일반직 국가공무원의 신분이며, 기초지방자치단체의 부단체장은 1명으로 일반직 지방공무원의 신분이다. 행정기구와 공무원은 지방자치단체의 사무를 분담하여 처리하기 위한 것이다(지방자치법 제6장 제2절).

셋째, 소속 행정기관으로 직속기관은 자치경찰기관, 소방기관, 교육훈련기관 등을 설치할 수 있다. 특정 업무의 효율적 수행을 위해서는 사업소를, 외진 곳의 주민의 편의와 특정지역의 개발 촉진을 위해서는 출장소를 설치할 수 있다. 합의제 행정기관은 인사위원회 등 일부 사무의 독립적 수행이 필요한 경우에 설치한다(지방자치법 제6장 제3절).

하부 행정기관은 자치구가 아닌 구의 구청장, 읍에 읍장, 면에 면장, 동에 동장을 의미하며, 일반직 지방공무원으로 임명한다.

제3절   지방자치단체의 자치권

1. 자치권의 의의

1) 개념

자치권(right of local autonomy)이란, 지방자치단체가 관할구역의 범위 내에서 지역사회 및 지역주민과 관련된 소관 사무를 자신의 책임하에 자율적으로 결정하고 처리할 수 있는 법률적 능력이다.

자치권은 일반성 또는 보편성, 자주성 또는 독립성, 그리고 배분성 또는 예속성의 특성을 갖는다. 일반성 또는 보편성은 지방자치단체의 구역 내에 있는 모든 사람과 재산, 물건 등 모든 사항을 자치권의 지배범위에 포함한다는 것이다. 자주성 또는 독립성은 중앙정부로부터 독립하여 자기 책임하에 자치권을 행사한다는 것이다. 배분성 또는 예속성은 지방자치단체 자치권의 범위는 헌법과 법률에 의한 배분에 달려 있다는 것이다.

2) 근원

자치권의 근원에 관한 논의는 지방자치단체의 자치권이 무엇에 근거하여 허용되는가에 관한 것이다.

(1) 고유권설

자연법 사상과 공동체 이론 등에 기초하여 자치권을 지방자치단체가 스스로 천부적으로 지니고 있는 고유한 권리로 보는 것이다. 연혁적으로 지방자치단체는 국가성립 이전부터 지역주민들의 공동이익을 위해 자연스럽게 구성하여 존재해 왔다는 점에서 자치권을 개인의 자연권 혹은 기본권과 같은 성질의 것으로 이해한다.

(2) 전래설

지방자치단체 고유의 자치권을 인정하지 않고, 국가의 승인 혹은 위임에 의해 부여된 것으로 보는 학설이다. 지방자치단체는 국가의 창조물(creature of state)이며, 자치권은 국가가 부여하기 전에는 행사될 수 없기 때문에 지방자치단체는 국가의 주권적·준주권적 제약에서 완전히 벗어날 수 없다는 것이다. 지방자치단체의 권력이 주 헌법으로부터 비롯된다는 딜론의 법칙(Dillon's Rule)[14]이 전래설에 기반하고 있다.

(3) 제도적 보장설

지방자치단체의 자치권을 국가의 승인 혹은 위임에 의해 부여된 권리로 본다는 점에서는 전래설과 동일하나, 「헌법」에 자치권에 관한 규정을 둠으로써 특별히 제도적으로 보장된다는 학설이다. 지방자치단체 혹은 자치권은 법률로써 폐지할 수 없으며, 존폐여부는 「헌법」 개정을 통해서만 가능하다는 주장으로 안정적인 자치권 확보의 근거가 된다.

---

14) 미국 아이오와(Iowa) 주 법원의 판사였던 딜런(John F. Dillon)이 1868년 정립한 것으로, 지방자치단체에 대한 주정부 우위의 원칙이다. 구체적인 내용은 다음과 같다. ⅰ) 지방자치단체의 관습법상의 권리는 없다. ⅱ) 지방자치단체는 주 정부의 창조물이며, 지방자치단체의 창조와 폐지는 주의 제한 없는 재량에 속한다. ⅲ) 지방자치단체는 명시적으로 부여된 권한만을 행사할 수 있다. ⅳ) 지방자치단체는 주 입법부의 의지에 종속된 단순한 임차인이다 (Deil S. Wright. (1988). Understanding Intergovernmental Relations(Third Edition). Pacific Grove, California: Books/Cole Publishing Company, 40.).

2. 자치입법권

1) 의의

　자치입법권이란, 지방자치단체가 소관 사무를 처리하기 위해 강제력을 가진 법령을 제정하는 권한이며, 구체적으로 자치법규인 조례와 규칙을 제정하는 권한을 말한다.

　자치입법권은 헌법과 지방자치법에 보장되어 있다. 「헌법」 제117조 제1항은 '지방자치단체는 ⋯ 법령의 범위안에서 자치에 관한 규정을 제정할 수 있다.'고 규정하고 있다. 「지방자치법」은 제28조에서 '지방자치단체는 법령의 범위에서 그 사무에 관하여 조례를 제정할 수 있다.'고 규정하고 있으며, 제29조에서 '지방자치단체의 장은 법령 또는 조례의 범위에서 그 권한에 속하는 사무에 관하여 규칙을 제정할 수 있다.'고 규정하고 있다.

2) 종류

　지방자치단체의 자치입법 혹은 자치법규는 지방의회가 제정하는 조례와 지방자치단체의 장이 제정하는 규칙으로 구분된다.

　조례는 지방자치단체가 법령의 범위에서 그 권한에 속하는 사무를 처리하기 위해 지방의회의 의결로 제정하는 자치법규이다.[15] 특히 자치입법권의 실효성을 확보하기 위해 법령에서 조례로 정하도록 위임한 사항은 그 법령의 하위 법령에서 그 위임의 내용과 범위를 제한하거나 직접 규정할 수 없도록 하고 있다(지방자치법 제28조 제2항).

　조례의 내용은 매우 광범위하나, 주민의 권리 의무에 관한 것과 지방자치단체의 내부적 사항에 관한 것으로 구분할 수 있다.[16] 특히, 주민의 권리 의무에 관한 것으로는 공공시설의 이용, 주민에 대한 각종 서비스의 제공, 지방세의 부과 징수, 분담금⋅사용료⋅수수료 등의 징수, 행정사무의 처리 등이 있다.

---

15) 조례는 일본에서 비롯된 용어이며, 미국과 영국에서는 지방법(local law, local code, bylaw) 이라는 용어를 주로 활용한다(강용기. (2021). 「현대지방자치론(4정판)」. 경기: 대영문화사. 280; 조창현. (2005). 「지방자치론(6정판)」. 서울: 박영사).

16) 임승빈. (2019). 「지방자치론(제12판)」. 경기: 법문사. 107.

규칙은 지방자치단체의 장이 법령 또는 조례의 범위에서 그 권한에 속하는 사무를 처리하기 위해 제정하는 자치법규이다. 지방자치단체의 장이 규정하는 행정입법으로 의회의 의결을 요구하지 않는다. 조례에서 개별적으로 위임하지 않는 한 규칙으로 주민의 권리를 제한하거나 의무를 부과하거나 벌칙을 정할 수 없다.

일반적으로 조례와 규칙은 지방자치단체의 공무원이나 주민에게 미치는 형식적 효력은 동일하다. 다만, 조례와 규칙이 경합하거나, 조례가 구체적인 사항을 규칙에 위임하는 경우에는 조례가 규칙에 우선한다.

3) 한계

조례의 기본적인 한계로 제시되는 '법령의 범위에서'는 일반적으로 '법령을 위반하지 않는 범위에서'로 해석한다. 반드시 법령의 위임이 있어야 하는 것은 아니며, 법령에 위반되지 않는 한 법령에 규정되지 않은 사항에 대한 조례 제정도 가능하다. 이와 관련하여 조례를 법령의 위임에 의해 제정하는 위임조례와 법령의 위임 없이 제정되는 자치조례로 구분하기도 하고, 지방자치단체의 필요에 의해 지방의회가 임의로 제정하는 임의적 조례와 법령에서 조례로 정하도록 의무화하는 필요적 조례로 구분하기도 한다.

조례는 상위법이나 상위 자치단체의 조례를 위반하여 제정할 수 없고 주민의 권리 제한 또는 의무 부과에 관한 사항이나 벌칙을 정할 때에는 법률의 위임이 있어야 한다. 규칙 역시 상위 법령이나, 조례, 상위 자치단체의 규칙을 위반하여 제정할 수 없다(지방자치법 제28조~제30조). 광역지방자치단체와 기초지방자치단체를 상하관계에서 접근하는 것이 아니라, 법질서의 통일성을 확보하는 차원이다.

3. 자치행정권

자치행정권을 지방자치단체의 소관사무를 스스로 처리하는 권한으로 접근하기도 한다. 여기서는 자치행정권의 범위를 확대하여 자치사무권, 자치조직권, 자치인사권을 포괄하여 논의한다.

(1) 자치사무권

자치사무권은 지방자치단체의 독자적 사무인 고유사무를 국가나 상급자치단체의 관여 없이 스스로의 권한과 책임하에 결정하고 집행할 수 있는 권한을 의미한다.

자치사무권은 헌법과 지방자치법에서 보장하고 있다. 「헌법」(제117조 제1항)은 '지방자치단체는 주민의 복리에 관한 사무를 처리하고'로 규정하고 있다. 「지방자치법」(제13조 제1항 및 제114조)은 지방자치단체는 관할 구역의 자치사무와 법령에 따라 지방자치단체에 속하는 사무를 처리하며, 지방자치단체의 장은 그 사무를 총괄한다고 규정하고 있다.

(2) 자치조직권

자치조직권이란, 지방자치단체가 지방행정의 효과적 운영에 필요한 조직을 스스로 설치하여 운영하거나 폐지할 수 있는 권한이다. 자치조직권은 행정기구 설치에 관한 권한과 정원관리에 관한 권한을 포함한다.

「헌법」(제118조 제2항)은 '지방자치단체의 조직과 운영에 관한 사항은 법률로 정한다.'고 규정하고 있으며, 이에 따라 지방자치법과 시행령, 지방자치단체의 행정기구와 정원기준 등에 관한 규정 등에 지방자치단체의 행정기구 설치·운영·폐지 및 정원관리 등을 규정하고 있다. 자치조직권의 범위는 지방자치단체의 행정기구와 지방 공공기관이다. 지방자치단체의 행정기구로는 보조기관(부단체장, 실·국·본부, 과·담당관, 팀장 등), 소속행정기관(직속기관, 사업소, 출장소, 합의제 행정기관), 하부행정기관(자치구가 아닌 구와 읍·면·동) 등이 있다.

자치조직권으로서 정원관리에 관한 권한은 지방자치단체 정원 운영의 자율성과 책임성을 보장하기 위한 것이다. 지방자치단체 기구와 정원의 자율적 운영을 위해 2014년 기준인건비제를 도입하여 운영하고 있다. 지방자치단체의 재정력에 따라 상·중·하의 3단계로 구분하고, 1~3%의 범위 내에서 정원관리의 탄력성을 부여해 행정안전부의 승인 없이 자율적으로 운영하도록 하고 있다.

우리 「지방자치법」(제112조)은 행정기구와 지방공무원의 정원 등을 대통령령으로 정하는 기준에 따라 지방자치단체의 조례로 정하도록 하고 있어 자치조직권은 제한적이다.

(3) 자치인사권

자치인사권은 법률에 의해 주어진 범위에서 지방자치단체의 장이 갖는 부단체장의 임면권과 기타 공무원에 대한 인사권 등을 포함한다.

지방자치단체의 장은 부단체장과 하부행정기관의 기관장을 포함한 지방자치단체의 공무원을 제청 혹은 임명할 수 있는 권한을 갖는다. 광역자치단체장에게는 부단체장에 대한 임명권과 제청권을, 기초자치단체장에게는 부단체장에 대한 임명권을 부여하고 있다.

4. 자치재정권

자치재정권은 지방자치단체의 운영에 필요한 경비를 충당하기 위하여 중앙정부의 간섭을 받지 않고 자주적으로 재원을 확보할 수 있는 권한과 자율적으로 그 재원을 관리·운영할 수 있는 권한을 말한다. 즉 독립적인 지방행정의 주체로서 필요한 재정력을 획득할 수 있는 권한으로서 재정권력 작용과 수입과 지출의 관리, 예산의 편성과 집행 등에 관한 권한으로서 재정관리 작용을 포함한다.

자주재정권의 보장과 관련하여 「헌법」 제117조 제1항은 '재산을 관리하며'라고 규정하고 있으며, 이에 따라 지방자치단체는 지방세의 과세주체가 된다(지방세법 제3조, 지방세기본법 제4조). 보다 구체적으로 지방자치단체는 법률로 정하는 바에 따라 지방세를 부과·징수할 수 있으며, 사용료, 수수료, 분담금을 징수할 있다(지방자치법 제135조~138조). 이외에 지방자치단체의 장이나 지방자치단체조합은 따로 법률로 정하는 바에 따라 지방채를 발행할 수 있다(지방자치법 제124조). 다만, 조세법률주의에 근거하여 조세의 종목과 세율은 법률로 정하도록 하고 있어(헌법 제59조), 지방자치단체의 자주적인 지방세 종목 및 세율 결정의 한계가 되고 있다.

예산의 편성과 집행은 지방자치단체장의 권한이며, 예산의 심의 및 확정은 지방의회의 권한이다(지방자치법 제127조). 지방자치단체는 행정목적을 달성하기 위한 경우나 공익상 필요한 경우에는 재산을 보유하거나 특정한 자금을 운용하기 위한 기금을 설치할 수 있다(지방자치법 제142조). 지방자치단체는 주민의 복지증진과 사업의 효율적 수행을 위하여 지방공기업을 설치·운영할 수 있다(지방자치법 제146조)고 규정함으로써 지방자치단체의 경영 사업에 대한 권한을 인정하고 있다.

5. 지방자치단체의 사무

1) 사무구분

우리나라의 공공부문에서 처리하는 사무는 크게 중앙정부가 중심이 되어 처리하는 국가사무와 지방자치단체가 중심이 되어 처리하는 지방사무로 구분한다. 지방사무는 다시 지방자치단체의 고유한 사무인 자치사무와 국가의 사무 중에서 지방적 특성을 가진 사무를 지방자치단체에 위임하는 위임사무로 구분한다. 위임사무는 다시 개별 법령에 의해 지방자치단체에 위임한 단체위임사무와 국가의 일선 지방행정기관으로서의 지위를 가진 지방자치단체의 장에게 위임한 기관위임사무로 구분한다.

(1) 국가사무

국가사무란, 국가 전체의 이해관계가 걸린 업무로 국가(중앙정부)가 직접 처리하는 사무이다. 중앙정부의 사무, 중앙행정기관의 사무라고 부를 수도 있다. 지방자치단체는 국가사무에 관여하지 못하며, 소요되는 경비는 국가가 전액 부담하고, 관련 업무의 처리는 국정감사의 대상이 된다. 법령에 국가, 정부, 중앙행정기관의 장 등이 행위의 주체로 규정되어 있다.[17]

「지방자치법」(제15조)은 국가사무의 처리 제한 규정을 두어, 법률에 다른 규정이 있는 경우를 제외하고는 지방자치단체가 처리할 수 없는 국가사무를 다음과 같이 예시적으로 나열하고 있다.

① 외교, 국방, 사법(司法), 국세 등 국가의 존립에 필요한 사무

② 물가정책, 금융정책, 수출입정책 등 전국적으로 통일적 처리를 할 필요가 있는 사무

③ 농산물 · 임산물 · 축산물 · 수산물 및 양곡의 수급조절과 수출입 등 전국적

---

17) 강용기. (2021). 「현대지방자치론(4정판)」. 경기: 대영문화사. 291.

규모의 사무

④ 국가종합경제개발계획, 국가하천, 국유림, 국토종합개발계획, 지정항만, 고속국도·일반국도, 국립공원 등 전국적 규모나 이와 비슷한 규모의 사무

⑤ 근로기준, 측량단위 등 전국적으로 기준을 통일하고 조정하여야 할 필요가 있는 사무

⑥ 우편, 철도 등 전국적 규모나 이와 비슷한 규모의 사무

⑦ 고도의 기술이 필요한 검사·시험·연구, 항공관리, 기상행정, 원자력개발 등 지방자치단체의 기술과 재정능력으로 감당하기 어려운 사무

(2) 자치사무

자치사무는 지방자치단체가 스스로의 필요에 의해 자기 책임과 부담으로 주민의 복리 증진을 위해 형성·처리하는 사무이다. 지방자치단체의 존립 목적에 가장 부합하는 본래적 의미의 사무라는 측면에서 고유사무라고도 한다.

「지방자치법」(제13조)은 지방자치단체 자치사무의 범위를 예시적으로 나열하고 있다. 상대적으로 상위분류의 사무를 살펴보면 다음과 같다.

① 지방자치단체의 구역, 조직, 행정관리 등

② 주민의 복지증진

③ 농림·수산·상공업 등 산업 진흥

④ 지역개발과 자연환경보전 및 생활환경시설의 설치·관리

⑤ 교육·체육·문화·예술의 진흥

⑥ 지역민방위 및 지방소방

⑦ 국제교류 및 협력

원칙적으로는 사무를 처리하는 경비도 지방자치단체가 부담하고 사무에 대한 운영의 책임도 지방자치단체가 진다. 자치사무는 당연히 지방의회가 폭넓게 관여하고, 국가는 사후감독 및 합법성 감독만 허용된다.

(3) 단체위임사무

단체위임사무는 지방자치단체가 개별 법령의 규정에 의해 국가 또는 상위 지방자치단체로부터 위임받아 처리하는 사무이다. 사무를 법인격을 가진 지방자치단체 자체에 위임한다.

전국적 이해와 지방적 이해를 동시에 가지는 사무이며, 경비는 국가와 지방자치단체가 분담한다. 조례의 형식으로 존재하며, 의회의 부분적 관여가 가능하다. 국가는 사후감독과 합법성 및 합목적성 감독이 허용된다. 다만, 위임된 이후에는 그 지방자치단체의 사무가 되어 기능적으로는 자치사무와의 구분이 큰 의미는 없으나, 법령상 규제범위, 경비분담, 국가의 감독범위 등에서 일정한 차이가 있다.

대표적인 단체위임사무로는 예방접종에 관한 사무(전염병 예방법), 시·군의 국세 징수사무(국세징수법), 시·군의 도세 징수사무(지방세법), 시·군의 재해구호사무(재해구호법) 등이 있다.[18]

(4) 기관위임사무

기관위임사무는 법령의 규정에 의해 국가 혹은 상위 지방자치단체가 하위 지방자치단체의 장(집행기관)에게 위임한 사무이다. 전국적 이해관계가 더 큰 사무, 국가기관에서 처리해야 하는 사무, 사무 처리의 경제성·능률성, 주민편의 등의 이유로 지방자치단체의 장에게 위임·처리하는 사무 등이며, 규칙의 형식으로 존재한다.

기관위임사무를 위임받은 지방자치단체의 장은 국가의 일선 지방행정기관으로서의 지위를 갖는다. 국가의 일선 지방행정기관의 지위에서 처리하기 때문에 필요경비 부담에 관한 사항을 제외하고는 원칙적으로 지방의회의 관여는 불가능하다. 사무 처리에 소용되는 경비는 국가가 전액 부담하며, 국가는 합법성 감독과 합목적성 감독, 교정적 감독과 예방적 감독이 모두 가능하다.

대표적인 기관위임사무로는 가족관계 등록사무, 주민등록사무, 병사사무, 대통령, 국회의원의 선거에 관한 사무, 국민투표에 관한 사무, 지적사무, 산업통계

---

18) 강용기. (2021). 「현대지방자치론(4정판)」. 경기: 대영문화사. 295 – 296.

에 관한 사무 등이 있다.[19]

〈표 12-1〉 국가사무와 지방사무의 유형별 비교[20]

사무유형 / 기준	국가사무	지방사무		
		자치사무	단체위임사무	기관위임사무
사무의 형성	국가	지방자치단체	국가	국가
법령기준	개별법	지방자치법 제13조 제1항, 제2항	지방자치법 제13조 제1항	지방자치법 제115조, 제116조
사무의 성질	국가적 사무	지방자치단체의 권한과 책임하에 이루어지는 사무, 지방의 고유사무	법령의 개별적 위임에 의해 지방자치단체에 위임된 사무, 국가적 이해와 지방적 이해가 동시에 걸린 사무	법령의 규정에 의해 지방자치단체장에 처리를 위임한 사무, 지방적 이해가 없고 전국적 통일이 필요한 사무
사무의 예시	외교, 국방, 금융, 국가기획	가로등 설치관리, 상하수도 사업, 주민복지, 지역경제 활성화	예방접종, 보건소 설치·운영	가족관계 등록, 주민등록사무, 선거 관련 사무
형식	법령	조례·규칙	조례	규칙
지방의회 관여	관여 불가	완전 관여	부분적 관여	관여 불가
조례제정	대상 아님	가능	가능	대상 아님
경비 부담	국가 전액	지방자치단체 전액	일부 또는 전부 국고 보조	전액 국고 보조
책임	국가	지방자치단체	공동	국가

19) 강용기. (2021). 「현대지방자치론(4정판)」. 경기: 대영문화사. 297.
20) 강용기. (2021). 「현대지방자치론(4정판)」. 경기: 대영문화사. 298; 주우현 외. (2018). 「쉽게 쓴 행정학」. 서울: 윤성사. 350; 임승빈. (2019). 「지방자치론(제12판)」. 경기: 법문사. 118 등을 통합하여. 수정·보완함.

2) 사무배분

(1) 의의

일반적으로 국가 공공사무의 업무와 책임, 권한을 중앙정부와 지방자치단체가 분담하여 수행하는 것을 사무배분이라 한다. 지방자치단체의 자치권은 정부계층간 사무의 배분이 어떻게 이루어졌는가에 따라 그 실질적인 내용이 결정된다. 사무배분은 국가권력의 배분이라는 정치적 의미와 행정업무의 효율적 수행이라는 행정적 의미를 동시에 지닌다.

(2) 방식

사무배분의 방식은 크게 개별적 배분방식, 포괄적 배분방식, 그리고 혼합방식이 있다.

① 개별적 배분방식

개별적 배분방식은 지방자치단체가 수행할 수 있는 사무를 하나씩 개별적으로 지정해 주는 방식이다. 주로 헌장(charter)과 같은 특별법의 형식이나 지방자치법과 같은 일반법(law)의 형식을 통해 지방자치단체 사무의 범위와 권한을 개별적으로 규정해왔다.[21]

장점은 첫째, 사무의 내용을 구체적으로 명시함으로써 배분받은 사무에 대한 국가 및 상위 지방자치단체의 간섭을 최소화할 수 있다. 둘째, 개별 지방자치단체를 상대로 특별법을 제정하여 사무를 배분하는 경우에는 지방자치단체별로 사무의 배분이 이루어짐에 따라 각 지방자치단체의 특수성을 고려할 수 있다. 셋째, 개별 지방자치단체별로 혹은 개별 사무별로 배분됨으로써 사무에 대한 책임한계가 명확하다.

---

21) 개별적 배분방식은 월권금지의 원칙(ultra vires rule)과 관련된다. 지방자치단체는 특별법이나 일반법 혹은 다른 권한에 의해 명시적으로 부여된 권한만을 보유하며, 상위 수준의 정부가 구체적으로 승인한 활동에만 참여할 수 있다는 것이다. 명시적으로 지방자치단체에 주어진 권한과 사무를 벗어나는 경우 월권에 의한 무효로 엄격하게 제한하는 것이다(J. F. Zimmerman. (1995). State—Local Relations: a Partnership Approach, Westport, Connecticut: Praeger Publishers, 17—18).

단점은 첫째, 개별적으로 사무를 배분하는 방식이기 때문에 운영상의 유연성과 통일성이 저해된다. 둘째, 특별법을 제정하여 사무를 배분하는 경우에는 각 지방자치단체마다 특별법을 제정해야 하므로 업무가 가중되고 비용의 부담이 크다.

② 포괄적 배분방식

사무배분에 관한 일반적 규정을 두어 법률이 금지하는 사항이나 법률에 의해 명시적으로 중앙정부가 처리하도록 한 사항을 제외한 모든 지방적 사무처리 권한을 일괄적으로 부여하는 방식이다.

장점은 첫째, 배분방식이 간단하다. 헌법 혹은 지방자치 관련 기본법에 사무배분에 관한 일반적 규정을 두는 것으로 충분하다. 둘째, 사무배분을 유연하게 운영할 수 있다. 개별 법령에 사무운영의 주체를 구체적으로 명시하지 않기 때문에 환경의 변화 등에 따라 유연하게 사무운영의 주체를 바꿀 수 있다.

단점은 첫째, 정부계층 간의 명확한 사무 구분이 어려워 사무운영의 권한과 책임이 불분명할 수 있다. 둘째, 사무의 실질적인 배분은 개별 법령을 통해 이루어지기 때문에 정부계층들 간의 전체적인 사무배분을 알기 위해서는 개별 법령을 모두 확인해야 한다. 셋째, 개별 법령의 제정 및 개정 과정을 통해 중앙정부 혹은 상위 지방자치단체가 자치사무의 영역을 침범할 가능성이 높다.

③ 혼합방식과 한국의 포괄적 예시주의

개별적 배분과 포괄적 배분을 혼합하는 방식은 혼합의 정도에 따라 매우 다양하게 나타날 수 있다. 대표적인 혼합방식으로 우리가 채택하고 있는 포괄적 예시주의가 있다. 일반법에 지방자치단체에 종합적으로 적용되는 사무배분 기준을 제시하고, 구체적인 사무 종목을 예시 혹은 나열하는 방식이다. 포괄적인 사무배분 기준을 통해 유연성과 간편성을 확보하고, 일부 중요 사무에 대한 예시를 통해 정부 간의 사무범위를 명확히 함으로써 지방자치단체의 자치권을 보호하려는 것이다. 다시 말하면, 국가사무와 지방자치단체의 대표적인 사무를 열거하여 큰 틀에서 구분하고, 국가사무를 제외한 사무를 지방자치단체가 포괄적으로 처리할 수 있도록 하는 방식이다.

우리 「지방자치법」은 제13조에서 지방자치단체의 사무범위를 규정하면서 지

방자치단체의 사무로 6개 영역 57개 사무를 예시하고 있다. 제15조에서는 지방
자치단체의 처리가 제한되는 7개 영역의 국가사무를 예시하고 있다. 다만, 양자
모두 법률에 다른 규정이 있는 경우는 예외로 하고 있다.

우리는 사무배분에 있어서 포괄적 예시주의를 기본으로 하고, 특히 광역지방
자치단체와 기초지방자치단체 간의 사무배분에 있어서 특례주의를 채택하고 있
다.

「지방자치법」(제2조 및 제14조)은 시·군과 다르게 자치구의 자치권의 범위를
규정할 수 있고, 인구 50만 이상의 시에 대해서는 도가 처리하는 사무의 일부를
직접 처리할 수 있게 하는 등 지방자치단체의 특성을 고려하여 사무범위를 다르
게 할 수 있도록 규정하고 있다. 서울특별시의 지위·조직 및 운영에 대해서는
수도로서의 특수성을 고려하여, 세종특별자치시와 제주특별자치도의 지위·조직
및 행정·재정 등의 운영에 대해서는 행정체제의 특수성을 고려하여 법률로 정
하는 바에 따라 특례를 둘 수 있도록 하고 있다. 나아가 서울특별시·광역시 및
특별자치시를 제외한 인구 50만 이상 대도시의 행정, 재정운영 및 국가의 지도·
감독에 대해서는 그 특성을 고려하여 관계 법률로 정하는 바에 따라 특례를 둘
수 있도록 하고 있다(지방자치법 제197 및 제198조).

특히, 2021년의 「지방자치법」 전면개정에 따라 서울특별시·광역시 및 특별
자치시를 제외하고, ① 인구 100만 이상 대도시(특례시), ② 실질적인 행정수요,
국가균형발전 및 지방소멸위기 등을 고려하여 대통령령으로 정하는 기준과 절
차에 따라 행정안전부 장관이 지정하는 시·군·구의 행정, 재정운영 및 국가의
지도·감독에 대해서는 그 특성을 고려하여 관계 법률로 정하는 바에 따라 추가
로 특례를 둘 수 있도록 규정하고 있다(지방자치법 제198조 제2항).

(3) 원칙

사무배분의 원칙은 사무배분에 적용되는 일반적인 규칙이며, 매우 복잡하고
역동적인 사무배분 과정에서 지키고자 하는 기본정신과 방향에 관한 것이다. 사
무배분의 대표적인 원칙으로 보충성의 원칙, 효율성의 원칙, 포괄성의 원칙, 충
분재정의 원칙이 있다.[22]

---

22) 이와 관련하여 이른바 미국의 샤프 사절단이 제2차대전 후 일본정부에 권고한 3대 원칙이

① 보충성의 원칙

보충성의 원칙은 다수의 정부계층을 채택하고 있는 경우에, 하위 지방자치단체가 처리할 수 있는 사무를 상위 지방자치단체 혹은 중앙정부가 직접 처리해서는 안 된다는 것이다. 지방자치단체의 사무처리 권한을 기본권으로 인정하여 최대한 보장하려는 원칙이다.

보충성의 원칙에 따르면, 모든 공공사무의 처리 권한을 원칙적으로 기초지방자치단체에 부여하고, 법률에 특별한 규정이 있는 경우에 한하여 상위 지방자치단체 혹은 국가에 부여하는 방식으로 사무배분이 이루어진다.

② 효율성의 원칙

효율성의 원칙은 사무의 외부효과(externality)를 고려하여 가장 효율적으로 처리할 수 있는 정부계층(중앙 및 지방자치단체)에 사무를 배분해야 한다는 것이다.[23]

효율성의 원칙에 따르면, 특정 기능이나 사무의 처리효과가 기초지방자치단체 내부에만 미치거나 외부효과가 없는 경우는 기초지방자치단체의 사무로 배분하고, 처리효과가 기초지방자치단체의 범위를 넘거나 외부효과가 발생하는 경우는 광역지방자치단체 혹은 국가에 부여하는 방식으로 사무배분이 이루어진다.

③ 포괄성의 원칙

포괄성의 원칙은 동일 혹은 유사하거나, 밀접한 상호관계를 지니고 있는 사무들을 포괄적으로 배분해야 한다는 것이다. 큰 틀에서 하나의 기능이나 사무에 대해 다수의 정부계층이 관여하게 해서는 안 된다는 것이다. 동시에 배분받은 사무에 대해서 해당 지방자치단체가 완전하고 배타적인 업무처리 권한을 가지도록 하려는 것이다.

있는데, 그것은 ㉠ 기초적 자치단체 우선의 원칙, ㉡ 정부책임 명확화의 원칙, ㉢ 행정능률의 원칙 등이다. 일본의 임시행정조사회는 '사무배분에 관한 개혁의견'으로서, ㉠ 현지성, ㉡ 종합성, ㉢ 경제성의 3원칙을 제시하고 있다(조창현. (2005). 「지방자치론(6정판)」. 서울: 박영사; 김병준. (2015). 「지방자치론(제2수정판)」. 경기: 법문사. 374-375).

23) 외부효과란, 특정 개인이나 기업의 생산 혹은 소비 활동이 그 활동에 직접 관여하지 않은 다른 사람들에게 비용이나 편익을 주는 것으로 비용을 지불하는 행위자와 편익을 획득하는 행위자가 다른 경우이다. 외부에 편익을 주는 긍정적 외부효과는 무임승차로 인한 공공서비스의 과소공급을 야기하고, 외부에 비용을 전가하는 부정적 외부효과는 갈등을 야기한다.

④ 충분재정의 원칙

충분재정의 원칙은 지방자치단체가 배분된 사무를 효과적으로 처리하는 데 필요한 재원을 충분히 지원하여 해당 사무에 대한 지방자치단체의 재정적 능력을 보장해야 한다는 것이다.

지방자치단체의 사무에 대한 책임과 사무를 처리할 수 있는 재정적 능력이 동일한 수준을 유지해야 한다는 것이다. 동시에 중앙정부 및 상위 지방자치단체의 권한 및 사무 이양은 반드시 재원의 이양과 함께 이루어져야 한다는 것을 의미한다.

⑤ 한국의 사무배분 원칙

「지방자치법」 제14조 제3항은 비경합의 원칙(혹은 중복배제의 원칙)과 보충성의 원칙(혹은 기초지방자치단체 우선의 원칙)을 규정하고 있다. 전반부의 '시·도와 시·군 및 자치구는 사무를 처리할 때 서로 겹치지 아니하도록 하여야 하며'는 비경합의 원칙을, 후반부의 '사무가 서로 겹치면 시·군 및 자치구에서 먼저 처리한다.'는 보충성의 원칙을 규정한 것이다.

「지방자치분권 및 지방행정체제개편에 관한 특별법」 제9조에서 사무배분의 기본원칙을 규정하고 있으며, 이는 2021년 「지방자치법」 전부개정을 통해 「지방자치법」 제11조에도 규정되었다.

첫째, 비경합의 원칙으로 '국가는 지방자치단체가 사무를 종합적·자율적으로 수행할 수 있도록 국가와 지방자치단체 간 또는 지방자치단체 상호 간의 사무를 주민의 편익증진, 집행의 효과 등을 고려하여 서로 중복되지 아니하도록 배분하여야 한다.'고 규정한다(제1항).

둘째, 효율성의 원칙 및 보충성의 원칙으로 '국가는 제1항에 따라 사무를 배분하는 경우 지역주민 생활과 밀접한 관련이 있는 사무는 원칙적으로 시·군 및 자치구의 사무로, 시·군 및 자치구가 처리하기 어려운 사무는 시·도의 사무로, 시·도가 처리하기 어려운 사무는 국가의 사무로 각각 배분하여야 한다.'고 규정하고 있다(제2항).

셋째, 포괄적 배분 원칙으로 '국가가 지방자치단체에 사무를 배분하거나 지방자치단체가 사무를 다른 지방자치단체에 재배분할 때에는 사무를 배분받거나 재배분 받는 지방자치단체가 그 사무를 자기의 책임하에 종합적으로 처리할 수 있도록 관련 사무를 포괄적으로 배분하여야 한다.'고 규정하고 있다(제3항)

제4절   지방재정

1. 지방재정의 의의

지방재정(Local finance, local public finance)이란, 지역의 경제발전 및 지역주민의 복지증진을 위한 재화와 서비스의 생산·공급에 필요한 재원을 획득하고 관리·운영하는 일련의 활동과 과정이다.

지방재정의 특징은 다음과 같다.

첫째, 다양성이다. 지방자치단체별로 자연적·지리적 환경과 사회적·경제적 여건이 다르기 때문에 재정규모와 구조가 다양하다. 광역지방자치단체와 기초지방자치단체 간에, 그리고 동일한 계층의 지방자치단체에서도 지역 간에 재정적 특성이 다양하게 나타난다.

둘째, 자율성과 의존성을 동시에 가지고 있다. 지방자치단체는 스스로의 책임하에 지역주민들에게 재화와 서비스를 제공하기 위해 자체수입을 확보하고 재정지출을 수행한다는 점에서 자율성을 지닌다. 동시에 국가재정의 틀 안에서 운영되어야하므로 지방세에 대한 국가의 통제, 재정조정제도의 활용, 지방채 발행의 승인 등이 수반된다는 점에서 의존성을 지닌다.

셋째, 지역의 특수성에 따른 행정수요를 충족하는 과정으로서 지방재정은 제공하는 공공서비스에 대한 대가의 성격이 상대적으로 강하다(응익성).

2. 지방재정의 구조

지방자치단체의 재정구조는 통상 자주재원(자체재원)과 이전재원(의존재원)으로 구분한다. 세입원에 따라 자주재원은 지방자치단체가 자체적으로 조달하는 데 비해, 이전재원은 국가나 광역지방자치단체의 교부나 보조 등을 통해 조달한다.

이 외에도 일반재원과 특정재원, 경상수입과 임시수입 등으로도 구분한다. 일반재원은 지출목적에 구애받지 않는데 비해, 특정재원은 반드시 특정한 목적으로만 지출되어야 한다. 경상수입은 규칙적이고 안정적으로 확보할 수 있는 데 비해, 임시수입은 불규칙적이고 임시적으로 확보된다.

이하에서는 자주재원과 이전재원을 중심으로 지방자치단체의 재정구조를 살펴본다.

1) 자주재원

지방자치단체의 자주재원은 지방세와 세외수입으로 구성된다.

(1) 지방세

지방세는 지방자치단체가 소관 사무의 처리에 소요되는 일반경비를 충당할 목적으로 개별적 보상 없이 강제적으로 징수하는 세금이다.

지방세는 여러 가지 형태로 구분할 수 있다.

첫째, 법정세와 법정외세가 있다. 법정세는 법률에 의해 정해진 과세대상 항목과 세율에 따라 부과된다. 법정외세는 법률 규정과 관계없이 지방자치단체가 스스로 정한 과세대상 항목과 세율에 따라 부과된다. 우리 지방세는 조세법률주의에 의거하여 법정세에 해당한다.

둘째, 징수목적에 따라 보통세와 목적세가 있다. 보통세는 지방자치단체의 일반적인 목적을 위해 특정한 지출목적을 정하지 않고 징수한다. 목적세는 특정한 지출목적을 정해놓고 징수한다. 조세의 일반원칙에 부합하는 것은 보통세이며, 목적세는 제한된 범위에서 활용한다.

셋째, 과세대상에 따라 자산과세, 소비과세, 소득과세가 있다. 자산과세는 경제적 가치를 지닌 유형의 재산을 취득·보유할 때 부과한다. 소비과세는 재화나 용역을 소비할 때, 소비자가 직·간접적으로 부담한다. 소득과세는 생산·거래·근로 행위 등을 통해 소득이 발생하는 경우에 그 소득에 대해 부과한다.

현재 한국의 지방세는 11개의 세목으로 보통세 9개(취득세, 레저세, 담배소비세, 지방소비세, 주민세, 지방소득세, 자동차세, 등록면허세, 재산세)와 목적세 2개(지역자원시설세, 지방교육세)로 구성되어 있다. 지방자치단체의 유형별로 귀속되는 지방세가 다르다(지방세기본법 제7조 및 제8조).

〈표 12-2〉 지방자치단체별 지방세 구조

지방자치단체	보통세	목적세
특별·광역시	취득세, 레저세, 담배소비세, 지방소비세, 주민세, 지방소득세, 자동차세	지역자원시설세, 지방교육세
도	취득세, 등록면허세, 레저세, 지방소비세	
특별자치시·도	취득세, 레저세, 담배소비세, 지방소비세, 주민세, 지방소득세, 자동차세, 등록면허세, 재산세	
자치구	등록면허세, 재산세	-
시·군	지방소득세, 담배소비세, 주민세, 재산세, 자동차세	

지방자치단체별 지방세 구조의 몇 가지 특징을 살펴보면 다음과 같다. 첫째, 지방소비세는 국세인 부가가치세 과세표준의 21%를 지방세로 전환한 것이다. 둘째, 재산세는 자치구세이지만, 서울특별시는 자치구간 재정불균형을 줄일 목적으로 재산세 공동과세 제도를 운영하고 있다. 재산세를 서울시와 자치구의 공동세로 과세하고, 그중 50%를 특별시분 재산세로 징수하여 25개 자치구에 균등 배분한다. 셋째, 자치구의 지방세는 등록면허세와 재산세뿐이지만, 광역시 자치구는 광역시세인 주민세에서 일부를 구세로 징수한다. 넷째, 지방교육세는 교육청 수입으로 전입되어 지방교육재정에 포함된다.

(2) 세외수입

세외수입은 지방자치단체의 자주재원 중에서 지방세 이외의 수입을 의미한다. 세외수입은 수익자 부담원리에 근거하여 특정 공공서비스에 대한 직접적인 대가로 징수되며, 조세법률주의의 적용을 받지 않는다. 법령을 위반하지 않는 범위에서 지역주민을 위한 서비스를 개발하고 그에 따른 수입을 거둘 수 있다는 것이다.

세외수입은 다양성과 불안정성의 특징을 지닌다.

첫째, 세외수입은 수입구분, 종류, 사용목적 등이 매우 다양하다. 매년 일정하게 발생하는 경상적 수입과 특정 연도에만 발생하는 임시적 수입이 있다. 공공서비스에 의해 발생하는 수입과 경제활동에 의해 발생하는 수입, 회계조작에 의한 수입 등이 있다. 특정 목적에만 제한적으로 사용하는 수입과 일반적인 목적에 사용할 수 있는 수입이 있다.

둘째, 지방자치단체 간, 동일 지방자치단체의 연도 간 수입 정도가 상대적으로 안정적이지 않다. 상대적으로 변동성이 큰 임시적 수입을 포함하고 있다는 점과, 지방자치단체의 산업구조 및 경제적 특성, 경영능력 등에 따라 세외수입의 수준과 내용에 차이가 발생하기 때문이다.

세외수입은 크게 경상적 세외수입과 임시적 세외수입, 지방행정제제·부과금으로 구분한다.[24]

첫째, 경상적 세외수입은 계속성과 안정성이 확보되고 매 회계연도마다 계속적으로 반복하여 조달되는 예측가능한 수입이다. 세외수입 중 수입원이 가장 많고, 지방자치단체의 자주재원 확충에 대한 기여도가 상대적으로 높다. 종류로는 국유 및 공유재산 임대수입, 사용료 수입, 수수료 수입, 사업수입, 징수교부금 수입, 이자수입이 있다. 특히 사용료는 공공시설의 사용에 대한 반대급부로 부과·징수하는 수입으로 도로사용료·하천사용료·하수도사용료·시장사용료·입장료 등을 말한다. 수수료는 지방자치단체가 특정인에게 제공한 역무에 대해 그 비용의 전부 또는 일부를 비용 또는 보상 등의 명목으로 징구하는 수입으로 증지수입, 쓰레기봉투 판매수입, 재활용품수거 판매수입 등을 말한다.

둘째, 임시적 세외수입은 불규칙하게 발생하는 수입을 말하는 것으로 계속성과 안정성이 상대적으로 낮다. 재산매각 수입과 기타로 분류한다. 재산매각 수입은 지방자치단체가 보유·관리하는 공유재산을 매각함에 따라 발생하는 수입과 공유재산을 타인 재산과 교환하여 발생하는 수입의 차액 등이 이에 해당한다. 기타수입은 자치단체 간 부담금, 보조금 반환수입, 체납처분으로 인한 수입 등이다.

---

24) 지방자치인재개발원. (2021). 「지방예산실무」. 서울: 한국장애인문화협회. 124－126.

셋째, 지방행정제재·부과금은 과장금·이행강제금·변상금 수입, 자동차관리법과 도로교통법 등에 따라 징수하는 과태료 수입과 부정이익 환수 등을 포함한다.

2) 이전재원

이전재원은 국가가 지방자치단체에, 상위 지방자치단체가 하위 지방자치단체에 재원을 이전하여 주는 것으로 다음과 같은 기능을 수행한다.

첫째, 지방자치단체의 부족 재원을 보전하여 지방자치단체 간 불균형을 시정하고 지방재정의 안정성을 유지한다. 인구규모와 산업구조 및 경제적 특성 등의 차이로 인해 필연적으로 지역 간 불균형이 발생하게 된다. 자주재원만으로 지방자치단체를 운영하게 되면 지역 간 불균형은 심화되고 빈익빈 부익부 현상이 나타나게 된다. 이전재원은 보다 영세한 지역에 대한 상대적으로 많은 재정이전을 통해 이러한 불균형을 시정할 수 있다. 대규모 재난재해와 갑작스러운 경제위기로 인한 지방재정의 부족을 해소함으로써 안정성을 유지할 수 있다.

둘째, 외부효과가 큰 공공사업에 대한 지방자치단체의 적극적 태도를 유도한다. 사업을 직접 수행한 지방자치단체의 관할구역을 넘어 긍정적 외부효과가 발생함으로써 무임승차 논란이 야기되는 사업들은 지방자치단체가 기피하게 된다. 여기에 중앙정부의 재정적 지원을 통해 지방자치단체에 대한 적극적 태도를 유도함으로써 필요한 공공재를 보다 충분하게 공급할 수 있다.

셋째, 국가차원의 통합성과 통일성을 유지한다. 환경, 인권, 복지 등 단일 지방자치단체 차원이 아니라 전국적 차원에서 통합성과 통일성을 유지해야 하는 사업의 경우는 중앙정부의 재정지원을 통해 지방자치단체의 참여를 유도할 수 있다. 특히 국가 혹은 중앙정부의 지방자치단체의 통제력이 약화되는 시기나 분야에서 국가 차원의 통합성과 통일성을 유지하는 데 도움이 된다.

국가의 지방자치단체에 대한 이전재원으로는 지방교부세와 국고보조금이 있고, 광역자치단체의 기초자치단체에 대한 이전재원으로는 조정교부금과 시·도비 보조금이 있다.

(1) 지방교부세

지방교부세는 국가가 재정적 결함이 있는 지방자치단체에 교부하는 금액이다(지방교부세법 제2조). 내국세의 일정비율을 지방자치단체에 배분함으로써 지방자치단체의 재정결손을 보전하여 지방간 재정력 격차를 조정하고 모든 지역에 기초적인 공공서비스를 제공하기 위한 것이다.

지방교부세의 종류는 보통교부세·특별교부세·부동산교부세 및 소방안전교부세로 구분한다(지방교부세법 제3조). 지방교부세의 종류별 주요 재원을 살펴보면, 보통교부세와 특별교부세는 내국세 총액의 19.42%, 부동산교부세는 종합부동산세 총액, 소방안전교부세는 담배에 부과하는 개별소비세 총액의 45%이다(지방교부세법 제4조).

① 보통교부세

보통교부세는 지방자치단체의 일반재원 수입으로 충당할 수 없는 부족분을 보전하는 것이다. 해마다 기준재정수입액이 기준재정수요액에 못 미치는 지방자치단체에 그 미달액을 기초로 교부한다. 특별·광역시의 자치구를 제외한 모든 지방자치단체가 교부대상이다(지방교부세법 제6조).

② 특별교부세

특별교부세는 지방재정 여건의 변동이나 예상하지 못한 수요에 대응하기 위해 특별히 교부한다. 특별교부세 교부기준은 ① 기준재정수요액의 산정방법으로는 파악할 수 없는 지역 현안에 대한 특별한 재정수요가 있는 경우, ② 보통교부세 산정기일 후에 발생한 재난을 복구하거나 재난 및 안전관리를 위한 특별한 재정수요가 생기거나 재정수입이 감소한 경우, ③ 국가적 장려사업, 국가와 지방자치단체 간에 시급한 협력이 필요한 사업, 지역 역점시책 또는 지방행정 및 재정운용 실적이 우수한 지방자치단체에 재정 지원 등 특별한 재정수요가 있을 경우이다(지방교부세법 제9조 제1항). 특별교부세의 사용에 관해서는 조건을 붙이거나 용도를 제한할 수 있도록 하고 있다(지방교부세법 제9조 제3항).

③ 부동산교부세

부동산교부세는 종합부동산세를 지방세에서 국세로 전환하면서 발생한 지방자치단체의 재원감소분을 보전하고 재정형평성을 제고할 목적으로 종합부동산세 총액을 특별자치시·시·군 및 자치구와 제주특별자치도에 교부한다(지방교부세법 시행령 제10조의3).

④ 소방안전교부세

소방안전교부세는 지방자치단체의 소방인력 운용, 소방시설 확충 및 소방안전관리 강화, 안전시설 확충 및 안전관리 강화 등을 위해 교부한다. 특별시·광역시·특별자치시·도 및 특별자치도에 교부하고, 소방사무를 처리하는 인구 100만 이상 대도시를 관할하는 시·도에 대해서는 그 대도시에 지급되는 금액을 별도로 구분하여 교부한다(지방교부세법 시행령 제10조의4).

(2) 국고보조금

국고보조금은 국가가 정책상 필요하다고 인정할 때 또는 지방자치단체의 재정 사정상 특히 필요하다고 인정할 때 예산의 범위에서 지방자치단체에 교부하는 것이다(지방재정법 제23조). 국가 전체적인 차원에서 추진해야 할 사업, 국가적 차원에서 장려·지원이 필요한 사업, 국가와 지방자치단체 간의 협력이 필요한 사업 등에 필요한 비용의 일부 혹은 전부를 지원한다.

국고보조금의 특징은 다음과 같다.

첫째, 특정사업을 대상으로 교부되며, 사업별 용도와 조건을 지정하는 특정재원이다. 지방자치단체의 자율성을 제약하는 효과를 지닌다.

둘째, 지방자치단체의 신청에 의해 교부되고, 대부분 일정 정도의 지방비 부담을 의무하고 있다.

셋째, 법정비율이 아닌 국가 예산에 의해 결정되므로 예측가능성이 떨어지고 재원의 불안정성이 높다.

중앙정부 차원에서 국고보조금은 지방자치단체에 대한 재정적 통제를 통해 국가 전체적 차원에서의 이익을 증진하고, 국가 차원의 재정 부담을 줄이는 장점이 있다. 지방자치단체 차원에서 국고보조금은 투자사업비를 원활하게 조달할 수 있는 장점이 있는 반면에, 지방비 부담 의무화, 용도와 조건의 지정 등으로 지방재정을 압박하고 지방자치단체의 사업 우선순위를 왜곡하며, 재정운영의 경직성을 초래하는 단점이 있다.

국고보조금 지원방식으로 정률보조금과 정액보조금이 있다. 정률보조금은 국가가 일정 비율을 지원하고 나머지는 지방자치단체가 부담하는 방식이다. 정액보조금은 국가가 고정된 금액을 지원하는 방식이다.

(3) 조정교부금 및 시·도비 보조금

① 조정교부금

조정교부금은 광역자치단체가 기초자치단체들 간의 재정력 격차를 조정하기 위해 상대적으로 재정 여건이 어려운 기초자치단체에 교부하는 것이다. 조정교부금은 일반적인 재정수요에 충당하기 위한 일반조정교부금과 특정한 재정수요에 충당하기 위한 특별조정교부금으로 구분·운영한다(지방재정법 제29조의3).

조정교부금은 시·군 조정교부금과 자치구 조정교부금이 있다. 시·군 조정교부금은 특별시장을 제외한 시·도지사가 관할 시·군 간의 재정력 격차를 조정하기 위한 것이다. 시·군에서 징수하는 광역시세·도세와 해당 시·도의 지방소비세의 일부를 재원으로 조달하고, 인구, 징수실적, 재정사정 등에 따라 관할구역의 시·군에 배분한다(지방재정법 제29조).

자치구 조정교부금은 특별시장 및 광역시장이 보통세 수입의 일정액을 조정교부금으로 확보하여 조례로 정하는 바에 따라 해당 지방자치단체 관할구역의 자치구 간 재정력 격차를 조정하기 위한 것이다(지방재정법 제29조의2).

② 시·도비 보조금

시·도비 보조금은 시·도가 정책상 필요하다고 인정할 때 또는 지방자치단체의 재정 사정상 특히 필요하다고 인정할 때 예산의 범위에서 지방자치단체에 교부하는 보조금이다(지방재정법 제23조 제2항).

3. 지방재정의 건전성

지방재정의 건전성이란, 지방자치단체의 존립목적인 지역주민의 행정서비스에 대한 수요를 충족시킬 수 있는 지방자치단체의 재정능력을 말한다.[25] 지방재정의 건전성을 측정하는 대표적인 지표가 재정자립도와 재정자주도이다.

1) 재정자립도

　재정자립도는 지방자치단체의 일반회계 세입예산 중에서 자체수입으로 충당할 수 있는 재원, 즉 자주재원(지방세＋세외수입)이 자치하는 비율을 의미한다. 지방자치단체의 공공서비스 제공에 필요한 재원을 스스로 얼마나 조달할 수 있는가를 측정하는 것이다. 일반적으로 비율이 높을수록 세입징수 기반이 좋다는 것을 의미한다.

　재정자립도 산출식은 다음과 같다.

$$재정자립도 = \frac{지방세 + 세외수입(자주재원)}{일반회계 예산규모(자주재원 + 이전재원)} \times 100$$

　재정자립도는 중앙정부 및 상위 지방자치단체의 지원과 지방자치단체 및 하위 지방자치단체의 의존을 둘러싼 재정적 연계를 파악하는 데는 유용하지만, 지방정부의 재정능력을 파악하는 데는 적절하지 않다.

　재정자립도를 결정하는 핵심요소는 자주재원으로 표현되는 지방정부의 재정능력이 아니라, 중앙정부의 이전재원이다.

　첫째, 자주재원이 줄어드는 경우에도 이전재원이 더 많이 줄어들면 오히려 재정자립도는 올라간다. 자주재원과 이전재원의 감소로 전반적인 재정능력이 하락했음에도 불구하고 재정자립도는 상승한다는 것이다.

　둘째, 산식에 따르면 이전재원이 증가하면 재정자립도는 하락한다. 이전재원 중에서 보통교부세와 조정교부금은 사용목적이 정해지지 않은 일반재원이다. 이들 재원을 교부받아 실제 사용하는 지방자치단체 입장에서는 자주재원과의 차이가 없다. 이전재원의 증가가 반드시 재정능력의 하락으로 귀결되지 않는다는 것이다.

---

25) Groves, Sanford M., and Maureen G. Valente. (1994). Evaluating financial condition: a handbook for local government. Washington, D.C.: ICMA.

셋째, 이전재원이 0에 가까워지면, 지방자치단체의 재정자립도는 100%에 육박한다. 지방자치단체 간에 재정규모의 실제적인 차이에도 불구하고 재정자립도를 통해서는 이를 확인하기 어렵다. 이러한 한계를 극복하기 위해 추가로 도입한 지표가 재정자주도이다.

2) 재정자주도

재정자주도는 지방자치단체의 일반회계 세입예산 중에서 자주재원(지방세＋세외수입)과 이전재원 중 사용목적이 특정되지 않은 지방교부세와 조정교부금이 차지하는 비율을 의미한다. 지방자치단체가 국가 및 상위 지방자치단체의 큰 제약 없이 자주적인 재량권을 가지고 사용할 수 있는 재원이 어느 정도인가를 측정하는 것이다. 지방자치단체의 실질적인 재원 활용능력을 의미한다.

재정자주도 산출식은 다음과 같다.

$$재정자주도 = \frac{(지방세 + 세외수입) + (지방교부세 + 조정교부금)}{일반회계 예산규모} \times 100$$

4. 지방자치단체 예산과정

1) 예산편성과 사전절차 이행

지방예산 편성이란, 다음 회계연도의 지방자치단체 시책이나 사업계획을 재정적인 용어와 금액으로 표시하여 세입·세출 예산안을 작성하는 것이다. 통상 회계연도 개시 6개월 전부터 각종 사전절차를 이행하고, 예산 요구 및 조정과 확정에 이르는 과정을 포함한다.

① 중기지방재정계획의 수립

예산은 1회계연도 지방자치단체의 계획을 금액으로 표시한 것이다. 1년 단위의 예산편성이라는 제약 하에서 이루어지는 것이다. 그러나 현실적으로 대규모

SOC 사업은 장기간이 소요된다. 소규모 사업의 경우에도 투자우선순위를 정하여 장기적으로 시행된다. 그러므로 예산은 효율적인 재원배분과 계획적인 지방재정의 운용을 위해 지방자치단체의 미래비전과 중장기 발전방향 속에서 수립되어야 한다. 중기지방재정계획은 지방자치단체의 발전계획과 수요를 중·장기적으로 전망하여 반영한 다년도 재정운용계획이다.

「지방재정법」(제33조)은 중기지방재정계획의 수립을 규정하고 있다. 지방자치단체의 장이 지방재정을 계획성 있게 운용하기 위하여 매년 다음 회계연도부터 5회계연도 이상의 기간에 대한 중기지방재정계획을 수립하여 예산안과 함께 지방의회에 제출하고, 회계연도 개시 30일 전까지 행정안전부 장관에게 제출하도록 하고 있다. 지방자치단체의 장은 불가피한 사유가 있는 경우를 제외하고는 중기지방재정계획에 반영되지 아니한 사업에 대해서는 투자심사나 지방채 발행의 대상으로 해서는 아니 된다.

중기지방재정계획에는 다음의 사항이 포함되어야 한다. ① 재정운용의 기본방향과 목표, ② 중장기 재정여건과 재정규모 전망, ③ 관련 국가계획 및 지역계획 중 해당 사항, ④ 분야별 재원배분계획, ⑤ 예산과 기금별 운용방향, ⑥ 의무지출의 증가율 및 산출내역과 재량지출의 증가율에 대한 분야별 전망과 근거 및 관리계획, ⑦ 지역통합재정통계의 전망과 근거, ⑧ 통합재정수지 전망과 관리방안, ⑨ 투자심사와 지방채 발행 대상사업, ⑩ 그 밖에 대통령령으로 정하는 사항.

② 투자심사, 공유재산관리계획, 출연출자 동의 등

첫째, 중기지방재정계획에 반영된 사업을 대상으로 투자심사를 거쳐 재원조달 및 투자효과의 타당성이 입증된 사업에 한하여 예산을 편성해야 한다. 투자심사는 지방자치단체 예산의 계획적·효율적인 운영을 위해 지방자치단체의 주요 투자 사업이나 행사성 사업의 타당성·효율성 등을 심사하고, 무분별한 중복 여부를 검토하여 예산을 편성하도록 하는 것이다.

「지방재정법」(제37조)은 지방자치단체의 장은 재정투자사업에 대한 예산안 편성, 채무부담행위 및 보증채무부담행위와 예산외의 의무부담에 대한 지방의회 의결의 요청 사항에 대해서는 사전에 그 필요성과 타당성에 대한 심사(투자심사)를 하여야 한다고 규정하고 있다.

둘째, 공유재산관리계획이란, 1회계연도에 있어서 공유재산관리처분의 예정준칙이다. 소관에 속하는 사업의 예정에 따라 발생하는 재산의 취득·처분 등에 관해 관리계획을 수립하여 집행하는 것이다. 취득이란, 매입, 기부채납, 무상 양수, 환지, 무상 귀속, 교환, 건물의 신축·증축 및 공작물의 설치, 출자 및 그 밖의 취득을 말한다. 처분이란, 매각, 양여, 교환, 무상 귀속, 건물의 멸실, 출자 및 그 밖의 처분을 말한다. 공유재산관리계획은 1년간의 지방자치단체의 중요 공유재산의 취득과 처분의 계획으로 지방의회의 의결을 얻도록 하고 있다.

「공유재산 및 물품관리법」(제10조)은 지방자치단체의 장은 예산을 지방의회에서 의결하기 전에 매년 공유재산의 취득과 처분에 관한 계획(관리계획)을 세워 그 지방의회의 의결을 받아야 한다고 규정하고 있다.

셋째, 일반적으로 출자는 자본금 성격으로, 출연은 기부금 성격으로 세금을 외부의 기관과 단체 등에 지원하는 것이다. 지방자치단체의 모든 출자 및 출연은 타당성과 효과성에 기반하여 신중하게 결정해야 하며, 매년 예산편성과 별개로 지방의회 본회의의 사전의결을 받아야 한다. 일반적으로 출자·출연 동의안은 예산안 제출 전 임시회에서 미리 의회의 승인을 얻은 후에 결과에 따라 예산에 편성해야 한다.

「지방재정법」(제18조)은 출자 또는 출연의 제한을 규정하고 있다. 지방자치단체는 법령에 근거가 있는 경우에만 출자를 할 수 있다. 지방자치단체는 법령에 근거가 있는 경우와 일부 공공기관에 대하여 조례에 근거가 있는 경우에만 출연을 할 수 있다.

③ 집행부 예산 편성

지방자치단체의 예산편성 절차는 행정안전부가 매년 7월경에 다음 회계연도 예산편성 운영기준 및 기금운용계획 수립기준을 제시하면서 시작된다. 지방자치단체는 예산편성 기준에 따라 소관부서의 예산요구서 작성 및 예산주관부서의 예산요구액 조정을 통해 예산안을 편성한다.

집행부 차원의 지방예산편성과 사전절차는 다음과 같다.

〈그림 12-1〉 지방예산의 편성과 사전절차

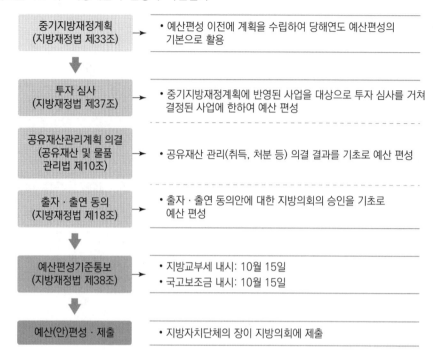

중기지방재정계획 (지방재정법 제33조)	• 예산편성 이전에 계획을 수립하여 당해연도 예산편성의 기본으로 활용
투자 심사 (지방재정법 제37조)	• 중기지방재정계획에 반영된 사업을 대상으로 투자 심사를 거쳐 결정된 사업에 한하여 예산 편성
공유재산관리계획 의결 (공유재산 및 물품 관리법 제10조)	• 공유재산 관리(취득, 처분 등) 의결 결과를 기초로 예산 편성
출자·출연 동의 (지방재정법 제18조)	• 출자·출연 동의안에 대한 지방의회의 승인을 기초로 예산 편성
예산편성기준통보 (지방재정법 제38조)	• 지방교부세 내시: 10월 15일 • 국고보조금 내시: 10월 15일
예산(안)편성·제출	• 지방자치단체의 장이 지방의회에 제출

2) 사전의결과 의회의 심의·확정

예산은 예정적 계획이며, 회계연도 중 세입·세출의 견적이기 때문에 회계연도가 개시되기 이전에 지방의회의 의결을 거쳐야 한다. 지방의회가 의결하기 전까지 예산은 확정된 것이 아니다. 지방의회의 의결 없이는 예산을 집행할 수 없다.

지방자치단체의 장은 회계연도마다 예산안을 편성하여 시·도는 회계연도 시작 50일 전까지, 시·군 및 자치구는 회계연도 시작 40일 전까지 지방의회에 제출하여야 한다. 지방의회에 제출된 예산안을 시·도의회에서는 회계연도 시작 15일 전까지, 시·군 및 자치구의회에서는 회계연도 시작 10일 전까지 의결하여야 한다. 지방의회는 지방자치단체의 장의 동의 없이 지출예산 각 항의 금액을 증가하거나 새로운 비용항목을 설치할 수 없다(지방자치법 제127조).

지방자치단체 예산안의 지방의회 심의·확정 과정을 서울시의회의 사례를 들어 살펴보면 다음과 같다.

서울특별시의회 기본조례에 따르면, 제2차 정례회에서 예산안을 심의·의결하고(제9조), 제2차 정례회는 매년 11월 1일에 집회한다(제8조). 예산안 등을 심사하기 위하여 예산결산특별위원회를 두고 있다(제38조).

서울특별시의회 회의규칙(제65조)은 예산안 심의를 규정하고 있다.

의회에 예산안이 제출된 경우에는 의장은 소관별 상임위원회에 회부하고 시장과 교육감으로부터 예산안에 대한 설명을 들은 후 소관별 상임위원회는 예비심사를 하여 그 결과를 의장에게 보고한다. 의장은 예비심사 보고서를 첨부하여 예산결산특별위원회에 회부하고 그 심사가 끝난 후에 본회의에 부의한다.

의장은 예산안과 결산을 소관별 상임위원회에 회부할 경우에는 심사기간을 정할 수 있으며, 소관별 상임위원회가 이유 없이 그 기간 내에 심사를 마치지 아니한 경우에는 예결위원회에 바로 회부할 수 있다. 예결위원회는 소관 상임위원회의 예비심사 내용을 존중하여야 하며, 소관 상임위원회에서 삭감한 세출예산 각 항의 금액을 증액할 경우에는 소관 상임위원회의 동의를 얻어야 한다.

일반적인 지방의회의 예산안 심의·확정 과정은 다음과 같다.

〈그림 12-2〉 지방의회 예산안 심의·확정 과정

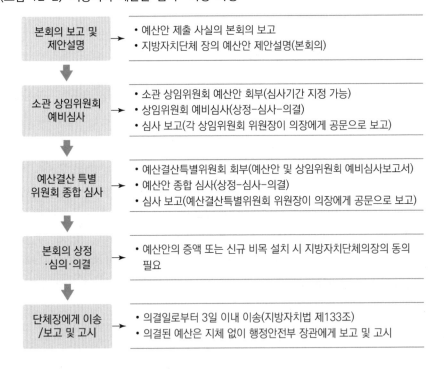

본회의 보고 및 제안설명
• 예산안 제출 사실의 본회의 보고
• 지방자치단체 장의 예산안 제안설명(본회의)

소관 상임위원회 예비심사
• 소관 상임위원회 예산안 회부(심사기간 지정 가능)
• 상임위원회 예비심사(상정-심사-의결)
• 심사 보고(각 상임위원회 위원장이 의장에게 공문으로 보고)

예산결산 특별위원회 종합 심사
• 예산결산특별위원회 회부(예산안 및 상임위원회 예비심사보고서)
• 예산안 종합 심사(상정-심사-의결)
• 심사 보고(예산결산특별위원회 위원장이 의장에게 공문으로 보고)

본회의 상정·심의·의결
• 예산안의 증액 또는 신규 비목 설치 시 지방자치단체의장의 동의 필요

단체장에게 이송/보고 및 고시
• 의결일로부터 3일 이내 이송(지방자치법 제133조)
• 의결된 예산은 지체 없이 행정안전부 장관에게 보고 및 고시

제5절   지방정치

1. 지방정치이론

지방정치이론의 핵심 주제는 지역사회 권력구조이다. 누가 지역사회를 통치하는가에서 출발하여 지방자치단체가 주로 추진하는 정책은 무엇이며, 그 이유는 무엇인가 등으로 확장되었다.[26) 누가 지역사회를 통치하는가를 둘러싼 엘리트론과 다원론의 논쟁에서 출발하여, 지방정부의 정책을 둘러싼 도시한계론과 레짐이론으로 확장되었다.

1) 엘리트론과 다원론

엘리트론은 소수의 경제엘리트가 지역의 권력을 보유하고 있으면서, 지방정부의 의사결정에 지배적인 영향력을 행사한다고 주장한다. 지역의 경제엘리트가 사실상의 정책형성 또는 결정기능을 수행하고, 지방정부의 선출직 및 임명직 공무원들은 경제엘리트가 결정한 정책을 공식화하고 집행하는 부수적인 기능만을 수행한다는 것이다.[27)

다원론은 단일한 엘리트가 모든 정책영역을 지배하는 것이 아니라 정책영역

---

26) 지방정치이론은 지방자치단체의 정책에 대한 시각을 중심으로 구조주의(structuralism)와 정치적 자율주의(political autonomy)로 구분할 수 있다. 정치적 자율주의는 지방자치단체의 정책을 정치과정의 산물로 바라본다. 엘리트론과 다원론이 대표적이다. 구조주의는 지방자치단체의 정책을 지방자치단체가 통제할 수 없는 자본주의 시장경제에 의해 부가된 구조적 요인의 산물로 바라본다. 도시한계론이 대표적이다. 레짐이론은 중간적 입장에서 지방자치단체의 정책을 시장경제가 부가한 조건하에서 기능하는 지방정치 체제의 선택으로 바라본다. 유재원. (2003). 「한국지방정치론: 이론과 실제」. 서울: 박영사. 21.

27) 엘리트론의 대표적인 논의로 Floyd Hunter. (1953). Community Power Structure: A Study of Decision Makers. Chapel Hill, N.C.: University of North Carolina Press.가 있다.

별로 서로 다른 엘리트(이익집단)가 지배적인 영향력을 행사한다고 주장한다. 지역사회의 엘리트가 소수의 단일한 집단이 아니라 복수의 엘리트로 이루어져 있다는 것이다. 다원론은 선출직 공무원을 지방자치단체의 의사결정에 독립적인 영향력을 행사하는 존재로 바라본다. 이들은 선거에서의 승리를 위해 유권자인 지역주민들의 이해와 요구를 반영할 필요가 있기 때문이다.[28]

이러한 차이점에도 불구하고 엘리트론과 다원론은 지방자치단체의 의사결정에 지배적인 영향력을 행사하는 권력자가 지역사회 내부에 존재한다는 공통된 가정에서 출발한다.

2) 도시한계론

도시한계론은 지역사회 내부의 권력구조에 국한된 엘리트론과 다원론의 접근을 비판하고, 지역사회 외부에 존재하는 힘들이 지방자치단체의 의사결정에 미치는 영향에 주목하였다.

도시한계론에 따르면 지역의 경제성장이 지방자치단체의 지상목표이자 최우선의 공익이다. 경제성장은 지방자치단체가 추구하는 고용증대, 세수확대, 공공서비스 향상 등의 효과가 있기 때문이다. 그 결과 지방자치단체는 투자자 유치 등을 통해 지역의 경제성장에 긍정적인 영향을 미치는 개발정책에는 적극적인 반면에, 복지수요계층의 유입과 생산적 자본의 역외유출을 야기하는 재분배정책의 추진에는 소극적이라는 것이다.[29]

도시한계론은 지방정책의 결정과정에 경제적 맥락이라는 지방자치단체의 구조적 제약을 도입했다는 점에서 의의가 있으나, 경제가 정책을 결정한다는 경제결정주의 시각은 정치적 요소의 간과에 대한 비판으로 이어졌다.

---

28) 다원론의 대표적인 논의로는 Robert A. Dahl. (1961). Who governs? Democracy and power in an American City. New Haven, CT: Yale University Press.가 있다.

29) 도시한계론의 대표적인 논의는 P. Peterson. (1981). City Limits. Chicago: University of Chicago Press.가 있다.

3) 레짐이론

지방정부의 정책결정과정을 이해하는 데 있어서 지방자치단체가 직면한 구조적 제약과 지방정치과정이 모두 중요하게 고려되어야 한다는 시각에서 출발한 것이 레짐이론이다.

레짐이론은 지방정부의 정책을 시장으로 대표되는 경제와 정부로 대표되는 정치 간의 노동 분업과 상호작용이라는 구조적 맥락의 산물로 바라본다. 정부는 선거를 통해 대중이 선출하는 지도자가 주도하며, 이들은 대중통제를 받는다. 시장은 투자 결정권을 보유한 기업이 주도한다. 현대사회에서 정부는 독자적으로 공적업무를 포괄하기에는 자원과 권한이 부족하다. 이를 보완하기 위해서는 사적행위자와의 연대가 필수적이다. 여기서 정부와 시장을 연결하는 비공식적인 장치가 레짐이다. 레짐의 성격이나 유형은 고정불변의 것이 아니라, 정부와 시장이 어떻게 결합되어 있는지에 따라 결정되며, 그에 따라 다양한 지방정부의 정책이 이루어진다는 것이다.[30]

2. 지방선거

1) 의의

지방선거란, 유권자인 지역주민들이 자신들의 대표를 선출하여 지방자치단체의 기관, 즉 지방의회와 집행부를 구성하기 위한 선거를 말한다.

지방선거는 다음의 기능을 수행한다. 첫째, 주민대표로서의 정통성을 부여한다. 지역주민들이 직접 선출한 대표들의 권력과 권한에 대한 인정과 동의를 통해 정통성을 부여한다. 둘째, 선출직 공직자의 책임성을 확보한다. 선거는 선출직 공직자가 임기동안 수행한 각종 사업이나 성과, 공약 실천 등에 대한 평가로서 책임성을 확보하는 수단이다. 셋째, 지역주민의 의사가 정책의 형태로 표출된다. 선거는 과정을 통해 지역사회에 존재하는 다양한 이익이 표출되고 결과를 통해 일정한 정책으로 통합되는 기능을 수행한다. 넷째, 주민들의 정치의식을 고양할

---

30) 레짐이론의 대표적인 논의는 Clarence Stone. (1989). Regime Politics. Lawrence: University of Kansas Press.가 있다.

수 있다. 주민들은 자신들의 이해관계가 직접적으로 논의되는 다양한 지방선거의 경험을 통해 민주주의와 정치에 대한 의식수준을 고양할 수 있다. 다섯째, 새로운 정치인 충원의 장이다. 선거를 통해 주민들의 요구를 확인·수렴하고 구체적인 정책으로 전환하는 훈련을 통해 새로운 정치지도자를 충원할 수 있다.

2) 선거구와 정당공천

(1) 선거구

선거구는 선출인원을 기준으로 한 선거구에서 1명의 대표자를 선출하는 소선거구제와 2명 이상의 대표자를 선출하는 중·대선거구제로 구분한다.

소선거구제의 장점은 첫째, 양대 정당 형성에 유리하다. 둘째, 선거에 대한 철저한 단속으로 부정선거의 가능성이 상대적으로 적다. 셋째, 선출된 대표자와 주민과의 유대가 밀접하다. 넷째, 선거비용이 적게 든다. 다섯째, 보궐선거와 재선거가 용이하다.

단점으로는 첫째, 사표가 많다. 둘째, 게리멘더링의 위험이 크다. 셋째, 선출된 대표자가 선거구 해당 지역의 이익에 몰두할 가능성이 크다. 넷째, 선거의 과열, 선거간섭, 정실인연에 의한 선거, 매수 등의 가능성이 크다. 다섯째, 지역명망가에게 유리하고 신진인사의 진출은 불리하다.

중대선거구제의 장점은 첫째, 사표가 적다. 둘째, 선거간섭·정실인연·매수 등에 의한 부정투표의 위험성이 적다. 셋째, 인물선택의 가능성이 넓다. 넷째, 지역 전체차원의 대표선출에 유리하다.

단점으로는 첫째, 다당제가 형성되어 정치적 불안정을 가져올 수 있다. 둘째, 선거비용이 많이 든다. 셋째, 보궐선거와 재선거가 어렵다. 넷째, 유권자가 후보자를 파악하기 어렵다.[31]

(2) 정당공천

정당은 정치적 신념이나 이해관계를 같이하는 사람들이 권력획득을 목적으

---

31) 김철수. (2006). 「헌법학 개론」. 서울: 박영사. 88; 임재주. (2008). 「정치관계법: 공직선거법 정당법 정치자금법」. 서울: 박영사. 11.

로 만든 결사체이다. 이 과정에서 다양한 이익을 결집하여 정책을 형성하고, 공식적인 정책결정 체계에 표출하는 기능을 수행한다. 정당공천은 정당이 소속 당원을 각종 공직선거에 후보자로 추천하는 제도이다. 지방선거에의 정당공천 제도에 대한 찬반론이 지속적으로 제기되고 있다.

정당공천 찬성론의 주장은 다음과 같다. 첫째, 책임정치에 기여한다. 정당 차원의 정책개발과 실행을 통해 폭넓은 공약을 실현할 수 있고, 궁극적으로 개인이 아닌 정당을 통해 지방정부 운영의 책임을 물을 수 있다. 둘째, 정당발전과 정치발전에 기여한다. 지방선거에의 정당공천 과정을 통해 정당의 지역적 기반을 강화할 수 있고, 결과적으로 대의민주주의 활성화를 통한 정치발전에 기여한다. 셋째, 체계적인 검증을 통해 유권자에게 후보자 선택의 기준을 제공한다. 정당 차원의 후보자 선발과정을 통해 체계적인 검증이 가능하고, 이 과정에서 드러나는 후보자에 대한 많은 정보를 통해 유권자들의 후보 선택이 용이해진다. 넷째, 정치인재를 효과적으로 충원할 수 있다. 지역의 토착세력에 비해 상대적으로 인적·물적 자원이 적은 정치 신인들이 정당 시스템을 통해 쉽게 정치에 진입할 수 있고, 정당을 통해 다양한 정치적 훈련과 경험을 쌓으면서 유능한 정치 인재로 성장할 수 있다. 다섯째, 집행부와 의회 간의 보다 효과적인 견제와 균형을 이룰 수 있다. 지방의회의 경우, 의원 개인적 차원에서의 의정활동을 통한 단체장 견제보다 정당 차원의 의정활동을 통해 보다 체계적인 단체장 견제가 가능해진다.

정당공천 반대론의 주장은 다음과 같다. 첫째, 지방행정에 비능률을 초래한다. 지방행정은 지역개발과 공공서비스 제공 등 정치성이 낮기 때문에 정당의 참여가 오히려 불필요한 정쟁유발 등으로 비능률을 야기한다는 것이다. 둘째, 지방선거가 중앙정치의 대리전이 된다. 지역의 문제가 지방선거의 쟁점이 되지 못하고, 전국적 이해관계에 따른 중앙정치에 예속된다. 셋째, 단체장과 지방의회 간 견제와 균형이 작동하지 않을 수 있다. 특히 지역주의 정치로 인해 단체장과 지방의회가 동일 정당에 의해 독점되는 경우, 기관 대립형의 장점이 사라진다. 넷째, 후보자들의 정당정치에의 예속이 강화된다. 후보자들의 정책적 역량보다 정당에 대한 기여도, 지역구 국회의원에 대한 충성도 등에 의해 공천될 가능성이 높다. 당선 이후에도 지역주민의 이해와 요구에 반응하기 보다는 차기 선거의 공천권을 가진 정당 및 지역구 국회의원의 이해를 대변할 가능성이 높다.

3) 한국의 지방선거제도

지방선거는 크게 광역 및 기초자치단체 단체장과 광역 및 기초의회 의원 선거, 광역자치단체를 단위로 하는 교육감 선거가 있다.[32]

단체장은 광역과 기초 모두 소선거구제에 의해 선출한다. 지방의원은 지역구 의원과 정당별 투표에 의해 선출하는 비례대표 의원으로 구성한다. 지역구 의원의 경우, 광역의회 의원은 소선거구제에 의해 선출하고, 기초의회 의원은 선거구당 2~3인을 뽑는 중대선거구제에 의해 선출한다.

정당공천과 관련하여 1991년 지방의회 선거부터 광역 및 기초자치단체 단체장과 광역의회 의원은 지속적으로 정당공천이 이루어졌다. 기초의회 의원은 2006년 이후부터 정당공천이 적용되었다. 교육감은 정당공천이 배제된다.

3. 주민참여

1) 주민참여의 의의

(1) 주민의 권리와 의무

주민이란, 지방자치단체의 구역에 주소를 가진 자를 의미한다(지방자치법 제16조). 여기서 주소는 주민등록상 등재되어 있는 거주지를 말하며, 주민의 권리 행사와 의무이행의 기준이 된다.

주민은 ① 법령으로 정하는 바에 따라 주민생활에 영향을 미치는 지방자치단체의 정책의 결정 및 집행 과정에 참여할 권리, ② 법령으로 정하는 바에 따라 소속 지방자치단체의 재산과 공공시설을 이용할 권리와 그 지방자치단체로부터 균등하게 행정의 혜택을 받을 권리, ③ 법령으로 정하는 바에 따라 그 지방자치단체에서 실시하는 지방의회의원과 지방자치단체의 장의 선거에 참여할 권리를 가진다(지방자치법 제17조).

동시에 주민은 법령으로 정하는 바에 따라 소속 지방자치단체의 비용을 분담

---

32) 제주특별자치도는 교육감 이외에 교육의원도 주민의 직접선거로 선출한다(제주특별자치도 설치 및 국제자유도시 조성을 위한 특별법 제65조 및 제66조).

하여야 하는 의무를 진다(지방자치법 제27조).

(2) 주민참여의 개념과 필요성

주민참여란, 지역주민들이 지방자치단체의 정책과정에 공식적·비공식적으로 관여하여 영향력을 행사하려는 행위를 의미한다.

주민참여의 필요성은 다음과 같다. 첫째, 대의민주주의의 한계를 보완할 수 있다. 주민이 대표자를 선출하여 사회문제를 해결하려는 대의민주주의는 대표자가 주민들의 이해와 요구를 충실히 반영하지 못하는 주민과 대표 간의 괴리문제가 발생한다. 주민들이 정책과정에 직접 참여하여 자신들의 문제를 스스로 해결할 수 있다. 둘째, 행정 통제를 통해 대응성과 책임성을 확보할 수 있다. 행정부의 기능과 역할 및 재량이 확대되고 전문성이 높아짐에 따라 행정에 대한 외부통제(입법통제와 사법통제)는 물론 내부통제도 어려워지고 있다. 이런 상황에서 행정의 직접 대상자인 주민이 정책과정에 직접 참여하여 통제함으로써 행정의 대응성과 책임성을 제고할 수 있다. 셋째, 정책 성공에 기여할 수 있다. 주민이 직접 정책의 전 과정에 참여함으로써 정책에 대한 이해도를 높일 수 있고, 이는 정책에 대한 지지와 협조로 연결되어 성공적 정책추진의 원동력이 된다. 넷째, 행정수요의 정확성을 제고하고 정책의 질을 향상시킬 수 있다. 주민이 정책과정에 참여하여 자신들의 이해와 요구를 보다 명확하게 전달할 수 있다. 정책은 주민들의 수요를 적극적으로 반영하여 추진함으로써 결과적으로 정책의 질을 향상시킬 수 있다.

2) 주민참여의 유형

주민참여의 대표적인 유형분류로는 아른슈타인(Arnstein)의 주민참여 사다리 모형(a ladder of citizen participation)을 들 수 있다.[33] 이 모형은 주민참여의 의미 및 실질적인 영향력을 기준으로 비참여와 형식적 참여, 실질적 참여로 분류하고, 이를 다시 8단계로 구분한다.

---

33) Sherry R. Arnstein. (1969). "A Ladder of Citizen Participation" Journal of the American Institute of Planners, 35(4): 217.

〈표 12-3〉 주민참여의 사다리 모형

분류	단계	내용
비참여 (Nonparticipation)	1. 계도 (Manipulation)	행정이 일방적으로 주민을 교육하거나 지지를 도모하며, 주민들은 단순 참석 혹은 도장 찍는 역할(rubberstamp)에 국한된다.
	2. 교정 (Therapy)	주민들의 참여가 구체적이고 근본적인 사회문제를 다루기보다는 참여하는 주민들의 가치와 태도를 교정하는데 집중된다.
형식적 참여 (Degree of tokenism)	3. 정보제공 (Informing)	행정이 주민에게 일방적으로 정보를 제공할 뿐이며, 이 과정에서 환류나 구체적인 논의는 이루어지지 않는다(일방적 정보제공).
	4. 의견수렴 (Consultation)	간담회나 설문조사를 통한 주민들의 의견조사가 이루어지나, 관련 논의나 조사결과의 반영 등은 일어나지 않는다(형식적 의견수렴).
	5. 회유 (Placation)	주민대표의 참여 등으로 참여범위는 확대되지만, 소수의 참여나 최종 판단권한의 행정보유 등으로 실질적인 의사결정에는 영향을 미치지 못한다.
실질적 참여 (Degree of citizen power)	6. 동반자관계 (Partnership)	주민과 행정이 동등한 입장에서 협의하여 의사결정에 관한 기본규칙을 설정하는 방식으로 주민과 행정이 의사결정 책임을 공유한다.
	7. 권한위임 (Delegated power)	주민에게 행정과 동등한 지위를 보장하는 동반자 관계를 넘어 주민이 정책에 대한 의사결정을 주도하고, 집행에서도 강력한 권한을 행사한다.
	8. 주민통제 (Citizen control)	주민들이 필요한 정책을 직접 입안, 결정, 집행, 평가함으로써 정책과정의 모든 결정을 스스로 주도하고 책임진다.

이 외에도 법규와 제도 등을 통해 공식적으로 보장되고 일정한 절차를 통해 이루어지는 제도적 참여와 제도적으로 보장되지 않고, 정형화된 절차 없이 여론과 대중매체, 시위 등을 통해 이루어지는 비제도적 참여로 구분하기도 한다.

3) 한국의 주민참여제도

우리나라는 「지방자치법」과 「지방재정법」 등에서 다양한 주민참여 제도를 보장하고 있다.

(1) 주민투표

주민투표제는 지방자치단체의 중요 결정사항에 대해 주민들이 직접 투표를 통해 의사를 표시하는 것이다.

「지방자치법」(제18조 제1항)은 지방자치단체의 장은 주민에게 과도한 부담을 주거나 중대한 영향을 미치는 지방자치단체의 주요 결정사항 등에 대하여 주민투표에 부칠 수 있다고 규정하고 있다. 제18조 제2항은 주민투표의 대상·발의자·발의요건, 그 밖에 투표절차 등에 관한 사항은 따로 법률로 정한다고 규정하여 2004년부터 「주민투표법」을 제정·운영하고 있다.

「주민투표법」 제7조 제1항은 주민에게 과도한 부담을 주거나 중대한 영향을 미치는 지방자치단체의 주요결정사항으로서 그 지방자치단체의 조례로 정하는 사항을 주민투표의 대상으로 규정하고 있다. 제8조 제1항은 국가정책에 관한 주민투표를 규정하고 있다. 구체적으로 중앙행정기관의 장은 지방자치단체의 폐치 (廢置)·분합(分合) 또는 구역변경, 주요 시설의 설치 등 국가정책의 수립에 관하여 주민의 의견을 듣기 위하여 필요하다고 인정하는 때에는 주민투표의 실시구역을 정하여 관계 지방자치단체의 장에게 주민투표의 실시를 요구할 수 있다고 규정하고 있다.

주민투표의 실시 요건으로 「주민투표법」 제9조 제1항은 지방자치단체의 장은 주민 또는 지방의회의 청구에 의하거나 직권에 의하여 주민투표를 실시할 수 있다고 규정하고 있다. 주민은 주민투표 청구권자 총수의 20분의 1 이상 5분의 1 이하의 범위안에서 지방자치단체의 조례로 정하는 수 이상의 서명으로 그 지방자치단체의 장에게 주민투표의 실시를 청구할 수 있다(제9조 제2항). 지방의회는 재적의원 과반수의 출석과 출석의원 3분의 2 이상의 찬성으로 그 지방자치단체의 장에게 주민투표 실시를 청구할 수 있다(제9조 제5항). 지방자치단체의 장은 직권에 의하여 주민투표를 실시하고자 하는 때에는 그 지방의회 재적의원 과반수의 출석과 과반수의 동의를 얻어야 한다(제9조 제6항).

주민투표 결과는 주민투표권자 총수의 3분의 1 이상의 투표와 유효투표수 과반수의 득표로 확정된다(제24조 제1항). 전체 투표수가 주민투표권자 총수의 3분의 1 에 미달될 때에는 개표를 하지 아니한다(제24조 제2항).

(2) 조례 제정과 개정·폐지 청구

「지방자치법」(제19조 제1항)은 주민은 지방자치단체의 조례를 제정하거나 개정하거나 폐지할 것을 청구할 수 있다고 규정하고 있다. 제19조 제2항은 조례의 제정·개정 또는 폐지 청구의 청구권자·청구대상·청구요건 및 절차 등에 관한 사항은 따로 법률로 정한다고 규정하고 있다.

(3) 규칙 제정과 개정·폐지 의견제출

「지방자치법」(제20조)은 지방자치단체의 장이 법령 또는 조례의 범위에서 그 권한에 속하는 사무에 관하여 제정하는 규칙의 제정, 개정 또는 폐지와 관련된 의견을 해당 지방자치단체의 장에게 제출할 수 있다고 규정하고 있다(제1항). 다만 지방자치단체의 규칙 중에서 주민의 권리·의무와 직접 관련되는 사항으로 한정하며, 특히 법령이나 조례를 위반하거나 법령이나 조례에서 위임한 범위를 벗어나는 사항은 의견 제출 대상에서 제외한다(제2항). 지방자치단체의 장은 주민이 제출한 의견에 대하여 의견이 제출된 날부터 30일 이내에 검토 결과를 그 의견을 제출한 주민에게 통보하여야 한다(제3항). 제20조 제4항은 규칙의 제정, 개정 또는 폐지에 관한 주민의 의견 제출, 검토, 결과통보의 방법 및 절차는 해당 지방자치단체의 조례로 정하도록 규정하고 있다.

(4) 주민의 감사 청구

「지방자치법」 제21조 제1항은 지방자치단체의 18세 이상의 주민은 그 지방자치단체와 그 장의 권한에 속하는 사무의 처리가 법령에 위반되거나 공익을 현저히 해친다고 인정되면 시·도의 경우에는 주무부장관에게, 시·군 및 자치구의 경우에는 시·도지사에게 감사를 청구할 수 있도록 규정하고 있다. 주민감사청구의 요건으로서 청구인의 수는 시·도는 300명, 인구 50만 이상 대도시는 200명, 그 밖의 시·군 및 자치구는 150명 이내에서 그 지방자치단체의 조례로 정하는 수 이상의 주민이 연대 서명해야 한다.

감사결과의 처리와 관련하여 주무부장관이나 시·도지사는 감사결과에 따라 기간을 정하여 해당 지방자치단체의 장에게 필요한 조치를 요구할 수 있다. 이 경우 그 지방자치단체의 장은 이를 성실히 이행하여야 하고, 그 조치 결과를 지방의회와 주무부장관 또는 시·도지사에게 보고하여야 한다(제12항). 주무부장관이나 시·도지사는 제12항에 따른 조치 요구 내용과 지방자치단체의 장의 조치 결과를 청구인의 대표자에게 서면으로 알리고, 공표하여야 한다(제13항).

나아가 감사 청구한 사항과 관련하여 미흡한 부분이 있는 경우에는 주민이 직접 소송을 제기할 수 있도록 하고 있다.

(5) 주민소송

「지방자치법」 제22조 제1항은 공금의 지출에 관한 사항, 재산의 취득·관리·처분에 관한 사항, 해당 지방자치단체를 당사자로 하는 매매·임차·도급 계약이나 그 밖의 계약의 체결·이행에 관한 사항 또는 지방세·사용료·수수료·과태료 등 공금의 부과·징수를 게을리한 사항을 감사 청구한 주민은 그 감사 청구한 사항과 관련이 있는 위법한 행위나 업무를 게을리한 사실에 대하여 해당 지방자치단체의 장을 상대방으로 하여 소송을 제기할 수 있도록 하여 2006년부터 주민소송제를 도입하고 있다.

주민소송의 대상으로는 ① 주무부장관이나 시·도지사가 감사 청구를 수리한 날부터 60일이 지나도 감사를 끝내지 아니한 경우, ② 감사 결과 또는 조치 요구에 불복하는 경우, ③ 주무부장관이나 시·도지사의 조치 요구를 지방자치단체의 장이 이행하지 아니한 경우, ④ 지방자치단체의 장의 이행 조치에 불복하는 경우이다.

(6) 주민소환

주민소환제는 주민들이 선출직 공직자들의 직무를 임기 중간에 정지시킴으로써 지방자치단체의 문제를 직접 시정하려는 제도이다.

「지방자치법」(제25조 제1항)은 주민은 그 지방자치단체의 장 및 비례대표를 제외한 지방의회의원을 소환할 권리를 가진다고 규정하고 있다. 제25조 제2항은 주민소환의 투표 청구권자·청구요건·절차 및 효력 등에 관한 사항은 따로 법률로 정한다고 규정하여 2006년부터 주민소환에 관한 법률을 제정·운영하고 있다.

주민소환 투표의 청구와 관련하여 「주민소환에 관한 법률」 제7조 제1항은 주민소환투표 청구권자는 해당 지방자치단체의 장 및 비례대표가 아닌 지방의회의원에 대하여 주민의 서명으로 소환사유를 서면에 구체적으로 명시하여 관할 선거관리위원회에 주민소환투표의 실시를 청구할 수 있도록 규정하고 있다. 주민의 서명 요건은 당해 지방자치단체 주민소환투표 청구권자를 대상으로 시·도지사는 총수의 100분의 10 이상, 시장·군수·구청장은 총수의 100분의 15 이상이다. 지방의회의원은 당해 지방의회의원의 선거구 안의 주민소환투표 청구권자 총수의 100분의 20 이상이다. 주민소환투표는 선출직 지방공직자의 임기 개시일부터 1년이 경과하지 아니한 때, 임기만료일부터 1년 미만인 때, 해당 선출직 지방공직자에 대한 주민소환투표를 실시한 날부터 1년 이내인 때는 청구할 수 없다(제8조).

주민소환 투표권자 총수의 3분의 1 이상의 투표와 유효투표 총수 과반수의 찬성으로 주민소환은 확정되고(제22조 제1항), 주민소환이 확정된 때에는 주민소환 투표 대상자는 그 결과가 공표된 시점부터 그 직을 상실한다(제23조 제1항).

제6절　정부간관계론

1. 정부간관계의 의의

　정부간관계(intergovernmental relations)는 일반적으로 다양한 수준의 정부들 간에 형성되는 다양한 상호작용을 의미한다.

　라이트(Deil S. Wright)는 "연방과 주 및 지방정부 등 모든 유형과 수준의 정부단위들에 존재하는 공무원들 간에 이루어지는 유형화되고(patterned), 상호의 존적이며(interdependent), 교섭적인(bargained) 행태의 다양한 조합으로서 재정적·정책적·정치적 이슈를 특히 강조하는 개념"으로 정의한다.[34]

2. 정부간관계의 모형

　정부간관계의 대표적인 학자인 라이트(Deil S. Wright)는 정부간관계를 권한의 유형과 정부들 간의 기능적 관계를 기준으로 대등 권한형, 내포 권한형, 중복 권한형으로 구분한다.[35]

---

34) Deil S. Wright. (1988). Understanding Intergovernmental Relations(Third Edition), Pacific Grove, California: Books/Cole Publishing Company.

35) Deil S. Wright. (1988). Understanding Intergovernmental Relations(Third Edition), Pacific Grove, California: Books/Cole Publishing Company.

〈그림 12-3〉 Wright의 정부간관계 모형

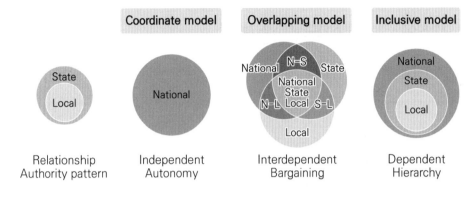

1) 대등 권한형(coordinate authority)

연방정부와 주정부는 개별적인 권한영역 내에서 대등한 권한을 갖고 독립적·
자율적으로 통치하며, 이해가 충돌하는 경우에는 연방대법원의 판단에 따른다.
지방정부는 주정부의 종속적인 창조물로서 주정부의 입법에 의해 명시적으로
부여된 권한만을 행사한다.

2) 내포 권한형(inclusive authority)

연방정부와 주정부, 지방정부 간의 관계를 계층적인 상하관계로 바라본다.
지방정부는 주정부에 종속되고, 주정부는 연방정부에 종속된다. 주정부와 지방
정부는 연방정부가 결정한 정책을 집행하는 단순 대리인의 지위를 지닌다.

3) 중복 권한형(overlapping authority)

연방정부와 주정부, 지방정부 간의 계층제적인 관계를 부정한다. 실질적인
정부운영 과정에서 서로 자신의 독립적 기능과 동시에 중첩적인 기능을 수행한
다. 정부수준들 간의 구체적인 권한 관계는 정부간 협상을 통해 설정된다.

3. 정부간 갈등 및 협력

1) 정부간 갈등

(1) 의의

정부간 갈등이란, 중앙정부와 지방자치단체, 지방자치단체 상호 간에 공적업무를 수행하는 과정에서 발생하는 각종 충돌을 의미한다.

정부간 갈등의 고유한 특징으로서는 첫째, 갈등의 당사자가 모두 '정부'단위이며, 둘째, 갈등의 내용이 주로 특정 지역의 이해관계와 관련된다는 점이다. 셋째, 비정부간 갈등에 비해서 갈등당사자 간의 상호의존관계(또는 긴장관계)가 겉으로 표면화되기 전부터 다소 강하게 잠복되어 온 경향이 있다.[36]

(2) 제도적 장치

정부간 갈등을 조정하기 위한 제도적 장치는 중앙행정기관과 지방자치단체 간 협의·조정과 지방자치단체 상호 간의 분쟁조정으로 구분할 수 있다.

첫째, 중앙행정기관과 지방자치단체 간 협의·조정에 관해 「지방자치법」 제187조는 중앙행정기관의 장과 지방자치단체의 장이 사무를 처리할 때 의견을 달리하는 경우, 이를 협의·조정하기 위하여 국무총리 소속으로 행정협의조정위원회를 두도록 규정하고 있다.

둘째, 지방자치단체 상호 간의 분쟁조정에 관해 「지방자치법」(제1165조~제167조)은 지방자치단체 상호 간 또는 지방자치단체의 장 상호 간에 사무를 처리할 때 의견이 달라 분쟁이 생기면 행정안전부 장관이나 시·도지사가 당사자의 신청을 받아 조정할 수 있으며, 그 분쟁이 공익을 현저히 해쳐 조속한 조정이 필요하다고 인정되면 당사자의 신청이 없어도 직권으로 조정할 수 있도록 규정하고 있다. 구체적으로 행정안전부에 지방자치단체 중앙분쟁조정위원회를, 시·도에 지방자치단체 지방분쟁조정위원회를 두고 있다.

---

36) 최진식. (2019). 정부간 갈등의 원인. 정정화 외. 「정부간관계론」, 경기: 대영문화사.

2) 정부간 협력

(1) 의의

정부간 협력의 대표적인 형태는 광역행정이다. 광역행정이란, 둘 이상의 지방자치단체의 구역을 대상으로 행정을 수행함으로써 능률성과 경제성, 효과성을 등을 제고하고, 지방자치단체 간의 문제를 해결하려는 것이다.

정부간 협력, 혹은 광역행정의 필요성은 다음과 같다. 첫째, 문제의 광역화이다. 환경문제, 교통문제, 상하수도 문제 등은 단일 지방자치단체가 관할구역 안에서 독자적으로 해결하기 어려운 특성을 지니고 있다. 둘째, 외부효과 문제와 지방자치단체 간 갈등의 심화이다. 한 지방자치단체가 생산한 서비스가 다른 지방자치단체의 주민들에게도 혜택을 주는 경우(긍정적 외부효과) 과소공급의 문제가 발생한다. 대비적으로 한 지방자치단체가 생산한 서비스가 다른 지방자치단체의 주민들에게 손해를 유발하는 경우(부정적 외부효과) 지방자치단체 간 갈등이 발생한다. 셋째, 독자적인 서비스 공급의 한계이다. 대규모 혹은 고도의 전문성이 요구되는 사업의 경우는 단일 지방자치단체 차원의 내부역량 및 재원조달의 한계, 기술적 전문성 부족 등으로 독자적인 사업추진이 어렵다.

(2) 제도적 장치

국가와 지방자치단체 간의 협력에 관해 「지방자치법」 제183조는 국가와 지방자치단체는 주민에 대한 균형적인 공공서비스 제공과 지역 간 균형발전을 위해 협력하여야 한다고 규정하고 있다. 관련된 제도적 장치는 다음과 같다.

첫째, 지방자치단체의 사무에 대한 지도와 지원이다(지방자치법 제184조). 중앙행정기관의 장이나 시·도지사는 지방자치단체의 사무에 관하여 조언 또는 권고하거나 지도할 수 있고, 지방자치단체의 장은 이와 관련하여 중앙행정기관의 장이나 시·도지사에게 의견을 제출할 수 있다. 국가나 시·도는 지방자치단체가 그 지방자치단체의 사무를 처리하는 데 필요하다고 인정하면 재정지원이나 기술지원을 할 수 있다.

둘째, 중앙지방협력회의의 설치이다(지방자치법 제186조). 국가와 지방자치단체 간의 협력을 도모하고 지방자치 발전과 지역 간 균형발전에 관련되는 중요

정책을 심의하기 위하여 중앙지방협력회의를 둔다고 규정하고 있다. 이에 근거하여 중앙지방협력회의의 구성 및 운영에 관한 법률이 2021년 6월 29일 국회본회의에서 의결되었으며, 2022년 1월 13일에 시행한다. 그간 비정기적으로 추진된 시도지사 간담회를 정례화하고 중앙－지방 간 소통과 협력을 제도화한 것이다.

지방자치단체 상호 간의 협력에 관해 「지방자치법」 제164조 제1항은 지방자치단체는 다른 지방자치단체로부터 사무의 공동처리에 관한 요청이나 사무 처리에 관한 협의·조정·승인 또는 지원의 요청을 받으면 법령의 범위에서 협력하여야 한다고 규정하고 있다. 관련된 제도적 장치는 다음과 같다.

첫째, 사무의 위탁이다(지방자치법 제168조). 지방자치단체나 그 장은 소관 사무의 일부를 다른 지방자치단체나 그 장에게 위탁하여 처리하게 할 수 있다.

둘째, 행정협의회의 구성이다(지방자치법 제169조). 지방자치단체는 2개 이상의 지방자치단체에 관련된 사무의 일부를 공동으로 처리하기 위하여 관계 지방자치단체 간의 행정협의회를 구성할 수 있다. 행정안전부 장관이나 시·도지사는 공익상 필요하면 관계 지방자치단체에 대하여 행정협의회를 구성하도록 권고할 수 있다.

셋째, 지방자치단체조합의 설립이다(지방자치법 제176조). 2개 이상의 지방자치단체가 하나 또는 둘 이상의 사무를 공동으로 처리할 필요가 있을 때에는 규약을 정하여 지방의회의 의결을 거쳐 시·도는 행정안전부 장관의 승인, 시·군및 자치구는 시·도지사의 승인을 받아 지방자치단체조합을 설립할 수 있다.

넷째, 지방자치단체의 장 등의 협의체이다(지방자치법 제182조). 지방자치단체의 장이나 지방의회의 의장은 상호 간의 교류와 협력을 증진하고, 공동의 문제를 협의하기 위하여 각각 시·도지사, 시·도의회의 의장, 시장·군수 및 자치구의 구청장, 시·군 및 자치구의회의 의장들로 구성된 전국적 협의체를 설립할 수 있고, 협의체 모두가 참가하는 지방자치단체 연합체를 설립할 수 있다.

다섯째, 특별지방자치단체의 설치·운영이다(지방자치법 제12장). 2개 이상의 지방자치단체가 공동으로 특정한 목적을 위하여 광역적으로 사무를 처리할 필요가 있을 때에는 특별지방자치단체를 설치할 수 있다. 이 경우 구성 지방자치단체는 상호 협의에 따른 규약을 정하여 구성 지방자치단체의 지방의회의 의결을 거쳐 행정안전부 장관의 승인을 받아야 한다. 특별지방자치단체의 구역은 구성 지방자치단체의 구역을 합한 것으로 한다. 다만, 특별지방자치단체의 사무가 구성 지방자치단체 구역의 일부에만 관계되는 등 특별한 사정이 있을 때에는 해당 지방자치단체 구역의 일부만을 구역으로 할 수 있다.

제13장

정보화 행정

제1절   전자정부의 개괄

1. 전자정부의 의의

우리나라는 지난 30, 40여 년간 국가사회 발전 동력으로 국가정보화를 체계적으로 추진한 결과, 세계 최고 수준의 ICT 인프라 확보와 인터넷 이용의 확산 및 경제, 사회 전반의 ICT의 영향력 확대 등 괄목할 만한 성과를 거두었다. 현재 국내 스마트폰 가입자 수가 전체 인구 수보다 많은 1인 1스마트폰으로 모바일 인터넷 이용이 보편화 되었으며, 인터넷 경제의 비중도 2010년대 초반 GDP의 7−8%에서 2010년대 후반으로 접어들면서 15% 수준으로 점차 확대되었다. 또한 우리나라 국가정보화의 추진성과를 국제적 ICT 평가지표로 살펴보면, 전자정부발전지수(UN), 온라인 참여지수(UN), IT발전지수(ITU) 등에서 지속적으로 세계 1위를 유지해 오고 있다.

각 국의 정부는 세계화 속에서 생존하기 위한 필연적인 전략으로서 국가정보화를 주도하고자 하는 다양한 노력을 기울이고 있다. IT활용이 일반화된 90년대 이후, 모든 국가들은 국가 전략의 핵심을 정보화에 두고 다양한 정보화사업을 위한 정책을 추진하고 있다. 정보사회의 핵심 요소인 전자정부는 정보통신기술을 활용함으로써 더욱 효율적인 행정관리와 더욱 질 높은 행정서비스를 제공할 수 있는 시스템을 구축하는 것으로, 모든 국가에서 그 필요성을 인식하고 구체적으로 실천에 옮기고 있는 상황이다. 전자정부의 논의는 이러한 정보화의 필요성이 구현된 하나의 중요한 사례가 되고 있다. 전자정부는 정부 업무 프로세스와 공무원의 일하는 방식을 효율화·투명화시킴으로써, 대민 서비스를 향상시키고 광범위한 참여를 유도하는 전략으로서, 선진행정에 있어 핵심적인 위치를 차지한다(정부혁신지방분권위, 2008).

전자정부법에서는 전자정부를 "정보기술을 활용하여 행정기관의 사무를 전자화함으로써 기관 상호간 또는 국민에 대한 행정 업무를 효율적으로 수행하는 정부"로 규정하고 있고, 미국 전자정부법(E-Government Act of 2002)(제3601조)에서는 "국민, 단체 및 기타 정부기관들에 대한 정부 정보 및 서비스의 접속 및 제공의 질 향상, 또는 효과, 효율성, 서비스질 또는 변혁 등 정부 업무의 개선을 도모할 목적으로 일정한 관련 절차를 거쳐 웹기반 인터넷 프로그램과 기타 정보기술을 이용하는 것"으로 정의되고 있다.

전자정부는 산업사회의 정부실패와 관료제의 역기능에서 발생하는 문제를 해결하기 위해 추진된다. 따라서 그 이념은 선진행정이 지향하는 핵심적인 가치를 포함하고 있으며 다음과 같이 요약된다(정부혁신지방분권위, 2008).

첫째, 대민 서비스의 향상이다. 대민서비스는 대부분의 민원 및 기업과 관련된 업무를 행정관청을 방문하지 않고도 처리할 수 있도록 함으로써, 행정 서비스의 수준을 제고하고 기업의 경쟁력을 향상시키는 데 목표를 두고 있다. 민원 업무의 온라인화, 기업의 경쟁력 강화, 관청 방문화수 및 증명서 발급건수의 감축, 전자정부 활용률 제고는 대민서비스의 향상에 있어 주요 지표라고 할 수 있다(참여정부의 전자정부, 2008).

둘째, 행정의 효율성 제고이다. 행정 효율성은 모든 행정업무를 전자화하고 정보공유를 확대하는 한편, 정보자원을 통합관리하여 실시간 행정을 가능하게 함으로써, 비용, 인력 및 시간을 절감해 준다. 이를 위하여 인사·재정·감사·조달 등 기관 공통업무의 전자적 연계, 종이 문서대장의 완전 전자화, 행정정보 공유 및 공동활용, 그리고 H/W 및 S/W 등 정보자원의 통합적 관리 등이 중요하다(정부혁신지방분권위, 2008).

셋째, 행정의 민주성 및 참여증진이다. 행정의 민주성은 "국민을 위한 정부" 이상으로 "국민에 의한 정부"라는 참여요소를 강조하고 있다. 즉, 행정정보의 능동적·개방적 제공으로 정책참여를 활성화하고, 개인정보에 대한 자기통제권을 강화하는 등 프라이버시를 보호함으로써 민주성을 제고시키는 것이 목표이다. 이와 아울러 전자적 참여를 통해, 현재의 여론조사 수준에 머물러 있는 국민의 참여를 보다 능동적으로 발전시키고 국민과 정부 사이에 건전한 파트너 관계를 형성토록 하는 것이 요구된다(정부혁신지방분권위, 2008).

2. 디지털 거버넌스

정보화는 시대의 거스를 수 없는 큰 흐름으로 민간 부문은 물론 공공 부문에서도 지속적으로 확대되어 왔다. 현대 사회에서 정보통신기술의 활용은 대부분의 사회 영역에서 필수불가결한 요소가 되었다. 이는 정보통신기술의 활용이 여러 가지 긍정적 효과가 있을 것으로 기대되기 때문에 정보화의 확산은 지속적으로 이루어지고 있다. 따라서, 공공 부문에서도 효율성 제고, 투명성 제고, 민주성 제고, 정부 신뢰 제고 등의 목적으로 정보화를 꾸준히 추진하고 있다.

공공부문에서의 정보화가 고도화됨에 따라 최근에 전자정부에서 전자 거버넌스로 그 개념이 확대되고 있다. 김성태(2003)에 의하면 전자정부는 초창기 효율성을 강조하는 관료모형 전자정부에서 점점 다양한 사회주체로 구성된 네크워크에서의 민주성과 투명성을 강조하는 거버넌스형 전자정부로 진화한다고 한다. 이러한 인식하에, 그는 거버넌스형 전자정부와 정보통신기술을 활용하여 정부의 정책결정과정에 시민의 적극적인 참여가 가능한 다원사회형 전자 민주주의의 융합으로 전자 거버넌스를 정의하고 있다. Riley(2003)는 전자 서비스 전달, 전자 워크플로우, 전자 투표, 전자적 생산성 등을 전자정부로 규정하는 반면 전자협의(e-consultation), 전자통제(e-controllership), 전자참여(e-engagement), 네트워크화된 사회적 감독(networked societal guidance) 등을 전자 거버넌스로 정의하고 있다.

디지털 거버넌스(digital governance)의 개념[1]은 거버넌스의 개념과 정보통신기술이라는 개념이 조합된 것이라 할 수 있다. 즉, 통치(governing)의 핵심 활동영역과 방식으로서의 거버넌스와 수단으로서의 정보통신기술이 결합된 것이 디지털 거버넌스이다. 따라서, 디지털 거버넌스란 공공서비스 전달과정과 투명한 의사결정과정에서 정보통신기술을 통한 공공부문과 민간부문간의 상호작용으로 간략하게 정의할 수 있다.

디지털 거버넌스의 개념적 모형은 <그림 13-1>과 같이 나타낼 수 있다. <그림 13-1>에서 보는 바와 같이, 디지털 거버넌스의 궁극적인 목표는 시민의 삶의 질을 향상시키는 데 있다. 정부는 물론이고 사회 전체의 경제성, 능률

---

1) 디지털 거버넌스의 개념과 디지털 거버넌스 모형에 대한 제 설명은 노승용(2009: 137-138)에서 재인용.

성, 형평성, 민주성을 제고함으로써 디지털 거버넌스의 궁극적인 목표인 시민의 삶의 질을 극대화 할 수 있는 것이다. 이와 같은 목적을 달성하기 위하여 정부와 민간부문이 상호작용하는 영역과 더불어 이러한 상호작용이 효율적으로 이루어질 수 있도록 하기 위한 환경적 영역으로 디지털 거버넌스는 구성되어 있다.

〈그림 13-1〉 디지털 거버넌스의 개념적 모형

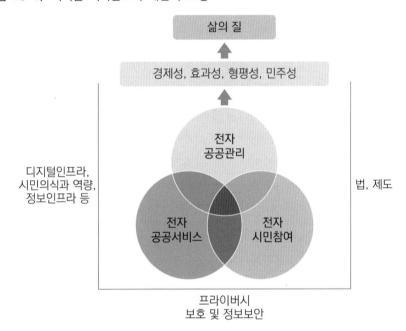

자료: 노승용, 2009.

정부와 민간부문의 상호작용 영역은 크게 디지털 공공관리(digital public management), 디지털 공공서비스(digital public service), 디지털 시민참여(digital citizen participation)로 구분해 볼 수 있다. 디지털 공공관리가 백 오피스(back office)에 해당한다면, 디지털 공공서비스와 디지털 시민참여는 프론트 오피스(front office)에 해당한다. 디지털 공공관리는 정보통신기술을 활용하여 정부의 운영과 관리를 효율적으로 이루어내자는 것을 의미하며, 디지털 공공서비스는 정보통신기술을 활용하여 시민들에게 정부가 제공하는 다양한 공공서비스를 신속하고 편리하게 제공하는 데 초점을 두는 것이라 할 수 있다. 디지털 시민참여는 정보통신기술을 활용하여 거버넌스 과정에서 시민들에게 다양한 정보를 제공하고 참여를 유도하여 시민들의 자문(consultation)과 심의(deliberation)를 통해 투명한 민주적 의사결정을 이루어 내는 데 초점을 두고 있다.

디지털 공공관리, 디지털 공공서비스, 디지털 시민참여의 영역에서 정부와 민간부문의 효율적이고 민주적인 상호작용이 가능하기 위해서는 환경적 요인이 제대로 이루어져 있어야 한다. 그러한 환경적 요인으로 디지털 인프라, 프라이버시 보호와 정보보안, 그리고 법·제도 등을 들 수 있다. 디지털 인프라란 보다 나은 인터넷 환경을 비롯한 기술적 정보통신환경과 더불어 이를 활용하는 시민들의 정보격차(digital divide)가 해소된 높은 수준의 시민들의 의식과 역량을 포함하는 환경적 요소이다. 프라이버시 보호와 정보보안은 정부와 민간부문이 안심하고 안전하게 상호작용할 수 있도록 해 주는 최소한의 기술적인 환경 영역이며, 법·제도는 정보통신기술을 활용한 정부와 민간부문 간의 상호작용을 뒷받침해주는 근거가 되는 환경적 요인이다.

디지털 거버넌스는 잘 갖추어진 환경에서 정부와 민간부문이 정보통신기술을 통해 장애 없이 원활하게 상호작용을 할 때 그 궁극적인 목표인 시민의 삶의 질을 향상시킬 수 있는 것이다. 즉, 디지털 거버넌스에서 전자 시민참여는 정보공개를 통해 정부의 투명성을 향상시켜 민주성을 높일 뿐만 아니라 다양한 의견을 청취하여 정책품질을 제고할 수 있으며, 결과적으로 정부의 신뢰를 높이며 정부 경쟁력을 강화하는 중요한 수단으로 여겨지고 있다.

제2절 국가정보화 발전 과정

한국의 국가 정보화 추진의 변화 과정을 요약하면 <표 13-1>과 같다.

〈표 13-1〉 국가 정보화 추진의 변화 과정

구분	도입기	성장기		성숙기
	1987-1994년	1995-2000년	2001-2007년	2008년-현재
목표	기본 DB구축	ICT 기반 구축 및 인터넷 이용 확산		ICT 활용 고도화
수단	자동화 · 효율화	네트워킹 생산성 향상		융합서비스 혁신
주요계획	국가기간전산망	정보화촉진기본계획, Cyber Korea 21	e-Korea Vision 2006, U-Korea 기본계획	국가정보화기본계획
전자정부		부처별 정보화 / 시군구별 행정 종합정보화	전자정부 11대 과제, 정자정부 31대 과제	스마트전자정부 정보자원 통합
정보기반		초고속 정보통신망		광대역 통합 Wibro, RFID/USN, DMB, IPTV

자료: 2013, 국가정보화 백서

국가정보화의 큰 틀에서 한국 전자정부의 추진과정은 태동기, 기반조성기, 착수기, 성장기, 성숙기로 나누어 정리할 수 있다.

<표 13-2> 한국 전자정부의 추진 연혁

단계	시기	구분	주요 추진내용
전자정부 태동기	1978 ~ 1987	행정전산화 추진	제1·2차 행정전산화 사업(1978 ~ 1986)
	1987 ~ 1996	행정전산망 구축	제1·2차 국가기간전산망사업(1987 ~ 1996)
전자정부 기반조성기	1996 ~ 2000	정보화 촉진	초고속정보통신기반 구축(1995~2005): 전국 144개 지역 광전송망 구축 단위업무 또는 기능별 정보화 추진: 조달, 여권, 특허, 관세 등 정보화
전자정부 착수기	2001 ~ 2002	전자정부 11대 과제	전자민원, 전자조달 등 범부처 11대 과제 단위업무 간 부문적·제한적 연계
전자정부 성장기	2003 ~ 2007	전자정부 31대 과제	다수 부처 중심의 전자정부 31대 과제 추진 전자정부법 개정(2007. 1)
전자정부 성숙기	2008 ~	통합·연계 확대	활용 및 통합 중심의 전자정부 추진 연계·통합 대상기관 확대: 행정기관, 공공기관, 일부 민간기관 등 국가정보화 및 전자정부 추진체계 일원화

자료: 2010, 국가정보화 백서.

여기에서는 한국 전자정부 추진 과정을 태동기, 기반조성기(<표 13-2>의 전자정부 기반조성기와 착수기), 성장기, 고도화의 4단계로 나누어 볼 수 있다.

1. 제1단계: 전자정부 태동기

첫 단계는 전자정부 태동기(1987~1996)로 국가기간 전산망 사업에 초점을 둔 시기이다. 1970년대 석유파동을 겪은 선진국가가 채택한 신공공관리 이념과 가치는 작고 효율적 정부를 지향하는 국가정보화의 추진동기가 된다. 제I단계(1987~1996)의 비전과 목표는 대처나 레이건정부의 시장 지향적 감축관리(cutback management)로서 공공서비스 생산 및 공급방법의 개선, 국민 편의성 증진, 국가경쟁력 제고이다.

1986년 '전산망 보급 확장과 이용 촉진에 관한 법률'을 제정하여, 대통령 직속으로 전산망조정위원회(위원장: 대통령 비서실장, 위원: 각 부처 차관)를, 그리고

체신부산하로 한국전산원을 설치하여 국가기간 전산망 사업을 실시하였다. 제1
차 전산망 사업(1987~1991년)에서는 행정, 금융, 교육·연구, 국방, 공안 등 5대
전산망사업이 추진되었고, 그 중 행정 전산망에는 주민등록 관리, 부동산 관리,
자동차 관리, 통관 관리, 고용 관리 및 통계 관리 등 6대 사업이 포함되었다. 제
2차 전산망 사업(1992~1996년)에서는 국민복지, 우체국 종합서비스, 기상정보 관
리, 해상화물 관리, 지적재산권정보 관리, 물품목록 관리 및 어선관리 등 7개 업
무를 전산화하였다(정부혁신지방분권위, 2008).

〈표 13-3〉 행정전산망 6대 사업 주요 내용

주관	대상업무	주요내용
내무부	주민등록관리	주민등록업무, 민방위 등 일선지원업무, 주민등록·초본 등 증명 발급, 통계보고
	부동산관리	토지이용, 소유권 및 등급 변동, 제 증명 발급, 지적통계 관리, 정책자료 출력
교통부	자동차관리	자동차 등록, 자동차 검사 및 정비, 제 증명 발급, 각종 통계 및 정책자료 제공
관세청	통관관리	수출·입 신고·검사, 제 세금 수납관리, 보세운송화물관리, 보세장치장 반·출입관리
노동부	고용관리	취업 알선, 사업장 관리, 작업지도
통계청	통계관리	물가, 인구 등 20개 부문 통계관리, 통계정보검색, 통계수치를 이용한 비율 자동계산

자료: 정부혁신지방분권위원회, 2008.

2. 제2단계: 전자정부 기반 조성기

한국 전자정부의 제2단계는 1996년부터 2000년까지의 시기로 문민정부의 초
고속정보통신망 사업 및 부처·기관별 정보화를 추진하던 시기이다.

제Ⅱ단계는 작고 효율적인 정부를 위한 혁신 기조 위에 글로벌화와 시장개
방, 초고속통신망사업을 통하여 인터넷 보급으로 국가정보화를 사회적으로 확산
하는 시기이다. 1993년 미국 클린턴정부의 정보고속도로(NII), 일본의 신사회자

본계획, 유럽연합의 범유럽통신망(TEN) 사업에 영향을 받아 김영삼대통령은 1994년 말 정보통신부 신설과 초고속정보통신망사업을 강력하게 추진한다. 정치사회적 민주화 분위기와 더불어 시민사회 운동이 활성화되고, 언론은 "산업화는 늦었으나, 정보화는 앞서 가자"는 사회 캠페인을 촉진하였으며, 대학과 직장들은 정보화교육과 경연대회를 개최하는 등 사회 전반에 정보화 분위기가 확산되었다.

김영삼 정부는 1994년 말에 단행된 정부부처 개혁에서 체신부를 정보통신부로 개편하였다. 또한 1995년 제정된 '정보화촉진기본법'에 따라 정보화촉진기금의 설립근거가 마련되었으며, 정보화촉진기본계획이 수립되었다. 정보화촉진기본계획은 10대 중점과제를 포함하고 있었는데, 여기에는 작지만 효율적인 전자정부구현, 교육 정보화 기반 구축, 지식기반 고도화를 위한 학술연구정보 이용 환경 조성, 산업 정보화를 통한 기업 경쟁력 강화 등이 있다. 이러한 과제를 보다 효과적으로 추진하기 위해서, 국무총리를 위원장, 각 부처 장관(급)을 위원, 국무조정실장을 실무위원장, 정보통신부장관을 간사로 하는 정보화추진위원회를 구성하였으며, 그 산하에 22개의 분과위원회를 두어 부문별 정보화를 추진하도록 하였다(정부혁신지방분권위, 2008).

이 시기의 대표적인 사업으로는 온라인을 통해 특허 신청 · 접수 및 수수료 납부 등을 처리하는 특허넷 시스템(KIPONET), 불법 · 부정 교역행태를 관리하고 수출입 업계의 물류비용을 절감하는 관세행정 정보시스템, 항만물류를 원스톱으로 관리하기 위한 수출입 화물 일괄처리 시스템 등이 있다. 이러한 과제들은 지속적인 유지 · 보완을 거침으로써, 대민서비스와 행정 효율성을 제고시키는 데 크게 기여하였다. 1993년에는 '초고속 정보통신기반 구축 기본계획'을 수립하였으며 1994년부터 초고속 정보통신망 사업을 추진하였다. 이를 통하여 구축된 세계 최고 수준의 정보통신 네트워크 인프라는 전자정부 사업이 보다 고도화될 수 있는 튼튼한 기반으로 작용하였다(정부혁신지방분권위, 2008).

제Ⅱ단계에서 국무총리가 위원장인 정보화추진위원회에서 실무 간사인 정보통신부가 주도하는 정보화촉진기본계획의 틀 속에서 전자정부가 추진된다. 그러나 대통령제하에서 국무총리 역할이 제한적이고, 정보통신부도 전자정부를 주도할 충분한 권한이 부족한 상태에서 부처 간 연동을 위한 조정역량은 제한되었다. 다만 정보통신부는 자신이 관리하는 정보화촉진기금을 타 부처의 정보화사업에 인센티브 시스템으로 활용하고 한국전산원의 기술지원역량을 활용하였다. 따라서 제Ⅱ단계 전자정부는 부처 간 수평적 파트너십에 의존하는 분권적, 내부 주도적인 형태로 추진된다.

제Ⅱ단계는 1997년 말에 발생한 IMF 경제위기와 수평적 정권교체를 통하여 집권한 김대중정부의 시장경제 부흥과 민주주의 진전이라는 시대적 요구를 반영하고 있다. 전통 산업의 실패인 경제위기의 대안으로 벤처산업정책을 통하여 정보기술의 사회적 응용을 확산시키고, 경제위기 이후 4대 부문 구조조정의 완료시점에 새로운 전략으로 채택되었다. 즉 정부축소와 인력감축, 민영화 등 하드웨어적 구조조정에 수반되는 국민적 피로감과 이해당사자의 저항을 최소화하면서 정부의 생산성과 대민 서비스를 향상시키는 국면전환용 정부개혁 프로그램으로 채택되었다.

IMF 경제위기 직후 출범한 김대중 정부는 공공부문 구조조정이 어느 정도 마무리 된 2000년 말부터 전자정부사업에 본격적인 관심을 기울이기 시작하였다. 이를 위하여 정보화 추진위원회라는 법정기구 이외에도, 전자정부특별위원회와 정보화전략회의를 대통령 직속으로 신설하여 가동하였는바, 이는 기존의 '정보화'라는 국무총리 의제를 '전자정부 및 IT 전략산업화'라는 대통령 의제로 격상시키기 위한 조치였다라고 평가될 수 있다(정부혁신지방분권위, 2008).

제Ⅱ단계의 제1차 전자정부(2001－2002)는 21세기 세계 일류국가 도약을 비전으로 최고수준의 대민 서비스 제공, 생산성과 투명성의 극대화, 최적의 기업활동 제공, 그리고 정보인프라의 안전성과 신뢰성을 목표로 정하였다.

3. 제3단계: 전자정부 성장기

한국 전자정부 추진의 3단계는 전자정부 고도화의 시기이다.

노무현 정부는 세계 최고의 열린 전자정부 구축을 비전으로, 서비스 전달혁신을 통한 네트워크 정부 구축, 행정 효율성과 투명성향상을 통한 지식정부 구축, 진정한 국민주권을 실현하는 참여정부 구축을 목표로, 정보화와 정부혁신의 연계, 수요자 중심의 사업추진, 성과목표 설정 및 단계별 성과관리, IT산업 육성 전략을 수립하였다.

전자정부특별위원회는 대통령자문 정부혁신추진위원회의 특별위원회로서 설치되었으며, 민간 위원장하에 대통령 비서실·관련부처 차관 등 정부위원과 민간위원으로 구성되었다. 동 위원회는 부처 간 총괄조정 기능을 통해, 종전에는 시도조차 하기 힘들었던 타 부처 관련 사업을 적극 발굴·추진하였는바, 그 중요한 결과중의 하나가 11대 전자정부 과제의 선정이다. 이러한 전자정부특별위원회의 11대 과제는 각 부처 정보화촉진 시행계획에 반영되어 정보화추진위원회에 상정되었다. 2002년 2월에는 '전자정부 구현을 위한 행정업무 등의 전자화 촉진에 관한법률이 제정되면서 범정부적이고 종합적인 전자정부 추진을 위한 법률'이 제정되면서 범정부적이고 종합적인 전자정부 추진을 위한 법·제도적 기반을 새롭게 하였다(정부혁신지방분권위, 2008).

제Ⅲ－1단계에서 대통령의 높은 관심과 지원 속에 외부전문가들이 의제도출과 사업집행 점검 및 조정을 주도했다. 전자정부를 다 부처 업무프로세스 혁신으로 확대하는데 기술적 전문성은 물론, 부처 간 중립성이 요구되기 때문이다. 제Ⅲ－2단계인 노무현정부는 전자정부 로드맵 과제 발굴 및 확정은 전문성과 부처간 중립성에 의존하는 전자정부위원회의 외부전문가들이 주도하였지만, 집행은 책임성과 기술성 차원에서 행정자치부의 총괄 하에 부처별로 시행하였다. 즉 제Ⅲ－1기 전자정부는 과제 발굴에서 종료까지 전자정부특별위원회가 점검·조정하는 것과 달리, 제2기 전자정부는 과제 발굴은 전자정부특별위원회가, 집행은 행정자치부 총괄하에 각 부처가 수행하는 분권적 형태로 추진되었다.

11대 전자정부 과제는 부처간 통합 및 연계를 지향하는 프로젝트로서, 2002년 말까지 추진하였다. 11대 전자정부 사업은 대통령의 강력한 리더십을 바탕으로, 대민·대기업 서비스혁신을 향상시키고 행정내부의 효율성·투명성을 제고시키는데 기여하였다. 특히, 업무 프로세스 혁신, 정보기술 활용, 추진체계 정립, 자원 배분 및 활용 등에 있어서, 많은 접근방법, 지식 및 교훈을 학습하는 중요한 계기가 되었다. 이러한 경험은 이후 참여정부가 단절 없는(seamless) 통합 및 연계 등 전자정부의 사업방향을 설정하고, 추진체계를 모색하는데 소중한 기반이 되었다(정부혁신지방분권위, 2008). 그리고 2005년 다부처중심의 31대 과제를 선정하여 추진하였다.

4. 제4단계: 전자정부 고도화

2008년 8월 신 정부의 국정비전과 국정과제 추진 지원을 위해 2008년 6월 전자정부 중점 추진과제를 선정하였다. 당시 신 정부의 전자정부 중점 추진과제는 대부분이 다수부처 간 정보 연계 및 공동 활용을 통해 정부행정업무의 효율성 및 국민·기업의 편의 제고에 초점이 맞춰져 있다. 2008년도는 선 프로세스 개선 후 시스템 구축 전략에 따라 전자정부 통합 서비스, 기업경쟁력 지원, 국가 EA 수립 등 신규 중점 추진과제에 대한 BPR/ISP 수립에 역점을 두었다. 또한 이전 정부에서 추진해 오던 전자정부 31대 로드맵 과제(2003~2007) 중에서 적용기관, 정보연계 범위 등의 측면에서 완성도 제고가 필요한 온나라시스템 고도화 및 확산, 형사사법통합정보망 추가 개발, 비밀관리시스템 확산 등 5개 사업(533억 원)도 함께 추진하였다(국가정보화백서, 2009).

1) 모바일 전자정부

스마트폰, 태블릿PC 등 모바일 환경 급속 확산 및 IT기술의 지능화·스마트화의 환경에서 스마트폰 등 모바일 중심의 스마트시대를 선도하고, 정부의 대국민 소통 활성화 및 일하는 방식의 선진화로 행정 효율성을 도모하고, 세종시 이전에 따른 행정의 비효율성 극복을 위해 거주지 주변 또는 출장지에서도 사무실과 동일한 정보시스템 등 업무환경을 제공하고 업무연속성을 확보하기 위하여 한국에서는 모바일 전자정부를 추진하여 왔다(관계 법령: 전자정부법 제32조 전자적 업무수행 등, 전자정부법 제18조 유비쿼터스 기반의 전자정부서비스 도입·활용).

이를 위하여 범정부 활용 모바일 공통기반 구축 및 보안을 강화하였다. 각 부처 및 지자체에서 모바일 서비스 구축 시 활용 가능한 단말기 관리, 인증, 암호화 등의 보안기능과 Push등 부가기능을 포함하는 모바일 공통기반을 구축하였다. 뿐만 아니라, 범부처 공동 활용 행정업무용 서비스를 모바일 서비스로 단계적 확대 추진하고 있다.

〈그림 13-2〉 모바일 전자정부 체계

모바일 전자정부를 추진하기 위한 한국 정부의 노력을 정리하면 <표 13-4>와
같다.

〈표 13-4〉 한국의 모바일 전자정부 추진 과정

시기	내용
'10. 12	"모바일 전자정부 기본계획" 수립
'11. 3~6	"모바일 전자정부 서비스 정보 전략 계획(ISP)" 수립
'11. 8	"모바일 전자정부 서비스 중장기 추진계획" 수립
'11. 9~12	모바일서비스(대국민 9종, 행정업무 14종) 구축
'12. 5	모바일 전자정부 공통기반 및 지원센터 시스템 개통
'11. 9~'12.5	모바일 전자정부 관련 지침·가이드라인 7종 마련
'12. 2~11	모바일 전자정부 공통기반 국정원 보안적합성 검증 완료
'12. 11	모바일서비스(재산세 등 행정업무 4종) 1차 구축 완료
'13. 3	모바일서비스(업무포털 등 행정업무 12종) 2차 구축 완료
'13. 4	모바일 전자정부 공통기반 본격 운영

2) U-Service

급변하는 기술발전과 다양한 국민들의 니즈(Needs)에 대응하기 위해서는 언

제 어디서나 접속 가능한 맞춤형 행정서비스로의 진화가 필요함과 아울러 IT신기술을 복지·환경·안전관리 등 생활 밀착형 공공서비스에 접목하여 정부업무 효율화와 동시에 국민에게 보다 편리한 행정서비스 제공이 필요하게 되었다. 따라서, 한국 정부는 유비쿼터스·스마트기술 등 IT신기술을 재난관리·환경·복지·환경 등에 적용하여 국민생활에 밀접한 공공서비스 개선 및 국가현안해결을 지원하며, u-서비스 표준모델을 개발하고, 우수모델을 선정·확산함으로써 최신 IT신기술의 공공수요를 창출하고자 u-service를 추진하였다.

2008년 3월 100대 국정과제(세계일류 IT인프라 및 u-Korea 구현)로 선정된 후 u-service는 2009년 1월 정부의 17대 신성장 동력산업(IT융합시스템)으로 지정되었고 5월에는 그린IT 국가전략(녹색성장위, '09. 5)에 포함되었다. 2009년 12월 「전자정부법」이 개정되어 시범사업 추진근거가 마련되었고, 2010년 1월 국가정보화전략위원회의 핵심 아젠다(안전한 사회)로 지정되었다. 2012년 1월 기존 2개 사업('u-기반 공공서비스 촉진사업'과 '지역기반 u-서비스 지원'사업)을 '유비쿼터스 기반 공공서비스 촉진사업'으로 통합하였다.

주요 내용으로는 첫째, 유비쿼터스 기반 공공서비스 선도모델 개발 및 확산이다. 이는 최신 정보통신기술을 국민생활과 밀접한 공공서비스(행정, 생활안전·재난, 건강, 복지, 환경 등)에 접목하기 위한 신규 서비스 모델 개발과 시민 만족도가 높고 객관적 성과가 입증된 우수 서비스 모델을 발굴하여 전국 확산이 가능하도록 표준 모델화하는 내용을 담고 있다. 둘째, 유비쿼터스 기반 공공서비스 활성화이다. 여기에는 u-서비스 표준 가이드라인 및 공동 활용체계 마련, u-서비스 수요조사·분석, 과제심의·점검 등 사업관리, 우수모델 홍보, 국가간 협력, 해외진출 등 홍보 및 행사 개최 등이 포함되어 있다.

보다 구체적으로, RFID를 활용한 국가물품관리 및 수입화물관리 등을 통해 행정비용 절감을 위하여, RFID기반 해상화물통관, RFID기반 국가물품관리, u-도서관서비스 등이 추진되었다. 또한, 대국민 재난 전파시간 단축, 화재·응급환자 등 119신고 시 빠른 상황판단과 출동으로 국민의 안전 확보에 기여하기 위하여, 119다매체신고, 모바일 국가재난안전센터, 소방현장 영상서비스 등이 수행되었다. 그리고, 농어업 기술 선진화를 통해 농어업 경영비를 절감하고 낙후된 전통시장 환경을 개선하는 등 소상공인 경제활동을 지원하기 위하여, 선진 전통시장 환경구축, u-IT기반 양식장, 음파활용 위해동물 퇴치서비스 등을 추진하였다. 더불어, 환경오염원에 대한 체계적 관리 및 실시간 기상정보 수집환경 구축으로 기후변화에 대비하기 위하여 GPS기반 폐기물관리, RFID기반 음식물쓰레기통합관리, USN기반기상해양통합관측 등이 추진되었다.

3) 정부 3.0

정부 3.0이란 정부가 보유한 공공 정보를 적극적으로 개방하여 국민과 공유하고, 정부 부처 간 소통을 가로막던 칸막이를 걷어내어 서로 협력함으로써 국민 맞춤형 서비스를 제공하고, 일자리 창출과 창조경제를 지원하는 새로운 정부 운영 패러다임을 의미한다. 정부 3.0 패러다임 하에서 정부의 일하는 방식과 공공 서비스는 다음과 같이 변화한다. 즉, 정부 3.0 패러다임은 첫째, 공공정보의 개방과 공유, 정부·국민 간의 소통과 협력을 확대, 둘째, 국민 개개인의 행복에 초점을 두어 맞춤형 서비스 제공, 셋째, 민간의 창의와 활력이 증진되는 혁신 생태계 조성, 넷째, 부처 간 칸막이를 뛰어넘는 통합형 정부운영 지향, 다섯째, 정부가 직접 개입하지 않고, 민간의 능동적 참여를 유도하는 플랫폼 정부를 의미한다. 정부 3.0의 의미를 보다 명확히 하기 위하여 정부 운영 패러다임의 변화 방향을 정리하면 <표 13-5>와 같다.

〈표 13-5〉 정부 운영 패러다임의 변화 방향

구분	정부 1.0	정부 2.0	정부 3.0
운영 방향	정부 중심	국민 중심	국민 개개인 중심
핵심 가치	효율성	민주성	확장된 민주성
참여	관 주도 · 동원 방식	제한된 공개 · 참여	능동적 공개 · 참여 개방 · 공유 · 소통 · 협력
행정 서비스	일방향 제공	양방향 제공	양방향 · 맞춤형 제공
수단(채널)	직접 방문	인터넷	무선 인터넷 스마트 모바일

정부 3.0의 목표를 달성하기 위하여 투명한 정부, 유능한 정부, 서비스 정부라는 세 가지 전략을 수립하고, 구체적으로 8가지 과제를 설정하고 있다.

정부 3.0의 첫 번째 전략은 투명한 정부로 이 전략에는 공공정보 적극 공개로 국민의 알권리 충족, 공공데이터의 민간 활용 활성화의 과제가 포함되어 있다. 두 번째 전략은 유능한 정부인데 이 전략에는 정부 내 칸막이 해소, 협업·소통 지원을 위한 정부 운영 시스템 개선, 빅데이터를 활용한 과학적 행정 구현의 과제가 포함되어 있다. 마지막으로 세 번째 전략은 서비스 정부로 이 전략에는 수요자 맞춤형 서비스 통합 제공, 창업 및 기업 활동 원스톱 지원 강화, 정보 취약계층의 서비스 접근성 제고, 새로운 정보기술을 활용한 맞춤형 서비스 창출 등의 과제가 포함되어 있다. 이를 정리하면, <표 13-6>과 같다.

〈표 13-6〉 정부 3.0의 3대 전략과 8대 핵심과제

3대 전략	8대 핵심과제
국민맞춤형 서비스 정부	• 찾아가는 서비스 및 사각지대 해소 • 개인 맞춤형 통합 서비스 제공 • '민간참여'로 서비스 전달체계 혁신
일 잘하는 유능한 정부	• 클라우드 기반의 지능정부 구현 • 협업과 소통을 통한 정부 정책역량 제고 • 빅데이터를 활용한 과학적 행정 구현
국민에게 믿음을 주는 투명한 정부	• 정보공개제도 전면 재정비 • 공공데이터의 민간활용 기반 혁신

전자정부의 관점에서 정부 3.0을 살펴보면, 공공데이터의 개방 및 활용이 매우 중요한 주제이다.

공공데이터의 개방과 공유라는 관점에서 정부 3.0의 소통하는 투명한 정부에서 추진한 정보의 적극 공개이다. 정보공개법 개정 등 법·제도·시스템적 기반을 마련하고, 기관별 대대적 공개 추진으로 사전정보공표의 양이 85,752건으로 대폭 증가한 점은 긍정적으로 판단된다. 즉, 의료비·어린이집 등 정보를 공개하여 국민의 일상생활에 도움을 주고, 지자체 행사·축제원가 등을 공개하여 정부 투명성 제고에 기여한 점은 정부 3.0의 긍정적인 노력으로 판단된다. 그럼에도 불구하고, 기관별 정보공개의 인식 및 양적 편차가 존재하며, 국민생활에 파급효과가 큰 실질적인 내용의 공개가 부족하였다는 점은 정보 공개의 한계로 지적

되고 있다. 따라서, 기관별 정보공개의 양적·질적 편차를 해소하고, 정보공개의 성과를 국민이 체감할 수 있도록 내용·방법 등을 개선하는 방향으로 발전시킬 필요가 있다.

또한, 소통하는 투명한 정부에서는 데이터 개방·활용 활성화가 강조되고 있다. 데이터법을 제정하고, 데이터전략위원회를 설치하였으며, 2016년까지 21,087종 DB의 60%인 12,654종을 개방하는 개방 기본계획을 수립하는 등 거버넌스 체계를 마련하고, 5,007종의 기관별 DB를 집중 개방한 점은 긍정적인 측면이라 할 수 있다. 다운로드(월 118건→1,465건) 및 앱 개발(월 42건→244건) 등 활용실적이 대폭 증가한 점 또한 데이터 개방·활용의 성과라 할 수 있다. 그럼에도 불구하고, 수요자 중심의 개방이 미흡하고, 데이터 활용 지원체계의 가동도 미진하여 일자리 창출이 가시화되지 못한 점은 그 한계로 지적할 수 있다. 따라서, 데이터 산업 활성화를 위한 범정부적 지원 강화, 민간수요를 반영한 개방체계 확립 등을 통해 가시적 성과를 도출하는 방향으로 발전시키는 것이 필요하다.

지금까지의 한국 전자정부 추진과정을 종합하면 <표 13-7>과 같다.

〈표 13-7〉 한국 전자정부 추진 단계별 주요 내용

단계	전자정부 태동기	전자정부 기반조성기		전자정부 성장기	전자정부 성숙기
		초기	후기		
시기	80년대 후반~90년대 중반	90년대 중반~2000년	2001~2002년	2003~2007년	2008년~
주요 목표	국가 주요행정 정보	• 초고속정보통신기반 구축 • 정부업무프로세스의 전자화	범정부 공통기반 조성	• 다수 부처 서비스 연계 • 전자적 국민 참여 확대	행정서비스 연계·통합
국가 정보화 비전	-	• 정보화촉진 기본계획 • Cyber Korea 21	e-Korea Vision 2006	• Broadband IT Korea Vision 2007 • u-Korea 기본계획	국가정보화 기본계획

단계	전자정부 태동기	전자정부 기반조성기		전자정부 성장기	전자정부 성숙기
		초기	후기		
주요 법령	전산망 이용촉진과 보급 확장에 관한 법률 (1986 제정)	• 정보화촉진기본법 (1995 제정) • 전자서명법 (1999 제정) • SW산업진흥법 (2000 제정)	• 전자정부법 (2001 제정) • 정보격차해소법 (2001 제정) • 정보통신망보호법 (2001 제정)	전자정부법 (2007 제정)	• 국가정보화 기본법 (2009 제정) • 전자정부법 (2010 개정) • 행정정보공동이용법 (2010 제정)
주요 정책	국가기간 전산망 사업(행정, 금융, 교육/연구, 국방, 공안)	• 초고속정보통신 기반구축 종합계획 (1995~2010) • 정보화사업 평가제도 도입	• 초고속정보통신망 기반구축 (2001 조기 완료) • 전자정부 11대 과제 추진 (2001~2002) • 정보시스템 감리기준 제정	• 전자정부 로드맵 31대 과제 추진 (2003 ~2007) • 광대역통합망(BcN) 구축계획 수립 (2004)	–
추진체계 — 심의·자문기구	전산망조정위원회 (1987)	–	정보화추진위원회 (국무총리)	정보화추진위원회	국가정보화전략위원회(대통령, 2009)
		–	전자정부특별위원회(대통령 소속, 2001~2002)	정부혁신지방분권위원회 (전자정부특별위원회)	
추진체계 — 전담부처	체신부	정보통신부 (1994, 체신부 확대 개편)	정보통신부	행정자치부	행정안전부
추진체계 — 전문기관	한국전산원 (1987년 개원)	한국전산원	한국전산원	한국정보사회진흥원 (한국전산원 명칭변경, 2006)	한국정보화진흥원(중앙) 한국지역정보개발원(지방)

자료: 2010 국가정보화백서(2010).

제3절   전자정부 추진 내용

한국 전자정부 추진 내용은 전자정부 서비스와 환경으로 나누어 지는데 먼저, 전자정부 서비스는 디지털 공공관리, 디지털 공공서비스, 그리고 디지털 시민참여를 의미한다. 디지털 공공관리는 정부 내부 업무의 효율화 및 정부간 서비스와 관련된 G2G, 디지털 공공서비스는 정부의 대국민 서비스인 G2C와 대기업 서비스인 G2B로 나누어 볼 수 있다. 디지털 시민참여는 거버넌스 과정에서의 다양한 디지털 방식의 참여와 디지털 투표 등을 의미한다.

1. 디지털 공공관리

디지털 공공관리는 정부 내부업무 효율화 및 정부간 서비스(G2G)를 주요 내용을 한다. 정부 부처 간 중앙과 지방 정부 간에는 정보공동활용을 통하여 행정업무의 정확성과 효율성이 증대되고 교류비용이 감소하게 된다. 그룹웨어시스템 등을 바탕으로 원격지와 다양한 시간대에 업무의 공동처리를 위한 의사소통이 원활하게 되고 신속하고 유연한 업무조정과 공동작업이 가능하게 됨으로써 행정의 생산성이 높아지게 되고 정책의 질적 수준도 높아지게 된다.

전자정부 추진을 통해 정부부처를 비롯한 공공부문에서는 전자적 업무처리가 정착되었다. 또한 정부의 공통업무는 범정부 차원에서 표준시스템을 개발·보급함으로써 중복 개발을 방지하여 예산을 절감하고 전자적 업무처리를 통한 효율성과 정확성을 크게 향상시켰다(국가정보화 백서, 2008).

아울러 정부기관 간에 정보를 공동활용하거나 시스템을 연계함으로써 국민이 발급받아야 하는 구비서류를 감축하고 처리시간을 단축하는 등 대국민 편의도 대폭 개선하였다. 정부의 전산시스템, 통신망 등 정보자원에 대해서도 종합적이고 체계적인 관리체계를 수립하여 운영의 효율성과 전문성을 향상시켰다 (국가정보화 백서, 2008).

중앙재정부문(디지털예산회계시스템)은 표준 시스템을 개발·보급하여 2007년 1월부터 개통하여 운영 중이며, 일반회계뿐만 아니라 각종 연금과 기금 등 분야별 재정시스템과도 연계하여 전체 국가 재정활동 현황도 실시간으로 파악할 수 있게 되었다. 중앙부처 및 지방자치단체 공무원의 인사 관련 업무도 표준화하여 채용, 평정, 교육훈련, 급여 등 모든 업무절차를 빠르고 정확하게 처리할 수 있는 기반을 완성하였다(국가정보화 백서, 2008).

정보의 정보자원을 관리하는 방식에 있어서도 큰 진전이 있었다. 정보시스템의 투자·관리 효율화를 위해 정보기술아키텍처(ITA) 도입 및 적용이 의무화되었으며, 정부기관의 네트워크는 전자정부통신망 구축사업을 통해 보안성과 안정성, 확장성이 보장된 저비용·고품질의 서비스 기반을 갖추게 되었다. 48개 정부부처의 전산시스템들은 2개의 통합전산센터로 이전하여 시스템 운영의 효율성, 안정성과 전문성을 확보하였다(국가정보화 백서, 2008).

2. 디지털 공공서비스

디지털 공공서비스는 정부의 대국민 서비스(G2C)와 대기업 서비스(G2C)로 나누어 살펴볼 수 있다.

1) G2C: 대국민 서비스

정부와 시민간의 관계의 변화는 전자정부를 통하여 다양하게 나타날 수 있다. 정부의 입장에서는 시민지향적인 질 높은 행정서비스 제공이 가능해진다. 즉 시민위주의 다양하고 선택의 폭이 넓은 행정정보 서비스 제공이 가능하다.

전자정부를 통한 대 국민 서비스의 개선방향은 인터넷으로 민원을 처리할 수 있도록 하여 국민이 관청을 방문하지 않도록 하거나 최소화하고, 여러 기관에 분산된 정보와 서비스를 포털사이트를 통해 종합적으로 제공함으로써 정보획득과 서비스 이용의 편리성을 증진시키는 것이다. 이를 위해 2002년부터 통합전자

민원창구(G4C, www.minwon.go.kr)를 운영하여 민원인이 인터넷을 통해 언제 어디서나 민원을 신청하거나 정보를 안내 받을 수 있도록 하고 있다. G4C를 통해 국민은 행정기관을 방문하지 않고 인터넷으로 민원을 신청하거나 필요한 서류를 열람·발급받을 수 있게 된 것이다(국가정보화 백서, 2008).

인터넷 종합국세서비스인 홈택스서비스(HTS: Home Tax Service, www.hometax.go.kr)는 납세자들이 세무서에 방문하지 않고 인터넷으로 세금을 신고, 고지·납부, 민원 신청 및 발급 받을 수 있는 서비스로 부가가치세 등 10개 국세 세목(298종)에 대한 전자신고가 가능하며, 전자고지 신청자에 대해서는 전자고지도 가능하다(국가정보화 백서, 2008).

인터넷 민원서비스 외에도 분야별 종합적인 정보제공을 위한 포털들을 구축하여 서비스를 제공하고 있다. 국가복지 정보포털(www.e-welfare.go.kr)의 구축을 통해 각 분야별, 기관별로 분산되어 운영되고 있는 복지정보와 서비스들을 연계하여 종합적인 서비스를 제공하고 있다. 장애인, 노인, 아동, 청소년, 여성 등 수혜 대상자별로 맞춤 정보서비스도 제공하고 있다(국가정보화 백서, 2008).

고용·취업에 대한 종합서비스로 워크넷(WorkNet, www.worknet.go.kr)이 있다. 워크넷은 여러 기관에서 보유하고 있는 고용·취업, 직업훈련, 고용보험 등의 노동시장 정보를 청소년, 고령자, 장애인, 기업, 여성, 일용 근로자 등 수요자 특성별로 제공하는 사이트로, 공공 기관뿐만 아니라 민간기관까지 약 553개 유관기관을 연계하여 다양한 일자리와 인재정보를 제공하고 있다. 전자적 참여 수단을 제공하는 수단으로 온라인 국민참여포털인 참여마당 신문고(www.epeople.go.kr)를 구축하여 운영 중이다. 참여마당 신문고는 청와대의 인터넷 신문고(고충민원), 국민참여마당(국민제안, 정책참여), 국민고충처리위원회의 관련 시스템(고충민원, 국민제안)을 통합하여 2005년 4월부터 서비스를 게시하였으며, 전 중앙행정기관과 지방자치단체, 13개 공공기관 홈페이지와 연계되어 있다(국가정보화 백서, 2008).

전자정부 서비스 이용을 활성화하기 위해 430여개의 전자정부 사이트를 연결하여 1,532개의 정보를 제공하는 전자정부 대표 포털(www.korea.go.kr)을 구축하여 운영 중이며, 인터넷 이용이 불편한 민원인을 위해 정부민원 안내 콜센터도 운영 중이다. 정부민원 안내 콜센터는 전화로 국번없이 110을 누르면 연결되는 안내 서비스로 하루 평균 약 6,000여건의 안내콜 서비스가 이루어지고 있다(국가정보화 백서, 2008).

2) G2B: 대기업 서비스

정부와 기업 간의 관계의 변화는 다음과 같다. 정부의 입장에서는 기업의 사업지원을 위한 서비스의 질이 높아진다. 정부의 정책 수행을 위한 권고 및 지침의 전달 등을 위한 정보교류 비용이 감소되고 규제정책을 수행함에 있어 순응도를 높이면서 규제부담을 감소시킬 수 있다. 또한 조세 비용의 절감과 납세율을 높일 수 있다. 기업의 입장에서 필요한 정보가 다양하여지고 선택의 폭이 높아진다. 그리고 정부를 대상으로 한 전자조달이 가능하게 됨으로써 교류비용이 감소하고 정보공유가 가능하게 되고 기업의 생산 통제와 재고 관리가 개선되게 되어 원가절감이 이루어지고 경쟁력이 향상되게 된다.

대기업 서비스의 개선을 위한 전자정부 추진방향은 관계기관 간 민원서식 표준화와 공유를 통해 기업이 정부에 제출해야 하는 서식 종수와 제출횟수를 감소시키고 정부의 행정처리 기간을 단축하는 것이다. 아울러 정부와의 민원에 있어 절차나 서식을 비롯한 관련 정보와 서비스를 종합적으로 제공하는 포털을 구축하여 편의성을 제공하는 것이다. 특히 이러한 포털서비스들은 정보력이 취약한 중소기업 등에게 보다 유용할 것으로 판단된다(국가정보화 백서, 2008).

기업의 창업에서 폐업에 이르기까지 기업의 활동주기 전반에 걸쳐 수반되는 정부와의 민원행정, 산업정보 및 부가서비스를 제공하는 사이트로 온라인 기업지원단일창구(www.g4b.go.kr)가 운영 중이다. 사업인허가, 자금 지원 등 16개 영역, 140여종의 17개 부처·청과 관련된 기업관련 민원은 이 사이트에서 온라인으로 연계하여 신청, 처리현황, 결과를 조회할 수 있다. 또한 정부, 산하기관 및 민간기관 등 231개 기관의 151개 사이트에서 20만 개의 산업정보 콘텐츠가 제공되고 있으며 조달, 국방조달, 조세, 4대 보험망 등 4대 기간망과 연계하여 기업 활동에 필요한 부가서비스도 제공하고 있다(국가정보화 백서, 2008).

기업 관련 정부 업무 효율화에 있어서는 수출입 물류 부문을 우선적으로 개선하였다. 수출입 물류에 대한 업무 프로세스를 개선하기 위해 유사하거나 중복되는 서식은 표준화하고 물류 주체간 정보공동 활용을 확대하였다.

또한 마케팅, 외환·결제, 상역, 통관·물류 등 모든 무역업무의 단철 없는 처리를 위해 전자무역 통합플랫폼(uTradeHub, www.utradehub.or.kr)을 구축하여 2007년 5월부터 서비스를 하였다(국가정보화 백서, 2008).

지금까지 살펴본 G2G, G2B, G2C 추진 내용을 정리하면 <표 13-8>과 같다.

〈표 13-8〉 전자정부 정책 사례

분류	G2G (Government to Government)	G2C (Government to Citizen)	G2B (Government to Business)
의미	정부 기관, 부서 간의 온라인 비상업적인 상호 작용	지방 및 중앙 정부와 개인 개인의 온라인 비상업적인 상호 작용	중앙 정부와 상용 사업 부문의 온라인 비상업적인 상호 작용
대표 사례	온나라 시스템	전자민원서비스(G4C)	전자조달시스템(나라장터)
예	문서처리과정의 전자화, 인사행정종합정보화, 국가 및 지방재정 종합정보화, 외교통상 정보화, 통합형사사법체계 구축, 국정과제 실시간 관리, 행정정보 공유확대, 정부기능연계모델 등	전자민원서비스, 건축 · 토지 · 등기 연계 및 고도화, 식의약품종합정보서비스, 국가복지종합정보서비스, 종합국세서비스, 고용 · 취업종합정보 서비스, 행정심판인터넷서비스, 국가안전관리종합서비스 등	기업지원단일창구서비스, 국가물류종합정보서비스, 외국인 종합지원서비스 전자무역서비스 등

3. 디지털 시민참여

시민참여의 필요성에 대해서는 다양한 관점과 논쟁이 존재하지만 이를 요약하면 다음과 같다. 첫째, 시민참여는 대의정치의 결함을 보완하는 역할을 한다. 시민들은 참여를 통해 정책과정에서 자신들의 선호, 요구, 가치 등을 반영시키기 위한 투입행위를 하게 될 것이고 이는 의회나 선출직 행정수반이 시민들의 의사를 충분히 반영하지 못하거나 시민들의 선호, 요구 등이 왜곡되는 대의정치의 결함을 보완할 수 있다.

둘째, 시민참여는 행정의 대응성을 향상시켜 준다. 시민들의 수요, 가치, 선호 파악을 통해 정책의 목표를 확실히 하고, 정책과정에서 얻은 시민들의 아이디어를 정부가 활용함으로써 의사결정의 질을 높이고 효과성을 증대시킬 수 있다. 뿐만 아니라 성공적 정책 집행을 위해 시민의 인적·물적 자원 활용을 용이하게 해준다.

셋째, 시민참여는 정부에 대한 시민들의 신뢰 형성에 기여한다. 시민들은 참여를 통해 정책결정과정에 대한 이해를 높이고, 정부의 정책에 직접적으로 영향력을 행사한다고 인식하여 정부의 정책에 대한 신뢰를 갖게 된다.

넷째, 시민참여는 사회 갈등을 해소하고 사회 통합을 구현한다. 다양한 사회적 갈등 상황에서 시민들은 참여를 통해 서로간의 의사소통의 기회를 갖게 된다. 이를 통해 다수의 이익에 부합되는 방향으로 나아감으로써 사회 통합을 이룩할 수 있다.

마지막으로, 시민들은 참여를 통해 민주주의 유지에 필요한 자질과 태도를 함양하는 기회를 갖게 된다. 참여를 통해 문제 해결 및 목표달성을 위한 기술을 터득하게 된다. 이렇게 터득된 지식과 경험이 축적되면서 시민들은 정책에 영향을 미칠 수 있는 시민성과 시민의식을 함양하게 된다.[2]

정보통신기술의 발달로 대의민주주의의 한계를 극복하고자 하는 다양한 시도가 이루어지면서 디지털 방식의 시민참여가 점차 확대되었다. 정보화의 진전에 따라 시민의 입장에서는 행정에 대한 시민의 참여 기회가 확대되고 행정에 대한 시민의 의견반영이 가능해지면서 시민이 필요한 문제 해결 중심의 민주행정 구현이 가능하게 되었다.

OECD는 <표 13-9>와 같이 정책단계별 시민의 참여를 정보제공, 협의, 정책결정의 3가지 유형으로 구분하고, 정보제공단계에서 정책결정단계로 갈수록 행정에 대한 주민참여와 영향력이 강화된다고 보고 있다.[3]

첫째, 정보제공(information)은 정부가 생산하거나 보유한 정보를 시민들에게 제공하는 것으로 정부가 일방적으로 정보를 제공하기 때문에 관심이 없거나 수동적인 주민은 혜택을 받지 못한다.

---

2) 유재원. (2003). 한국지방정치론: 이론과 실제. 서울: 박영사.

3) 정수현·강한솔·황은진·이정주·노승용. (2012). 시민참여와 정부신뢰. 사회과학논총 19.

둘째, 자문(consultation)은 시민과 정부 간에 쌍방향적 의사소통이 이루어진다. 정부는 의제를 설정하고 시민은 의견 표출을 통해 여론을 형성한다. 그러나 정부 주도의 일방적 의사소통이 주가 되는 경우가 많다.

마지막으로, 적극적 참여(active participation)는 시민들이 정책과정에 적극적으로 참여하여 정부와 시민은 협력적 관계를 유지하며 시민은 정부와 동등한 지위를 갖는다. 적극적 참여의 단계에서는 심의(deliberation)와 같은 시민들이 의사결정의 합리적 주체로서의 역할을 강조한다.

〈표 13-9〉 OECD 온라인 시민참여의 3가지 유형

유형	주요 특징	관련 법제도	수단	대표 사례
정보제공 (e-infor mation)	정책, 데이터, 예산, 법, 규제 등 주요 정책 이슈에 대한 정보제공	정보공개법	• 전자정부 포털 사이트 구축(메일링리스트, 온라인 포럼, 뉴스그룹, 채팅 등) • 인터넷 방송	미국 First-Gov (www. first.gov)
협의 (e-consu ltation)	공공정책에 관련된 주제에 대한 온라인 토론 및 실시간 토론서비스	행정절차법 옴부즈만 제도 민원관련법	• 자료분석 S/W 메일링리스트 • 온라인여론조사 • 온라인공청회 • 온라인시민패널 • 포커스그룹	영국 Direct-Gov (www. direct.gov. uk)
정책결정 (e-decisi on -making)	• 특정 정책이슈나 선택에 대한 시민 토론 및 평가 • 정책결정과정에 정보를 제공하고 정책 추진결과 피드백	전자국민투표법 국민의 입법제안	• 독립적 웹사이트 • 온라인 채팅그룹 • 메일링 리스트	싱가포르 E-Citizen (www. ecitizen.gov .sg)

자료: 정진우(2006)

제14장

행정개혁과 정부혁신

제1절   행정개혁의 기초

1. 행정개혁의 개념

행정개혁은 학문적으로 학자들의 관점에서 다양한 측면으로 정의가 될 수 있으나 여기서는 두 사람의 견해를 소개하고자 한다. 먼저 몽고메리(Montgomery)는 행정개혁을 '관료와 사회 내의 다른 요소, 또는 관료 내부의 관계를 조절하기 위한 정치적 과정'이라 정의했다. 이 정의는 어떠한 필요에 따라서 유발되는 행정적 변화를 행정개혁이라고 보는 관점이다. 또 한 견해는 채프만(Chapman)의 견해로서, '개혁을 통해서 생기는 모든 변혁 중 현재보다 개선된 상태를 지향하는 계획된 변혁'이라고 정의하고 있다. 이 정의는 행정개혁의 계획성과 결과를 강조하는 개념이라 말할 수 있다.

여기서는 행정개혁(Administrative Reform)이란 '국가 발전을 위해 정치적 목적을 실현하고 행정 체계의 효율성을 높이기 위한, 계획적·지속적·포괄적 변혁'이라고 정의하고자 한다. 따라서 행정개혁의 대상은 단순한 행정 구조의 변혁만이 될 수도 있고 행정 구조뿐 아니라 행정체제가 안고 있는 모든 요소들이 포함될 수도 있다.

2. 행정개혁의 특징

다음과 같이 행정개혁은 몇 가지 특징을 가진다.

첫째, 의식적으로 설정된 목표를 추구하는 '목표 지향성'을 갖는다. 국가가 의도적으로 국가개조를 하거나 관피아 척결 등의 새로운 목표를 세울 수도 있다.

둘째, 미래로 향한 시간의 연속선상에서 펼쳐지는 것을 의미하는 '동태성'을 갖는다.

셋째, 무엇인가를 이루려는 사람들의 의식적 행동이 전개되는 것을 의미하는 '행동 지향성'을 갖는다. 예컨대 법 제정이나 공무원 행태개선 등의 활동을 들 수 있다.

넷째, 개혁 문제를 둘러싸고 있는 여러 가지 요인들의 포괄적 연관성을 중시하고 그에 대처하는 활동을 의미하는 '포괄적 연계성'을 갖는다.

다섯째, 다발적이고 지속적인 과정을 의미하는 '지속성'을 갖는다.

3. 행정개혁의 필요성

1) 정치 · 행정적 환경에 대응

국가를 경영하기 위하여 정치인 그리고 행정 담당자들은 언제나 새로운 이념과 철학을 추구하게 된다. 그에 따라 정책의 내용과 추진방식 등이 달라지게 된다. 즉, 집권자의 정책 이념이 변화함에 따라 목표 지향적으로 그 정책 이념을 달성하기 위해서 행정기구, 절차, 정책, 사업 등을 바꾸게 되는데, 이것이 행정개혁의 이념적 필요성이다. 또한 권력 투쟁이나 전쟁, 독립, 혁명 등의 사태가 발생하면 그에 따라 행정 체제의 개혁이 이루어진다. 이것이 행정개혁의 현실적 필요성이다.

2) 사회적 환경에 대응

정치 · 경제 · 사회 등 행정의 환경은 끊임없이 변화하기 마련인데, 이러한 변화에 맞추어 행정개혁은 이루어져야 한다. 사회적 이슈의 등장 혹은 민간 부문의 성장에 따른 시민 참여의 욕구 증대, 정부의 민간 부문에 대한 규제와 간섭의 축소 필요성 등이 바로 변화의 요인이 되는 것이다. 또한 인구 구조의 변화 및 행정에 대한 고객 구조의 변화, 과학 · 기술의 발전에 따른 변화 등이 바로 행정개혁의 변화를 가져오게 만들 수 있다. 그리고 컴퓨터에 의한 정보처리, 사무 자동화, 행정 전산화 등의 변화 역시 행정 운영상의 개혁의 동인이 될 수 있으며, 최근 등장한 스마트 사회 역시 행정개혁추진의 중요 동인이 될 수 있다. 많은 사회 환경적 상황에 대응하기 위해서도 행정개혁은 필요하다.

3) 행정 체제의 문제 해결

미국의 경우, 대표적으로 행정개혁차원에서 1912~1913년의 태프트(Taft) 위원회, 브라운-로(Brown-Low) 위원회, 1~2차 후버(Hoover) 위원회 등이 정부 기관의 활동·기능의 재조정, 권한 재배분을 강조했다. 그 궁극적인 개혁의 목표는 절약과 능률이었다. 반면에 기구의 확대·분화, 정원·현원의 증가, 고위직 증설을 바라는 관료적 이익은 확대 지향적 행정개혁을 유발하는 현실적 필요성이 된다.

행정개혁과정에서 특히 관료의 수적 증감이 긍정적으로 작용하는지 부정적으로 작용하는지는 많은 비판의 요소를 남긴다. 그러나 기능의 능률화를 위해서 혹은 권한의 재배분적 차원에서 평가를 내릴 수는 있을 것이다. 단지 이것이 어떤 면에서 긍정적·부정적인 효과를 가져오는지에 대해서는 세부적인 검토가 필요할 것이다. 그러나 중요한 것은 문제해결을 위해 내놓은 정책대안들이 임시적이어서는 안 된다는 것이다.[1]

---

1) 안전사고에 대한 개혁 조치가 이루어졌을 때에도 이에 대해 근본적인 의식 개혁이 있어야 하며, 지속적인 훈련 의지가 있어야 한다. 사고가 일어났을 때 현장 책임자에 대한 권한 위임 없이 유명무실하게 조직 개편만을 한다고 해서 문제가 해결되는 것은 아니다. 현재에도 이런 개편들로 인한 문제에 대하여 전문가들의 많은 비판이 속출하고 있다.

제2절 　 행정개혁의 과정과 방법

1. 행정개혁의 환경

현실적으로 행정개혁은 어떠한 과정과 절차를 거쳐 이루어지는가? 여기에서 필요성과 중복되는 부분이 있을 수 있다.

인간이 살아가는 데 가장 큰 영향을 미치는 요소는 역시 그 사람을 둘러싼 환경이 될 것이다. 이는 가정환경, 교육환경, 직장환경 등 다양한 환경의 요소들을 꼽을 수 있을 것이다. 한 나라의 행정개혁도 행정 조직에 영향을 미치는 다양한 환경의 영향을 받게 된다. 행정개혁의 환경에는 대외적 환경과 대내적 환경으로 나눌 수 있다.

1) 대외적 환경

대외적 환경으로는 국제사회의 정치, 경제, 기타 변화를 예로 들 수 있다. 먼저 정치 환경으로는 우리나라를 둘러싸고 있는 미국, 중국, 일본, 러시아, 북한 등 국가들의 정치 변화를 말 할 수 있다. 다음 경제 환경은 세계적인 경제 변화가 우리나라 행정 조직에 미치는 영향이다. 이는 FTA 추진, 국제 환율 변동 등을 들 수 있고, 기타 국제기구의 영향은 국제 NGO의 영향 등 다양한 부문을 기타 환경으로 꼽을 수 있다.

2) 대내적 환경

행정개혁에 영향을 미치는 대내적 환경도 정치적 환경, 경제적 환경, 기타 환경으로 나눌 수 있다. 행정개혁에 가장 많은 영향을 미치는 정치적 환경은 선거를 통한 정권 교체, 국회의 다수당의 변화, 지방자치의 실시와 확대 등 다양하다. 경제적 환경으로는 국내 경제 사정의 변화, 장단기적인 산업 구조의 변화, 실업 등 경제적 변화에 맞게 행정 조직이나 기타 행정의 변화를 요하는 것을 들 수 있다. 기타 환경으로는 시민들의 정치·행정 참여 욕구 증대, 다양한 NGO의 등장과 활동 확대, 정보사회의 심화와 스마트 사회로의 전환 등을 들 수 있다.

2. 행정개혁의 접근방법

우리는 어떤 업무를 추진할 때 다양한 방법을 고려해 보고, 그중 가장 타당한 방법을 선택하게 된다. 행정개혁도 어디에 초점을 두느냐에 따라 다양하게 접근할 수가 있다.

1) 구조적 접근방법

구조적 접근방법(structural approach)은 조직의 핵심 뼈대라 할 수 있는 조직의 구조를 다시 설계하려는 방법이다.

구조적 접근방법은 원리 전략과 분권화 전략이 있다.

먼저, 원리 전략은 조직의 건전성 원칙(healthy principles)에 의거한 최적 구조가 업무의 최적 수행을 가져온다는 점을 말한다. 원리 전략의 주된 목표는 기능의 중복 제거, 권위와 책임 영역의 명확한 구분, 통솔 범위의 축소, 조정·통제 절차의 개선, 명령의 통일, 표준적 절차의 간소화 등이다. 이러한 원리전략의 입장은 조직의 내부 구조에 관심을 기울이기 때문에 조직과 환경과의 관계, 조직 내의 인간관계 등을 소홀히 할 수 있다.

다음, 분권화 전략은 구조 분권화에 의하여 행정조직을 개혁하려는 것이다. 즉, 조직의 분권화는 조직계층의 축소, 명령과 책임 계통의 분명화, 막료의 역할을 명확하게 할 수 있다는 것이다. 행정 여건의 유동성과 복잡성, 행정 기술의 발달, 그리고 행정 민주화의 촉진은 분권화의 필요를 증대시키고 용이하게 할 것이다.

어떤 사건사고가 발생했을 때, 정부의 무능한 대처 모습 중 하나가 현장을 책임지는 공무원들이 자신의 판단하에 적극적으로 행정행위를 하기 보다는 업무 관할을 따지면서 대통령과 상관만 바라본다는 것이었다. 행정개혁의 접근 방법 중 하급 조직과 실무자에게 권한을 위임하고 책임을 부여하는 분권화 전략을 눈여겨볼 만하다.

2) 기술적 접근방법

기술적 접근방법은 발달된 과학기술을 활용하는 것이다. 즉, 정부 조직의 문서 양식, 업무 절차, 직무 분석, 사무량 측정과 정원 관리, 사무의 기계화 등을 주된 대상으로 과학적 관리법, 운영 연구(OR), EDPS 등을 활용하는 방법이다.

먼저, OR은 조직 전체와 관련해서 문제 해결에 최선의 방법을 규명하려는 기술을 말한다. 의사 결정시 택일적인 방법을 추구함에 따라 기초과학적 지식이 모두 동원될 뿐만 아니라 수리적 개념과 계량성을 행정 과정에 적용하여 행정 현상을 개혁하려는 방법이다. OR은 정보·작업·물자의 흐름을 분석하고, 이것을 모형 정립에 적합하도록 재구성한다. 주로 적용되는 분야는 재고 관리, 자원 배분, 우선순위 결정, 대체결정 등이다.

그리고, EDPS는 정보의 흐름을 신속하게 함으로써 정보를 제시간에 제공하여 최고관리층이 정책을 결정하는 데 여러 가지 불편을 덜어 준다. 정보관리 체제는 많은 반복적인 일들을 프로그램화하여 중간관리층의 업무를 없애거나 대폭 줄임으로써 행정 구조의 변화에도 크게 영향을 끼치고 있다.

최근에는 행정전산화에 따라 일반적인 서류를 집에서 직접 발급받을 수 있도록 다양한 기술을 개발하고 있을 뿐 아니라 스마트폰의 웹을 사용하는 방법도 활용되고 있다.

3) 행태적 접근방법

공무원의 가치관·의식 개혁, 업무 자세와 태도 개선을 통해 행정개혁을 수행하는 접근법이 행태적 접근법이다. 이 방법은 우선 행정인의 기본적인 가치관이나 행태의 변화가 선행되어야 한다. 다음으로 광범위한 참여를 통해 조직 구성원의 심리적 요구를 충족시키고 가치관이나 행태의 변화를 가져올 수 있는 적절한 교육 전략이 수립되어야 한다. 예를 들면 감수성 훈련, 실험실 훈련, 소집단 이론, 조직발전 기법 등의 활용이다.

다만 조직 구성원의 행태 변화는 긴 시간을 필요로 한다. 구성원들의 한정된 정보·지식으로 인한 제약, 참여의식의 불충분 등도 문제가 된다. 또한 자유로운 의사소통과 토의가 받아들여지기 어려운 권위주의적인 행정 문화에서는 성공하기 어렵다. 다른 한편으로는 원래 법적 규제를 강하게 받고 계층제적 성격이 강한 행정 조직에 있어서는 인간관계적 접근방법의 전면적 적용이 어렵다. 그리고 현실적인 법적 제약이 존재하는 등의 문제점이 있다. 즉, 공무원이 복지부동과 무사안일로 대표되는 업무 자세를 갖게 되는 원인이 그것을 강요하는 조직 문화와 법적 요인 때문은 아닌지에 대해서도 생각해 봐야 할 것이다. 공무원들이 철밥통이라는 옛말이 많이 변했음에도 여전히 우리사회에서는 무언가를 바꾸기가 어려운 공무원들의 행태가 존재하고 있다.

4) 종합적 접근방법

문제의 해결을 위해서는 한 가지 방법만이 아닌 다양한 방법을 활용해야 효과가 있듯이, 행정개혁도 하나의 방법으로는 성공하기 어렵다. 따라서 보다 새롭고 효과적인 접근방법을 찾을 필요성이 제기되고 있다. 즉, 행정개혁을 구조, 인간, 환경의 여러 문제를 고려하여 하나의 체제로서 파악하고 이들 간의 상호관계성을 고려하여 접근하는 체제적·종합적 접근방법이 나오게 되었다.

종합적 접근방법은 공식조직뿐만 아니라 작업 모형, 표준적 절차, 대인관계, 집단관계, 행정 과정, 정책 결정, 조정, 의사소통, 통제 등 여러 문제들을 포괄할 필요성이 모색될 필요가 있다. 또한 정부 조직의 정치적 성격과 전이 사회의 특이성, 환경적 요인의 중요성까지도 감안을 하는 것이다.[2]

---

2) 유훈. (2000). 행정학원론. 서울: 법문사. 918.

3. 행정개혁의 과정

1) 필요성 인식

행정개혁의 첫 번째 단계는 개혁의 필요성을 인식하는 단계이다. 먼저 현실 수준(실적)이 기대 수준, 즉 목표에 못 미쳤을 때 그 문제점을 발견하고, 개혁의 필요성을 확인하며, 그에 관한 합의를 형성하는 단계다. 개혁을 위한 제안, 즉 개혁안은 현실과 가치 간의 차이가 나타날 때 제시된다.

개혁의 필요성 인식 단계에서는 실적과 목표가 불일치되는 문제를 지각하는 것이다. 관련자들의 시각 차이를 조정하여 합의를 이룩하는 것, 의견이 일치하지 않는 문제에 대한 개혁의 필요성을 확인하는 것 등이 중요하다.

행정개혁의 필요성 인식은 크게 객관적(사실적) 요인과 주관적(가치적) 요인으로 나눌 수 있다. 객관적 요인으로는 행정 목표의 변동이나 행정 수단인 새로운 장비의 도입과 대체를 들 수 있고 또한 행정 제도에 내재하는 기능의 중복·낭비·비능률의 제거 등을 들 수 있다. 객관적 요인은 정치적 변혁이나 혁명이 일어나 권력의 재분배가 야기되어 행정 기구와 기능이 조정되어야 하거나 행정 수요와 환경 변화에 따른 것이라 말할 수 있다. 주관적 요인은 객관적 요인을 개혁의 목표로 인정하는 개혁 담당자의 판단을 말한다. 객관적 요인과 이에 대처하는 주관적 요인이 접촉하여 결합할 때, 행정개혁의 행동이 시작되는 것이다.

2) 개혁안의 마련

개혁의 필요성이 인식된 다음 개혁의 실천 방안이 모색된다. 기대와 현실의 격차를 해소할 수 있는 대안을 탐색하고 채택하는 것이다. 즉, 개혁의 목표체계와 전략, 전술을 결정하여 개혁의 실천 방향을 마련하는 것이다.

개혁의 입안은 사전 준비를 한다는 의미를 갖는데, 입안의 방법에는 모방과 창의 두 가지가 있다. 개혁 입안자는 개혁 방안을 마련하는 단계에서 미래를 향한 행동 계획을 미리 세워야 하기 때문에 미래에 대한 불확실성을 극복하고 개혁에 수반되는 위험을 최소화할 수 있는 방안을 강구해야 한다.

그러나 목표 설정 과정에서부터 상충되는 세력의 작용으로 인해 합리성을 제

약하는 현상이 발생할 수 있고, 타협과 양보로 귀결되기도 한다. 이러한 다양한
이해관계 때문에 합리적 입안을 마련하기가 쉽지 않다.

그리고 개혁안을 마련할 경우, 시간적 급박성, 정보 부족, 정보 분석 능력 부
족 등 대안 선택에 있어 합리성이 제약되는 경우가 많다.

행정개혁 방안의 설정 단계에서 개혁 추진의 기본 전략에는 개혁의 우선순위
에 관한 전략과 저항 극복 전략이 마련되어야 한다. 목표와 상황을 총체적으로
설정해 놓은 기본 계획의 범위 내에서 순차적으로 개혁사업을 추진하는 전략은
여러 차원에서 체계화되어야 한다. 우선 여러 하위목표, 즉 가치 기준과 개혁 대
상 영역별 자원 배분의 우선순위를 정해 놓아야 한다. 그 다음 한정된 대상에
대하여 한정된 국면을 개혁하는 사업을 선택하는 전략을 마련해야 한다. 개혁
사업의 우선순위를 결정하는 일반적 기준으로는 상대적 긴급성, 예상 효과, 저
항의 성격과 강도, 장기적 중요성, 개혁 요인 간의 상관성 등을 들 수 있다.

3) 개혁안의 시행

개혁은 여러 가지 상황과 다양한 여건하에서 일어난다. 그 때문에 일률적으
로 표준화된 실행 방법이 있는 것은 아니다. 개혁의 실행을 위해 어떤 방법과
기술을 사용하는가는 개혁 상황 요인에 따라 달라진다.

시행 단계에서는 입안된 개혁안을 실천에 옮기고 개혁을 정착시켜야 한다.
개혁을 현실화하는 단계에서는 먼저 개혁 실현의 행동 주체를 선정 또는 조직하
고 필요한 지지와 인적·물적 자원을 동원해야 한다.

개혁의 시행 과정은 융통성과 적응성이 요구된다. 개혁 방안을 입안할 때 시
행 단계에서 발생할 수 있는 모든 사태를 예측하기란 어려울 뿐만 아니라 예측
했던 상황이 개혁을 실현하는 동안에 변동될 수도 있다. 그러므로 개혁의 시행
은 상황 변화에 적응할 수 있는 융통성을 가져야 한다. 그러나 개혁안 시행이
융통성 있게 이루어져야 한다고 해서 시행 과정이 상황 변화에 끌려다니도록 방
치할 수는 없기 때문에 일정한 조건 변화를 통제하도록 해야 한다. 실천으로 옮
겨진 개혁을 정착시켜 새로운 균형 상태를 형성하기 위해서도 저항을 지속적으
로 극복해야 한다. 또한 관계자들의 지식과 태도를 적극적으로 변화시켜 그들이
개혁을 수용하도록 해야 한다.

4) 개혁안의 평가

평가 단계는 수행된 행정개혁의 진행 상황과 성과 등을 분석하고 평가하여 그 결과를 개혁 과정의 적절한 단계에 재적용(환류)하거나 새로운 개혁 과정을 유발하는 정보를 제공한다. 개혁 평가는 개혁이 당초의 처방대로 실현되었는가를 확인해 보는 목적도 있지만, 평가 결과를 환류시킴으로써 행정개혁 활동을 촉진시키고 개선시키려는 데 궁극적인 목적이 있다.

행정개혁의 평가 대상은 상당히 포괄적이다. 입안 단계에서 처방한 개혁의 목표가 제대로 성취되었는가를 알아보기 위해 개혁의 목표와 실적을 비교·분석하는 것이 평가 단계의 기초적 업무라 할 수 있다. 또한 목표 실현에 영향을 미치는 개혁의 과정, 전략, 기술, 자원, 개혁의 장기적 영향, 개혁 추진자의 구성, 개혁 목표 등도 모두 평가의 대상이 될 수 있다.

개혁의 시행이 끝난 다음에 사후적으로 개혁 사업의 성과를 따져 그 결과를 환류시킴으로써 새로운 개혁 과정을 유도하는 것은 평가 단계의 중요한 역할임에 틀림이 없다. 그러나 개혁 과정이 진행되고 있는 동안에도 각 단계의 활동을 수시로 평가하여 시정 조치를 취할 필요도 있다.

제3절　행정개혁의 저항 및 해결 방안

1. 저항의 원인

개혁은 기존 상태를 바꾸는 것이기 때문에 이에 대하여 반대하거나 반발하는 개인과 집단이 나타나게 되어 있다. 개혁 추진자와 개혁 반발자 간 갈등의 산출물인 행정개혁은 추진 과정에 있어 다음과 같은 이유로 저항을 받게 된다.

1) 기득권의 침해

현 조직 상태에서 기득권을 가지고 있는 사람은 이 기득권을 계속 유지하려는 욕망 때문에 새로운 변화에 저항을 하게 된다. 행정 내부에 있어서는 자신의 지위·권한·승진에 부정적인 영향을 받을 것을 우려하는 공무원의 저항이 있고, 행정 외부에 있어서는 각종 이익단체와 이해관계집단의 저항이 있다. 행정 개혁안에 있어 행정 내부의 기득권자는 국민을 생각하기 보다는 현직 공무원, 현직 공무원과 유착하여 재취업 기관의 경제적 이익을 돕는 퇴직 관료, 혹은 관피아 등을 일컬을 수 있다. 행정 외부의 기득권자는 국민의 복지보다는 자신이 몸담은 집단의 경제적 이익을 추구하려 하는 기업·개인·이익단체 등이 될 수 있다.

2) 개혁의 목표와 내용의 비수용성

개혁의 목표와 내용에 대해 수용하기 어려운 부분이 있을 때 저항이 일어난다. 즉, 개혁안이 개혁의 필요를 충족시킬 수 없을 때, 기존 상태 또는 다른 대안보다 못할 때, 그리고 불확실성이 매우 높을 때 저항이 일어나게 된다. 아울러 개혁안이 기존 신념 체계와 충돌하거나 불편을 일으킬 때, 재적응·재교육이 필요할 때, 사회적 유대가 와해될 때, 자율성이 상실될 때 저항이 일어날 수 있다.

3) 개혁추진의 방법과 절차의 부적절

개혁 추진의 방법과 절차가 부적합할 때 저항이 발생한다. 개혁 추진에 있어 문제 진단과 개혁 결정 과정에 관계자들의 참여가 봉쇄되고 합의가 원활히 이루어지지 않을 때, 개혁안 제시의 방법과 수단이 강압적일 때, 특정인의 실책을 문책하는 형식으로 개혁안이 제시되었을 때, 의사 전달에 장애가 있어 개혁안의 내용이 관련자들에게 잘 알려지지 않을 때, 개혁의 영향을 받는 사람들 사이에 신뢰와 협조 관계가 결여되어 있을 때, 그리고 개혁 추진의 시기가 잘못되어 있을 때 저항이 발생할 수 있다.

국가의 특별한 상황에서 발표되는 대통령과 국무총리의 담화문 등에서 나타난 개혁 목표를 수긍하지 않는 사람들은 거의 없을 것이다. 그러나 개혁 추진 주체에 국민과 전문가가 포함되지 않고 정부만이 개혁의 주체가 되었을 때 국민들은 실질적인 변화가 일어나지 않는 것에 대해 우려한다. 또한 현장 실무자에게 권한과 책임을 부여하는 실질적인 변화가 이루어져야 한다. 즉, 개혁 추진의 방법과 절차에 있어서 독단적인 추진은 저항의 원인이 되며, 따라서 많은 우려와 이견들이 제기되는 것이다. 즉, 개혁 추진의 방법과 절차에 있어서 독단적인 추진은 저항의 원인이 되며, 따라서 많은 우려와 이견들이 제기되는 것이다. 이를 해결하기 위해서는 현장 실무자에게 권한과 책임을 부여할 때 실질적인 변화가 이루어질 것이다.

4) 개혁내용의 불명확성

개혁 대상들이 개혁의 내용을 잘 모르면 저항할 가능성이 크다. 개혁 과정의 비밀주의나 의사 전달의 장애로 인해 개혁의 필요와 목적을 이해하고 수행하는 데 필요한 정보가 개혁의 영향을 받을 사람들에게 적절히 전달되지 않으면 이해의 부족으로 인한 저항이 생길 수 있다. 전달된 정보를 잘못 이해하고 저항할 수도 있고, 개혁의 결정 과정에서 소외됐다고 믿을 때, 그리고 개혁 추진자들의 의도를 불신할 때에도 저항할 가능성이 크다.

5) 조직의 불안정성

개혁은 조직의 다른 부분에 영향을 미치지 않고 어느 일부분만을 개혁시키기가 어렵기 때문에 조직의 전반적인 균형을 파괴할 우려가 있다. 따라서 행정개혁은 조직 통제의 기초가 되는 권위의 계층 구조를 위협하게 되며, 이는 조직의 안정성을 저해하게 되므로 저항을 일으킨다. 따라서 개혁을 한다고 할 때 다른 조직과의 관계와 균형을 고려해야 한다.

6) 개혁 대상자의 능력부족

개혁 대상자의 능력이 부족한 경우도 문제가 된다. 즉, 개혁 대상자가 개혁에 의해 요구되는 새로운 지식이나 기술을 가지고 있지 못해서 개혁 사업을 감당할 능력이 부족한 경우 저항의 가능성이 높다.

예를 들어 교육개혁 등은 그 어떤 분야보다도 넓은 시각과 국가관을 가진 개혁의 대상자가 개혁사업을 담당해야 한다. 능력이 부족한 사람을 그 자리에 놓았을 때 행정개혁은 상당한 저항을 받게 되며, 흐지부지해 질 수 있다.

7) 관료제의 경직성과 보수적 경향

관료제는 본질적으로 보수적·무사안일적·현상유지적 성격을 지니고 있다. 관료제 구조하에 있는 행정인들은 현 상태의 변화를 꺼리는 저항하는 자기방어 의식이 강한 경향이 있다.

각종 개혁이 지지부진한 이유는 정치권의 문제 등 복잡다양한 문제도 있지만, 관료제의 경직성과 보수성도 무시할 수 없는 요소이다. 새로운 변화가 그들에게는 한편 익숙하지 않아 오히려 일이 안된다고 생각하기도 한다. 잘못되었을 때 돌아올 결과에 대해 대처할 능력도 잃어버렸음은 물론이고 오래 무사안일로 지내와 무언가를 바꾸기에는 자신이 새롭게 책임을 져야 할 일이나 일어나는 상황을 피하고 싶을 뿐이다. 재난 대비 훈련을 매년 하듯이 하는 그들에게 새로운 재난 대비 시스템을 설치하거나 훈련하게 하는 교육을 재정비하는 것 등이 실례이다. 결국 타성에 젖은 관료들이 성향은 저항의 원인이 될 수도 있을 것이다.

2. 저항의 극복방안

행정개혁은 저항의 유형, 원인이 다양한 만큼 저항을 극복하는 데 활용될 수 있는 전략이나 방법도 다양하다. 개혁 추진자는 저항의 원인·증상·강도를 정확하게 진단하고 구체적인 경우에 적합한 저항 극복의 전략과 수단을 동원하여 저항 원인과 개혁의 장애 요인을 해소 또는 억제해야 한다..

행정개혁의 저항 극복 전략으로는 강압적 전략, 규범적 전략, 공리적 전략, 그리고 세 가지 전략에 속하지 않는 기술적 전략인 중립적 외형을 지닌 전략이 있다. 여기서는 개혁에 대한 저항 극복의 전략을 세 가지로 나누어 설명하고자 한다.

1) 강제적 전략

강제적 전략은 개혁 추진자가 강압적인 방법으로 제재를 가하거나 위협을 하여 계층적 권한의 일방적인 행사를 통해 저항을 극복하는 전략이다. 강제적 전략은 저항을 근본적으로 해결하지는 못하고 저항을 단기적·피상적으로 억압하는데 그칠 뿐이다. 강제적 전략을 쓸 때 개혁의 영향을 받는 사람들은 개혁 추진 전략에 관한 결정에서 소외감을 느끼게 되므로 장래에 더 큰 저항을 야기할 가능성이 있다.

강제적 전략은 긴급을 요하는 상황에서 신속히 저항을 극복할 필요가 있을 때에는 유용하게 사용될 수 있다. 그러나 그 후 일어날 수 있는 여러 가지 부작용을 생각한다면, 바람직하지 못한 전략이라고 보는 것이 오늘날의 지배적인 견해이다. 이러한 강제적 전략의 절차상의 특성은 다음과 같다.

첫째, 계층적 권한에 의한 명령으로 저항을 억제한다.

둘째, 물리적 제재나 기타 신분상의 불이익 처분을 가함으로써 저항을 억압

한다.

셋째, 의식적으로 긴장을 고조시켜 추종하지 않을 수 없게 한다.

넷째, 권력 구조를 일방적으로 개편하여 저항 집단의 세력을 약화시킨 다음 개혁을 이행시킨다.

2) 규범적 · 사회적 전략

규범적 · 사회적 전략은 적절한 상징 조작(symbol manipulation)과 사회적 · 심리적 지지를 통해 자발적 협력과 개혁의 수용을 유도하려는 전략이다. 따라서 이 전략은 저항의 동기를 약화 내지는 해소시켜 오히려 개혁에 적극 가담하게 하려는 것이다. 이러한 전략은 저항의 가장 근본적인 해결책으로서 조직의 인간화를 주장하는 것이며 오늘날 가장 선호하는 전략으로서, 이 전략은 지속적인 노력과 많은 시간이 필요하다.

각종 사고가 날 때마다 정부는 많은 공공분야의 개혁 대상자들에게 엄정하게 대처하고 있다. 그러나 기업이 자발적으로 안전 규정을 준수하고 안전 문화 조성에 힘쓸 수 있도록 유도하고, 공직자가 현장에서 책임을 지고 업무를 수행할 수 있도록 격려하는 규범적 전략도 개혁의 좋은 방법이 될 수 있다. 특히 현장 책임자가 현장을 온전히 자발적으로 책임지지 못하고 오직 상관과 대통령의 지시만 수동적으로 기다리고 있다는 비판도 있다. 현장에서 업무를 수행하는 실무 공직자의 사명감 · 권한 · 사기를 높여 이들을 개혁의 객체가 아닌 주체로서 개혁에 적극 참여시키는 방법이 중요하다.

규범적 · 사회적 전략의 예로는 다음과 같다.

첫째, 개혁 지도자의 카리스마를 높여 개혁에 동참하도록 만드는 방법 등을 들 수 있다.

둘째, 개혁 과정에서 의사 전달과 참여를 원활하게 하여 개혁에 동참하도록 한다.

셋째, 조직 전체의 목적 추구에 대한 사명감을 고취시키고 조직 구성원으로 하여금 인정감과 자존심의 욕구를 충족시켜 개혁에 동참하게 할 수 있다.

넷째, 개혁에 적응하는 데 필요한 시간을 충분히 주고 불만과 긴장을 노출 · 해소할 수 있는 기회를 마련하여 개혁에 동참하도록 한다.

다섯째, 개혁이 추구하는 새로운 가치가 기존의 가치와 양립할 수 있음을 강조하거나 양자가 별로 다르지 않은 점을 설명함으로써 가치 갈등으로 인한 저항을 약화시켜 개혁에 동참하도록 한다.

여섯째, 교육훈련과 자기계발을 촉진함으로써 개혁에 동참하도록 한다.

3) 공리적 · 기술적 전략

공리적 · 기술적 전략은 개혁으로 인한 관련자들의 이익 침해를 방지하거나 침해사항을 보상하고, 개혁 과정의 기술적 요인을 조정함으로써 저항을 극복하거나 회피하는 전략이다. 그러나 이는 비용이 많이 들고 장기적인 효과를 기대하기 어렵다는 단점을 지닌다. 그리고 저항을 근본적으로 극복하는 것이 아니라 저항에 양보하고 타협하는 결과를 초래할 수 있다는 한계가 있다.

공리적 · 기술적 전략의 예로 다음과 같은 것을 들 수 있다.

첫째, 개혁에 의하여 인력 이동이 필요하게 된 경우 해당자들이 불이익을 받지 않는다는 보장을 담은 이동 계획을 세워 제시한다.

둘째, 개혁에 의하여 경제적 손실을 입게 될 사람들에게 보상을 실시한다. 그 보상을 결정할 때에는 대개 협상을 하게 된다. 즉, 협상을 통해 이익과 손실을 교환할 수 있게 한다.

셋째, 개혁의 일반적인 가치와 그것이 개인에게 줄 이익을 실증해 보여 줌으로써 저항을 극복한다.

넷째, 개혁의 시기를 적절히 조정함으로써 저항을 피한다.

다섯째, 개혁 과정의 적응성을 높이고 개혁의 방법과 기술을 융통성 있게 수정함으로써 저항을 회피한다.

이상과 같은 개혁에 대한 저항 극복 전략에 대해 어느 하나만이 옳고 다른 전략은 옳지 않다고 말할 수는 없다. 여기에 제시된 각각의 전략은 구체적 상황에 따라 장점으로 작용할 수도 있고 단점으로 작용할 수도 있다. 따라서 이러한 전략의 적용과정에서는 설득, 협상과 타협, 배후 조종과 포섭 등의 수단이 동원된다.

제4절 　　정부혁신과 적극행정

1. 정부혁신의 의의

1) 정부혁신의 개념

혁신(innovation)에 대한 정의는 다양하다. 혁신의 정의가 다양한 이유는 혁신이 가지고 있는 내용적 이질성(heterogenity)과 다양성(diversity)에 기인한다. 따라서 혁신에 대한 정의는 학자들이 혁신을 바라보는 관점과 시각에 따라서 다양하게 제시되고 있다. 학자들의 관점에 따른 개념정의를 살펴보면 다음과 같다. '새로운 생각이나 행태의 채택'으로 관점, '새로운 사상, 방법, 도구의 도입'으로 보는 관점, '새로운 행태, 새로운 행위, 새로운 연쇄적 기대를 포함'하는 개념으로 정의하는 관점, '업무과정, 산출, 행태, 프로그램, 기술 등에서 새로운 것을 도입하는 과정 및 결과'를 지칭하며 새로움, 현실적 적용, 효과의 세 가지 요소를 가지는 개념으로 정의하는 관점, '묵은 제도나 방식을 새롭게 고치는 것'으로 보는 관점 등 다양하게 나타나고 있다. 따라서 혁신이란 조직의 업무추진 과정에 새로운 사상이나 방법을 도입하여 변화를 시키는 것을 의미한다고 볼 수 있다. 이러한 정의를 바탕으로 정부혁신이란 기존의 제도나 방식을 고쳐서 새롭게 한다는 의미로 정부의 행정수행에 관련된 제도나 방식을 기존보다 양호한 수준으로 바꾸는 것을 말한다고 볼 수 있다.

이러한 혁신의 유사개념으로는 변화와 개혁을 들 수 있다. 먼저, 변화는 사람들의 의식적인 노력이 개입되지 않은 사회 전반에 걸쳐 광범위하게 발생되는 자연적인 흐름을 말한다. 다음으로 개혁은 제도적인 측면을 양호한 방향으로 변화시키려는 의도적인 노력을 말하는 것으로 혁신이 행태적인 측면을 양호한 방향으로 변화시키려는 의도적인 노력인 점과 차이가 있다.

2) 정부혁신의 목적과 필요성

정부혁신의 근본적인 목적은 행정의 가치[3]를 높이려는 규범적인 노력이라 할 수 있으며, 실무적 차원에서 행정혁신의 목적은 새로운 시대에 맞게 행정단체 및 공무원을 탈바꿈하는 것이라 할 수 있다.[4] 즉, 정부나 지방정부는 고객만족을 극대화하는 최고의 서비스기관으로 탈바꿈하고 공무원은 주민의 친절한 서비스자로 변화하여 민간기업과도 경쟁할 수 있을 정도로 조직과 조직원을 바꾸는 것이다.

행정혁신은 행정환경의 변화에 행정체제가 적극적으로 대응하려는 노력의 일환이므로 혁신의 필요성은 매우 다양한 차원에서 제기 될 수 있다. 국제화·정보화 사회의 적응 필요, 도시화와 경제규모의 확대에 따른 변화 필요, 정부 부문간 혹은 정부와 민간부문간 상호의존성의 증대에 따른 변화 필요 등의 다양한 차원에서 제기될 수 있다.

우선, 대외적 환경변화에 대응할 필요성이다. 이것은 90년대 이후 개방화·세계화에 적극적으로 대응하려는 노력으로 볼 수 있다. 90년대 이후 WTO체제 출범, OECD가입 등은 우리나라의 경제사회 환경을 급격히 변화시켰으며 동시에 우리나라를 전 세계적인 경쟁의 장으로 만들었다. 이러한 행정환경변화와 경쟁에서 우위를 점하고 민간부문을 적절히 지원하기 위해서는 끊임없는 행정혁신이 필수적이다.

다음으로 대내적 환경변화에의 대응이다. 이러한 측면은 우리나라 산업사회의 산업구조의 급속한 변화에 대응하기 위한 일환이다. 60년 이후 우리나라는 1차 산업 중심에서 2차, 3차 산업으로 발전하였으며, 최근에는 4차, 5차, 산업으로 급격히 발전하고 있다. 과학기술의 발달과 정보통신기술의 발달에 따라 우리 사회는 지식이 경제기반에 중요한 역할을 할 수 있는 산업구조로 변화하고 있는 것이다. 이러한 산업사회의 급격한 변화에 대응하면서 산업사회의 다양한 문제

---

3) 행정의 가치는 크게 공익·정의·형평성·자유·평등 등의 본질적 가치와 합리성·능률성·효과성·민주성·책임성·합법성·투명성 등의 수단적 가치로 나눌 수 있다.
4) 행정자치부. (2006). "지방행정혁신 표준 매뉴얼" 17.

를 해결하기 위해서는 행정의 구조나 업무처리과정 및 절차, 공무원들의 변화와 혁신을 통한 고객만족이 매우 필요하게 된다.

그 다음으로 공무원의 개인적 변화의 필요성이다. 이러한 변화는 행정환경의 대외적·대내적 변화에 대응하기 일환이다. 즉, 과거와는 달리 공무원들도 산업사회의 변화에 대응하기 위하여 끊임없이 자신의 역량을 높이기 위해 스스로를 계발하려는 노력을 해야 한다. 그래야 조직내외의 경쟁에서 살아남을 수 있으며 산업사회의 발전을 제대로 지원할 수 있다.

마지막으로 성과와 경쟁중심의 지방행정혁신 필요성에 대응이다. 공공기관에도 경쟁이 치열해지면서 조직 내 개개인의 경쟁력이 중요 요소로 대두되고 있으며, 이러한 경쟁력을 높이기 위한 방안으로 성과관리중심의 행정혁신이 필요하다. 즉, 공직사회에 새로운 바람을 일으키고 공무원들의 동기부여책의 일환으로 성과와 실적 중심의 행정시스템의 도입과 관리로 변모할 필요가 있다.

3) 정부혁신의 특징

혁신은 다음과 같은 특성을 가진다고 할 수 있다. 첫째, 혁신의 본질은 새로운 아이디어(ideas, syndrome), 또는 지식(knowledge)에 근거한 변화이다. 둘째, 혁신은 조직의 구성원들이 혁신을 통하여 새로운 변화에 대해 학습과정을 통하여 적응해 나가는 강화학습과정(reinforcement learning process)이다. 셋째, 혁신은 조직 내부 환경인 조직구조 및 조직구성원의 행태와 인식뿐만 아니라 조직 외부 환경의 변화까지도 유도하는 역동적인 현상이며, 동시에 혁신은 외부 환경인 정치, 경제, 사회, 문화적 요인의 영향을 받는다. 넷째, 혁신은 관련된 여러 구성요소들이 상호작용(interactive process)한다고 전제한다. 다섯째, 혁신은 바람직한 방향으로의 미래지향적 변화를 의미하며, 과거와의 단절(discontinuity)이라는 전제를 둔다(Van de Ven & Rogers, 1988). 여섯째, 혁신은 변화를 관리하기 위하여 조직이 처한 상황과 환경에 따라 합리적이고 정치적인 선택을 하는 과정(rational and political process)이다. 일곱째, 혁신의 과정은 단편적(one-dimentional)이고 정적이며(static), 선형적(linear)인 현상이 아니라 다면적이고(multi-dimentioanl) 다각적인(multi-directional)현상이다. 여덟째, 혁신은 단순히 새로운 지식의 창조(invention)나 발견(discovery)을 의미하는 것이 아니라, 새로운 지식의 활용(the application of knowledge)을 의미한다. 아홉째, 혁신은 개인간, 집단간, 조직내, 조직과 조직 사이에 널리 퍼지는 확산의 특징(Diffusion of Idea, Syndrome)이 있다. 열째, 혁신은 늘 성공적이거나 수용되는 것은 아니며, 그에 따른 저항(resistance)이나 회피로 인한 부정적인 영향도 있다.

4) 정부혁신의 문제점

학자들은 정부혁신의 문제점으로 ① 원대한 혁신비전의 결여 ② 개혁목표의 결여 ③ 구체적 혁신 전략의 결여 ④ 정치적 목적의 포함에 따른 문제 ⑤ 정권 차원의 잦은 혁신추진 ⑥ 정부혁신추진 기관의 과대에 따른 문제 등을 들고 있다[5]. 일반적으로 혁신의 문제점은 다음과 같다.

첫째, 혁신의 필요성에 대한 인식의 차이가 존재하며 이 부분의 극복이 어렵다는 점이다. 즉, 관료조직에서는 혁신의 필요성에 대한 부정과 인식차이가 늘 존재하기 마련이다. 대통령은 혁신을 강조하고 다양한 혁신기법과 과제들을 제시하지만 공무원들은 혁신에 대한 거부반응을 보이면서 지금도 잘 하고 있는데 무슨 혁신이냐고 반응할 수 있다. 혁신에 대한 부정은 조직 전체적으로 나타날 수도 있으며 일부 계층을 중심으로 나타날 수도 있다. 이 혁신에 대한 인식차이나 부정적 입장의 존재 등은 혁신장애나 혁신저항으로 연결되기 쉽다.

둘째, 중앙의 일방적·타율적인 혁신추진으로 혁신에 대한 냉소주의가 발생될 수 있다는 것이다. 실제로 혁신은 상위정부 혹은 조직상위에서 구체적인 지침을 내려서 할 수 있는 일은 거의 없다는 것이다. 즉, 혁신에 성공하는 모든 조직은 혁신의 성과가 내부의 토론으로부터 만들어 진다는 것이다. 따라서 어느 기관이든 기관장이 혁신에 대한 결심을 굳히고 조직을 움직여 공무원들로 하여금 부단히 목표를 정하고 목표를 달성해 나가는 방법을 찾아나갈 수 있도록 해야지 중앙정부가 일방적으로 혁신을 강요하는 것은 바람직하지 않다는 것이다.

셋째, 일과 혁신의 분리 현상이 빈번하게 나타나기 쉽다. 정부가 가시적인 혁신의 성과를 얻기 위하여 급하게 혁신을 추진한 결과, 혁신역량이 부족하거나 혁신의 이해가 미진한 조직 혹은 공무원들의 경우 혁신 따로 일 따로 현상이 발

---

5) 이종수. (2005). 새 행정학. 108–110.

생할 수 있다는 것이다. 진정한 혁신은 공무원들이 자신의 업무 속에서 문제점을 찾아내고 개선하여 행정의 성과를 높이는 것이다. 그런데 자신의 업무에서 혁신문제를 찾기 보다는 새로운 어떤 것을 지속적으로 찾게 됨으로써 혁신자체도 어렵게 되고 일과 혁신이 잘 조화되지 않는다는 것이다.

넷째, 지나치게 잦은 혁신추진으로 혁신 피로감을 초래하고 있다는 것이다. 지나치게 잦은 혁신은 공무원들에게 혁신의 내성을 기르게 할 뿐 아라 혁신에 대한 신뢰를 잃게 된다. 참여정부의 혁신추진 초기과정에서도 공무원들은 혁신에 피로하다는 반응을 나타냈을 뿐 아니라 많은 혁신에 부정적인 입장을 취하기도 했다. 일부공무원들은 혁신을 새 정부가 들어서면 연례행사처럼 하는 행사 혹은 초기에 반짝 한 후, 1~2년만 지나면 사라져버릴 이벤트로 치부하기도 했다.

다섯째, 혁신의 장애나 저항적 문제가 내재하고 있다는 측면이다. 즉, 혁신에는 늘 저항이 수반된다는 것을 이해하고 이부분에 대한 철저한 준비가 필요하다. 혁신은 혁신성과에 대한 이견, 부정적 고정관념, 혁신관련 정보부족, 미지의 상태에 대한 불안문제 등으로 저항이 발생되기 쉽다. 특히 기관장이나 간부들의 혁신에 대한 관심부족과 조직원들의 혁신역량 부족도 중요한 장애요인이다.

5) 정부혁신 문제점의 개선

첫째, 변화관리에 적극적으로 주도적인 역할을 수행할 수 있도록 혁신 추진부서의 역할을 강화시켜 줄 필요가 있다. 즉, 별도로 설치한 혁신팀이 잘 운영될 수 있도록 다양한 조치를 취하고, 실행부서들이 적극적으로 동참하고 움직일 수 있는 분위기를 조성해야 하며 혁신을 적절히 관리할 수 있도록 성과목표 및 평가시스템의 제도화 등이 필요하다.

둘째, 조직원들이 새로운 제도변화에 적극적으로 참여할 수 있는 분위기의 마련이 필요하다. 모든 변화와 혁신에는 저항이 있기 마련이며 조직원들은 불안에 놓이기 마련이다. 이러한 측면을 극복하고 능동적으로 움직일 수 있도록 혁신에 필요한 성과관리시스템, 고객관리시스템 등 각종 제도를 도입할 필요가 있다. 이러한 제도 도입 초기에는 제도설계를 외부전문기관에 연구용역을 통하여 자문을 구할 필요가 있으며, 해외 및 국내의 적절한 기관을 방문하여 조사하고 필요한 부분은 벤치마킹 하는 등 적극적인 자세가 필요하다.

셋째, 성과평가시스템의 도입을 통한 지방행정의 제도화가 필요하다. 즉, 행정기관 내부의 조직 및 사업기관별로 성과평가프로그램을 개발하여 사업성과에 대한 평가를 체계적으로 수행해야 한다. 이러한 성과평과 결과를 바탕으로 성과급으로 연계하여 조직 간, 사업소 간 서비스 경쟁을 유도할 필요가 있다. 또한 성과평가는 외부기관에 의한 평가와 의견을 적극적으로 활용할 필요가 있다. 따라서 내부적으로 실시하는 서비스 고객만족도 조사와 더불어 시민단체 및 지역 교수들에게 의뢰하여 각 부서별, 사업별로 성과평가를 통하여 우수사례를 전파하고, 시정사항을 반영해야 할 것이다.

넷째, 행정혁신을 통한 행정변화 노력이 바람직한 조직문화로 나타날 수 있도록 고객만족평가시스템 도입, 교육훈련 및 홍보 강화, 획기적인 인센티브제도 도입 및 확대 등 다양한 조치가 필요하다. 관료조직은 조직의 특성인 위계문화가 상대적으로 강하지만, 정부혁신에 요구되는 합리적 문화, 발전문화, 그리고 집단문화의 측면이 모두 균형 잡힐 수 있도록 조직문화를 구성해야 한다는 측면을 주목해야 한다.

2. 적극행정의 의의

1) 적극행정의 개념

유럽의 경우, 적극행정은 직장과 학교, 사회기관에서 소수집단이 편견에 불이익을 받지 않고, 채용이나 승진에 혜택을 받을 수 있도록 하는 조치를 뜻한다. 예컨대 영국에서 적극행정은 'Equality Act 2010'에 입각하여 사회 내의 과소대표 집단 출신을 공직에 채용토록 허용하는 시책으로 간주된다. 미국에서 적극행정은 차별받는 집단 출신자에게 채용, 보상, 승진, 교육 등에 혜택을 주어 사회적 다양성을 보호하고 차별을 시정하려는 조치를 의미한다. 우리의 경우, 적극행정은 '공무원 등이 국가 또는 공공의 이익을 증진하기 위해 성실하고 능동적으로 업무를 처리하는 행위'로 규정된다(감사원 훈령 제331호). 이는 행정환경이 요구하는 바를 주도적·선도적으로 정부가 수용하여 대응하는 것이라 할 수 있다. 적극행정은 글로벌시대 국가의 경쟁력에 결정적인 영향을 미칠 수 있으며, 대내적으로는 주민의 행복과 정부에 대한 신뢰에 중대한 영향을 미칠 수도 있다.

따라서 적극행정은 공무원들이 불합리한 규제의 개선 등 공공의 이익을 위하여 창의성과 전문성을 바탕으로 적극적으로 업무를 처리하는 행위(정부규제, 조직문화, 제도, 업무관행 등)를 말한다고 할 수 있다.[6] 이러한 적극행정은 '「헌법」 제7조 제1항 공무원은 국민전체에 대한 봉사자이며, 국민에 대하여 책임을 진다. 「국가공무원법」 제56조(성실 의무) 모든 공무원은 법령을 준수하며 성실히 직무를 수행하여야 한다'에 근거하고 있다.

적극행정의 필요성은 첫째, 지능형정부 기본계획과 필요성이다. 즉, 지능형정부에서의 공무원은 기존의 소극적인 행정에 그치지 않고, 스스로 알아서 적극적으로 서비스를 제공하여야 한다. 둘째, 공무원은 현장과 밀접하게 연결되어야 하며, 현장에서 다자간 의사소통을 통해 현명한 의사결정을 할 수 있어야 한다. 특히, 현장에서 탁월한 의사결정을 위해서 공무원들은 기관, 부서간 장벽이 없는 협력행정을 위해 노력해야 한다. 셋째 4차산업 혁명 등 행정환경 변화에 따라 행정이 적극적으로 변화할 필요성이다. 넷째, 적극행정 공무원이 되기 위하여 인공지능, 빅데이터, AR · VR에 대한 역량을 강화하고, 스스로 분석할 수 있는 능력을 배양할 필요성이 높아 졌다.

---

6) 적극행정의 상대적 개념으로 소극행정을 들 수 있다. 소극행정이란 공무원의 부작위 또는 직무태만 등으로 국민의 권익을 침해하거나 국가 재정상 손실을 발생하게 하는 행위를 말한다. 소극행정의 유형으로는 적당편의 행태, 책임회피 행태, 불합리한 관례답습, 기타 관중심 행정처리를 하는 행태 등을 들 수 있다.

2) 적극행정의 유형

적극행정은 크게 행태적 측면과 규정의 해석 및 적용의 측면에서 살펴볼 수 있다. 전자는 통상적으로 요구되는 정도의 노력이나 주의 의무 이상을 기울여 맡은 바 임무를 최선을 다해 수행하는 행위, 업무관행을 반복하지 않고 가능한 최선의 방법을 찾아 업무를 처리하는 행위, 새로운 행정수요나 행정환경 변화에 선제적으로 대응하여 새로운 정책을 발굴·추진하는 행위, 이해충돌이 있는 상황에서 적극적인 이해조정 등을 통해 업무를 처리하는 행위 등이다. 후자는 불합리한 규정과 절차, 관행을 스스로 개선하는 행위 등, 신기술 발전 등 환경변화에 맞게 규정을 적극적으로 해석·적용하는 행위, 규정과 절차가 마련되어 있지 않지만 가능한 해결방안을 모색하여 업무를 추진하는 행위 등을 말한다.

3. 행정혁신과 적극행정의 비교

행정혁신과 적극행정을 목표, 주체, 대상, 방법의 차원에서 비교하면 <표 14-1>와 같다. 첫째, 목표의 차원에서 행정혁신은 정부시스템의 변화가 주라면 적극행정은 공무원들의 의식변화가 주요 초점이다. 둘째, 주체의 차원에서 행정혁신은 정부가 주라면 적극행정은 정부와 공무원들이 동시의 변화가 요구된다. 셋째, 대상의 차원에서 행정혁신은 정부시스템이라면 적극행정은 정부시스템과 공무원들이 핵심대상이다. 넷째, 방법의 차원에서 행정혁신은 정부시스템의 변화지향이 주라면 적극행정은 공무원들의 의식변화 지향이 주요 초점이라고 할 수 있다.

〈표 14-1〉 행정혁신과 적극행정의 비교

구 분	행정혁신	적극행정
목 표	정부시스템 변화	공무원들의 변화
주 체	정부	정부+공무원
대 상	정부시스템	정부시스템+공무원
방 법	변화지향	변화지향(공무원)

제5절　　행정개혁의 방향

1. 행정개혁의 이론적 논의

1) 행정개혁의 이론적 배경

　행정개혁은 행정을 의도적으로 개선하는 활동이나 과정을 의미한다. 방만하게 난립되어 있는 행정 조직을 통폐합하는 일, 조직규모를 축소하여 인원을 감축하는 일, 예산운영에 관한 제도와 관행을 바꿔 예산 운영의 효율성을 기하는 것 등은 대표적인 행정개혁이라 할 수 있다. 이러한 행정개혁은 시대와 상황에 따라 상이한 논리에 기초하여 계속 추진된다는 점에서 행정개혁은 상시적으로 추진되어야 할 과제이다.

　1980년대 이후, 세계는 신자유주의 영향으로 새로운 무한경쟁시대에 돌입했다. 신자유주의의 영향으로 정부의 기능을 축소시킴과 동시에 민간이 이를 맡아서 행정 서비스를 제공하는 것을 주 내용으로 하는 신공공관리론(New Public Management)이 행정개혁의 기조가 되었다. 신공공관리론은 민간 기업의 경영 기법을 공공 부문에 도입하고자 하는 것으로서 시장주의와 관리주의(managerialism)를 주된 내용으로 하며, 논자에 따라 개방형 임용제 등 행정의 대외 개방과 참여주의를 포함시키기도 한다.

2) 행정개혁과 신공공관리론

　신공공관리론은 신자유주의적인 사상적 흐름 속에서 그 개념이 규정된다. 개념의 이해를 돕기 위해 몇 가지 정리를 해야 할 것 같다. 먼저 신자유주의에 대한 이해를 돕기 위해 '자유주의 → 수정 자본주의(행정국가) → 신자유주의'로 이어지는 사조 흐름을 살펴보도록 한다.

(1) 자유주의

자유주의는 18~19세기에 등장한, 개인의 자유를 존중하고 중시하는 사상으로서 역사적으로는 주로 절대 왕정의 억압으로부터 권리를 찾기 위한 시민운동과 혁명으로 나타났다. 정부의 부당한 억압·간섭·개입을 막기 위해 시민과 부르주아는 정부의 역할을 최소화시키고자 했다. 이들은 정부의 개입을 최소화하고 시장의 자율적인 활동을 최대한 보장해야 개인과 사회의 발전을 이룰 수 있다고 보고, '자유방임주의', '보이지 않는 손', 정부는 밤에 도둑 잡을 정도의 역할만 하면 된다는 '야경(夜警) 국가' 등을 주창했다. 자유주의 사조는 1929년 미국의 '대공황(The Great Depression)'이 발생하기까지 이어졌다.

(2) 수정 자본주의

자유주의시대의 시장에 대한 지나친 방임은 1920년대 미국의 번영 이후 1929년 '대공황'이라는 부작용으로 나타났다. 1920년대의 산업 발전과 호황에도 불구하고 노동자들의 임금은 크게 오르지 않았다. 소득이 부족하여 구매력이 떨어지게 되고, 구매력이 떨어져 제품이 팔리지 않아 재고가 쌓여 갔고, 재고가 쌓여 노동자가 해고되거나 공장이 문을 닫아서 실업이 발생하게 되었다. 대량 실업으로 노동자의 구매력이 부족해져 제품이 팔리지 않아 다시 재고가 쌓여 가는 악순환이 형성됐다. 영국의 경제학자 케인스(John Maynard Keynes)는 완전 고용을 이루기 위해서는 자유방임주의가 아닌, 정부의 개입과 공공지출이 필요하다고 주장했고, 미국의 루스벨트(Franklin Delano Roosevelt) 대통령이 이를 받아들여 테네시강유역개발과 정부의 직접 고용으로 대표되는 '뉴딜(New Deal)' 정책을 시행하게 되었다. '시장의 실패'를 치유하기 위한 정부의 적극적인 개입이 시작된 것이다. 경제를 시장에만 맡기지 않고, 정부가 공공 지출을 늘려 시장에 개입하는 수정 자본주의, 그리고 국가가 사회 문제를 적극적으로 해결하는 행정국가 시대가 1970년대까지 이어졌다.

(3) 신자유주의

행정국가의 부작용은 사회 문제를 해결하려는 정부의 적극적인 시도는 정부 조직의 비대와 비능률성, 법과 규제로 인한 경직성 등 이른바 '정부의 실패'를 불러 일으켰다. 신자유주의는 정부가 사회문제에 적극적으로 개입하여 해결하는 행정국가 또는 수정자본주의의 부작용을 지적하면서 등장했다.

어떤 사조든 균형을 잃고 과도하게 치우치면 그 사조가 힘을 잃고 다른 사조에 자리를 내 주게 된다. 신자유주의를 토대로 한 행정개혁은 우리나라에서 많은 비판을 받고 있다. 먼저, 가장 큰 비판은 정부목표는 기업목표와 다른데, 기업의 경영기법을 무분별하게 도입했다는 비판이다. 다음은 정부의 성과는 기업의 성과와 달리 계량화·수치화하는 일이 쉽지 않다. 그리고 행정의 목표라 할 수 있는 국민의 행복·만족·삶의 질과 같은 지표자체가 수치로 표현하기 쉽지 않기 때문에 이 목표를 추구하기 위해 노력한 정부의 활동과 성과 역시 수치로 표현하기 쉽지 않다. 정부의 목표는 공익이므로 공익성, 민주성, 민주적 절차, 효과성 등이 중요한데, 이윤을 추구하는 기업의 능률성, 결과 중심주의를 과도하게 강조하게 되면, 정부 본연의 목표가 왜곡될 수도 있다.

〈표 14-2〉 자유주의, 수정 자본주의(행정국가), 신자유주의 비교

구분	자유주의	수정 자본주의 (행정국가)	신자유주의(관리국가)
시기	18~19세기	1930~1970년대	1980년대
대표적 정부	절대왕정으로부터 권력을 찾아 온 영국 의회, 프랑스 시민혁명 세력	대공황 직후 미국 루스벨트 정부	영국 대처 정부, 미국 레이건 정부
키워드	국가 개입·간섭 반대, 야경국가, 시장주의, 민간 중심, 보이지 않는 손, 경제학자 아담 스미스	정부의 사회 문제 적극적 개입, 수정 자본주의, 행정국가, 경제학자 케인스	경비 절감, 능률성, 시장주의, 민영화, 민간위탁, 노동유연성, 경제학자 하이에크
긍정적 영향	부당한 국가 개입으로부터 개인의 자유 보호	국가의 적극적인 사회 문제 해결	능률성 향상, 정부 비대와 비능률성 방지, 민간 활동 활성화
부정적 영향	시장의 실패 발생, 국가의 역할 경시, 국가의 관리·감독 소홀	정부의 실패 발생, 정부 비대와 비능률성, 과도한 규제 발생	정부목표는 기업목표와 다름에도 불구하고 기업경영기법을 무분별하게 도입했다는 비판, 형평성 악화, 빈부격차 심화

신자유주의하에서 대의민주제에 내재된 여러 가지 결함들, 운영과정에서 축적된 문제들, '시장실패'를 보완하기 위한 정책들의 실패, 즉 '정부의 실패' 때문에 시장자율이 주장되었다. 이는 불완전한 정부(imperfect government)는 시장주의로 대체되어야 마땅하다는 현실적 근거가 되었다. 고전적 시장주의 또는 자유주의를 새로운 상황에 맞추어 적용한 것이 신자유주의로서 시장 원칙에 따른 부와 소득 배분을 최대한 중시하는 이념이다. 신자유주의는 지나친 국가개입주의에서 비롯된 폐해를 인식하고, 개인의 자유와 창의를 존중하는 자기책임원칙과 시장친화적 제도확립을 주안점으로 하면서도, 고전적 자유주의가 간과한 사회적 형평성을 동시에 추구한다. 다만, 신자유주의의 형평성은 유인체계가 갖추어진 생산적 복지와 유연한 노동시장을 지향한다.

이러한 신자유주의의 기조는 정부로 하여금 민영화와 경제에서의 자유화를 추진할 것을 권장한다. 신자유주의적 행정개혁과 관련된 신 공공관리는 정부의 행정운영을 개선하여 능률을 높이는 데 초점을 두고 있으며, 시장주의·관리주의·참여주의를 통해 행정 운영을 개혁하고자 한다.

3) 신공공관리론의 내용

(1) 시장주의

시장원리는 공공서비스의 생산에서 공공적인 결정과 집행에 의존하지 않고, 가격을 매개로 하는 시장원리에 의존하려는 것이다. 가격을 매개로 하여 민간재의 수요와 공급이 결정되는 시장의 원리는 효율적인 자원 배분을 보장한다는 것이 일반적 주장이다. 시장주의는 경쟁원리와 고객주의를 함축하고 있다. 가격을 매개로 하여 수요와 공급을 일치시키는 시장원리는 다수의 수요자와 공급자가 있어 서로 경쟁하는 경우에 작동한다. 소비자의 입장에서는 다수의 공급자가 경쟁적으로 공급을 할 때 선택권을 행사할 수 있으며, 나아가 싼 가격에 좋은 품질의 상품을 구입할 수 있게 된다.

이러한 시장주의를 정부의 공공재화나 서비스의 공급에 적용하려는 것으로서 민영화와 민간위탁을 들 수 있다. 정부 업무나 공기업을 민간기업에 담당시키는 것을 민영화라고 하는데, 주로 공기업을 민간기업에 매각하는 형태로 이뤄져 정부 지출을 감소시키게 된다. 민간위탁(contracting out)은 정부가 민간에게 제공하는 공공재화나 서비스를 민간기업에게 위탁하여 제공하도록 하는 제도이다. 이때 민간기업들이 경쟁하여 입찰에 응하도록 하고 정부가 그중에서 선정하여 공급을 의뢰하는 계약을 맺도록 하는 것이다.[7]

민영화나 민간위탁은 정부기능을 민간이 담당하는 것으로서 작은 정부를 구현하게 된다. 또한 정부가 담당하는 기능을 폐지하기 위해 규제완화나 민간에 대한 불필요한 개입을 축소시키는 방법을 사용해서 조직과 인원을 줄이게 되면 작은 정부를 구현할 수 있게 된다. 구체적으로 정부 경비를 감소시키거나 경제 개입을 축소하는 것도 작은 정부를 실현하는 것이다. 불경기나 실업 대책으로서 케인스주의적 수요 관리 정책을 포기하고 공급주의 정책을 추진한 대처리즘 (Thatcherism)과 레이거노믹스(Reaganomics)가 여기에 해당하는 것이었다.[8] 신공공관리는 이러한 경제정책의 대전환 과정에서 등장한 것으로서, 작은 정부를 지향하는 정부 개혁의 논리인 것이다. 작은 정부 운동의 시장주의적 측면에 대한 비판점은 복지비 등을 줄임으로써 사회적 약자에 대한 배려가 적어진다는 점이다.

(2) 관리주의

관리주의는 행정내부에서 행정활동을 규제하는 각종의 지나친 통제를 축소하여 자율성을 부여하고 기업가적으로 정부를 운영하도록 하여 능률을 높이는 데 주안을 두고 있다. 신공공관리론자들은 공공서비스 제공에 경쟁 원리를 최대한 도입하여 능률을 향상시키되, 만약 경쟁원리를 도입할 수 없는 경우에는 일

---

7) 민간위탁과 민영화의 차이점으로서, 민영화가 완결되면 공기업은 민간기업이 되어 자율성을 가지지만, 계약에 의하여 정부 서비스를 제공하도록 위탁받은 기업은 계약 기간과 계약 조건 준수라는 커다란 제약을 받게 된다. 행정기관은 민간위탁의 경우 끊임없이 감독과 점검을 해야 하는 책임을 지게 된다.

8) 대처리즘(Thatcherism)은 파업을 최소화하여 기업의 투자 여건을 조성하고 복지비 등 정부 경비를 축소하여 그만큼 세금을 감면시키면 민간 투자의 증가를 유도할 수 있다는 것이다. 정부 지출의 감소와 경제에 대한 개입을 축소하여 민간 경제를 활성화시키는 것을 주 내용으로 하는 레이거노믹스(Reaganomics)도 진입 규제를 완화하여 기업들 간의 경쟁을 자극하고, 복지비 등의 정부 예산을 줄여서 기업의 세금 부담을 경감함으로써 투자를 자극하고자 한 것이었다. 투자 증가는 실업 감소로 연결되어 복지 문제가 해결된다는 보수주의적 논리를 기초로 하였다.

선 관리자나 관료들의 행태를 통제하는 각종의 예산과 인사관계규정을 대폭 폐지하거나 축소해야 한다고 주장한다.

먼저, 내부 통제와 규칙들은 관료들의 바람직하지 못한 행태를 억제하기 위해 만들어 둔 것으로서 관료제의 상관은 부하들이 이를 준수하게 함으로써 간접적인 통제를 한다. 규정이나 규칙을 위반하는 관료만 처벌하면 되므로 통제는 훨씬 쉬워진다. 이러한 규칙들은 부정직한 5%를 통제하기 위하여 95%를 좌절시키는 형식주의를 만들게 되었다. 그러나 이제는 행정절차법과 정보공개법의 제정, 정보통신기술의 발달로 행정의 투명성이 확보되어 부패의 가능성이 엄청나게 줄었으므로 규정을 대폭 축소시켜야 한다는 것이 신공공관리론자들의 주장이다.

그리고, 인사 관리는 기관장이나 조직의 책임자가 업무를 성공적으로 추진하기 위해 채택하는 수단의 하나이다. 채용, 승진, 보직, 보수, 성과관리 등에서 기관에게 보다 많은 재량권을 주어서 인사를 관리의 수단으로 활용하게 하는 것이다. 기관장이 능력 있고 성실하게 일하는 이들에게 보수, 보직, 승진 등에서 크게 혜택을 주고 그렇지 못한 이들을 불리하게 대우함으로써 관료들의 전문성 향상 노력과 헌신적인 업무 수행을 확보하려는 것이 신공공관리론적 인사 개혁의 핵심이다. 또한 신공공관리의 인사 관리와 관련된 것으로서 개방형 임용제를 들수 있다. 개방형 임용제도는 외부에서 능력 있는 사람을 일정기간 어느 계급에나 채용하도록 하는 제도이다. 관료의 채용시험에서는 확보하기 어려운 특수 전문가를 확보하는 것은 물론 새로운 상황에 맞도록 정책을 전환하고자 할 때 외부 인사 채용이 개방 임용제의 목적이 된다.

행정 내부에서 관료들의 행동을 통제하기 위한 각종의 규제 장치들을 폐지하거나 축소하는 가운데, 과도한 규칙과 규정을 준수하게 하는 대신에 수행해야 할 사명, 즉 목표를 달성하게 하고 이의 결과인 성과를 점검하여 관료들을 통제하고자 한다. 여기서 사명 중심주의는 사명과 목표를 모든 조직행동의 정당성의 근거로 삼기 때문에 여러 규정 대신에 목표의 달성 결과나 사명 수행의 결과로서의 성과(performance)를 점검하여 관료들을 통제하는 성과주의를 채택하게 된다.

(3) 참여주의

　참여주의는 정책 문제에 대하여 직접적인 이해관계가 없는 제3자인 시민의 참여를 강조하고 동시에 공동체주의를 주장한다. 공동체주의는 응집성 있는 공동체를 다시 구축하고 공동 문제를 구성원들이 직접 참여하여 해결해야 한다는 것으로서, 공공의 문제 해결을 정부에 맡기지 않고 주민 스스로 해결할 것을 주장하는 것이다. 범죄자의 체포로 치안을 유지하는 것, 교량이나 도로를 건설하는 것 등 공공재의 공급만이 아니라 거리의 부랑자에 대한 숙식 제공, 고아나 과부를 돕는 공동체의 구축, 공동의 삶의 질을 향상시키는 데 적극적으로 참여하는 것이 소위 관료제, 그리고 부패에서 사회를 재건하는 길이라고 공동체주의자들은 주장하고 있다.

　이러한 공동체주의의 이상은 무임승차의 문제 때문에 비현실적인 것이 되어 이에 대한 해결 방안으로 제시된 것이 시민주의(civicism)와 자원봉사주의(volunteerism)가 제시되고 있는데, 자원봉사주의가 신공공관리론과 밀접한 것이다.

　자원봉사주의에서는 민간 중심의 공동체가 국가 기능을 분담하는 것이 바람직하므로 공동체를 최대한 활용하여 작은 정부를 구현해야 한다고 주장한다. 학교 폭력 문제, 청소년 범죄 문제, 극빈 학생, 노인 실직자, 노숙자들에 대한 식사 제공, 방범 등 치안 활동, 전과자 재활 운동, 청소년 교육, 고아와 노인의 복지, 보건과 위생 등의 행정 업무는 지역사회 공동체 구성원들의 적극적이고 이타주의적인 활동에 의하여 진정한 효과를 거둘 수 있다는 것이다. 이러한 이타주의적 자원봉사활동은 정부의 행정 활동의 효과를 향상시키면서도 정부 기능을 축소할 수 있는 이중의 효과를 거둘 수 있다는 것이다.

　시민주의에서는 용감한 시민정신, 헌신적이고 봉사적인 애국심, 자신을 희생하는 고귀한 정신, 불우한 이웃을 돌보는 따뜻한 인정 등을 지닌 덕성 있는 시민들이 직접 공공적인 업무를 수행하는 것을 강조하는 데 비해 자원봉사주의에서는 공동체의 구성원들이 자발적인 협조와 정부 기능의 분담을 강조한다는 점에서 양자는 차이를 보인다. 이러한 차이에도 불구하고 양자는 민간의 행정 활동에 대한 참여를 주장하며, 나아가 작은 정부를 실현할 수 있다는 점에서 공통점을 갖는다.

2. 행정개혁의 모형

1) 작은 정부 구축

우리나라는 두 차례(1997년 IMF사태와 2008년 금융위기)에 따른 구조조정으로 중앙행정기관의 수가 축소되었고 각 행정부처의 하부기구와 인력도 감축되었다. 기구 감축은 규제 완화를 통해 정부 기능을 축소하고 유사 기능을 수행하는 국·과는 통합하며, 시장경제의 원칙에 따라 민간 부문에서 수행하는 것이 보다 효율적인 기능은 민간에 이양하거나 민영화하는 방식을 통해 이루어졌다.

이러한 인력 감축 이후 정부 인력이 다시 증가하는 것을 막기 위해 「국가공무원 총정원령」을 제정하여 소위 '공무원 총정원제'를 시행하게 되었다. 국가공무원 총정원의 한도를 법령에 규정함으로써 정부 인력이 지속적으로 늘어나는 것을 방지하고, 한계생산성이 낮은 부문에서 높은 부문으로 인력 재배치를 촉진하여 정부 인력의 효율적 활용을 강화하게 된 것이다.

2) 민영화

공기업은 정부가 소유하거나 실질적으로 경영하는 기업으로 정부투자기관, 정부출자기관, 그 자회사를 말한다. 공기업은 전력, 철강, 전화·통신, 가스 등 국가기간산업에 독점적·시장지배적 지위를 차지하면서 국민의 생활에 직접적인 영향을 미치고 있다. 그 동안 공기업은 국가경제 발전에 많은 기여를 하였으나, 민간 부문이 상당한 수준으로 성장한 현시점에서 볼 때 과도한 시장 참여로 인해 시장 왜곡을 초래한 것으로 평가되었다. 동시에 주인의식의 결여로 민간 부문에 비해 비효율적이고 방만한 조직운영을 해 왔기 때문에 개혁의 대상이나 민영화대상이 된 것이다.

한편, 일반적으로 공기업 개편의 기본방향은 다음과 같다.

첫째, 기업성이 강한 공기업은 원칙적으로 민영화하고, 조기 민영화가 곤란한 경우는 강도 높은 구조조정을 추진한 후 단계적으로 민영화한다.

둘째, 민영화의 추진방법으로서 우리 사주와 국민주를 통하여 종업원과 국민의 참여 기회를 제공한다.

셋째, 공기업의 설립 목적에 따라 고유 업무와 핵심 사업에 전념하도록 하고 민간이 수행하는 것이 더 효율적인 기능은 과감히 민영화하거나 외부위탁(outsourcing)을 추진하는 한편, 국민의 세금이 낭비되지 않도록 유사한 중복기능은 통폐합한다.

넷째, 간섭과 규제를 최소화하기 위해 자율경영체제를 확립하고 경영 효율성 향상을 위해 운영 시스템을 근본적으로 개혁한다.

3) 성과주의와 고객주의

생산성 향상을 위해 성과중심의 인력관리는 성과급과 목표관리제를 채택하고 있다. 목표관리제는 공무원이 연간 달성할 목표를 정하고 이의 달성정도를 평가하는 것으로 성과급지급의 주요 기준이 되고 있다. 현재 성과급제는 두 가지 유형으로 나눠진다.

첫째는 성과급적 연봉제로서 국장급 이상의 1~3급 공무원을 대상으로 개인별 업적평가결과에 따라 성과급을 지급하고 있다.

둘째는 3급 과장급 이하 전 공무원을 대상으로 하는 성과상여금 제도이다. 이 외에도 팀제 운영 등으로 개인별 성과를 구분하기 어려운 기관의 경우에는 부서별 평가에 의한 상여금을 지급할 수 있도록 하고 있다.

과거에는 행정서비스의 수요자인 국민에 대한 관심보다는 행정수반이나 의회가 서비스 제공자인 공직자를 임명하고 통제하는 데에 관심을 기울여 왔다. 이처럼 일반 국민을 단지 업무의 대상으로만 인식하는 관중심의 업무수행으로는 공공서비스의 소비자인 국민의 수요와 만족도를 충족시킬 수 없었다. 최근에 등장한 행정개혁은 바로 이러한 공급자 중심의 행정 서비스를 개선하기 위해 고객중심 또는 고객지향(customer-oriented)의 행정서비스구현을 지향하고 있다. 고객지향의 행정서비스 제공을 위해 '행정서비스헌장제'가 도입되어 있는데, 이는 '행정기관이 제공하는 서비스의 기준과 내용, 서비스를 제공받을 수 있는 절차와 방법, 그리고 잘못된 서비스에 대한 시정과 보상조치 등을 구체적으로 정하여 공표하고, 이의 실천을 국민에게 약속하는 제도'이다.

4) 지식경영

지식이 경영의 재원이자 힘으로 인식되기 시작하면서 지식경영이 관심사항으로 떠오르고 있다. 지식경영은 조직의 성과향상과 가치창조를 위해 새로운 지식을 창출하고 이를 조직구성원들이 서로 공유하고 활용함으로써 조직의 성과를 생성해 내는 과정으로 오늘날 조직의 생존을 좌우하는 전략으로 등장했다. 1990년대 이후 지식이 조직의 자산으로 인식되면서 지식을 관리·활용해야 한다는 주장과 함께 지식경영이 주목을 받게 되었다.

지식경영은 조직의 정보자산을 확인·포착·출력·공유·평가하는 통합된 접근 행위를 증진시키는 것으로서, '조직의 경쟁력을 향상시키기 위해 지식을 창조·공유·확산하여 경영 활동에 활용하는 일련의 과정'으로 정의할 수 있다. 지식경영 과정은 지식의 저장·추출 → 전송 → 체계화 → 공유 → 조합 → 활용의 과정으로 이루어진다.

조직에서 지식경영이 필요한 이유는 다음과 같다.

첫째, 조직 구성원들이 업무활동을 수행하는 과정에서 얻은 지식들을 전자문서화하여 대규모 지식베이스를 구축하고 이를 쉽게 공유함으로써 전체 조직구성원들의 지식수준이 향상될 수 있다.

둘째, 구축된 지식의 공유를 통해 동일 작업의 중복에 의한 업무 비효율을 방지할 수 있다.

셋째, 지식의 업무 적용을 통해 개인과 조직 전체의 경쟁력을 향상시킬 수 있다.

5) 규제개혁

정부가 하는 일을 살펴보면, 어떤 일은 할 수 있도록 장려하고 지원하는 반면, 어떤 일은 하지 못하게 막거나 까다로운 조건을 걸어 제한을 한다. 후자를 정부 규제라 할 수 있는데, 이러한 규제는 개인과 기업 활동에 제약을 가하고, 시장경제 활성화를 저해하기도 한다. 이 때문에 시장경제 활성화를 위해서 규제개혁을 시도하게 된다.

규제 개혁의 궁극적인 목적은 규제의 철폐와 개선을 통해 시장경제의 효율성을 향상하고, 국민의 소득과 복지를 증진하는 데 있다. 규제 개혁은 1980년대 개별 규제에 대한 문제를 시정한다는 단편적인 차원에서 시작되었으나, 수많은 규제활동들이 미치는 누적 효과가 엄청나다는 인식이 대두되었다. 이에 따라 각국의 규제 개혁은 전체적인 규제 체제를 '관리'하는 방향으로 전환하게 되었다.

일반적으로 정부가 담당하는 규제 업무의 비중이 크면 클수록 개인과 기업의 자율성과 창의력에 의존하는 국가 발전 전략의 구현은 어려워지게 된다. 이에 김대중 정부는 IMF 경제위기의 해소 차원에서 경제·사회 규제 전반에 대한 철폐 작업을 비교적 과감하게 추진했다. 하지만 노무현 정부의 경우 민영화와 탈규제로 촉발된 부작용의 치유 차원에서 재규제에 우선순위를 부여해 왔으며, 이명박 정부는 기업 활동 자율성 강화와 경제 활성화 차원에서 보다 과감하게 규제 개혁을 추진해 왔다.

따라서 새로운 규제 개혁은 탈규제와 재규제의 조화라는 기본 원칙에 맞게 수행해야 한다고 본다. 물론 국민이나 기업들이 규제 개혁이 필요하다고 요구하는 분야는 과감하게 규제를 완화하고 사회 안전 분야나 환경 분야는 규제를 강화해야 할 필요도 있다.

3. 행정개혁의 방향

1) 일반적 행정개혁의 관점

(1) 장기적 계획의 시도

대부분의 행정개혁은 거시적·장기적인 전망 없이 일시적인 조치로서 이루어져 왔는데, 보다 장기적인 측면에서 사회·경제 발전에 능동적으로 대처해 나가야 할 것이다. 그러기 위해서는 행정 발전의 중·장기 계획을 수립하고 중앙과 일선의 행정 실태를 정확히 파악해야 한다. 한편 선진국의 성공적인 사례를 조사·연구하여 행정 능률을 극대화하고 예산이나 인력 면에서 낭비 없는 행정을 이룩하도록 개혁을 추진해 나가야 할 것이다.

미국 정부가 국토안보부를 새로 만드는 대대적 정부 개편 작업에 나선 것도 바로 이 위원회의 조사 활동을 통해 무엇이 문제였고, 어느 부분을 바로잡아야 하는가에 관한 윤곽이 잡힌 뒤였다.

그리고 새로운 행정수요가 생길 때마다 행정기구를 증설하는 것은 장기적인 관점에서 바람직하지 못하기 때문에 이를 가급적 억제하고, 현존 조직업무를 기능적 재배분하거나 태스크포스(Task Force) 활용, 일선기관 위임 등과 같은 새로운 행정처리 방식으로 대처해 나가야 할 것이다.

(2) 개혁관의 재정립

우리나라의 행정개혁은 구조나 관리·기술적 개혁이 주를 이루었다. 그러나 조직을 운영하는 것은 조직구조가 아니고 그 구성원이다. 따라서 어떤 행정개혁이든지 그 구성원의 행태 면에서 근본적인 개혁이 이뤄져야만 행정개혁이 진정으로 성취될 수 있다는 인식이 재정립되어야 할 것이다. 그리고 지금까지의 개혁이 가시적 목표를 강조하고 비가시적 목표는 경시하였으나, 미래에는 비가시적 목표와 질적 효과성에 역점을 두어야 할 것이다. 또한 지금까지의 행정개혁이 정부주도로 이루어져 왔다면 앞으로는 점차 하위 조직이나 일선 조직 참여 위주의 행정개혁으로 전환해야 할 것이다.

사회 문제를 근본적으로 해결하기 위해서는 비가시적 목표, 행태변화, 의식개혁이 필요하다. 경제적 이익을 추구하려 안전관련 규정을 어기고 국민의 안전을 경시하는 기업의 행태, 안전관계 규정과 대피훈련을 귀찮고 번거로운 것으로 여기는 국민들의 인식, 재취업기관의 이익을 위해 안전관리·감독에 소홀한 공무원의 행태가 근본적으로 개혁하고 척결해야 할 무형물인 것이다.

(3) 참여의 확대

행정개혁은 일시적 개혁안을 실천에 옮겨 성과를 거두기보다는 제도화되는 것이 바람직하다. 제도화란 개혁의 가치가 인정되고 개혁 대상자 또는 이해당사자들에게 받아들여짐으로써 개혁안이 유지되고 자율성을 지니게 되는 것을 의미한다.

따라서 행정개혁이 제도화되기 위해서는 참여를 통한 이해를 높여야 한다.

이를 위해 첫째, 개혁 담당자, 개혁 대상자, 이해당사자, 민간인의 참여의 길을 넓히고 전 직원에 대한 의견 조사를 실시하는 등 참여를 통한 의견 진술의 기회를 준다.

둘째, 개혁 담당자나 조직의 장은 다양한 의사 전달 방법을 통해 조직 안팎에서 개혁의 내용을 인지시키고 그 필요성을 설득할 필요가 있다.

셋째, 개혁안 성립 후 집행 과정에서도 개혁 대상자들의 참여를 통한 평가와 개선이 이루어질 수 있어야 한다.

(4) 분권화의 촉진

분권화란 정부조직내부에서 권한과 책임을 하부기관에 분배하는 관리방식을 의미한다. 의사결정의 권한을 위임하거나 전결(專決)하는 방식이 효과적인 분권화라 할 수 있다. 이러한 분권화는 의사결정과 조정·기획·조직화·통제 등에서도 제공할 필요성이 있다.

분권화가 주는 효과로는 집권화로 인하여 초래하기 쉬운 심리적 소외감을 해소하며, 구성원의 사기와 책임감을 높여 주고, 대내적 민주화 또는 관리체제의 자주성을 강화하여 전반적인 효과성을 향상시켜 준다는 장점이 있다.

(5) 고객 중심주의

정부는 국민을 통제·규제하는 기능에서 탈피하여 국민들에게 서비스를 제공하는 기능을 수행해야 한다. 국민을 고객으로 보고 국민들의 자율적이고 창조적인 활동을 보조하는 기능을 정부가 수행해야 한다는 것이다.

따라서 행정 서비스를 만족스럽게, 능률적으로 제공하기 위해서는 국민에 대한 공직자의 의식 있는 태도 변화와 함께 다양하고 창의적인 방법을 도입해야 할 것이다. 다만, 행정서비스를 제공함에 있어서는 효율성뿐만 아니라 형평성도 동시에 추구하여 공공행정의 목표가 퇴색되지 않도록 주의를 기울여야 한다.

(6) 정보화

행정개혁의 효율성 제고에는 정보의 역할이 강조된다. 행정조직의 정보수집과 처리기능을 강화하여 국가정보관리체계의 수립이 요구된다. 복지정보체계,

인력정보체계, 보건정보체계, 지리정보 체계 등 각종 정보체계를 마련하고 국제 정보체계와의 교류가 활성화되어야 한다. 또한 공공정보 공개를 확대시켜 정부 부문과 민간부문의 정보교류 활성화를 더욱 강화시켜야 할 것이다.

정보관리의 발전은 작은 정부와 전자정부에도 많은 역할을 할 것이다. 즉, 정확하고 신속한 정보 제공은 정부에 대한 통제를 발달시키고, 또한 행정의 공평성과 효율성을 높인다.

(7) 평가와 환류 기능

개혁의 결과에 대해 객관적으로 평가하고 문제가 있으면 궤도를 수정하는 환류기능이 제고되어야 한다. 특히 국가발전이 일정 수준에 도달하게 되면 개혁이 급진적이지 않고 점진적으로 이뤄질 수 있도록 조직과 제도 속에서 자율적 장치를 구비하도록 해야 할 것이다. 행정개혁이 과거처럼 일회성·전시성으로 추진되어서는 곤란하다. 특히 정권이 바뀌면 추진하던 개혁이 전면 재조정되는 개혁의 단절성을 극복하고 지속적으로 추구하며 이를 제도화해야 할 것이다.

2) 신공공관리론적 행정개혁의 관점

신공공관리론적 행정개혁에 대한 이론적 비판은 다음과 같다.

첫째, 신공공관리론은 관료제를 대체하는 이론이 아니라 보완적 수단 내지 관리기법에 불과하다. 그럼에도 불구하고 이념이나 목표로 기능함으로써 수단이 목표를 대체하는 일종의 주객이 전도되는 현상이 발생하기도 한다. 민주성·공공성·효과성 등의 목표보다는 비용절감, 정·현원 축소 등의 수단이나 '작은 정부'에 집착하게 된다는 비판이다.[9]

둘째, 행정의 주체인 시민을 그 객체인 고객으로 전락시켜 시민의 탈정치화를 가속화시킬 수 있다. 또한 시민들은 이해관계가 이질적이고 때로는 상충되는 다양한 집단을 구성하므로, 이들을 동시에 만족시켜 고객 만족도를 높이는 것은

---

9) 우리나라의 경우에는 공무원 총 정원제에 저촉되지 않기 위해 중앙정부와 지방자치단체에 공기업·공사·공단 등 산하기관이 신설되고 그 기관에 직원들이 채용되어 오히려 정부가 비대해지는 부작용까지 발생하고 있다.

거의 불가능한 일이 될 수 있다.

셋째, 성과주의적 운영을 위해서는 정부부문의 성과를 계량적 방법으로 측정해야 하고 이를 통하여 통제를 해야 한다. 그러나 정부부문의 성과는 측정하기가 어렵고, 자칫 성과를 왜곡하면 성과를 측정하지 않는 것만 못하다는 지적이 있다.

넷째, 정부 실패에 대한 치유적 성격을 띠고 있는 신공공관리론은 관리적 측면이 강한 서구행정에는 적합할지 모르나, 정치적·권력적 측면이 강한 한국행정에는 부적합하다는 지적이 있다.

다섯째, 신공공관리론은 신정치행정이원론으로 이해할 수 있는 것으로서 경영과 행정, 또는 기업과 정부의 차이를 간과하는 면이 있다는 것이다. 즉, 기업이 지향하는 능률성에 치중하고 정부가 추구하는 또 다른 중요 가치인 민주성, 형평성, 공익성을 소홀하게 취급할 수 있다는 것이다.

여섯째, 관료에 대한 불신을 전제로 하고 있기 때문에, 노동 집약적인 행정의 속성상 크게 중요성을 지니는 관료의 사기를 저하시키고, 동기 부여와 인적 자본의 축적을 저해하게 된다는 지적도 있다.

일곱째, 선진국은 복지국가의 한계점에서 신자유주의적 행정개혁이 추진되었다. 그러나 재정규모와 공무원 수 등 외형적으로는 선진국에 비해 '작은 정부'라고 할 수 있고, 점차 사회복지 수요가 증대되고 있는 우리나라의 현 상황에서 정부규모축소에만 집착하는 개혁을 바람직하다고 말할 수는 없다. 신자유주의적 정신에 따라 불필요한 기능과 인원을 줄이더라도 선진국 수준에 다다르기 위해 사회복지기능을 확대한다면 우리의 재정규모와 공직자 수는 오히려 증가할 수도 있다.

여덟째, 신자유주의는 결과적 형평성을 배제하지는 않지만, 기회의 균등 또는 절차적 형평성에 상대적으로 중점을 둔다. 이로 인해 신자유주의 노선을 채택한 국가들은 대체로 소득분배 구조가 악화되는 결과를 가져와 사회적 통합과 분배적 정의의 실현에 장애가 될 수도 있다.

아홉째, 신공공관리의 성과주의를 위해 채택하는 목표관리제, 성과급, 상사평가 등 새로이 도입된 유인기제가 종전의 경쟁규칙과 관행을 대체하는 경우, 기득권에 대한 적절한 경과조치가 미흡하고, 또는 시범 실시에 의해 적응비용과 '전환과정의 불공평성'이 발생한다.

열 번째, 한국의 시장은 불완전하고 민간 부문의 건전성이 낮아서 정부기능을 대신할 대체안으로서는 취약하다. 또한 신자유주의와 신공공관리론은 서구적인 개인주의를 바탕으로 하므로, 가족주의, 근면성, 조직에 대한 충성심, 교육열, 신의, 선비정신, 수기치인(修己治人), 상부상조 등 바람직한 우리 문화와 반드시 부합하지만은 않는다.

신공공관리론적 행정개혁의 핵심적 내용은 전술한 바와 같이 크게 두 가지이다. 작은 정부운동과 행정운영 방식의 변화가 그것이다. 작은 정부운동은 규제완화, 민간에 대한 정부개입의 축소, 정부와 공기업의 서비스제공기능 등을 민영화하거나 민간에 위탁하는 것을 주 내용으로 한다. 이는 시장주의를 지향하는 것이다.

행정개혁의 내용 중 다른 하나인 행정운영방식의 변화는 고객주의와 경쟁원리 등 시장주의의 도입과 기업경영방식을 모방하는 것을 통해서 이루어진다. 기업경영방식의 모방은 신관리주의(New Managerialism)를 적용하는 것이다. 신공공관리적 정부는 시장주의적 원리를 도입하여 행정서비스를 가급적 경쟁적으로 공급하도록 하지만, 경쟁이 불가능한 경우는 신관리주의를 도입하여 일선관리책임자로 하여금 인사나 예산상의 결정권을 가지고 능률적인 내부관리를 하도록 한다.

신공공관리론이 결코 정부와 기업을 동일시하는 것은 아니지만, 그동안 추진된 정부개혁의 이념과 시각은 민간기업의 작동원리에 편향되어 있다. 경쟁을 촉진하고 유인체계를 구축하며 성과를 관리하는 것은 필요하지만, 행정과 경영의 본원적인 차이점을 간과해서는 안 된다. 신공공관리의 성과주의적 행정운영은 능률의 제고를 위해서도 필요한 것이다. 그러나 성과의 측정이 민간 부문에 비해 훨씬 어렵다는 것이 현실 적용상의 문제가 된다. 또한 경영은 능률의 제고를 지상과제로 삼고 있으나, 행정은 이밖에도 형평성, 정의 등 공익의 추구가 중요하다. 능률의 우선은 이러한 행정 가치를 희생시키게 되는 점에서 문제가 된다. 형평성과 능률의 상치성(big trade-off)을 조화시키는 문제를 고려해야 함에도 이에 대한 고민이 전혀 없다는 점이 비판점이 될 수 있다.

제15장

미래행정의 과제

제1절　　디지털 정부의 기초

1. 디지털 정부의 의미

　　정부를 둘러싼 환경이 급변하고 있다. 디지털 전환에 따른 중추기술이 혁신적으로 변하고 기업이나 시민의식, 욕구도 복잡다양하며 까다로워지고 있다. 이미 기업이나 시민 삶은 디지털 전환을 지향하고 있다. 그 동안 전자정부의 구현을 위해 오랜 기간에 걸쳐 막대한 자원과 노력이 투입되었다. 그 결과, 2010, 2012, 2014년 UN의 전자정부 평가에서 192개국 가운데 1위를 차지했다. 전자정부 발전지수 역시 상위권을 기록하였으며 경제협력개발기구(OECD)가 처음 실시한 2019년 디지털정부평가(The OECD 2019 Digital Government Index)에서 한국 정부는 종합 1위를 차지했다.[1] 전자정부서비스 인지도(93.8%), 전자정부서비스 이용률(87.6%), 전자정부서비스 만족도(97.8%) 측면에서도 지속적으로 향상되고 있다(행정안전부, 2019). 그러나 아직 모든 시민의 전자정부서비스에의 접근이 어렵고 전자정부서비스를 통해 새로움이나 유용성도 느끼지 못하고 있다. 세계적 수준의 전자정부기반, 기술이라는 외피를 걸쳤음에도 왜, 전자정부의 수요자인 시민들의 관심과 주의, 신뢰수준은 저조한 것일까? 그 까닭은 아마도 창조적 혁신의 결핍에서 비롯된 것으로 보여진다.

---

[1] 회원국 29개국과 비회원국 4개국 등 총 33개국을 대상으로 2018~2019년 2년에 걸쳐 ①디지털 우선 정부(Digital by design) ②플랫폼 정부(Government as a platform) ③열린 정부(Open by default) ④데이터 기반 정부(Data−driven public sector) ⑤국민 주도형 정부(User−driven) ⑥선제적 정부(Proactiveness)의 6가지 평가항목을 측정한 결과, 한국은 1점 만점에 0.742점으로 종합지수 1위를 기록했다.

2. 행정과 디지털 정부

인공지능정부 구현에 필요한 기술적 진보는 혁신을 거듭하고 있다. 하지만 정부조직, 행정절차 및 제도, 관료의식 및 행태는 산업시대 수준에 머물러 있다. 인공지능 정부의 기술적 조건에 비할 때 충분조건으로서 정부개혁이나 혁신성과는 미미하다. 행정이념과 철학도 산업사회의 관료주의 한계에서 벗어나지 못하고 있다. 행정기능의 준거로 작용해 왔던 각종 법률, 규칙과 규정도 쉽게 변화되지 못하고 있다. IT기술의 도입, 적용의 최고를 넘어 최선, 최상, 최초의 서비스기반의 인공지능정부를 지향하려면 발상의 전환과 혁신의 실천이 병행되어야 한다. 이른바 창조적 문제해결과 공익가치 창출을 위해 무엇보다도 관료의 행동준칙인 조직규범과 가치, 표준운영절차를 비롯한 제반 법규 및 관행, 규칙들이 재정비되고, 국민기대와 요구에 부응할 수 있는 서비스 수단과 장치가 마련되어야 한다.

제2절   디지털 전환과 정부의 역할

1. 디지털 환경의 변화와 의미

인공지능 정부는 필요하고 당위적이다. 하지만 기존의 전자정부 담론과 근자의 지능형 정부논의는 다분히 기술 지향적이며, 산업·경제적 필요성이 강조되었다.

기업과 같은 영리조직이 창조성을 바탕으로 이윤을 창출하듯 공공조직도 공공재 창출에서 창조성을 발휘해야 한다. 오프라인은 물론 온라인상 공공부문의 문제해결이나 가치창출을 위해 전자정부 기반구조에 관료지식, 경험 등이 접목되어 새롭고 유용한 정책, 정보가 창출되어야 한다. 창조성이 발현되는 전자정부는 인체의 신경망처럼 세심하고 예민하게 반응해야 한다. 두뇌와 신경망과의 관계처럼 정부가 행정조직 내·외부의 정보흐름을 원활하게 만들어 보다 신속하고 효율적으로 국민과 시장의 요구사항에 대응해야 한다.

인공지능 정부는 언제, 어디서나 연결이 가능해야 한다는 의미를 포함하기에 단순히 새로운 서비스 출시라는 단편적 이벤트에 그치지 않는다. 기존 정보 및 지식DB, 서비스, 시스템 등의 연계와 통합 및 최적 활용을 통한 가치창출의 바탕에서 시민생활 향상과 수많은 사업기회들과의 연결을 촉진해야 한다. <그림 15-1>에서 보듯 지능화 진전에 따라 정부환경이 달라지고 있다. 다양한 기기 간 연결성이 강화됨에 따라 개별기기들의 고유기능에 있어서 구분과 경계가 모호해질 것이다. 시민입장에서 행정서비스나 행정기관에 종속될 필요가 없이 언제 어디서든 접속만으로 편리하게 사용할 수 있어야 한다. 인공지능 열풍은 세탁기, TV, 청소기 등으로 이어지면서 단순히 제품 혹은 서비스 차원에 머무르지 않고 자율주행자동차, 스마트시티, AI기반 RPA 등 다방면으로 확산되고 있다.

행정에서도 인공지능 적용 및 확산이 모색되면서 인공지능정부가 제시되고 있다. 과거에 없었던 강력한 기능을 가진 스마트폰이나 다기능 및 고기능의 측면에서 지능적 수준을 넘어 자동제어능력을 의미한다. 소비자가 생각대로 할 권리, 즉 선택권을 준다는 점이 인공지능기반 제품 및 서비스에서 중요하다.

〈그림 15-1〉 지능화에 따른 인공지능정부 환경의 변화

다양한 개성이 발휘되는 시대에 시민의 취향도 다양해질 것이다. 무작정 많은 기능을 주는 것보다 원하는 것을 찾아, 그것만 쓸 수 있는 환경을 제공하는 것이 지능형 서비스다. 그런데 시민이 원하는 것을 가장 정확히 아는 사람은 일선관료가 아닌 시민 자신이다. 가령 의료용 센서를 연결하여 가정 내에서 건강검진을 받거나 집안에 설치된 센서와 TV를 연결하여 집 안의 청결상태나 화재발생 가능성을 점검해 보는 프로그램도 가능하다. 이처럼 지능형 환경의 운영원리는 개방성과 자유다. 따라서 정책개발이나 집행을 담당하는 관료는 시민들의 선택권을 확대, 강화하는 방향으로 정책이나 서비스를 발굴, 제공해야 한다.

2. 인공지능형 정부

이제까지 역대 정권마다 전자정부의 구축, 추진과정에서 전자정부의 수사(修辭)가 바뀌었다.[2] 공통적인 사실은 정보통신기술에 의해 전자정부가 변해 왔다

---

2) 전두환, 노태우 정부시절 추진된 행정전산망사업이 기반이 되어 김대중 정부의 지능적 전자정부, 노무현 정부의 유비쿼터스 전자정부, 이명박 정부에서는 스마트정부, 박근혜 정부에서는 정부 3.0으로 변화하여 왔다.

는 점이다. 정부는 관료, 조직, 절차, 제도의 복합체이며 정부의 외연은 정치와 밀접하다. 인공지능 정부가 지향하는 인공지능 거버넌스의 실현을 위해 요구된다.

정부 구조는 정보기술의 성취에 힘입어 인공지능정부로 탈바꿈 중이다. 그러나 행정본질이 바뀌어야 한다. 아직까지 일하는 방식이나 관료의식은 관료적 모습을 벗어나지 못하고 있다. 전례답습, 관행, 규칙, 상식, 무사안일 등으로 관료주의가 팽배하여 전자정부의 창조성은 기업에 미치지 못한 상태다. 이처럼 창조성이 결여된 탁상행정은 실효성이 없으며 국민과 기업에 부담이나 스트레스로 작용한다. 탁상행정은 현장과 동떨어지거나 현실을 무시한 행정으로 공무원이 머리와 서류만으로 정책을 만드는 과정에서 발생한다.

행정과 현장 사이에 괴리를 극복하려면 첫째, 행정과 수요자간 시간차를 줄여야 한다. 정책의제 성립 이전에 문제인지와 문제해결의 필요성에 대한 사회적 합의가 선행되어야 한다. 이 과정에서 정책소요시간을 최소화하며 이해관계자를 사전에 설득, 조정해야 한다. 둘째, 인지범위의 차이를 줄여야 한다. 현장인은 자신이 직면한 문제가 전부라고 생각한다. 관료는 문제와 관련된 다른 이해관계인의 존재, 선례와 미래에 대한 영향 등을 현장상황과 필요에 맞게 고려해야 한다. 셋째, 행정문화의 관점에서 정부가 지나치게 실적을 중시할 때 탁상행정이 나올 위험성이 크다. 공무원들이 성과를 위해 조급해 하거나 흥분하면서 조성된 '높은 열정의 행정문화'에서 자칫 한 건 주의나 지나친 의욕에 빠질 수 있음을 경계해야 한다. 이 외에도 공무원의 무사안일주의, 고위 정책결정권자의 전시적 욕구, 경직된 정부제도, 비밀주의 행정풍토 등은 정부의 창조성 진작을 위해 사라져야 할 구습이다.

관료주의는 관료제가 지배하고 있는 조직이나 국가에서 나타나는 기능적 장애다. 먼저 공식화된 시스템이 책임회피 수단으로 이용되는 경우를 종종 볼 수 있다. 조직화 및 공식화된 시스템이 야기하는 가장 큰 부작용이 바로 책임회피와 그에 따른 비효율성이다.[3] 시민이 필요한 것은 심플한 시스템, 엄격한 운영이지, 복잡한 시스템의 허술한 운영이 아니다. 사실 관료제는 Max Weber가 가장 합리적인 조직구성방법이라고 인식했을 만큼 그 기본덕목은 명쾌하다. 관료

---

3) 가령 정보시스템 도입으로 확산되고 있는 현상으로 ARS을 들 수 있다. 당초 의도와 달리 행정편의주의 시스템을 위한, 시스템에 의한, 시스템의 꽉 막힌 관료주의 흔적이 곳곳에 남아 있다.

주의는 창조행정의 걸림돌로 작용할 수 있다.

거대정부에 이르도록 업무량의 증감이나 일의 경중에 관계없이 꾸준하게 공무원 수를 증가시켰다. 여기서 그치지 않고 역대 가장 큰 예산규모와 재정적자를 초래하고 있다. 관료가 자신의 책임하에 사용되는 예산의 극대화를 지향한 결과이다. 관료들이 영향력을 끊임없이 확장시키고자 공공서비스를 과잉 공급한다는 Niskanen 모형이 적용된 셈이다.

제3절   인공지능 정부의 양면성

1. 인공지능의 가능성

오늘날 AI는 민간부문의 많은 영역을 변화시키고 있다. 온라인 서비스부터 휴대폰 및 가정에서 인공지능(AI)과의 상호작용이 일상화되고 있다. 거의 매일 AI는 작업을 수행하기 위해 컴퓨터 프로그래밍 또는 학습을 한다. 가령, 영화추천, 쇼핑, 뉴스검색 등 활동에 인공지능이 관련되고 있다. 인공지능의 파괴적 잠재력은 민간부문을 넘어 공공부문에서 실질적인 존재가 될 것이다. 더이상 AI는 미래기술이 아니다. 정부를 비롯한 공공부문이 인공지능을 더 빨리 수용할수록 더 빨리 비용 효율성이 높아지고 시민 만족도가 높아질 것이다.

인공지능은 환경을 관찰하고 학습하며 얻은 지식과 경험을 기반으로 지능적 행동을 취하거나 결정을 제안할 수 있다. 심지어 모든 기계 또는 알고리즘을 지칭하는 일반적인 용어다. 이처럼 광범위한 AI정의에 해당하는 다양한 기술이다. AI는 정확한 예측을 수행하고, 사기거래와 같은 이상 징후를 감지하는 데 유용하다. 또한 디지털 이미지 또는 비디오에서 정보를 수집, 처리 및 분석하고, 오디오 또는 텍스트를 처리 및 이해하며, 유사한 요구를 가진 시민의 분류를 개선할 수 있다. 아직 불완전하지만 AI사용은 정책 입안, 공공서비스 제공 및 내부 정부 프로세스 강화와 같은 다양한 정부업무를 개선하고 있다.

AI는 수십 년 동안 물리적 및 가상 환경에서 파일럿 및 애플리케이션 등 다양한 형태로 존재해 왔다. 그리고 장차 2035년까지 경제성장률을 두 배로 늘릴 수 있는 가능성을 지니고 있다. 인공지능은 컴퓨터를 프로그래밍하면서 다음과 같은 작업을 수행한다. 인간지능처럼 이해하고 시각/공간 및 청각정보 모니터링, 추론 및 예측, 인간과 기계와 상호작용 등을 지속적으로 배우면서 개선한다.

또한 빅 데이터 및 분석을 사용하여 다양한 작업이 가능하다. 또한 성능측면에서 자동화를 넘어 한층 강력해지고 있다. 예를 들어 번역, 얼굴인식 및 목표 설정된 온라인광고는 머신러닝의 응용프로그램이다. 민간부문에서 적용이 확산되는 머신러닝은 정부에서의 문제해결과 가치창출에 기여할 수 있다. 데이터가 많지만 주요 핵심내용이 충분하지 않은 경우, 관리 및 전문가가 분석한다. 기계가 자동화할 수 있는 일상적인 프로세스는 시간이 지나면서 개선된다. AI는 애플리케이션을 통해 관리부담 감소, 자원할당 해결 지원, 문제해결과 함께 상당히 복잡한 작업의 수행이 가능하다.

〈표 15-1〉 AI 애플리케이션에 적합한 정부 문제 유형

구 분	주 요 내 용
자원배분 및 할당	• 작업완료 속도를 높이기 위해 관리지원이 필요한 경우 • 지원 부족으로 질문응답 시간이 지연되는 경우
대규모 데이터 셋	• 데이터 세트가 너무 커서 효율적 작업이 어려운 상황 • 산출물 및 통찰력 제고를 위하여 내부 및 외부 데이터 세트의 조합이 필요한 경우 • 수년간 역사와 함께 데이터가 고도로 구조화된 경우
전문가 부족	• 기본 질문에 답할 수 있어 전문가 시간의 절약이 가능 • 연구(탐색)에서 Niche Issue를 학습하여 전문가 지원이 필요한 경우
예측 가능한 시나리오	• 과거 데이터를 기반으로 상황 예측 가능 • 시간에 민감한 응답에 도움이 되는 예측
과정(절차)	• 본질적으로 반복적인 작업 • 입력/출력에 이진분류 응답을 지닌 입력 및 출력
다양한 데이터	• 시각/공간 및 청각/언어정보가 포함된 데이터 • 정기적으로 요약되어야 하는 정성 및 정량 데이터

AI는 정부에 새로운 것이 아니다. 응용프로그램이 가장 널리 퍼져 있지만 국방 및 정보영역에서 부담스러운 작업을 줄이는 데 사용되었다. 1990년대 후반, 봉투에 필기를 인식하는 데 머신비전 방법이 사용되었다. 문자를 자동으로 라우팅 하거나 최첨단 방법의 변형이 정렬된다. 우편서비스 부문에서 효율성과 비용 절감에 기여하였다. 실제로 경험적 현상에서 AI는 디지털 전환시대를 이끌어 갈

핵심 부가가치 창출수단이다. 이미 제조업에서 AI는 자동화·지능화를 촉진하고 인간의 단순 반복적 업무를 대체하여 노동생산성을 크게 높여주고 있다. 새로운 제품의 개발이나 마케팅, 물류서비스 등 다양한 분야에서도 AI가 최적화된 맞춤형 정보를 실시간 제공함으로써 데이터 관리 및 분석, 비즈니스 의사결정 등에 활용돼 효율성을 높이고 있다. 이러한 편익과 혜택은 정부를 비롯한 공공부문에서도 가능성이 있다.

2. 인공지능의 위험성

행정현상에 만연한 관료주의 병리로서 문서중심주의, 비밀주의 풍토가 인공지능정부의 가능성과 혁신을 어렵게 한다. AI는 윤리와 존엄성의 문제를 제기한다. AI 기술이 고도화되고 자동화 수준이 높아질수록 기기는 인격성을 갖고 위험의 책임 주체가 된다. 인간성이 존재하지 않는 AI 기기에 자율적 의사 결정 기능을 부여하면 통제할 수 없는 상황이나 예기치 못한 문제가 생길 수 있다. 또한 AI는 개인적 자유를 위협하면서 민주주의 위기가 우려되기도 한다. 2019년 EU에서 발간한 「정부의 미래 2030」 보고서는 여러 시나리오 중 거대 다국적 IT 기업들이 시민들의 생활과 국가기능에 강력한 영향력을 미칠 것이라는 시나리오를 제시하였다. 이 시나리오에 따르면, 다국적 IT기업들이 제공하는 플랫폼을 통해 정부기능과 서비스가 제공되며 AI가 빅 데이터기반의 정책결정을 내리고 공공서비스를 자동화해 비용을 최소화한다. 그러나 왜 그런 결정이 내려졌는지에 대해 아무도 책임지지 않고 결정과정은 투명하지 않으며, 시민들의 정치참여는 위축수준을 넘어서서 정치적 무력감에 빠질 것이라는 전망이다. 또한 민주주의 쇠퇴와 사회적 불평등 심화가 우려되기도 한다.

장차 많은 사람이 정보기술의 혜택을 누리겠지만, 경제적 능력에 따라 향유하는 정보기술의 수준 차이 또는 격차가 불가피하다. 이는 다시 사회경제적 불평등으로 이어질 수 있다. 소셜 미디어 등 정보기술의 발전으로 누구나 마음만 먹으면 아주 낮은 비용으로 미디어를 가질 수 있는 시대다. 정보기술이 개인적 선호를 표출하는 통로와 수단이 되면서 자신의 선호에만 맞는 정보를 편식하거나 자신의 선호와 비슷한 사람들과 소통하게 되는 부작용이 야기될 수 있다. 나아가 소셜 미디어를 통한 허위정보의 확산과 낮은 정치적 동원비용이 예상치 못한 정치적 불안정과 즉흥적 정책 결정으로 이어질 수 있다.[4]

중국정부는 범죄 용의자 추적을 목적으로 지하철, 공항 등 사람이 많이 다니는 곳에 CCTV 수억 개를 설치해 이로부터 수집되는 방대한 개인 얼굴과 동작 데이터를 AI 기술로 학습시켜 특정 개인의 위치와 상태를 감시하고 있다. 특히, AI 안면인식기술은 장거리에서 감정을 인식하는 수준까지 발전했다. 수백만 명이 모인 곳에서 특정 인상착의를 지닌 사람을 찾는 것은 물론 슬픔과 분노까지 인식해 자살 위험이 크거나 범죄를 저지를 가능성이 큰 사람, 은행에서 돈을 빌리고 갚지 않을 사람까지 판별할 수 있다. 이름이나 주소를 넘어 개인이 드러내고 싶지 않은 감정까지 개인정보로 축적된다. 가령 코로나19 자가격리 위반자에게 위치 추적용 전자 팔찌를 채우게 했다. 확진자의 휴대전화 및 신용카드사용 기록을 조회해 동선(動線)을 공개하는 등 코로나19 확산을 틈타 개인정보가 남용되는 디지털 감시 사회에 가까워지고 있다. 감시와 통제가 사회 안전이나 방역에 도움을 준다고 해도 프라이버시와 개인정보 침해라는 더 큰 피해를 낳을 수 있다.

3. 인공지능 정부의 과제

인공지능기술의 채택에 의한 긍정적 현상이 인공지능 정부 활동 전반에 보편적으로 드러나야 바람직한 인공지능정부다. 장차 사회변화의 엔진으로서 인공지능 활용이 요구된다. 또한 소프트파워 실현을 위해 지식의 창출 및 활용을 위한 개방, 공유, 협업 기반을 마련하고 이를 통해 국가 지식을 총체적으로 활용하는 체계가 필요하다. 나아가 궁극적으로 국민의 창의성, 다양성을 극대화하면서 부가가치 창출과 국가경쟁력을 강화해야 한다. 동시에 AI의 통제 불능 및 악용으로 인간 존엄성이 위협받는 문제를 해결하기 위해 먼저 AI의 권한 설정과 결과에 대한 책임 소재를 명확히 할 필요가 있다. 인간과 AI의 공존을 고려한 새로운 윤리 규범 체계와 법제화의 정립이 요구된다.

아직까지 AI의 책임성과 윤리성을 다루는 관련법이 미비한 실정이다. 그나마

---

4) 한세억. (2020). 모든 사람을 위한 인공지능. 박영사.

입법이 논의되는 부분도 AI 기술개발이나 산업진흥책에 한정되고 있다. AI의 장밋빛 미래만 기대하며 다가올 위협에는 눈을 감고 있다. 일자리 감소 우려와 관련해서 대비가 필요하다. 공공부문 일자리인 18개 중앙정부부처 본부 인력 1만 2114명(2019년 기준) 가운데 24.8%인 3006명이 미래 기술로 대체 가능한 것으로 나타났다. 직급별 대체 가능한 인력규모를 분석한 결과 가장 많은 수의 인력이 대체가 가능한 직급은 6급으로, 약 1075명이 일자리에서 밀려날 것으로 예측됐다. 이어 7급의 경우 약 892명이 신기술 도입과 함께 대체가 가능한 것으로 분석됐다. 부처별로는 행안부(286명)가 가장 많았고 외교부(263명), 기획재정부(255명)가 뒤를 이었다. 대체 인력 비율로는 외교부가 38%로 가장 높았다(매일경제신문, 2021년2월15일자). 이처럼 AI는 정부인력 및 많은 직업을 도태시킬 수 있다. 하지만 AI와 직간접적으로 연관해 새로운 일자리를 창출할 수 있다. 데이터 과학이나 로봇 연구, 소프트개발 운용, 수리 및 유지 보수 등의 시장 수요는 갈수록 증가할 것이다. 이러한 일자리 구조변화에 대응하기 위해 정부에서 필요한 분야의 인재를 양성해야 한다. AI 대체에 취약한 직무에 근무하는 사람들이 전문성을 가지고 적합한 역할을 할 수 있도록 교육시스템을 개선하고 직종 간 이동이나 업무 변화에 적응할 수 있도록 재교육·훈련 프로그램을 확대할 필요가 있다.

인공지능기술을 활용하여 정부를 변화시켜야 한다. 가령 모바일 전자정부 포털을 통한 전 부처 서비스 통합제공이나 모바일 업무처리시스템 전 부처 확산, 실생활에 유용한 인공지능기술기반 행정서비스 확대, 인공지능워크센터 설치 확대 등은 인공지능 활용의 활성화를 위한 인사(성과평가·복무) 제도 개선시행 착오가 반복되지 않아야 인공지능 정부다.

제4절　　인공지능 정부의 이념과 가치

1. 인공지능과 창조성

　　글로벌 기업은 시장선도를 위해 AI 기반 창조적 경영을 실천 중이다. 시장에서 탁월한 명성과 확고한 입지는 영원하지 않다. 이에 따라 항상 위기의식을 갖고 변화 흐름을 정확하게 파악해야 한다. 기업을 이끌어가려면 행정도 기존 관성이나 모방으로는 리더십을 행사할 수 없다. 인공지능 정부도 새롭고 유용한 것을 찾아내는 창조성이 요구된다.

　　개인, 조직, 국가 등 모든 유기체에 창조성이 필요하다. 특히, 정부는 국민, 사회의 문제해결을 위해 존재한다. 재난, 안전, 에너지, 건강, 국방 등 문제해결을 위한 정부기능은 시대가 변해도 한결같아야 할 고유기능이다. 전자정부는 오프라인을 넘어 온라인상의 문제해결을 지능적으로 수행하는 정부다. 보다 빠르고 명확하게 해결하는 것이다. 이론적 관점에서도 행정은 기술이며 과학으로 인식된다. 기술성과 과학성의 핵심인자로서 창조성은 <그림 15−2>에서 보듯이 문제해결과 가치창출과 직접 관련된다. 문제는 그리스의 원어 'problēma'로서 '앞에 내던져진 것'이다. 시간선상에서 문제는 대부분 결과로 주어진 불만스러운 상태다. 행정창구에 제기된 문제가 해결되는 경우, 그 해결은 다시 새로운 문제가 계속 던진다.

<그림 15-2> 창조성의 기능

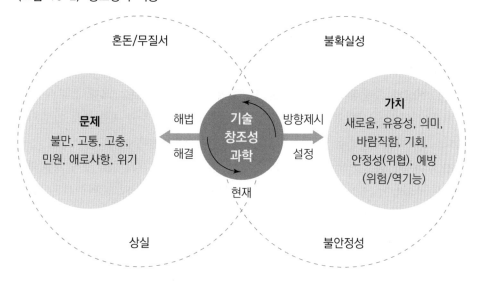

지금까지 전자정부 구현을 위한 행정기능도 정부 내의 비효율, 비능률 등 문제해결에 초점을 맞추었다. 행정은 공적 가치를 창출해야 한다. 가치는 현실세계에 대한 인간의 실천과 경험을 통해 형성되는 의식적인 관계가 축적된 결과이자 역사적 산물로서 인간사고와 태도에 영향을 미친다. 따라서 행정가치도 변화되는 의식구조를 반영하면서 시대적·사회적 여건에 따라 다른 형태로 나타난다. 가치창출행정은 사전적이며 예방지향 기능으로 국민 삶의 질 향상과 경쟁력 제고에 기여한다. 전자정부가 시간적(non stop), 공간적(one stop), 인간적 한계(비합리성, 주관성)에서 벗어난 공공서비스를 제공한다거나 미래지향의 공적 가치를 창출에 기여하고 있다는 점에서 지능적이다.

이처럼 문제해결이나 가치창출에 필요한 창조성은 많은 학자들이 정의해왔으나 아직까지도 공통된 관점을 찾지 못하고 있다. 창의력이란 사전적 의미로 새로운 생각을 해내는 힘으로 정의할 수 있다. 창의력은 창의성에 의해 그 특성이 발현되며 새로운 생각을 해 내는 특성 또는 새로운 생각을 해 내는 능력이다. 반면에 창조성은 새로운 것을 만들어 내는 특성이나 능력이다. 일반적으로 창의력, 창의성, 창조성은 서로 호환되어 사용되어지고 있다. 이 가운데 조직혁신에 성공하기 위해서 필요한 요소가 바로 창조성(creativity)이다. 즉 새롭고 유용한 아이디어를 창출하는 능력 또는 과정으로서 기존 서비스와 차별화할 수 있는 새로운 아이디어를 창출하는 창조성이 없으면 혁신은 성공할 수 없다. 창조성은 혁신의 가능인자이지만 혁신을 통해 창조성이 성과로 발현된다. 행정맥락에서 창조성은 혁신과 밀접하다.

Amabile(1983)은 "모든 혁신은 새로운 아이디어를 찾는 창의성에서 시작된다"며, 혁신의 출발점이 창의성임을 강조하였다. '새로운' 것은 오래 전부터 많은 사람들에 의해 인식되었으며, '확산적 사고'가 창의성의 주요 요인으로 간주되어 왔다. 그러나 '적절성'은 개인적으로 창의적일지라도 사회적으로 창의성을 인정받기 위해 각 전문분야에서 사회적 합의의 필요성이 제기된 이후부터 강조되었다. 즉 창의성이 개인적으로 새롭더라도 전문분야에서 인정받기 위해서는 그 분야에서 이미 이루어져왔던 것이 무엇인지 알아야 한다. 이에 따라 주어진 영역의 문제 상황에의 적합성이 창의성의 중요한 관건이 된다. 물론 문제 상황에 적절한 산물, 혹은 해결책을 찾아내기 위해 그 분야에 관한 전문지식과, 일반적 사고력으로서 수렴적·논리적·비판적 사고가 필요하다.

2. 창조성에 대한 접근과 시각

창조성에 대한 이론적 관심은 오랜 기간에 걸쳐 진행되어 왔다. 창조성 이론의 체계화를 위한 노력은 미국과 영국 등을 중심으로 두드러지게 나타났다. 물론 창조성 연구영역 및 분야는 교육뿐 만이 아니고 과학, 예술, 기업경영, 관리 등 광범위하게 진행이 되고 그 실효를 거두고 있다. 먼저 정신분석에 따른 심리학적관점에서 S. Freud는 1908년에 창조력은 생후 약 5년까지의 경험에 의해서 이뤄지는 성격적 특징이 있다는 학설을 내놓았다.

창조성에 관계되는 것은 보상(補償), 퇴화(退化), 전이(轉移), 분열(分裂), 승화(昇華)라 하였고, 창조성의 가장 큰 동기가 되는 것은 성적욕구가 만족되지 않은 때이고 승화는 유년기에 형성된다고 하였다. 1917년에 W. Koehler가, 1925년에 L. Terman이, 1926년에 G. Wallas 등은 천재아의 연구와 종래의 요소론적 사고방식을 비판하는 지각과 사고영역의 전문성에 기초하여 인지설(認知說)을 내놓았다. 1950년 미국의 J. P. Guilford는 인자분석(因子分析)에 의거한 창조성의 연구결과를 발표하였다. 특히, 1970년대 후반부터 전 세계적으로 국제화와 정보화의 진전에 따라 개인의 개성 육성의 필요성이 크게 제청되었고 이에 따른 창조성의 연구가 활발하게 진행되었다.

이후 창조성 관련분야 연구가 진전되었고, 창조성 측정 기기의 발전, 생리학적 연구의 성과 도입에 따라 인지과학(認知科學)과 뇌 연구에서 얻은 성과가 창조성 연구의 영역을 확대하게 되었다. 현재 세계적으로 창조성 연구는 창조력에 의해 새롭게 기대되는 분야에의 연구와 경영관리, 과학기술분야에의 연구로 진행이 되고 있는 중이다. 하지만 안타깝게도 사회변화의 중추를 이루는 영역으로서 행정 및 정치를 비롯한 공공부문에서 창조성은 척박한 수준이다. 창조력의 결정체이어야 할 정책이나 제도가 문제 상황의 해결이나 가치창출에 무기력해지면서 정부가 해결책이 아닌 문제로 인식되는 상황에 이르렀다.

창조성(creativity)은 정보와 지식의 창의적 활용이 요구되면서 한층 강조된다. 기존의 능률성을 포괄하는 창조성은 사회적으로 공유되는 가치 있고 유의미한 결과를 염두에 두고 행하는 인간의 내적 경험과 그것이 표현되는 인간행동과 그 결과에 관련된다. 즉 새로운 관계를 지각하거나 비범한 아이디어를 산출하고 전통적인 사고 유형에서 벗어나 새로운 유형으로 사고하는 능력이나 기존 개념으로부터 적어도 자신에게 새로운 것을 만들어 내는 능력을 의미한다. 21세기 창조사회에서 공동체가 유지되기 위해 시대상황에 맞는 지식개발 및 경험활용으로 자신과 조직의 수준과 격을 높이는 창조적 인재가 필요하다. 여기서 창조적 인재는 기능적 고정관념이나 기존의 방식에 의존하지 않고, 새로운 것을 만들어 내려는 사람이다. 새로운 정책개발뿐만 아니라 새로운 업무방식을 창안하여 새로운 가치를 만들어 내는 사람으로서 지식응용 및 활용을 통해 부가가치를 창출하는 인재를 의미한다. 이런 맥락에서 행정인은 문제해결능력, 문제발견능력, 전략적 매개능력을 기반으로 고부가가치를 창출하는 상징분석가나 프로페셔널 또는 지식근로자로 거듭나야 할 것이다.

인공지능정부는 지속적인 학습과 교류를 바탕으로 구성원의 창조성 진작을 중시해야 한다. 모든 정책이나 서비스는 시민을 지향하되 획일적이거나 일방적 수준을 벗어나야 한다. 인공지능정부는 인간을 인간답게 하는 공동체를 지향하면서 세 가지 조건이 필요하다. 첫째, 생명체로서 생명력을 이어가는 창조적 노동의 존귀함을 진작해야 한다. 둘째, 인간의 창조력으로 의미를 생산하는 작업의 소중함을 유지, 장려해야 한다. 셋째, 인간적 대화와 소통의 촉진과 의사결정의 지능화와 자율화를 진작하면서 타인을 존중하고 책임성을 강화해야한다.

3. 인공지능 정부의 가치

인공지능의 발전은 기존의 전자정부를 넘어 지능정부(intelligent government)라는 새로운 정부형태를 지향한다. 정보기술을 핵심요소로 활용하는 점에서 전자정부와 인공지능정부가 비슷하지만, 현실의 물리공간과 컴퓨터상의 사이버 공간을 연결하는 방식은 완전히 상이하다. 지능정부는 사이버공간에 축적된 엄청난 양의 지식과 지능을 현실공간에 적용하는 것을 핵심으로 한다. 사이버공간에 축적된 데이터를 가지고 각종 인공지능을 개발한 후 이를 현실공간으로 옮겨 시설물 관리, 콜 센터 운용 등 많은 업무를 자율화와 무인(無人)화할 수 있다. 특히 인공지능을 통해 사이버공간에 존재하는 각종 데이터와 알고리즘이 현실세계의 모든 곳에 내재화할 수 있다.

인공지능정부의 인공지능 활용방식은 <그림 15-3>과 같이 세 가지로 구분할 수 있다. 첫째, 증강(augmentation)이다. 인공지능이 공무원의 정책결정에 필요한 기초정보를 제공하고 공무원이 결정하는 방식이다.

둘째, 자동화(automation)는 인간이 인공지능을 훈련시키면 정책결정은 인간의 감독하에 인공지능이 내리는 방식이다. 셋째, 자율화(autonomous)는 인간능력에 필적하는 초지능이 나타나 인간의 개입 없이 자율적으로 정책을 운영하는 방식이다. 자율화는 AI현실주의 입장에서는 아직 받아들이기 어렵다. 장차 증강과 자동화가 혼재된 형태로 지능정부가 발전할 전망이다.

〈그림 15-3〉 인공지능정부의 인공지능 활용 유형

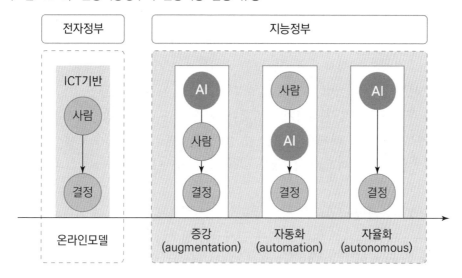

지능정부에서는 지능이 독립된 자원이 되는 동시에 상호 연계되어 작동함으로써 지금까지와 전혀 다른 정부운영 방식과 정부의 문제해결능력이 구현될 것이다. 전통 관료제는 사람들 간 네트워크로 이루어졌다. 전자정부는 정보시스템 간 네트워크를 근간으로 하는 반면, 지능정부는 인공지능 간 네트워크가 핵심요소로 작용할 것이다. 예컨대 정부 내에서 일상적으로 이루어지는 각종 보고행위가 인공지능에 의해 자동적으로 이루어지고, 정부와 민간의 만남도 인공지능이 대신하는 경우가 늘어나는 등 관계의 자동화가 확산될 것이다. 인공지능이 보유한 고도의 집단학습 능력으로 인해 지능정부는 기존에 상상하지 못한 수준의 높은 문제해결능력 발휘될 가능성이 높아질 것이다.

디지털 전환시대에서 행정서비스의 관건은 얼마나 신속하게 고객의 다양한 수요를 만족시켜주느냐에 달려있다. 이를 위해 공급자의 입장이 아닌 이용자의 입장에서 새로운 서비스를 개발해야 한다. 중요한 서비스는 산업화 시대와 같은 재화, 용역이 아니라 정보이다. 이처럼 기존의 행정개혁 이념들은 새로운 행정환경에 적응하기 위한 행정프로그램의 개발에 별로 도움을 주지 못했던 것이 사실이다. 디지털 전환시대에서의 행정개혁이념은 앞에서 제기된 문제점들을 해결할 수 있는 정책수단들의 산파역이어야 함은 물론이고, 아울러 기존의 이념을 대체할 수 있는 설득력이 있는 것이어야 한다.

또한 인공지능정부를 구현하는 과정에서 인공지능기술은 결코 목적이 아니라 정부혁신을 활성화하는 촉매수단이어야 한다. 달리 말해 정부의 창조적 역량을 자극, 강화하는 수이어야 한다. 정부혁신에서 인공지능은 이전에 불가능했던 방식으로 운영을 강화하고 의사결정을 촉진하며 고객서비스 향상에 기여할 것이다. 정부기관들은 이미 머신러닝, 로봇 프로세스 자동화, 사물인터넷, 기타 AI 도구를 이용해 운영을 개선하기 시작했다. AI는 보다 나은 공공서비스를 제공하고 장기적인 글로벌 과제를 해결할 수 있는 잠재력을 가지고 프로세스 최적화 이상의 이점을 제공하고 있다. 정부 및 공공부문은 디지털을 최우선 과제로 여기고 있다.

전자정부는 신공공관리를 향한 추동인자의 하나로 인식될 수 있다. 그 동안 전자정부 추진과정에서 여러 차례에 걸쳐 이뤄진 행정개혁 방향은 이론과 지향과 달리 그 초점은 국민가치나 효율성 중심적이기보다는 정부 또는 관료 중심적이었다. 기존 전자정부 구축과정도 기술 중심적이며 시스템 위주의 공급자 지향적이었다. 물론 전자정부는 첨단 정보통신기술을 활용하여 정부업무와 대민 서비스를 전자적으로 처리하는데 있다. 다양한 행정서비스를 온라인화 함으로써 언제 어디서나 고객의 접근과 이용이 가능해야 한다. 장차 정부의 행정서비스체계를 일원화하고 행정정보와 지식을 공개함으로써 정부의 생산성과 투명성을 향상시켜야 한다. 지금까지 행정은 기존 이념과 원리를 바탕으로 능률성과 효율성을 추구하였다. 하지만 달라지는 인공지능기술 및 서비스 환경에 능동적으로 대응해야 한다.

제5절   창조적 정부의 전망

1. 창조적 정부의 의미

　인공지능정부는 객관적으로 정의될 수 있거나 정형화된 형태를 지칭하지 않는다. 그럼에도 인공지능을 활용하여 문제해결과 가치창출에 기여하는 창의적 정부를 의미한다. 다만, 시민에게 가장 최선을 제공하는 것이 지능적이라면 시민마다 원하는 행정의 모습도 다를 수 있다. 가령 시민의 수준, 입장과 욕구, 취향에 따라 인공지능행정에 대한 니즈가 달라질 수 있다. 지금까지 정부가 기준과 원칙을 정해놓은 규칙에 시민을 끼워 넣고 통제하는 식이나 공통으로 정해진 객관적 목표 수준을 지향하는 것은 인공지능시대에는 맞지 않다. 오히려 시민 각자가 그리는 이상적이고 직관적인 세계를 이해하려는 노력이 요구된다. 지능화는 현재 진행형이기에 인공지능정부의 이상적인 모습은 명확하지 않다. 그 모습은 행정서비스 이용자인 시민에게 있다. 정부가 제시하는 것이 아니라 시민들이 원하는 모습의 탐색과정에서 인공지능기반 창조적 정부서비스를 내놓은 것이다. 창조적 인공지능정부는 시민과 그를 지원하는 혁신자들이 만나는 공간에서 성공적인 인공지능 정부모습이 구체화될 것이다.

　인공지능정부에서 시민은 서비스가 아닌 서비스 환경을 이용한다. 서비스기반 지능적 환경(혹은 플랫폼)의 창조성에 따라 서비스 만족도나 사용 편이성이 좌우될 것이다. 물론 혁신적 아이디어와 기술적 기반구조가 쉽게 전달될 수 있는 조직구조, 최적으로 구현된 기기와 같은 요소들도 모두 포함한다. 인공지능환경의 창조성은 참여자들의 협력과 직결되므로 참여자 행동을 조율하고, 갈등을 조정하는 정치적 성격도 지닌다. 인공지능환경 내 협력과 질서의 유지와 참여자간 조정역할을 누가, 어떻게 수행할 것인가가 중요하다. 장차 디지털 전환

시대에서는 시민주권과 창조적 개성의 힘이 정부의 한계를 보완할 수 있다는 신념이 요구된다. 인공지능정부는 행정시스템·과정·업무흐름의 개선, 행정조직 성과의 지속적 변화와 향상을 위한 동기부여 지속, 변화에 민감한 반응으로 이루어진 신뢰가 바탕이 되어야 한다.

또한 인공지능 정부는 시민과 협력자들에게 개방되어야 한다. 시민과의 관계를 통해 새로운 서비스를 발굴하고 업그레이드 형태로 운영체계가 개선되어야 한다. 이러한 변화는 서비스를 만들어 내는 행정조직 내부 활동에도 영향을 미칠 것이다. 예컨대 스마트폰 OS의 업그레이드는 휴대전화 제조사의 몫이듯 인공지능환경에서는 하드웨어를 만드는 업체도 서비스를 제공해야 한다. 컴퓨터나 휴대전화의 교체 기간은 비교적 짧아 큰 문제가 없을 수도 있지만 TV는 오랜 기간 사용하므로 스마트TV 고객에게 10년 동안 업그레이드 서비스 제공해야 할지도 모른다. 인공지능정부를 위해 표준화를 통해 시스템 간 상호작용이 가능한 표준 프로토콜이 개발되어야 한다. 시민모니터링을 통해 행정활동과 업무흐름을 분명히 알 수 있도록 하며, 모니터링 결과를 책임성과 연결시키고 의사결정에 반영해야 한다. 모든 행정 분야에 걸쳐 솔루션 실행, 국민의 동화와 수용이 이루어져야 한다. 이러한 인공지능플랫폼과 프레임워크의 적용을 통한 행정과 기술의 접목이 실현되어야 한다.

2. 창조적 정부의 단계

창조적 인공지능 정부의 개념을 한마디로 정의하기는 어렵지만 정부가 추구하는 궁극적인 모습은 문제해결 중심적이면서 가치창출지향적인 정부다. 인공지능정부는 일종의 유기체로서 시간과 환경변화 대응하여 진화하면서 단계와 차원을 달리한다. 이처럼 일신(日新)하는 정부를 위해 지속적인 혁신노력이 필요하다. 국민이나 기업의 니즈와 기대를 반영한 정부로 변신해야 한다. 그 동안 전자정부 구축은 정보접근성 제고, 정보공개, 국민의 참여 증대 등 정보화 확산 관점에 초점을 두었다. 이제는 국가의 수준도 향상되고, 국민의 정보 활용능력과 의식수준도 높아졌다. 따라서 국민생활에 스며드는 인공지능정부의 일상화와 효율화를 넘어 새롭고 유용성이 가시적으로 드러나는 창조성에 두어야 한다. 국민생활패턴이나 기업의 비즈니스 패턴에 맞추고, 부처 간 장벽을 제거해야 한다.

흔히 가치가 변하면 차원도 달라져야 한다. 인공지능정부의 문제해결능력과 가치창출은 단계에 따라 달리한다. 기존 전자정부 발전단계 모형은 전자정부 발전수준의 측정뿐만 아니라 향후 추진방향과 목표 설정을 제시한다. 지금까지 제시된 다양한 발전모형 가운데 <표 15-2>에서 보듯 UN이 제시했던 착수, 발전, 전자거래, 통합처리단계를 살펴볼 수 있다. 착수단계는 기존에 제기된 문제해결을 지향하면서 창조적 역량이 미분화된 단계다. 즉 부문별, 활동별 창조적 특성이나 성과물의 기준과 요소가 드러나지 못한 상태. 궁극적으로 통합처리단계가 정부의 모든 시스템의 연계와 통합을 통해 가치창출이 구현되는 단계이다. 이러한 단계를 구현하기 위해 행정혁신의 실천과 정보통신기술의 활용이 접목되어야 한다.

〈표 15-2〉 전자정부의 단계와 창조성 차원

단 계	착수 (Emerging)	발전 (Enhanced)	전자거래 (Transactional)	이음새 없는 통합 처리(Seamless Connected)
서비스	온라인을 통한 일방향 서비스	발전된 일방향 및 단순 쌍방향 서비스	쌍방향 서비스	맞춤형 서비스
내 용	• 정책·법령·문서 등 정보 제공 • 타 부처, 산하기관 등과 연결	• 민원신청 양식, 다국어 서비스 제공 • 부분적으로 온라인으로 신청	• 전자인증 양식 제공 • 전자투표, 민원양식 다운로드 및 업로드 • 온라인세금납부 등 정부와 금융거래 가능	• 시민과 적극적 소통 수행 • 다 부처 통합서비스, 생애주기별 맞춤형 서비스 제공
창조성 차원	문제해결지향, 미분화	문제해결, 분화	가치지향, 분절적	가치 창출, 균질적
정부 형태	관료제정부	온라인정부	네트워크정부	창조적 인공지능정부

전자정부의 궁극적 진화단계로서 인공지능 정부는 구축과 함께 올바른 운영이 중요하다. 인공지능기술은 공공서비스를 혁신할 가능성과 힘을 지녔다. 하지만, 무책임한 인공지능 기술의 사용은 불평등과 소외를 심화시킬 수 있다. 그렇기에 인공지능 정부는 컴퓨터 과학자에게만 맡길 수 없다. 법률전문가, 경제학자, 윤리학자, 심리학자, 철학자, 그리고 공공서비스 대상으로서 시민과 이해관계자를 포함해야 한다. AI가 향후 정부의 핵심기술이 될 것이다.

3. 창조적 정부의 기준과 요소

인공지능정부의 외피를 걸쳤다고 행정의 문제해결능력이나 가치창출능력이 저절로 갖추어지는 것이 아니다. 인공지능정부의 겉모습에 걸맞게 행정이념과 이념을 구체적으로 실천하려는 각고의 노력이 병행되지 않는다면 무능하며 무지하고 무책임한 인공지능정부라는 오명에서 벗어날 수 없을 것이다. 창조성 기반 인공지능정부의 내실은 <그림 15-4>에서 보듯이 사용자 중심의 공유된 서비스로서 다양한 서비스채널을 통하여 선택적 서비스가 가능하며 사용자 위주의 가치 중심적 사회서비스를 제공하는 정부다. 가령 시민 개인(수요자)에 의한 행정서비스와 행정정보의 구조가 결정되고 서비스가 이루어지는 행정으로의 전환이 이루어진다.

〈그림 15-4〉 창조성 기반 인공지능정부

정보중심 전자정부		창조성 기반 인공지능정부
분절적 서비스 • 관료중심의 공급자서비스 • 정부업무 자동화 **전자적 서비스** • 단편적 서비스채널 • 제공자중심의 서비스 **기능서비스** • 행정(중앙정부)중심의 서비스		**공유된 통합서비스** • 이용자지향의 시민중심 서비스 • 부처(부서/지역) 간 장벽 없는 협업 • 시스템 간 연동 및 통합 **유비쿼터스 서비스** • 다양하고 선택적이며 사전적 서비스 • 개인화 및 최적화, 지능화서비스 **사회서비스** • 사용자가치 중심의 공공서비스

정부에서 AI는 인지적 컴퓨팅의 설계, 구축, 사용 및 평가를 포함한다. 공공 관리의 개선을 위한 머신 러닝 활용, 공공정책의 결정과 집행 및 관련 거버넌스 기제를 설계·구현해야 한다. 공공부문은 무수한 영역에서 AI사용을 고민·탐색해야 한다. 물론 정부의 정책결정에서 인간의 역할이 강조되어야 한다. 어떤 경우, AI만으로 결정을 내릴 수 있지만 다른 많은 경우, AI는 인간의 판단을 강화하고 의사결정을 지원해야 한다. 시민이 제기하는 우려에 대한 고려와 성찰과 함께 지속적인 점검을 실시해야 한다. 그리고 정부는 AI 활용과정에서 데이터 및 알고리즘의 품질을 측정하고 투명하게 활용해야 한다.

또한 전문가와 함께 상식, 원칙, 기본을 갖춘 선량한 선민(善民)이 주도해야 한다. 정부에서 AI를 사용하는 데 확신을 가지려면 AI에 대한 적절한 감독이 중요하다. 법률 및 규제 프레임 워크를 강화할 수 있으며 AI 코드의 윤리적 사용을 위한 행동강령 또는 규칙을 만들어야 한다. 투명성은 AI를 뒷받침하는 알고리즘이 신뢰할 수 있고 조작으로부터 보호하는 데 도움이 된다. 하지만 알고리즘의 복잡성으로 인해 AI를 제공하는 데 어려움이 증가할 수 있다. 신중하게 규제하되 정부가 개인데이터와 AI사용을 제한하는 동시에 혁신적 AI기술사용을 촉진해야 한다. 아울러 디지털 전환시대에 경제, 지정학 및 보안 포지셔닝 등에 대한 AI의 중요성을 감안할 때 정부가 AI 사용과정에서 선민(善民)의 동의와 공감, 지원을 받아야 한다.

창조적 인공지능정부의 가능인자로서 정보기술의 가능성은 크다. 인공지능정부 기반구조가 국민생활과 기업비지니스의 스마트생활과 비즈니스의 플랫폼이 되어야 한다는 기대가 높다. 하지만 변함없이 관료(의식·행태·스킬), 행정조직, 절차적 혁신은 부족하다. 매일 새로워지는 정보기반구와 기술혁신에 걸맞게 행정조직, 의식, 절차, 제도적 혁신의 실천이 정부경쟁력, 투명성 향상, 신뢰성 제고로 가시화되어야 인공지능정부의 내실이 갖추어질 수 있다.

인공지능 정부에서 발굴, 제공되는 새롭고 유용한 서비스로 국민 불만과 기업 고충을 해결하고 유의미한 가치를 창출해야 창조적 인공지능 정부다. 인공지능 정부서비스의 유용성과 독창성이 모든 국민에게 체감되어야 한다. 모든 국민을 위한 인공지능정부를 지향하면서 인공지능기반 스마트폰, TV, 냉장고처럼 이용자인 국민의 시간, 노력, 비용부담을 줄여주고 미래의 불확실성이나 불안정성, 위험성에서 자유롭게 할 때 비로소 창조적 공공재로서 정부의 존재의의와 가치를 지닐 수 있다.

2016년 세계경제포럼(World Economy Forum)에서 4차 산업혁명이라는 용어
가 처음 주창된 이후로 이와 관련된 다양한 기술들이 소개되고 실생활에 접목
되기 시작하였다. 빅 데이터, 인공지능, 사물인터넷, AR과 VR, 드론 등 다양한
4차 산업혁명 신기술들을 활용한 사례들이 나타나고, 공공 부문에서도 일 하는
방식과 공공 서비스에 이러한 4차 산업혁명의 혁신 기술들을 활용하기 시작하
였다.

〈표 15-3〉 공공부문에서의 디지털 기술 활용 사례

디지털 기술	디지털 기술 활용 사례
빅데이터	• 개인 맞춤형 서비스의 제공(복지 서비스 등) • 빅데이터를 활용한 증거기반 정책(상권분석, 교통 정책 등)
클라우드 컴퓨팅	• 정보의 공유, 개방을 통한 협업의 가능성과 업무 효율성 제고 • 정보자원 관리의 효율성 제고를 통한 비용감축(CDC) • 정보의 개방을 통한 열린 정부 구현
IoT	• 사물 간 연결을 통한 인간의 매개없는 업무 처리 가능(교통정보, 스마트 그리드, 자율주행 시내교통, 스마트 홈 등)
드론	• 감시, 감독에 지능형 로봇의 활용: 소방방재, 하천, 강, 해안 등의 감시 · 감독, 환경분야 감시, 소방안전 분야의 활용, 긴급 구조 등
인공지능	• 정보통신 기기의 지능형 기기로의 진화: 지능형 CCTV • 정형화된 방식의 서비스에 대해 챗봇 등의 수행. 민원상담. 단순반복 사무 수행. 간단한 문서의 인공지능 작성. • 행정결정: AI에 의한 행정판단과 책임

자료: 행정안전부. 2008.

농림축산식품부는 블록체인 기술을 이용해 축산물의 생산 · 도축 · 가공 · 판매
이력정보를 기록 · 관리하는 축산물이력시스템을 운영하고 있으며, 환경부에서
도 블록체인을 활용, 탄소배출권 인증 · 거래 정보를 온실가스정보센터, 한국환
경공단 등과 공유하여 거래 안전성 및 시장 신뢰성을 확보하고 있다. 빅데이터
분석과 관련하여 기상청은 고속도로에 설치된 고해상도 CCTV영상을 수집 · 분
석하여 도로의 위험한 기상정보를 생산하여 제공하는 시스템을 운영하고 있으

며, 제주특별자치도는 ICT 기반 스마트 압축 컨테이너를 도입하여 생활폐기물 배출과 수집운반 체계를 개선하고 폐기물 배출량 빅데이터를 수집·분석하여 폐기물 관리에 활용하고 있다. 환경부는 IoT 센서 및 드론, 이동측정차량 등을 통해 대기오염물질 고농도 배출원을 실시간으로 추적하고 단속하는 시스템을 운영하고 있다. 이와 같이, 4차 산업혁명의 기술은 이미 여러 분야에서 활용되고 있다.

클라우드 컴퓨팅을 통해 정보를 공유하고, 로봇 프로세스 자동화(Robotic Process Automation: RPA) 기술을 업무처리에 활용하여 시간 절약과 비용 절감을 통해 인력을 보다 효율적으로 활용하는 등 일 하는 방식의 혁신 사례들이 나타나고 있다. 또한, 증거기반 정책(evidence-based policy)에 빅데이터 분석 등이 활용되고 있으며, IoT와 인공지능 기술과 공공 서비스 융합을 통해 공공 서비스의 품질 개선과 함께 서비스 전달 방식의 혁신이 이루어지고 있다. 더불어, IoT, 빅데이터, 클라우드 컴퓨팅, 인공지능형 정보통신 기기, 홈 오피스, 전기자동차, 스마트 그리드 등 디지털 기술이 집약된 미래의 공공기능을 담은 도시인 스마트 시티를 구현하기 위한 시도도 이루어지고 있다.

참고문헌

[국내문헌]

가재창·김용동. (1991). 비교행정의 파라다임에 관한 고찰. 충남대학교 사회과학연구소 논문집 2: 99-128.

강성도. (2001). 미국 의료보험의 정책연구-다원주의 이론적 접근. 산업경제연구 14(6): 1-19.

강성철·김판석·이종수·진재구·최근열. (2018). 새인사행정론(9판). 법문사.

강용기. (2014). 실용주의와 행정학-듀이(J. Dewy)의 도구주의와 탐구논리를 중심으로. 한국자치행정학보 28(1): 117-132.

강용기. (2021). 현대지방자치론(4정판). 경기: 대영문화사.

강은숙·김종석. (2013). 공유재의 딜레마상황을 극복하기 위한 또 하나의 길: E. Ostrom 의 기여와 남겨진 연구과제들. 한국행정논집.

강은숙·김종석. (2019). 행동경제학과 공공정책. 서울: 윤성사.

구교준·이용숙. (2016). 뉴노멀 시대의 경제환경과 다양성. 정부학연구 22(2): 27-50.

권기헌. (2018). 행정학강의: 행정학 강의에 대한 논제와 해설. 서울: 박영사.

길종백·노종호. (2015). 정부정책의 책임성에 대한 분석과 평가: 4대강사업을 중심으로. 국가정책연구 29(4): 109-136.

김경동. (1993). 한국사회 변동론. 서울: 나남.

김광웅·박동서·안병영·오석홍·유종해·황인정. (1991). 발전행정론. 서울: 법문사.

김광호. (2008). 정부부문의 전문성 제고를 위한 인사제도의 개선: 순환보직을 중심으로. KDI 정책포럼 194: 1-9.

김대건. (2018). 옴부즈만의 필요성과 새로운 역할 강화 방안: 전통적 행정통제 기제의 한계와 대안 기제를 중심으로. 한국조직학회보 14(4): 127-151.

김번웅. (1979). 비교행정과 발전행정의 이론적 경계. 법정논총 1: 135-153.

김병섭·김정인. (2014). 관료 (무)책임성의 재해석: 세월호 사고를 중심으로. 한국행정학
　　보 48(3): 99 – 120.

김병준. (2000). 한국지방자치론. 서울: 법문사.

김병준. (2015). 지방자치론」(제2수정판), 법문사.

김병준. (2019). 지방자치론(개정판). 서울: 법문사.

김석준 외. (2000). 뉴거버넌스 연구. 서울: 대영문화사.

김석준 외. (2002). 거버넌스의 이해. 서울: 대영문화사.

김선문·문국경. (2019). 공공조직에서 윤리적 리더십이 조직몰입에 미치는 영향: 절차적
　　공정성의 조절효과를 중심으로. 한국거버넌스학회보 26(2): 109 – 131.

김영우. (2005). 한국 공직분류체계에 대한 평가와 개선방안. 한국행정연구 14(3): 273 – 294.

김영준. (1989). 비교정치발전론. 서울: 일조각.

김영평. (1983). 조합주의국가에서의 지방정부의 정책결정과정 – 영국의 사례를 중심으로.
　　한국행정학보 17.

김정렬. (2000). 정부의 미래와 거버넌스: 신공공관리와 정책네트워크. 한국행정학보 34(1):
　　21 – 40.

김종석·강은숙. (2013). 경로의존성, 정보의 문제, 그리고 공공정책. 한국거버넌스학회보.

김종석·강은숙·이광희. (2018). 해상운송분야 안전규제정책을 둘러싼 이해관계자 행태 분
　　석: 제도분석틀과 게임이론의 적용. 한국행정논집.

김철수. (2006). 헌법학 개론. 서울: 박영사.

김호균. (2014). 지방자치단체에서의 변혁적 리더십과 상사신뢰, 조직몰입간 관계에 대한 연구:
　　상사신뢰의 매개역할을 중심으로. 행정논총(Korean Journal of Public Administration)
　　52.

김호선·진종순. (2013). 서번트 리더십과 임파워먼트가 조직효과성에 미치는 영향에 관한
　　연구: 지역보건의료기관을 중심으로. 한국행정연구 22(3): 29 – 60.

김호정. (2001). 변혁적·거래적 리더십이 조직몰입에 미치는 영향: 공·사조직의 비교. 한국
　　행정학보 35(2): 197 – 216.

김호정. (2013). 공공조직의 윤리적 리더십. 한국조직학회보, 10(2): 29 – 58.

김호진. (1982). 종속이론 비판. 국민윤리학회 춘계세미나 발표논문.

나현. (2009). 행정학전자사전(작성일: 2009.8.8), 한국행정학회.

남궁근. (1998). 비교정책연구: 방법, 이론, 적용. 서울: 법문사.

도모노 노리오. 이명희 옮김. (2006). 행동경제학: 경제를 움직이는 인간 심리의 모든 것.
　　서울: 지형.

멘슈어 올즈. 최광·이성규 옮김. (2013). 집단행동의 논리: 공공재와 집단이론. 한국문화사.

문국경·허경렬. (2019). 경찰조직에서 윤리적 리더십이 조직시민행동에 미치는 영향: 개인－상사 적합성의 조절효과를 중심으로. 한국행정논집 31(4): 911－929.

문순홍·정규호. (2000). 거버넌스와 젠더, 젠더친화적 거버넌스의 조건에 대한 탐구. 한국정치학회 하계학술회의 발표논문집.

박대식. (2004). 지역사회 권력구조 이론과 한국에 대한 적실성 모색. 사회과학연구 15: 103－119.

박동서. (1978). 한국행정론. 서울: 법문사.

박동서·김광웅·김신복. (1998). 비교행정론. 서울: 박영사.

박재완. (1998). 현업관료의 부패모형과 정책시사점 "21세기 한국사회를 위한 부패방지의 종합적 처방". 제4회 한국부패학회 학술대회 논문집.

박정호. (2017). 윤리적 리더십과 공공봉사동기(PSM)에 관한 연구. 한국인사행정학회보 16: 201－227.

박중훈·최유성. (2009). 부패방지 정책 및 활동의 효과성 평가: 예방적 차원을 중심으로. 한국행정연구원.

박천오·강제상·권경득·조경호·조성한·배귀희·박홍엽. (2014). 현대인사행정론. 법문사.

박현숙·김태희. (2021). 공무원의 윤리적리더십이 조직효과성에 미치는 영향－공정성 인식의 조절효과를 중심으로. 한국자치행정학보 35(3): 27－54

박현욱. (2020). 변혁적 리더십이 조직성과에 미치는 영향: 조직 내 협력의 매개효과를 중심으로. 행정논총 58.

박홍윤. (2014). 공공조직을 위한 전략적 기획론. 서울: 대영문화사.

백완기. (1991; 2006) 행정학. 서울: 박영사.

백종섭·김동원·김철우·이근주·조선일. (2018). 인사행정론. 창민사.

부천시 정책기획과. (2020). 부천시 성과지표정의서. 경기: 부천시.

사득환. (1996). 환경정책의 형성과 중간집단의 역할: 자연공원법 개정사례를 중심으로. 고려대학교 행정학 박사학위논문.

성낙인. (2014). 헌법학. 법문사.

신구범. (2009). 서번트 리더십, 변혁적 리더십과 거래적 리더십 간의 관계에 관한 실증분석. 인적자원관리연구 16(1): 87－102.

신유섭. (2008). 이익집단과 대의제 민주주의－미국의 사례를 통해 본 교훈. 한국정치학회보 42(2): 261－281.

엄석진. (2009). 행정의 책임성: 행정이론간 충돌과 논쟁. 한국행정학보 43(4): 19－45.

오석홍. (1993). 인사행정론. 법문사

오재동·정동영·최상한. (2017). 윤리적 리더십이 직무만족과 직무성과에 미치는 영향: 정서적 몰입의 매개효과를 중심으로. 지방정부연구 21(3): 207－232.

유민봉. (2021). 한국행정학. 서울: 박영사.

유재원. (2003). 한국지방정치론: 이론과 실제. 서울: 박영사.

유훈. (1998). 정책학원론. 서울: 법문사.

유훈. (2000). 행정학원론. 서울: 법문사.

윤선주·박종민. (2014). 관계가 중요한가 아니면 과업이 중요한가?: 관계자 관계성향(LPS)에 따른 공기업 PR 실무자들의 직무만족과 조직몰입. 한국언론학보 58(3): 313－343.

윤태범. (1997). 공무원 부패에 대한 법적 통제방안. 한국행정논집 9(1): 1－20.

이각희. (2017). 공무원연금제도론. 공무원연금관리공단.

이도형·김정렬. (2019). 비교발전 행정론. 서울: 박영사.

이명석. (2006). 거버넌스 이론의 모색: 민주행정이론의 재조명. 국정관리연구 1(1): 36－63.

이명석. (2007). 행정학 패러다임과 거버넌스. 국정관리연구 2(1): 5－39.

이명석. (2016). 거버넌스: 신드롬 또는 새로운 행정학 이론?. 국정관리연수 11(3): 1－25.

이명신·장영철. (2010). 윤리적 리더십과 조직몰입간의 관계－윤리적 풍토의 매개효과. 인적자원관리연구 17(3): 65－86.

이석환. (2006). 공공부문 BSC 적용사례분석: 부천시의 사례를 중심으로. 한국행정학보 40(1): 127－149.

이석환. (2008). UOFO(Unreasonable Objectives－focused Organization): 신뢰받는 정부와 기업을 위한 전략적 성과관리. 법문사.

이석환. (2015). 성과관리 고객평가를 위한 고객만족도 조사용역 연구보고서. 국민대학교 산학협력단.

이선영·손호중. (2013). 변혁적리더십이 직무스트레스에 미치는 영향: 사회복지공무원들의 감성지능 조절효과를 중심으로. 한국행정학회 추계학술발표논문집 1362－1384.

이승종. (2020). 발전행정의 새로운 지향, 신발전거버넌스. 행정논총 58(3): 1－30.

이종수·윤영진 외. (2012). 새행정학. 서울: 대영문화사.

이종수·윤영진 외. (2014). 새행정학 2.0. 서울: 대영문화사.

임승빈. (2019). 지방자치론(제12판). 경기: 법문사.

임재주. (2008). 정치관계법: 공직선거법 정당법 정치자금법. 서울: 박영사.

정규호. (2002). 지속가능성을 위한 도시거버넌스 체제에서 합의형성에 관한 연구－녹색서울시민위원회를 사례로-. 서울대학교 박사학위논문.

정기섭·김동화. (2009). 발전행정의 재음미와 접근 연구: 개념정립과 접근방법을 중심으로. 사회과학연구 16(1): 5-37.

정덕주. (2013). 기획론. 서울: 피앤씨미디어.

정세욱. (2000). 지방자치학. 서울: 법문사.

정수현·강한솔·황은진·이정주·노승용. (2012). 시민참여와 정부신뢰. 사회과학논총 19.

정용덕 외. (2002). 거버넌스제도의 합리적 선택. 서울: 대영문화사.

정우일 외. (2013). 정부통제론. 서울: 박영사.

정정길·최종원·이시원·정준금. (2003). 정책학원론. 서울: 대명문화사.

정정길. (1997). 정책학원론. 서울: 대명출판사.

정정길. (2000). 행정학의 새로운 이해. 서울: 대명출판사.

정호준·김도현·오정일. (2015). 리더십의 조직효과성에 관한 경험적 연구: 단순최소자승 모형과 순위프로빗 모형의 비교. 행정논총(Korean Journal of Public Administration) 53.

조창현. (2005). 지방자치론(6정판). 서울: 박영사.

조철선. (2013). 기획 실무 노트. 서울: 전략시티.

조태준·김상우. (2020). 다면평가의 활용방식에 따른 유형화 연구: 정부 및 민간사례를 중심으로. 한국인사행정학회보 19(3): 211-234.

주우현 외. (2018). 쉽게 쓴 행정학. 서울: 윤성사.

지방자치인재개발원. (2021). 지방예산실무. 서울: 한국장애인문화협회.

채원호. (2013). 비교행정국제행정 분야 국내 학술지 연구경향 분석. 한국사회와 행정연구 24(2): 319-338.

최성욱. (2004). 거버넌스 개념에 대한 비편적 고찰: 한국행정학계의 거버넌스 연구경향분석. 정부학연구 10(1): 239-261.

최순영. (2013). 경력개발제도의 개선방안. 한국정책과학학회보 17(1): 215-245.

최신융·강제상·이병기·김선엽·임영제·박천일. (2018). 기획론. 서울: 학림.

최장집. (1987). 국가의 역할증대의 조건: 민주주의와 조합주의를 중심으로. 한국정치학회 (편). 법문사.

최주근·유근환·박지은. (2018). NGO 리더의 서번트리더십과 리더신뢰, 조직효과성에 관한 연구: 대구·경북지역을 중심으로. 한국행정논집. 30(4): 939-958.

최진식. (2019). 정부간 갈등의 원인.

정정화 외. (2019). 정부간 관계론. 경기: 대영문화사.

최창호 외 (2015). 지역리더를 위한 지방자치 사용설명서. 서울: 조선뉴스프레스.

하미승. (2018). 리더십 — 이론과 개발. 윤성사.

한국정보화진흥원. (2009). 3대 IT 신기술에 기반한 정부서비스 선진화방향. IT정책연구시리즈 (12).

한상일. (2010). 한국 공공기관의 민주적 책임성과 지배구조. 한국조직학회보 7(1): 65 – 90.

한상일·정소윤. (2014). 관료제와 행정민주주의: 한국적 맥락에서의 공공가치의 실현을 위한 제도적 설계. 정부학연구 20(2): 3 – 33.

한석태. (2013). 정책학개론. 서울: 대영문화사.

한세억. (2018). 행정과 창조성. 청목출판사.

한세억. (2020). 인공지능기반 공공서비스 활성화: — 선민(善民)중심 AI정부의 가능성과 한계. 서울행정학회 추계학술대회.

한세억. (2020). 모든 사람을 위한 인공지능. 박영사.

한승주. (2013). 공무원의 주관적 책임성: 지방자치단체 중하위직 공무원의 경험을 통한 탐색. 한국행정학보 47(1): 25 – 45.

행정안전부 한국정보화진흥원. (2019). 전자정부서비스 이용실태조사결과 요약보고서.

헤디. 이성복 역. (1997). 비교행정론. 서울: 법문사.

홍성걸. (1993). 발전적 조합주의: 반도체산업에서의 국가 — 산업의 관계. 한국행정학보 27(3).

황종성. (2017). 인공지능시대의 정부: 인공지능이 어떻게 정부를 변화시킬 것인가?. IT & Future Strategy 보고서 제3호. 한국정보화진흥원.

[국외문헌]

Amabile, T. M. (1983). The Social Psychology of Creativity. New York: Springer — Verlag.

Amin S. (1980). The Class Structure of the Contemporary Imperialist System, Jan., Monthly Review

Anderson, James E. (1994). Public Policymaking: An Introduction(2nd eds). Boston: Houghton Mifflin Company.

Arthur C. Millspaugh. (1936). Local Democracy and Crime Control, Washington D. C.: Brookings Inc.

Balanced Scorecard Collaborative. (2005). The City of Charlotte, A Balanced Scorecard

Hall of Fame Profile, Boston, MA: Harvard Business School Publishing. pp. 1−14.

Bass, B. M., & Avolio, B. J. (1994). Transformational leadership and organizational culture. The International Journal of Public Administration, 17(3−4), pp. 541−554.

Bass, B. M., & Riggio, R. E. (2010). The transformational model of leadership. Leading organizations: Perspectives for a new era, 2: 76−86.

Beck, Ulrich et. al. (1994) Reflexive Modernization: Politics, Tradition, and Aesthetics in the Modern Social Order. Cambridge: Polity Press.

Bennewitz, E. (1980). Evolution of budgeting and control systems. Productivity Improvement Handbook for State & Local Government, NY: John Wiley & Sons, pp. 115−132.

Bevir, Mark. (2010). Encyclopedia of Political Theory. Sage Publications.

Bozeman, B., & Bretschneider, S. (1994). The "publicness puzzle" in organization theory: A test of alternative explanations of differences between public and private organizations. Journal of public administration research and theory, 4(2): 197−224.

Brown, Judy. (2017). "Democratizing accounting: Reflections on the politics of 'old' and 'new' pluralisms". Critical Perspectives on Accounting 43: 20−46.

Brown, M. E., Treviño, L. K., & Harrison, D. A. (2005). Ethical leadership: A social learning perspective for construct development and testing. Organizational behavior and human decision processes, 97(2): 117−134.

Brudney, Jefferey, Laurence O'Toole & Hal Rainey. (2000). Advancing Public Management; New Developments in Theory, Method, and Practice. Washington D. C.: Georgetown University Press.

Burns, J. M. (1978). Leadership. New York: Harper & Row.

Camerer, C., & G. Loewenstein. (2004). Behavioral Economics: Past, Present, Future, In Camerer, C., G. Loewenstein and M. Rabin(eds.). Advances in Behavioral Economics. Russel Sage Foundation and Princeton University Press. pp 3−51.

Capgemini. (2009). Smart Working Cap Gemini Smart Working in the Public Sector Report of Edinburgh Event 18 June 2009.

Cendón, Antonio Bar. (2000). Accountability and Public Administration: Concepts, Dimensions, Developments. Openness and Transparency in Governance: Challenges and Opportunities. Maastrict. European Institute of Public Administration. pp.

22−61.

Chilcote R. (1981) Theories of Comparative Politics, Westview Press.

CIPD. (2008). Smart working: how smart is UK plc? Findings from organisational practice [online]. Guide. London: Chartered Institute of Personnel and Development. Available at: http://www.cipd.co.uk/guides[Accessed 16 September 2009.

Clarence Stone. (1989). Regime Politics, Lawrence: University of Kansas Press.

Cleveland, Hrlan. (1972). The Future Executive. New York: Harper & Row.

Commission on Global Governance. (1995). Our Global Neighborhood. New York: Oxford University Press.

Csikszentmihalyi, M. (1988). Society, culture, and person: A system view of creativity. In R. J. Sternberg(Ed.)., The Nature of Creativity: Contemporary Psychological Perspectives. New York: Cambridge University Press. pp. 325−339.

Dahl, A. Robert. (1961). Who Governs? Democracy and Power in an Amrican City. New Haven: Yale University Press.

Deil S. Wright. (1988). Understanding Intergovernmental Relations(Third Edition), Pacific Grove, California: Books/Cole Publishing Company.

DeLeon, Peter & Christine R. Martell. (2006). "The Policy Science: Past, Present, and Future". in B. Guy Peters & Jon Pierre. (eds). Handbook of Public Policy. London: Sage Publications. pp. 31−47.

Deming Institute, Dr. Deming's 14 Points for Management, available at (http://deming. org/explore/fourteen−points/), Accessed on Dec. 15, 2020.

DiMaggio, Paul J., & Walter W. Powell. (1983). The Iron Cage Revisited: Institutional Isomorphism & Collective Rationality in Organizational Fields. American Sociological Review. 48: 147−160.

Downton, J. V. (1973). Rebel leadership: Commitment and charisma in the revolutionary process. Free Press.

Drucker, P. (2008). The Essential Drucker: The Best of Sixty Years of Peter Drucker's Essential Writings on Management. NY: HarperCollins

Drucker, P. F. (1954). The Practice of Management: A Study of the Most Important Function in America Society. Harper & Brothers.

Dunleavy P., & D. O'Leary. (1987). Theories of the State: The Politics of Liberal Democracy. Basingstoke: Macmillan.

Dye, Thomas R. (1995). Understanding Public Policy (8th edn). Prentice-Hall, Inc.

Epstein, P. (1994). Measuring the Performance of Public Services, In Holzer & Lee (ed.), Public Productivity Handbook (2nd eds.), NY: Marcel Dekker. pp. 161-194.

Fiedler, F. E. (1972). The effects of leadership training and experience: A contingency model interpretation. Administrative Science Quarterly. pp. 453-470.

Fischer, Frank. (1995). Evaluating Public Policy, IL: Chicago, Nelson-Hall.

Floyd, Hunter. (1953). Community Power Structure: A Study of Decision Makers, Chapel Hill, N.C.: University of North Carolina Press.

Frances, Jennifer, et al. (1991). Introduction. In Grahame Thomson et al.(eds.), Markets, Hierarchies & Networks: The Coordination of Social Life, 1-19. London: Sage.

Frederickson, H. George. (1996). Comparing the Reinventing Government Movement with the New Public Administration. Public Administration Review. 56(3): 263-270.

Frederickson, H. George. (1997). The Spirit of Public Administration. San Francisco; Jossey-Bass.

Giddens, Anthony. (1998). The Third Way: The Renewal of Social Democracy. London: Polity Press.

Giddens, Anthony. (1999). Runaway World: How Globalization is Reshaping Our Lives. London: Profiel Books.

Gilbert E. Charles. (1959), The Framework of Administrative Responsibility. The Journal of Politics 21(3): 382-383.

Groves, Sanford M., & Maureen G. Valente. (1994). Evaluating financial condition: a handbook for local government, Washington, D.C.: ICMA.

Guilford, J. P. (1950). Creativity. American Psychologist, 5: 444-454.

Guilford, J. P. (1967). The Nature of Human Intelligence. New York: McGraw-Hill.

Gulick, L. (1937). Notes on the Theory of Organization. Classics of organization theory, 3(1937): 87-95.

Halachmi, A., & Holzer, M. (1986). Introduction: Toward strategic perspectives on public productivity. In A. Halachmi, & M. Holzer (Ed.), Strategic issues in public sector productivity: The best of public productivity review pp. 5-16, 1975-1985, San Francisco, CA: Jossey-Bass.

Hall, Peter A., & Rosemary C. R. Taylor. (1996). Political Science and the Three New

Institutionalism. Political Studies. ⅩLⅣ: 936−957.

Hansen, K. (2001). Local Councillors: Between Local 'Government' and Local 'Governance'. Public Administration, 79(1).

Haque, Shamsul. (2001). The Diminishing Publicness of Public Service Under the Current Mode of Governance. Public Administration Review, 61(1): 65−82.

Hatry, H. P., Winnie, R. E., & Fisk, D. M.(1981). Practical Program Evaluation for State and Local Governments. Washington, D.C.: Urban Institute Press.

Heady, F. (1998) Issues in Comparative and International Administration. in Ferrel Heady, Handbook of Public Administration (2nd ed.). New York: Marcel Dekker.

Heclo, Hugh. (1978). Issue Networks and the Executive Establishment. in Anthony King. (ed.). The New American Political System. Washington, D.C: American Enterprise Institute.

Heidenheimer, A. J. (1989). Political Corruption. New Brunswick: Transaction.

Heinrich, Carolyn. & Laurence Lynn. (2000). Governance and Performance: New Perspectives. Washington D.C.: Georgetown University Press.

Helco, Hugh. (1978). Issue Networks & the Executive Branch. In A. King(ed.), The New American Political System, pp. 87−124. Washington D.C.: American Enterprise Institute.

Hersey, P., Blanchard, K. H., & Natemeyer, W. E. (1979). Situational leadership, perception, and the impact of power. Group & Organization Studies, 4(4): 418−428.

Hirst, Paul. (2000). Democracy and Governance. in Jon Pierre(ed.). Debating Governance. New York: Oxford University Press.

Hogwood, Brian W., & B. Guy Peters. (1983). Policy Dynamics. New York: St. Martin's Press.

Holzer, M., & Seok−Hwan Lee. (2004). Public Productivity Handbook (2nd eds.). NY: Marcel Dekker.

Holzer, M., & Callahan, K. (1998). Government at work: Best practices and model programs. Thousand Oaks, CA: Sage.

Hood, Christopher. (1991). A Public Management for All Seasons?. Public Administration, 69 Spring: 3−19.

Hood, Christopher. (1996). Exploring Variations in Public Management Reform of the

1980s. in Bekke, Perry, Toonen(eds.), Civil Service Systems in Comparative Perspective. Bloomington: Indiana University Press.

Huntington, S. P. (1968). Political Order in Changing Societies. New Haven: Yale University Press.

Ingraham, P. (1995). The Foundation of Merit: Public Service in American Democracy. Baltimore: The Johns Hopkins University Press.

Jackson, P. W., & Messick, S. (1967). The person, the product, and the response: Conceptual problem in the assessment of creativity. In J. Kagan (Ed.)., Creativity and Learning. Boston: Houghton Mifflin. 1 − 19.

James, W, Fesler. (1964). Area and Administration, Alabama: University of Alabama Press.

Jessop, Bob. (1995). The Regulation Approach and Governance Theory: Alternative Perspectives on economic and political change?. Economy and Society, 24(3): 307 − 333.

Jessop, Bob. (1997). Narrating the Future of the National Economy and the National State? Remarks on Remapping Regulation and Re − Inventing Governance. Working paper; Ritsumeikan University.

Jessop, Bob. (2000). Governace Failure. in Gerry Stoker(ed.). The New Politics of British Local Governance. London: Macmillan.

Jones, Candace, William S. Hesterly & Stephen P. Borgatti. (1997). A General Theory of Network Governance: Exchange Conditions & Social Mechanisms. Academy of Management Review. 22 (4): 911 − 945.

Jordan, Grant & Klaus Schubert. (1992). A Preliminary Ordering of Policy Network Labels. European Journal of Political Research. 21(1 − 2).

Jørgensen, Toben Beck. (1993). Modes of Governance and Administratie Change. in Jan Koomin(ed.), Modern Governance: New Government − Society Interaction. London: Sage.

Joseph Zimmerman. (1986). Participatory Democracy: Populism Revisited, N.Y.: Praeger, pp. 6 − 13.

Joseph. F. Zimmerman. (1995). State − Local Relations: a Partnership Approach, Westport, Connecticut: Praeger Publishers.

Kahneman, Daniel. (2003). Maps of Bounded Rationality: Psychology for Behavioral

Economics. American Economic Review. 93(5): 1449−1475.

Kahneman, Daniel. (2011). Thinking, Fast and Slow. Penguin Books.

Kaplan, R. S., & Norton, D. P. (1992). The Balanced Scorecard−Measures that Drive Performance, Harvard Business Review, January−February: 71−79.

Kelly, Rita Mae. (1998). An Inclusive Democratic Polity, Representative Bureaucracies, & the New Public Management. Public Administration Review. 58(3): 201−208.

Kickert, Walter & Joop Koppenjanin. (1997). Public Management and Network: Management: Overview. in Kickert, Walter, Erik−Hans Klijn, & Joop Koppenjan (eds.). Managing Complex Networks: Strategies for the Public Sector. London: Sage.

Kim, J. (2018). Little Bites of Big Data for Public Policy by Donald F. Kettl. Journal of Public and Nonprofit Affairs, 4(3): 350−352.

Kingsley, J. D. (1944). Representative Bureaucracy: An Interpretation of the British Civil Service. Yellow Springs: The Antioch Press.

Kirkpatick, S. A., & Locke, E. A. (1991). Leadership: do traits matter?. Academy of management perspectives, 5(2): 48−60.

Kofman, Eleonore. (1995). Citizenship for Some but Not for Others; Spaces of Citizenship in Contemporary Europe. Political Geography, 15(2): 121−138.

Kooiman, Jan. (1993). Governance and Governability: Using Complexity, Dynamics and Diversity. in Kooiman(ed.), Modern Governance: New Government−Society Interactions. London: Sage.

Kooiman, Jan. (2000). Societal Governance: Levels, Models, and Orders of Social− Political Interaction. in Pierre(ed.), Devating Governance, New York: Oxford University Press.

Kooiman, Jan. (2003). Governing as Governance. London: Sage.

Kraft, Michael E., & Scott R. Furlong. (2021). Public Policy: Politics, Analysis, and Alternatives (7th edn). Sage Publications Inc.

Kranz, H. (1976). The Participatory Bureaucracy: Women and Minorities in a More Representative Public Service. Lexington: Lexington Books.

Lathrop, Terry. (2000). The Balanced Scorecard in Charlotte's DOT: A Planning and Management Technique, paper delivered at American Public Work Association Conference. Kansas, Missouri.

Leff, Nathaniel H. (1964). Economic Development through Bureaucratic Corruption. American Behavioral Scientist 8: 8－14

Lindblom, Charles E. & Edward J. Woodhouse. (1993). The Policy－Making Process (3rd edn). NJ: Prentice Hall.

Lindblom, Charles E. (1977). Politics and Markets. New York: Basic Books.

Lindsay, A. D. (1943). The Modern Democratic State. London: Oxford University Press.

Lisa Schumacher. (2006). Charlotte's Balanced Scorecard: Aligning Strategies with Government Performance (내부자료).

Lord, R. G., De Vader, C. L., & Alliger, G. M. (1986). A meta－analysis of the relation between personality traits and leadership perceptions: An application of validity generalization procedures. Journal of applied psychology, 71(3): 402.

Lowi, Theodore J. (1972). Four systems of Policy, Politics and Choice. Public Administration Review. 32(4): 298－310.

Lubart, T. I. (1994). Creativity. In R. J. Sternberg (Ed.)., Thinking and Problem Solving. California: Academic Press. 290－333.

Lynn et al. (2001). Improving governance: a new logic for empirical research. Washington, DC: Georgetown University Press.

MacKinnon, D. W. (1962). The nature and nurture of creative talent. American Psychologist, 17: 484－495.

Manley, John F. (1983). "Neo－Pluralism: A Class Analysis of Pluralism Ⅰ and Pluralism Ⅱ." American Political Science Review 77.

Mann, R. D. (1959). A review of the relationships between personality and performance in small groups. Psychological bulletin, 56(4): 241.

March, James & Johan Olsen. (1995). Democratic Governance. New York: The Free Press.

Marsh, D., & R. A. W. Rhodes. (1992), "Policy Communities and Issue Networks: Beyond Typology". in D. Marsh & R. A. W. Rhodes. (eds), Policy Networks in British Government. Oxford: Oxford University Press.

McClure, K. (1992). On the Subject of rights: Pluralism, Plurality and Political Identity. In C. Mouffle (ed). Dimensions of Radical Democracy. London: Verso.

Miller, Hugh T. (1994). Post－Progressive public administration: Lessons from Policy Networks. Public Administration Review. 54: 378－386.

Miller, Nicholas R. (1983). "Pluralism and Social Choice". American Political Science Review 77: 734-747.

Minogue M. (1998). "Changing the state:concepts and practice in the reform of the public sector", Beyond the he new public management: changing ideas and practices in governance, Martin Minogue, Charles Polidano, David Hulme. Cheltenham(eds.), UK; E. Elgar: 17-37.

Minzberg, Henry. (1996). "Managing Government, Governing Management". Havard Business Review, May-June: 75-83.

Musolf, L. D., & Seidman, H. (1980). The blurred boundaries of public administration. Public Administration Review, 124-130.

Naschhold, Frieder. (1996) New Frontiers in Public Sector Management: Trends and Issues in State and Local Government in Europe. New York : Walter de Gruyter.

Nedelmann, Birgitta & Meier, Kurt G. (1977). "Theories of Contemporary Corporatism: Static or Dynamic?", CPS vol.10.

Niven, Paul R. (2005). Balanced Scorecard Diagnostics: Maintaining Maximum Performance, Hoboken, NJ: John Wiley & Sons.

North, Douglass G. (1990). Institutions, Institutional Change and Economic performance. NY: Cambridge University Press.

Northouse, P. G. (2004). Leadership: Theory and practice. Sage publications.

Ochse, R. (1990). Before the Gates of Excellence: The Determinants of Creative Genius. New York: Cambridge University Press.

Offe, Claus. (1985). "New Social Movements; Challenging the Boundaries of Institutional Politics". Social Research, 54(2): 817-868.

Organski A. F. K. (1967). The Stages of Political Development, N.Y.: Alfred A.Knopf.

Osborne, David & Ted Gaebler. (1992). Reinventing Government. Reading, Mass: Addison-Wesley.

Ostrom, Elinor, Roy Gardner & James Walker. (1994). Rules, Games, and Common-Pool Resources. Ann Arbor: The University of Michigan Press.

Ostrom, Elinor. (1990). Governing the Commons: The Evolution of Institutions for Collective Action. Cambridge Press.

Ostrom, Elinor. (1991). Rational Choice Theory and Institutional Analysis: Toward Complementarity. APSR. 85(1): 237-243.

Ostrom, Elinor. (2005). Understanding Institutional Diversity. NJ: Princeton University Press.

Ostrom, Elinor. (2007). Institutional Rational Choice: An Assessment of the Institutional Analysis and Development Framework in P. A. Sabatier(ed.). Theories of the Policy Precess. Westview Press.

O'Toole, Laurence. (1997). "Treating Networks Seriously: Practical & Research−Based Agendas in Public Administration". Public Administration Review. 57(1): 45−52.

O'Toole, Laurence. (2000). "Different Public Management? Implications of Structureal Context in Hierarchies and Networks". in Jeffrey Brudney, Laurence O'Toole and Jr. Hal Rainey(eds.). Advancing Public Management. Washington D.C.: Georgetown University Press.

P. Peterson. (1981). City Limits, Chicago: University of Chicago Press.

Peters, B. Guy & Jon Pierre. (eds). (2006). Handbook of Public Policy. London: Sage Publications.

Peters, Guy. (1996). The Future of Governing: Four Emerging Models. Lawrence, Kansas: University of Kansas Press.

Peters, Guy. (2000a). "Governance and Comparative Politics", in Pierre(ed.), Devating Governance. New York: Oxford University Press.

Peters, Guy. (2000b). "Globalization, Institutions, and Governance", and "The Future of Reform" in Peters, Guy & Donald Savioe(eds.) Governance in the Twenty Frist Century: Revitalizing the Public Service, Montreal & Kingston: McGill−Queens University Press.

Pierre, Jon(ed.). (2000). Debating Governance. New York: Oxford University Press.

Pierre, Jon and Guy Peters. (2000). Governance, Politics and the State. New York: St. Martin's Press.

Poister, T. & Streib, G. (1995). MBO in Municipal Government: Variations on a Traditional Management Tool. Public Administration Review, 55(1): 48−56.

Powell, Walter W., & Peter Brantley. (1992). Competitive Cooperation in Biotechnology: Learning through Networks? In N. Nohria & R. Eccles(eds.), Networks & Organizations, 366−394. Boston: Harvard Business School Press.

Powell, Walter W., Kenneth W. Koput & Laurel Smith−Doerr. (1996). Interorganizational Collaboration & the Locus of Innovation: Networks of Learning in Biotechnology.

Administrative Science Quarterly. 41: 116－145.

Ramos, A. G. (1970). "Towards a Possibility Model" in W. Beling and G. Totten, eds, Developing Nations: Quest for a Model, New York : Van Nostrand Reinhold Co.

Reed, B. J., & Swain, J. W. (1996). Public finance administration. Sage Publications.

Rhodes, R. A. W. & David Marsh. (1992). Policy Communities & Issue Networks: Beyond Typology. In David Marsh & R. A. W. Rhodes(eds.), Policy Networks in British Government, 149－169. Oxford: Clarendon Press.

Rhodes, R. A. W. (1990). "Policy Networks: A British Perspective", Journal of Theoretical Politics.

Rhodes, R. A. W. (1997). Understanding Governance, Policy Network, Governance, Reflexivity, and Accountability. Buckingham: Open University Press.

Rhodes, R. A. W. (2000). "Governance and Public Administration", in Pierre, Jon(ed.), Debating Governance. New York: Oxford University Press.

Rice, Ronald E. & Caralyn Aydin. (1991). Attitudes toward New Organizational Technology: Network Proximity as a Mechanism for Social Information Processing. Administrative Science Quarterly. 36: 219－244.

Riggs, F. W. (1963). "Bureaucrats and Political Development: A Paradoxical view," in Lapalombara, ed., Bureaucracy and Political Development, Princeton : Princeton University Press. 35－38.

Riggs, F. W. (1966). The Ideas of Development of Administration: A Theoretical Essay, New York: Comparative Administration Group.

Robert A. Dahl. (1961). Who governs? Democracy and power in an American City, New Haven, CT: Yale University Press.

Romzek, Barbara S. and Melvin J. Dubnick(1987). Accountability in the Public Sector: Lessons from the Challenger Tragedy. Public Administration Review, 47(3): 227－238.

Romzek, Barbara S. and Melvin J. Dubnick. (1998). Accountability. In Jay M. Shafritz (ed.), International Encyclopedia of Public Policy and Administration. Boulder, CO: Westview Press.

Romzek, Barbara S., & Patricia W. Ingraham. (2000). Cross Pressures of Accountability: Initiative, Command, and Failure in the Ron Brown Plane Crash. Public Aministration Review, 60(3): 240－253

Rose, Richard. (1976). The Dynamics of Public Policy: A Comparative Analysis. London and Beverly Hills: Sage Publications.

Rummler, G & Brache, A. (1995). Improving Performance: How to Manage the White Space in the Organization Chart, Jossey−Bass, CA: San Francisco.

Sabatier, P. A. (1988). "An Advocacy Coalition Framework of Policy Change and the Role of Policy−oriented Learning Therein", Policy Sciences. 21(2−3): 129−168.

Santos P. (1976). The Crisis of Dependent Theory and the Problems of Dependence in Latin America, Underdevelopment: The Third World Today, Henry Berstein, ed. Harmondsevorth : Penguin Books.

Schachter, H. L. (1996). Reinventing Government or Reinventing Ourselves: The Role of Citizen Owners in Making a Better Government. SUNY press.

Schattschneider, E. E. (1960). The Semisoveregin People. New York: Holt, Rinehart and Winston.

Schmitter, Philippe C. (1979). Still the Century of Corportism? in Philippe C. Schmitter and Gerhard Lehmbruch, eds. Trends toward Corportist Intermediation, 7−52. Beverly Hills: Sage.

Shalev, Michael. (1983). "The Social Democratic Model and Beyond: The Generations of Comparative Research on the Welfare State". Comparative Social Research 6.

Sherry R. Arnstein. (1969). "A Ladder of Citizen Participation" Journal of the American Institute of Planners, 35(4): 216−224.

Smith, Martin J. (1993). Pressure, Power and Policy: State Autonomy and Policy Networks in Britain and the United States. London: Harvester Wheatsheaf.

Spears, L. (1995). "Servant−leadership and the Greenleaf legacy", in Spears, L. (Ed.), Reflections on Leadership: How Robert K. Greenleaf's Theory of Servant−leadership Influenced Today's Top Management Thinkers, John Wiley & Sons, New York, NY: 1−14.

Stahl, Glenn. (1983). Public Personnel Administration (8th). New York: Haper & Row

Stillman, R. (2020). Dwight Waldo: Administrative theorist for our times. Routledge.

Stogdill, R. M. (1948). Personal factors associated with leadership: A survey of the literature. The Journal of psychology, 25(1): 35−71.

Stogdill, R. M. (1974). Handbook of leadership: A survey of theory and research. Free Press.

Stoker, Gerry. (1998). "Governance as Theory; Five Propositions." International Social Science Journal, 155: 17−28.

Stuart, Toby E. (1998). Networks Positions & Propensities to Collaborate: An Investigation of Strategic Alliance Formation in a High−technology Industry. Administrative Science Quarterly. 43: 668−698.

Thaler, Richard. H., & Cass R. Sunstein. (2009). Nudge: Improving Decisions About Health, Wealth, and Happiness. Penguin Books.

Truman David. (1971). The Governmental Process. N.Y.: Alfred A. Knopf.

UNC School of Government, North Carolina Benchmarking Project, available at https://www.sog.unc.edu/resources/microsites/north−carolina−benchmarking−pr oject, Accessed on Dec. 10, 2020

UNDP. (1997). Developing Capacity for Effective Governance. A Workshop for UNDP Offices.

UNESCO, International Institute for Educational Planning. (2010), Strategic planning: concept and rationale.

Usilaner, B., & Soniat, E. (1980). Productivity measurement. Productivity Improvement Handbook for State & Local Government. New York: J. Wiley & Sons.

Uzzi, Brian. (1997). Social Structure and Competition in Interfirm Networks: The Paradox of Embeddedness. Administration Science Quarterly. 42: 35−67.

Van Riper, P. (1958). History of the United States Civil Service. New York: Harper and Row.

Vandenberg, Andrew & David Hundt. (2011). "Corporatism, Crisis and Contention in Sweden and Korea during the 1990s". Economic and Industrial Democracy 33(3): 463−484.

Vivian, D. Lipman. (1949). Local Government Areas: 1834−1945, Oxford: Basil Blackwell.

Waldo, D. (1948). The Administrative State. New York: Ronald Press.

Waldo, D. (1980). The Enterprises of Public Administration. Novato, CA: Chandler & Sharp Pub.

Werther, W.B. & Ruch, W.A. & McClure, L. (1986). Productivity though people. New York: West Publishing Co.

Wiewel, Wim & Albert Hunter. (1985). The Interorganizational Network As a Resource:

A Comparative Case Study on Organizational Genesis. Administrative Science Quarterly. 30: 482−496.

World Bank. (2015). World Development Report 2015: Mind, Society, and Behavior. Washington, DC: World Bank.

Yang, K., & Holzer, M. (2006). The Performance-Trust link: Implications for Performance Measurement. Public Administration Review, 66(1): 114−126.

색 인

ㅊ

저자약력

강은숙

현재 한국해양대학교 해양행정학 전공 교수
한국행정연구원 수석연구원
한국정책학회 정책학교수특별위원회 이사

김국진

현재 인천대학교 행정학과 교수
한국정책학회 지속가능정책특별위원회 이사
한국정책개발학회 기획이사

김선희

현재 한경대학교 공공행정전공 교수
강릉원주대 자치행정학과 교수
경기복지재단 책임연구원

김용철

현재 부산대학교 행정학과 교수
경상남도 제13대 경남연구원 원장
경상남도 제2대 경남평생교육진흥원 원장

김정완

현재 대진대학교 행정정보학과 교수
대통령 자치분권위원회 전문위원
국민권익위원회 청렴사회민관협의회 위원

김정학

현재 고려대학교 행정전문대학원 교수
세종특별자치시의회 행동강령자문위원장
한국정책학회 재정정책특별위원회 이사

김종석

현재 한국해양대학교 해양경영경제학부 교수
한국교통연구원 연구위원
국토교통부 항공심의위원회 심의위원

김태진

현재 한국교통대학교 행정학전공 교수
한국행정학회 부회장
한국정책학회 부회장

김태희

현재 서울과학기술대학교 행정학과 교수
행정안전부 정책자문위원회 위원
American Review of Public Admin 편집위원

김혜정

현재 선문대학교 행정공기업학과 교수
국방부 자체평가위원
행정안전부 합동평가위원

조승현

현재 전북대학교 행정학과 교수
한국자치행정학회 회장
대통령 자치분권위원회 위원

조주연

현재 충북도립대학교 소방행정학과 교수
논산시 성과평가위원
도로교통공단 평가위원

한세억

현재 동아대학교 행정학과 교수
한국지역정보화학회 회장
국민권익위원회 정책자문위원

행정학원론

초판발행	2022년 2월 25일
지은이	김용철 외
펴낸이	안종만·안상준
편 집	양수정
기획/마케팅	정성혁
표지디자인	이소연
제 작	고철민·조영환
펴낸곳	(주) **박영사**
	서울특별시 금천구 가산디지털2로 53, 210호(가산동, 한라시그마밸리)
	등록 1959. 3. 11. 제300-1959-1호(倫)
전 화	02)733-6771
f a x	02)736-4818
e-mail	pys@pybook.co.kr
homepage	www.pybook.co.kr
ISBN	979-11-303-1369-6 93350

* 파본은 구입하신 곳에서 교환해 드립니다. 본서의 무단복제행위를 금합니다.
* 저자와 협의하여 인지첩부를 생략합니다.

정 가   35,000원